नयी कविता : सैद्धान्तिक पक्ष

(खण्ड एक)

नयी कविता : सैद्धान्तिक पक्ष
(खण्ड एक)

सम्पादन

जगदीश गुप्त

रामस्वरूप चतुर्वेदी • विजयदेवनारायण साही

लोकभारती प्रकाशन

लोकभारती प्रकाशन
पहली मंजिल, दरबारी बिल्डिंग, महात्मा गांधी मार्ग
प्रयागराज-211 001

वेबसाइट : www.lokbhartiprakashan.com
ई-मेल : info@lokbhartiprakashan.com

शाखाएँ : 1-बी, नेताजी सुभाष मार्ग, दरियागंज
नई दिल्ली-110 002
अशोक राजपथ, साइंस कॉलेज के सामने
पटना-800 006
1, अनमोल सोराबजी संतुक लेन, धोबी तलाव,
मरीन लाइंस, मुम्बई-400 002

पहला संस्करण : 2000
तीसरा संस्करण : 2016
This book is printed on **Print on Demand** Technology : 2025

मूल्य : ₹995

NAI KAVITA : SAIDDHANTIK PAKSH
Edited by : Jugdish Gupta
Ramswarup Chaturvedi, Vijai Dev Narain Shahi

ISBN : 978-81-8031-475-9

भूमिका

नयी कविता के आठ खण्डों को तीन खण्डों में प्रकाशित करने की योजना इसलिए बनायी गयी कि उसके सभी पक्ष काव्य मनीषियों के समक्ष उद्घाटित हो सकें। मेरे साथ पहले दो अंकों में रामस्वरूप चतुर्वेदी सहयोगी के रूप में रहे, फिर विजयदेव नारायण साही ने अद्वितीय सहयोग दिया। कविता के संदर्भ में उनकी समझ बहुत पैनी थी। वे एक ओर उर्दू-फारसी के ज्ञाता थे और दूसरी ओर अंग्रेजी विभाग के प्राध्यापक के रूप में अनुभव की गरिमा रखते थे। अंग्रेजी विभाग देव साहब तथा दस्तूर साहब की विशेषज्ञता से महिमा मण्डित था। साही जी से पहले मैं भी बी० ए० में उस विभाग का अनुभव कर चुका था। फिराक साहब और साही साहब हिन्दी-उर्दू कविता के लिए अंग्रेजी से ज्यादा चिन्तित रहते थे। साही जी की पत्नी श्रीमती कंचनलता साही भी उसी विभाग में कार्यरत थीं। नयी कविता के संपादक के रूप में जब मैंने उन्हें अपने सहयोगी के रूप में चुना तो बहुतों को आश्चर्य हुआ। हमारी शतरंज की बाजी साहित्य-चिन्तन की प्रेरणा देती थी जिसमें कंचन जी का सुस्वादु योगदान था। आज मैं इन लोगों के दिवंगत हो जाने से इतना रंग खो चुका हूँ कि क्या कहूँ?

परिमल सन् '44 से भारती, गोपेश तथा साहित्यकार संसद से महादेवी वर्मा के आशीर्वाद से जुड़ चुका था। दिनकर जी की ओजस्वी कविता मैंने पहली बार संसद में ही सुनी और हिन्दी के वरिष्ठ कवि और साहित्यकार भी हमें वहीं से सुलभ हुए। ताकुला, नैनीताल में मराठी कवि मामा वरेरकर तथा बंगाली कवि बनफूल वहीं हमें प्रेरक रूप में मिले। अन्य साहित्यकार हमें वहीं इसी वातावरण में सुलभ हुए। चित्रकला की ओर मेरी प्रवृत्ति ताकुला से ही विशेष रूप से जुड़ी। अल्मोड़ा में जाकर मैंने पन्तजी की जीवन-भूमि कौसानीपुर देखा और प्रणाम किया। नयी कविता के पहले अंक में पंत जी ने हमें आशीर्वाद दिया जो निरन्तर फलित होता रहा। पहले अंक के प्रकाशन से हिन्दी क्षेत्र में एक भूकम्प-सा आ गया क्योंकि किंचित् कविता के रूप में रघुवीर सहाय, केशवचन्द्र वर्मा, प्रभाकर माचवे, मनोहरश्याम जोशी एवं भारत भूषण अग्रवाल आदि का सहयोग इतना बहुचर्चित हुआ कि वह भूला नहीं जा सकता।

परिचय क्रम में विजयदेव नारायण साही का लक्ष्मीकांत वर्मा के लिए तथा सर्वेश्वर दयाल सक्सेना पर अज्ञेय जी का लेख और बालकृष्ण राव ने कुँवर नारायण के लिए। लगभग 50 पृष्ठों में यह सामग्री बहुचर्चित हुई। इसी तरह गिरिजाकुमार माथुर को प्रथम खण्ड में हमने एक वरिष्ठ कवि के रूप में प्रस्तुत किया। मराठी के लिए माचवेजी, बंगाली के लिए नेमिचंद्र जैन तथा पंजाबी के लिए देवेन्द्र सत्यार्थी के नाम अनुवाद-क्रम में अविस्मरणीय हैं। नयी कविता के विषय में मेरा लेख 'नयी कविता : नयी अभिरुचि' के रूप में विचार केन्द्रित हुआ तथा नयी कविता को एक चुनौती के रूप में स्वीकार किया गया। मुझे भारतीजी से निरन्तर प्रेरणा मिलती रही, किन्तु आगे

उन्होंने 'निकष' निकालकर दूसरी दिशा अपनाने में नया मार्ग अपनाया। परिमल के सब लोग एक साथ जुड़कर इस अभियान को चला रहे थे। 'निकष' का जवाब 'संकेत' निकालकर उपेन्द्रनाथ अश्क जी ने प्रगतिशीलता की झंडेबरदारी स्वीकारी थी। इलाहाबाद विचारधाराओं का ही नहीं संघर्ष का केन्द्र भी बन गया। दिल्ली में इसकी अनुगूँज लेखक सम्मेलन में इतनी सुनाई दी कि कोई बोल नहीं सका।

परिचर्चा (खण्ड-पाँच और छ:) में 'नयी कविता की वर्तमान स्थिति' पर डॉ० देवराज, डॉ० रामस्वरूप चतुर्वेदी, डॉ० शम्भुनाथ सिंह, श्री गिरिजाकुमार माथुर का लेख भी महत्वपूर्ण रहा। सम्पादकीय में 'आचार्य श्री की कृपा-दृष्टि' (खण्ड-चार) और 'नये कवि का व्यक्तित्व और अज्ञेय जी' (खण्ड-पाँच और छ:) पर मेरा लेख तथा विशेष में भारती का 'अंधा युग' और 'कनुप्रिया' कविता का अंश भी उत्साहवर्धक रहा।

—जगदीश गुप्त

अनुक्रम

स्वतन्त्र लेख

परिचर्चा

टिप्पणियाँ

इतर सन्दर्भ

नयी कविता : नयी अभिरुचि

साहित्य और कला के क्षेत्र में समस्त सर्जन व्यक्तिगत प्रयत्न से ही प्रतिफलित होता है, किन्तु किसी भी नवीन मौलिक रचनात्मक प्रयत्न का उद्देश्य मूलतः नितान्त निरपेक्ष एवं सीमित आत्मतोष ही नहीं होता—न ही हो सकता। हर रचनात्मक प्रयत्न के पीछे आत्माभिव्यक्ति के साथ आत्मविस्तार की भावना भी निहित रहती है, जो अन्यसापेक्ष है। अभिव्यक्ति से उपलब्ध तोष अनुभूति से 'मुक्ति' का तोष है और विस्तार की भावना से अर्जित तोष 'प्राप्ति' का द्योतक है; अतः दोनों में सूक्ष्म भेद है। यह दूसरी बात है कि अन्ततः हर तोष आत्मतोष ही है, पर निरपेक्षता और सापेक्षता का अन्तर भुलाया नहीं जा सकता। 'अभिज्ञान शाकुन्तल' के प्रारम्भ में ही कालिदास ने इसकी ओर स्पष्ट संकेत किया है कि साहित्य और कला के क्षेत्र में किया हुआ कोई 'प्रयोग' प्रयोक्ता के शिक्षित अथवा आत्मचेता होने पर भी पूर्ण परितोष के लिए एक विशिष्ट भावक-वर्ग की अपेक्षा रखता है :

आपरितोषाद् विदुषां न साधु मन्ये प्रयोगविज्ञानम्।
बलवदपि शिक्षितानामात्मन्यप्रत्ययं चेतः ॥

उन सम्पूर्ण व्यक्तियों को, जो कविता से अपना सम्पर्क स्थापित करते हैं, भावक नहीं कहा जा सकता है और न सभी भावकों को समान स्तर पर ग्रहण किया जा सकता है। रसिक और अरसिक के भेद की ओर प्राचीन काव्य-शास्त्रियों ने भी निर्देश किया है। अब प्रश्न यह है कि नयी कविता का भावक-वर्ग कौन-सा और कैसा है। हिन्दी-कविता को विकास की नयी दिशाओं में ले जाने वाला कवि किस विवेकशील प्रबुद्धचेता भावक को लक्ष्य करके अपनी बात कहता है या कहने का साहस करता है। निश्चय ही वह किसी भी कवि की तरह उनको लक्षित नहीं करता जो संवेदनशीलता से हीन, अरसिक तथा अक्षम होते हैं। यह अक्षमता अज्ञान का परिणाम भी हो सकती है और कवि की अभिव्यक्ति के उपादानों के समानान्तर चलने में असामर्थ्यजन्य भी हो सकती है। नया कवि उस रूढ़िवादी को भी अपना लक्ष्य नहीं बनाता जो हर प्राचीन के प्रति आकर्षण और हर नवीन के प्रति विकर्षण के भाव से परिचालित होता है। ऐसे व्यक्तियों में एक जड़ता निहित रहती है जो उनकी आन्तरिक अप्रगति की द्योतक होती है। इलियट ने काव्य रुचि के विकास की चर्चा करते हुए निर्भीकतापूर्वक इनका स्मरण किया है :

I dare say many people never advance; so that such taste for poetry as they retain in later life is only a sentimental memory of the pleasures of youth, and is probably entwined with all our other sentimental retrospective feellings.[1]

रूढ़िवादियों की तरह पूर्वाग्रही लोगों का भी एक वर्ग होता है जो कवि के द्वारा सदैव अपने ग़लत या सही अभिसिप्त की पूर्ति चाहते हैं। किसी सामान्य उद्देश्य से ऊपर वे

1. Selected Prose, Page 49

कविता की कोई सार्थकता ही स्वीकार नहीं करते। कवि के रूप में किये गये हर प्रयत्न को वे व्यर्थ और हीनतर तथा प्रचारक के रूप में किये गये हर प्रयास को सार्थक और श्रेष्ठतर समझते हैं। राजशेखर ने अपनी 'काव्य-मीमांसा' में ऐसे अपवादी 'निरंकुश' लोगों की ओर तीव्र कटाक्ष किया है।

कविता का आस्वादन कई सतहों पर हो सकता है—उसकी वस्तु, उसकी शैली, उसके स्वर-सामञ्जस्य अथवा अर्थ-संगति आदि किसी अंश विशेष को दृष्टि में रखकर। इस प्रकार आस्वादकों का एक स्तर ऐसा भी होता है जहाँ वे कविता को पूर्ण रूप में न पाकर केवल अंशग्राही बनकर रह जाते हैं। कुछ व्यक्ति ऐसे भावुक होते हैं कि अपनी तन्मयता में कविता का अर्थ बिना समझे उसके संगीत पर ही मुग्ध हो उठते हैं। नयी कविता कदाचित् ऐसे व्यक्तियों के लिए भी नहीं है। वह उन प्रबुद्ध विवेकशील आस्वादकों को लक्षित करके लिखी जा रही है जिनकी मानसिक अवस्था और बौद्धिक चेतना नये कवि के समान है अर्थात् जो उसके समानधर्मा हैं; एक ओर जो पुरानी कविता की अभिव्यंजना-प्रणालियों, शक्तियों और सीमाओं से परिचित हैं और जिनकी परितृप्ति परम्परागत वस्तु और अभिव्यक्ति से नहीं होती या होती है तो सम्पूर्ण रूप में नहीं, दूसरी ओर जो नयी दिशाएँ खोजने में संलग्न नूतन प्रतिभा की क्षणिक असफलताओं और कठिनाइयों के प्रति सहानुभूतिशील होकर नये कवि की वास्तविक उपलब्धि की आशंसा करने में संकोच नहीं करते। प्राचीन अभाव और नवीन आविर्भाव के बीच विवेक करते हुए ऐसे ही व्यक्ति कविता के क्षेत्र में किये गये नवीन प्रयत्नों का सम्यक् मूल्यांकन कर सकते हैं। नये कवि के लक्ष्य वे भी होते हैं जो पूर्ण रूप में उसके समानधर्मा न होकर भी उसकी ईमानदारी पर सन्देह नहीं करते, फ़तवे नहीं देते। बहुत अंशों में नयी कविता की प्रगति ऐसे प्रबुद्ध भावक-वर्ग पर आश्रित रहती है। भले ही यह वर्ग संख्या में कम हो, क्योंकि इसका महत्व संख्या से नहीं, उस स्थिति से आँका जाता है जिस तक अनेक अनुभवों को संचित करता हुआ यह पहुँचा होता है। इसकी उपेक्षा किसी भी प्रकार नहीं की जा सकती। पाश्चात्य विवेचकों ने भी ऐसे एक वर्ग की स्थिति को और उसकी शक्ति को निर्भ्रान्त रूप से स्वीकार किया है :

Where the mind is still free, neither complacent nor shackled to the past nor servile to the discipline of the future, there will poetry flourish.[1]

कलाकृति पर अपना मत देने या रखने वाले उपर्युक्त विभिन्न वर्ग उसी तरह साहित्य-जगत् में एक-दूसरे के समानान्तर स्थिति रहते हैं जिस प्रकार मानव-समाज में सभ्यता के विकास के विभिन्न स्तरों को व्यक्त करने वाले आदिवासियों से लेकर वर्तमान यान्त्रिक एवं वैज्ञानिक प्रगति से सम्पन्न जनसमूह एक साथ रहते हैं। नयी अभिरुचि के जन्म का अर्थ पुरानी अभिरुचि या अभिरुचियों का पूर्णतया नाश नहीं है। वह तो पुराने संस्कारों के बीच ही संघर्षशील होकर नवीन संस्कारों की संस्थापना और संवहन करती हुई अपना मार्ग प्रशस्त करती चलती है।

जगदीश गुप्त

———✦———

1. New Anthology of Modern Poetry (Introduction), Page XLII

नयी कविता : नया संतुलन

'ये लोग बहुधा बड़े ही विलक्षण छंदों या वृत्तों का भी प्रयोग करते हैं। कोई चौपदे लिखते हैं, कोई छः पदे, कोई ग्यारह पदे! कोई तेरह पदे! किसी की चार सतरें गज-गजभर लब्बी तो दो सतरें दो ही अंगुल की! फिर ये लोग बेतुकी पद्यावली भी लिखने की बहुधा कृपा करते हैं। इस दशा में इनकी रचना एक अजीब गोरखधन्धा हो जाती है। न ये शास्त्र की आज्ञा के कायल, न ये पूर्ववर्ती कवियों की प्रणाली के अनुवर्ती, न ये सत्समालोचकों के परामर्श की परवाह करने वाले! इनका मूलमन्त्र है–हम चुनां दीगरे नेस्त। इस हमादानी को दूर करने का क्या इलाज हो सकता है, कुछ समझ में नहीं आता!'

'यह परिवर्तन और क्रान्ति का युग है। सब विषयों में नित्य नये परिवर्तन हो रहे हैं, कविता में क्रान्ति हो रही है और बड़े वेग से हो रही है। हिन्दी कविता का तो एकदम कायाकल्प हो रहा है, दूसरी भाषाओं की कविताओं में भी परिवर्तन हुआ है, पर हिन्दी में परिवर्तन का ढंग कुछ निराला ही है। मैं परिवर्तन का विरोधी नहीं हूँ, पर परिवर्तन सोच-समझ कर करना चाहिये, मनमाने प्रकार से नहीं, मेरे इस निवेदन का यही तात्पर्य है–हिन्दी की नवीन कविता में भाषा, भाव, शैली सभी कुछ नया है–अपरचित है। वह कुछ कह रहे हैं, यह तो सुन पड़ता है, पर क्या कह रहे हैं, यह समझ में नहीं आता।'

उपर्युक्त दोनों उद्धरणों में से पहला आचार्य महावीर प्रसाद द्विवेदी के 'आजकल की कविता' नामक निबन्ध से उद्धृत है और दूसरा पंडित पद्मसिंह शर्मा के उस भाषण का एक अंश है जो उन्होंने सन् १९२८ में मुजफ्फरपुर में होने वाले हिन्दी साहित्य-सम्मेलन के सभापति पद से दिया था। यह उस समय की प्रतिक्रिया को व्यक्त करते हैं जब छायावाद के रूप में हिन्दी कविता प्राचीन रूढ़ियों एवं मान्यताओं से विद्रोह करती हुई एक नया मोड़ ले रही थी। कविता आज फिर नयी दिशा में मुड़ रही है। प्रतिक्रिया पुनः प्रारंभ हो गयी है। ठीक उसी तरह, लगभग उन्हीं शब्दों में वैसे ही तर्कों का आधार लेकर, किन्तु अधिक खीझ, अधिक आक्रोश के साथ। दोनों स्थितियों की तुलना करने पर लगता है जैसे इतिहास का चक्र शताब्दी के चतुर्थांश में ही वृत्त को पूरा करता हुआ अपनी धुरी पर तीव्रता से घूम गया हो। कटु आरोपों और अनर्गल आलोचनाओं के विरुद्ध उस समय का विद्रोह नतशीश नहीं हुआ, आज भी नहीं होगा। नयी कविता का भविष्य, यदि वह वास्तव में नयी है और कविता है, तो हर युग में उज्ज्वल रहा है, आगे भी रहेगा। मेरी इस सत्य पर अडिग आस्था है।

'नयी कविता' के प्रथम अंक की काफ़ी गहरी प्रतिक्रिया हुई। आलोचनाओं पर आलोचनाएँ प्रकाशित होती गयीं, इतनी कि यदि संकलित कर दी जायें तो एक पूरा ग्रन्थ बन जाये। पिछले अंक में मैंने पाठकों के कुछ वर्ग निर्धारित किये थे, आलोचनाएँ पढ़कर

उनके अतिरिक्त और भी कई नये वर्ग नज़र आये। एक वर्ग ने हास्य-व्यंग्य की अंगभीर 'किंचित् कविता' को वास्तव में गंभीर समझ कर अद्भुत परिणाम निकाले, विलक्षण विवेक शक्ति का परिचय दिया। दूसरे वर्ग ने दलगत राजनीति के आग्रह से प्रेरित होकर 'नयी कविता' के सहयोगी प्रयत्न को भयंकर 'साम्राज्यवादी हथकंडा' घोषित किया। जो कुछ नहीं था उसे सिद्ध कर दिखाने का उनका महान् कौशल सराहनीय है। व्यक्तिगत कारणों से क्षुब्ध एक अन्य वर्ग में कुछ व्यक्ति ऐसे मिले, जिन्होंने अप्रत्याशित रूप से निराधार तर्कों की सृष्टि कर, कौशल पूर्वक नयी कविता के सम्पादन और स्वरूप दोनों को लांछित करना चाहा। दोष-दर्शन में सहस्राक्ष हो उठने वाला वर्ग तो सबसे अधिक प्रमुख होकर सामने आया। और कुछ नहीं तो कम से कम इन सब के कारण 'नयी कविता' की बहुत सी प्रतियाँ बिक गयीं। अतः ऐसे अप्रत्याशित सहयोग एवं उपकार के लिए भी यदि मैं आभार प्रकट न करूँ तो निश्चय ही अकृतज्ञता होगी। अपने इस पवित्र कर्तव्य का पालन करने के बाद ही मैं अपने को ऐसी स्थिति में पाता हूँ कि नयी कविता के सम्बन्ध की कतिपय मौलिक समस्याओं की ओर संकेत कर सकूँ।

मैं कविता को मानवीय चेतना की अर्थपूर्ण अभिव्यक्ति का श्रेष्ठतम रूप मानता हूँ। उसे मनुष्य मात्र की मातृभाषा कहा गया है। जीवन के गहन से गहन पहलुओं तक उसकी व्याप्ति है। इसीलिए जीवन की अतल गहराइयों में होने वाले परिवर्तनों की छाया साहित्य में सबसे पहले कविता पर ही पड़ती है। युग-मानस के सूक्ष्मतम आवर्तनों-विवर्तनों का परिचय शब्दों, अर्थों, भावों और विचारों के नये संतुलन से मिलता है। कविता ऐसे प्रत्येक संतुलन के साथ नयी होती रही है। आज जो संतुलन घटित हो रहा है वह अब तक होने वाले संतुलनों की अपेक्षा अधिक तलस्पर्शी, अधिक मौलिक है, क्योंकि मानव व्यक्तित्व को इतना अधिक महत्व किसी युग में नहीं मिला और न उसके आगे मानवता के सामूहिक निर्माण और विनाश का प्रश्न ही इससे अधिक उग्र होकर आया। किसी बाह्य शक्ति के स्थान पर अपना भाग्य विधाता वह स्वयं है और उसके निर्णयों के साथ समस्त मानवता का भविष्य जुड़ा हुआ है, इस बोध ने उसे नया व्यक्तित्व प्रदान किया है और मन के सूक्ष्म स्तरों तक ले जाकर कदाचित् इसी बोध ने व्यक्ति-व्यक्ति के बीच की दूरी को भी बढ़ा दिया है। व्यक्ति की इस महत्ता के साथ-साथ एक व्यापक सामाजिक दायित्व का उदय इस युग की सर्वप्रमुख विशेषता कही जा सकती है। व्यक्तित्व का घेरा इतना अधिक फैल गया है कि सम्पूर्ण मानवता के क्षय और जय की समस्या उसके अपने जीवन और मरण की समस्या बन गयी है फलतः आज के नये साहित्य का यह विचित्र विरोधाभास है कि यह अनुभूति में व्यक्तिनिष्ठ होकर भी उद्देश्य और दृष्टिकोण में अधिकाधिक सामाजिक होता जा रहा है। सामाजिकता जब कृत्रिम रूप से कवि के व्यक्तित्व पर आरोपित की जाती है तो मायकाव्स्की की तरह वह आत्महत्या कर लेता है। नयी दिशा में चलने वाला आज का एक तरुण कवि भी कुछ ऐसा ही सोचता है— 'बिक जाने के प्रथम मरण की गोद वरूँगा।' अब कवि न राजाश्रय प्राप्ति के लिए 'आखर' जोड़ता है और न किसी धार्मिक सम्प्रदाय के आगे आत्मसमर्पण करके ईश्वर, गुरु या देवता की कृपा अर्जित करने के लिए 'पद' रचता है। राजनैतिक मतवादों के पारस्परिक संघर्ष की छाया उसके मानस पर अवश्य पड़ती है, किन्तु आज काव्य-प्रेरणा का मूल—स्रोत उसकी अपनी चेतना है, जिसका समर्पण यदि होता है तो जीवन के सहज

सत्य के आगे ही होता है। कविता इसीलिए रूढ़िगत न होकर व्यक्तिगत हो गयी है किन्तु जैसा निर्दिष्ट किया जा चुका है कवि का व्यक्तित्व स्वयं विस्तृत एवं समाजोन्मुख होता जा रहा है अतः कविता में भी वैसे ही संस्कार व्यक्त हो रहे हैं। परिवर्तित स्थिति और मानव-व्यक्तित्व के महत्व को आज का जागरूक कवि अपने भीतर बराबर अनुभव करता है। स्टीफेन स्पेंडर की कविता 'ट्रायल ऑफ ए जज' में उच्चतर नैतिकता का आग्रह, फैज की नज्म 'मुझसे पहले सी मोहब्बत मेरे महबूब न माँग' में अतिरिक्त दायित्व के प्रति सजगता और अज्ञेय की कविता 'आज तुम शब्द न दो न दो' में दृढ़ संकल्प शक्ति मिलती है। इन और इन जैसी अन्य अनेक कविताओं से देश, विदेश में सर्वत्र काव्य के बदलते हुए स्वर को पहचाना जा सकता है। शायद ही किसी युग में कवि इतना चिंता-ग्रस्त रहा हो। जीवन के शोभन-अशोभन, शिव-अशिव सभी पक्षों तक उसकी दृष्टि जाती है इसीलिए आज कविता उसके लिए मात्र आनंद की वस्तु न होकर और भी कुछ है। नयी कविता में क्षोभ व्यंग्य और कर्कशता को देखकर कुछ काव्य रसिक उदास हो जाते हैं। उन्हें सोचना चाहिए कि जब जीवन के अंग होने के कारण काव्य में जुगुप्सा, शोक, क्रोध और भय आदि विकर्षणात्मक भाव भी ग्राह्य हो सकते हैं और रस की सृटि कर सकते हैं तो क्षोभ आदि को ही क्यों अग्राह्य माना जाये। मराठी के कुछ रस-विवेचकों ने 'प्रक्षोभ रस' की कल्पना की भी है। वस्तुतः इस तरह से सोचने के लिए एक व्यापक दृष्टिकोण की आवश्यकता होती है जो प्रायः कम मिलता है।

चेतना की परिधि के विस्तार तथा कवि-व्यक्तित्व के विकास एवं स्वातन्त्र्य का परिणाम काव्य के रूप पर पड़ना अनिवार्य है और उचित भी, क्योंकि रूपविधान सदा युग विशेष की मनःस्थिति को प्रतिबिम्बित करता आया है। वैदिक साहित्य के छंद संस्कृत के महाकाव्यकालीन छंदों की अपेक्षा अधिक उन्मुक्त और अधिक ऋजु प्रकृति के थे। सामंती संस्कारों और स्मृतियों की व्यवस्था से पग-पग पर नियोजित परवर्ती समाज के छंद, गण-विधान से युक्त अतिव्यवस्थित वृत्तों के रूप में सम्मुख आये। संस्कृत वृत्तों में जो तुकान्त का अभाव मिलता है वह आज की सी स्वतन्त्रता की मनोवृत्ति का परिणाम नहीं था, क्योंकि जहाँ अक्षर-अक्षर का गुरुता-लघुता-मूलक क्रम तक निर्धारित हो वहाँ तुक का होना न होना कोई विशेष अर्थ नहीं रखता। इसका यही तात्पर्य हो सकता है कि उस युग में जीवन किसी एक छोर पर न बँध कर सम्पूर्ण रूप में बँधा हुआ था। प्राकृत-अपभ्रंश के साहित्य में लोकव्यापी जीवन की तरलता से जिन छंदों की सृष्टि हुई उनमें संगीतात्मकता एवं समवेत-गायन की प्रवृत्ति से उत्पन्न गेयता विशेष परिलक्षित होती है इसीलिए उनमें तुक का विधान है। अन्य अंशों में वे लोक जीवन की प्रवहमानता को सहज अभिव्यक्ति प्रदान करते हैं। आधुनिक युग तक कुछ परिवर्तनों के साथ मुख्यतया यही मात्रिक-गेय रूपविधान चलता रहा। अब नवीन परिस्थितियों के आक्षेप से वह झूठा पड़ने लगा है। परंपरागत अनुर्वर तथा कुंठित माध्यम से नवीन अनुभूतियों को अधिक समय तक व्यक्त नहीं किया जा सकता। इसीलिए कविता से विभिन्न प्रकार के जटिल बन्धन क्रमशः दूर होते जा रहे हैं। आभ्यंतरिक रूप से जब कवि भाव-स्वातन्त्र्य का अनुभव करने लगा है तो बाह्यतः इन कृत्रिम बन्धनों को वह आवश्यकता से अधिक प्रश्रय नहीं दे सकता। पंतजी ने एक युग-द्रष्टा की तरह छायावाद काल में ही 'युगवाणी' के 'अयास' बहने की घोषणा कर दी थी, तब जब कि 'छंद के बंध' और 'प्रास के रजतपाश' पूरी तरह खुल भी नहीं

पाये थे। आज खुलने के स्थान पर वे चरमराकर टूट रहे हैं। छंदों की नपी तुली एकस्वरता (Monotony) के विपरीत विविधता और विषमता यहाँ तक कि विश्रृंखलता भी आने लगी है। संगीतात्मकता और गेयता के प्रति भी एक प्रकार की प्रतिक्रिया प्रारम्भ हो गयी है, यद्यपि 'Four Quartets' और 'तार सप्तक' का रूपक संगीत के क्षेत्र से ही लिया गया है। यह स्थिति विश्वव्यापी है इसीलिए इसे युग के मानसिक परिवर्तन से ही सम्बद्ध करना होगा। नयी कविता का रूप-विधान भी नयी मनः-स्थिति के अनुरूप नया संतुलन खोजता हुआ विकसित हो रहा है। जिस प्रकार आज के जीवन में अनावश्यक बंधनों एवं विधिनिषेधों के प्रति अरुचि दिखाई देता है उसी प्रकार छंद-विधान में भी स्वतन्त्रता का आग्रह अधिकाधिक व्यक्त हो रहा है। कथ्य की शक्तिमत्ता और महत्ता के साथ कथन की यथासंभव अकृत्रिमता इस युग की कविता की एक विशेषता कही जा सकती है। कृत्रिमता से मुक्ति पाने की वृत्ति ने ही कदाचित् नयी कविता को कुछ अंशों में गद्य के समीप ला दिया है किन्तु इसका अर्थ यह नहीं है कि कवि-कर्म सरल हो गया है। वस्तुतः अकृत्रिम-रूप-विधान अधिक कलात्मक दायित्व की अपेक्षा रखता है क्योंकि उसमें मुख्य भाव-वस्तु की कमजोरी को आच्छादित करने के उपकरण कम से कम होते हैं। कदाचित् इसीलिए कहा गया है 'गद्यं कवीनां निकषं वदन्ति'। (नयी कविता के प्रसंग में संस्कृत का उद्धरण देखकर भड़कने वाले कृपया क्षमा करें।) यहाँ यह भ्रान्ति किसी को नहीं होनी चाहिए कि नये कवि, कविता से पद्य का बहिष्कार करके उसे गद्य बनाना चाहते हैं। वास्तव में कविता गद्य और पद्य दोनों से ऊपर है। जिस तरह गद्य और कविता में अंतर है उसी प्रकार पद्य और कविता में भी भेद है। पद्य में लिखा हुआ सभी कुछ कविता नहीं हो जाता। बी० बी० सी० से प्रसारित और 'एनकाउंटर' में प्रकाशित एक परिसंवाद में जेम्स स्टीफेन्स और डिलेन टॉमस जैसे पाश्चात्य कवियों ने भी इस तथ्य की ओर संकेत किया है। यदि कहा जाये कि पद्य कविता की सबसे पुरानी और सबसे बड़ी रूढ़ि है तो अत्युक्ति न होगी। निराला जी ने इसे झकझोर दिया था। नयी कविता इसे तोड़ कर आगे बढ़ रही है इसीलिए इतना हाहाकार मच रहा है। वह पुरातन राजसी जड़ाऊ रूप-सज्जा को छोड़कर अब सहज वेश में प्रकट हो रही है। पद्य की आवश्यकताएँ और मर्यादाएँ भावों के अनुरूप ही हों यह आवश्यक नहीं है। प्रत्येक कवि इस सत्य से परिचित है कि जहाँ छंद-प्रवाह तन्मयता उत्पन्न करके भावों को सँवारता है, अप्रत्याशित उपलब्धियाँ कराता है वहाँ बहुत से शब्द छंद-निर्वाह, पाद-पूर्ति और तुकान्त के लिए भी लाने पड़ते हैं। छंद में ढालते-ढालते भाव का रूप कुछ का कुछ हो जाता है। पद्य-रचना एक कौशल है जिसका प्रदर्शन मध्ययुगीन कवियों के लिए गौरव की बात थी, किन्तु आज वह कोई इतनी बड़ी वस्तु नहीं रही कि उसके लिए मूल कथ्य को विकृत हो जाने दिया जाये। नया कवि पद्य, छंद और तुक को रूढ़िबद्ध रूप में ग्रहण न करके आवश्यकतानुसार इनका प्रयोग करना चाहता है। उसका आग्रह अनुभूति की सचाई और अभिव्यक्तिगत ईमानदारी पर अधिक है। इसीलिए वह ऐसे काव्य-रूप को अपनाता है जो उसके कथन की प्रकृति के अनुरूप हो अथवा जिससे उसके मन की संगति स्थापित हो, वास्तविक सौंदर्य भी बाह्य -संगति में न रह कर आन्तरिक-संगति में ही निहित रहता है। कविता के लिए मैं लय को अनिवार्य मानता हूँ। लय से ही संगीतात्मकता उत्पन्न होती है और छंद की भी सृष्टि होती है। किन्तु लय शब्द की ही नहीं अर्थ की भी हो सकती है।

आज जब कविता इस अर्थ की लय को पकड़ कर चलती है तो छंद का स्थूल रूप पीछे छूट जाता है। जो उसके लयात्मक अर्थ-तत्व पर ध्यान नहीं देते उन्हें वह गद्य में ही लिखी प्रतीत होने लगती है। कुछ को तो मुक्त छंद भी गद्य जान पड़ता है। आज यदि कवि नयी अभिव्यंजना-शक्ति लाने के लिए नये रूपों की ओर झुक रहा है तो यह आरोप करना कि पद्य-रचना करने में वह अशक्त है, उसके प्रति अन्याय करना है, क्योंकि वह उस मार्ग पर चलने के बाद ही नयी दिशा की ओर मुड़ा है। उसका सारा त्याग किसी उपलब्धि के लिए है, यदि वह उपलब्धि नहीं होती तो निश्चय ही उसके प्रयत्न को (प्रयोग को नहीं क्योंकि उसकी तो स्थिति ही तब तक नहीं आती) निरर्थक माना जायेगा। साहित्य-सृजन के विशाल क्षेत्र में नयी संभावनाओं को लाने में थोड़े से प्रयत्नों का निरर्थक जाना कोई बड़ी बात नहीं है, किन्तु इससे यह कभी सिद्ध नहीं होता कि नयी दिशा में लाने का प्रयत्न ही पाप है।

नयी कविता के प्रति मेरा दृष्टिकोण अविश्वास और संदेह का नहीं है। मैं उससे उन तन्तुओं को पाता हूँ जिनके द्वारा अर्थ और भाव को विशेष शक्ति मिलती है। श्री अरविंद के इस विचार में कि भावी कविता (Future poetry) की प्रकृति ऋचा-प्रकृति होगी बहुत कुछ सार प्रतीत होता है। नयी कविता वाणी के पथ को प्रशस्त करती हुई उसी ओर प्रयाण कर रही है, ऐसा मुझे लग रहा है।

नया कवि छंद को सँवारने की अपेक्षा वस्तु-तत्व को व्यवस्थित करने, उसके रूप (Form) को उभारने और अनुभूति के मूल ढाँचे (Structure) को सशक्त बनाने का विशेष प्रयत्न करता है। नाद पूर्ण कोमल शब्दों की संयोजना न करके वह भाव-सत्य एवं विचार-सूत्र को तीव्रता से पकड़े रहने और उसे तीव्रतर बनाने की ओर प्रवृत्त होता है। उदात्तीकरण के स्थान पर वह भावों में घनत्व और तीव्रता (Intensity) लाने की चेष्टा करता है। उसके कथन में इसीलिए सीधापन प्रायः अधिक मिलता है। नयी कविता में बौद्धिकता के तत्व पर मैं अन्यत्र (आलोचना : अंक सात) विचार कर चुका हूँ जिसे यहाँ दोहराने की आवश्यकता नहीं।

कविता के समानान्तर साहित्य और कला के अन्य रूप भी बदल रहे हैं, विशेष रूप से मूर्ति कला और चित्रकला के क्षेत्र में जो परिवर्तन हुए हैं और हो रहे हैं उन्हें देखकर नयी कविता के मर्म को और भी अधिक सूक्ष्मता से समझा जा सकता है।

पद्मसिंह शर्मा के जिस भाषण का अंश प्रारम्भ में उद्धृत किया गया है उसी में उन्होंने एक बहुत ही महत्वपूर्ण बात कही थी और वह यह कि 'छायावाद के नाम से हिन्दी में जितनी कविताएँ प्रकाशित हो रही हैं उनमें यदि एक भी अच्छी कविता है तो उसी एक कविता से हमें छायावाद की परीक्षा करनी चाहिए।' मैं पाठकों के आगे यही प्रस्ताव नयी कविता के सम्बन्ध में करता हूँ। जो अशक्त है उसकी चिंता करना व्यर्थ है वह तो वैसे ही नहीं जियेगा किन्तु जो इतना शक्ति-सम्पन्न है कि युगों पुरानी रूढ़ियों को तोड़ डाले, उसको बिना सोचे समझे उपेक्षित अथवा लांछित करना न केवल अन्याय है वरन् अपराध भी है।

नयी कविता : अर्थ की लय

बात अब बहुत आगे बढ़ आयी है। कई अर्थों में। एक अर्थ वह जो उन लोगों द्वारा ग्रहण किया जाता है जिन्हें पैरों के नीचे से खिसकती धरती का आतंक 'नयी कविता, ह्रास की ओर' जैसे विषयों पर आयोजित आकाशी परिसंवादों में तिनकों का सहारा खोजने के लिए बाध्य करता है अथवा जिनको, नयी कविता की अदम्य अप्रतिहत प्रगति जब किन्हीं अन्य उपायों से रुकती नहीं दिखाई देती तो, राह में ईंट-पत्थर, कील-काँटे, झाड़-झंखाड़ बिछाने में ही आत्मगौरव एवं आत्मसंतोष का अनुभव होता है। दूसरा अर्थ वह जो एक सीढ़ी से दूसरी और दूसरी से तीसरी के क्षिप्र एवं विश्वस्त संतरण की व्यंजना करता है और जिसे वे लोग ग्रहण करते हैं जिन्हें वर्षों से सोयी काव्य-चेतना नयी कविता के रूप में नवोन्मेष और नवसृजन के संकल्पों से आलोकित-आपूरित दिखायी देती है। उगती हुई हर अरुणाभ किरन को मरोड़ते हुए जो सूरज को (पान की तरह) मुँह में दबा रखने के लिए कटिबद्ध हो रहे हैं उन्हें स्मरण रखना चाहिए कि अब यह सूरज प्रभात का नहीं रहा, इसके ललाट से मध्याह्न का तेज फूटने लगा है और अब इसको छूने-मिटाने का साहस 'संकट मोचन' पवनपुत्र ही नहीं बनायेगा, वह वर्षों तक गुफावास करने के लिए झुलसे पंखों वाला क्षुधा-जीर्ण संकटग्रस्त संपाती भी बना कर छोड़ सकता है।

कुछ नामभीरु धनुर्धरों ने मन-ही-मन नयी कविता के पुतले जलाये, पर जब उससे भी वह दिवंगत नहीं हो सकी तो उसे व्याकरण के बाणों से क्षत-विक्षत करने का संगठित प्रयत्न किया। नयी कविता फिर भी अक्षत रही क्योंकि बाद में पता चला कि उनके वे सारे धराऊ शर कुंठित ही नहीं कुंठाजात भी थे।

यह मानना होगा कि नयी कविता ने युगों बाद प्रखर ओजस्विता के साथ इस प्रश्न को एक बार फिर से उठा दिया है कि काव्य की आत्मा क्या है? कौन सा वह तत्व है जिसके होने से शब्दार्थ 'कविता' बन जाता है? 'अलंकार', 'रीति', 'वक्रोक्ति' और 'ध्वनि' के समाधान खंड-सत्य को अथवा सत्य के परिपार्श्व को ही व्यक्त करते हैं। रस भी आज कदाचित् अन्तिम उत्तर स्वीकार नहीं किया जा सकता। यह सारे समाधान मध्ययुगीन चिन्ता-धारा से उत्पन्न हुए हैं अतः स्वाभाविक रूप से इनसे मनुष्य के प्रति वही दृष्टिकोण अन्तर्निहित है जो मध्यकाल के जीवन की प्रकृति के अनुरूप संभव था। अलंकार, रीति और वक्रोक्तिपरक समाधान उस युग की विलासमूलकता तथा कौशलप्रियता को विशेष प्रतिबिम्बित करते हैं अतः मानवीयता का अंश इनमें कम है। ध्वनि-मत प्रायः तटस्थ है यद्यपि वह मानवीय अर्थ-चेतना की ओर गंभीर संकेत करता है। रसपरक समाधान इन सब की अपेक्षा कहीं अधिक मानवीय है परन्तु जहाँ एक ओर वह अलौकिक आनन्दानुभूति का पोषक है वहाँ अनिवार्य रूप से उसकी स्थिति भावावेग के समक्ष बौद्धिक चेतना को उपेक्षित अथवा पराजित माने बिना संभव नहीं होती। बुद्धि की

क्रियाओं पर आवरण डालकर चित्तवृत्ति को स्थायी भाव से सम्पृक्त करके चरम आनन्द की दशा तक ले जाना उसकी प्रक्रिया का निश्चित रूप माना गया है। आज के सजग बौद्धिक-चेतनाशील मनुष्य को बिना विचारों का परितोष प्राप्त किये इस प्रकार आदिम संवेग से विगलित हो जाने में आनन्द की ही नहीं पराजय की भी अनुभूति हो सकती है और शायद कभी-कभी होती भी है। कम से कम इतना तो निर्विवाद सत्य है कि वह एकान्त क्षणों में अपने चित्त को द्रवित करने वाली कला-कृति के नैतिक-मूल्य के प्रति सजग होकर, व्यापक सामाजिक परिवेश में अपने को रखकर विचार करते हुए, उसके पुनर्मूल्यांकन के लिए आत्मप्रेरणा से अब स्वयं बाध्य होता है। परिणाम यह निकलता है कि अपने इस नये उलझाव के कारण वह पूर्णतया आनन्द से अभिभूत नहीं हो पाता। कुछ अवस्थाओं में उसे अपना पूर्वमत बदलना पड़ जाता है तथा विकसित बौद्धिकता के कारण ही वे कलाकृतियाँ जो कभी उसे सहज ही रस-प्लावित करने में सक्षम होती रहीं, वैसा प्रभाव पुनः उत्पन्न करने में असमर्थ सिद्ध होने लगी हैं। ऐसी दशा में उसे प्रतीत होने लगता है कि जैसे रस उसी मनुष्य के लिए काव्य का अन्तिम समाधान हो सकता है जो आज के वैज्ञानिक युग की चेतना से सर्वथा असम्पृक्त रहा हो, जिसे संवेग के आगे अपने बौद्धिक व्यक्तित्व की पराजय से क्षोभ न होता हो, जो यथार्थ से विमुख होकर मात्र भावुकता के आवेश से कल्पना-लोक का प्राणी बनने में ही जीवन की सार्थकता समझता हो। आज के युग के बुद्धिजीवी मनुष्य के लिए यह संभव नहीं है कि वह यथार्थ की उपेक्षा कर दे या संवेग से पराजित सौन्दर्य-बोध से पूरी तरह अपना समझौता कर ले। उसे अब ऐसे सौन्दर्य-बोध की अपेक्षा होने लगी है जिसमें उसकी भावात्मक सत्ता के साथ-साथ उसके बौद्धिक व्यक्तित्व का भी संतुलित समावेश हो। बिना किसी प्रकार की पराजय एवं क्षोभ के वह अपनी सम्पूर्ण चेतना को आस्वादन से पूर सके। इसे एक दृष्टि से नये स्तर पर रसास्वादन की प्रतिष्ठा कहा जा सकता है और दूसरी दृष्टि से नये सौन्दर्य-बोध का उदय। नयी कविता इसी नये सौन्दर्य-बोध के आविर्भाव और आग्रह की सृष्टि है। उसमें कला को मात्र मनोरंजन का साधन न मानकर मानवीय धरातल पर ग्रहण करते हुए उसे मानव व्यक्तित्व के निहित एवं अकृत्रिम रूप की खोज में प्रवृत्त किया जा रहा है। वर्तमान युग की परिस्थितियों को देखते हुए यह सही दिशा कही जा सकती है। विचार-संयुक्त भावाभिव्यक्ति द्वारा मानव-व्यक्तित्व के प्रति अधिक से अधिक आत्म विश्वास उत्पन्न हो, यही आज की कविता और कला का वास्तविक लक्ष्य है। स्त्री-शूद्र की भर्त्सना और जर्जर वर्ण-व्यवस्था की तद्वत पुनः संस्थापना के उद्देश्य से प्रेरित होकर लिखी गयी परम रसात्मक कविता भी आधुनिक चेतना से युक्त भारतीय 'सहृदय' को असम्पृक्त अथवा खिन्न छोड़ जायेगी यह एक कटु सत्य है। फिर यदि यह कहा जाता है कि 'Your modern poet does expect you to use your brains' अथवा 'A monstrous new conception of poetry, which requires one to think before one can begin to enjoy' तो इसमें कौन सा अपराध है।

अर्थ की लय का प्रश्न नयी कविता को रूप-विधान से सम्बन्ध रखता है। पिछले अंक में इसका संकेत मात्र करके छोड़ दिया गया था। लय के अभाव का उद्घोषण करके

---

1. *Cilkes—Introduction to modern Poetry*, पृष्ठ, *100*

नयी कविता पर वज्र-प्रहार करने की वृत्ति अभी कम नहीं हुई है इसीलिए यहाँ इस समस्या को कुछ विस्तार के साथ उठाया जा रहा है। वस्तुतः विरोधी पक्ष को जब अपने और सारे तर्क झूठे पड़ते दिखाई दे रहे हैं तो वह इसी 'सींक के बाण' को मन्त्र पढ़-पढ़ कर ब्रह्मास्त्र बनाने के लिए कटिबद्ध हो रहा है।

'शब्द' और 'अर्थ' तत्वतः पृथक् सत्ता रखते हैं। संगीत में शुद्ध 'शब्द' ध्वनि में एवं नाद रूप में ग्रहीत होता है—अर्थ से असम्पृक्त, निरपेक्ष। इसी प्रकार लिपि में तथा अन्य संकेत-विधियों में 'अर्थ' शब्द-निरपेक्ष होकर अवतरित होता है। शब्द श्रवणीय है, अर्थ बुद्धि-ग्राह्य। वाणी एवं साहित्य में ही आकर शब्द और अर्थ दोनों अन्योन्याश्रित, असम्पृक्त तथा अभिन्न अवस्था प्राप्त करते हैं। शब्दार्थ के युगनद्ध एक-प्राण हो जाने में ही साहित्य की सार्थकता है। 'वागर्थाविवसम्पृक्तौ' तथा 'गिरा अरथ जल-बीचि सम' जैसी उक्तियाँ केवल साहित्य अथवा काव्य को लक्षित करके ही लिखी गयी हैं।

'लय' गति और यति के पारस्परिक संघात से निष्पन्न होती है। यति विरामात्मक एवं कालसापेक्ष होती है अतएव लय भी तात्विक दृष्टि से आवृत्तिमूलक और कालसापेक्ष सिद्ध होती है। 'लय तत्व आणि संगीत' शीर्षक लेख में मराठी विचारक अरविंद मारूळकर ने इस तथ्य की ओर स्पष्टता से निर्देश किया है।[1] उन्होंने लय-तत्व को अमूर्त, स्वयंभू और स्वतन्त्र मानते हुए उसकी एक अत्यन्त महत्वपूर्ण विशेषता 'संभरण शक्ति' (Power of integration) की ओर भी निर्देश किया है। कविता तथा अन्य ललित कलाओं में लय तत्व की इतनी महत्ता वस्तुतः उसकी इसी शक्ति के कारण रही है। कलाकृतियों के प्रभाव का विश्लेषण करने पर उसका एक महत्वपूर्ण गुण और लक्षित होता है और वह है अपने क्रमिक संस्पर्श से भावावेग को उद्दीप्त करने की क्षमता। सूक्ष्म अध्ययन के द्वारा लय-तत्व का जीवन से बहुत अधिक घनिष्ठ सम्बन्ध प्रमाणित होता है। उसकी व्याप्ति चेतना के क्षेत्र में बहुत गहरी है। हृद्गति, श्वास-प्रश्वास, ऋतु-चक्र, दिन-रात आदि का अनुभव तो क्रमिक रूप से होता ही है, जीव-विज्ञान में जैविक-शक्ति के साधारण क्रिया-कलाप में भी वैज्ञानिकों को लयात्मक रूप 'पैटर्न' की स्थिति परिलक्षित होती है। मानव मस्तिष्क की प्रक्रिया भी लय युक्त सिद्ध हुई है।

शब्दार्थमयी कविता का इस लय-तत्व से जन्मजात सम्बन्ध है जो मूलतः इतना घनीभूत एवं व्यापक है कि लय को कविता का एक अनिवार्य अंग स्वीकार किये बिना उसके सम्पूर्ण स्वरूप की व्याख्या करना कठिन होता है। कविता की उत्पत्ति क्यों होती है यह कहना कठिन है पर इतना तो सहज ही स्वीकार किया जा सकता है कि वह मनुष्य के भाव-संवलित, संवेदनापूर्ण एवं आवेगयुक्त विशिष्ट क्षणों में ही बीज रूप से जन्म लेती हैं और बाद में बीज का फूलना, फलना, विकंसना भी प्रायः एक प्रवाह के आश्रित रहता है। 'प्रवाह' शब्द में जो कल्पना निहित है उसके सहारे कविता के रचना-विधान की प्रकृति को और भी सूक्ष्मता से समझा जा सकता है। जहाँ तीव्र गति होती है और साथ ही गहराई भी वहाँ स्वाभाविक रूप से आवर्तन-विवर्तन की प्रक्रिया उत्पन्न हो जाती है।

---

1. लय काल सापेक्ष असते, कारण लयीमधील विराम विराल कालतत्वानुसारी असतात—छंद, जून 56, पृ० 208

लय की कविता के साथ आवयविक समन्विति इसीलिए होती है कि वह अर्थात् कविता मानव हृदय की गहराई और भाव-संवेगों की, विशिष्ट क्षणों में आन्तरिक रूप से परिचालित, गति का प्रतिफलन है। यदि यह स्थापना सही है तो निश्चय ही इस 'गहराई से युक्त गतिशीलता' का स्वरूप उस शब्दार्थ में अवश्य ही लक्षित होना चाहिए जो उसका अनिवार्य धारक और माध्यम है। शब्द में लय की स्थिति तो परम्परा से मान्य रही है, 'छंद' उसी का नियोजित रूप है पर अर्थ की लय की ओर बहुत कम लोगों का ध्यान गया है। कविता की रचना-प्रक्रिया के सम्बन्ध में कवियों तथा समीक्षकों ने यत्र-तत्र जो कुछ कहा है उसी में इसके कुछ सूत्र मिलते हैं।

कविता में शब्द और अर्थ के पारस्परिक सम्बन्ध तथा लय की समस्या पर अंग्रेजी के प्रख्यात आलोचक आई० ए० रिचर्ड्स ने महत्वपूर्ण विचार व्यक्त किये हैं। 'काव्य में लय केवल शब्द तक सीमित नहीं है। पढ़ने वाले पर उसका प्रभाव अर्थ के साथ संयुक्त होकर पड़ता है अतएव बिना अर्थ का विचार किये अच्छी बुरी लय का अंतर कविता में नहीं किया जा सकता' और 'शब्द की लय, विचार करने पर, अन्ततः भाव और अर्थ की समष्टि में ही पहचानी जाती है जिसमें हमारी मानसिक चेतना की लय समाहित रहती है' उनकी यह तथा ऐसी अन्य धारणाएँ 'अर्थ की लय' की स्थापना के लिए सम्यक् आधार प्रस्तुत करती हैं।[1] प्रो० रिचर्ड्स ने अनेक मनोरंजक उदाहरण देकर यह सिद्ध कर दिया है कि यद्यपि शब्द की लय में अपने अनेक गुण हैं तथापि यह सोचना घातक है कि बिना अर्थ के साथ घनीभूत संगति प्राप्त किये कविता के लिए उनकी, अपनी कोई स्वतन्त्र सार्थकता है। उन्होंने श्रेष्ठ काव्य में शब्दार्थ के सहयोग के अतिरिक्त एक ऐसी स्थिति की भी कल्पना की है जहाँ शब्द और अर्थ पारस्परिक घात-प्रतिघात के प्रभाव में विशेषता उत्पन्न करते हैं। टी० एस० इलियट ने 'संगीतात्मक कविता' की परिभाषा बताते हुए उसमें ध्वनि लय के अतिरिक्त अर्थ के भी लयात्मक रूप (a musical pattern of sound and a musical pattern of the secondary meanings of the words) की सत्ता मानी है साथ ही दोनों की अभिन्नता का भी प्रतिपादन किया है।[2] 'Making of a Poem' में स्टीफ़ेन स्पेंडर ने अपने अनुभव के आधार पर कविता की

---

1. '....The difference between good rhythm and bad is not simply a difference between certain sequence of sounds, it goes deeper, and to understand it we have to take note of the meanings of the words as well.'

   '...The rhythm which we admire, which we seem to detect actually in the sounds, and which we seem to respond to, is something which we only *ascribe* to them and is, actually, a rhythm of the mental activity through which we apprehend not only the sound of the words but sense and feeling.'

   —PRACTICAL CRITICISM, पृष्ठ 227 तथा 229

2. *Selected Prose*, पृष्ठ, 60

रचना-प्रक्रिया का विश्लेषण करते हुए इस तथ्य का स्पष्ट निरूपण किया है कि 'काव्य-रचना के क्षणों में जिस शब्द-संगीत को साधने का उपक्रम करता हूँ वह कभी-कभी मुझे शब्दों से परे ले जाता है जहाँ मुझे केवल लय का, एक नृत्य का, एक तीव्र ऊर्जा का अनुभव होता है जो प्राय: शब्द-शून्य होता है।[1]

हर्बर्ट रीड ने आधुनिक कविता के 'रूप' का सूक्ष्म विश्लेषण करते हुए उसके दो भेद माने हैं—एक 'आवयविक रूप' (Organic Form) और दूसरा 'अमूर्त रूप' (Abstract Form)। पहला कविता के मूल ढाँचे और वस्तु (Structure and Content) के रचनात्मक आवयविक संगठन की सिद्धि है जिसके अपने निहित नियम होते हैं तथा दूसरा इसी रूप के आवर्तन से उद्भूत होता है। कविता के शब्दार्थ की विविध संगतियों, लयों की ओर इन दोनों भेदों में भी गूढ़ संकेत है जिसे ग्रहण कर लेना किसी विचारशील व्यक्ति के लिए कठिन नहीं है।[2] काव्य की मन:स्थिति के वाहक शब्द (अर्थयुक्त) ही हैं और वही लयबद्ध होकर उसकी सघनता को धारण करते हैं, इसकी ओर भी हर्बर्ट रीड ने इंगित किया है।[3] हॉपकिंस की 'Running Rhythm' और 'Sprung Rhythm' की मान्यता पर विचार करते हुए उन्होंने एमर्सन की अन्तर्दृष्टि से युक्त, एक उक्ति का उल्लेख किया है जिसमें कहा गया है कि कविता की सृष्टि छंद से नहीं होती वरन् उस सहज आवेगपूर्ण सजीव विचार से होती है जिसमें अपना स्वयं का आवयविक संगठन होता है। छंद तो इस प्रक्रिया का एक स्थूल परिणाम मात्र है।[4] इसी प्रकार जी० एच० लीविस ने 'The Inner Life of Art' में कविता और लय के घनिष्ठ मौलिक सम्बन्ध का निर्देश करते हुए शब्दों की लय के समानान्तर भावनाओं की लय की स्थिति भी स्वीकार की है।[5] कविता में यही भावनाओं की लय प्रकारान्तर से अभिव्यक्त होकर 'अर्थ की लय' का रूप धारण कर लेती है, उक्त कथन में सरलता से इतना और जोड़ा जा सकता है। इस क्रम में और भी अनेक काव्य-चिंतकों के मत उद्धृत किये जा सकते हैं पर मैं समझता हूँ कि 'अर्थ की लय' सम्बन्धी मूल स्थापना की आधार-भूमि का आभास देने के लिए इतने पर्याप्त है। जिस प्रकार ध्वनि अथवा शब्द-खंडों का फिर -फिर कर आना क्रमिक रूप से लय के विभिन्न प्रकारों को जन्म देता है उसी प्रकार अर्थ-खंडों का क्रमिक, ग्रथित आवर्तन-प्रत्यावर्तन अर्थ की लय के विविध रूपों की सृष्टि करता है। शब्द की लय की जितनी विधाएँ कविता में व्यवहृत होती हैं उनसे कई गुनी अधिक

---

1. *The Creative Process*, पृष्ठ 124
2. *Form in Modern Poetry*, पृ० 9
3. *Form in Modern Poetry*, पृ० 44-45
4. *Form in Modern Poetry*, पृ० 57
5. Rhythm then is not a thing invented by man but a thing evolved from him, and is not merely the accidental form, but the only possible form of poetry; for there is a rhythm of feeling correspondent in the human soul.

   —*Anthology of Critical Statements*, पृ० 182.

विधाएँ अर्थ की लय की रही हैं; केवल उनके पूरे स्वरूप को पहचानने का प्रयत्न अभी तक नहीं किया गया है। अनेक प्राचीन अर्थालंकारों की स्थापना लयाश्रित है। लक्षणा-व्यंजनादि अनेक शब्द-शक्तियों के संश्लिष्ट व्यापार से अगणित अर्थों की निष्पत्ति साहित्य में मानी गयी है जो यथार्थ है। उनके लयात्मक समन्वय के बहुसंख्यक प्रकार और प्रभेद हो सकते हैं यह सोच लेना कठिन नहीं है पर आज मध्यकालीन शैली में भेदोपभेदों का जाल रच देना कविता के लिए उपादेय नहीं होगा। आवश्यकता मूलतत्व के पहचानने और ग्रहण करने की है। यह बलपूर्वक कहा जा सकता है कि 'अर्थ की लय' की कल्पना साधार है।

वस्तु भावावेगपूर्ण हो और रूप-विधान पर उसका कोई प्रभाव न पड़े यह अपने सहज क्रम में असम्भव है। साधारण वार्तालाप प्रायः ऋजु गति से चलता है पर भावावेग से युक्त कथन में तथा आवेशपूर्ण भाषण में अर्थ-खंडों की आवृत्ति स्वाभाविक रूप से होने लगती है। अगर यह सही है तो कविता की गहन प्रगाढ़ अनुभूति कथन को गद्य की साधारण ऋजुता की स्थिति में कैसे छोड़ सकती है। पर इसका विलोम सत्य नहीं है। कथन की भंगिमा कृत्रिम रूप से बदलने अथवा आरोपित करने से वास्तविक अनुभूति की व्यंजना संभव नहीं है। वह तो उसका मात्र बनावटीपन ही व्यक्त कर सकती है। गहरी वेदना से निकले हुए आँसुओं और प्याज़ लगा कर निकाले गये आँसुओं में अन्तर करना ही होगा। लय का काव्यापेक्षित रूप यदि अपनी तात्विक संगति रखता है तो वह न कभी कृत्रिमता उत्पन्न करेगा और न एकस्वरता। कविता का जो आधार आन्तरिक और तात्विक होता है वह पंक्तियों को तोड़-तोड़ कर लिख देने या उन्हें एक साथ गद्य की तरह छाप देने से कभी नष्ट नहीं हो सकता और यदि होता है तो उसे तात्विक कहना एक विडम्बना मात्र होगी। 'अर्थ की लय' एक ऐसी वास्तविकता है जिसका लोप छापने या लिखने की बाह्य विधि से संभव नहीं है।

और भी दो एक बातों का स्पष्टीकरण और आवश्यक है। कुछ लोगों की धारणा है कि छंदात्मकता अर्थात् शब्द की लय कविता को अतिरिक्त शक्ति प्रदान करती है। कुछ दूर तक यह बात सही भी है, क्योंकि ध्वनि का एक दिशा में सुनिश्चित प्रभाव होता है और भावों को जागरित अथवा मूर्च्छित करने में उसकी सामर्थ्य प्रायः निर्विवाद है परन्तु यहाँ यह स्मरण रखना चाहिए कि संगीत से कविता की स्थिति और प्रकृति भिन्न है। जैसा प्रारंभ में कहा जा चुका है संगीत में अर्थ-तत्व या तो होता ही नहीं और यदि गेय पदों अथवा गीतों के अन्तर्गत होता भी है तो उसकी गौणता सुनिश्चित है। कविता अपने मूलरूप में अर्थ-प्रधान है और संगीत-तत्व अथवा शब्द-लय को वहीं तक ग्राह्य माना जायेगा जहाँ तक वह काव्यार्थ को प्रस्फुटित करने में सहायक सिद्ध हो अन्यथा यदि वह कविता को आन्तरिक शक्ति प्रदान करने के स्थान पर उसके अर्थ को आच्छादित अथवा कुंठित करती है तो उसे असंदिग्ध रूप से अनपेक्षित मानना होगा। कविता को केवल शब्द-लय के सहारे पढ़ने वाला बहुत कुछ खो देता है इसके विपरीत सही पाठ-विधि उसके सूक्ष्म भावों तथा सांकेतिक अर्थों को उभारने में काफ़ी सहायक होती है। यह पाठ-विधि छंद की तरह जड़ मात्रिक क्रम से नियोजित न होकर स्वर के आरोह-अवरोह पर आश्रित रहती है जिसका निश्चय अर्थ की लय करती है। नयी कविता में शब्द-लय और छंद का इसी दृष्टि से ग्रहण हो रहा है फलतः उसका रूप बहुत सी प्रचलित परम्परागत

कविता से भिन्न दिखाई देता है। इसका तात्पर्य यह नहीं है कि वह कविता नहीं है वरन् यह होना चाहिए कि वह अधिक सही अर्थ में कविता है। अर्थ की लय असंयमित रूप से प्रयुक्त होने पर अन्य प्रकार की अर्थ-विकृतियाँ उत्पन्न कर सकती है, परन्तु अर्थ को आच्छादित वह कभी नहीं करती है। प्रश्न किया जा सकता है कि क्या यह तथाकथित 'अर्थ की लय' विरामादि विभिन्न चिह्नों (Punctuation marks) से स्वतन्त्र सत्ता रखती है? उत्तर होगा स्वतन्त्र सत्ता रखती है, क्योंकि इन चिह्नों के लिए आवश्यक नहीं है कि वहीं प्रयुक्त हों जहाँ अर्थ के आवर्तन-प्रत्यावर्तन का कोई रूप हो ही जब कि लय में इस रूप का किसी न किसी प्रकार होना अनिवार्य है। एक कारण यह भी है कि ये चिह्न 'अर्थ को स्पष्ट' करने के लिए प्रयुक्त होते हैं, अर्थ का अंग नहीं होते और अर्थ की लय अर्थ की ही एक आवयविक संगति होती है। लय के शब्दात्मक और अर्थात्मक दो रूपों के प्रतिपादन का तात्पर्य कविता के क्षेत्र में शब्द और अर्थ को परस्पर विभाजित करके एक नया द्वन्द्व खड़ा करना नहीं है, क्योंकि रचना प्रक्रिया में शब्द-अर्थ की संश्लिष्ट स्थिति की महत्ता को प्रारंभ में ही स्पष्टता से स्वीकार किया जा चुका है। श्रेष्ठ कविता के लिए शब्दार्थ का संयुक्त रूप से लयान्वित होना आवश्यक है किन्तु कविता को अर्थ-प्रधान मानने के बाद केवल अर्थ की लय के सहारे सर्जित, ऊपर से गद्य जैसी लगने वाली रचना को कविता के क्षेत्र से बहिष्कृत नहीं किया जा सकता। अधिक से अधिक ऐसी स्थिति को असाधारण स्थिति ही कहा जा सकता है, लेकिन तब प्रत्येक छंद-बद्ध कथ्य को कविता मनवाने की आग्रहपूर्ण स्थिति, जिसे उत्पन्न करने के लिए कुछ मान्य साहित्यकार कटिबद्ध हैं, हीन स्थिति कही जायेगी।

बहुत से कुशाग्र-बुद्धि व्यक्तियों के आगे बात तब तक स्पष्ट नहीं होती जब तक उन्हें उदाहरण देकर न समझाया जाये। यही सोचकर नीचे कुछ उद्धरण 'अर्थ की लय' का बोध कराने के लिए उदाहरण स्वरूप दिये जा रहे हैं।

अर्थ की लय से हीन पद्य—

बंजर बुंदेली धरती पर केन किनारे,
कालिंजर का दुर्ग नहीं है दूर जहाँ से,
कोसल जन-संस्कृति के अंचल की सीमा पर
चित्रकूट की छाया में यह नगर बसा है।[1]

अर्थ की लय से युक्त पद्य—

रात का बंद नीलम किवाड़ा डुला,
लो क्षितिज छोर पर देव मन्दिर खुला,
हर नगर झिलमिला, हर डगर को खिला,
हर बटोही जिला, ज्योति-प्लावन चला;[2]

---

1. 'कविता—1' में प्रकाशित श्रीराम विलास शर्मा की कविता का प्रथम पद्य
2. 'नयी कविता—1' में प्रकाशित गिरिधर गोपाल के गीत का एक अंश, पृ० 28

अर्थ की लय से हीन मुक्त छंद —

बात ऐसी है
कि कहना चाह कर भी जो नहीं कल कह रहे थे,
या नहीं कह पा रहे थे,
वह पुराने की विवशता थी।
अब विवशता मिट रही है,
मौन धीरे खुल रहा है,
यह नये स्वर का करिश्मा है।[1]

अर्थ की लय से युक्त मुक्त छंद—

आज तुम शब्द न दो, न दो
कल भी मैं कहूँगा।
तुम पर्वत हो, अभ्रभेदी शिलाखण्डों के गरिष्ठ पुञ्ज
चाँपे इस निर्झर को रहो, रहो
तुम्हारे रन्ध्र-रन्ध्र से
तुम्हीं को रस देता हुआ
फूट कर? मैं बहूँगा।[2]

अर्थ की लय से हीन गद्य—

प्रकृति के विरुद्ध युद्ध करने के हेतु—
मैंने सामाजिक बन्धन का अस्त्र लिया,
पर संगठित मनुष्यता की शक्ति है इतनी कि
कुछ लोग प्रकृति से रक्षा का भार-सा-ले, दूसरे मनुष्यों को
स्वार्थ जाल में फँसाने लगे।[3]

अर्थ की लय से युक्त गद्य—

हवा में झूमते,
केले के बड़े-बड़े गाछ,
फैले फैले पात,
अपने चित्र बनाने को
बुलाते रहे; बुलाते रहे![4]

---

1. 'आधार' के 'नयी हिन्दी कविता विशेषांक' से, कुमारेन्द्र पारसनाथ सिंह की कविता का अंश, पृ० 17
2. 'नयी कविता—1' से, 'अज्ञेय' की एक कविता का प्रथमांश, पृ० 12
3. 'काव्यधारा' के पृ० 158-59 पर प्रकाशित राजीव सक्सेना की कविता का अंश
4. 'नयी कविता-2' में प्रकाशित विपिन कुमार की कविता का अंश, पृ० 90

इन उदाहरणों में लय का रूप प्रायः सतह से ही झलक जाने वाला है पर इनके अतिरिक्त शतधा सूक्ष्म से सूक्ष्म रूप हो सकते हैं, होते भी हैं, इसको दृष्टि में रखना होगा। एक छोर पर हर कथन पद्यबद्ध होने के नाते कविता समझा जाता रहा दूसरे छोर पर काव्य-संस्कार और लय-बोध से हीन गद्य को भी कविता की संज्ञा मिलने लगी है। दोनों ही अतियों से सावधान रहने की आवश्यकता है। ऐसी अनेक कविताओं के नाम गिनाये जा सकते हैं जिनका बाह्य रूप-गद्य-कल्प होते-होते हुए भी आन्तरिक ढाँचा अर्थ की लय के सूक्ष्म तन्तुओं से विनिर्मित मिलता है। 'हस्ताक्षर', 'कलाकार और सिपाही' तथा 'टूटा पहिया' जैसो रचनाएँ इसी प्रकार की हैं।

अन्त में अब कुछ और टिप्पणी न करके मैं इस सम्बन्ध में पंत जी की नव-प्रकाशित कृति 'अतिमा' की ये पंक्तियाँ उद्धृत कर देन ही पर्याय समझता हूँ—

छंद बंध खुल गए
गद्य क्या बनीं स्वरों की पाँतें ?
सोना पिघल कभी क्या
पानी बनता कैसी बातें !

——✦——

नयी कविता : नये मनुष्य की प्रतिष्ठा

भले ही जिस प्रकार की कविता आज लिखी जा रही है उससे जनमानस की अंतरंग एकता स्थापित होने में कुछ देर लगे, क्योंकि उसके लिए जीर्ण संस्कारों को त्यागते हुए एक समानुपाती (Homogeneous) सांस्कृतिक चेतना के विकास की आवश्यकता होती है जिस तक पहुँचने में भारतीय समाज को अभी पर्याप्त संघर्ष करना पड़ेगा, किन्तु इतना निश्चित है कि सांस्कृतिक मूल्यों की वर्तमान अनस्थिरता एवं धुँधलेपन के कारण युग को वास्तविक कविता की आज जितनी पिपासा है उतनी मूल्यों के अपेक्षाकृत अधिक स्थिर एवं स्पष्ट हो जाने पर आगे शायद न प्रतीत हो या उस समय की कविता फिर नया मोड़ लेकर किसी और ही दिशा में सशक्त सृजन की माँग कर उठे। युगीन आवश्यकता और काव्य-सृजन की सापेक्षिक स्थिति पर गहराई से विचार करते हुए शेली ने जो तथ्य उपलब्ध किया था उसकी महत्ता आज भी कम नहीं हुई है।

'The cultivation of poetry is never more to be desired than at periods when, from an excess of the selfish and calculating principle, the accumulation of the materials of external life exceed the quantity of the power of assimilating them to the internal laws of human nature',..................................

Poetry enlarges the circumference of the imaginations by replenishing it with thoughts of ever new delight, which have the power of attracting and assimilating to their own nature all other thoughts, and which form new intervals and interstices whose void for ever craves fresh food. Poetry strengthens the faculty which is the organ of the moral nature of man, in the same manner as exercise strengthens a limb.' —*A Defence of Poetry*

शेली की यह उपलब्धि 'शिवेतरक्षतये' के कितने निकट है। विचार भूमि के इस स्तर पर पहुँच कर भारतीयता और अभारतीयता की सीमारेखा बहुत पीछे छूट जाती है, मनुष्य के विवकेपूर्ण, चिंतन, अभियान और गन्तव्य की एक दिशा स्पष्ट दिखायी देने लगती है। नयी कविता इसी दिशा में संघर्षशील नये मनुष्य की कल्पना से ज्योतित एक प्रकाश-स्तंभ है। जो उसके प्रकाश बिंदु को न देखकर कँकरीली पथरीली भूमि पर पड़ते उसके काले धुँधले छाया वृत्त को ही देखते हैं उन्हें यदि नयी कविता केवल विकृत अंधकार जैसी दिखायी देती है तो इसमें आश्चर्य की कोई बात नहीं, केवल दृष्टिकोण का (थोड़ा सा) अन्तर है, यही स्वीकार करना होगा।

नये मनुष्य की बात करना यथार्थ से भागना नहीं है क्योंकि भावी युग के मानव की विविध संभावनाओं की चिंता करना आज के विश्वव्यापी नैतिक संकट का स्वाभाविक

परिणाम है। इस संकट के मूल में पारस्परिक अनास्था और भय निहित है, मनुष्य के भीतर की बर्बरता कब बाह्यारोपित नैतिक बंधनों को तोड़ कर महानाश की स्थिति उत्पन्न कर दे इसकी आशंका छिपी है। यह इसलिए कि मनुष्य को मनुष्य के ही अन्तर में स्थित सद्भाव के प्रति अडिग अकुंठ विश्वास नहीं रहा है। बर्बरता सद्वृत्ति से अधिक शक्तिशाली सिद्ध हो सकती है यह भयावह धारणा उत्पन्न हो गयी है। वर्तमान समय तक का सारा सांस्कृतिक विकास जो एक प्रकार से मनुष्य की सद्वृत्ति का प्रतिरूप है इस धारणा से झूठा पड़ जाता है। मेरे विचार से समसामयिक मानव संस्कृति की यही सबसे गहन समस्या है। यह समस्या इसलिए इतनी महत्वपूर्ण है कि विश्वासहीनता से जो हानि होती है वह विश्वासघात से हो सकने वाली हानि से बड़ी है। विश्वास से यहाँ अंध-विश्वास का अभिप्राय नहीं है, क्योंकि विवेकहीनता किसी भी रूप में ग्राह्य नहीं हो सकती। पहली स्थिति में दोनों पक्ष रिक्त रहते हैं जबकि दूसरी में केवल एक पक्ष वैयक्तिक से लेकर अन्तर्राष्ट्रीय सम्बन्धों तक इसी रिक्तता का घातक विष व्याप्त है। इसके समाधान के लिए प्राचीन या मध्यकालीन धार्मिक आन्दोलनों की ओर मुड़ कर देखना आज शायद उपादेय नहीं होगा कारण यह कि इन आन्दोलनों का आरम्भ तो बहुधा उदाराशयता से किया गया पर उनका अंत क्रूरतापूर्ण कट्टरता एवं संकीर्णता में हुआ जो आज भी हमारे चारों ओर भग्नावशेष रूप में बिखरी पड़ी है। नये निर्माण के पहले ऐसी अवशिष्ट विकृतियों को हटाना आवश्यक है। उनके रहते अतीतोन्मुखी होने का अर्थ प्रकारान्तर से उन विकृतियों को प्रश्रय देना होता हैं। फिर जितनी बड़ी भौतिक शक्तियाँ आज विज्ञान ने मनुष्य के हाथों में रख दी है उतनी बड़ी शक्तियों को संभालने की आवश्यकता यथार्थ रूप में इससे पूर्व कभी उत्पन्न ही नहीं थी। अतः आज की समस्या का अतीत से समाधान पा जाना या उसकी आशा भी करना स्पष्टतः दुराशापूर्ण पलायन होगा। समस्या का समाधान संभवतः इसी में है कि नये भाव-स्तर पर मनुष्य की मनुष्य के प्रति सहज आस्था जागरित हो—इतनी विशाल, इतनी प्रगाढ़ आस्था जिसे अन्तरिक्ष में स्थित ग्रहों-उपग्रहों की विजय का दर्प या इस पृथ्वी के विघात की भौतिक यान्त्रिक सामर्थ्य भी तोड़ न सके। आस्था के इस नव जागरण में प्रत्येक देश के नये चिंतक साहित्यकार या कलाकार का अपना योग होगा यह असंदिग्ध है, क्योंकि वह बहुत अंशों में मानव-मनोजगत् का सूक्ष्म पर्यवेक्षक, संग्रह, घटक या निर्माता रहा है। अपनी कल्पना-शक्ति एवं व्यापक संवेदनीयता के कारण वही आगत को, उसके वास्तविक आगम से पूर्व प्रत्यक्ष करने का सकल्प करता है। शेली ने यदि कवि को विधायक (Legislator) या प्राक्दर्शी भविष्यवक्ता (Prophet) की संज्ञा दी तो वह इसी अर्थ में दी है। विधान सभा का सदस्य हो जाना या शासन से चिपक कर छंद-बद्ध पंक्तियों में अपना मत व्यक्त करना कवि का वास्तविक विधायकत्व नहीं है। भले ही वह इस देश में घटित हो रहा हो चाहे उस देश में।

नये मनुष्य की कल्पना को मूर्त करना किसी एक व्यक्ति के बस की बात नहीं है। उसके लिए पूरा युग का युग निरन्तर संलग्न रहे तभी वह प्रत्यक्ष की जा सकती है। हो सकता है कि उसको अवतरित करने में एक युग न लग कर अनेक युग लग जाएँ (सतयुग, त्रेता, द्वापर के अर्थ में नहीं) पर उसका प्रत्यक्षीकरण होगा अवश्य इसमें सन्देह नहीं। यहाँ इस स्तर पर नये मनुष्य की चर्चा छेड़ कर उसकी रूप-रेखा का कुछ भी संकेत

न करना अनुचित होगा अतः मैं कुछ विशेषताओं की ओर इंगित करने का प्रयत्न करूँगा। नया मनुष्य रूढ़िग्रस्त चेतना से मुक्त, मानव-मूल्य के रूप में स्वातन्त्र्य के प्रति सजग, अपने भीतर अनारोपित सामाजिक दायित्व का स्वयं अनुभव करने वाला, समाज को समस्त मानवता के हित में परिवर्तित करके नया रूप देने के लिए कृतसंकल्प, कुटिल स्वार्थ भावना से विरत, मानव-मात्र के प्रति स्वाभाविक सह-अनुभूति से युक्त, संकीर्णताओं एवं कृत्रिम विभाजनों के प्रति क्षोभ का अनुभव करने वाला, हर मनुष्य को जन्मतः समान मानने वाला, मानव-व्यक्तित्व को उपेक्षित, निरर्थक और नगण्य सिद्ध करने वाली किसी भी दैनिक शक्ति या राजनैतिक सत्ता के आगे अनवनत, मनुष्य की अंतरंग सद्वृत्ति के प्रति आस्थावान् प्रत्येक व्यक्ति के स्वाभिमान के प्रति सजग, दृढ़ एवं संगठित अंतःकरण संयुक्त, सक्रिय किन्तु अपीड़क; सत्यनिष्ठ तथा विवेक-सम्पन्न होगा। अगर कवि के आत्मरंजन, भावाभिव्यक्ति एवं संवेदना-संप्रेषण के अतिरिक्त कविता का कोई इतर उद्देश्य हो सकता है, और मैं समझता हूँ कि हो सकता है, तो कहना होगा कि ऐसे मनुष्य की प्रतिष्ठा करना ही नयी कविता का उद्देश्य है।

नयी कविता ही क्यों नयी कला, नये दर्शन, सब का आग्रह इसी उद्देश्य की पूर्ति है और यदि ऐसा नहीं है तो 'नया' या 'नयी' शब्द का प्रयोग तत्वतः निरर्थक मानना चाहिए। संवेदनाओं का एक स्तर वह है जिसे रूढ़ एवं परम्परागत रूप में ग्रहण किया जाता है पर एक अन्य स्तर वह है जहाँ संवेदनाएँ सीधे-सीधे अपने वास्तविक अविकृत अकलुष रूप में सामने आती हैं। आधुनिक चेतना इस स्तर को पहले की अपेक्षा अधिक महत्ता देती है और इसी के सहारे रूढ़िबद्ध पुराने मूल्यों को ढहाती गिराती नये मूल्यान्वेषण में तत्पर होती है। सत्य को परखने अपनाने और उसके लिए जूझने तथा सब कुछ सहने की तत्परता देने वाली एक आत्म-शक्ति होती है जो असत्य, अनृत, कृत्रिम और निर्जीव राख से ढँके अंगारे के भीतर छिपी चिनगारी में तेज की तरह व्याप्त रहती है। राख के अनेकानेक दूहों-स्तूपों का मूल्य उस नन्हीं स्वल्प चिनगारी के आगे कुछ भी नहीं है। आवश्यकता चिनगारी को खोजने और रक्षित रखने की वृत्ति की है। अनुभूति के किसी न किसी गहरे क्षण में ऐसी चिनगारी की अकलुष उष्णता का अनुभव होता है परन्तु अभी सामाजिक धरातल पर उसे वस्तुगत यथार्थ के रूप में व्यक्त कर पाना, विषम परिस्थितियों के कारण सम्भव नहीं हो पा रहा है। इसी का दर्द इसी का अभाव और असंतोष नयी रचनाओं में यत्र तत्र प्रकट होता रहता है। नया मनुष्य प्रत्येक सचेतन व्यक्ति के भीतर अपना रूप ग्रहण करने लगा है इसमें संदेह नहीं है क्योंकि आज का सारा मानसिक संघर्ष इसी का परिणाम है।

यह चिनगारी जिसके हृदय में दीप्त हो उठे वही हमारा समान धर्मा है। आज हो या कुछ वर्ष बाद, देश हो या विदेश यह सब हमारी सीमाएँ नहीं हैं। इंग्लैण्ड के न्यू लाइन्स (New Lines) नामक लेखक वर्ग ने प्राचीन रूढ़ संस्कारों के विरुद्ध अपनी रचनाओं में जो सशक्त स्वर व्यक्त किया या कर रहा है, निकट का कोई परिचय न होते हुए भी उससे हमारी आत्मीयता है। जियोफ्रे मूर (Geoffrey Moore) द्वारा प्रस्तुत सन् '50 के बाद की अंग्रेजी नयी कविता के संक्षिप्त विवरण में वहाँ के तरुण वर्ग के प्रमुख कवि फिलिप लार्किन (Philip Larkin) की 'चर्च गोइंग' (Church Going) शीर्षक कविता विशेष रूप से उद्धृत की गयी है क्योंकि उसने समय के साथ झूठे पड़ते हुए

संस्कारों के विरुद्ध अनुभूति की वास्तविकता और सत्यता का पक्ष लिया गया है। सत्य के निकट रहने से व्यक्ति-व्यक्ति के बीच जो एकता और समीपता उत्पन्न होती है वह भौगोलिक समीपता से अधिक महत्वपूर्ण है। असत्य ही घातक है। इस युग में असत्य का प्रसार एवं प्रचार कितान विध्वंसक हो सकता है इसका संकेत एच० कॉडवेल (H. Caudwell) ने निम्नलिखित पंक्तियों में काफ़ी स्पष्टता से किया है—

The realisation that it is possible to influence millions by the deliberately told lie is one of the most dreadful threats that civilisation has ever been compelled to face. The atomic bomb in itself is harmless but the untruth or the deliberately fostered ignorance, that influence a nation may, at any moment cause it to dropped. Only truth can combat falsehood and the artist is the champion of truth. Without truth there can be no freedom.

—*The creative Impulse,* पृ० 154

अतएव सांस्कृतिक मूल्यों का वर्तमान अनिश्चय, सत्य के प्रच्छन्न तिरोहित तथा विकृत रूप को स्वच्छ, स्पष्ट और प्रकृत बनाकर ही दूर किया जा सकता है। यह तभी संभव है जब मनुष्य के व्यक्तित्व और स्वाभिमान को केन्द्र में रखकर आस्थापूर्ण दृष्टि-कोण से सारी स्थिति पर विचार किया जाये। मनुष्य एक ऐसी सामाजिक इकाई है जिसे परम्परागत शैली में देव दानव के रूप में तोड़ कर देखना या रेखा खींच कर विभाजित कर डालना उसकी यथार्थ सत्ता की उपेक्षा करना तथा उसके व्यक्तित्व को अस्वीकार करना है। अपवादों या अतिवादों से कभी वास्तविकता को पहचाना नहीं जा सकता। कहीं न कहीं विचारों के आमूल परिवर्तन की आवश्यकता दिखायी देती है। भिखारियों की दीन याचना भरी वाणी सुनकर दयार्द्र होते हुए दान में पैसा-दो-पैसा देकर दातापन के अहंकार से अपने को गौरवान्वित करने का संस्कार न ज़ाने कितने युगों से हमारे मन में घर करता आया है पर अब याचना की गिड़गिड़ाहट मनुष्य मात्र का अपमान लगती है और भिखारी में मानवोचित स्वाभिमान का अभाव देख कर कष्ट होता है। इस दयनीय स्थिति से सामाजिक-आर्थिक व्यवस्था बदल कर कैसे उसे मुक्ति दिलायी जाये इसकी चिंता होती है। यह भी लगता है कि दान रूप में कुछ पाकर संतुष्ट हो जाने से अधिक मूल्यवान वह संतोष है जो स्वयं अर्जित करने से उत्पन्न होता है अतः रूढ़ि का अनुसरण करके उससे किसी को वंचित करना अनुचित है। इसी प्रकार कुआँ खुदवा देना, धर्मशाला बनवा देना जिस स्तर की मानवीयता के द्योतक हैं उससे गहरा और व्यापक स्तर यह है कि व्यक्ति-व्यक्ति की मानसिक और भौतिक सम्पन्नता के मार्ग में आने वाली बाधाओं से समष्टि रूप में संघर्ष किया जाये। ईश्वर की देन के समक्ष मनुष्य की उपलब्धि की महत्ता स्थापित की जाये। नयी कविता इन स्तरों पर होने वाले संस्कारगत मानसिक परिवर्तन से अपने को विलग नहीं मानती वरन् वह इन्हीं सब स्थितियों से अपनी प्रेरणा प्राप्त करती है और स्वयं तद्नुरूप वातावरण का निर्माण भी करती है मानवीयता का यह रूप आज इतना व्यापक और स्वाभाविक है कि इसे किसी बँधी बँधाई देशी-विदेशी परिभाषा में घेर कर सीमित करना अथवा इसके कारण नयी कविता को उपेक्षा भाव से देखना, दृष्टि-संकोच और भावात्मक अक्षमता का परिचायक ही कहा जायेगा। वास्तव में मानव

व्यक्तित्व के प्रति प्रगाढ़ आस्था और उसकी असीम सामर्थ्य में विश्वास ही नयी कविता को मानवीय बनाते हैं।

मानव-व्यक्तित्व तथा नये मनुष्य की कल्पना के प्रसंग में यह विचार कर लेना भी आवश्यक है कि उसके स्वाभिमान की धारणा नयी कविता के एक प्रतिमान रूप में बहुचर्चित 'लघु मानव' की धारणा से कहाँ तक मेल खाती है। क्या 'लघुता' की भावना 'स्वाभिमान की प्रेरक हो सकती है? यदि हो सकती है तो किन परिस्थितियों में और कितनी दूर तक? मेरे विचार से मानव स्वाभिमान (Human Dignity) तथा व्यक्तित्व (Personality) से सम्पन्न मनुष्य अपने को लघु माने ही, यह आवश्यक नहीं है। यदि 'लघुता' को एक मानव-मूल्य माना जाये तो वह निश्चित रूप से 'स्वाभिमान' का विरोधी सिद्ध होगा। वास्तव में लघुता दूसरों की महानता से उत्पन्न एक अभिशाप है। महानता अथवा वीर पूजा (Hero worship) का विरोध करना, और लघुता को एक प्रतिमान बनाकर मानव व्यक्तित्व पर उसे आरोपित करने का यत्न करना निरर्थक और परस्पर विरोधी है। मनुष्य को उसके सहज रूप में लघु मानने की कोई आवश्यकता नहीं। महान कहे जाने वालों के अत्याचार से पीड़ित 'तथा कथित' लघु मानव कवि की सहानुभूति एवं संवेदना का अधिकार हो, यह स्वाभाविक है। उसका पक्ष लेने में यदि 'लघुता की महत्ता' सिद्ध करनी पड़े तो भी अनुचित नहीं है, परन्तु किसी भी क्षण यह विस्मृत नहीं होना चाहिए कि यह लघुता 'तथाकथित' या व्यंग्यपरक ही है, वास्तविक एवं वरेण्य नहीं। लघुता अगर वरेण्य हो सकती है तो किसी महानता से सम्बद्ध होकर ही जैसा भक्ति-काल में दास्यभाव के अन्तर्गत हुआ (राम सो बड़ो है कौन मोसो कौन छोटो) महानता का विरोध करते हुए वह कदापि वरेण्य नहीं हो सकती क्योंकि दोनों अन्योन्याश्रित हैं। अतः मनुष्य वास्तव में 'महान्' के आतंक से पूरी तरह तभी मुक्त हो सकेगा जब वह अपने को 'लघु' कहना छोड़ दे। व्यक्ति-व्यक्ति के बीच प्रत्येक के स्वाभिमान की रक्षा करते हुए यदि कोई स्वाभाविक सम्बन्ध हो सकता है तो वह समानता का ही हो सकता है। वही होना उचित भी है। पहले अपने को लघु कहना फिर लघुता का महत्व प्रदर्शित करना प्रकारान्तर से अपने को महान् कहना है। समानता के लिए यह आवश्यक नहीं है कि मानव को लघु कहा जाये। मेरे विचार से नयी कविता के प्रतिमानों की खोज में उत्साहवश लघुता पर अत्यधिक बल देना अनावश्यक है। जहाँ तक वह उपेक्षित और दलित मानवता के प्रति हमारी एकता और सद्भावना की द्योतक हो वहीं तक ग्राह्य है, उससे अधिक नहीं अन्यथा यह भ्रम हो जाने की संभावना है कि हम मानव व्यक्तित्व को मूलतः और अनिवार्यतः लघु मानते हैं। वास्तव में भक्ति-काल को छोड़कर सर्वत्र 'लघुता' प्रतिमान सूचक शब्द न होकर अपमान सूचक शब्द ही रहा है। तर्क के लिए यह कहना कि 'Little man' का तात्पर्य, 'Small man' नहीं है अथवा 'लघु' और 'छोटा' समानार्थी शब्द नहीं हैं, व्यर्थ का वाग्जाल खड़ा करना है जिस पर कोई भी समझदार आदमी श्रद्धा नहीं करेगा। स्थिति यह है कि उसी 'Little man' का अनुवाद एक व्यक्ति 'लघुमानव' के रूप में करता है तो दूसरा 'छोटे आदमी' के रूप में। सहज एवं प्रकृत मानव-व्यक्तित्व को परखना या उपलब्ध करना ही वस्तुतः आधुनिक साहित्य का लक्ष्य है, उसकी लघुता का निरंतर गुणगान नहीं।

आचार्य-श्री की कृपा-दृष्टि

'नयी कविता' का यह अंक अप्रत्याशित विलम्ब से प्रकाशित हो पा रहा है इसके लिए हम परिस्थितियों और कारणों का अनावश्यक ब्यौरा न देकर सीधे-सीधे उत्सुक पाठकों, सम्बद्ध कवियों तथा अन्यान्य सहयोगी बन्धुओं से क्षमा चाहते हैं।

तीसरे अंक से इस चौथे अंक के प्रकाशन तक जो समय बीता इसमें नयी कविता सम्बन्धी सैद्धान्तिक चर्चा ने अधिक स्थिर स्वरूप ग्रहण किया है। इस दृष्टि से 'नयी कविता के प्रतिमान' का प्रकाशन विशेष उल्लेखनीय है। उसकी सभी स्थापनाओं से कोई सहमत हो यह आवश्यक नहीं है, परन्तु विचार के लिए उसमें पर्याप्त सामग्री मिलती है यह मानना होगा। कविता में भी अभिव्यक्ति की परिपक्वता, विविधता और विचार की दृढ़ भूमि स्पष्ट लक्षित होने लगी है। नये कवियों के जितने संकलन इस बीच प्रकाशित हुए उतने कदाचित् इससे पूर्व कभी नहीं हुए थे। फिर भी कुछ आलोचक-प्रवर ऐसे हैं जिन्हें 'नयी कविता' छद्मनामधारिणी वैशिष्ट्यहीन; अराष्ट्रीय; संस्कारच्युत; सीमित; संकीर्ण, तबकापरस्त; कृत्रिम विषाद की आड़ में अविचार और अनैतिकता का पोषण करने वाली; झूठी विभीषिका में पड़े हुए रोते-कराहते बाबुओं की क्षुद्र अभिलाषाओं, चिंताओं एवं तृष्णाओं से भरी; पाश्चात्य आत्म-विज्ञापन की प्रथा से दूषित, आत्मपीड़ामय, संयम, शालीनता एवं दायित्वरहित; और सबसे अंत में 'क्रमागत काव्य-पद्धति से विलगाव' रखने के कारण 'हिन्दी के विकास का आगामी चरण' कहे जाने के नितान्त अनुपयुक्त तथा गण्यमान प्रौढ़ हिन्दी कवियों की पदनखनिर्गता सुरसरि तुल्य पतित-पावनी 'प्रतिनिधि नयी कविता' की तुलना में सर्वथा अप्रतिनिधि एवं हेय कर्मनासा दिखायी देती है[1]। आचार्य जी प्रणम्य हैं, उनकी उपलब्धि सराहनीय है और उनका परम्परा-प्रेम और काव्य-ज्ञान अतुलनीय है यही कहने को जी चाहता है। हिन्दीतर भारतीय भाषाओं के विद्वानों पर उनकी इस महान् तत्त्वदर्शिता का क्या प्रभाव पड़ा इसकी थोड़ी सी झलक मिल जाये तो क्या बुरा। 'राष्ट्रवाणी' में प्रकाशित लेख 'खिन खारा खिन मीठ[2] के एक हिन्दी-मराठी लेखक ने 'आलोचना-सम्पादक' के प्रायः सभी आरोपों का उचित उत्तर देते हुए विनम्रता पूर्वक बताया कि उनकी यह धारणा कि 'हिन्दी की भाँति अन्य भाषाओं में क्रमागत काव्य-पद्धति से इतना बड़ा बिलगाव नहीं दिखाई देता' तथ्य की दृष्टि से कितनी भ्रामक और निराधार है। उत्तरदाता ने प्रमाण में मराठी कवि मर्ढेकर की रचनाओं का उल्लेख भी कर दिया है। अज्ञेय की कविता की अंतिम पंक्तियाँ उद्धृत करके जिस अखंड विश्वास से वाजपेयी जी ने लिखा कि 'हिन्दी का साधारण पाठक भी इन पंक्तियों की

---

1. आलोचना, अंक 20 सम्पादकीय, आचार्य श्री नंददुलारे वाजपेयी लिखित
2. राष्ट्रवाणी, सितम्बर, नवम्बर 1957

लयहीनता बिना प्रयत्न के ही बता सकेगा, परख की आवश्यकता भी न होगी।' उसकी गुजराती के प्रतिष्ठित कवि उमाशंकर जोशी ने स्वसंपादित पत्रिका 'संस्कृति' में कैसी उपयुक्त पूजा की है यह दर्शनीय है।[1] जोशी जी ने उसकी लय को गुजराती-क्रम से स्पष्ट करते हुए टिप्पणी की है—"श्री वाजपेयी 'लयहीनता' शी रीते जुअे छे ते समजवुं मुश्वेल छे" अर्थात् वाजपेयी जी को किस प्रकार कविता की उन पंक्तियों में लयहीनता दिखायी देती है यह समझना कठिन है।

हिन्दी की वास्तविक नयी कविता के सम्बन्ध में जिसे आचार्य जी छद्मनामी नयी कविता के कुटिल भ्रमजाल से बचाना चाहते हैं, उनके विचार कितने 'प्रौढ़' और 'प्रांजल' हैं यह भी जान लेना आवश्यक है। सन् '50 में वाजपेयी जी ने छायावाद की तुलना में प्रयोगवाद को 'व्यंग्य विनोदपूर्ण हल्का काव्य-प्रयत्न' घोषित किया।[2] चार वर्ष तक लगातार सोचने के बाद सन् '54 में उन्हें तत्त्व-बोध हुआ कि 'पुराने निष्ठावान्' छायावादी कवि और (पंत, निराला आदि) भी 'व्यंग्य-विनोद' की हल्की भूमि पर उतर आये हैं।[3] दो वर्ष ही और बीत पाये थे कि नयी कविता को उत्तराधिकार-भ्रष्ट सिद्ध करने के आवेश में उन्हें वही पुराने व्यंग्य-विनोद की हल्की भूमि पर उतरे हुए प्रौढ़ और गण्यमान्य कवि ऐसी भिन्न प्रकार की रचनाएँ करते दिखाई देने लगे जिनकी अपनी गरिमा और महत्व है।[4] गण्यमान्यों में पंत जी, दिनकर जी आदि को माना ही जायेगा। पर पंत जी तो वाजपेयी जी के अनुसार 'वादों' से सम्बन्ध हो जाने के कारण 'हिन्दी साहित्य के इस युग की सबसे बड़ी दुर्घटना' के कारक हैं।[5] यद्यपि यह मान्यता भी वाजपेयी जी की ही है कि 'कोई भी काव्य-शैली समाज के श्रेष्ठतम बुद्धिजीवियों का समर्थन और सहयोग प्राप्त करने पर ही वस्तुतः पल्लवित और पुष्पित हो सकती है।[6] अतएव सिद्ध हुआ है कि पंत जी 'समाज के श्रेष्ठतम बुद्धि जीवियों' में नहीं हैं, आचार्य नन्ददुलारे जी वाजपेयी हैं। यह भी हो सकता है कि ऐसे दुर्घटना-कारक पन्त जी, वाजपेयी जी की प्रौढ़ गण्यमान्यों वाली सूची से वहिष्कृत कर दिये गये हों। तब दिनकर जी को हिन्दी की असली नयी कविता का वाहक माना जा सकता है। परन्तु वहाँ भी कठिनाई आड़े आती है। दिनकर जी अपने को हिन्दी नयी कविता का 'अगुआ' न कर 'पिछलगुआ' कहना पसंद करते हैं। संभव है वे संकोचवश ऐसा लिख गये हों और चाहते कुछ भिन्न हों, वाजपेयी जी ने उनके मूलभाव को अपनी अंतर्दृष्टि से परख लिया हो। लेकिन अपने 'चक्रवाल' की भूमिका में

1. संस्कृति, गुजराती मासिक, दिसम्बर 1957, पृ० 469
2. आधुनिक साहित्य, पृ० 25
3. बोलों के देवता की भूमिका
4. आलोचना, 1956, अंक 20, सम्पादकीय
5. 'सुमितानन्दन पंत जैसे निसर्ग सिद्ध कवि भी कविता का पल्ला छोड़कर वादों का राग अलापने लगे। पंत जी का काव्य-क्षेत्र छोड़कर वादी क्षेत्रों में जाना कदाचित् हिन्दी साहित्य के इस युग की सबसे बड़ी दुर्घटना है।

   —आधुनिक साहित्य, पृ० 41
6. बोलों के देवता की भूमिका

तो दिनकर जी छद्मनामी नयी कविता को ही हिन्दी कविता के स्वाभाविक विकास का संवाहक मानते दिखाई देते हैं जिसके नाम से वाजपेयी जी को पाप लगने का भय होने लगा है। छन्दों की दिशा में नयी कविता द्वारा लाया गया परिवर्तन उनके अंतरंग में कितने गहरे उतर रहा है यह उनके निम्नलिखित कथन से स्पष्ट है।[1]

'विशेषतः मुझे यह महसूस हो रहा है कि अब हम जिस युग में जी रहे हैं उसका संगीत टूट गया है। इसका कारण यह है कि जैसे छन्दों में काव्य-रचना करने का मैं अभ्यासी रहा था, वे छन्द अब मुझे अधूरे लगने लगे हैं।'

यदि नरेन्द्र, बच्चन, अंचल के या उन्हीं की सी शैली में लिखे गये घिसे-पिटे अन्य गीतों को वाजपेयी जी नयी कविता मानते हों तो कहना होगा कि वे उस तबके के साथ हैं जिसने P. E. N. के एक अंक में गीतकारों को ही हिन्दी की नयी कविता का प्रतिनिधि बताया है। यदि यह भी नहीं तो शायद वे गुप्त जी की 'विष्णुप्रिया' को हिन्दी की वास्तविक नयी कविता मानते होंगे।

हिन्दी के आलोचकाचार्य नये कृतित्व के मर्म और महत्व को परखने में कितने पीछे रहे हैं और उनकी मनोवृत्ति कितनी अनुदार (Conservative) रही है श्री वाजपेयी जी इसका अभिनव उदाहरण प्रस्तुत करते हैं। इस क्षेत्र में वे शुक्ल जी की परम्परा को पूरी तरह आगे बढ़ा रहे हैं, भला कौन इसे स्वीकार नहीं करेगा। इसके बाद भी यदि नये कवि अपना पक्ष प्रस्तुत करने के लिए स्वयं कुछ लिखते हैं तो वह आत्म-विज्ञापन या अपराध क्यों माना जाये। आपसे सत्य की मशाल नहीं उठती, मत उठाइये, पर जो अपने अप्रौढ़, अगण्यमान्य, अप्रांजल हाथों से उसे उठाकर ले जाने का सतत प्रयत्न कर रहे हैं उन पर, तह तक बिना पहुँचे ही तत्वज्ञता का जामा पहन कर कुठाराघात मत कीजिए। 'दृष्टिकोण' ही नहीं नये कवि के पास दृष्टि भी है और वह जामे के भीतर छिपे ऐसे व्यक्तित्वों की गहराई परख लेने में चूकती नहीं। 'नवीनता लाइए पर अपनी विरासत से मुँह न मोड़िए' का उपदेश आधुनिक युग के संदर्भ में अपनी विरासत के गुण-दोष जाँचे बिना न दे डालिए। विरासत अगर है तो औरों की भी उतनी ही है जितनी आपकी। उसे तोड़ने का हमें उतना ही अधिकार है जितना सँवारने का। जिन्होंने किसी मूर्तिकार को कार्य-संलग्न देखा होगा वे इस तथ्य को सरलता से समझ सकेंगे कि अनावश्यक प्रस्तर खंडों को तोड़ना भी मूर्ति का रूप सँवारने की प्रक्रिया का एक अनिवार्य अंग है। कोई भी सहृदय शिल्पी शिला में अपनी मानस-प्रतिमा के स्वरूप को प्रस्फुटित किये बिना यों ही पाहन पूजते नहीं बैठ जायेगा। नये कवि माननीय संवेदनाओं और सम्बन्धों के उन सम्भावित रूपों और मूल्यों को उपलब्ध करने में संलग्न हैं जो उनकी कल्पना में आ चुके हैं। जो समीक्षक उनके इस संकल्प को नहीं ग्रहण कर पाता है वह उनको पीड़ा को बनावटी समझता है।

हमें नयी कविता आधुनिक जीवन की सीधी, सच्ची और सहज अभिव्यक्ति दिखायी देती है पर आचार्य जी को वह उलझी हुई, झूठी और कृत्रिम लगती है; हमें प्रतीत होता है कि नयी कविता युगसापेक्ष रह कर एक सर्वथा नये सन्तुलन को प्राप्त करने में संलग्न

---

1. चक्रवाल, भूमिका, पृ० 68

है (द्रष्टव्य : नयी कविता, अंक 2) पर आचार्य जी के मत से वह 'अपनी आरोपप्रियता और व्यंग्यमयता के कारण सन्तुलन को खोती जा रही है।' हम क्षण की बात नितान्त समसामयिकता के दायित्व के विचार से, भावुक-निर्लिप्त शाश्वतवादियों के विरुद्ध उठाते हैं पर आचार्य जी उसमें भोगविलासमूलक क्षणवाद के दर्शन करते हैं; हमें लय और छन्द में सूक्ष्म-स्थूल का ही अन्तर मुख्यतया प्रतिभासित होता है पर आचार्य जी को दोनों में इतना गहरा अन्तर्विरोध लक्षित होता है कि वे बलपूर्वक लय-युक्त पंक्तियों को भी लयहीन घोषित करने लगते हैं। हम कवि-कर्म को आत्मोपलब्धि एवं भावनात्मक आत्मविस्तार का साधन तथा प्रयोगों को प्रगति का चिह्न मानते हैं, पर आचार्य जी की धारणा है कि यह सब कुछ 'बैठे-ठाले का धंधा है।'........अतः स्पष्ट-रूप से कहा जा सकता है कि हमारे और वाजपेयी जी के बीच मौलिक मतभेद है। नये कवि स्वतन्त्रचेता होने के कारण विदेशी साहित्य से निस्संकोच प्रभाव ग्रहण करते हैं (इंडियन पीनल कोड में इसके लिए शायद कोई दफ़ा भी नहीं हैं)। लेकिन उनकी अन्तश्चेतना अपने ही परिवेश से अनुप्राणित हो रही है, इसका प्रमाण यदि कोई चाहे तो, नयी कविता के पिछले अंक में प्रकाशित अज्ञेय की कविताएँ और इस अंक में विपिन कुमार अग्रवाल की रचनाएँ देख सकता है। विदेश में लिखी जाने वाली इन रचनाओं के भीतर इस देश का ही आत्मीय स्वर व्यक्त हुआ है। पर जो पूर्वग्रहवश, वस्तु को परखे बिना ही, मत बना ले या उसे सही तौर पर परखना ही न चाहे, उसके लिए कोई भी प्रमाण देना वृथा है। अतएव पुनः—

आचार्य-श्री चरणयोः शिरसा नमामि।

(इस पंक्ति से आचार्य जी निश्चय ही प्रसन्न होंगे क्योंकि इसमें लय और छन्द दोनों हैं साथ ही कोई अन्तर्विरोध भी नहीं, नयी कविता तो यहाँ बिल्कुल ही नहीं है)।

——✦——

रसानुभूति और सह-अनुभूति

नयी कविता जीवन को एक विशेष प्रकार से देखती है। विचार करने पर ज्ञात होता है कि प्रकृत्या यह दृष्टि ऋषि-दृष्टि है। इस स्थापना का अभिप्राय यह नहीं है कि नयी कविता के कवि, कवि न होकर ऋषि हैं। यहाँ ऋषि-दृष्टि से तात्पर्य उस निर्भीक सत्यान्वेषी दृष्टि से है जो सुन्दर असुन्दर, मधुर-तिक्त, रुचिर-कटु सरल-जटिल, बहिरंतर वैविध्यमय एवं अनेकमुखी जीवन को समग्र रूप में स्वीकार करते हुए वास्तविकता को विवेकयुक्त तटस्थ भाव से देखती है। ऐसी दृष्टि एकदेशीय न होकर सार्वभौमिक होती है। किसी नये तथ्य या अर्थ के उपलब्ध होने पर वह उससे अभिभूत तो होती है पर आच्छन्न नहीं। उसकी सबसे प्रमुख विशेषता यह है कि वह बड़ी से बड़ी अनुभूति को प्रगाढ़ आत्मविश्वास के साथ, बिना अपने व्यक्तित्व को बिखराये या विचलित-प्रज्ञ हुए धारण करने की क्षमता रखती है। वह केवल 'दृष्टि' ही न होकर तथ्य तक पहुँचाने की एक विधा भी है जिसकी प्राप्ति गहरे आत्ममंथन और अनुभव की परिपक्वता के बाद होती है। नयी कविता भी ऐसी ही विधा में विश्वास रखती है जो प्रज्ञा को विचलित किये बिना विवेक की जाग्रत अवस्था में भावक को यथार्थ अनुभूति के तल तक पहुँचा देने की क्षमता रखती हो। यही विधा काव्य-शास्त्रोक्त 'रसानुभूति' से नयी कविता की भावानुभूति को मूलतः पृथक् कर देती है। 'रसानुभूति' के समकक्ष इसे 'सह-अनुभूति' की संज्ञा दी जा सकती है, क्योंकि इसमें रसानुभूति की तरह व्यक्तित्व और विवेक का परिहार होना आवश्यक नहीं है। कवि और भावक दोनों के व्यक्तित्वों के सह-अस्तित्व में अनुभूति की प्रेषणीयता संभव होने के कारण इसे 'सह-अनुभूति' कहना न निराधार है, न अनुपयुक्त।

'सह-अनुभूति' का स्वरूप तब स्पष्ट हो सकता है जब पहले रसानुभूति की प्रकृति को परख लिया जाये और तभी दोनों का अन्तर भी समझ में आ सकता है। हिन्दी में कम ही ऐसे विद्वान् हैं जिन्होंने रसात्मक अनुभूति के स्वरूप और स्वभाव को लेकर गंभीर चिंतन किया हो। आचार्य रामचन्द्र शुक्ल ने अवश्य इस सम्बन्ध में गहराई के साथ विचार किया था अतएव उनके निष्कर्ष उल्लेखनीय हैं। शुक्ल जी ने रसानुभूति के दो लक्षण बताये हैं।[1]

---

1. चिंतामणि, पहला भाग, पृ० 249

   'रस की एक नीची अवस्था और है जिसका हमारे यहाँ के साहित्य-ग्रंथों में विवेचन नहीं हुआ है। इसका भी विचार करना चाहिए....यह दशा भी एक प्रकार की रसदशा ही है। यद्यपि इसमें आश्रय के साथ तादात्म्य और उसके आलम्बन का साधारणीकरण नहीं रहता...यह प्रभाव भी रसात्मक ही होगा। पर इस रसात्मकता को हम मध्यम कोटि का ही मानेंगे।'

   —चिंतामणि, पहला भाग, पृ० 231

1. अनुभूति-काल में अपने व्यक्तित्व के सम्बन्ध की भावना का परिहार।

2. किसी भाव के आलम्बन का सहृदय मात्र के साथ साधारणीकरण अर्थात् उस आलम्बन के प्रति सारे सहृदयों के हृदय में उसी भाव का उदय।

रस-प्रक्रिया के अन्तर्गत घटित होने वाले 'व्यक्तित्व के परिहार पर शुक्ल जी ने बहुत अधिक बल दिया है, क्योंकि वही पहली शर्त है रसानुभूति की, साथ ही उसकी एक कसौटी भी। साधारणीकरण उसके बिना कदापि संभव नहीं है। पर शुक्ल जी ऐसी भाव-स्थिति से भी अवगत थे जिसमें अनुभूति व्यक्तित्व का परिहार घटित हुए बिना भी संभव होती है। 'व्यक्तित्व का सम्बन्ध जितना घनिष्ठ होकर अन्तःकरण में स्फुट रहेगा अनुभूति उतनी ही रस कोटि के बाहर रहेगी' यह उनकी सुविचारित मान्यता है। ऐसी अनुभूति को वे अधिक से अधिक रस के किनारे तक पहुँची हुई मानते हैं। भारतीय साधारणीकरण के साथ पाश्चात्य व्यक्ति-वैचित्र्यवाद की चर्चा करते हुए उन्होंने व्यक्तिनिष्ठ अनुभूति को रस की एक नीची अवस्था, मध्यम कोटि की रस दशा, बताया है।[1] कारण यह है कि उनके मत से 'रसानुभूति प्रत्यक्ष या वास्तविक अनुभूति से सर्वथा पृथक् कोई अन्तर्वृत्ति नहीं है बल्कि उसी का उदात्त और अवदात्त स्वरूप है।' इस उदात्त और अवदात्त अनुभूति के आस्वाद को ही आनन्दात्मक कहा जाता है जिसकी उपलब्धि में पुनः 'व्यक्तित्व' बाधक होता है। और शुक्ल जी को 'आनन्द' शब्द की, व्यक्तिगत सुखोपभोग के स्थल अर्थ से भिन्न, एक नयी परिभाषा देनी पड़ती है जिसमें 'हृदय का व्यक्ति-बद्ध दशा से मुक्त और हल्का होकर अपनी क्रिया में तत्पर होना' अनिवार्य है। जुगुप्सा, भयंकरता आदि प्रतिकूल-वेदनीय भाव किस प्रकार रसानुभूति में परिणत होंगे इस विषय में संस्कृत के आचार्यों के प्राचीन परम्परागत तर्कों से अलग हट कर स्वकीय दृष्टि से उन्होंने एक नवीन व्याख्या प्रस्तुत की और वह यह कि 'जब हम किसी वस्तु की भयंकरता को, अपना ध्यान छोड़ लोक से सम्बद्ध देखेंगे तब हम रस-भूमि की सीमा के भीतर पहुँचेंगे, और इस प्रकार 'घृणित आचरण वाले के प्रति' उत्पन्न, हमारी जुगुप्सा भी रसमयी होगी।' यह व्याख्या कुछ अंशों में रसानुभूति के पूर्वोक्त स्वरूप के विरुद्ध पड़ती है क्योंकि 'हम' और 'लोक' दोनों का समावेश शुद्ध अनुभूति की 'व्यक्तित्वहीनता' तथा 'अलौकिकता' को मर्यादित करता है। रसानुभूति में जब व्यक्तित्व का ही परिहार हो जायेगा तो हम और हमारा लोक यह कैसे स्थिति रह सकेगा। पर शुक्ल जी 'लोक-हृदय में हृदय के लीन होने की दशा' को ही रस-दशा मानते हैं। यह मौलिक कठिनाई है। इसी को पहचानते हुए शास्त्रकारों द्वारा रसानुभूति के लिए कल्पना प्रसूत आदर्श वातावरण की आवश्यकता अनिवार्य रूप से बतायी जाती रही है। इसीलिए विभाव-पक्ष को निश्चित शक्ति देने का आग्रह किया गया और तत्कालीन समाज की धारणा, के अनुरूप नायक-नायिका को श्रेष्ठ जाति, वंश, रूप, शील, गुण, आदि से विभूषित करके एक 'पैटर्न' खड़ा किया गया। आधुनिक चेतना तथा

---

1. शील विशेष के परिज्ञान से उत्पन्न अनुभूति और आश्रय के साथ तादात्म्य दशा की अनुभूति (जिसे आचार्यों ने रस कहा है) दो भिन्न कोटि की रसानुभूतियाँ हैं। प्रथम में श्रोता या पाठक अपनी पृथक् सत्ता सम्हाले रहता है; द्वितीय में अपनी पृथक् सत्ता कुछ क्षणों के लिए विसर्जन कर, आश्रय की भावात्मक सत्ता में मिल जाता है। —वही, पृ० 223

नये सामाजिक परिवेश ने इस 'पैटर्न' को तोड़ दिया और रसानुभूति की बँधी बँधाई पद्धति बिखर गयी। विभाव-पक्ष के आदर्शीकरण की सीमा को शुक्ल जी भी मानते हैं और दुःशील कुरूप पात्र के प्रति अनुराग को वे रस-क्षेत्र से बाहर बताते हैं। रस-क्षेत्र के बाहर वह भले ही हों पर जीवन के बाहर तो नहीं कहा जा सकता। आधुनिक साहित्य की व्यापक मानवीय दृष्टि ने रसानुभूति के इस रूढ़िबद्ध, सीमित रूप को पूरे आवेग के साथ उद्घाटित कर दिया है साथ ही आत्मीयता एवं संवेदना के प्रसार से,जो सह-अनुभूति का कार्य है, उस अवकाश (Gap) को भी भर दिया है जिसके कारण ऐसे आदर्शवादी साहित्यशास्त्र की आवश्यकता उत्पन्न हुई थी। इस प्रकार रसानुभूति की अपेक्षा, सह-अनुभूति अधिक मानवीय स्तर पर प्रतिष्ठित दिखायी देती है। आत्म-विलयन, आनन्द और भावावेग के परिपाक की दृष्टि से रसानुभूति अवश्य ही उत्कृष्ट कोटि की कही जायेगी, परन्तु मानवीयता के विचार से 'सह-अनुभूति को उससे उत्कृष्टतर मानना ही विवेक संगत दिखायी देता है। शुक्ल जी ने एक तो 'व्यक्तिवादी भावना' और व्यक्तित्व निष्ठ अनुभूति' के बीच के अन्तर को लक्षित नहीं किया, दूसरे उन्होंने इस पर भी विचार नहीं किया कि मध्यम कोटि की होने पर क्यों वह भिन्न प्रकार की अनुभूति आधुनिक साहित्य का अधिकाधिक धारक-तत्व बनती जा रही है। इसके गहरे कारणों पर यदि उनकी दृष्टि गयी होती तो अपने कोटि-क्रम को स्वयं सिद्धमान कर वह समस्त व्यक्तित्व-निष्ठ साहित्य को 'नवीनता के प्रति आकुलता मात्र' का पर्याय न बता देते और न उसे 'नकली हृदय' की ही उपज घोषित कर देते। शुक्ल जी ने अपने रस-विवेचन में आधुनिक साहित्य के पीछे एक प्रधान प्रेरक शक्ति के रूप में निहित हृदय की गहरी सच्चाई की उपेक्षा की है फलतः उनके सिद्धान्त मध्यमकालीन साहित्य पर अधिक लागू होते हैं आधुनिक पर कम।

काव्य की समस्त मध्यकालीन परिभाषाएँ एवं व्याख्याएँ कवि के व्यक्तित्व की पूर्ण उपेक्षा करती हैं। उनमें से एक में भी आवश्यक तत्व के रूप में कवि व्यक्तित्व को मान्यता प्रदान नहीं की गयी है। इसीलिए कुछ सशक्त अपवादों को छोड़कर अधिकांश मध्यकालीन काव्य स्वभावतः निर्वैयक्तिक दिखायी देता है। हिन्दी में सही अर्थ में व्यक्तित्व सम्पन्न कविता का उदय आधुनिक काल में ही आकर होता है। कवि अपने, को अपने अनुभूति शील व्यक्तित्व को, कभी वस्तुपरक (Objective) उपादानों के माध्यम से व्यक्त करता है कभी सीधे आत्मपरक (subjective) रूप में। सारा का सारा आत्मपरक काव्य, जिसमें कथ्य की यथार्थता और व्यक्तिसापेक्षता अनिवार्य रूप से समाविष्ट रहती है, रसानुभूति के स्तर पर ग्रहण नहीं किया जा सकता। कविता का एक बहुत बड़ा भाग बिना व्याख्या के छूट जाता है और उसे अमहत्वपूर्ण कह कर टालना भी कठिन है। 'रस-दृष्टि ही समग्र काव्य-दृष्टि नहीं है' डॉ राम खेलावन पाण्डेय का यह कथन यथार्थ ही है।[1] 'ग्राम्या' का कवि रसोद्रेक कराने के लिए ग्राम्य-जीवन का चित्रण करता प्रतीत नहीं होता। वह पाठक के हृदय में ग्रामीणों की चिन्त्य दशा के प्रति वह भाव और वैसी संवेदना उत्पन्न करना चाहता है जैसी उसके अपने हृदय में हुई यह संवेदना नाटकीय न होकर वास्तविक है और वास्तविकता के स्तर पर उसे न लेना कवि के प्रति अन्याय होगा

1. विविधा, अंक दो, पृ० 74

साथ ही उसके अन्तर्निहित अभिप्राय की उपेक्षा भी। अतः जिस स्तर पर उसका काव्यात्मक प्रभाव उपयुक्त भावक के मन पर पड़ेगा वह सह-अनुभूति का स्तर होगा रसानुभूति का नहीं। यथार्थ परिवेश को न कवि स्वयं भूलना चाहता है न दूसरे को भुलाने देना चाहता है। नयी कविता छायावाद की रहस्योन्मुखता, प्रगतिवाद की राजनैतिकता और कुछ अंशों में प्रयोगवाद की अतिवादिता के आग्रह से भी क्रमशः मुक्तिलाभ करती हुई अपने व्यक्ति-सापेक्ष सामाजिक परिवेश में सहज माननीय अनुभूतियों को अधिकाधिक सच्चाई के साथ व्यक्त करने में व्यस्त है।

सह-अनुभूति के स्तर पर लिखी गयी कविता रसानुभूति के स्तर पर लिखी गयी कविता की अपेक्षा कवि से भिन्न प्रकार के कवि-कर्म की माँग करती है। यह स्वाभाविक ही है क्योंकि 'रसानुभूति को जहाँ केवल भाव-विस्तार ही अभीष्ट रहता है वहाँ सह-अनुभूति के लिए भाव और दृष्टिकोण दोनों का विस्तार अपेक्षित है। मराठी चिंतक श्री नरहरि वेडेकर ने रस-प्रसंग में प्रयुक्त 'भाव' शब्द को साधारण 'भाव' से, प्रामाणिक आधार पर, पृथक् सिद्ध करके काव्य-विवेचन के क्षेत्र में एक अत्यन्त उपयोगी कार्य किया है।[1] 'नाट्य भाव' और 'सामान्य भाव' का अन्तर सूक्ष्म विचार से ही ग्रहीत हो सकता है। सामान्य भाव वास्तव में दैनन्दिन यथार्थ संदर्भ से युक्त भाव है, जबकि नाट्य भाव उस संदर्भ में विच्छिन्न कवि-कल्पित वातावरण के अनुरूप सहृदय को रसमग्न करने के उद्देश्य से चेष्टापूर्वक प्रदर्शित अभिनयात्मक भाव है। दृश्यकाव्य में नाट्यकार और अभिनेता के व्यक्तित्व पृथक् होने के कारण कोई समस्या उत्पन्न नहीं होती, किन्तु जब रस सिद्धान्त ने श्रव्यकाव्य के क्षेत्र में प्रवेश किया तो अनेक समस्याएँ उत्पन्न हो गयीं। कवि में ही अभिनेता का व्यक्तित्व समाहित हो गया और उसने सच्चे स्वानुभूत भावों की अभिव्यक्ति के स्थान पर किसी रूढ़ विषयवस्तु का आश्रय लेकर परिपाटीबद्ध शैली में कुछ निश्चित भावों का अभिनय आरंभ कर दिया। बहुधा वह सफल भी हुआ पर धीरे-धीरे रसानुभूति उत्पन्न करने के लोभ में अपने भीतर के सत्य को उपेक्षित करते-करते वह स्वारोपित अभिनेता से पूर्णतया पराजित हो गया, हिन्दी कविता रीतिकाल के अंत तक आते-आते सर्वथा निर्जीव हो गयी। भक्ति काव्य में कवि का व्यक्तित्व प्रधान और रीति-पक्ष गौण रहने के कारण स्थिति भिन्न थी, अतः अनेक महान् कवि उत्पन्न हो सके परन्तु बाद में उसकी भी एक रूढि बन गयी। कवि-कर्म इतना कुंठित हुआ कि एक कवि को कहना पड़ा 'लोगन कवित्त कीबो खेल करि जानो है'। कुछ ऐसी ही बात आज भी कही जाने लगी है पर दोनों स्थितियों में बड़ा अन्तर है। उस समय यह स्थिति अतिशय रूढिबद्धता के कारण उत्पन्न हुई थी पर आज उसका कारण अतिशय रूढ़िहीनता है। कोई समझदार कवि नयी कविता द्वारा संघर्ष पूर्वक अर्जित रूढिहीनता का दुरुपयोग नहीं करेगा, क्योंकि कविता को पूर्ववर्ती स्थिति से अधिक सशक्त बनाना ही उसका लक्ष्य रहा है। लेकिन इसे अस्वीकार नहीं किया जा सकता कि बहुत सी सशक्त कविताओं के साथ पत्र-पत्रिकाओं में आये दिन ऐसा कुछ भी प्रकाशित होता रहता है जिसे कविता मानना ही कठिन है। यही सब देखकर नवीन प्रतिभा का सदा स्वागत करने वाले माखनलाल चतुर्वेदी जैसे कवि-विचारक भी चिन्तित हो उठते हैं। यद्यपि गंतव्य के सम्बन्ध में उनकी

1. द्रष्टव्य—'आलोचना', अंक 4, पृ० 71-72

बहुत सी चिंता अनावश्यक है फिर भी यह कथन कि 'कविता कविता से ही जी चुराने लग गयी है।[1]' सर्वथा निराधार नहीं कहा जा सकता। नयी कविता के नाम पर हास्यास्पद निर्जीव शब्द-जाल खड़ा करना वास्तविक कवि-कर्म की उपेक्षा, अनभिज्ञता तथा प्रतिभाहीनता का ही लक्षण माना जायेगा। काव्य-प्रकाशकार का कवित्व-शक्ति विषयक अभिमत आज भी विस्मरणीय नहीं है।[2] नयी कविता जीवन की गंभीरता को वहन करने में किसी प्रकार भी पूर्व परिचित काव्य-रूपों से हीन नहीं है प्रत्युत वह मनुष्य के सहज अनुभूतिशील एवं वास्तविक व्यक्तित्व को उद्घाटित करने में अधिक सक्षम है, अपनी रचनाओं से इसकी प्रतीति करा देना आज के कवि-कर्म की सर्व प्रमुख आवश्यकता है। इसके लिए वह शैली और शिल्प के क्षेत्र में कैसे और कौन से प्रयोग करता है इसका आकलन अध्ययन का एक स्वतन्त्र विषय है। पाठक या श्रोता की मानसिक प्रक्रिया की उपेक्षा करके कोई प्रयोग सफल नहीं हो सकता अतएव वह प्रयोगशीलता जो ऐसा आधार लेकर चलेगी कवि-कर्म को पंगु ही बनायेगी।

नयी कविता के द्वारा हिन्दी काव्य को वह व्यतित्व-सम्पन्न दृष्टि मिली है जो ईमानदारी के साथ यथार्थ जीवन को उसके सहज रूप से गहराई से देखने की प्रेरणा देती है। रचना के क्षेत्र में नयी कविता अभी प्रयत्न-तत्पर और श्रम-संलग्न है अतएव उसकी उपलब्धियों का मूल्यांकन अभी से पूरी तरह निश्चित करना संभव नहीं है परन्तु जिस पथ का सौ सौ कटूक्तियाँ सह कर उसने निर्माण किया है वह उसे किसी महत्वपूर्ण गन्तव्य तक अवश्य ले जायेगा क्योंकि उस पर चलने और सतत बढ़ते जाने की उसकी आस्था अडिग और अटूट है। युग की आवश्यकताओं के प्रति सजग विचारवान् व्यक्ति को कदाचित् कहना पड़ेगा—

'नान्यः पंथा विद्यते'

———✦———

---

1. हिन्दुस्तान साप्ताहिक, 23 फरवरी 1958; लेख—'क्या हम वास्तव में कविता की काया पलट कर रहे हैं।'
2. शक्तिः कवित्वबीज रूप : संस्कार विशेषः। यां विना काव्यं न प्रसरेत प्रसृतं वा उपहसनीयं स्यात्।

नये कवि का व्यक्तित्व और अज्ञेय जी

नयी कविता के नाम से पिछले दशक में जो कुछ भी प्रकाशित हुआ है उससे एक बात विशेष रूप से स्पष्ट हुई है कि नया कवि न केवल तथाकथित 'व्यक्तित्व की खोज' (quest for personality) में व्यस्त रहा है वरन् उसका अपना भी एक व्यक्तित्व है जो उसने इसी बीच संघर्षपूर्वक अर्जित किया है तथा जिसका स्वरूप नयी कविता में उत्तरोत्तर प्रस्फुटित एवं स्पष्ट होता जा रहा है। नये कवि के इस निजी व्यक्तित्व की कुछ प्रमुख विशेषताओं की ओर दृष्टिपात् करना आवश्यक है, क्योंकि उससे नयी कवित। के विषय में फैली हुई बहुत-सी भ्रान्तियों एवं उलझनों के निराकरण की संभावना है।

नये कवि की दृष्टि स्वभावतः सार्वभौमिक है। देश, भाषा, धर्म तथा जातीयता के विभेद उसके लिए महत्वपूर्ण नहीं है और न उसके आधार पर वह अनुप्रेरित होता है। अपने देश, अपनी भाषा और अपने साहित्य के प्रति सम्मान एवं स्नेह की भावना उसे मनुष्य मात्र की एकता और साहित्य मात्र की अखण्डता की प्रतीति से विरत नहीं करती। इनकी एकात्म भाव-स्थिति उसके लिए प्रेरक सिद्ध होती है। जहाँ दोनों में विरोध होता है वहाँ वह संकीर्णता और परिधिमूलकता के स्थान पर उदारता और व्यापकता का वरण करता है। अनुभूति के क्षेत्र में उसका आग्रह सच्चाई और ईमानदारी पर विशेष है तथा अभिव्यक्ति के क्षेत्र में निर्जीव, रूढ़िगत शैली-शिल्प का परित्याग करके वह अनुभूत काव्य-वस्तु तथा उसके अभिव्यक्त रूप के बीच आन्तरिक संवेदना-सूत्रों पर आधारित अधिकाधिक निकटता एवं सहजता लाने की चेष्टा करता है। यह दोनों वस्तुएँ उसके सौंदर्य-बोध का अनिवार्य अंग है। संवेदना की मानवीयता तथा मानव मूल्यों के प्रति सतत जागरूकता उसके स्वभाव में निहित हो गयी है। नैतिकता-अनैतिकता, औचित्य-अनौचित्य, सार्थकता-निरर्थकता आदि के प्रश्नों पर सामाजिक पक्ष से विचार करने के साथ-साथ व्यक्ति-पक्ष की अनिवार्य अपेक्षा का भी अनुभव वह करता है और वहीं-वहीं उसमें व्यक्तिगत अनभूति पर विशेष आग्रह भी लक्षित होता है। वस्तु जगत के प्रति रोमांटिक तारल्य के स्थान पर अपने परिवेश के प्रति सजगता और यथार्थ की मुक्त स्वीकृति से युक्त संयत संवेदना, वह भी एक आन्तरिक व्यवस्था और मर्यादा के साथ, उसमें अधिकतर मिलती है। किसी दार्शनिक विचार-पद्धति में अपने को न बाँधकर अथवा किसी राजनैतिक पूर्वग्रह के साथ जीवन को न देखकर वह उसे अपनी वैचारिक स्वतन्त्रता की यथासंभव रक्षा करते हुए, ग्रहण करना श्रेयस्कर समझता है। विविध व्याख्याओं के तल में प्रवाहित जीवन-शक्ति के सहज शुद्ध रूप तक पहुँच कर नये संदर्भ में उसको पुनर्प्रतिष्ठित करने की व्यग्रता उसमें सर्वाधिक मात्रा में मिलती है। मानव के सहज स्वाभिमानी व्यक्तित्व को प्रच्छन्न, विकृत तथा कलंकित करने वाले बहु-मान्य और दृढ़ीभूत सिद्धान्तों या उपकरणों के प्रति व्यंग्य एवं विद्रोह करने की शक्ति उसमें सर्वोपरि दिखायी

देती है। यह विद्रोह-वृत्ति एवं व्यंग्य-सामर्थ्य भले ही सब नये कवियों में एक जैसी मात्रा में न मिले, परन्तु नये कवि के सामान्य व्यक्तित्व में वह एक मौलिक-तत्व की तरह समाविष्ट है तथा उसे गति देने एवं सक्रिय बनाये रखने में सबसे अधिक सहायक रही है।

इस संदर्भ में नये कवि को लक्षित करके लिखी गयी तथा उसके रूप को व्यक्त करने वाली अज्ञेय जी की कविताओं, जो पहले 'कल्पना' के दो अंकों में प्रकाशित हुई तथा बाद में उनकी नवीनतम काव्य-कृति 'अरी ओ करुणा प्रभामय' के 'रोपयित्री' खंड में समाविष्ट कर ली गयीं, की ओर दृष्टिपात करना नितान्त आवश्यक है।[1] यह इसलिए कि इन कविताओं का स्वर मार्मिक है, मर्मस्थल के स्पर्श से उद्भूत है और नये कवि के मर्म पर गहरा आघात भी करता है। कुल मिलाकार इस स्वर में, विशेषतः उसमें जो 'नये कवि से' अथवा 'नये कवि के प्रति' शीर्षक कविता से फूटता है, कुछ ऐसा तत्व है जिससे इतने समय तक लगातार प्रयत्न करने के उपरान्त भी मैं आज तक मानसिक संगति नहीं बैठा पाया हूँ। मैं अज्ञेय जी को 'आचार्य-श्री' की तरह केवल 'प्रयोगवाद का पुरोहित' मात्र कहकर मुक्त नहीं हो सकता। क्योंकि मैं अच्छी तरह जानता हूँ कि 'नयी कविता' और 'नये कवि' के स्वरूप-संगठन एवं शक्ति-संचय में उनका अद्वितीय योग रहा है। 'आत्मने पद' से उनके मानसिक संघर्ष का पर्याप्त परिचय मिलता है। वे स्वयं भले ही कहें कि नयी कविता ने द्विवेदी युग के गुप्त जी और छायावाद के 'निराला' की तरह कोई 'शलाका पुरुष' पैदा नहीं किया परन्तु मैं उन्हें निस्संकोच नयी कविता का 'शलाका पुरुष' कह सकता हूँ। उन्होंने, विदेशी प्रभावों को सजगतापूर्वक गम्भीर चिंतन एवं अनुभूति के साथ आत्मसात् करते हुए, हिन्दी कविता को एक निश्चित दिशा की ओर मोड़ने का यत्न किया। आज की नयी कविता जिस दिशा में गतिशील है वह उनके प्रयत्न से निर्दिष्ट दिशा से मूलतः भिन्न नहीं है, हाँ, विकास के स्तर, क्रम, क्षेत्र और दृष्टिकोण में अवश्य कुछ अन्तर आ गया है जो स्वाभाविक भी है क्योंकि कोई भी जीवन्त साहित्यिक धारा किसी व्यक्ति विशेष की सीमा में निरुद्ध होकर नहीं रह सकती। धारा का अस्तित्व जितना ही पृथक् और प्रवेगमय होता जाता है उसे मोड़ने वाले व्यक्तियों के प्रयत्न उतनी ही कृतार्थता एवं सार्थकता उपलब्ध करते जाते हैं। यह कल्पना कि तपस्या-बल से विवश गंगा एक ही भगीरथ के पीछे चलते-चलते सागर तक पहुँच गयीं, पौराणिक सत्य भले ही हो परन्तु साहित्य का सत्य नहीं ही है क्योंकि न जाने कितने भगीरथ इसके अवतरण में पहले ही खप चुके हैं और आगे कितने खपते जायेंगे यह ज्ञात नहीं। फिर इसे जिस सागर में मिलना है वह भी मानव मन से पृथक् कहीं और अपनी सत्ता नहीं रखता।

पूर्व निर्दिष्ट कविता में 'नये कवि' को आवाहन के साथ संशोधित करते हुए अज्ञेय जी ने जो कुछ लिखा है उसका आदि-अंत इस प्रकार है—

आ, तू आ,
हाँ, आ,

---

1. (i) कल्पना, नवम्बर '58, अंक संख्या 91
जनवरी '59, अंक संख्या 93
(ii) अरी ओ करुणा प्रभामय, पृ० 20, 25, 50

मेरे पैरों की छाप-छाप पर रखता पैर,
मिटाता उसे,
मुझे मुँह भर-भर गाली देता—
आ, तू आ।
....
....
पर आ तू,
सभी कहीं, सब चिह्न रौंदता
अपने से आगे जाने वाले के
आ, तू आ,
रखता पैरों पर पैर,
गालियाँ देता,
ठोकर मार मिटाता अनगढ़
(और अवांछित रखे गये!) इन
मर्यादा-चिह्नों को
आ, तू आ।

आ तू,
दर्पस्फीत जयी!
मेरी तो
तुझे पीठ ही दीखेगी क्या करूँ कि मैं आगे हूँ
और देखता भी आगे की ओर।
पाँवड़े
मैंने नहीं बिछाये वे तो तभी, वहीं
बिछ सकते हैं प्रशस्त हो मार्ग जहाँ पर।
आता जा तू,
कहता जा जो जी आवे:

मैं चला नहीं था पथ पर,
पर मैं चला इसी से
तुझको बीयड़ में भी ये पद-चिह्न मिले हैं,
काँटों पर ये एकोन्मुख संकेत लहू के,
बालू की यह लिखत, मिटाने में ही
जिसको फिर से तू लिख देगा।

आ तू, आ,
हाँ, आ,
मेरे पैरों की छाप-छाप पर रखता पैर,
जयी, युगनेता, पथ-प्रवर्तक,
आ तू आ—
ओ गतानुगामी !

कविता का अभिप्राय, सार, तात्पर्य अथवा उद्देश्य जो भी संज्ञा उसे दी जाये सर्वथा स्पष्ट है। मैं इसे वर्तमान संदर्भ से विच्छिन्न करके नये-पुराने के शाश्वत संघर्ष के रूप में नहीं देख पाता, यह मेरी मजबूरी है। कवि ने यद्यपि कविता के बीच में एक स्थल पर कहा है कि 'तू जो भी कह, आक्रोश नहीं मुझको' परन्तु 'पथ-प्रवर्तक' के साथ 'गतानुगामी', 'युगनेता' के साथ 'गाली देता' और 'जयी' के साथ 'दर्पस्फीत' को मिलाकर देखने पर यह प्रकट हो जाता है कि कवि केवल व्यंग्य ही नहीं कर रहा है वरन् उसके पीछे वह 'आक्रोश' भी निहित है जिसका शाब्दिक निषेध करना उसको आत्मगौरव की रक्षा के लिए आवश्यक प्रतीत हुआ। यह कविता किसी बाहर के नये कवि को सम्बोधित करके न लिखी जाकर स्वयं अपने भीतर निहित नये कवि के प्रति लिखी गयी है, ऐसा भाई सर्वेश्वर ने यह कह कर समझना चाहा कि इसे इस तरह की अन्य दोनों कविताओं से मिलाकर ही देखना उचित होगा। मुझे खेद है कि मिलाकर देखने पर भी मैं उनके कथन से सहमत नहीं हो पाया हूँ। मेरी दृष्टि में इस कविता का लेखन एवं प्रकाशन नयी कविता के वर्तमान विकास-क्रम में घटित होने वाली एक नितान्त अनुपेक्षणीय घटना है क्योंकि इसमें नये कवि मात्र के स्वाभिमान पर सदा-सदा के लिए सगर्व चोट की गयी है, वह भी उसके द्वारा जिसे न केवल नयी कविता के अधिष्ठित प्रवक्ता होने का गौरव प्राप्त है वरन् जो एक ओर कविता को 'अहं के विलयन का साधन' मानता है तथा दूसरी ओर दुनिया को यह स्मरण दिलाना नहीं भूलता कि प्रचलित कविता के लिए 'नयी कविता' नाम सबसे पहले उसी ने सुझाया था।[1]

सबसे महत्वपूर्ण बात यह है कि 'तीसरा सप्तक' के 'संकलनकर्ता और सम्पादक' 'अज्ञेय' द्वारा लिखित उसकी 'भूमिका' में जो विचार 'नयी कविता' और 'नये कवि' के विषय में व्यक्त किये गये हैं उनसे न केवल इस कविता का स्वर टकराता है वरन् कुछ अंशों तक उनका खंडन भी करता है। इस सप्तक के कवियों के लिए लेखक ने 'नये' विशेषण का प्रयोग अकुण्ठित भाव से किया है तथा उसका 'कहना यह है कि नया कवि नयी वस्तु को ग्रहण और प्रेषित करता हुआ शिल्प के प्रति कभी उदासीन नहीं रहा है, क्योंकि वह उसे प्रेरणा से काट कर अलग नहीं करता है। नयी शिल्प-दृष्टि उसे मिली है; यह दूसरी बात है कि वह सब में एक-सी गहरी न हो............' अभिमत नये कवि के प्रति एक आशंसायुक्त विश्वास व्यक्त करता है। उसकी यह धारणा कि 'निस्सन्देह जिसे अब 'नयी कविता' की संज्ञा दी जाती है वह भाषा सम्बन्धी प्रयोगशीलता को वाद की सीमा तक नहीं ले गयी है—बल्कि ऐसा करने को अनुचित मानती है।' भी नयी कविता

1. द्रष्टव्य, कंटेम्पोरेरी इंडियन लिटरेचर, पृ० 87 तथा आत्मनेपद, पृ० 33

और नये कवि की कृतित्वहीनता के बोध से उत्पन्न नहीं है, जिसकी आग्रहपूर्ण उद्घोषणा उसके द्वारा प्रस्तुत कविता में की गयी है।

इस कविता की जैसी प्रतिक्रिया होनी स्वाभाविक थी वैसी ही हुई। समस्त नवोदित नये कवियों के स्वाभिमान को इससे ठेस लगी और जब 'नये कवि का वक्तव्य'[1] रूप में प्रतिपाद का एक साहसी स्वर विवश होकर फूट पड़ा तो जिन्हें ठेस लगी थी उन्हें कुछ सन्तोष होना भी स्वाभाविक ही था। प्रतिवाद में निहित आक्रोश और निषेध मुझे उतना ही निरर्थक लगा जितना वह अज्ञेय जी की कविता में लगा था, परन्तु नये कवि के दुःख से मैं भी दुखी हुआ। राजेन्द्र किशोर की ओर से प्रस्तुत 'वक्तव्य' की कुछ पंक्तियाँ द्रष्टव्य हैं—

हमें प्रतीक्षा न थी तुम्हारे आवाहन की
हम आये आवाहन के पूर्व ही
नये भिन्न पथ से, जो तुम्हें अज्ञात था
हमने नहीं रक्खे चरण तुम्हारे पद-चिह्नों पर
हमने तुम्हें गाली नहीं दी,
तुम्हें खंडित नहीं किया;

....

आह ! यह हमारा दोष नहीं था
कि सूर्य की तरह अभिमानी होकर भी
तुम असमय अस्त हो गये।
हमें आहूत करने वाले पितर !
(कैसी विडम्बना है सम्बोधन की !)
सुनो, हम दुखित हैं।

....

यदि यह सब कुछ किसी नये कवि द्वारा स्वतः बिना चोट खाये हुए कहा गया होता तो मैं उसे अवज्ञा करने का अपराधी मानता और मेरी कोई सहानुभूति उसके साथ न होती परन्तु पूर्व-पीठिका को देखते हुए मैं यहाँ यह कहने की स्थिति में नहीं हूँ कि उसने कोई अनुचित कार्य किया है। प्रतिवाद के स्वर से मुझे यही लगा कि नया कवि और उसके द्वारा लिखित नयी कविता दोनों ही निस्तेज नहीं हैं।

इस प्रतिवाद के साथ ही दो पत्र और प्रकाशित हुए। उनमें भी नये कवि से ही सहानुभूति व्यक्त की गयी है।[2]

---

1. 'कल्पना', जनवरी '59, संख्या 93, पृ० 2
2. (i) "नयी पीढ़ी का प्रत्येक नैतिकतावादी कवि, लेखक एवं पाठक इस कविता में प्रयुक्त एकलव्यीय निशाने का घायल है।.........नयी पीढ़ी को 'दर्पस्फीत जयी' का जो शिष्ट

जब यह बात एक बार सामने आ ही गयी कि अज्ञेय जी को 'नये कवि से' कविता को उनकी 'नया कवि : आत्मस्वीकार' तथा 'नया कवि : आत्मोपदेश' के साथ रखकर रखना ही उचित है तो वैसा न करना लेखक के प्रति अन्याय होगा। किसी के प्रति अन्याय करने का मेरा कोई भाव नहीं है, अतएव मैं उन कविताओं के कथ्य को भी प्रस्तुत किये देता हूँ। 'आत्म स्वीकार' वाली कविता नये कवि की निजी संवेदना, सौन्दर्य-बोध और रचना-प्रक्रिया से सम्बन्ध रखती है तथा उसमें उसकी अन्वेषणप्रियता एवं प्रयोगशीलता का पक्ष लेकर पाठक से उसके कृतित्व को सद्भावपूर्वक ग्रहण करने की अपील की गयी है। सारी कविता में नये कवि पर कहीं भी व्यंग्य नहीं किया गया है, अतएव पूर्वचर्चित कविता से इसका कोई साहचर्य प्रतीत नहीं होता, साथ ही इसमें ऐसा भी कुछ नहीं है जिसके आधार पर बलपूर्वक पहली कविता के व्यंग्यार्थ को सर्वथा नकार दिया जाये। 'आत्मोपदेश' वाली कविता अवश्य सूक्ष्मता से देखने योग्य है क्योंकि पहली कविता को भी आत्मोपदेशपरक ही बताने का यत्न किया गया है। इसमें कवि अपने को विशेष रूप से गंभीर स्तर पर रखकर अपने से ही अथवा अपने बहाने औरों से भी, कुछ ऐसी बातें कहना चाहता है जिन्हें व्यापक जीवनानुभव एवं आत्ममंथन से उसने प्राप्त किया है। उदाहरणार्थ वह नये कवि को अनुभूति से न डरने की सलाह देता है; उसके दर्द का पाखंड करने से उसे वारित करना चाहता है; त्वचा की कँपकँपी से उत्पन्न स्पंदनों का झूठ आभास अपने को दिखाने की उतावली करने से टोकता है; गैर को मत कोंच तू पहचान ; अपनापन की नेकनीयती सिखाता है; सुलभ जय सोचकर साहसिक न बनने की राय देता है; अपने नयन मत मूँद का उपदेश करता है; ढीठ की मत डींग भर, तपस्या कर का निर्देश दे डालता है, प्राण रस से भर, व्याप्त मानव मात्र में जो अभिप्राय, तू न उससे टूट, भीड़ का मत हो आदि उद्बोधनात्मक वाक्य कहता है तथा अन्त में लोक कल्याण की भावना के साथ गन्तव्य का संकेत भी दे देता है। बिल्कुल अन्त की कुछ पंक्तियाँ मैं तद्वत् उद्धृत कर देना चाहता हूँ—

राह जिसकी है उसी की है।
कगारे काट, पत्थर तोड़,
रोड़ी कूट, तू पथ बना, लेकिन
प्रकट हो जब जिसे आना है
तू चुपचाप रस्ता छोड़ :
मुदित-मन वार दे दो फूल,
उसे आगे गुज़रने दे।

ग्लानिपूर्ण विशेषण स्वयं उसी पीढ़ी के अगुआ कहलाने वाले कवि के द्वारा मिला है, वह अत्यन्त मार्मिक है।'' —कृष्णनन्दन 'पीयूष', वही, पृ० 3

(ii) ''परन्तु इस बात का दर्द है कि उन्होंने 'नवीन कवि' को 'गतानुगामी' और 'दर्प स्फीतजयी' शब्दों से सम्बोधित करते हुए कहा—''

—सियारामशरण प्रसाद, वही, पृ० 4

मैं यह चाहता हूँ कि इन पंक्तियों को फिर पढ़ूं और फिर पढ़ूं तब तक पढ़ता जाऊँ जब तक पहली कविता सर्वथा विस्मृत न हो जाये; पर चाहा हुआ सदा होता कहाँ है। पहली कविता मुझे इसके अनेक पारायण करने के बाद भी विस्मृत नहीं हो पाती क्योंकि उसमें न तो चुपचाप रास्ता छोड़ने की बात कही गयी है और न नये कवि को आगे से गुज़रता हुआ देखकर मुदित-मन दो फूल वार देने का उदात्त संकल्प ही दिखायी देता है, यदि कुछ है तो केवल यही कि नया कवि जिसे उनकी गतानुगामिता को विनम्रतापूर्वक शिरोधार्य करना चाहिये, बिना तपस्या किये अपने को 'दर्पस्फीत जयी' क्यों अनुभव करता है। यदि मन वास्तव में मुदित होता तो आक्रोश की विषाक्त काली छाया पहली कविता को आच्छादित किये हुए दिखायी न देती। हाँ, इस आत्मोपदेश वाली कविता में प्रयुक्त 'तू' और नये कवि के लिए पहली कविता में प्रयुक्त तू की 'टोन' में लक्षित करने योग्य अन्तर होते हुए भी दोनों को परस्पर कहीं न कहीं सम्बद्ध मानना ही होगा और वह सम्बन्ध है आत्मीयता का। मैं यह कहना चाहता हूँ कि तीसरी कविता में 'तू' के साथ जो आत्मीय भाव है उसी ने एक विशेष मनःस्थिति में कवि को नये कवि के प्रति आक्रोश प्रकट करने के लिए बाध्य किया। नया कवि उस मनःस्थिति से सहज एकात्म्य का अनुभव नहीं कर पा रहा है परन्तु उसके पीछे झलकती हुई आत्मीयता का मूल्य वह भली प्रकार पहचानता है। प्रसाद जी की पंक्ति है 'और क्रोध होता है उस पर जिससे कुछ नाता है।' मैं अज्ञेय जी के आक्रोश से अधिक महत्वपूर्ण नये कवि के प्रति उनके आत्मीयता के नाते को मानता हूँ तथा उनके आक्षेपों के औचित्य को पूर्णतया न स्वीकार करते हुए भी समझता हूँ कि नये कवि से खुलकर साफ़-साफ़ अपनी बात, मनमाने ढंग से कहना उनका अधिकार है। नये कवि के लिए भी, अपने स्वाभिमान की रक्षा करते हुए, उनके द्वारा प्रस्तुत आक्षेपों के परिप्रेक्ष्य में अपने कृतित्व एवं व्यक्तित्व के पुनर्परीक्षण की आवश्यकता है। मैं पहली कविता को आत्मोपदेश के घेरे में खींच कर रखना अनुपयुक्त समझता हूँ, क्योंकि मेरी दृष्टि में वह उसकी वास्तविकता नहीं है और न सार्थकता ही। इसलिए विचारणीय प्रश्न यह है कि नया कवि अज्ञेय जी का 'गतानुगामी' मात्र है अथवा नहीं। आज की नयी कविता किसी व्यक्ति विशेष की ही प्रेरणा से उद्भूत न होकर युग विशेष की आवश्यकता से उद्भूत है। युग की आवश्यकता किसी के समर्थ व्यक्तित्व का निषेध करके नहीं चलती। वह स्वयं इतनी व्यापक होती है कि बड़े से बड़ा व्यक्तित्व उसमें सहज समाहित होकर अपना उचित स्थान पा लेता है। यह बात कहने में मुझे संकोच नहीं है कि अज्ञेय जी से सर्वाधिक प्रेरणा पाने के बाद भी नयी कविता अब केवल उनके चरणचिह्नों की अनुवर्तिनी नहीं कही जा सकती।

'नया कवि' और 'नयी कविता' शब्दों का प्रथम प्रयोग चाहे जब हुआ हो परन्तु यह स्पष्ट है कि इधर कुछ ही वर्षों में यह शब्द व्यापक व्यवहार में आये। कदाचित् 'वाद' की सीमा से अनिबद्ध होने के कारण 'नयी कविता' शब्द 'प्रयोगवाद' की अपेक्षा अधिक लोक-ग्राह्य हुआ। इसके प्रभूत प्रमाण दिये जा सकते हैं कि 'नयी कविता' 'प्रयोगवाद' के विरोध में नहीं आयी वरन् उसको मुक्त भाव से आत्मसात करते हुए उसका आविर्भाव हुआ। तीसरे सप्तक की भूमिका स्वयं इसे प्रमाणित करती है। व्यक्तिगत रूप से आज भी मैं दोनों के बीच किसी विरोध की स्थिति नहीं देखता हूँ और यदि किसी को दिखायी देती है तो मैं उसे, यानी स्थिति को, नयी कविता के लिए अहितकर ही मानूँगा।

सप्तकों के माध्यम से अज्ञेय जी ने जिन कवियों को हिन्दी साहित्य के समक्ष प्रस्तुत किया है उन्हीं में ऐसे अनेक हैं जिनका कवि-व्यक्तित्व स्वतन्त्र शक्ति-सम्पन्न आत्मप्रेरित एवं अज्ञेय के समान ही जागरूक एवं चेतन है। उदाहरण के लिए शमशेर बहादुर सिंह, धर्मवीर भारती तथा सर्वेश्वरदयाल सक्सेना का नाम लिया जा सकता है। शमशेर की अनुभूति और अभिव्यक्ति की दिशा एवं सामर्थ्य दोनों ही अज्ञेय से भिन्न हैं। इसी प्रकार भारती के 'अन्धायुग' की समस्या प्रधान जीवन्त नाटकीयता तथा 'कनुप्रिया' की सार्थकता-युक्त रागात्मक तरलता इस विशिष्टरूप से अज्ञेय की रचनाओं में शायद ही मिल सके। सर्वेश्वर अज्ञेय के निकटतम सम्पर्क में रह कर भी अपनी काव्यात्मक संवेदना की स्वतन्त्रता यथासंभव रक्षित किये हुए हैं। मदन वात्स्यायन की मशीन के कसते हुए दायरे की संवेदना में अपनी अलग विशेषता है। सप्तकों के बाहर 'नयी कविता' के विगत अंकों में परिचय रूप में प्रस्तुत अनेक कवि अपना स्वतन्त्र व्यक्तित्व रखते हैं। लक्ष्मीकान्त वर्मा का नाम यहाँ मैं विशेष रूप से लेना चाहता हूँ, क्योंकि उनमें सामाजिक यथार्थ पर अपनी निजी शैली में कटुतम व्यंग्य करने की अन्यतम शक्ति है जो वात्स्यायन जी की काव्यरुचि से इतनी भिन्न है कि तीसरे सप्तक के लिए कवियों का चुनाव करने में वे श्री प्रयागनारायण त्रिपाठी को तो चुन सके, परन्तु लक्ष्मीकान्त वर्मा उनके पचाये नहीं पचे। मैं लक्ष्मीकान्त वर्मा को उनकी शिल्पगत सारी अनगढ़ता एवं शिथिलता के बावजूद नयी कविता की प्रमुख संवेदना के एक विशेष रूप का प्रतिनिधि कवि मानता हूँ जो सप्तकों के किसी भी कवि में उपलब्ध नहीं होता। नयी कविता के प्रस्तुत अंक में विपिन कुमार अग्रवाल की कविताओं का संवेदना स्तर भी इसी प्रकार निजी विशेषताओं से युक्त और सप्तक-परम्परा के कवियों से भिन्न है। विस्तृत रूप से तुलना करने पर भिन्नता और एकता के भी अन्य अनेक बिन्दु निर्दिष्ट किये जा सकते हैं। ऐसी दशा में अज्ञेय जी का यह कथन कि नया कवि उनका 'गतानुगामी' मात्र है वस्तुस्थिति से समर्थित नहीं होता। वे स्वयं अपने को 'गत' मान लें इसमें किसी को क्या आपत्ति हो सकती है (यद्यपि मुझको है क्योंकि मेरी दृष्टि में उनका कवि-व्यक्तित्व उत्तरोत्तर विकासशील ही रहा है) परन्तु इसका प्रतिवाद मैं विनम्र भाव से अवश्य ही करूँगा कि नया कवि अज्ञेय जी की कल्पना के अनुसार 'गतानुगामी' नहीं है। जब वह हिन्दी कविता की युगों पुरानी परम्परा को तोड़कर आगे बढ़ सका तो किसी एक व्यक्ति के 'पैरों की छाप' उसे बाँधे रख सके यह मेरे विचार से अकल्पनीय प्रतीत होता है।

———✦———

आज की कविता : खड़ी बोली की एक नयी भंगिमा

हिन्दी काव्य-क्षेत्र में भारतेन्दु द्वारा 'खड़ी बोली का सच्चा संसार' किये जाने के बाद से ही खड़ी बोली अपने अनुरूप अभिव्यंजना-शैली तथा काव्य-रूप की खोज में व्यस्त है। भारतेन्दु को ब्रजभाषा की अपेक्षा खड़ी बोली की कविता लिखने में 'दूना श्रम' हुआ था और वे अनेक प्रयत्नों के बाद भी यह निश्चित न कर सके कि 'किस छंद में इस भाषा (खड़ी बोली) का काव्य अच्छा होगा।' छंद शब्द को किंचित् व्यापक अर्थ में ग्रहण करते हुए मैं कहना चाहूँगा कि विकास के अनेकानेक सोपानों को पार करते हुए नयी कविता के क्षेत्र में आकर आज खड़ी बोली ने बहुत अंशों में न केवल अपने अनुरूप छंद पा लिया है वरन् एक नयी भंगिमा भी उपलब्ध कर ली है जिसकी सामर्थ्य एवं संभावनाएँ निश्चित करना अभी संभव नहीं है। केवल उसका स्वरूप भर कुछ-कुछ स्पष्ट होता जा रहा है। नयी कविता में न केवल 'गद्य और पद्य की भाषा' की अभीष्ट निकटता घटित हुई है वरन् उसमें 'गद्य' और 'पद्य' स्वयं एक-दूसरे के इतना निकट आ गये हैं कि दोनों की विभाजक रेखा कहीं-कहीं सर्वथा विलुप्त होती हुई दिखायी देती हैं। इस विशेष स्थिति का औचित्य-अनौचित्य स्वतन्त्र चर्चा का विषय है, क्योंकि कविता-अकविता का सीमा-निर्धारण केवल गद्य-पद्य के सतही विभाजन पर आग्रह करने से संभव नहीं है और यह बात अब प्रायः व्यापक रूप से मान भी ली गयी है।

हिन्दी कविता ने 'नवीन युग' के अनुरूप 'नवीन वाणी' अपनायी, यह तथ्य अपने में अद्वितीय ऐतिहासिक महत्व रखता है। बँगला, मराठी, गुजराती आदि किसी भी अन्य भारतीय भाषा के साहित्य में ऐसा घटित नहीं हुआ। कविता के क्षेत्र में यह हिन्दी की निजी विशेषता है और इससे उसके साहित्य की मूल प्रकृति एवं प्रवृत्ति का असंदिग्ध परिचय मिलता है। ब्रजभाषा की समस्त शास्त्रीय समृद्धि, सुकुमारता एवं परम्परानुमोदित काव्योपयुक्तता को अपदस्थ करके अनगढ़, कठोर, संस्कारहीन, कर्कश खड़ी बोली काव्य के सिंहासन पर आसीन हो गयी, यह केवल इसलिए कि उसमें उर्वरा शक्ति की अजस्र संभावनाएँ निहित थीं और ब्रजभाषा को उसकी अन्तर्निहित शक्ति का श्रेष्ठतम उपयोग करके भक्ति और रीति काल के कवियों ने एक प्रकार से 'चुका' दिया था। उसमें नये अर्थों के संवहन की तथा नये साहित्यिक रूपों में ढल जाने की उतनी क्षमता नहीं थी जितनी खड़ी बोली में संभव थी। भाषागत इस संघर्ष का इतिहास अत्यन्त रोचक है। 'जो कविता नहीं जानते वे अपनी बोली चाहे खड़ी रखें, चाहे कुदावें', 'खड़ी बोली काव्योपयुक्त नहीं है', 'उसने हिन्दी काव्य की उलटे छुरे से खूब हजामत की है', 'खड़ी बोली में काव्य करने वाला अपनी बातें आप ही खोजेगा तब पायेगा', 'खड़ी बोली की 'चाश्नी' ली और

चीख-चीख कर छोड़ दिया' जैसे वाक्यों से स्थिति का आभास मिलता है। 'जात खड़ी बोली पै कोऊ भयो दिवानो' कहकर खेद प्रकट करने वाले रत्नाकर तक ब्रजभाषा कवि खड़ी बोली की प्रगति से क्षुब्ध ही होता रहा। अधिकतर उसका ब्रजभाषा-प्रेम नयी साहित्यिक शक्तियों के मार्ग में बाधक होकर ही व्यक्त हुआ है, क्योंकि उसे अपना अस्तित्व खतरें में दिखाई दे रहा था। आज ऐसी स्थिति नहीं रही। निष्कर्ष रूप में यह उद्‌घोषणा 'किन्तु कदापि नहीं हो सकती कविता योग्य खड़ी बोली' उनके कंठों से निस्सृत हुई जिनकी दृष्टि साहित्य की अंतरंग जीवनी शक्ति के स्रोत की पहचान खोकर भाषा के बाहरी भेद में अटक कर रह गयी थी। खड़ी बोली को 'गद्य की गद्दी' से 'पद्य की पदवी' पर प्रतिष्ठित करने की कामना जिस वर्ग की थी उसने उसके विरोधियों को 'राष्ट्र भाषा के जानी दुश्मन' के रूप में देखा और अपनी भावाकुलता में, स्वागत के स्वर में कहा,

तो अब आजा अरी खड़ी बोली तू आजा।
कड़ी क्यों न हो नहीं पड़ी बोली तू आजा॥

खड़ी बोली का 'खड़ापन' या 'कड़ापन' उसके समर्थकों को भी कष्टकर लग रहा था, यह इस उद्धरण के 'कड़ी क्यों न हो' अंश से सर्वथा स्पष्ट है। परिणामतः छायावाद तक का सारा अभिमान खड़ी बोली के इस कड़ेपन को विविध प्रकार से कोमल, मृदुल और गरिमामय बनाने का महान् उपक्रम प्रतीत होता है। अनगढ़ और अप्रयुक्त होने के कारण अभिव्यंजना शक्ति एवं काव्योपयुक्तता के विकास के साथ-साथ एक क्षेत्र खड़ी बोली के व्याकरणात्मक संशोधन एवं स्थिरीकरण का भी था जिसमें 'शुद्धाशुद्ध शब्द-विचार' करते-करते 'द्विवेदी जी' को 'गुप्त जी' के प्रति लिखना पड़ा 'आपने क्रोधाष्टक थोड़े समय में लिखा होगा परन्तु उसे ठीक करने में हमारे चार घण्टे लग गये।' यहाँ तक जो मनःस्थिति दिखायी देती है उसमें विषमताओं के बीच श्रमपूर्वक आत्म-विश्वास एवं दृढ़ता अर्जित करने की चेष्टा प्रमुख रही। इसके बाद बड़े व्यापक स्तर पर अनुकरणात्मकता के द्वारा खड़ी बोली को शीघ्र से शीघ्र समृद्ध कर देने का संकल्प प्रधान हो गया। अनुकरण के लिए आदर्श रूप में संस्कृत, ब्रजभाषा, उर्दू तथा बँगला भाषाएँ स्वतः आदर्श बन गयीं, क्योंकि उस काल में इनके साहित्य में हिन्दी का निकटतम सम्पर्क रहा है। संस्कृत के प्रभाव से खड़ी बोली में तत्समता और सामासिकता की प्रवृत्ति बढ़ी। ब्रजभाषा से उसने शब्द-योजना की सजगता, कोमलता आनुप्रासिकता पायी, उर्दू के सम्पर्क से उसमें मुहावरेदानी और रवानी आयी तथा बँगला से प्रसाद रूप में उसने ललित शब्दों की कोमलावृत्ति एवं स्वर-संगीत की चेतना प्राप्त की। द्विवेदी युग में यह अनुकरणमूलकता विविध प्रभावों के बीच एकसूत्रता खोजती रही। उसमें न तो खड़ी बोली के खड़ेपन को सहज रूप में स्वीकृत करके उसे सौन्दर्यबोध से जोड़ देने की भावना थी और न प्रभावों से ऊपर उठकर सृजनात्मकता के द्वारा भाषा को नया संस्कार देने की चिंता थी। छायावाद युग में भाषा में सृजनशीलता का प्रथम बार सक्रिय विकास हुआ परन्तु एक निराला को छोड़ कर खड़ी बोली के निजी सत्व (genius) को किसी ने यथेष्ट रूप में नहीं पहचाना। उनका प्रखर पौरुषमय व्यक्तित्व और ओजस्वी स्वभाव खड़ी बोली के अपने संस्कार के सर्वाधिक निकट सिद्ध हुआ। उनका कथन कि 'हिन्दी साहित्य

की पृथ्वी पर अब ब्रजभाषा का प्रताप पयोधि नहीं है.........उससे जुदा एक दूसरी ही भाषा ने आँख खोल दी' उनके काव्य में पूरी तरह चरितार्थ हुआ है। उत्तरछायावादी गीतकारों ने खड़ी बोली को बोलचाल के निकट लाकर उसको अतिशय एवं अनावश्यक तत्समता और छायात्मकता से मुक्त किया। प्रगतिवाद ने उसे गेयता के रोमांटिक वातावरण से निकाल कर सहसा सड़कों और पगडंडियों पर चलने को मजबूर किया जिससे उसमें एक खुलापन आया और उसने निकटवर्ती लोक भाषाओं के शब्द-समूह से निस्संकोच अपना कोश भरना आरम्भ कर दिया। प्रयोगवाद ने, अंग्रेजी के प्रभाव से, शब्द-प्रयोग की विविध चेष्टाओं द्वारा उसकी अर्थवत्ता को संवर्धित किया और भाषा की शक्ति के विकास की नयी दिशाओं का संकेत किया। नयी कविता ने उत्तराधिकार में प्राप्त प्रभावों के प्रति सजगता व्यक्त करते हुए शब्दार्थ की आन्तरिक अन्विति पर आधारित एक ऐसा सौन्दर्य-बोध विकसित किया जिसमें खड़ी बोली का खड़ापन बाधक न होकर साधक तत्व बन गया। यह कार्य नयी कविता यथासंभव स्वतन्त्र रीति से कर रही है। पूर्वोक्त अनेक भाषाओं के संस्कारों को आत्मसात करते हुए उनकी प्रभावान्विति उत्पन्न करने से भिन्न इस प्रक्रिया में भाषा का निजी संस्कार उभार कर उसके कलात्मक उपयोग की चेष्टा निहित है। सृजनात्मक धरातल पर यह चेष्टा इतने व्यापक रूप से इससे पूर्व कभी सामने नहीं आयी। नयी कविता से पूर्व खड़ी बोली की शक्ति विकसित करने के जो प्रयत्न हुए हैं उनमें खड़ी बोली के अपने रूप और संस्कार को पहचान कर उसके काव्यात्मक उपयोग की ओर ध्यान अधिक नहीं दिया गया। प्रयत्न इसी बात का होता रहा कि अन्य निकटवर्ती भाषाओं की विशेषताएँ अथवा संस्कार उसमें कैसे और कितनी त्वरा के साथ समाविष्ट कर दिये जायें। भावना के क्षेत्र में खड़ी बोली के काव्य ने छायावाद युग में सर्वाधिक सम्पन्नता प्राप्त की और भौतिकता एवं सृजनशीलता की दृष्टि से भी यह काल अपने पूर्ववर्ती भारतेन्दु युग और द्विवेदी युग की अपेक्षा अधिक जागरूक था। परिणामतः भाषा भी अनुकरणमूलकता के घेरे से निकल कर सृजनशीलता की ओर प्रवृत्त हुई परन्तु छायावादी कोमलता खड़ी बोली की निजी प्रकृति से अधिक मेल न खा सकी। इसीलिए उत्तर-छायावाद काल में उसकी तीव्र प्रतिक्रिया हुई। बच्चन, अंचल, नरेन्द्र और दिनकर जैसे अनके कवियों ने भावों के साथ भाषा को भी रहस्य और कुहासे से मुक्त करके उसे अपना निजी स्वरूप पहचानने का अवसर दिया। इन कवियों से पूर्व माखनलाल चतुर्वेदी, सनेही और नवीन आदि से ही यह कार्य आरम्भ हो गया था।

नयी कविता में कठोर और लोक-प्रचलित शब्दों के प्रति बहिष्कार की भावना नहीं है। वह कंकड़-पत्थर और रोड़ों जैसे शब्दों को उनके सहज स्वभाव में ही प्रयुक्त करके काव्यात्मक प्रभाव एवं अभीष्ट अर्थ की सिद्धि का लक्ष्य रखती है। यह ठीक उसी प्रकार घटित हो रहा है जैसे एक शिल्पी काठ की कठोरता, उसके रेशों और धारियों का कलात्मक उपयोग (artistic exploitation) करके एक सुन्दर मूर्ति का निर्माण कर देता है। खड़ी बोली के खड़ेपन के निजी सौन्दर्य को पहचान कर उसकी सम्भावनाओं एवं शक्तियों का यथासाध्य पूरी तरह उपयोग करते हुए उसका कलात्मक प्रयोग वास्तविक नयी कविता की प्रकृति का अंग बन गया है। अंग्रेज़ी या योरोपीय साहित्य का प्रभाव भाषा के क्षेत्र में अधिक नहीं पड़ रहा है, क्योंकि वैसा सम्भव ही नहीं है। संस्कृत, ब्रजभाषा, उर्दू आदि की तरह अंग्रेजी का उतना सजीव सम्पर्क हिन्दी से नहीं है और न

आगे वैसा होने की सम्भावना ही है। कुछ प्रयोग-विधाओं और शब्दविन्यासों को छोड़कर पाश्चात्य प्रभाव से खड़ी बोली और कुछ ग्रहण करने की स्थिति में नहीं है अतएव आगे उसको अपनी अन्तर्निहित शक्ति से ही अपने स्वरूप को सँवारना एवं समृद्ध करना है। नयी कविता ने इस कार्य का सूत्रपात कर दिया है और मेरे विचार से जहाँ तक खड़ी बोली का प्रश्न है उसे नयी कविता के द्वारा एक नयी भंगिमा प्राप्त हुई है। यह भंगिमा इसलिए भी सम्भव हो सकी कि नयी कविता की प्रकृति से उसका गहरा आन्तरिक सामंजस्य है। नयी कविता भावना को बिना किसी आडम्बर के सीधे शुद्ध रूप में व्यक्त करने पर आग्रह करती है। कथन की यह सिधाई (directness) एक प्रकार की मनोवैज्ञानिक निश्चयात्मकता एवं दृढ़ता से उत्पन्न होती जो नयी कविता के भाव-बोध में यथेष्ट मात्रा में उपलब्ध होती है। फिर जिस कला-चेतना को नयी कविता ने विकसित किया है उसमें भी 'कटाव का तीखापन' या 'तराश' उत्पन्न करने की चेष्टा तथा 'कम से कम शब्दों में अधिक से अधिक बात' कहने की उत्सुकता स्पष्ट लक्षित होती है। कुल मिलाकर यह सब कुछ खड़ी बोली की निजी प्रकृति से आन्तरिक संगति रखता हुआ-सा प्रतीत होता है। अपनी बात को अधिक स्पष्ट करने के लिए मैं यहाँ कुछ उदाहरण सामने रखना आवश्यक समझता हूँ जिनमें मेरी दृष्टि से खड़ी बोली की वह नयी भंगिमा जिसकी ओर मैंने ऊपर निर्देश किया है, स्पष्टतया लक्षित की जा सकती है।

1. **मन मेरा**
   स्मृति के कब्जे पर
   कसे हुए खिड़की के पल्ले-सा
   छड़ और दीवार के बीच
   सर पटकता रोता रहा।

(सर्वेश्वर, नयी कविता 4, पृ० 123)

2. **बैसाखियाँ लिए हुए इतिहास**
   बालू पर अपने पगचिह्न बना रहा है।

(भारती, नयी कविता 4, पृ० 75)

3. **प्रश्न यही रहता है :**
   दोनों जो अपने बीच एक दीवार बनाये रहते हैं।
   मैं अब कैसे उनके अनदेखे
   उसमें सेंध लगा दूँ
   या भरकर विस्फोटक
   उसे उड़ा दूँ।

(अज्ञेय, नयी कविता, 4,5, पृ० 142)

4. **सुबह**
   आकाशों के थन से
   गर्म-गर्म दूध कलईदार बर्तनों में भरता है—

(मलयज, नयी कविता 4, पृ० 66)

इन उदाहरणों में कवियों का जो कथ्य है अथवा जो बिम्ब कवि-मानस प्रस्तुत करना चाहता है उसके लिए कथन में सीधेपन का सहारा लिया गया है। शब्दों का अनुशासन भावना के अतिरिक्त खड़ेपन की विशेष-भंगिमा द्वारा भी होता हुआ दिखाई देता है। दोनों 'शासक' परस्पर विरुद्ध भी प्रतीत नहीं हो रहे हैं। शब्द-चयन 'प्रचलित' की सीमा को छोड़कर 'अप्रचलित' की ओर मुँह किये नहीं लगता। खड़ी बोली के स्वभाव को व्यक्त करने वाले शब्द-रूप, वाक्यांश और मुहावरे, मुक्त भाव से अपनाने और उन्हें सृजनात्मक चेतना द्वारा अतिरिक्त शक्ति प्रदान करके प्रस्तुत करने की जागरूक भावना स्पष्ट है, कविता का वातावरण किसी दूरवर्ती लोक की सृष्टि न करके नितान्त साधारण, आसपास के यथार्थ से युक्त 'घरेलू' जैसा प्रतीत होता है। यहाँ भाषा को अपर्याप्त मानकर छोटे-बड़े टाइप या सीधे उल्टे अक्षरों से कोई 'प्रयोग' भी नहीं किया गया है और यदि इसमें किसी को इतने के बाद भी अंग्रेजी की गुलामी ही दिखायी दे तो मैं कहूँगा कि उसे अपनी दृष्टि का उचित परीक्षण कराना चाहिए।

———✦———

नयी कविता : कविता और अकविता

काव्य को नियोजित करने वाले तत्वों तथा नियोजनकर्ता कवि के विचारों में परिस्थिति भेद से अन्तर भले ही आ जाये परन्तु किसी भी दशा में अव्यवस्थित एवं असंयोजित कथन को कविता नहीं कहा जा सकता। इधर नयी कविता के नाम से बहुत सी अनर्गल, अनुकरणमूलक, निरनुशासित, अर्थ-क्षीण रचनाओं को अनपेक्षित प्रश्रय मिल रहा है जो आधुनिक हिन्दी कविता के उत्तरोत्तर परिपक्व एवं प्रौढ़ होने के मार्ग में बाधक अतएव खेदजनक प्रतीत होता है। प्राचीन कविता के स्थान पर नयी कविता के समर्थन का तात्पर्य 'कविता' के स्थान पर 'अकविता' का समर्थन कदापि नहीं कहा जा सकता। छंद को मुक्त करने या छंद से मुक्ति पाने का उद्देश्य कभी भी कविता को कविताहीन बनाना नहीं रहा। उसकी वास्तविक आवश्यकता कविता को नये युग की संवेदनाओं का समर्थ वाहक बनाने के उद्देश्य से ही उत्पन्न हुई और यदि ऐसा यथेष्ट रीति से घटित नहीं होता तो सारी स्थिति पर पुनर्विचार करने का विशेष दायित्व उन पर आता है जिन्होंने इस दिशा में अपना मानसिक अथवा क्रियात्मक सहयोग दिया है। नयी कविता ऐसे स्वातन्त्र्य पर विश्वास नहीं करती जो दायित्वविहीन हो। अतएव उसके समक्ष उन कवियों का दायित्व गुरुतर हो जाता है जो परम्परानुमोदित पक्ष से हटकर अपने युग की नयी वास्तविकता के अनुरूप एक ऐसे मार्ग का निर्माण करना चाहते हैं जिसके द्वारा उनकी काव्यानुभूति अधिक ईमानदारी, औचित्य और शक्ति के साथ व्यक्त की जा सके। जितना अनुशासन कविता को कविता बनाये रखने के लिए अनिवार्य है उतना नये कवि को यदि परम्परा से उपलब्ध नहीं होता है तो उसे अपने संवेदनशील सजग कवि-व्यक्तित्व से स्वयं अर्जित करना होगा। यदि वह संकल्पबद्ध होकर वैसा नहीं करता तो स्पष्टतया कहना होगा कि वह अपने दायित्व का यथोचित संवहन नहीं कर रहा है। इस दायित्व-हीनता के लिए उसे न वह युग क्षमा करेगा जिसके अनुरूप अपने को ढालते हुए वह नवीन यथार्थ को व्यक्त करना चाहता है और न आगामी युग जिसकी भूमिका से वह अपने को किसी भी प्रकार विच्छिन्न नहीं कर सकता। जिस काव्य में अपने युग का होकर भी युग से ऊपर उठने की क्षमता होती है वही साहित्य की स्थायी निधि बन पाता है। जो अपने युग की संवेदनाओं का समर्थ वाहक भी न हो सके उसके लिए युगान्तर स्थायित्व की कल्पना करना व्यर्थ है। कविता के लिए इस सामर्थ्य की पहली शर्त यह है कि वह श्रोता की अन्तर्वृत्ति को गहराई के साथ पकड़ सके। यदि यही शर्त पूरी नहीं होती तो कथ्य वैचारिक दृष्टि से, अथवा कवि की वैयक्तिक अनुभूति की दृष्टि से कितना भी महत्वपूर्ण क्यों न हो काव्यात्मक नहीं कहा जा सकता। कथन में ऐसी काव्यात्मकता की सृष्टि किये बिना जो खुले विचारों वाले उन्मुख श्रोता की चित्तवृत्ति को अपेक्षित रूप से पकड़ सके, कविता की रचना किसी प्रकार संभव नहीं है। जो कथन सृजनात्मकता (creativity) तथ संवेदनीयता (emotivity) से रहित हो उसे किसी भी स्तर पर कविता नहीं कहा

जा सकता। नयी कविता में इन तत्वों की और भी अपेक्षा रहती है क्योंकि उसमें छंद की बाह्य व्यवस्था को उतना आवश्यक नहीं माना जाता जितना पिछले युगों में माना जाता रहा है पर बाह्य व्यवस्था से मुक्ति आन्तरिक व्यवस्था के बिना अराजकता कही जायेगी। सृज़न शक्ति की दृष्टि से किसी भी कला के दो मुख्य स्तर होते हैं, एक रचनात्मक (creative) तथा दूसरा अनुकरणात्मक (imitative) । जब कोई नया 'वाद' यथार्थ रूप में साहित्य के क्षेत्र में अवतरित होता है तो उसका पहला कार्य होता है एक दृढ़ संकल्प के साथ पूर्वागत विचारधारा और परम्परा पर आधारित अनुकरणात्मकता की उंत्तरोत्तर निर्जीव होती हुई वृत्ति को नवागत संदर्भों से अनुप्राणित करके सजीव वृत्ति की ओर मोड़ देना। जितनी दूर तक रूढ़िग्रस्तता इस कार्य में कठिनाई प्रस्तुत करती है उतनी दूर तक विद्रोह आवश्यक हो जाता है। नयी कविता ने गत दशक में यह प्राथमिक कार्य अनेक प्रकार से सम्पन्न किया है। जो प्रतीक निस्तेज एवं झूठे पड़ गये थे उन्हें सतेज और यथार्थ-अनुभूति-सम्पन्न प्रतीकों द्वारा स्थानान्तरित कर दिया; जो विचार संकीर्णता और पराङ्मुखी मनोवृत्ति के परिचायक थे उन्हें झकझोर दिया। शैली-शिल्प को नया संस्कार देते हुए उसने अभिव्यंजना के क्षेत्र में भावाभिव्यक्ति के अनेक नये द्वार खोल दिये। गंभीर अनुभूति को व्यक्त करने के लिए बाह्यतः अगंभीर जैसे लगने वाले किन्तु आन्तरिकतः उसके समर्थ व्यंजक सर्वथा नवीन और मौलिक उपाय खोज निकाले। कवि की प्रयोगशीलता इस दिशा में सतत जागरूक एवं प्रयत्नरत रही है और उसकी चेष्टा असफल नहीं गयी। न जाने कितनी ऐसी कविताएँ सामने आयीं जो पूर्ववर्ती कविताओं से कथन-भंगिमा और शिल्प में भिन्न होते हुए भी एक गहरी पकड़ से युक्त तथा वास्तविक एवं सार्थक अनुभूति की व्यंजक प्रतीत हुई। उनके अनुकरण में बहुत कुछ ऐसा भी आया और आ रहा है जिसमें कवि अपने व्यक्तित्व की रचनात्मक सामर्थ्य को स्वतन्त्र रूप से विकसित करने के स्थान पर उधार की शब्द-योजनाओं को अपनाकर आरोपित गंभीरता के साथ कुछ अजीब-सी बात कहने की चेष्टा कर रहा है। ऐसी चेष्टा से उत्पन्न कविताएँ अधिकतर आन्तरिक अनुशासन से हीन होती हैं और उनसे अगति तथा विकृति का ही परिचय मिलता है। काव्य के मूलभूत विवेक से रहित ऐसी कृत्रिम रचनाओं द्वारा मौलिक महत्व की कृतियाँ बहुधा प्रच्छन्न हो जाती हैं, अतएव इस दिशा में विशेष सजगता अपेक्षित है। 'नयी कविता लिखना' और 'नयी कविता के स्टाइल में लिखना' सर्वथा भिन्न बातें हैं। किसी काव्य-कृति का 'कविता' होने के साथ ही 'नयी' होना अभीष्ट है। वह 'नयी' हो और 'कविता' न हो यह स्थिति साहित्य में कभी स्वीकार्य नहीं हो सकती। फिर नयी कविता का विरोध नयेपन पन के आग्रह के कारण उतना नहीं हो रहा है, जितना इस कारण कि जो बाह्यतः और साधारणतः कविता नहीं लगता, उसे उसके अन्तर्गत कविता कहा जाता है। अतएव 'नया क्या है?' इस प्रश्न के साथ यह प्रश्न भी जीवित प्रश्न है कि 'कविता क्या है?' और यदि सत्य कहा जाये तो पहले की अपेक्षा अब यह दूसरा प्रश्न अधिक महत्वपूर्ण हो उठा है। एक दृष्टि से ये दोनों प्रश्न परस्पर सम्बद्ध और एक ही सिक्के के दो पहलू जैसे हैं, क्योंकि कविता में नवीनता की उत्पत्ति वस्तुतः सच्ची कविता लिखने की आकांक्षा से ही होती है। नयेपन पर आग्रह बढ़ने के साथ-साथ कविता की सच्चाई पर आग्रह बढ़ना स्वाभाविक होता है, प्रत्युत यदि यों कहा जाये तो ज़्यादा सही होगा कि अनुभूति और अभिव्यक्ति की सच्चाई ही ऐसी नवीनता को जन्म

देती है, जिसे साहित्य में महत्वपूर्ण माना जाता है। नयी कविता और पुरानी कविता का भेद लक्षित कर लेना उतना कठिन नहीं है, जितना सच्ची कविता और झूठी कविता का अन्तर परख लेना। इसके लिए अधिक सचेतन एवं संवेदनशील भाव-यन्त्र की आवश्यकता होती है। जिस प्रकार असत्य बहुत काल तक स्थिर नहीं रह पाता, उसी प्रकार झूठी कविता के अप्रतिष्ठित होने में अधिक विलम्ब नहीं लगता। ऐसा विश्वास रखते हुए भी, किसी काव्यान्दोलन की बाढ़ के क्रम में, विवेक को जागरित रखते हुए काव्यगत मूल्यों के सतत अन्वेषण एवं पुनर्प्रतिष्ठापन की आवश्यकता रहती ही है।

कविता के लिए कौन से तत्व परमावश्यक हैं, इसका निर्धारण विभिन्न युगों और देशों में विभिन्न प्रकार से किया गया है। सामान्यतया गद्य और पद्य के रूप में जिस विभाजन को बहुत काल तक नियामक स्वीकार किया जाता रहा, सूक्ष्म रीति से देखने पर वह न तो उतना नियामक प्रतीत होता है और न उतना आत्यन्तिक ही। वस्तुतः कविता और अकविता का सम्बन्ध पद्य और गद्य मात्र से न होकर भाषागत अभिव्यक्ति की दो अवस्थाओं से है, जो एक-दूसरे से तत्वतः भिन्न होती हैं।[1]

सामान्य गद्य में भाषा के स्वभाव के अनुसार 'वाक्य' इकाई होता है, परन्तु कविता में प्रत्येक सार्थक 'शब्द' इकाई बन जाता है। कहीं-कहीं शब्दों ही नहीं, वर्णों तक में इकाईपन का बोध होने लगता है। जिसने 'वर्णानां अर्थसंघानां' लिखा, उसने कविता की प्रकृति को निश्चय ही अत्यन्त सूक्ष्मता से लक्षित किया होगा। शब्द की इकाई की मर्यादा का निर्वाह पद्य को ही नहीं, यदि गद्य कविता का माध्यम बनता है तो उसे भी करना होता है अन्यथा जितने अंशों में वह इसका तिरस्कार करेगा, उतने ही अंशों में कविता की कोटि से गिरता जायेगा। साधारणतया गद्य में शब्द का महत्व इसलिए भी कम होता है कि उसमें वह अन्य बिम्बों का वाचक चिह्न-मात्र होकर आता है, जब कि कविता में शब्द या तो स्वयं बिम्ब (**image**) होता है या कवि द्वारा संग्रथित व्यापक बिम्ब-विधान में उसका सुनियोजित स्थान होता है और रचना के आन्तरिक संगठन के साथ उसकी आवयविक संगति रहती है। भावना का प्रवाह मूल बिम्ब-विधान के साथ गतिशील रहता है, अतएव प्रत्येक शब्द उसका समर्थ वाहक बन कर ही अपनी वास्तविक उपादेयता सिद्ध कर पाता है। शब्द की अद्वितीय महत्ता मानकर ही कदाचित् 'शब्दार्थौ सहितौ' को काव्य का लक्षण बताया गया। केवल विश्वनाथ द्वारा प्रस्तुत काव्य की परिभाषा में 'शब्द' को गौण मानकर रसात्मक 'वाक्य' को काव्य की इकाई के रूप में प्रतिष्ठित किया गया, जिसका खंडन करके पंडितराज जगन्नाथ के पुनः रमणीयार्थ प्रतिपादक 'शब्द' को काव्य की संज्ञा प्रदान की। विश्वनाथ ने सम्भवतः रस-सिद्धान्त के प्रभाव से शब्द के स्थान पर वाक्य को मान्यता प्रदान की, क्योंकि एक शब्द की अपेक्षा एक वाक्य से रस की प्रतीति अधिक सम्भव है। रस बिम्बों की संगति से ध्वनित अर्थ द्वारा निष्पन्न होता है और केवल एक शब्द में यह तब तक घटित नहीं हो सकता, जब तक वह वाक्य के अर्थ-विस्तार को अपने में समाविष्ट करते हुए प्रयुक्त न हो। मैं शब्द को ही काव्य, विशेषतः कविता, की इकाई मानने के पक्ष में हूँ, क्योंकि उसमें सूक्ष्मता के साथ-साथ क्षेत्र -विस्तार की अधिक गुंजाइश है। यहाँ मैं कविता विषयक दो मन्तव्य सामने रखना चाहता हूँ, जिनमें बिम्ब-विधान को केन्द्र में रखकर विचार किया गया है। एक है पंडित रामचन्द्र शुक्ल का और दूसरा है माइकेल ओकशॉट (**Michael Oakeshott**) का।

(i) काव्य में अर्थ-ग्रहण भाव से काम नहीं चलता; बिम्ब-ग्रहण अपेक्षित होता है। यह बिम्ब-ग्रहण निर्दिष्ट, गोचर और मूर्त्त विषय का ही हो सकता है।[1]

(ii) By 'poetry' I mean the activity of making images of a certain king and moving about among them in a manner appropriate to their character.[2]

दोनों मन्तव्यों में जिस ढंग से बिम्ब (Image) को कविता या कांव्य से जोड़ा गया है, उससे उसकी महत्ता सर्वथा स्पष्ट है। एक स्थान पर हर्बर्ट रीड ने भी कुछ ऐसी ही धारणा व्यक्त की है।[3] प्राचीन भारतीय आचार्यों ने अपने काव्य-विवेचन में 'बिम्ब' को कहीं भी आधार नहीं बनाया है और शुक्ल जी ने, जहाँ तक मेरा अनुमान है, पाश्चात्य काव्य-चिंतकों के प्रभाव से ही उसकी चर्चा की है। बिम्ब पर सबसे अधिक आग्रह बिम्बवादियों (Imagists) ने किया। अत्याग्रही एमी लॉवेल (Amy Lowell) के नाम पर उसे व्यंग्य में 'Amygism' तक कह दिया गया। उतना आग्रह 'वाद' विशेष की सीमा में ही आ सकता है, यहाँ केवल बिम्ब की तात्विक स्थिति पर विचार करना ही अभीष्ट है। बिम्बवाद के अन्तर्गत एज़रा पाउण्ड ने स्थिर बिम्ब (Stationary image) के साथ गतिशील बिम्ब (moving image) को भी समाविष्ट करने का आग्रह किया, यद्यपि इस प्रकार बिम्ब-विधान को विभाजित करना विवेचक की दृष्टि में अभीष्ट नहीं है।[4] बिम्ब के स्वरूप की जिज्ञासा गहनतर होती हुई पाउण्ड को चीनी लिखित अक्षरों में निहित विचार-प्रतिमाओं (ideograms) तथा जापानी हॉक्कू (hokku), अज्ञेय जी के अनुसार 'हाइकू', तक ले गयी और उसका विवेचन बहुत कुछ दार्शनिकता का स्पर्श करने लगा। उसकी गतिशील बिम्ब की कल्पना में गत्यात्मक और नाटकीय (dynamic & dramatic) दोनों प्रकार के बिम्ब समाविष्ट हैं। पाउण्ड ने अपने विश्लेषण द्वारा कविता में अन्तर्निहित 'गणित' को उद्घाटित किया। उसकी दृष्टि में कविता का जो स्वरूप उभर कर आया, वह इस प्रकार है—

Poetry is a sort of inspired mathematics, which gives us equations, not for abstract figures, triangles, spheres, and the like, but equations for human emotions. If one have a mind which inclines to magic rather then science, one will prefer to speak of these equations as spells or incantations; if sounds more arcane, mysterious, recondite.[5]

---

1. चिन्तामणि, भाग 1, पृ० 145
2. "The Voice of Poetry in Conversation of Making".
—प्र० सं० 1959, पृ० 31
3. Poetry is expressed in words and words suggest images and ideas and in poetry we may be explicitly conscious of both the words and ideas of images with which they are associated.
4. The poetry of Ezra Pound, Hugh Kenner, पृ० 57
5. Sprit of Romance. पृ० 5

पाउण्ड द्वारा इस मत के प्रवर्तन के सात ही वर्ष बाद प्रायः इसी के आधार पर उद्‌भावित टी० एस० इलियट का प्रसिद्ध काव्य-सिद्धान्त 'Objective Correlative' सामने आया, जिसके अनुसार भावाभिव्यक्ति का एक ही उपाय है और वह यह कि भाव-विशेष के लिए ऐसी वस्तुओं, स्थितियों अथवा घटना-शृंखलाओं की कल्पना की जाये, जिनका उस भाव से इस प्रकार का सम्बन्ध-सूत्र हो कि चेतना से बाह्य तथ्यों का सम्पर्क होते ही संवेदन रूप में उनकी परिणति अवश्यम्भावी हो जाये और तत्काल वही भाव उद्‌भूत हो जाये।[1] जिस विचार-पद्धति से इलियट का यह सिद्धान्त निकला है, उसकी चरम सीमा भारतीय रस-सिद्धान्त में दिखायी देती है। भले ही "The image as sensory equivalent of an emotion' के रूप में उसकी अभिव्यक्ति न हुई हो, परन्तु नियत भावों-अनुभावों आदि के संयोग द्वारा निश्चयात्मक रीति से रस विशेष की निष्पत्ति की कल्पना है, सर्वथा उसी प्रकार की और उससे कहीं अधिक व्यवस्थित एवं पूर्ण भी। अन्तर बिम्ब-विधान को केन्द्र में रखकर सोचने न सोचने का है। प्राचीन भारतीय चिंतकों ने कविता के प्रश्न पर 'बिम्ब' के सहारे विचार नहीं किया है, यह मैं कह ही चुका हूँ, परन्तु इसका अभिप्राय यह नहीं है कि शब्दों से परिचलित होने वाले कल्पना-व्यापार से वे अनवगत थे। इस कल्पना-व्यापार का समावेश बहुत दूर तक ध्वनि-सिद्धान्त के अन्तर्गत हुआ है। श्रव्य काव्य की परिधि में समाविष्ट दृश्य-तत्व ही 'बिम्ब' है, जिसका प्रत्यक्षीकरण ध्वनि के सहारे कल्पना द्वारा किया जाता है। दृश्य और श्रव्य रूप में काव्य को विभाजित कर देने के ही कारण कदाचित् भारतीय दृष्टि बिम्ब-विधान के विश्लेषण की ओर प्रवृत्ति नहीं हो सकी। उसने दृश्य-तत्व को भी अन्ततः ध्वनित ही माना। यह अवश्य है कि ध्वनि और बिम्ब की धारणाओं में ऐसा मौलिक अन्तर है, जिसे उपेक्षित नहीं किया जा सकता। यदि ऐसा सम्भव होता तो शुक्ल जी 'image' के पर्याय रूप में ग्रहीत 'बिम्ब' शब्द का प्रयोग न करके किसी भारतीय काव्य-शास्त्र-सम्मत शब्द का ही प्रयोग करते। यहाँ बिम्ब को लेकर प्रसंग का विस्तार कुछ अधिक अवश्य हो गया, परन्तु मूल उद्देश्य कविता की उस प्रकृति को लक्षित करना था, जो उसे साहित्य कीं अन्य विधाओं से पृथक् कर देती है।

बिम्ब-विधान को इतना महत्वपूर्ण मानते हुए भी जब एज़रा पाउण्ड के सामने सच्चे कवि को झूठे कवि से पृथक् करने का प्रश्न आया तो उसने दोनों के बीच अन्तर निर्धारित करने के लिए एक भिन्न मार्ग का अनुसरण किया। ऐसा मार्ग कदाचित् उसके जैसे कवि को ही सूझ सकता था क्योंकि इस तक पहुँचने के लिए रचनात्मक अनुभव की एक विशेष भूमिका अपेक्षित जान पड़ती है। पाउण्ड के अनुसार दोनों का अन्तर उस समय बहुत सरलता से लक्षित कर लिया जाता है, जब सच्चा कवि अपने को विश्वास के साथ अभिव्यक्ति के सरलतम रूप तक ले जाता है और बिना विशेषणों का प्रयोग किये

1. The only way of expressing emotion in the form of art is by finding an "objective Correlative".; in other words a set of objects, a situation, a chain of events which shall be the formula of that particular emotion in sensory experience, are given, the emotion is immediately evoked.
—*Selected Essays.*

हुए काव्य-रचना करता है।[1] यह कथन यथार्थ है क्योंकि बहुधा विशेषणों की बहुलता उन्हीं की कविता में मिलती है, जिनमें वास्तविक काव्य-शक्ति की न्यूनता रहती है। समर्थ कवि विशेषणों का अत्यन्त सधा हुआ प्रयोग करता है और वह भी वहीं जहाँ अन्य प्रकार से सजीवता लाना प्रायः संभव नहीं होता है। सच तो यह है कि विशेषणों की प्रयोग-विधि से कवि की सामर्थ्य-असामर्थ्य दोनों का ही बोध हो जाता है और विशेषण ही क्यों जैसा आरम्भ में कहा गया है, कविता में प्रत्येक शब्द, इकाई के रूप में विशेष अस्तित्ववान् होने के कारण महत्वपूर्ण होता है तथा प्रयुक्त अवस्था में कवि की कीर्ति-अकीर्ति का अनिवार्यतः उद्‌घोष करता रहता है। जिस 'कलन की सतर्कता' की ओर अज्ञेय जी ने प्रतीकों के महत्व की चर्चा करते हुए 'वर्णन और भावन' के प्रसंग में इंगित किया है, वह भी शब्दों की इकाई से ही अनुस्यूत है।[2] कविता का शब्द-शब्द भावाभिव्यंजन में सहायक होता है; और यदि सहायक नहीं होता है तो बाधा पहुँचाता है क्योंकि कविता के अनुशासन अथवा कसाव में इतना रिक्त स्थान बचता ही नहीं है कि कोई शब्द तटस्थ होकर चुपचाप खड़ा रहे, भाव एवं अर्थ की गति में न वह बाधक हो और न साधक। 'प्रतीक और जन-मानस' के प्रसंग में अज्ञेय जी ने अपने ढंग से 'कविता' और 'कविता नहीं' के विषय में अपना सुविचारित मत व्यक्त किया है जो प्रस्तुत प्रसंग में उल्लेखनीय है—

साधारण का साधारण वर्णन कविता नहीं है; कविता तभी होती है, जब साधारण पहले निजी होता है और फिर व्यक्ति में से छन कर, साधारण होता है। जो इसको भूलते हैं, उनके पद्य परम सदुद्देश्यपूर्ण होकर भी कविता नहीं बन सकते, और चाहे जो कुछ हो जायँ।[3]

कविता के निकट मनुष्य-मनुष्य के बीच के विभाजक तत्व गौण और संयोजक तत्व प्रधान होते हैं, इसलिए एक स्थान पर वह आज भी आवश्यक एवं अनिवार्य है। रस को काव्य की आत्मा कहने में उन लोगों के लिए कठिनाई हो सकती है, जिन्हें आत्मा पर विश्वास नहीं है, अतएव मैं कहना चाहूँगा कि भाव ही कविता का शील है। पहले भी कविता मनुष्य की आन्तरिक भावात्मक एकता को मानकर चलती रही है और आज भी मेरी समझ से उस मूल मान्यता में कोई परिवर्तन नहीं आया है। तमाम बौद्धिकता के बावजूद भी यह सत्य है कि संवेदनीयता या भावशीलता (emotivity) की रक्षा के बिना कविता का कविता रहना संभव नहीं है। यह दूसरी बात है कि सभ्यता के अनेकानेक आवरणों और संस्कृति के जटिल संघर्षों में भाव को सही रूप में ग्रहण और व्यक्त कर पाना दुरूह होता जा रहा हो। मान्यता तो यहाँ तक है कि बुद्धि में ऐसा कुछ भी नहीं है, जो संवेदनों से छन कर न पहुँचा हो (nothing is in the intellect that is not

---

1. The true poet is most easily distinguished from the false, when he trusts himself of the simplest expression and when he writes without adjectives.—*The spirit of Romance,* पृ० 219
2. आत्मनेपद, पृ० 42
3. वही, पृ० 42

first in the senses)।[1] ज्ञान और संवेदन की इसी निकटता को मुक्तिबोध ने 'संवेदनात्मक ज्ञान' और 'ज्ञानात्मक संवेदन' जैसे शब्दों द्वारा व्यक्त करते हुए नयी कविता के आत्मसंघर्ष पर सूक्ष्मता से दृष्टिपात् किया है।[2] कविता का स्वरूप-परिवर्तन भी इसीलिए बहुतों के न चाहने पर भी घटित हो ही रहा है और आगे भी उसे कोई रोक नहीं सकेगा। आवश्यकता केवल इसी की है कि कविता के मौलिक तत्वों पर से ध्यान न हटने पाये और न उनकी उपेक्षा हो।

भारतीय काव्य-चिंतकों ने अपने-अपने तत्व-चिंतन-क्रमों तथा सामयिक संदर्भों में काव्य (मुख्यतया कविता) की अनेक परिभाषाएँ प्रस्तुत की हैं जिनके द्वारा कविता का कोई न कोई मौलिक सत्य प्रमुख रूप से सामने आया है; चाहे वह अलंकरण, रीति या वक्रोक्ति हो, चाहे ध्वनि, रस या रमणीयता। प्राचीन चिंतकों के साथ अपनी बात को जोड़ना धृष्टता ही है तथापि वास्तविकता के नाते मैं कहूँगा कि नयी कविता के संदर्भ में मैंने सह-अनुभूति को विशेष महत्वपूर्ण पाया है (द्रष्टव्य, नयी कविता, अंक 4)। यदि उसके आधार पर मुझे आज कविता की परिभाषा देनी ही पड़े तो मैं उसे निम्नलिखित रूप में रखना चाहूँगा।

कविता सहज आन्तरिक अनुशासन से युक्त वह अनुभूतिजन्य सघन लयात्मक शब्दार्थ है, जिसमें सह-अनुभूति उत्पन्न करने की यथेष्ट क्षमता निहित रहती है।

यहाँ 'यथेष्ट' शब्द कवि और पाठक दोनों के 'इष्ट' को अपनी अर्थ-व्याप्ति में समाहित किये हुए है क्योंकि मैं कविता के विषय में कवि के निर्णय को ही अन्तिम निर्णय न मानकर श्रोता या पाठक द्वारा उसकी मान्यता को अनिवार्य समझता हूँ। किसी सफल कलाकृति के लिए 'विधायक कल्पना' (creative imagination) को 'ग्राहक कल्पना' (receptive imagination) के इतने निकट सम्पर्क में ला देना आवश्यक होता है कि बाहर से भीतर की ओर देखने वाला व्यक्ति भीतर से बाहर की ओर व्यक्त हुई भाव-वस्तु को उसके यथार्थ रूप में पूरी तरह प्रत्यक्ष कर सके।

इस पीठिका में जब आज से केवल पैंतालीस वर्ष पूर्व व्यक्त की गयी उत्तम काव्य विषयक एक भावुक धारणा[3] की ओर दृष्टि जाती है तो लगता है सचमुच हिन्दी कविता कुछ ही दशकों में बहुत लम्बी यात्रा तय कर आयी है।

---

1. The Poetry of Ezra Pound, पृ० 76.
2. कृति, अंक 17, पृ० 33.
3. 'उत्तम काव्य के लिए मधुर भाषा के मनोहर छंदोपवन में मयूरादिक ललित शब्दों की छटा में अलंकार के सरस मेघों से उत्तम भावों की झर लगी होनी चाहिए।'

—इंदु, सन् 1915; 'कविता का मर्म', शीर्षक लेख

काव्य-बिम्ब : समस्या और स्वरूप

1. भारतीय काव्य-चिंतन और बिम्ब

नयी कविता, अंक 5-6 में 'कविता और अकविता' की समस्या उठाते हुए इस तथ्य की ओर स्पष्ट निर्देश कर दिया गया था कि प्राचीन भारतीय आचार्यों ने काव्य की विवेचना करते हुए अपने सिद्धान्तों में कहीं भी 'बिम्ब' को आधार नहीं बनाया है और शुक्ल जी ने 'कविता क्या है' के अन्तर्गत बिम्ब-ग्रहण की जो चर्चा की है, उस पर पाश्चात्य काव्य-चिन्तकों का प्रभाव कहा जा सकता है।

बिम्ब में गोचरत्व निश्चित रूप से विद्यमान रहता है। इसी आधार पर शुक्ल की सभ्यता के आवरणों के पीछे छिपी हुई मूल आदिम भाव-वृत्तियों को जाग्रत एवं प्रत्यक्षीकृत करने के क्षेत्र में बिम्ब का विशेष महत्व बताते हुए काव्याभिव्यक्ति में उसकी अनिवार्यता स्वीकार करते हैं। प्रश्न यह उठता है कि यदि 'बिम्ब' कविता के संदर्भ में इतनी महत्ता रखता है, तो काव्य का सूक्ष्म तात्त्विक विश्लेषण करने वाले इस देश के प्राचीन आचार्यों की दृष्टि से वह ओझल कैसे हो गया और यदि उससे मिलती-जुलती कोई धारणा उनकी नजर में रही, तो उसका स्वरूप या महत्व क्या निर्धारित किया गया है। प्राचीन भारतीय काव्यशास्त्र में गोचरत्व धर्म से युक्त बिम्ब का निकटवर्ती जो शब्द मुझे मिल सका है, वह है 'अर्थ-चित्र'। यह 'अर्थ-लय' की तरह मेरा अपना दिया हुआ शब्द नहीं है, इसकी प्रकृति की व्याख्या अनेक मान्य काव्याचार्यों ने की है। यह दूसरी बात है कि उनके द्वारा अर्थ-चित्र अधिकतर अधम काव्य से सम्बद्ध माना गया है।

अर्थ-चित्र की स्थिति एवं अभिप्राय

अर्थ-चित्र के प्रति मेरी जिज्ञासा कई कारणों से तीव्रतर होती गयी। पहला कारण काव्य-तत्व के रूप में बिम्ब की आधुनिक धारणा की समवर्ती भारतीय काव्यशास्त्रीय धारणा के प्रति जागरित शोध-भाव, दूसरा कारण विविध काव्याचार्यों द्वारा अर्थ-चित्र को अधम से लेकर उत्तम काव्य तक की कोटि में निर्धारित करने के अनिश्चयसूचक प्रयत्न की विचित्रता तथा तीसरा और सर्वोपरि कारण रूप-तत्व की शब्दबद्धता एवं काव्योपयोगिता के प्रति मेरा व्यक्तिगत आकर्षण। इन तीनों कारणों ने सम्मिलित रूप में नयी कविता के संयुक्तांक के प्रकाशन के बाद से अब तक बराबर मेरी विचारधारा को आन्दोलित किया है। इस लेखन-क्रम में मैं अपने भीतर के उस विचार-संघर्ष को ही एक रूप दे रहा हूँ।

निम्नलिखित पद्य, जिसमें सादृश्य के माध्यम से एक प्रभावपूर्ण एवं उत्कृष्ट बिम्ब की योजना कवि-कल्पना में निहित रूप-बोध द्वारा स्वतः घटित हुई है, 'काव्य-प्रकाश' में अधम या 'अवर' काव्य के अन्तर्गत वाच्य-चित्र (अर्थ-चित्र) नामक भेद के रूप में उदाहृत हुआ है—

विनिर्गतं मानदमात्ममन्दिराद्भवत्युपश्रुत्य यदृच्छयापि यम्।
ससम्भ्रमेन्द्रद्रुतपातितार्गला निमीलिताक्षीव भियामरावती॥

अर्थ—'मित्रों को मान देने अथवा शत्रुओं के मान का दमन करने वाले जिस (हयग्रीव) के स्वेच्छापूर्वक अपने भवन से निकलने मात्र का समाचार पाकर इन्द्र ने घबराहट के कारण जिसकी अर्गला लगवा दी, वह (बंद द्वार वाली) अमरावती मानो ऐसी लग रही है, जैसे उसने भय के मारे आँखें मूँद ली हों।'

यहाँ कवि ने बन्द कपाटों वाली पुरी के कल्पित रूप-चित्र को व्यक्त करने के लिए आँखें मूँदे हुए एक भयभीत स्त्री का सजीव एवं आकर्षक बिम्ब सादृश्य (उत्पेक्षा) के रूप में समाविष्ट किया है। इसमें पर्याप्त व्यंजना भी है, फिर इसे अधम काव्य की कोटि में किस प्रकार रखा जा सकता है, मैं नहीं समझ सका; मुझे बहुत क्षोभ हुआ और मम्मट जैसे काव्य-मर्मज्ञ की विवेक-शक्ति पर संदेह उत्पन्न होने के साथ ही मन में यह बड़ी बात भी आयी कि भारतीय काव्य-चिन्तन में अर्थ के भीतर निहित या उससे व्यंजित होने वाली बिम्बात्मकता के प्रति समुचित दृष्टि नहीं अपनायी गयी है। उसे सादृश्यमूलक अलंकारों से पृथक् करके एक स्वतन्त्र तत्त्व के रूप में देखा जाना चाहिए था। रस और रूप, दोनों का आकर्षण अपनी पृथक्-पृथक् विशेषता रखता है। रूप-बोध की अपनी निजी व्यंजनाएँ और निजी कोटियाँ होती हैं, जिनमें वह अधम ही नहीं, उत्तम भी हो सकता है। रूपात्मक परिकल्पन एक स्वतंत्र व्यापार है, जिसमें रूप से रूप की व्यंजना सूक्ष्म से सूक्ष्मतर स्तर तक सम्भव है। भारतीय काव्य में अत्यन्त उत्कृष्ट रूप-बोध लक्षित होता है, परन्तु आश्चर्य और खेद है कि प्राचीन काव्यशास्त्र में उसे इतना निम्न स्थान दिया गया है। मम्मट द्वारा किये गये अन्याय और उससे उत्पन्न मेरे क्षोभ का कुछ परिहार इस बात से हो जाता है कि नरसिंह ठक्कुर जैसे एक-आध व्याख्याकार ने इति कथम् व्यंग्योदाहरणमिति वाच्यम् लिखकर इसका प्रतिवाद किया और पण्डितराज जगन्नाथ ने सैद्धान्तिक आधार पर, व्यंग्यमयता के ही तर्क को अपनाकर, काव्य की श्रेष्ठता का दूसरा कोटि-क्रम निर्धारित किया, जिसमें अर्थ-चित्र को अधमता के पाश से मुक्त करके मध्यम कोटि में स्थापित किया और शब्द और अर्थ के वैचित्र्यों में विभेद न करने वालों को दुराग्रही कहा। पर इसके लिए उन्हें उत्तम काव्य के ऊपर उत्तमोत्तम काव्य की एक और कोटि स्थापित करनी पड़ी।[1] उत्तम काव्य के प्रसंग में 'रसगंगाधर' के अन्तर्गत उन्होंने ऐसे व्याख्याकारों के मत को अमान्य ठहराया है, जिन्होंने चित्र (अर्थ-चित्र) को गुणीभूतव्यंग्य से पृथक् माना है। पंडितराज ने कुछ अलंकारों का नामोल्लेख करते हुए यह बताया कि सभी आलंकारिकों ने उनको गुणीभूतव्यंग्य और चित्र, दोनों ही माना है।[2] पंडितराज

---

1. (क) रसगंगाधर, 'काव्यभेदाः' के अन्तर्गत अधम काव्य के प्रसंग में—
'तत्रार्थचित्रशब्दचित्रयोरविशेषणाधमत्वमयुक्तं वक्तुं, तारतम्यस्य स्फुटमुलब्धेः। को ह्येव सहृदयः सन् 'विनिर्गतं मानदमात्ममंदिरात्'.... इत्यादिभिःकाव्यैः 'स्वछंदोच्छलद' इत्यादीनां पामर श्लाघानामविशेषं ब्रूयात्।
(ख) द्रष्टव्य, ध्वनि-सम्प्रदाय और उसके सिद्धान्त, पृ० 301
2. रसगंगाधर, काव्यभेदाः के अन्तर्गत द्वितीय भेद के प्रसंग में—

जगन्नाथ ने 'चित्रमीमांसा' नामक अपूर्ण ग्रन्थ के रचयिता अप्पय दीक्षित की अर्थ-चित्र विषयक स्थापना का ही नहीं, वरन् समस्त धारणा का खण्डन स्वयं 'चित्रमीमांसा-खण्डन' लिखकर किया। ऐसी दशा में चित्र-काव्य की सम्पूर्ण धारणा को दृष्टि में किये बिना अर्थ-चित्र के संबंध में किसी महत्वपूर्ण निष्कर्ष तक पहुँचना संभव नहीं है।

ध्वनि-सिद्धान्त की गौरवपूर्ण स्थापना के युग में जिस समय भारतीय काव्य-चिंतन दृढ़ता प्राप्त करता हुआ अपने उत्कर्ष के चरम बिन्दु पर पहुँच चुका था, उसी समय ध्वनि के आधारभूत तत्त्व व्यंग्य की प्रधानता, गौणता तथा अनुपस्थिति की त्रिधा स्थितियों में कल्पना करते हुए काव्य के ध्वनि, गुणीभूतव्यंग्य और चित्र, ये तीन (तारतम्य मूलक) भेद किये गये तथा पंडितराज के समय तक और बाद में भी ध्वनि (व्यंजना) को ही उत्कृष्ट काव्य का मुख्य निर्धारक तत्त्व स्वीकार किया गया। चित्रकाव्य की धारणा का आविर्भाव कदाचित् सर्वप्रथम 'ध्वन्यालोक' में हुआ। उसमें पूर्व पक्ष और सिद्धांत पक्ष, दोनों के अन्तर्गत इस बात को स्पष्टतः स्वीकार किया गया है कि ऐसी कोई वस्तु नहीं है, जो किसी भी प्रकार कीं चित्तवृत्ति को उपजनित न करे, अतएव काव्य का ऐसा कोई प्रकार नहीं है, जिससे रस, भाव, अनुभाव आदि की प्रतीति न हो । अतएव चित्रकाव्य की स्थिति तभी सम्भव है, जब कवि को उनकी प्रतीति अभीष्ट न होकर व्यंग्यार्थरहित केवल चित्रत्व अभीष्ट हो, जो अर्थगत और शब्दगत, दोनों प्रकार का हो सकता है। इस चित्रत्व को 'ध्वन्यालोक' में निम्नलिखित रूप से परिभाषित किया गया है—

केवल वाच्यवाचकवैचित्र्यमात्राश्रयेणोपनिबद्ध
आलेख्यप्रख्यं यदाभासते तच्चित्रम्।

अर्थात्—''जिसमें केवल वाच्य-वाचक के वैचित्र्य का आश्रय ग्रहण किया गया हो और जिसका रूप आलेख्य या चित्र अथवा प्रतिकृति के समान हो वही 'चित्र' है।[1]

प्रतिक्रिया का भाव 'बिम्ब' शब्द में भी निहित है। रूपात्मकता या गोचरत्व और आंतरिक सादृश्य, दोनों उसकी आवश्यक विशेषताओं में से हैं। किन्तु 'आलेख्यप्रख्यं' का सही तात्पर्य उस काल में क्या समझा जाता था, यह जानना आवश्यक है; तभी दोनों के बीच किसी सम्बन्ध का निर्देश करना उचित होगा।

'ध्वन्यालोकलोचन' में अभिनव गुप्त ने इसकी व्याख्या करते हुए लिखा है —

रसादि जीवरहितं मुख्य प्रतिकृतिरूपम्

इससे इतना प्रमाणित हो जाता है कि जिस काव्य में रसोद्रेक की क्षमता न हो, जो निष्प्राण या क्षीणप्राण हो, किन्तु जिसमें प्रतिकृतिवत् रूप-सादृश्य का वैचित्र्य समाविष्ट हो, वही चित्रकाव्य है। निमोलिताक्षीव भियामरावती में बन्द द्वार वाली पुरी और बंद नेत्रों वाली भयभीत स्त्री के बीच ऐसा ही रूप-सादृश्य देखकर मम्मटाचार्य ने उसे अर्थचित्र के रूप में उदाहृत कर दिया, जिसमें उनसे थोड़ी चूक हो गयी; पर अपनी समझ से उन्होंने कोई ग़लत काम नहीं किया, क्योंकि 'ध्वन्यालोक' और अभिनव गुप्त का उक्त आधार

यत्तु अतादृशि गुणीभूतव्यंग्यम् इत्यादि काव्यप्रकाशगतलक्षणे चित्रान्यत्वं टीकाकारैर्दत्तम्, तन्न। तेषां गुणीभूतव्यंग्यतायाश्चित्रतायाश्च सर्वालङ्कारिकसंमतत्वात् ।

1. भारतीय काव्यशास्त्र की परम्परा, पृ० 144 तथा 124

उनका पथ-प्रदर्शक था। आगे चलकर विश्वनाथ ने अपने साहित्यदर्पण में सभी प्रकार के चित्रकाव्य को गले का घेघा 'काव्यान्तर्गत गड्डुभूततया' बताया और उल्लेख मात्र करके छोड़ दिया।

यहाँ दो प्रश्न उठते हैं। एक तो यह कि क्या ऐसे सादृश्य-विधान में निजी आस्वाद्यता नहीं होती और यदि होती है, तो उसे रसात्मक आस्वाद्यता से इतना हीन क्यों माना जाये कि आकर्षण के रहते हुए भी उसे युक्त काव्य को अधम कोटि में रखने की विवशता उत्पन्न हो। स्पष्ट है कि इस बिम्बात्मक आस्वाद्यता की सूक्ष्मताओं में भारतीय काव्य-चिन्तक ने प्रवेश नहीं किया, क्योंकि नाट्य-क्षेत्र से आकर रस-सिद्धान्त ने उसके रूप-बोध को इतनी दूर तक आच्छादित कर दिया था कि श्रव्य-काव्य में निहित 'दृश्य-तत्व' उसकी दृष्टि में पूरी तरह आया ही नहीं और जो कुछ आया भी, उसका यथोचित महत्त्व उसने आँका नहीं। दूसरा प्रश्न यह है कि रसात्मकता से समाविष्ट होने या व्यंग्य से मुक्त होने पर क्या 'आलेख्य' एवं 'प्रतिकृति' मूलक सादृश्यगर्भित यह भिन्न प्रकार की आस्वाद्यता समाप्त या तिरोहित हो जाती है। यदि नहीं, तो क्या किसी आचार्य ने उसकी स्थिति और महत्त्व का स्वतंत्र विवेचन किया है? मेरा उत्तर है, नहीं। रस के भीतर व्यक्त होने वाले रूप-तत्त्व पर जहाँ तक मेरा ज्ञान है, किसी भारतीय काव्य-विवेचक ने दृष्टिपात नहीं किया है। जो कुछ चर्चा हुई भी, वह या तो 'गौणी लक्षणा,' 'अलंकार-ध्वनि' और सादृश्यमूलक अलङ्कारों के वैचित्र्य तक सीमित होकर रह गयी या इसमें उलझ गयी कि अलङ्कार रस के स्थायी धर्म हैं या अस्थायी। 'उपमा कालिदासस्य' कहने से ही कालिदास के काव्य में निहित विविध प्रकार के रूपगत सादृश्य-विधान की सूक्ष्मताओं का बोध नहीं हो जाता और न इतने से ही कि अमुक उपमा अमुक रस का उपकार करती है, अतः श्रेष्ठ है। हिमशिखर पर विश्रमित मेघ के लिए जब वे शोभां शुभ्रत्रिनयनवृषोत्खात् पंकोपमेयाम् लिखते हैं, तो इस सादृश्य में वर्ण-बोध से युक्त गतिशील सशक्त बिम्बात्मकता की जो निजी आस्वाद्यता है, उसका महत्व विप्रलंभ शृङ्गार से सम्बद्ध होने पर ही हो या उसमें बिना उसकी व्यंजना के आस्वाद्यता ही न हो, ये दोनों बातें सिद्ध नहीं की जा सकतीं। इसे चित्रत्व के कारण अधम काव्य की कोटि में रखना न केवल दुःसाहस होगा, वरन् साहित्यिक अपराध भी। यह आस्वाद्यता भिन्न प्रकार की संवेदनशीलता (Sensibility) की अपेक्षा रखती है। भारतीय कला और काव्य में तो इसका व्यापक अस्तित्व मिलता है, किन्तु शास्त्र में ध्वनि, रस, अलंकार आदि के बँधे-बँधाये दायरे में सभी कुछ को समाविष्ट कर लेनें की प्रकृति के कारण उसकी उपेक्षा होती रही है। इसका सबसे बड़ा प्रमाण यह है कि खड्गबंध, पर्वतबंध, डमरूबंध आदि के रूप में चित्रकाव्य चित्रालङ्कार तक सीमित होकर रह गया और अर्थ-चित्र का अस्तित्व ही प्रायः समाप्त हो गया। दास ने अपने काव्य-निर्णय में अर्थ-चित्र का जो उदाहरण दिया है, वह साधारण सांग रूपक बनकर रह गया है। उसमें रूप-तत्त्व उभर कर सामने नहीं आया है। खड्ग, पर्वत, और डमरू आदि के रूप में बनने वाले आकारों का अर्थ से क्या वास्ता। शब्दालंकार भी काव्य की आन्तरिक आस्वाद्यता से इतने रहित हो गये कि रसवादी देव को खीझकर आक्रोश के साथ शब्द-रसायन में कहना पड़ा—

सरस वाक्य पद अरथ तजि, शब्द चित्र समुहात।
दधि, घृत, मधु, पायस तज़त, बायस चाम चबात॥

किन्तु अप्पय दीक्षित की 'चित्रमीमांसा' तक यह स्थिति नहीं थी। उन्होंने 'ध्वन्यालोक' और 'काव्यप्रकाश' की परम्परा का अनुसरण करते हुए चित्रकाव्य की यही परिभाषा दी कि जो व्यंग्यरहित होने पर भी चारुत्वयुक्त हो, वही चित्र-काव्य है—

'यदव्यंग्यमपिचारु तच्चित्रम्।'

इसके साथ ही उन्होंने उसका शब्द, अर्थ और उभयपरक त्रिधा विभाजन करते हुए अर्थ-चित्र के प्रकरण में प्रायः समस्त अर्थालंकारों का समावेश कर लिया है। उनके पूर्ववर्ती मम्मट ने 'उभय चित्र' जैसा कोई विभाजन नहीं किया, पर छठे उल्लास में काव्य-प्रकाश के अन्तर्गत उन्होंने चित्रकाव्य के प्रसंग को पुनः उठाते हुए ऐसा संकेत अवश्य कर दिया है, जिससे ज्ञात होता है शब्दचित्र और अर्थचित्र के मिश्रित रूप भी हो सकते हैं (यथा—न तु शब्दचित्रार्थस्याचित्रत्वं अर्थचित्र वा शब्दस्य) तथा सारे अलंकार इनके अन्तर्गत समाविष्ट हो जाते हैं। उन्होंने मुख्यतया और गौणता के विचार से ही केवल दो भेदों की सत्ता स्वीकार की तथा इस बात का भी निर्देश किया कि बहुत से काव्य-शास्त्री रूपक, उपमा आदि कुछ अर्थालंकारों से ही विविध अलंकारों की उत्पत्ति मानते हैं—

'रूपकादिरलंकारस्तस्यान्यैर्बहुधोदितः'

उपमैका शैलूषी कहकर सादृश्यप्रधान उपमा को अप्पय दीक्षित ने भी उस नटी के समान बताया है, जो काव्य के रंगमंच पर नाना प्रकार का वेश धारण करके सारे अलंकारों के रूप में नर्तन करती रहती है। अरस्तू के काव्य-सिद्धान्त में 'रूपक' (metaphor) को वही मौलिक स्थान दिया गया है, जो चित्रमीमांसाकार द्वारा 'उपमा' को मिला है। ये दोनों ही अलंकार रूप-तत्त्व और उसके सादृश्य को केन्द्र में रख कर चलते हैं। इससे सिद्ध होता है कि काव्य-विवेचन में रूपगत सादृश्य को मुख्य मान कर चलना एक सही दिशा है। यदि संस्कृत काव्यशास्त्र में अधम या अवर काव्य के वर्ग में अव्यंग्य रूप में ही अर्थचित्र का विचार हुआ हो, तो इसका यह तात्पर्य कदापि नहीं है कि आगे के विवेचक सव्यंग्य या व्यंजनापूर्ण रूपों में उसकी बहुमुखी व्याप्ति का तात्त्विक विवेचन और विश्लेषण न करें। मैं समझता हूँ कि अभी इस क्षेत्र में अनुशीलन की बहुत गुंजाइश है। परन्तु इसमें बाधक बनते हैं वे लोग, जो निदान करने लगते हैं कविता-अकविता की समस्या का, किन्तु मौका पड़ने पर व्यंग्य-अव्यंग्य तक का अंतर भूल जाते हैं। रोमांटिक संस्कार का विरोध करने में स्वयं रोमांटिक होकर अपने आवेशजन्य अविचार में—'व्यंग्य को कविता नहीं माना जाता है; यदि माना भी जाता है, तो अवर काव्य।'[1] लिख जाने वाले बेचारे नामवर जी से कौन पूछे कि भाई, यह सब कहाँ होता है? और फिर अवर काव्य व्यंग्य को नहीं अव्यंग्य या व्यंग्यरहित कविता को कहते हैं तथा इस प्रसंग में व्यंग्य का अर्थ वह नहीं है, जो 'सेटायर' से मेल खाता है। सी० डी० ल्यूइस जैसे आधुनिक पाश्चात्य काव्यविवेचक ने 'बिम्ब' का अनुशीलन काव्याभिव्यक्ति की प्रायः सभी ज्ञात स्थितियों में किया है। उनके आगे रस, अलंकार और ध्वनि की कोई पूर्व निर्धारित सीमा नहीं रही, इसीलिए उनके काव्य-विवेचन के द्वारा बिम्ब का जो रूप सामने आता है, भारतीय काव्य-शास्त्रोक्त 'अर्थ-चित्र' में उसका लेश मात्र ही समाहित प्रतीत

1. ज्ञानोदय, जुलाई अङ्क, 1963.

होता है। 'अर्थ-चित्र' में निहित रूपगत सादृश्य का तत्त्व खो जाता है, जब सारे अर्थालंकारों को अर्थ-चित्र से संबद्ध कर दिया जाता है। ऐसी दशा में 'चित्रत्व' का तात्पर्य 'विचित्रत्व' मात्र रह जाता है। मम्मट ने काव्यप्रकाश के नवम उल्लास में चित्रालंकार से पूर्व शब्द-श्लेष के प्रसंग में वैचित्र्य को सारे अलंकारों का आधार माना है, 'वैचित्र्यमलंकार इति'। अन्यत्र भी ऐसी धारणा व्यक्त की गयी है। विचित्रता किसी भी प्रकार की हो सकती है। उसके लिए चित्रमयता या बिम्बात्मकता की विशिष्ट मर्यादा आवश्यक नहीं है। छायावाद युग में पंत जी का ध्यान-काव्य-भाषा की इस विशेषता की ओर गया और उन्होंने 'पल्लव' की भूमिका में लिखा— 'कविता के लिए चित्रभाषा की आवश्यकता पड़ती है।' पर आगे शब्दों की सस्वरता से जोड़कर तथा सेब के काव्यमय रूपक के मोह में पड़कर उन्होंने अपने मन्तव्य को बहुत ही सीमित कर दिया। 'भाव और भाषा का सामंजस्य, उनका स्वरैक्य ही चित्रराग है।' जैसा, वाक्य यह सिद्ध करता है कि 'चित्र' से उनका तात्पर्य 'दृश्य-तत्त्व' या 'बिम्ब' से नहीं, ऐसे 'नाद' से है, जो अर्थ से संगति रखता हो।

2. काव्य-बिम्बविषयक पाश्चात्य धारणा

रोमांटिक युग से लेकर वर्तमान यथार्थवादी युग तक पाश्चात्य साहित्य, विशेषतः अँग्रेजी साहित्य में 'बिम्ब' या 'काव्य-बिम्ब' की चर्चा प्रधानतः दो रूपों में हुई है। एक रूप एज़रा पाउंड तथा उनके समवर्ती-अनुवर्ती लोगों की धारणाओं में मिलता है, जिसमें तत्त्वान्वेषण के साथ वाद-वादिता के आग्रह की पूरी झलक मिलती है और दूसरा रूप प्रायः उससे रहित शुद्ध काव्य-तत्त्व-चिंतन का है, जिसमें काव्य-रचना के मूल में निहित वास्तविकता के स्वरूप को सही रीति से पहचानने एवं उद्घाटित करने की ही वृत्ति प्रधान है। पहली मनोवृत्ति से बिम्ब के प्रति वैसी धारणा उद्भावित होती है, जैसी पाउंड के इस वाक्य में मिलती है—it is better to present one image in a life time than to produce voluminous works. इस कथन से लगता है कि यह कवि-चिंतक बिम्ब' के आकर्षण से इतना अभिभूत है कि प्रशस्ति के अतिरिक्त उसकी सीमाएँ देख पाना उसके लिए संभव नहीं है। दूसरा रूप सी० डी० ल्यूइस जैसे काव्य-विशेषज्ञ की निम्नोद्धृत धारणाओं से प्रकट होता है, जिनमें तटस्थता से युक्त तत्त्वदर्शिता तथा विश्लेषण एवं विवेचन के साथ सिद्धान्त-प्रतिपादन की वृत्ति प्रमुख दिखायी देती है—

(i) Yet the image is constant in all poetry, and every poem is itself an image. Trends come and go, diction alters, metrical fashions change, even the elemental subject matter may change almost out of recognition : but metaphor remains, the life-principale of poetry, the poets chief test and glory.[1]

(ii) The images in a poem are like a series of mirrors set at different angles so that, as the theme moves on it is

1. The Poetic Image, पृ० 17

> reflected in a number of different aspects. But they are magic mirrors, they do not merely reflect the theme, they give it life and form : it is in their power to make a spirit visible.[1]

यह विचित्र है कि दूसरे उद्धरण में विवेचक कवि ने 'इमेज' के महत्त्व को प्रकट करने में विवश होकर स्वयं एक 'इमेज' की सृष्टि कर डाली, और उसी के माध्यम से काव्य में बिम्ब-विधान की व्यापक महत्ता का निर्देश किया है।

ल्यूइस ने काव्य-बिम्बविषयक अपनी प्रसिद्ध पुस्तक में 'बिम्ब' को केन्द्र में रखकर प्रायः उसी प्रकार काव्य मात्र को व्याख्यायित करने का उपक्रम किया है जैसे भारतीय काव्य-चिंतकों ने अलंकार, रीति, वक्रोक्ति, रस और ध्वनि को काव्य की आत्मा घोषित करते हुए व्यापक सिद्धान्त प्रतिपादित करने का प्रयत्न किया है। क्रोचे के प्रातिभ अभिव्यंजनावाद के अनन्तर आविर्भूत होने वाली काव्य से सम्बद्ध यदि कोई महत्त्वपूर्ण पाश्चात्य धारणा है, तो वह ल्यूइस की है, ऐसा मुझे लगता है। यह सत्य है कि क्रोचे की सी अतलस्पर्शी दृष्टि और विश्लेषण-सामर्थ्य ल्यूइस में नहीं है, तथापि उनका बिम्बविषयक अभिमत यथेष्ट सैद्धान्तिक गरिमा और महत्ता रखता है उनकी तात्त्विक दृष्टि जिन निष्कर्षों तक पहुँचती है, उन्हें आत्मसात कर लेने से भारतीय काव्य-चिंतन का प्राचीन गौरव घटेगा नहीं, वरन् पूरक रूप में उसके ग्रहण द्वारा जो थोड़ी-बहुत रिक्तता है, उसके भर जाने से आगे का मार्ग और प्रशस्त होगा तथा विचार को नये संदर्भों में जाकर काव्य के मौलिक तत्त्वों के पुनर्मूल्यांकन करने की प्रेरणा मिलेगी।

मुझे ल्यूइस द्वारा प्रतिपादित बिम्ब-सिद्धान्त उतना व्यापक और सर्वग्राही नहीं लगा, जितना भारतीय ध्वनि-सिद्धान्त, परन्तु इतना अवश्य प्रतीत हुआ कि 'दृश्य-तत्त्व' का जो अनादर, उपेक्षा और कहीं-कहीं दुर्दशा भी ध्वनि-मत के अन्तर्गत हुई है, उसका परिहार तभी संभव होगा, जब हम उसके यथोचित महत्त्व को उन्मुक्त भाव से स्वीकार कर लें। पंडितराज ने रमणीयता के तत्त्व पर बल देते हुए दृश्य-तत्त्व से युक्त 'अर्थ-चित्र' का अधम कोटि से किंचित् उद्धार किया, परन्तु वे भी न तो दृश्य-तत्त्व की विशिष्ट रमणीयता के सूक्ष्म स्वरूपों तक गये और न उसे अपेक्षित तात्त्विक गरिमा प्रदान कर सके। काव्यबिम्ब की सैद्धान्तिक प्रतिपत्ति के साथ यह कार्य अनजाने ही एक इतर देशवासी विवेचक द्वारा सम्पन्न हो गया, तो उससे लाभ उठाना ही हितकर लगता है, चाहे उसके लिए मुझे जगन्नाथ और ल्यूइस को एक संदर्भ में लाकर रख देने के अपराध का भागी ही क्यों न बनना पड़े। ऐसे अपराधों का अभ्यस्त हो चुका हूँ, इसलिए मुझे बात की चिंता है, कहने वालों की चिंता नहीं है।

ल्यूइस के बिम्ब-सिद्धान्त की पृष्ठभूमि

काव्य का कोई मूल्यवान् सिद्धान्त कवियों की रचना शक्ति के प्रस्फुटन और उसके व्यापक प्रभाव की पूर्वपीठिका के बिना आर्विभूत नहीं होता। 'दि पोएटिक इमेज' The Poetic Image) नामक ल्यूइस की सैद्धान्तिक कृति, जो 'क्लार्क लेक्चर्स' के रूप में

---

1. The Poetic Image, पृ० 80

कैम्ब्रिज विश्वविद्यालय द्वारा पहले-पहल 1946 में मुद्रित की गयी, किन्तु पुस्तक रूप में सर्वप्रथम सन् 1947 में प्रकाशित हुई और उसी वर्ष उसके दो संस्करण हो गये तथा अब तक और भी अनेकानेक संस्करण हो चुके हैं। अधिक प्रकाशन बहुत कारणों से हो सकता है, परन्तु जहाँ तक इस कृति का सम्बन्ध है, इसका कारण केवल यही है कि इसमें पहली बार कॉलरिज के समय से चर्चित 'इमेज' को कविता मात्र की व्याख्या का मुख्य आधार बनाया गया, साथ ही 'इमेजरी' और 'इमेजिनेशन' के मूलभूत तत्त्व के रूप में उसके महत्व का व्यवस्थित ढंग से निरूपण भी किया गया। उसके बाद से जहाँ तक मुझे ज्ञात है, अब तक वैसी सूक्ष्मता और व्यापकता के साथ कोई अन्य काव्य-सिद्धान्त किसी पाश्चात्य विवेचक द्वारा प्रतिपादित नहीं किया गया और न किसी के द्वारा ल्यूइस के मत का ऐसा प्रत्यालोचन ही हुआ कि उसकी मान्यता न्यून या समाप्त हो जाती। वस्तु-स्थिति तो यह है कि आधुनिक पाश्चात्य समीक्षा में काव्य की व्याख्या के लिए जो तात्त्विक आधार लिये जाते हैं, 'इमेज' या 'बिम्ब' उनमें अत्यन्त प्रमुख है। यह स्थिति अचानक ही उत्पन्न नहीं हो गयी, इसके पीछे प्रतीकवादी और बिम्बवादी कवियों की धारणाओं एवं कृतियों की अनुगूँज स्पष्ट सुनायी देती है। इन वादों को चर्चा का विषय बनाने में मेरा यह कदापि अभिप्राय नहीं है कि नयी कविता विदेशी छाया में पल्लवित होना अपना ध्येय बना ले अथवा वहाँ के तिरस्कृत 'आउट ऑफ डेट' वाद यहाँ प्रतिष्ठित करने का उपक्रम किया जाये। मेरा अभीष्ट केवल इतना ही है कि सैद्धान्तिक स्तर पर 'बिम्ब' के महत्त्व को वादिता और अतिवादिता से रहित होकर, सही परिप्रेक्ष्य में अंकित किया जा सके तथा विशेषताओं के साथ उसको सीमाएँ भी लक्षित कर ली जायें। इसके लिए प्रतीकवाद और बिम्बवाद की विचारधारा पर, ऐतिहासिक अनुक्रम में दृष्टिपात कर लेना अनुचित न होगा।

फ्रांसीसी प्रतीकवाद मुख्यतः सन् 1860 से '90 के बीच यथादृष्ट यथार्थवाद अथवा प्रकृतवाद (naturalism) की प्रतिक्रिया के फलस्वरूप रोमांटिक भावना की दूसरी लहर के रूप में आर्विभूत और प्रसारित हुआ, किन्तु उसने काव्याभिव्यक्ति की समस्या और वस्तु-बोध की आन्तरिकता के प्रश्न को जितनी गहराई के साथ उठाया, उससे प्रायः समस्त योरोपीय साहित्य प्रभावित हुआ और अमरीकी साहित्य भी उसके प्रभाव से मुक्त न रह सका। इसके प्रेरकों में नये मनोविज्ञान की ओर उन्मुख बादलेयर, विज्ञान-विरोधी रहस्यवादिता के उद्‌भावक मलार्मे, नगर-सभ्यता के विषाक्त अनुभवों को वाणी देने वाले तथा शास्त्रीयता और पुरातनता के उग्र विरोधी रिम्बो और अभिव्यक्ति में अमूर्त्तता की ओर प्रवृत्त, अनुभूतिवादी किन्तु पूर्ववर्ती रोमांटिकों से असंतुष्ट, स्वतन्त्रचेता पॉल वैलरी मुख्य हैं। इनमें मलार्मे की स्थिति सबसे विशिष्ट है।

बिम्ब-विधान को घनीभूत बनाने (condensation of imagery) पर सबसे अधिक बल उसी के द्वारा दिया गया। रू-दे-रोमा पर स्थित उसके कक्ष के रहस्यमय वातावरण में मन्त्रवत् व्यक्त होने वाले उसके विचारों से केवल फ्रांस के कलाकार ही प्रभावित नहीं हुए, वरन् यीट्स जैसे प्रतिष्ठित अँग्रेजी कवि ने भी प्रेरणा ग्रहण की।

प्रतीकवाद को काव्य-क्षेत्र की पुनर्व्याख्या का आन्दोलन माना जाता है। इस प्रयत्न में आभ्यंतरिकता की ओर झुकाव रखते हुए बौद्धिकता का तिरस्कार, बिना किसी स्पष्ट

सामाजिक उद्देश्य के मनुष्य के सचेतन, रहस्यमय व्यक्तित्व का स्वीकार और उसकी भावात्मक प्रतिक्रियाओं की जटिलता को नवनिर्मित सांकेतिक प्रतीकों द्वारा अभिव्यक्त करने के क्रम में 'डिनोटेटिव' से 'कनोटेटिव' अर्थ की सिद्धि के लिए दुरूहता तक का समर्थन आदि सब कुछ किया गया। सीधी या बोधगम्य अभिव्यक्ति अशक्त और अनुपादेय घोषित की गयी तथा रूपक (allegory) और परम्परागत प्रतीकों का उत्कट विरोध करते हुए कवियों द्वारा प्रयुक्त वैयक्तिक प्रतीकों को ही गहन यथार्थ और प्रामाणिक अभिव्यक्ति का वाहक माना गया। बॉदलेयर ने प्रतीकों का महत्व उसके उस गुणविशेष के कारण माना, जो स्थूल अनुभव से परे ले जाता है; फिर उसे ही विमोचन-क्षमता (liberating value) की संज्ञा प्रदान की। जर्मन दार्शनिकों के प्रभाव से रहस्य-वृत्ति पर बल दिया गया और कविता विश्व की रहस्यात्मक अभिव्यक्ति (mystic revealation of universe) का साधन बनी। अकथनीय सत्य का अनुभव केवल रोमांचों (sensations) के रूप में ही संभव बताया गया तथा प्रतीकों में ही उस अनुभव को व्यक्त करने की शक्ति निहित मानी गयी। प्रतीकवाद की ऐसी धारणाओं के ऊहापोह में रेमी दे गूरमाँ (Remy de Gourmont) नामक विचारक द्वारा दृश्य-तत्त्व पर कदाचित् सबसे अधिक बल दिया गया। उसके द्वारा उपयुक्त शब्द (exact word) के प्रयोग पर विशेष बल दिया गया, फलतः प्रतीकवादियों की दूसरी पीढ़ी की गति में एक मोड़ आया और वे बॉदलेयर को चेतन-अवचेतन के स्तरों वाली रहस्यमयी अप्रत्यक्ष सूक्ष्मता से कुछ हटकर ऐसे यथार्थ (real) की ओर उन्मुख होने लगे, जिसमें प्रत्यक्ष रूप-बोध का समावेश एवं ग्रहण भी संभव था। यह विचित्र है कि सारे प्रतीकवादियों के बीच गूरमाँ ने ही काव्य की संरचना में उस दृष्टि (vision) की महत्ता पर भी बल दिया था, जिसमें कवि के लिए आवश्यक होता है कि वह वस्तु के दृश्य-रूप और तज्जन्य अनुभव के स्तर से ऊपर उठ कर 'विजन' के स्तर का स्पर्श कर ले।[1] महत्व-निर्धारण के उद्देश्य और ढंग में अंतर हो सकता है, पर यह स्पष्ट है कि काव्य में निहित दृश्य-तत्त्व की ओर गूरमाँ की दृष्टि गयी और इतना ही नहीं, यह भी संभव माना गया है कि उसके विचारों ने इलियट को अपनी 'इमेज' विषयक धारणाएँ विकसित करने की प्रेरणा भी दी हो।[2] गूरमाँ का प्रभाव इलियट पर ही नहीं, वरन् उनके काव्य-चिंतन को मूलतः प्रेरित करने वाले एज़रा पाउण्ड पर भी पड़ा। बिम्ब के अतिरिक्त मुक्त छंद के विषय में भी गूरमाँ ने पाउण्ड को प्रभावित किया।[3]

प्रतीकवादियों के काव्य में किसी केन्द्रित बिम्ब को उभार कर उसके काव्योपयोग के स्थान पर अभिव्यक्ति के प्रतीक मूलक क्रम में स्वभावतः उद्भूत, बिम्ब-शृंखलाओं

---

1. Sense and Sensibility in Modern Poetry, पृ० 70
लेखक—William Van O'Conner.

2. (Quite possibly Eliot's concern with precise image that is also unconsciously general is his answer to Gourmont's demands.
—वही, पृ० 70

3. Pound looked especially to Gourmont for instruction in versification, believing that he knew more about it than 'any one alive.—वही, पृ० 71

(succession of images) का प्रायः असजग प्रयोग मिलता है। प्रतीकों से इनका संग्रथन कवि के वैयक्तिक संदर्भों द्वारा होता है, जिससे उनका स्वरूप स्फुट न होकर कवि के निजी प्रतीक-जाल में बहुधा खोया हुआ दिखायी देता है। बिम्ब विशेष की पूर्णता और स्पष्ट प्रयोग की ओर प्रतीकवादी कवि प्रवृत्त नहीं हुए। संभवतः उनके प्रतीकों की दुर्बोधता और अवचेतन रहस्यों की अरूपात्मकता की प्रतिक्रिया के रूप में शृंखलित और एकाकी, दोनों प्रकार के बिम्बों का सजग प्रयोग योरोपीय साहित्य में आरंभ हुआ, जिसकी सैद्धान्तिक प्रतिष्ठा बिम्बवादियों द्वारा प्रदान की गयी। बिम्बवादियों ने प्रतीकवादियों से प्रेरणा भी ग्रहण की और उनके विचार-वृत्त को तोड़कर उससे बाहर निकलने और नयी शिल्प-दृष्टि देने की चेष्टा भी की। किसी परवर्ती आन्दोलन का अपने पूर्ववर्ती आन्दोलन से इस प्रकार का सम्बन्ध अस्वाभाविक नहीं है। हिन्दी में भी प्रयोगवाद ने अपने पूर्ववर्ती छायावाद-प्रगतिवाद की प्रतिक्रिया को भी अभिव्यक्ति दी और उनकी उपलब्धियों से लाभ उठाकर उनसे प्रेरणा भी ग्रहण की। कोई आरंभ सर्वथा शून्य में नहीं होता, न ही हो सकता; इसलिए हर नये वैचारिक संघर्ष के नीचे तल-सम्बन्ध बना रहता है। जो विचार संघर्ष करते-करते धरती को छोड़ देते हैं, उनकी क्या गति होती है, मैं नहीं जानता।

काव्य के विषय में बिम्बवाद ने कविता को गद्यात्मकता से बचाये रखने के लिए तथा काव्य-भाषा के परिशोधन के लक्ष्य से जिन नयी धारणाओं का प्रवर्तन किया, उनमें विषय-वस्तु की अरूढ़िबद्धता, अर्थ की सघनता, स्पष्ट और सीधी अभिव्यक्ति तथा दृश्य-तत्त्व का प्रत्यक्षवत् बोध सर्वोपरि है। नयी लयों की रचना पर भी बल दिया गया। 1913 के मैनिफ़ेस्टो की तीसरी धारा में 'मैट्रोनोम' परक क्रम के स्थान पर संगीतात्मक वाक्यांशों के क्रम में रचना करने का विधान किया गया। बिम्बवादियों का विश्वास था कि सघन अथवा केन्द्रीभूत अर्थ कविता का प्राण है (concentration in the very essence of poetry) प्रतीकवादियों की तरह धूमिल कुहाच्छन्न रहस्यात्मक अस्पष्ट और दुर्बोध अर्थ उन्हें इष्ट नहीं था। निश्चित रूपरेखा वाली दृष्ट और स्पष्ट कलात्मक अभिव्यक्ति उन्हें परितोष देती थी। उपयुक्त और लयान्वित भाषा में काव्य-वस्तु का सीधा बिम्बात्मक संप्रेषण कवि की कुशलता का द्योतक माना जाता था। प्रतीकवादी काव्य की जटिलता और दुरूहता से बिम्बवादी कितना ऊब चुके थे कि इसका मनोरंजक उदाहरण पाउण्ड द्वारा प्रस्तुत की गयी 'इमेज' की निम्नलिखित प्रथम परिभाषा में मिलता है, जिसमें लेखक ने न केवल 'कॉम्प्लेक्स' शब्द का प्रयोग अतिरिक्त सजगता से किया है, वरन् उसका स्पष्टीकरण भी दे दिया है।[1]

सन् 1914 में वोर्टिसिस्ट आन्दोलन (vorticist movement) के आरंभकर्ता जैकब एप्स्टीन (Jacob Epstein) और विन्ढंम ल्यूइस (Wyndham Lewis) के मत से प्रभावित होकर एज़रा पाउण्ड ने बिम्ब की नयी परिभाषा प्रस्तुत की, जिसमें कॉम्प्लेक्स, शब्द 'वोटेंक्स' या 'क्लस्टर' द्वारा स्थानान्तरित कर दिया गया।[2]

---

1. An "Image" is that which presents an intellectual and emotional complex in an instant of time. I use the term "complex" rather in the technical sense employed by the newer psychologists such as Hart.
2. The Background of Modern poetry, पृ० 34

It is a vortex or cluster, of fused ideas and is endowed with energy.[1]

'एनर्जी' शब्द पर व्यंग्य करते हुए ग्रंथकार जे० इज़ाक्स (J. Isaacs) ने लिखा है कि अगर एज़रा पाउण्ड 'इमेज' की व्याख्या में रुचि न खो बैठते, तो एक दिन वह एटम बम ही बन जाती। किन्तु वे भूल गये कि वोर्टिसिस्टों ने अपने पत्र का नाम 'blast' रख कर उसका कार्य पहले ही सम्पन्न कर दिया था। इसमें संदेह नहीं कि पाउण्ड बिम्ब की संभावनाओं को बहुत दूर तक खींच ले गये हैं। ऐतिहासिक दृष्टि से बिम्बवादी आन्दोलन में पाउण्ड का प्रभुत्व तब हुआ, जब वह विकास का, पहला चरण पार कर चुका था।

इस चरण का आरम्भ सन् 1908 से माना जाता है, जब अमरीकी कवि टी० ई० ह्यूम (T. E. Hulme) द्वारा मात्र कवियों की एक संख्या (Poets' Club) की स्थापना की गयी और एक पत्रक भी प्रकाशित किया गया। इसमें ह्यूम की शिशिर (autumn) शीर्षक रचना छपी, जिसे प्रथम सर्वप्रसिद्ध बिम्बवादी कविता कहा गया है। चन्द्रमा के लिए red faced farmer और तारों के लिए with white faces like town children जैसी सादृश्यमूलक अप्रस्तुत योजना अब बहुत साधारण लगती है, यद्यपि परम्परा-विरुद्ध होने के कारण उस काल में उसने लोगों को चौंकाया और उत्तेजित भी किया। क्लब के एक अन्य सदस्य एडवर्ड स्टोरर (Edward Storer) के 'मिरर्स ऑफ़ इल्यूज़न' नामक काव्य-संग्रह में उसी वर्ष 'इमेज' नामक तीन पंक्तियों की एक अन्य कविता प्रकाशित हुई, जो इस प्रकार है—

Forsaken lovers,
Burning to a chaste white moon,
Upon strange pyres of loneliness and draught.

पूर्वोक्त कविता के सादृश्य की अपेक्षा इसके सादृश्य-विधान में विम्बात्मकता अधिक है, परन्तु कुल मिलाकर यह भी अब असाधारण नहीं लगती। दोनों ही कविताओं में प्रकृति की सुपरिचित वस्तुओं के लिए अपरिचित और परम्परा से हटकर सादृश्य खोजने की चेष्टा है। इनमें दृश्य-तत्त्व को उभारने में जितनी नवीनता लायी गयी है, उससे अधिक प्रयत्नशीलता व्यक्त होती है और वस्तु-बोध की विधि में भी क्रान्ति लक्षित नहीं होती। अमरीका में ही इनके द्वारा आन्दोलन हो सका। कदापि कोई क्रान्ति संभव नहीं होती, यदि यह फ्रांस के प्रतीकवादी काव्य के बाद वहाँ लिखी गयी होती, क्योंकि रिम्बो की 'दि स्लीपर इन दि वैली' जैसी कविताओं में इससे कहीं अधिक सशक्त बिम्बात्मकता समाहित मिलती है। The whole/valley bubbled with sunbeams like a bear-glass अथवा मात्र अल्प कथन A blue eye rolls में कहीं अधिक शक्ति और काव्यात्मकता है।[2] प्रत्येक देश के संस्कार भिन्न होते हैं और अपने निजी परिवेश में ही उनकी सक्रियता प्रतिफलित होती है। अमरीकी बिम्बवादी आन्दोलन वहाँ थोड़ी सी ही

---

1. The Background of Modern poetry, पृ० 36
2. रॉवर्ट लावेल द्वारा अनूदित एवं Poems by Rimbaud शीषक से एन्काउंटर के नवम्बर, '61 के अंक में प्रकाशित कविताओं में समाविष्ट, द्रष्टव्य, पृ० 11

सैद्धान्तिक पूँजी को लेकर चला था, अतः सृजनशीलता को वेग देकर भी थोड़े ही समय में रंक हो गया। कार्ल सैण्डवर्ग की प्रसिद्ध कविता 'लेटर्स टु डेड इमेजिस्ट्स' उसकी वादी मनोवृत्ति का संहार प्रस्तुत करती है। 'दि इगोइस्ट' नामक पत्र के विशेषांक में ह्यूम के एक अन्य सहयोगी कवि एफ० एस० फ्लिन्ट (F. S. Flint) ने 'इमेजिज़्म' का संक्षिप्त इतिहास प्रकाशित किया, जिसमें उसने अपने 'ग्रुप' पर 'फ्रेंच सिम्बॉलिस्ट' कविता का प्रभाव स्पष्टतः स्वीकार किया। अमरीकी कवि समीक्षक जे० एम० ब्रिनिन (J. M. Brinnin) के मत से इस प्रभाव ने काव्य-क्षेत्र में परिशोधन का कार्य किया।[1] यह प्रभाव नितान्त प्रारम्भ में पाउण्ड पर ही नहीं पड़ा, क्योंकि उसको तब तक प्रतीकवादियों का अस्तित्व ही स्वीकार्य नहीं था, बाद में ऐसी स्थिति नहीं रही और पाउण्ड ने भी उनको खुलकर स्वीकार किया। यहाँ तक कि वही अमरीकी कविता पर उनके प्रभाव के मुख्य वाहक बन गये।

विकास के दूसरे चरण में 'इमेजिस्ट' अभिधान के प्रचार के साथ एज़रा पाउण्ड का प्रभुत्व आरम्भ हुआ। 1912 से 1922 तक के दशक में काव्य-रचना की इतनी बाढ़ आयी कि सहस्रों कवियों के काव्य-संग्रह प्रकाशित हो गये। केवल कविता के क्षेत्र तक अपने को सीमित रखने वाली 'पोएट्री', 'पोएट्री रिव्यू' आदि अनेकानेक पत्रिकाएँ सामने आयीं, जिनसे बिम्बवादी विचारधारा को पोषण मिला। इस आन्दोलन को 'इमेजिस्ट' संज्ञा पाउण्ड के ही बिम्बविषयक आग्रहपूर्ण विचारों के फलस्वरूप प्राप्त हुई तथा आयरलैण्ड, इंग्लैण्ड, फ्रांस, इटली आदि देशों में उसके निवास ने उसकी विचारधारा के प्रभाव को अमरीका से बाहर योरोपीय देशों तक विस्तारित किया। आयरलैण्ड में पाउण्ड यीट्स से काव्य-शिक्षा ग्रहण करने गये थे, परन्तु परिणाम उलटा हुआ। 'लर्नेड कम्पेनियन' की तरह वे उन्हें 'डेफ़िनिट' और 'कांक्रीट' की ओर ले गये, फलतः स्वयं गुरु शिष्य के प्रभाव में आकर काव्यगत अभिव्यक्ति के क्षेत्र में नये प्रयोगों की ओर उन्मुख हो गये। इलियट पर तो पाउण्ड का प्रभाव उससे भी अधिक गहरा पड़ा। उनकी बहुत सी काव्यविषयक धारणाओं का मूल विचार-स्रोत पाउण्ड के काव्य-चिंतन में मिलता है। 'नयी कविता' के पिछले 'संयुक्तांक' में इसकी ओर निर्देश किया जा चुका है। उन्हें 'वन मैन यूनिवर्सिटी' या 'डीन ऑफ मॉडर्न पोएट्स' जैसी रोचक उपाधियों से स्मरण किया गया है। ये कई अर्थों में अर्थशास्त्री थे, कविता के तो विशेषतः। इलियट को पाउण्ड के काव्य-विवेक पर इतनी आस्था थी कि उन्होंने अपने युग-काव्य 'वेस्टलैंड' के संशोधन का पूर्ण अधिकार उन्हें दिया और अन्त में उन्हीं को ग्रंथ भी समर्पित कर दिया। अंग्रेजी काव्य में बिम्बवाद के प्रभुत्व और काव्याभिव्यक्ति में 'बिम्ब' के महत्त्व-संस्थापन का प्रमुख श्रेय पाउण्ड को ही है। उन्होंने मध्यकालीन क्रूरता और जड़ता के विरुद्ध ideas in action का सिद्धान्त रखा। ऑडेन-स्पेंडर-ल्यूइस-मैकनीस की अगली पीढ़ी ने यीट्स-पाउण्ड-इलियट को पिछली पीढ़ी से अभिव्यक्ति-शिल्प और काव्य सिद्धान्त के क्षेत्र में बहुत कुछ रिक्त ग्रहण किया और उनकी कविता में प्रतीकवाद और बिम्बवाद की समग्र चेतना अपने थिराये हुए रूप में परिलक्षित होती है। बिम्बात्मक प्रतीक (imagistic symbol) का उदय इसका प्रमाण है।

---

1. New world writing, पंचम संकलन, पृ० 229

बिम्ब का मुख्य कार्य अनुभूत वस्तु का प्रस्तुतीकरण (Presentation) है और प्रतीक की सार्थकता किसी विचार या प्रत्यय के प्रतिनिधित्व (representation) में मानी जाती है। इलियट ने प्रतीक को विचार और संवेदन, दोनों का संवाहक माना है। काव्यभाषा में यही सभी आवश्यकताएँ प्रायः अनिवार्य हैं। 'बिम्बात्मक प्रतीक' की धारणा उक्त दोनों कार्यों अर्थात् प्रस्तुति और प्रतिनिधित्व के संश्लेषण एवं समीकरण का प्रतिफल है। शब्द से वस्तु-बोध के साथ-साथ उस अवधारणा का भी बोध होता है, जो उस वस्तु में निहित रहती है या उस पर प्रयोक्ता द्वारा आरोपित कर दी जाती है। अतः शब्दार्थ का एक पक्ष बिम्बात्मक और दूसरा प्रतीकात्मक होता है तथा ये दोनों रूप परस्पर एक दूसरे की न्यूनता को पूरा करते चलते हैं। अँग्रेजी का सजग कवि इनको समतोल बनाये रखने की चिन्ता किसी न किसी रूप में बराबर करता रहा है, क्योंकि उसको वस्तु-बोध और अभिव्यक्ति, दोनों ही क्षेत्रों में बिम्ब की सीमाएँ भी दिखायी देती रही हैं।[1]

किसी विम्ब द्वारा प्रस्तुत अर्थ एक होते हुए भी उसके अनेक प्रतीकार्थ हो सकते हैं, क्योंकि बिम्ब एक साथ अनेक वस्तुओं का प्रतिनिधित्व कर सकता है या उसे भिन्न-भिन्न अर्थों में ग्रहण किया जा सकता है। जैसे निश्चित बिम्ब के द्वारा उत्पन्न वर्ण-बोध अनेक प्रतीकार्थों का द्योतक माना जा सकता है।[2] ऐसी दशा में वर्ण स्वयं एक अमूर्त्त बौद्धिक ग्रहण और प्रत्यक्ष अनुभूत गहन संवेदन के बीच के अन्तर बन कर रह जाते हैं। अवस्था विशेष में बिम्बात्मक प्रतीक अमूर्त्त प्रतीक का कार्य भी कर सकता है।[3] उदाहरणार्थ वह संगठनात्मक नियम या सूत्रबद्धता का आधार बनकर आ सकता है या फिर बिखरे हुए स्फुट तन्तु-छोरों को एकत्र करके उन्हें एक ऐसी रूप-विधा में परिणत कर सकता है, जो दृश्यात्मक हो। यदि केवल इतना ही कार्य मूर्त्त प्रतीक का माना जाये, तो अमूर्त्त प्रतीक को उसकी तुलना में अभिव्यक्ति का श्रेष्ठ माध्यम मानना पड़ेगा, क्योंकि वह अधिक ज्ञापक और सहज साध्य होगा। किन्तु जो भाषा दृश्य-तत्त्वयुक्त अर्थों को सर्वथा छोड़कर चलने

---

1. Symbols that are also images, are, if not the poets most immediate concern, at least a primary contemporary concern, because the image as a form of knowledge and artistic impression has for several centuries been suspect.
   Senses and Sensibility in Modern Poetry- पृ० 111
2. When used in "an image that is sure', that is as a qualitative part of perceptions that express symbolic values the colors become the difference between an abstract understanding and an experience that stirs us profoundly.—वही, पृ० 115
3. The imagistic symbol may serve, even as the abstract symbol, as an organizing principle, a means of gathering up isolated strands into a pattern that is amenable to an act of perception. If this were its sole function the abstract symbol, which is denotative and tract able, would be a preferable medium of expression.—वही, पृ० 117

का संकल्प करती है, वह संगीत की वाहक हो सकती है, कविता की नहीं।[1]

काव्य-भाषा की सार्थकता अमूर्त्त की ओर जाने में नहीं, मूर्त्त की ओर जाने में है। जो लोग कला के क्षेत्र से अमूर्त्त की प्रेरणा लेकर उसे काव्य के क्षेत्र में स्थापित करना चाहते हैं, वे भाषा की मूल प्रकृति को ही ठीक से नहीं समझते। अंग्रेजी कवियों की बिम्बात्मक प्रतीक की ओर प्रगति दृश्य-तत्त्व अथवा 'बिम्ब' को अस्वीकार करके नहीं, वरन् उसे प्रतीक के साथ स्वीकृत और आत्मसात करके हुई है।

भाषा की सामान्य प्रकृति पर विचार करते हुए बर्ट्रेण्ड रसेल ने लिखा है—Images, in fact act as symbols, just as words do.[2] उन्होंने इस प्रकार बिम्बों द्वारा प्रतीकों के कार्य-साधन को मान्यता प्रदान की है। संवेदन-प्रक्रिया से बिम्बों का कितना गहन सम्बन्ध है और दृश्यात्मक अनुभव कितनी अधिक संवेदना जगाता है, इसकी ओर भी उनके द्वारा निर्देश किया गया है।[3]

पृष्ठभूमि बताते-बताते मैं कुछ आगे की ज़मीन में प्रवेश कर गया, परन्तु बात आवश्यक लगी, इसीलिए उसका आखिरी पहलू भी सामने रख दिया। आखिरी इस अर्थ में नहीं कि अब इसके आगे गति नहीं है। वरन् इस अर्थ में कि अब तक पाश्चात्य कविता अपने विकास-क्रम में भाषागत अभिव्यक्ति की समस्या को लेकर कदाचित् यहीं तक पहुँच सकी है। विचारात्मक और रचनात्मक, दोनों दिशाओं से चलकर उसने इसी बिन्दु का स्पर्श किया है और अब वह आगे की गति खोज रही है। ल्यूइस की बिम्ब विषयक सैद्धान्तिक स्थापनाएँ इस अन्तिम बिन्दु से कुछ पहले किन्तु प्रतीकवाद और बिम्बवाद के पूरे अनुभव को सहेजने के बाद की मनोदशा में आविर्भूत हुई है।

'काव्य-बिम्ब' विषयक ल्यूइस की मुख्य सैद्धान्तिक स्थापनाएँ

ल्यूइस ने प्रतीक को सघन बिम्ब का विरोधी प्रतिरूप माना है, क्योंकि प्रतीक ज्ञापक और एकार्थी होता है, जैसे संख्यामूलक 'I' इकाई का प्रतिनिधित्व करता है; अतः कविता में बिम्ब शायद ही कभी कुछ प्रतीकात्मक अवस्था में दिखायी दें, विशेषतः तब जब कि वे संदर्भगत भाव-स्पंदनों से इस प्रकार प्रभावित हों कि प्रत्येक पाठक उनके प्रति अपने वैयक्तिक अनुभव उन्मुख है।[4] अपने मन्तव्य को उन्होंने white शब्द के बिम्बात्मक

---

1. Language that attempts to divorce itself from perceivable meanings aspires to be music, not poetry.—वही पृ० 118
2. An Inquiry into Meaning and Truth—पृ० 228
3. What is important is that sensations are rounded out by spontaneous images or expectations of their usual accompaniment.....in any perceptive experience. The sensory core has higher inferencial value than the rest.—वही पृ० 114-116
4. An intense image is the opposite of a symbol. A symbol is denotative, it stands for one thing only, as the figure I represents one unit. Images in poetry are seldom purely symbolic, for they are affected by the emotionl vibrations of their context. so that each reader's response to them is apt to be modified by his personal experience.

—The Poetic Image, पृ० 40-41

प्रयोग के अनेकार्थी सांकेतिकता औ:र उसकी विविध भावनात्मक छायाओं को कुछ उदाहरण प्रस्तुत करते हुए स्पष्ट किया। सारे प्रतिपादन से यह प्रकट हो जाता है कि बिम्बात्मक प्रतीक (imagistic symbol) की धारणा उनकी प्रतीकविषयक मान्यता से सहज सिद्ध नहीं होती और उनके बिम्ब-सिद्धान्त से वह मेल नहीं खाती। वह अधिक से अधिक 'प्रतीकात्मक बिम्ब' तक ले जाती है। बिम्ब के आधुनिक प्रयोग को अपने समय तक की समस्त आधुनिक कविता में लक्षित करते हुए उन्होंने यह धारणा अवश्य व्यक्त की है कि प्रतीकवादियों के समय से अब तक बिम्ब-विधान में पुरानी कार्य-कारणपरक संगति से युक्त बिम्ब-क्रम के स्थान पर बौद्धिक असंगति की प्रवृत्ति (atendency towards the illogical) मिलती है।[1] संभवतः 'बिम्बात्मक प्रतीक' भी इसी की एक परिणति है, जिसे ल्यूइस कल्पित न कर सके, क्योंकि वे स्वयं बिम्ब और प्रतीक के बीच बौद्धिक संगति खोज रहे थे। ऐसा बहुधा होता है कि जिस बात का सिद्धान्तकार के पैमाने से समाधान नहीं हो पाता, वह कवियों की सृजन-शक्ति के द्वारा प्रत्यक्ष हो जाती है और बाद में सिद्धान्त में संशोधन होता रहता है। मैं किसी भी काव्य-सिद्धान्त को मौलिक सृजन-शक्ति के ऊपर नहीं मानता। बिम्ब के सम्बन्ध में ल्यूइस की धारणा जितनी गहरी और विशाल है, प्रतीक के विषय में उतनी ही संकीर्ण दिखाई देती है। यह आवश्यक नहीं है कि सारे प्रतीक एकार्थी ही हों और पाठक अपने अनुभव से उनका भिन्न-भिन्न अर्थ ग्रहण न करते हों या कवि ही सदा उनके प्रयोग में संख्यार्थ की तरह निश्चय का भाव रखते हों। प्रतीक व्यक्त के माध्यम से अव्यक्त का संकेत, व्यक्त को साधनरूप में ग्रहण करते हुए करता है, किन्तु बिम्ब में व्यक्त और अव्यक्त की एकात्म-स्थिति दिखायी देती है, यद्यपि उसमें भी गति व्यक्त से अव्यक्त भाव की ओर ही रहती है, ऐसी दशा में दोनों की समीकृत स्थिति दो विभिन्न कार्यों का समीकरण है, जो कार्य के प्रकार-भेद और दिशा-भेद के कारण संभव हो जाती है। बिम्ब पर अर्थ का इतना भार नहीं पड़ना चाहिए कि दुरूहता उत्पन्न हो जाये, अन्यथा ल्यूइस के अनुसार वह ऐसी आधुनिक असफ़लता (modern failing) होगी, जो पहले से भी होती आयी है। यद्यपि कभी-कभी अमूर्त्तता गुण बनकर बिम्ब को शक्ति भी प्रदान करती है।[2]

बिम्ब के आधुनिक प्रयोग की जिन पाँच मुख्य कठिनाइयों की ओर ल्यूइस ने दृष्टिपात किया है, वे इस प्रकार हैं[3]—

1. विशेषतः आधुनिक बिम्ब-सामग्री (moderm image material) का अर्थहीन और अप्रयोज्य (obslete) होते जाना।

---

1. An intense image is the opposite of a symbol. A symbol is denotative, it stands for one thing only, as the figure I represents one unit. Images in poetry are seldom purely symbolic, for they are affected by the emotionl vibrations of their context. so that each reader's response to them is apt to be modified by his personal experience.

—The Poetic Image, पृ० 114

2. वही, पृ० 42-43

3. Animism lies surely at the very source of the poetic image.

—वही, पृ० 105

2. ऐसी सामग्री का अपरिचित होना और इस प्रकार भावात्मक सम्बन्धों की स्वल्पता के कारण काव्यात्मक प्रभाव के लिए कम उपयोगी होना।
3. आधुनिक कवि के पास लोकप्रिय माध्यम की अनेकरूपता का न होना, जैसे काव्य-नाटक या व्यंग्यात्मक अथवा वर्णनात्मक प्रबन्ध काव्य, जिससे उसको अनेक प्रकार की नयी बिम्ब-सामग्री को प्रस्तुत करने का क्षेत्र मिलता।
4. पुरानी अतिरंजनात्मक पूर्णता और अतिशय परिष्कृति से युक्त अभिव्यक्ति-प्रणाली, जिसका प्रयोग पूर्ववर्ती कवि काव्य-संगति को स्पष्ट करने या उस पर बल देने के लिए करते थे, का सही या ग़लत बहिष्कार करना, परिणामस्वरूप विवशतापूर्वक कविता के ताने-बाने में अत्यधिक खिंचाव पैदा करते हुए सारी अभिव्यक्ति के लिए केवल बिम्बों तक सीमित रह जाना।
5. आधुनिक बिम्बों के सफल प्रयोग के लिए कवि का वास्तव में आधुनिक होना—केवल समसामयिक विचारों को समझने के ही स्तर तक नहीं, वरन् वर्तमान की विचित्र विसंगतियों और जटिलताओं को आत्मसात करते हुए उनके प्रति सहानुभूतिशील होने के स्तर तक।

आज के नये परिवेश में कवि की बदली हुई स्थिति को लक्षित करते हुए बिम्ब-प्रयोग की और भी कठिनाइयाँ निर्दिष्ट की जा सकती हैं, साथ ही यह भी स्वीकार करना होगा कि उसने इनमें से कुछ पर एक सीमा तक विजय भी प्राप्त कर ली है, यद्यपि जटिलता से उसे मुक्ति नहीं मिल सकी है और शायद अब मिलेगी भी नहीं। आज के युग में व्यक्ति-चेतना के जागरित होने के कारण सारे बिम्ब ऐसे नहीं होते कि सबकी कल्पना में सहज ग्राह्य हो सकें; यह आधुनिक कवि की वास्तविक समस्या है। वस्तु-जगत् में भौतिक के नीचे प्रवाहित चेतना और उसकी तदनुरूप विविधता और परिवर्तनशीलता बिम्बों को चैतन्य या जीवात्मक (animistic) बनाती है और ल्यूइस के मत से यह 'एनिमिज्म' सारे काव्य-बिम्बों के मूल में ही निश्चयपूर्वक निहित मिलता है।[1] मानवीकरण (personification) और प्रकृति से भाव-तादात्म्य (pathetic fallacy), दोनों ही आदिम चैतन्यवाद (animism) के अवशेष हैं और बिम्बात्मक चेतना भी उससे संपृक्त होकर व्यक्त होती है।

ल्यूइस का यह एक केन्द्रीय विचार है कि कोई भी बिम्ब अपने आपको स्वतः बिम्बित नहीं करता—an image does not image itself.[2] इसका अभिप्राय यही है, कि कोई बिम्ब स्वयं अपने लिए उपयोगी नहीं होता, उसकी सार्थकता कविता के लिए होती है, जिसके स्वरूप का निश्चय रचना-क्रम में होता है। कवि भी बिम्ब के अर्थ और स्वरूप को पहले से निश्चित करके नहीं चलता। इसी विचार को उन्होंने एक अन्य स्थान पर सम्पूर्ण कविता के एक पूर्ण बिम्ब होने की स्थिति को संभव मानते हुए व्यक्त किया है।[3] कवि का प्रेरक वस्तुओं से भावात्मक तादात्म्य बिम्ब-रचना का प्रथम सोपान है और

---

1. The Poetic Image, पृ० 107
2. वही, पृ० 91
3. Since no image/images itself, if a whole poem is to be a total image, it must represent some whole thing.—वही, पृ० 149

विकसित होने पर यदि कविता का बिम्ब-विधान अर्थहीन, बाधक चमत्कृतियों की शृंखला मात्र होकर रह जाता है, या उससे किसी सुगठित रूपरेखा (pattern of imagery) की सृष्टि नहीं होती, तो मानना होगा कि कवि की रचना-शक्ति का अनुभूति के साथ अन्तर्संगठन शिथिल रहा।[1] ल्यूइस ने तृतीय अध्याय में बिम्ब रचना के इस पक्ष की मुख्य परीक्षा की है। उनकी मान्यता है कि बिम्बों से कवि की काव्यात्मक सहानुभूति प्रकट हो जाती है।[2] कविता की रचना किसी प्रभाव (impression) से प्रारंभ होती है और अनुभूति की नदी को एक बूँद एक बिम्ब के रूप में प्रस्फुटित (crystallized) होती है।[3] रचना-क्रम की दूसरी स्थिति ध्यान के अचेष्टित घनीभूति केन्द्रण की होती है, जिसमें यीट्स के अनुसार संकल्प (will) और प्रज्ञा (intellect), दोनों के व्यापार परिशमित हो जाते हैं, एक तीव्र गति के साथ बिम्ब सामने आते दिखायी देते हैं। भारतीय शब्दावली में काव्य-सृजन की यह स्थिति कुछ-कुछ निर्विकल्प समाधि जैसी ज्ञात होती है। यीट्स ने इसे trance like state कहा है। एक उर्दू कवि के इस कथन में कि 'बादल से चले आते हैं मंज़मूँ मेरे आगे' कदाचित्, ऐसी ही सृजन-अवस्था का संकेत मिलता है। यीट्स के आधार पर ल्यूइस ने इस दूसरी स्थिति को प्रज्ञा का परिशमन या उसकी निवृत्ति (suspension of intellect) कहना उपयुक्त समझा है।[4] तीसरी स्थिति में कवि की रचनात्मक चेतना जाग्रत हो जाती है और कविता के आन्तरिक रूप के प्रकाशन के साथ-साथ सम्बद्ध बिम्बों के संचयन और परित्यजन की विधि आरंभ होती है। यह स्थिति दूसरी स्थिति को अन्तरावलम्बित करती हुई आती है। अचेतन मानस से उद्भूत होकर बिम्बों के स्वरूप-ग्रहण तक की इस रचना-प्रक्रिया का संकेत ल्यूइस को ड्राइवन के एक नाटक की भूमिका से प्राप्त हुआ, जिसका उल्लेख उन्होंने किया है। चौथी स्थिति केन्द्रीय विम्ब (key image) के साथ अन्य ग्रहीत बिम्बों के संगठन की है।

अचेतन की गहराई से बिम्बों की उत्पत्ति की बात ल्यूइस ने जुंग के मनोवैज्ञानिक विचारों से प्रेरित होकर कही है।[5] चेतन की सतह के नीचे अचेतन शक्तियों के प्रवाह में बिम्बों के आद्य स्वरूप (primordia images or archetypes) तैरते रहते हैं। इन्हें जुंग ने एक ही प्रकार के अगणित अनुभवों का मानसिक अवशेष (psychic residue) बताया है। इनमें व्यक्ति के निजी अनुभव ही नहीं, वरन् उसके वंश परम्परागत अनुभवों का संचयन भी निहित रहता है। स्मृति के इन दो तलों से कविता का सम्बन्ध स्थापित करते हुए अन्य मनोविश्लेषकों ने भी इनका महत्त्व घोषित किया है। सामूहिक चेतना (collective mind) से उद्भूत और शताब्दियों तक जनमानस को प्रकाशित करने वाली काव्यात्मक पुराणकथाएँ (myths) मृत हो गयी हैं और उनका स्थान काव्य-बिम्ब ने ले लिया है, जिसे वैयक्तिक कल्प-कथा (myth of the individual) भी कहा जा

1. The Poetic Image, पृ० 65, 67
2. The nature of poetic sympathy is revealed in images. वही, पृ० 66
3. वही, पृ० 68
4. वही, पृ० 69
5. द्रष्टव्य, वही, पृ० 141-146

सकता है।[1] यह गहराई की दूसरी दिशा है। बिम्बों के आद्य स्वरूप कवि के वैयक्तिक अनुभव एवं उसकी स्मृति के पीछे स्थित रहकर काव्याभिव्यक्ति को प्रभावित करते हैं तथा कवि की वैयक्तिक दृष्टि (personal vision) के माध्यम से ही प्रकाश में आते हैं। अन्तदृष्टिसम्पन्न समीक्षक ही उनके मर्म को पहचान पाता है। जुंग ने तो इन्हीं दो चेतना-तलों के आधार पर दो प्रकार की साहित्यिक सृष्टि की कल्पना कर ली है। ल्यूइस ने जुंग की बात पर, सौन्दर्यानुभूति की स्वतंत्र सत्ता मानते हुए, एक भिन्न कोण से विचार किया है, जिसमें कवि के जाग्रत कौशल के अतिरिक्त, अचेतन के प्रभावों को ग्रथित करने वाले स्वतन्त्र तत्त्व का संकेत मिलता है। इसकी सत्ता कवि और आस्वादक, दोनों में रहती है तथा इसी के कारण कवि के बिम्ब-विधान का संप्रेषण हो पाता है। हर्बर्ट रीड ने भी कला-काव्य के रूप (form) की परीक्षा करते हुए उसे व्यवस्था देने वाली एक आन्तरिक संगठनशक्ति को मान्यता प्रदान की है और रचना-क्रम को instinctive association of words, images or sounds कहा है। ल्यूइस ने रीड से भी प्रेरणा ली है। मिस एम० बॉदकिन (Miss Maud Bodkin) के Archetypal Patterns in Poetry में व्यक्त विचारों को अनेक स्थानों पर उद्धृत करते हुए उन्होंने बिम्ब-रचना का जो मनोवैज्ञानिक विश्लेषण प्रस्तुत किया है, उसमें पर्याप्त सत्य दिखायी देता है। अलंकारों से 'बिम्ब' की जड़ें अधिक गहरी सिद्ध होती हैं। उसका काव्यानुभूति के भीतरी और आदिम स्वरूप से सम्बन्ध है।

यह बात थोड़ी विचित्र लग सकती है कि एक ओर ल्यूइस काव्य-बिम्ब को जहाँ आद्य स्वरूपों की अतल गहराई तक ले जाते हैं, वहीं दूसरी ओर 'मेटाफर' को उसके पर्याप्त रूप में भी व्यवहृत करते दिखायी देते हैं। नितान्त प्रारंभ में जो उद्धरण दिया गया है, उससे ऐसा ही लगता है। यह सत्य है कि अलंकारों में रूपक बिम्ब के कदाचित् सबसे निकट पड़ता है, परन्तु भाव-स्तर की दृष्टि से उसे बिम्ब के समकक्ष नहीं कहा जा सकता। रूपक में वस्तु और वस्तु के बीच का रूपात्मक तादात्म्य-सम्बन्ध प्रधान होता है, जब कि बिम्ब में अनुभूति ही वस्तु की गोचरता में परिणत हो जाती है तथा उससे सादृश्य का जो तत्त्व उभरता है, उसमें रूपक की तरह 'घटित होना' प्रधान नहीं होता। वरन् उसके द्वारा व्यक्त होने वाली अनुभूति की संदर्भ-दीप्ति ही प्रमुख होती है। ल्यूइस ने रूपक को अरस्तू और मिडिल्टन मरे आदि के 'मेटाफर' विषयक मतों से प्रभावित होकर जिस रूप में ग्रहण किया है, वही अलंकार की ऊपरी सतह से भिन्न है और शायद इसी कारण उन्होंने 'इमेज और 'मेटाफर' के बीच अधिक दूरी रखकर बात नहीं की है। काव्य में सामान्य रूपक तो अलंकार के रूप में प्रयुक्त होता रहा, परन्तु कुछ रूपक ऐसे अवश्य हो सकते हैं, जो बिम्ब की सी गहराई लिये हों; यानी अचेतन मन से स्वतः उद्भूत हुए हों, यद्यपि उनको अलंकारों से पृथक् करना या उनका अलंकारत्व से पृथक् रहना दुष्कर है। ऐसी दशा में एक आरोप किया जा सकता है कि बिम्ब-विधान भी एक प्रकार का अलंकार विधान ही है, जिसकी व्याख्या गहराई से करने की चेष्टा की गयी है। यदि ल्यूइस के 'मेटाफर' विषयक धारणा को सही रूप में ग्रहण न किया जाये, तो इस आरोप का उत्तर देना कठिन हो जायेगा। उन्होंने अनुभूति से बिम्ब का घनीभूत सम्बन्ध मानते हुए अपना

1. The Poetic Image, पृ० 32

यह मत व्यक्त किया है कि बिम्ब किसी 'वस्तु' का सृजन न करके 'अनुभूति के संदर्भ में वस्तु' को प्रत्यक्ष करता है। इस प्रकार बिम्ब द्वारा ग्रहीत वस्तु एक सम्बन्ध-क्रम का भाग बनकर आती है। सम्बन्ध-क्रम रूपक की प्रकृति का भी अंग होता है। वह मूलतः एक से अधिक कार्य करता है और उसमें इतनी व्यंजकता होती है कि सम्पूर्ण विश्व का आंशिक प्रातिभ आभास करा सके। प्रत्येक काव्य-बिम्ब का भी यही कार्य है कि सीमित रूप से सीमातीत (भाव) विस्तार का संकेत कर सके।[1] रूपक और बिम्ब के कार्य एक दिशा में समान भले ही लगें, परन्तु ल्यूइस के समस्त विवेचन को देखकर कहा जा सकता है कि उनकी दृष्टि में भी रूपक अथवा अन्य सादृश्यमूलक अलंकारों की अपेक्षा बिम्ब का क्षेत्र अधिक व्यापक और स्वरूप अधिक सूक्ष्म है।[2] बिम्ब को वे रूपकात्मक अवश्य मानते हैं, पर कुछ ही दूर तक। रूपक में प्रस्तुत-अप्रस्तुत के बोध का विलयन नहीं होता, जब कि बिम्ब में प्रस्तुत-अप्रस्तुत का अन्तर अनुभूति की सघनता में तिरोहित हो जाता है। अपनी बात को मैं यों भी कह सकता हूँ कि बिम्ब-विधान में अप्रस्तुत प्रायः प्रस्तुत से ही उपजता है और प्रस्तुत का अर्थ भी वर्णित वस्तु न लेकर उससे उत्पन्न काव्यानुभूति लेना होगा।

यहाँ मुझे 'आधार' के फ़रवरी '63 के अंक में प्रकाशित एक रोचक परिसंवाद का स्मरण आ रहा है, जिसमें करंदीकर और पाडगाँवकर ने ल्यूइस के बिम्ब-सिद्धान्त की चर्चा करते हुए रूपक से बिम्ब के सम्बन्ध और पृथक्करण का प्रश्न भी उठाया है।

काव्य-बिम्ब के विवेचन में ल्यूइस का सर्वत्र यही तर्क रहा है कि कल्पना के पंखों पर ऊँची से ऊँची उड़ान भरने और निरावेग अनुभूति के आलोक में उच्चस्तरीय सम्बन्धों का संधान करने के क्रम में बिम्ब सत्य का उद्घाटन करता है और उसे सहज ग्राह्य बनाता है। बिम्बों का पारस्परिक संग्रथन, उसके विविध अवयवों का एकीकरण जिसके द्वारा होता है, उसे उन्होंने भावात्मक तर्क (Emotional logic) कहा है। इसके द्वारा जो आवयविक सम्बन्ध घटित होता है, उसमें प्रत्येक अंश का अपना-अपना योग होता है। और प्रत्येक को उसका लाभ प्राप्त होता है। कविता का यही 'पैटर्न' है और इसी से हमें काव्य-सुख मिलता है, क्योंकि इसके द्वारा ही व्यवस्था और पूर्णता को हमारी आन्तरिक आकांक्षा पूरी होती है।[3] कहना न होगा कि यह काव्य-सुख तन्मयतापरक रसानुभूति से भिन्न है। श्रेष्ठ है या अश्रेष्ठ, यह प्रश्न दूसरा है।

ल्यूइस ने केवल चमत्कार-प्रदर्शन के उथले भाव से प्रयुक्त बिम्ब को बिम्ब न मानकर

---

1. In my opinion, it holds good for all images to the extent that every image recreates not merely an object but an object in the context of an experience, and thus an object as a part of relationship. Relationship being in the very nature of metaphor .....we must allow metaphor 'a partial intuition of the whole world'. Every poetic image, I would affirm, by clearly revealing a tiny portion of this body, suggests its infinite extension. The Poetic Image, पृ० 29
2. वही, पृ० 18
3. वही, पृ० 34-35, 25

दूरारूढ़ कल्पना (Conceit) कहा है।[1] श्रेष्ठ काव्य-बिम्ब की रचना में उन्होंने कवि की भेदक अन्तर्दृष्टि तथा सहृदयता एवं भावशीलता को अत्यावश्यक माना है।[2] बिम्बों से कविता के स्वाभाविक विकास को श्लाघ्य मानते हुए परम्परा या विचार द्वारा आरोपित बिम्ब-विधान की निन्दा की है।[3] यही नहीं, एक स्थान पर काव्य-बिम्ब की अभिव्यक्ति के लिए पद्य के औचित्य का आधार यह कहकर व्यक्त किया है कि पद्य में अधिक सघनता, बिम्बों के 'पैटर्न' में अधिक जटिल सम्बन्ध-सूत्रता तथा अर्थ की अधिक स्पष्ट अनुगूँजें सम्भव दिखायी देती हैं।[4] प्रभाव की अन्विति को काव्यात्मक सत्य के सम्प्रेषण के लिए विशेष महत्त्वपूर्ण मानते हुए बिम्बों के पारस्परिक संग्रथन में संगति (congruity) पर बल दिया गया है तथा लय के पुनरावर्तनमूलक उस रूप की ओर भी संकेत किया गया, जिसमें परिचित वस्तु के नये-नये रूपों में बार-बार प्रस्तुत होने से मानसिक परितोष मिलता है। यह विचार 'अर्थलय' की धारणा के बहुत निकट पहुँच जाता है। इसके अतिरिक्त बिम्ब की जो विशेषताएँ बतायी गयी हैं, उनमें ताज़गी या सद्यता (freshness) और सघनता (intensity) तथा उसका उत्प्रेरक (evocative) होना प्रमुख है।[5]

काव्य-बिम्ब के विविध प्रकारों की चर्चा की गयी है, जिनमें से केन्द्रीय बिम्ब (key image) और उसके सहायक होकर आने वाले बिम्बों का उल्लेख प्रारम्भ में ही हो चुका है। क्रियाशील (functional) और आलंकारिक (decorative) बिम्बों के बीच के अन्त को आत्यन्तिक न मानकर कवि के उद्देश्य या कर्म से अनुस्यूत होने को ही मुख्यता प्रदान की गयी है। ल्यूइस का मत है कि कविता के आन्तरिक संगठन और उद्देश्य से यदि बिम्ब किसी भी रूप से सम्बद्ध रहता है, तो उसे क्रियाशील ही कहना होगा, चाहे वह ऊपर से उथला और कितना ही सतही लगे। इस प्रश्न को उन्होंने अन्ततः संगति के गुण से जोड़ दिया है।[6] मुझे लगता है कि क्रियाशीलता की माप स्वतन्त्र आधार पर होनी चाहिए और संगति का प्रश्न उससे भिन्न है तथा बाद में प्रस्तुत होता है। क्रिया स्वसापेक्ष्य है, संगति परसापेक्ष्य। लेखक यहाँ मूल समस्या को बचाकर निकल गया, पर सजीव बिम्ब (the living image) वाले अध्याय में एक स्थान पर यह समस्या उसके सामने आ ही गयी।[7] बिम्ब के रोमांटिक और क्लासिकल रूपों में भी विभेद किया गया है। रोमांटिक बिम्ब इतना वायवी हो जाता है कि उसे उसकी उद्भावना के मूल से पुनः जोड़ पाना सम्भव नहीं होता। उसके द्वारा कवि अपनी ही अनुभूति के अर्थ को उद्घाटित करके स्वयं कृतार्थ होता है। इसके विपरीत क्लासिकल बिम्ब का अर्थ सुस्पष्ट, किसी विचार से

---

1. The Poetic Image, पृ० 91
2. वही, पृ० 45
3. वही, पृ० 121
4 वही, पृ० 88
5. वही, पृ० 74
6. वही, पृ० 40
7. वही, पृ० 55

सूत्रबद्ध तथा उद्देश्यपूर्ण होता है। उसकी क्रियाशीलता का वृत्त भी सीमित होता है।[1]

बिम्ब के प्रकारों में खंडित बिम्ब (broken image) की स्थिति पर पूरे एक अध्याय में विस्तार के साथ विचार किया गया है। क्लासिकल और रोमांटिक दृष्टिकोण को, पूर्वोक्त बिम्ब-भेद से अलग हटाकर, मिश्रित और शुद्ध कविता के विभेद तक ले आया गया है और बिम्ब के महत्त्व को दूसरे रूप में व्यक्त करते हुए कहा गया है कि वास्तविक काव्य का केन्द्र-बिन्दु अब वही बन गया है। बिम्ब के वृत्त में ही अब शुद्ध कविता ने आशय ग्रहण किया है। युग के परिवर्तन के साथ बिम्ब के स्वरूप और प्रयोग में भी परिवर्तन घटित हुआ है। प्रतीकवादियों के वैयक्तिक बिम्बों और तर्कहीनता की दिशा में उनकी प्रवृत्ति से कुछ आधुनिक कवियों की विसंगतियों का पक्ष ग्रहण करने की प्रेरणा मिली। ल्यूइस ने इसी संदर्भ को प्रस्तुत करते हुए खंडित बिम्बों की समस्या उठायी है । कविता में बिम्ब तभी खंडित दिखायी देगा, जब उसमें काव्यात्मक तर्क-संगति का केन्द्रीय सूत्र नहीं होगा। ऐसी दशा में लेखक के मत से उसकी प्रभविष्णुता घट जायेगी। खंडित विम्ब इस प्रकार शुद्ध कविता का साधक न होकर बाधक तत्त्व ही सिद्ध होता है। यह सम्भव है कि बिम्ब अपकेन्द्री (centrifugal) हों; परन्तु ऐसी स्थिति में भी एक कविता समग्र कविता हो सकती है, लेकिन बिम्बों में कविता की समग्रता खो जाती है।[2] ल्यूइस ने न खंडित-बिम्बों के प्रयोग से किसी नये काव्यात्मक प्रभाव की स्थिति सम्भव मानी है और न अपने-समय में उस प्रकार के प्रयोगों का समर्थन ही किया है। यद्यपि उन्होंने उन लोगों से, जिन्होंने बिम्बवाद को लेकर नयी शास्त्रीयता (Imagism as a new classicism) का पक्ष लिया, अपने को पृथक् रखने की चेष्टा की है। तथापि उनकी खंडित बिम्बविषयक धारणा प्रायः वैसी ही शास्त्रीय मनोवृत्ति से प्रेरित दिखायी देती है।[3]

एक सजग कवि के नाते उन्होंने उस कठिनाई को अवश्य लक्षित किया, जो काव्यवस्तु का आकस्मिक क्षेत्र-विस्तार हो जाने के कारण आधुनिक कवि को अनुभव करनी पड़ रही है, क्योंकि ऐसे अगणित नये बिम्ब सुलभ हो गये हैं, जिन्हें प्रचलित 'अर्द्ध गीति अर्ध कल्पनामय' माध्यम में सहेज पाना दुष्कर हो रहा है। उसकी विवशता को ल्यूइस ने सही और मार्मिक रूप में प्रस्तुत किया है।[4]

आधुनिक बिम्ब-विधान में कवि की यह विवशता दो रूपों में प्रतिफलित होती है। एक है, बिम्बों का सघन होते जाना और दूसरा, उनका जगह-जगह संपुंजित हो उठना। वर्तमान कविता में दोनों रूप बराबर मिलते हैं। बहुत से नये बिम्ब स्वतः इन रूपों में

---

1. The Poetic Image, पृ० 93
2. वही, पृ० 125
3. वही, पृ० 112
4. strain is aggravated by the modern poets distrust of rhetoric, his dislike of an artificially uniformaly poetic diction, and by the compulsion he feels to concentrate more and more of the poem's meaning within its images, less and less upon poetic thread or argument linking them. वही, पृ० 97

उद्‌भूत होते हैं। यह भिन्न बात है कि अधिकतर बहुत काल तक जीवित नहीं रह पाते। कविता के क्षेत्र में आने वाली ऐसी नयी-नयी कठिनाइयों के कारण ही ल्यूइस के मन में कुछ आधुनिक बिम्बों के विषय में बढ़ती मृत्यु-दर (a high rate of mortality) की भविष्यवाणी करने की बात आयी।[1] खैरियत हुई कि खुलकर वैसा कर नहीं डाला, वरना मैं लेख लिखना छोड़कर मर्सिया पढ़ने लगता। मरें चाहे, जियें, बिम्ब काव्याभिव्यक्ति के लिए अनिवार्य है, यही उनका गौरव है और यही लेखक के सम्पूर्ण विवेचन का सार भी।

जिस रूप में ल्यूइस ने काव्य में निहित दृश्य-तत्त्व पर आधारित बिम्ब की धारणा को प्रस्तुत किया है, उससे वस्तु-जगत् और भाव-जगत् के पारस्परिक संपर्क एवं संघात से उत्पन्न प्रायः सभी प्रकार की संश्लिष्ट और मिश्रित स्थितियों की व्याख्या की जा सकती है तथा कल्पना-व्यापार के रचनात्मक स्वरूप को भी बहुत दूर तक समझा जा सकता है, परन्तु भाव और भाव के विविध रूपों के बीच घटित होने वाली रासायनिक प्रक्रिया की जैसी व्याख्या भारतीय रस-सिद्धान्त द्वारा मौलिक और गहन रूप में की गयी, वैसी इसके द्वारा संभव नहीं है। ऐसी बहुत सी आत्मनिवेदनपरक भावात्मक और रसात्मक कविताएँ हैं, जिसकी सही और पूरी समझ केवल उसके बिम्ब-विधान के विश्लेषण से उत्पन्न नहीं हो सकती और इस दृष्टि से कहना होगा कि बिम्ब-सिद्धान्त भी काव्य के एक विशेष एवं महत्त्वपूर्ण पक्ष की निजी सीमा में घिर जाता है। वाद का दुराग्रह न सही, पर उसकी हलकी छाया ल्यूइस के वक्तव्यों में भी कहीं-कहीं देखी जा सकती है। तात्त्विक दृष्टि से भारतीय ध्वनि-सिद्धान्त से उसका कोई विरोध नहीं है। जब ल्यूइस बिम्ब से निकलने वाले अनेक सूक्ष्मतर अर्थों को **ring after ring** of meaning[2] के रूप में वर्णित करते हैं, तो लगता है कि वे ध्वनिकार के 'घंटानुरणन' से विनिःसृत्त ध्वनि-तरंगों के स्थान पर जल की तरंगों के सादृश्य से प्रस्तुत कर रहे हैं। बिम्ब के भिन्न आधार पर प्रतिष्ठित होकर भी मूल बात वही है। अन्तर है तो केवल इसी बात में कि ध्वनि-मत दृश्य-तत्त्व की अलंकारों आदि से पृथक् विवेचना नहीं करता और न उसे उतना महत्त्वपूर्ण मानता, जितना कि वह वास्तव में है, विशेषतः वर्तमान युग के काव्य-संदर्भ में।

———✦———

नयी कविता : किसिम किसिम की कविता

(समकालीन कविता सम्बन्धी विचारधारा का एक परिदृश्यात्मक अवलोकन)

नयी कविता का यह आठवाँ अंक लगभग दो-ढाई वर्ष के लम्बे अन्तराल के बाद निकल रहा है। अन्तराल अधिक प्रतीक्षा कम। अन्तराल औरों के लिए, प्रतीक्षा उन कवियों या लेखकों के लिए जिनकी रचनाएँ इतने समय तक स्वीकृत अथवा विचाराधीन होकर संचित रहीं। तीव्र से तीव्रतर होती हुई गति के इस असाधारण रूप से प्रवैगिक युग में इतनी अगति! इतनी आवेगहीनता! दोष का भागी मैं स्वयं तो हूँ ही, साथ ही वह बिखराव भी इसका कम उत्तरदायी नहीं है जो हिन्दी कविता के क्षेत्र में आज नये नामकरण की आपाधापी से उत्पन्न अनिश्चय एवं अलगाव की प्रवृत्ति के कारण चारों ओर व्याप्त हो रहा है।

इस अप्रत्याशित तथा अनभीष्ट विलम्ब से जिन्हें जो भी क्षोभ या असुविधा हुई हो हम उसके लिए उनसे क्षमा-प्रार्थी हैं। मैं उलझ गया था अपने ग्रंथ 'प्रागैतिहासिक भारतीय चित्रकला' के प्रकाशन की समस्याओं में और मेरे सहयोगी साही जी सक्रिय राजनीति में उतर कर चुनाव के चक्कर में फँस गये थे। अब हम लोग उन झंझटों से उबर कर, 'काफ़ी हाउस' की मेज़ पर या घर में शतरंज की बाज़ी सामने रखकर अपने-अपने अनुभवों का तुलनात्मक अध्ययन करने लायक स्थिति में पहुँच गये हैं। आगामी कविता के नामकरण की चालों से अधिक रुचि हमें शतरंज की चालों में रही है। मोती महल का निचला कक्ष और बैंक रोड के आँगन के पार द्वार वाले कमरे का भूगोल एवं इतिहास इसका साक्षी रहेगा। हम दोनों ही साहित्य और राजनीति में विवेक करके चलना पसन्द करते हैं। एक साहित्य को साहित्य की जगह और दूसरा राजनीति को राजनीति की जगह झेलता-खेलता रहा है। राजनैतिक साहित्य अथवा साहित्यिक राजनीति में, हम दोनों में से एक को भी कोई लगाव नहीं है। यदि होता तो यह अंक कभी का निकल गया होता। नयी कविता जिस दायित्व-बोध को लेकर प्रकाशित की गयी थी आज भी उसी का अनुभव होने पर उसके प्रकाशन की प्रेरणा मन में जागती है, अन्यथा नये से नये ढंग की कविताएँ तो अब प्रायः सभी पत्र-पत्रिकाओं में छपने लगी हैं और कविता की ही नित्य नयी छोटी-बड़ी दुपतिया चौपतिया पत्रिकाएँ निकलती ही रहती हैं। नयी कविता का पहला अंक जब सन् 1954 में निकला तो उस समय केवल कविता की विधा को प्रश्रय देने वाली और वह भी नये मूल्यों की चेतना को लेकर चलने वाली, कदाचित् एक भी पत्रिका नहीं निकल रही थी। विहार से कविता लगभग समानान्तर ही प्रकाशित हुई। पर अब कविता पत्रिकाओं की बाढ़ आ चुकी है और आज उनके नियत अनियत काल की सीमा वार्षिक से लेकर दैनिक तक जाती है। बँगला में तो डॉ० सुशीलराय 'कविता घंटिकी' निकाल चुके हैं जो प्रतिदिन लगातार दस घंटे निकलती रही। नयी कविता इसमें

कुछ इसलिए भी काहिल हो गयी। नये नामों की फ़िराक में रहने वाले चाहें तो मेरी इस स्वीकारोक्ति से लाभ उठा कर 'काहिल-कविता' की नयी ईजाद कर सकते हैं। आखिर नये नाम के साथ नयी चीज़ भी हो, ऐसी शर्त तो अनिवार्य मानी नहीं जा रही है, हर नाम सार्थक ही हो ऐसा भी आग्रह दिखायी नहीं देता और न यही जरूरी समझा जा रहा है कि एक चीज़ का एक ही नाम हो।'एकं सद्विप्रा बहुधा वदन्त्यग्निमिन्द्र मातरिश्वानमाहु।'

अनेकत्व जब बहुत बढ़ जाता है, जब ख्वामख्वाह, बहुसंख्यक देवता पूजे जाने लगते हैं तो 'अनेकता में एकता की खोज' वाली वृत्ति अपने आप जाग उठती है।

समसामयिक हिन्दी कविता के क्षेत्र में कहीं-कहीं ऐसे लक्षण भी दिखायी देने लगे हैं जिससे लगता है कि नामकरण का यह दौर भी अब भीतर से 'चुकने' लगा है। आखिरकार सारी काव्य-चेष्टाएँ एक सामान्य मंच पर आकर कहीं मिलती अवश्य होंगी और वह मंच काव्य का ही होता होगा, 'स', 'न', 'अ' आदि कविताओं का नहीं।

(विष्णु खरे, स० वयम् प्रवेशांक 1966, पृ० 4)

यहाँ कविता के नये-नये नामों को सूचीबद्ध करने की चेष्टा की जा रही है। यह सूची पर्याप्त रोचक एवं ज्ञानवर्धक लगेगी। मैं क्या, इस बात का कोई भी दावा नहीं कर सकता है कि यह सूची पूरी हो गयी है, क्योंकि यह असम्भव नहीं है कि इसके छपते-छपाते, लोगों तक पहुँचते-पहुँचाते दो-चार नाम वर्षा-भेकवत् और पैदा हो जायें।

- सनातन सूर्योदयी कविता
- अपरम्परावादी कविता
- सीमान्तक कविता
- युयुत्सावादी कविता
- अस्वीकृत कविता
- अकविता
- सकविता
- अ-अकविता
- अभिनव कविता
- अधुनातन कविता
- नूतन कविता
- नाटकीय कविता
- एण्टी कविता
- निर्दिशायामी कविता
- लिंग्वादलमोतवादी कविता
- एब्सर्ड कविता
- गीत कविता
- नव प्रगतिवादी कविता
- अन्यथावादी कविता
- विद्रोही कविता
- क्षुत्कातर कविता
- कबीर-पंथी कविता
- समाहारात्मक कविता
- उत्कविता
- विकविता
- बोध कविता
- मुहूर्त की कविता
- द्वीपान्तर कविता
- अति कविता
- टटकी कविता
- ताज़ी कविता
- अगली कविता
- प्रतिबद्ध कविता
- शुद्ध कविता
- स्वस्थ कविता
- नंगी कविता

- साम्प्रतिक कविता
- बीट कविता
- ठोस कविता (कांक्रीट कविता)
- कोलाज कविता
- ग़लत कविता
- सही कविता
- प्राप्त कविता
- सहज कविता
- आँख कविता

ये लगभग चार दर्जन नाम हैं जो पिछले तीन-चार वर्षों में बहुधा समानान्तर प्रकाशित पत्र-पत्रिकाओं एवं संग्रह-संकलनों में इधर-उधर नुमायाँ हुए हैं। कौन नाम कब, कहाँ, कितनी बार, किस अर्थ में आया है और उसका प्रथम प्रयोगकर्ता तथा मूल स्रोत क्या है इसकी चिन्ता, नयी कविता पर शोध करने के लिए निरन्तर उत्सुक शोध-छात्र स्वयं कर लेंगे। कवियों और कवि-आलोचकों को उसके लिए व्यर्थ चिन्तित होने की आवश्यकता नहीं। इस सूची के कुछ नाम, इस देश में सम्मानित एवं सुदीर्घ, श्रुति-परम्परा से भी प्राप्त हुए हैं अतएव मुझे उनको सम्मिलित कर लेने के दोष का भागी ही न बनाया जाये वरन्, उन्हें प्रयत्नपूर्वक स्मरण रखने का श्रेय भी प्रदान किया जाये। कुछ नाम ऐसे भी हैं जो आन्दोलनात्मक नहीं हैं। अतः जिनके पक्ष में घोषणा-पत्र प्रारम्भिक वक्तव्य या प्रस्ताव-पत्रक प्रकाशित हुए हैं अथवा जिनके पीछे, कुछ अतिशय जागरूक कवियों ने यह सोचकर कि कौन जाने यही नाम आगे चल जाये, पड़ जाने की वृत्ति अपनायी है तथा नामानुकूल कविताएँ लिखकर या सम्पादक के नाम सहमति सूचक पत्र भेज कर अपना समर्थन विज्ञापित करने की ललक दिखायी है, या फिर किन्हीं अन्य कारणों से जिनकी चर्चा बहुत हुई है, उन नामों के विषय में क्रमशः कुछ विस्तार से विचार कर लेना उचित होगा।

सनातन सूर्योदयी कविता

'भारती' के सन् 1962 के मार्च-अंक यानी 'होली रंगोत्सव विशेषांक' में अनागता की आँखों वाले श्री वीरेन्द्र कुमार जैन द्वारा 'नयी कविता' के 'उच्छृंखल अहंवाद' के विरुद्ध, जोर-शोर की पूरी नाटकीयता के साथ, पहली आवाज उठायी गयी। 'हम सनातन सूर्योदयी नूतन कविता की घोषणा करते हैं', के उद्घोष के साथ 'आगामी कल की ऊर्ध्वोन्मुखी नूतन कविता धारा' का घोषणा पत्र प्रकाशित किया गया। उसका सिरनामा था—

'पतन-पराजय, कुण्ठा, आत्म-पीड़ना और जीवित आत्म-घात के असूझ अंधकार में आत्महारा दिशाहारा होकर भटक रही आज की अनाथ काव्य-चेतना के सम्मुख हम : अल्प से महत् में ले जाने वाली अंधकार से प्रकाश में ले जाने वाली : मृत्यु से अमृत में ले जाने वाली और सीमा में असीम की लीला को उतार लाने वाली : आगामी कल की अनिवार्य सनातन सूर्योदयी नूतन कविता-धारा का द्वार मुक्त करते हैं।'

जब द्वार खुलने से पहले ही इतनी भारी-भरकम शब्दावली, महाराज हर्ष को सुसज्जित गजवाहिनी की तरह झूमती हुई निकल पड़ी तो खुलने के बाद उसमें से क्या क्या कुछ निकलेगा यह सोच कर लोग आश्चर्यचकित रह गये। समझदारों ने धैर्य धारण

करके घोषणा के सनातन धर्म और घोषणाकार के महत् मर्म तक पहुँचने की चेष्टा को और जानना चाहा कि आखिर वे लोग हैं कौन जिन्होंने ऐसा जघन्य अपराध किया है कि देवलोक में खलबली मच गयी है? 'सनातन भारतीय आत्मा की वह भगवती शक्ति' श्री वीरेन्द्र कुमार जैन को 'प्रतिबोध' देकर किन की ओर उन्मुख कर रही है? घोषणा-पत्र पढ़ते-पढ़ते मेरी नज़र रहस्य की उपलब्धि के गौरवमय भाव से जिन जगहों ठहर गयी वह यह है—

'समूचे विश्व की अत्याधुनिक कविता, और इसलिए हिन्दी की अधिकांश कही जाती नयी कविता इसी 'ट्रैजिडी' की मृत्युमुखी कोख से जन्मी है।' पृ 26

'हिन्दी में' 'नदी के द्वीप' उपन्यास और 'परिमल'—प्रचारित नयी कवितावादियों का सारा व्यक्तिवादी दर्शन, इसी आत्म पलायित दायित्वहीन, उच्छृंखल अहंवाद की देन है।'

—पृ० 113

उस समय 'अज्ञेय' और 'परिमल' के बीच की वैचारिक निकटता और मैत्रीभाव लोगों को बहुत अखर रहा था। 'अस्तित्ववाद' का नाम लेकर सारा आक्रोश उसी ओर व्यक्त किया गया है। चिन्तन और विश्लेषण के स्थान पर भाषण और आरोप मार्ग अपनाया गया है बिना इस बात को लक्षित किये कि 'साँईंबाबा' और 'भगवती माँ की भाषा अपना कर आध्यात्मिकता का पुनरुद्धार नहीं किया जा सकता। उससे भारी पिछड़ेपन की बू आती है। दूसरों को प्रेरणा देने और मार्ग बताने से पूर्व ऐसे छोटे-छोटे पूर्वग्रहों से मुक्त होना कितना लाज़िमी है यह बात जान ली गयी होती तो संभव है, हिन्दी कविता का कुछ उपकार हो जाता। बावजूद इसके कि गंगाप्रसाद विमल जैसे कुछ उभरते तरुण कवियों ने पत्र-समर्थन प्रदान किया, कविता के स्वरूप परिवर्तन या दिशा-बोध में अन्तर लाने की दृष्टि से ऐसा कुछ भी घटित नहीं हुआ जिसे महत्व दिया जा सके।

दो-तीन वर्षों में ही इस अभियान की क्या परिणति हुई इसका अनुमान इससे लगाया जा सकता है कि 'भारती' 1964 के जनवरी अंक में 'नयी कविता में चित्रित मानव' नामक लेख में डॉ० विश्वम्भरनाथ उपाध्याय ने नयी कविता की तृतीय धारा को 'अध्यात्मवादी प्रयोगवाद की धारा' बताते हुए 'श्री सुमित्रा नन्दन पंत' के साथ वीरेन्द्र कुमार जैन आदि कवि के रूप में 'सनातन सूर्योदशी' कवियों को नत्थी कर दिया। प्रथम धारा के दो भेद करते हुए एक को 'अज्ञेयवादी' और दूसरे को 'प्रयागवादी' नाम दिया है, इस स्पष्टीकरण के साथ कि 'प्रयागवादी' होने के लिए इलाहाबाद निवासी होना आवश्यक नहीं है। 'आत्मा' के 'वरण' की स्थिति तक पहुँचे हुए अज्ञेय को अध्यात्मवादी धारा में क्यों सम्मिलित नहीं किया गया यह बात अपने में अज्ञेय नहीं और इसका संकेत ऊपर किया जा चुका है। यह भी स्वाभाविक था कि कुछ प्रतिभावान् ओजस्वी तरुण प्रस्ताव के समर्थन से पूर्व संशोधन पेश करते। 'भारती' 1965 के फरवरी अंक में 'नयी कविता और उसके बाद' शीर्षक अपने लेख के अंत में धूमिल ने 'सनातन' और 'सूर्योदयी' दोनों शब्दों को काट-छाँटकर केवल 'नूतन कविता' का पक्ष ग्रहण किया—

'अतः लोक कल्याण के लिए सामुदायिक स्तर पर नीलकण्ठ बन जिस दिन हमारा कवि सूर्योदय वेला में अंधकार की परतों को चीरता हुआ अग्निबाण-सा उदित होगा, उसी

मंगल प्रभात में वर्तमान के अश्रुजल से नयी कविता की कालिमा धुलेगी। इतिहास स्वर्ण पंखों पर उड़ेगा और नयी कविता होगी पुनर्जीवित 'नूतन कविता'।

यहाँ जो रूपक रचा गया है उसकी विधि और शब्दावली प्रसाद की कहानियों का स्मरण दिलाती है। बनारसी नूतनता की इससे अधिक पहचान और क्या अपेक्षित है। नयी कविता में जो एक दर्जन दोष दिखाये गये हैं वे सब इस नूतनता पर न्योछावर हो जाते हैं। 'नूतन कविता' में फिर किसी ने कटौती नहीं की पर वह अपने आप 'न कविता' सिद्ध हो गयी और सारा सनातन सूर्योदयी आन्दोलन अस्त-व्यस्त हो गया तथा उसका घोषणा-पत्र 'घोषिताराम' की तरह उत्खनन की वस्तु बन गया।

अभिनव काव्य

कविता के मामले में प्रयाग-विरोध का दिल्ली-चंडीगढ़-अध्याय बम्बई-वाराणसी अध्याय से अधिक रोचक है। उसमें सक्रियता और सजगता अधिक मिलती है तथा कविताएँ भी इतनी प्राप्त हो जाती हैं कि घोषित स्थापनाओं की कुछ परख की जा सके।

1963 में जगदीश चतुर्वेदी के सम्पादन में, दो सप्तक यानी चौदह कवियों की, कवि-वक्तव्य रहित किन्तु परिचय सहित, बहुसंख्यक कविताओं का एक अच्छा-खासा संग्रह 'प्रारम्भ' नाम से प्रकाशित हुआ जिसके सम्पादकीय 'नये काव्य की भूमिका' के अन्तर्गत तथाकथित प्रयोगवादियों को 'पुरानी मान्यताओं' तथा 'क्षण की अनुभूति', 'लघुमानव' तथा 'अहंमन्यता' के फार्मूलाग्रस्त मस्तिष्कों के रूप में स्मरण करते हुए 'सामूहिक आक्रोश' के 'अभिनव काव्य' का प्रवर्तन किया गया। नयी कविता से अपने को अलग करने का उतना आग्रह इस संग्रह में नहीं दिखायी देता जितना सूर्योदयी कविता में था। इसके सम्पादक ने स्पष्टतया कहा है कि—

'नई कविता के उत्तरोत्तर विकास की स्वस्थ परम्परा इस संकलन के विभिन्न खंडों में दिखायी देगी।'

'ये कवि उस 'अभिनव काव्य' के नियंता कहे जा सकते हैं जो सहज रूप से विकसित हो रहा है और जिसमें अनेक सम्भावनाएँ दिखायी देती हैं। यह संकलन उस कमी को पूरा करता है जो कि 'नई कविता' की उपलब्धियों से अवगत होने के लिए आवश्यक प्रतीत हो रही थीं। इन कविताओं को हिन्दी-काव्य की अत्याधुनिक उपलब्धियों के रूप में मान्यता दी जा सकती है।'

इस संकलन में कैलाश वाजपेयी, श्याम परमार और राजकमल चौधरी भी शामिल हैं जिनके व्यक्तित्व आगे और उभर कर सामने आये हैं। भूमिका में और जो बातें कही गयी हैं उनमें 'एंग्री यंगमैनों' या 'युवा आक्रोशी कवियों' से साहचर्य भाव के अतिरिक्त और कुछ विशेष उल्लेखनीय नहीं है। हाँ, जब आक्रोशी होने के साथ-साथ अभिनव-काव्य-स्रष्टा को 'सहजता की ओर उन्मुख' भी बताया जाता है, जैसा कि सम्पादक ने किया है, तो यही लगाता है कि बातें पकी हुई मनःस्थिति में सँजोई नहीं गयी हैं, कच्चेपन में ही जोड़-गाँठ की गयी है।

इन्द्रनाथ मदान द्वारा प्रस्तावित तथा रमेश कुंतलमेघ एवं गंगाप्रसाद विमल द्वारा सम्पादित 'अभिव्यक्ति—1' में, जो चंडीगढ़ से 1964 में प्रकाशित हुई 'अभिनव काव्य' की हल्की अनुगूँज सुनायी दी। जगदीश चतुर्वेदी ने स्वयं कदाचित् 'अभिनव काव्य' शब्द को

अपर्याप्त और अप्रेरक समझते हुए, उसके पहले 'एंटी कविता' का सानुवाद लेबल लगा देना आवश्यक समझा और शीर्षक का रूप हुआ 'अ' (एंटी) कविता और अभिनव काव्य' किन्तु वर्गीय नाम में 'अ-कविता' का ही बोलबाला रहा। उद्देश्य वही—नई कविता के 'मैनरिज़्म और पिष्टपेषण से मुक्ति पाना। 'अत्याधुनिक काव्य-बोध' को 'व्यक्तिगत स्वचेतनशीलता का पर्याय' बताते हुए स्वर्गीय कवियों को पूर्ववर्ती कवियों से नितान्त भिन्न कहा गया। उन दिनों सचेतन कहानी का ज़ोर था अतः संभवतः वहीं से 'सचेतन' शब्द लेकर कृतित्व की सचेतनता को ही अत्याधुनिक दृष्टि से संपृक्त करने वाली के रूप में प्रस्तुत करते हुए 'अभिनव काव्य की संज्ञा' को क्रिया से जोड़ा गया है। एक ओर 'पूरी तल्लीनता के साथ भोगे क्षणों को एक तटस्थ अन्वेषक की तरह अभिव्यक्ति देने' की बात कही गयी है तो दूसरी ओर उसके ठीक विपरीत 'आवेग की परिपूर्णता को अभिनव काव्य का नियन्ता' कहा गया है और कवियों को 'एंटी काव्य' के 'सार्थवाहकों' के रूप में परिगणित करने की लालसा व्यक्त की गयी है। पूवोक्त शीर्षक का मध्यस्थ 'और' 'अथवा' बनने के लिए छटपटाता हुआ दिखायी देता है। 'आक्रोशी पीढ़ी' और 'प्रारंभ' का नाम भी ले लिया गया है, परन्तु जब साथ देने वाले कवियों की नामावली पर दृष्टि जाती है तो अजब सी स्थिति सामने आती है। इस वर्ग के संकलित कवियों में 'प्रारंभ' के चौदहों कवियों में से एक भी सम्मिलित नहीं है। उक्त वक्तव्य के लेखक और उसके तीन-चार अन्य साथियों को नये वर्ग 'बीटनिक कविता' में समाहित किया गया है जिसके प्रवक्ता हैं प्रभाकर माचवे। अपने और अमरीकी बीट कवियों के बारे में बहुत कुछ कह चुकने के बाद उन्होंने यह दुःख भी प्रकट कर दिया है कि 'अभी हमारे यहाँ बीटनिकों वाला साहस' है ही कहाँ, अभी सिर्फ़ बीटनिक शब्द को दुहराते हैं, उसकी सृजनात्मक लावाभरी आग कहाँ है।' आश्चर्य है कि इस हीन भावना के बाद भी 'प्रारंभ' के कवियों ने अकविता और अभिनव काव्य दोनों से अपने को व्यवहारतः पृथक् करके 'बीट' नाम अपना कर कवियों के इसी वर्ग में सम्मिलित होने दिया और इसी में शायद उन्हें गौरव का आभास भी हुआ। माचवे जी ने तो उनके सारे सचेतन कृतित्व को नकारते हुए यह भी लिखा दिया है कि 'एक पीढ़ी ऐसी आयेगी जो सहज को प्रतिष्ठित करने के सत्य को पहचानेगी।' यानी 'आक्रोशी पीढ़ी' उससे अपरिचित है।

विचारे वीरेन्द्र कुमार जैन को 'एक कवि' के रूप में अकेला छोड़कर सनातन सूर्योदयी कविता के भूतपूर्व समर्थक गंगाप्रसाद विमल स्वसंपादित संकलन में स्वयं ही 'अकविता' वर्ग के प्रथम कवि के रूप में मुद्रित हैं। अपने सम्पादकीय 'समकालीन हिन्दी कविता की गतिविधियाँ' में उन्होंने इस विशेषाधिकार का शायद कुछ मूल्य चुकाते हुए 'अभिनव काव्य' की भी थोड़ी-बहुत वक़ालत कर दी है। परन्तु उसके नयेपन को नयी कविता की उत्तरवर्ती प्रवृत्तियों में परिगणित करते हुए उनके द्वारा जो उसे सूर्योदयी के साथ रख दिया गया है वह अवश्य ही सचेतन प्रारम्भिकों को रुचिकर न लगा होगा।

'कदाचित् बोध और संचेतना के आधार पर उन सौन्दर्य मूल्यों को व्याख्या देने का काम नयी कविता की अन्य उत्तरवर्ती प्रवृत्तियाँ करेंगी।.........ऐसी दशा में नये से नयेपन की एक छटपटाहट अपरम्परावादी कवियों सूर्योदयी (आत्मिक आधारवादी) कवियों, अभिनव काव्य-सर्जकों तथा काव्याधार पर 'लघु और भव्य' को ऐतिहासिक दृष्टिक्रम के

अनुसार अस्वीकृति देने वाले 'मामूली मैं' और दुहरी 'सफ़रिंग' भोगने वाले कवियों की रचनाओं में अभिव्यक्त हुई है।'
—अभिव्यक्ति —1, पृ० 13

यदि आक्रोशी पीढ़ी ही युवा पीढ़ी या 'अण्डर थर्टी पीढ़ी' है तो पूछा जा सकता है कि तीस पार करते ही उसके आक्रोश का क्या होगा? फिर 'तीसरी देहरी के युवा कवि' नाम से एक पृथक् वर्ग बनाकर, अकविता से घोषित रीति से सम्बद्ध गंगाप्रसाद विमल को पुनः उसमें रखने का क्या औचित्य कहा जा सकता है। यदि सम्पादक होना इसका तर्क है तो फिर द्वीपान्तर कविता आदि के अन्य वर्गों में भी उन्हें होना ही चाहिए था। यह वर्गीकरण सचमुच अद्भुत है जिसमें पंजाबीपन, महिलापन, उम्र और जाने क्या-क्या आधार मानकर कवियों का विभाजन किया गया है और कुछ को दो-दो तीन-तीन जगह भूका गया है। जगदीश चतुर्वेदी और श्याम परमार आदि अभिनव काव्य के प्रमुख कवि बाटनिक वर्ग में पहुँचा दिये गये हैं।

बीट कविता

अभिव्यक्ति के पूर्वोक्त अंक में प्रकाशित वक्तव्य के आरम्भ में प्रभाकर माचवे ने स्वयं कहा है कि **'हिन्दी में कई शब्द पहली बार प्रयुक्त करने का श्रेय मुझे है।'......शायद पहली बार 'बीटनिकों के बीच' [धर्मयुग 60] मैंने लिखा। बाद में 'कृति' में आज की अमरीकी कविता लिखते हुए गिन्सवर्ग का जिक्र किया।'.....अमरीका में सैन फ्रान्सिस्को के बीच एरिया में और न्यूयार्क में मेरा सम्पर्क 'बीट' कवियों, चित्रकारों, आलोचकों, अभिनेताओं, शिल्पकारों से हुआ।'..... वहाँ अति लक्ष्मी, अति-विज्ञान, अति-विलास, अति-यौन-स्वातंत्र्य से एक तरह की ऊब है, क्लान्ति है, जैसे चूहेदानी में विवश चूहे हों, वैसे मनुष्य-रैट रैस। उसके विरुद्ध उनका आक्रोश है।'**

'बिटनिक्स हिन्दी के संदर्भ में'—अभिव्यक्ति—1, पृष्ठ 136।

माचवे जी वहाँ रहकर भी जितना प्रभाव ग्रहण न कर सके उससे कहीं अधिक प्रभाव बनारस में 'गिन्सबर्ग' (राजकमल चौधरी का) उच्चारण सही माना जाये तो जीन्सबर्ग) के निवास-काल में शमशेर बहादुर सिंह जैसे घोषित प्रगतिशील कवियों ने ग्रहण ही नहीं कर लिया वरन् ओढ़ लिया। कहाँ रूसी प्रगतिशीलता और कहाँ अमरीकी बीटनिक। पर साहित्य में आकस्मिक और विचित्र गठबंधन हुआ ही करते हैं अतः आश्चर्य क्या? इस प्रभाव से कम से कम इतना तो हुआ ही कि जब 'लहर' के भारतीय काव्यांक' (1964) में प्रकाशित 'आधुनिक बंगला कविता : हंग्री जेनेरेशन : भूखी पीढ़ी' के लेखक राजकमल चौधरी को बँगला कवियों पर अमरीकी बीट 'पैगम्बरों' का प्रभाव बताने के क्रम में हिन्दी की याद आयी तो पहला नाम शमशेर जी का ही सामने आया। बँगला के तरुण कवि काफ़ी समझदार हैं, क्योंकि चौधरी के अनुसार वे 'ज्यादा बदनाम भी होना नहीं चाहते कि माँ-बाप घर से निकाल दें, या दूसरे लोग अपने घरों में घुसने नहीं दें।' बँगला कविता के क्षेत्र में 'एलेन जीन्सबर्ग पैगम्बर बन गया, और बँगला की नयी कविता को नया बाना, नया रंग-रूप, नया वजीफा और नया ओहदा मिल गया।' बुद्धदेव वसु और विष्णु दे तक जो बँगला कविता 'रामैण्टिक युग की कविता थी, उसे 'काफी हाउस में बैठने वाले चंद कमज़ोर लड़कों और बीमार लड़कियों ने, अपने बीच से 'फुट पाथ' हटाकर 'रेगिस्तान में ला पटका है।' राजकमल का कहना है कि बँगला कविता को इसकी जरूरत थी। इससे

कविता को नये शब्द और नये अर्थ ही नहीं मिल रहे हैं, नया संस्कार भी मिल रहा है— नये आदमी का संस्कार। 'मकसद' को गैर जरूरी मानते हुए वे कविता करने के लिए भूखे रहना, इच्छा कर के भूखे रहना पर्याप्त समझते हैं। बँगला उनकी मातृ भाषा जैसी है जितना प्रभाव माचवे जी अमरीका जाकर नहीं ला पाये उससे कई गुना सक्रिय सृजनपरक प्रभाव राजकमल चौधरी के माध्यम से हिन्दी में आया। कविता ही नहीं कहानी-उपन्यास आदि के क्षेत्र में भी। यदि यह प्रभाव कहीं थोड़ा बहुत सार्थक हो सका है तो उन्हीं के कृतित्व में। 'कंकावती' और 'मुक्तिप्रसंग में बावजूद बहुत सी खामियों के उसे पहचानना कठिन नहीं है। क्योंकि उनकी अनुभूति की ईमानदारी पर संदेह नहीं किया जा सकता। अभिव्यक्ति के तौर-तरीके के बारे में मतभेद हो सकता है और है भी, जैसा 30 अप्रैल '67 के 'दिनमान' में प्रकाशित 'मुक्तिप्रसंग' की समीक्षा टिप्पणी से प्रकट है। बीटनिकों का प्रभाव एक सीमा पर पहुँच कर ठहर चुका है और अब बहुत जा सकता है कि वह बहुत कुछ उतार पर है।

'लिंग्वादलमोतवादी' शिवचन्द्र शर्मा ने 'दृष्टिकोण' में 'एलेन गिन्सवर्ग सें एक इन्टरव्यू' और 'प्रचंड वैद्युतिक छुतार कांड' के अनुवाद छापे परन्तु उससे कोई खास उथल-पुथल हिन्दी में हुई हो ऐसा नहीं लगता। जिस देश के साहित्य में सेक्स चित्रण वर्जित रहा हो वहाँ यौन शब्दावली के सीधे-टेढ़े प्रयोग और रति-दृश्यों की बाढ़ लाकर दक़ियानूसी मनोवृत्ति को चौंकाने या सुधारने की कोई सार्थकता मानी जा सकती है। किन्तु 'कामसूत्र' कुट्टीनीमतम्, कुमारसंभव, और खजुराहो' के देश में यह सब प्रयास बचकाना, असंतुलित, रुग्णतासूचक, अनुकरणमूलक और अनावश्यक लगता है। 'गोङ्गानि' की धारणा में 'हाऊल' की प्रतिध्वनि सुनायी देती है। कुछ किताबों पर वहाँ मुक़दमा चला तो यहाँ भी कुछ कवि मुक़दमे लायक किताबें लिखने को साहित्य का चरम पुरुषार्थ मानने लगे। कारण भी वही, तौर-तरीका भी वही, केवल देश और उसकी समस्याएँ ही वही नहीं हो पा रही हैं। वहाँ के साहित्यकार अपराध कहे जाने वाले और वर्जित जीवन के फ़िल्म बनाने में बहुत दिलचस्पी लेने लगे हैं, यहाँ साधनों के अभाव में ही शायद वैसा नहीं हो पा रहा है। बीटनिक कविता में सामाजिक तत्त्व नहीं है ऐसा कहना अन्याय होगा। परन्तु साधन और साध्य के बीच अन्तर्विरोध और गहरी खाई होने के कारण इस देश के सामान्य मानस से उसका मेल नहीं हो पाता है। बाम-मार्गियों का पूर्व अनुभव भी आड़े आता ही है। श्रेष्ठ और महान् दोनों प्रकार के साहित्य के लिए यौन विकृतियों पर विशेष बल और उनके उद्घाटन की अनिवार्यता कभी नहीं रही है, अपने स्वाभाविक रूप में वे सदा स्थान पाती रही हैं। वस्तुतः इस समय यौन-चित्रण को साहित्य की संशोधनात्मक वृति और समाजिक विद्रोह के साधन के रूप में प्रचारित किया जा रहा है, इसीलिये वह प्रेरणा का विषय न बनकर बहस का विषय बन गया है।

कविता को अमरीकी आदर्श पर 'ओपेन सीक्रेसी' यानी खुली गोपनीयता मानने वाले सुविमल बसाक जिस 'बोधाक्रान्त उन्माद' को आवश्यक बताते हैं वह मारिजुआना, पेयोट, गाँजा-चरस या मन में छिपी 'हेटरोसेक्सुअलिटी' खोज निकालने वाली नशीली दवाओं से जुड़ जाने पर अपनी सारी 'सीक्रेसी' खोकर 'ओपेन' ही 'ओपेन' हो जाता है और कविता, जिसे मलयराज चौधरी कागज के ऊपर कटी हुई जीभ रख देना मानते हैं, अधिकतर रुग्ण मनःस्थिति अथवा छिछले स्तर की नारेबाजी से सम्बद्ध दिखायी देने

लगती है, भले ही उसमें 'नवीन स्वस्थ मूल्यों के स्थापना की भूख' ही क्यों न छिपी हो। हर प्रतिष्ठित वस्तु को उखाड़ने के लिए कृत संकल्प बसाक का दृष्टिकोण 'कलकत्ता और कलकत्ता' शीर्षक लेख में काफी स्पष्ट होकर सामने आया है। (नई धारा, अपील, 1967)। उसके भीतर जो गंभीरता निहित भी रहती है वह ग़लत और असंतुलित चीज़ों से अतिशय सम्पृक्त होकर प्रायः प्रदर्शन की वस्तु बन जाती है। कवि की स्वमुख में 'पेच्छाव' कराने की इच्छा, ईश्वर का 'पोंद' चूमने की कामना, रज से मुँह धोने या कुल्ला करने की भावना 'शुभा की योनि प्रसारित करने का साग्रह आदेश तथा सड़क पर अपने-अपने शिश्न पकड़कर भाइयों का दौड़ना यह सब स्वाँग बहुत दूर नहीं ले जाता और हिन्दी में नक़ल की नकल तो और भी ग़लीज लगती है। बीट कविता का 'ग्लेमर' और 'क्रेज' इधर उसी के लिये संकट बनने लगा है। धर्मवीर भारती ने 'धर्मयुग' में बीटनिक आन्दोलन की चर्चा को कुछ बढ़ावा देने के बाद मार्च '67 की 'सारिका' में पूरी नाटकीयता के साथ संस्मरण देने की निजी शैली में उसकी अच्छी खासी शव-परीक्षा की है। तलाश ईश्वर की वज़रिए अफ़ीम के भीतरी विडम्बनापूर्ण असांस्कृतिक पक्ष का 'पर्दा फ़ाश' ही नहीं 'भंडाफोड़' भी करते हुए उन्होंने अंत में जो मर्म की बात लिखी है वह द्रष्टव्य है भले ही उससे सब पूरी तरह सहमत न हों—

'कैसी व्यंग्यात्मक परिणति है! वे अपना विद्रोह शुरू करते हैं एक ऐसी दुनिया के खिलाफ़ जहाँ बुद्धि और विवेक झूटा पड़ गया है, जहाँ झूठे मुखौटे और पाखंडी मूल्य हैं और अन्त आश्रय पाते हैं एक ऐसी दुनिया में जो अफ़ीम या मारिजुआना या एल० एस० डी० द्वारा उनके लिए कल्पना में निर्मित कर दी गयी है।·······आत्मवंचना और पलायन का यह नया ढंग उन्हें भी बहुत आकर्षित करता है जिनमें न प्रतिभा है न सच्ची सृजनात्मकता, न अदम्य विद्रोह, न पराजय की पीड़ा········झूठे मुखौटों से लड़ाई लड़नें की शपथ से शुरू होने वाला यह सशक्त आन्दोलन खुद एक मुखौटे में कैसे परिणत हो गया।

गिन्सवर्ग ने बताया·········कीर्तन करने के बाद किसी मादक द्रव्य के सेवन की जरूरत नहीं होती। फिर हरे कृष्ण और राम के अर्थ लोगों को बताये।······तो आखिरकार विद्रोह के अग्रदूत गिन्सवर्ग को ईश्वर मिला, अफ़ीम की धुंध में नहीं उस धुंध को छोड़कर। लेकिन हाय रे भाग्य! इतने नवीनतम विद्रोह के आन्दोलन की क़िस्मत में इतना पुराना, इतना साधारण, इतना दक़ियानूस ईश्वर बदा था। हरे राम! हरे राम!

—सारिका; मार्च अंक, 1967, पृ० 91-92

इस लेख में भारती ने अफ़ीम के तस्कर व्यापार की अन्तर्राष्ट्रीय पृष्ठभूमि और निहित राजनैतिक स्वार्थों की कुत्सित पूर्ति की जो पृष्ठभूमि बीटनिक आन्दोलन के पीछे प्रदर्शित की है वह एकदम अवास्तविक नहीं कही जा सकती। नेपाल में बीटनिकों की अचानक बढ़ती हुई आमदरफ़्त वहाँ की सरकार के लिए भी सरदर्द बन रही है। सुना है आस्ट्रेलिया के 'हिप्पी' समुदाय ने एक नये मादक पदार्थ के सेवन से ईश्वर के साक्षात्कार का दावा किया है। न अफ़ीम सही, वही सही। 'ले चल वहाँ भुलावा देकर मेरे नाविक! धीरे-धीरे!' यों भारतवर्ष में कवियों के लिए गाँजा और चरस की दम लगाने की अपेक्षा कीर्तिनिहा बन जाना ज्यादा सुविधाजनक होगा। कविता और कीर्तन यहाँ बहुत अरसे तक एक में घुलते-मिलते रहे हैं। भक्तिपरक पदों का संग्रह कीर्तन-संग्रह कहलाता ही था।

गिन्सवर्ग के समर्थन के बाद यदि बीटनिक प्रभाव के कविता-संग्रह कीर्तन-संग्रह कहलाने लगे तो क्या आश्चर्य! लेकिन माचवे जी और शमशेर जी से पूछे बिना ऐसा नहीं होना चाहिए नहीं तो हिन्दी में बीटनिक शब्द के प्रथम प्रयोगकर्ता और उसके प्रगतिशील स्वागतकर्ता का अपमान हो जायेगा।

'सारिका' के मई अंक में भारती ने पुनः कुछ और मसाला देकर गिन्सवर्ग की 'देह राजनीति' और 'तुरन्ता निर्वाण' की असलियत सामने रखी है और उनके विद्रोह की दिशाहीनता का उद्घाटन किया है।

इससे बहुत पहले ही, बीटनिकों की नैया डूबती देखकर उन प्रारंभिकों द्वारा जिन्होंने माचवे जी के अनुसार 'बीटनिक काव्य-शैली का अप्रत्यक्ष-प्रत्यक्ष प्रभाव ग्रहण किया', अपने को 'बीट जेनरेशन' से अलग घोषित किया जाने लगा। श्याम परमार ने 'ज्ञानोदय' के 'महानगर विशेषांक' में प्रकाशित अपने लेख-'बीट, बीटल, नाराज़ और भूखे-प्यासे' नामक लेख में लिखा कि **'हिन्दी में अकविता को अकसर इनके साथ जोड़ने की एक भोंड़ी कोशिश की जाती, मगर अकविता जैसी कोई स्वतन्त्र चीज़ पश्चिम में नहीं हुई।···हिन्दी में बीटनिक हवा रोमैटिंक अन्दाज़ से आयी जैसे वह और देशों में वही···हवा के साथ घूमने वाले 'विंडाकाक' हिन्दी में भी है। उन्हें सिर्फ़ धक्का चाहिए।'** —पृ० 211

इतनी जल्दी 'अभिव्यक्ति—' में अपने प्रवक्ता माचवे जी का सम्मान परमार जी द्वारा 'विंडाकाक' शब्द से इस तरह किया जायेगा, इसकी आशा नहीं थी 'अभिव्यक्ति' के 'बीटनिक वर्ग' में समाविष्ट दूसरे कवि जगदीश चतुर्वेदी ने भी अपना स्टैंड क्लीयर करते हुए काफी ज़ोर-शोर के साथ अपने 'आक्रोश' को बीटनिकी आक्रोश से सर्वथा अलग घोषित कर डाला—

'आक्रोश' शब्द के साथ एक स्पष्टीकरण जरूरी लग रहा है, जिसे 'अकविता' का प्रत्येक कवि महसूस कर रहा है। उसे भूखी पीढ़ी, बीटनिक या एंग्री यंगमैन के रोमानी आक्रोश से तनिक भी लगाव नहीं है। नंगे बदन गाँजा पीने लैम्पपोस्ट के सामने सड़क पर कुत्ते की तरह लेट जाने या युवा अधेड़ कवियों के समलैंगिक व्यवहारों के प्रदर्शन के प्रति उसे कोई अनुरक्ति नहीं है। उसे एलेन जिन्सवर्ग, फर्लिन्गेटी या कोर्सो मात्र वक्तव्यवादी; मलयराय चौधरी या सुविमल बसाक व्यर्थ आक्रोश से पीड़ित समाज सुधारक और तेलुगु की दिगम्बर पीढ़ी के कवि मात्र फ़ैशनपरस्त चीख-पुकार में रत दिखाई पड़ते हैं। उसे कोढ़ दिखाकर सहानुभूति पाने से नफ़रत है। वह अच्छे रेस्तरां में खाना खाता, अच्छी खराब पीता और अच्छे व्यवसाय में संलग्न दिखाई पड़ता है।······दाढ़ी बढ़ाना और चीकट वस्त्र पहनना वह अपराध मानता है। *—लहर, 1967, कवितांक उत्तरार्ध, पृ० 10*

इस वक्तव्य से 'अभिनव काव्य' और 'अकविता' के सहयोगी और तथाकथित 'भूखी पीढ़ी के हिन्दी-चौधरी' राजकमल जैसे अनेक दाढ़ीदार बीटानुभवी कवियों की स्थिति अवश्य अपराधी की हो गयी होगी, भले ही वे 'प्रारंभ' की चतुर्दशी में सम्मिलित होने के नाते मुलाहिज़े में कुछ न कह पाये हों।

इलाहाबाद से प्रकाशित होने वाले 'विद्रोही पीढ़ी' नामक सात कवियों के एक संकलन में भी यह अन्तर्विरोध साफ़ दिखायी पड़ता है। एक ओर उसमें दिवंगत कवि केशनीप्रसाद चौरसिया की यौन विकृति से बजबजाती नंगी-भूखी शब्दावली की

व्यावहारिक संस्तुति है, दूसरी ओर भूमिका भाग में 'विद्रोह की दिशा' बताते हुए अमेरिकी 'बीट' कवियों में मिलने वाले विद्रोह के दिखावटी स्वर की निंदा भी की गयी है क्योंकि उसमें प्रकारान्तर से उनके द्वारा वही जीवन-दर्शन अपना लिया जाता है जिसके प्रति विद्रोह किया जाता है। कहना न होगा कि इस संकलन का विद्रोह भी उससे अलग साबित नहीं हो सका। इसमें भी वही शमशेरी वृत्ति दिखायी देती है जिसमें रूसी प्रगतिशीलता और अमरीकी बीटनिकता एक साथ निर्विरोध स्थित मिलती है। सह-अस्तित्व के सिद्धान्त का भारतीय राजनीति में नहीं, साहित्य में भी मज़े से पालन हो रहा है। 'जाज' भी और 'जाज़ोमेनिया' भी। जिन्सवर्ग भी और येब्तुशेंको भी। इससे पहले कि मैं बीटनिक कविता का प्रसंग समाप्त करूँ, तीन लेखों का ज़िक्र और कर देना चाहता हूँ, क्योंकि उनमें भी पूरी सहानुभूति के साथ इस आन्दोलन के विदेशी और देशी रूपों का परिचय प्रस्तुत करते हुए अन्ततः उनकी वरेण्यता पर संदेह प्रकट किया गया है। पहला लेख है 'बीमार, बुभुक्षित, हिबाकुशा' जो 'समिधा' के 'पावस अंक' में (अगस्त, 1965) प्रकाशित हुआ है और जिसमें सही कहा गया है कि 'आक्रोश का ठीक पात्र ढूँढ़ना विद्रोह की पहली जिम्मेदारी होती है।' लेखक ने 'बुभुक्षित या बीमार पीढ़ी को आज की विश्व व्याप्त परिस्थिति की देन' बताते हुए भी आइन्सटीन और एरिक साँ का मत देकर अंततः सामाजिक उत्तरदायित्व में आस्था रखने के कारण अस्वीकार कर दिया है। दूसरा लेख 'बीट जेनरेशन' डॉ० कुमार विमल का है जो 'माध्यम' के जनवरी '66 के अंक में छपा है और तीसरा 'भूखी पीढ़ी' डॉ० रमानाथ त्रिपाठी का जो 'वातायन' के मार्च '66 के अंक में प्रकाशित हुआ। डॉ० विमल ने एक बीट कवि की पंक्ति 'आई हैव मिस्टिकल विज़ंस एंड कास्मिक वाइब्रेशंस' उद्धृत करते हए टिप्पणी की है, किन्तु 'बीटजेनरेशन' के पास, सही मायनों में आध्यात्मिक मूल्यों और अभौतिक सत्यों के अन्वेषण की कोई भूख नहीं है। वे परम्परा का खुल कर विरोध करते हैं और आत्मसुख को ही आचरण का प्रमाण मानते हैं।' भविष्य के अस्तित्व से इन्कार और 'फाइनेलिटी ऑफ डेथ' में विश्वास, समाज से अपने को 'डिसएफिलिएट' करने की भावना, सामूहिक मृत्यु-भय से उत्पन्न अन्तर्द्वन्द्व, अनियन्त्रित वैयक्तिकता आदि के पीछे निहित कारणों पर प्रकाश डालते हुए उन्होंने हिन्दुस्तान की 'भूखी पीढ़ी' के युवक साहित्यकारों के बारे में बिहारी संस्कार-सम्पन्न तत्सम-प्रधान रोचक हिन्दी में जो पाद-टिप्पणी दी है वह साक्षात् दर्शनीय है—

'जो भुक्खड़ होकर भी 'अविश्वास्य क्षमता' से युक्त हैं, 'आमिषाशी यौन भावना' के 'आत्मंभर' पुजारी हैं, आधुनिक युग की द्वन्द्वविलासिता में रस लेते हैं, नांदनिक एवं नैतिक के समान्तराल संघर्ष को व्यर्थ मानते हैं और चित्रानुग स्निग्धता से युक्त अपनी उत्कविता के द्वारा क्षुधार्तवाद या 'हंग्रियलिज़्म' को तूल देते हैं। फलस्वरूप इनके काव्य-दर्शन को मृत्युमेधी शास्त्र कहा जा सकता है।'

बहरहाल इतना तो समझ में आ ही जाता है कि लेखक ने वीट जेनरेशन और उसके प्रभाव से उत्पन्न कविता (उत्कविता) का समर्थन नहीं किया है। 'मृत्युमेधी' या 'मृत्युकामी'? सोचने की बात है।

तीसरे लेख में भी बहुत सी रोचक बातें एकत्र करके बीटनिकों की बंग-धारा के भीतरी स्वरूप को पहचानने की चेष्टा की गयी है। घोषणा-पत्रों के अनेक अंश, कविताओं की पंक्तियों के अनूदित रूप तथा प्रचार-वाक्य प्रस्तुत करने में पर्याप्त श्रम,

उठाया गया है, परन्तु निष्कर्ष यही निकाला गया है कि—

'लगता है इनकी भूख सेक्स और आत्मप्रचार की है।.......वासना के प्रबल आवेग के समय नारी अंगों के साथ जो उखाड़ पछाड़ करने की तीव्र असह्य एवं कष्ट दायक तीव्र लालसा जागती है उसी का सत्य (ट्र) वर्णन अधिकांशतः भूखी कविता का सत्यवाद रह गया है। चूँकि अमेरिकन बीटनिक प्रतिष्ठित जनों के शिष्ट आचार को ऊपर की नक़ाब कह कर उसका विरोध करता है अतएव भूखे लोगों ने भी कुछ वयोवृद्ध लोगों के पास मुखौटे भेजे थे कि लत जीवन मूल्यों का नक़ाब उतार फेंको, जीवन मूल्यों का निर्धारण क्या इन आचारहीन विक्षिप्तों के द्वारा होगा? —वातायान, पाठक अंक, पृ० 40-41

मैं यह जानता हूँ कि ऐसी आलोचना में प्रायः अतिवाद होता है और वास्तविकता की उपेक्षा भी निहित रहती है, परन्तु मेरा उद्देश्य यहाँ सामान्य प्रतिक्रिया के स्वरूप को सामने रखता है। यह नहीं माना जा सकता कि 'महिलाओं के निचले हिस्से में फूल बागान और बाक़ी जगह श्मशान' देखना ही आज की सही दृष्टि है और यदि इसे सारा मानव-समाज अपना ले तो आबाल-वृद्ध-नारी-पुरुष, कवियों को छोड़कर नहीं, सबका उद्धार हो जायेगा। क्षुधा और काम को नितान्त अमर्यादित रूप में ग्रहण करना आधुनिक जीवन के गहन सांस्कृतिक संकट का परिचायक भले ही हो उसका विश्वसनीय निदान नहीं है, क्योंकि इनके वेग के द्वारा मानवीय सहानुभूति बहुधा कुचल दी जाती है और मनुष्य कंकाल के सदृश खोखला दिखायी देने लगता है।

गीत कविता : नवगीत, अगीत और एण्टीगीत

'नवगीत का समुचित विकास सन् 1950 के बाद नयी कविता के युग में ही हुआ है।' यह जुमला प्रमुख गीतकार डॉ० शम्भूनाथ मिश्र का है (द्र० प्रयोगवाद और नयी कविता, पृ० 281) और उनके अनुसार 'नयी कविता आधुनिक व्यक्ति-मानव की कविता है' अतः उनकी दृष्टि में नवगीत की पहचान भी इससे विलग नहीं होनी चाहिए। नयी कविता से नवगीत का अलगाव कोई खास़ मायने नहीं रखता क्योंकि 'नयी कविता एक काव्य प्रवृत्ति है और गीत एक काव्यगत शैली मात्र।' ऐसे कृत्रिम विभाजन का विरोध औरों ने भी किया है। सन् 1964 में 'कविता' का जो 'नवगीत का प्रथम समवेत संकलन' ओम्प्रभाकर के सम्पादकत्व में प्रकाशित हुआ उसमें अज्ञेय जी का एक पत्र छापा गया जिसमें उन्होंने लिखा—

'नयी कविता' और 'नवगीत' इस प्रकार के नामों से तो एक कृत्रिम विभाजन ही आगे बढ़ेगा और कविता की प्रवृत्तियों को समझने में बाधा ही अधिक होगी।' अप्रैल सन् '65 के अंक को 'वातायन' के सम्पादक ने चौंकाने वाली मनोवृत्ति से ऊपर उठने की चेष्टा में 'नवगीत अंक' न कहकर 'आज का गीत अंक' कहना ही उचित समझा पर उसमें भी अज्ञेय जी की उक्त धारणा उद्धृत कर दी गयी है और माना गया कि—"नई कविता' और 'नवगीत' अधिक दूर नहीं रहे। 'नवगीत' गीत विधा के लिए आवश्यक रूप से हटता गया और केवल नाम ही उसका गीत रहा शेष सब ग़ायब।" डॉ० महावीर दाधीच ने इसी अंक में प्रकाशित एक लेख में यह सिद्ध किया है कि नये गीतकार नयी कविता को अपना आदर्श मानते हैं जो हीन-ग्रन्थि का परिणाम है तथा नवगीत को नयी

कविता बनाना आत्मघाती सिद्ध होगा। मौक़ा-माहौल देखकर किन्हीं माहेश्वर प्रसाद ने 'अगीत' का नारा लगाया और राजीव सक्सेना ने अपने 1964 में प्रकाशित कविता-संग्रह 'आत्म निर्वासन तथा अन्य कविताएँ' में एण्टीगीत की बात उठाते हुए लिखा—

'मैं अकसर अपनी कविताओं को 'गीत' कहता हूँ, तो इसलिए कि मैं उनमें वह जादुई तत्व पैदा करना चाहता हूँ जो आदिम कविता में था या जिसे हम बाइबिल के अँग्रेजी अनुवाद में देख सकते हैं। किन्तु वे संगीत से शून्य और छपे हुए रूप में पढ़ने के लिए लिखी गयी हैं, इसलिए उन्हें 'एण्टीगीत' कहना शायद अधिक सही होगा।'

और इस डर से कि कहीं किसी को गीत के इस नये रूप से नयी कविता का भ्रम न हो जाये, कवि ने यह स्पष्ट कर दिया है कि मैं तथाकथित 'नयी कविता' के दायरे में नहीं आता। मैं उसकी भावना और जागरूकता की क़द्र करता हूँ।

'समिधा' के 1965 में प्रकाशित दूसरे अंक में निष्कर्षतः 'भाषातीत गूँज' की महत्वपूर्ण बात उठाते हुए 'नया गीत, कुछ प्रश्न कुछ रेखाएँ' लेख के अन्तर्गत केदारनाथ सिंह ने भी गति की प्रचलित धारणा में परिवर्तन करने की आवश्यकता' पर बल दिया। 'गीत' और 'गीति' का विभाजन उन्हें अनावश्यक दिखायी दिया और गुरुदेव के अनुरूप गाये जाने वाले गीत को 'गान' कहना 'निर्णायक' प्रतीत हुआ। उनकी स्पष्ट धारणा है कि 'गीत ने नयी कविता की उपलब्धियों से काफ़ी लाभ उठाया है।'

इस प्रकार गीत का नव्यतम रूप अपने को मात्र गीत कहने से हिचकिचाता है और 'नव', 'अ', या 'एण्टी' विशेषण जोड़कर सर्वथा परिवर्तित रूप में सामने आना चाहता है मगर 'गीत' शब्द को वह अपने भीतर से खोना भी नहीं चाहता है। यह स्थिति ठीक वैसे ही है जैसे सारे उल्टे-सीधे विशेषण लगाने के बाद भी 'कविता' कहलाने की हाँवस, जो फ़िलहाल छूटती नहीं दिखायी दे रही है।

एक ओर नये गीत का रूप इतना टूट चुका है कि उसे ठीक से पहचानता मुश्किल है दूसरी ओर गीतों का एक लोक प्रिय राजकुमार अपनी लुटती हुई सल्तनत को सम्हालने की नाकाम कोशिश में बेमानी फ़लसफ़ा बघारता हुआ गीत को कभी 'लट्टू' और कभी 'बिजली का पंखा' बतलाता है और कभी कहता है 'गीत बताशा है' पानी में पूरी तरह घुल जाने वाला। सच मानिए मेरे मुँह में पानी भर आता है ऐसी लज़ीज़ तशबीह देख कर। (द्र० हिन्दुस्तान, 30 अक्टूबर 1966 में 'प्रश्न चिह्नों की भीड़ में घिरा गीत')। गीत सिर्फ अपांगों से देखता है खासकर तब जब कवि सम्मेलनी मंच पर कवि उसे सर्वांगों या उपांगों से गाता है। 'भाववधू है, गेयता पालकी' जय कन्हैयालाल की! पानी में घुल जाने वाली इसी बताशे के बूते 'आस्था की पुत्री भावुकता' 'अनास्था की बेटी, बुद्धि' से अगले दस वर्षों में जीत जायेगी, ऐसा सुन्दर स्वप्न देखा जा रहा है कवियों के एक ऐसे वर्ग द्वारा, जिसने अपने हथियार नहीं डाले हैं। उसी साप्ताहिक हिन्दुस्तान के पृष्ठों में उसी गीतों के राजकुमार की गति देखिए—अंक 37, सन् 1967, पन्ना 4।

मेरी समझ में नीरज जो भी अब फैशन के चक्कर में आकर अपनी तुकवादी और गेय कविताओं या गीतों की परिपाटी छोड़कर 'नई कविता' के घेरे में घुस पैठ कर रहे हैं। लेकिन यह कविता इस बात का प्रमाण है कि वे इस कोशिश में नाकामयाब रहे हैं।

कैसी विडम्बना है, 'गीत' का समर्थक नयी कविता के घेरे में घुस-पैठ करना चाहता है, मगर नाकामयाब रहता है और 'एण्टी गीत' का पथ प्रदर्शक 'नयी कविता' के घेरे से बाहर जाना चाहता हैं पर वह उससे छूट नहीं पाता। नयी कविंता का 'घेरा' यदि इतना मज़बूत हो चुका है कि भीतर और बाहर की समझ उसके सहारे ही हो पाती है तो इसके लिए कोई क्या करे, वैसे मैं घेरावादी मनोवृत्ति का 'रस सिद्धान्त' में भी विरोधी हूँ और 'नयी कविता' में भी।

'कविता', बिहार के नकेनवादियों को नहीं, अलवर राजस्थान की, कहती है कि 'नयी कविता की एक उल्लेखनीय उपलब्धि नवगीत है।' और उसकी ओर से नवगीत का जो 'प्रथम समवेत संकलन' प्रस्तुत किया गया वह 'नवगीत का 'तारसप्तक' सिद्ध हुआ है।' सितम्बर '66 के अंक में उसने 'नवगीत' और 'नयागीत' को 'चर्चा-परिचर्चा' का प्रमुख अंग बनाया उसकी अन्विति का अन्दाज़ इसी से लग जायेगा कि दोनों लेख एक दूसरे की ओर देखते हैं, न एक दूसरे के विपरीत। 'नवगीत' के बारे में वीरेन्द्र कुमार जैन का कहना है कि 'नवगीत' हिन्दी कविता की शिथिलता का प्रमाण है' ऐसा उन्हें नहीं कहना चाहिए। वे 'नवगीत' शब्द से नहीं, उसके स्वरूप और उसकी प्रेषणीयता से असहमत हैं। उन्हें असहमत बनाया हिन्दी के चार नवगीतकारों में से एक के इस कथन ने कि—'नवगीत वह कविता है जो आज का सम्पूर्ण जीवन है।' लेखक ने प्रश्न किया है कि क्या इस 'सम्पूर्ण जीवन में 'भेड़नुमा जनता' का जीवन भी शामिल है?' उसके ख्याल: से सारी दुनिया के नव उम्र साहित्यकार 'आग' की ज़ुबान में लिख रहे हैं, लेकिन हिन्दी में 'नवगीतकार' उस आग को बुझाने की कोशिश में मुब्तिला हैं जो नयी कविता और नयी कहानी ने लगायी थी। नवगीतकारों के कहे का क्या असर हो पाया शायद यह बताने की जरूरत अब नहीं होगी।

दूसरे लेख में उदयभान मिश्र ने 'नवगीत' को 'नयागीत' कहना ज्यादा सही, समझा इस सफ़ाई के साथ ही कि वे ऐसी 'नयी कविता' के वज़न पर नहीं कर रहे हैं। आगे जो सिद्ध किया वह यह कि 'नंयागीत' नयी कविता ही है, उससे स्वतन्त्र कोई विधा नहीं, नये गीत को नयी कविता से अलग हटाकर उसे स्वतन्त्र रूप में प्रतिष्ठित करने का कोई भी प्रयास उचित नहीं।' इसपर भी किसी टीका-टिप्पणी की आवश्यकता नहीं है, 'नयागीत' चाहे 'जनगीत' ही क्यों न कर दिया जाये। '67 की 'लहर' के कवितांक उत्तरार्ध में नवगीत के प्रमुख प्रवक्ता ओमप्रभाकर ने पुनः कलम सम्हाली और 'सवाल नवगीत का' दुबारा उठा डाला। मगर उनके आगे इस बार सवाल 'नवगीत' का उतना नहीं जितना कविता का है और कविता का भी उतना नहीं जितना 'भारतीय कविता' का। इसके लिए उन्होंने खोज की है उसकी जिसे हिन्दी में 'नयी कविता' कहते हैं तथा व्यतीत क्रम के साथ जिसकी 'साम्प्रतिक' स्थिति' भी है। उन्होंने 'परम्परा को नकारने' की दुहाई देने वालों के 'अभूतपूर्व' और 'अद्वितीय' शब्दों पर आग्रह का प्रतिवाद किया है और हिन्दी कविता के समसामयिक स्वरूप को लक्षित करते हुए खेद प्रकट किया है—किन्तु आज नयी कविता का तो कुछ दिग्भ्रमित और संकुचित दृष्टि वाले आधुनिकों ने रूप ही और बना दिया है।' ओम्प्रभाकर की धारणा है कि 'आधुनिक' या 'अकवि' ऐसा कुछ भी नहीं कर सके जो उन्हें मुक्तिबोध आदि की पूर्ववर्ती अनेक कवि-सरणियों से पृथक् या विशिष्ट स्थिति में खड़ा कर सकता। उनकी धारणा है कि ऐसे ही कवियों के

'कुप्रयासों से वस्तु और शिल्पगत 'वल्गेरिटी' आज नयी कविता के काफ़ी भाग को ग्रस्त किये हुये है। 'नयी कविता अपने नयेपन में रूढ़ हो गई और नये कवि नयेपन के ज्वर से ग्रस्त हो सन्निपात की स्थिति में पहुँच आँय-बाँय-शाँय बकने लगे' हैं। निश्चय ही यहाँ 'नये कवि' शब्द से उन्हें भी इंगित किया गया है जो इससे अपने को अलग करना चाहते हैं और अपनी दृष्टि में कर भी चुके हैं। 'धर्मस्य ग्लानि' के ऐसे कलिजुग में लेखक के मत से कुछ एकदम प्रारम्भिक कवियों ने हिन्दी कविता को एक नये, किन्तु पूर्ण और स्वस्थ दृष्टिकोण से देखना और उसे जीवन के समस्त संदर्भों में स्वीकारना आरम्भ किया है और यह वही हैं जो 'संगीत और लय को अनिवार्य मानते हैं तथा 'नवगीत' की रचना करते या कर रहे हैं।' स्थिति की आलोचना ने जो आकांक्षा जगायी वह प्रस्थापना से पूरी नहीं हुई और मुझे लगता है कि बात बजाये सुलझने के 'नवगीत' के एकांगी नारे में उलझ कर रह गयी।

'नवगीत, सामानान्तर स्थापना और उभरे प्रश्न-चिह्न' शीर्षक, ठीक उसी के बाद छपे लेख में वीर सक्सेना ने भी 'नवगीत को नयी कविता की 'कथनीय क्षमता' (मतलब कथन-क्षमता से है) और उसके कथ्य की 'विस्तारक विधा' बताया है। उनकी दृष्टि में 'नयी कविता की जो संभावनाएँ आज चुकती हुई प्रतीत होती हैं, उसके भूल को 'नवगीत' के रचनाकारों ने समझा है। उन्होंने 'नवगीत' की विशेष प्रकार की 'गीतात्मकता' को 'संगीतात्मकता' से एकदम भिन्न माना है। उनके अनुसार 'नवगीत कविता के नये धरातल की खोज है।' और 'नवगीत की सम्पृक्ति आज रूमानी नहीं है, तह पारस्परिक है यानी एक व्यक्ति से दूसरे व्यक्ति को जोड़े रखने वाली सम्पृक्ति है। उसके भीतर आज भावुकता के क्षणों वाली रागात्मकता नहीं है, एक 'तटस्थ रागात्मकता' है। अब यदि आपकी दृष्टि उन नामों पर जाये जिन्हें नवगीतकार बताया गया है तो आप बिना नाव के ही धार के बीच ठहर कर 'रागात्मकता' के इस रहस्यमय 'तटस्थ' रूप को सुविधापूर्वक देख लेंगे। सुना है दिल्ली की 'चौथी वंध्या संध्या' में 'गीत' की पूरी 'गीता' गायी गयी। राही ने 'मंचीय गीत' आदि के स्थान पर 'आधुनिक गीत' की माँग की। गीत के चार भेद किये जाएँ या चौदह इसे कुछ बनता बिगड़ता नहीं है। सबसे बड़ी कठिनाई यह दिखायी दे रही है कि बहुत रच-रच कर कहने पर भी कहा हुआ पूरी तरह लहता नहीं है, क्योंकि दृष्टि वस्तुगत खोज पर उतनी टिक नहीं पाती जितनी स्थापनाओं को गढ़ कर चला देने में लग जाती है। नवगीत को नयी कविता का पूरक मानने में मुझे आपत्ति नहीं है। मुक्तिबोध ने भी फरवरी '60 की 'कृति' में दोनों में विरोध मानने से इन्कार किया है। परन्तु मैं इस तथ्य से भी अपनी आँखें हटा नहीं सकता कि आज गीत काव्य-सृजन के व्यापक क्षेत्र में 'अपवाद' के रूप में ही सामने आ रहा है, 'नियम' बनने की स्थिति उसकी नहीं रह गयी है। 'आधुनिक गीत' 'अगीत' या 'एण्टीगीत' भी कोई वास्तविक समाधान प्रस्तुत नहीं करते, क्योंकि इन संज्ञाओं से 'गीत' शब्द को अनावश्यक महत्व प्राप्त हो जाता है। सन् '61 में 'लहर' के कवितांक में मैंने 'नयी कविता और गीत शैली' नाम से जो कुछ लिखा था उसमें, इतने विकास के बाद भी, मौलिक धारणा विषयक कोई परिवर्तन अपेक्षित प्रतीत नहीं होता है; 'कल्पना' 184 में शिवप्रसाद सिंह का 'नवनीत : एक प्रतिक्रिया' शीर्षक लेख देखने के बाद भी। नयी कविता का श्रीगणेश आंचलिक शब्दावली नवगीत की प्रवृत्ति से मानना ग़लत है।

युयुत्सावादी कविता

'युयुत्सा' की विचारधारा के साथ इसी नाम की पत्रिका के सम्पादक शलभ श्रीरामसिंह का व्यक्तित्व विशेष रूप से सामने आता है। अप्रैल, 1965 की 'रूपाम्बरा' में 'प्रारंभ' के अन्तर्गत स्वदेश भारतीय द्वारा 'सब का एक मात्र कारण युयुत्सा' की घोषणा करते हुए शलभ का यह उद्धरण दिया गया—

'मैं साहित्य सृजन की मूल प्रेरणा के रूप में उसी, आदिम युयुत्सा को स्वीकारता हूँ जो कहीं न कहीं प्रत्येक क्रान्ति, परिवर्तन अथवा विघटन के मूल में प्रमुख रही है। वह युयुत्सा जिजीविषावादी, मुमूर्षावादी, विद्रोहात्मक अथवा प्लैटोनिक कुछ भी हो सकती है।'

अगस्त 1966 में 'युयुत्सावादी नवलेखन प्रधान सहकारी प्रयास' के रूप में इसी 'रूपाम्बरा' का 'अधुनातन कविता अंक' प्रकाशित हुआ जिसमें तीन युयुत्सावादी कवियों के वक्तव्य छपे तथा सम्पादक द्वारा 'न्यूसेन्सिबिलिटी की बात नूसेन्स सेन्सिबिलिटी' प्रमाणित हो जाने पर क्षोभ प्रकट करते हुए 'आँखों पर चढ़ी धुन्ध' को हटाकर यथार्थ को देखने और अपने आधार को पहचानने का आग्रह किया गया है।

'कल सुबह होने से पहले' नामक शलभ श्रीराम सिंह के, '66 में प्रकाशित कविता संग्रह में कवि का परिचय दिया गया—'शलभ 'नवगीत', 'नई कविता के गीत' या 'गीत' का कवि है वह अपने समय के साथ विवेकपूर्ण ढंग से जुड़ना चाहता है।'

पूर्व उद्धरण में 'प्लैटोनिक' शब्द 'विद्रोहात्मक, से 'अथवा' द्वारा जुड़कर जितना विचित्र लगता है उससे अधिक विचित्रता नवगीतकार कवि द्वारा युयुत्सावाद के प्रवर्तन में दिखायी देती है। यों संग्रह की कविताएँ अच्छी-खासी हैं और एक उभरते हुए ऐसे जागरूक तरुण व्यक्तित्व के निकट ले आती हैं जो बीटनिकों और जनवादियों के द्वन्द्व के बीच, अपनी परम्परा और इतिहास को नकारे बिना एक राह खोजने के लिए उत्सुक दिखाई देता है। उसे चिंता है उस तीसरे व्यक्ति की जिसका हाथ यान्त्रिकता के तथाकथित दबाव के भी पीछे छिपा हुआ है। युयुत्सा की सार्थकता जहाँ और अनेक कारणों से है वहाँ यह 'तीसरा व्यक्ति' भी कम महत्वपूर्ण नहीं है।—

'फैशन के नाम पर अंधा-धुंध साहित्य लिखने वाले लेखकों की एक भीड़ अनजाने इस षड्यन्त्र की जड़ मज़बूत करने में लगी हुई है। व्यक्तिगत स्थापना की लालसा ईन लेखकों को मूल बिन्दु से हटाकर एक ऐसी आधुनिकता के समीप ले जा रही है जहाँ जातीय बोध आधारहीनता की स्थिति को सहज ही प्राप्त होता जा रहा है। इसका एक मात्र और भयानक कारण यह है कि आज साहित्य और जन-साधारण के बीच एक तीसरा व्यक्ति आ गया है।............आवश्यकता है ग़लत हाथों की पकड़ से यान्त्रिकता को मुक्त कराने के लिए संतुलित विद्रोह की। विद्रोह जो एक विचारधारा के व्यक्तियों द्वारा चिंतन के स्तर पर हो।'

—सम्पादकीयवत्, युयुत्सा, अक्टूबर '66

इस वक्तव्य में पहली बार संतुलन, आधारहीनता के संकट से मुक्ति और वास्तविक किन्तु परोक्ष पारतन्त्र्य के प्रति विद्रोह की बात, चिंतन के एक समान स्तर की माँग के साथ, कही गयी है जो अनुपेक्षणीय लगती है। परन्तु सही क़िस्म के समानधर्मा न मिल पाने के कारण 'युयुत्सा' का 'विद्रोह' भी यथेष्ट शक्ति अर्जित किये बिना ही बिखर गया। इसी अंक के 'युयुत्सु-पृष्ठ' पर विमल पाण्डेय ने इसे असंतुलित मनःस्थिति वाले 'एंग्री

यंग मैन' से जोड़ते हुए देकार्त के 'काज़िटो इर्गोसम' तक पहुँचा दिया है। यही नहीं डार्विन के 'सर्वाइवल आफ़ दि फिटेस्ट' के सिद्धान्त का भी स्मरण करके यह विश्वास प्रकट किया गया है कि 'युयुत्सा अनिवार्य रूप से हमारी पीढ़ी से सम्बद्ध है।' अब यदि कोई वाद विशेष से न भी जुड़ना चाहे तो भी उससे बच पाना मुश्किल है। एक और मानव, (हम तो विश्वम्भर मानव को ही असली मानव समझते रहे) रामेश्वरदत्त मानव ने गीता का नाम लेकर अर्जुन के 'सीदन्ति मम गात्राणि' की भावना को 'एण्टी युयुत्सा' के रूप में देखा है और साथ ही ज्यार्जी इवानोव के फ्रांस पलायन और अमानवीय भाग्यवाद से चिढ़कर उसे मारे 'एण्टी युयुत्सा' के 'गरदनिया देकर' पटक देने की परम मानवीय भावना व्यक्त की है, क्योंकि दूसरे गाल पर चपत खाने वाला कायर मसीही आदर्श युयुत्सुओं का आदर्श नहीं है। हर अंक के युयुत्सु पृष्ठ का 'मोटो' है—**'युयुत्साः अब तक के होने वाले प्रत्येक परिवर्तन क्रान्ति अथवा विघटन की आधार शिला। लेखन की मूल विन्दु-भूमिः युयुत्सा'**।

नवम्बर के अंक में एक लेखक द्वारा राजकमल चौधरी को व्यंग्यात्मक ढंग से हिन्दी वालों के ज्ञान के अनुसार 'वह एक दुष्ट आदमी है, दुष्ट लेखक है' के रूप में स्मरण करते हुए युयुत्सा को 'मुमूर्षा' के स्थान पर 'जिजीविषा' से जोड़ा गया है और अन्ततः उसका लक्ष्य निर्धारित करते हुए बताया गया है कि 'साहित्यकार की युयुत्सा का अर्थ है कि वह स्वयं से बड़े किसी बृहत्तर उपार्जन के लिए संघर्षरत है, युयुत्सावादी है। युयुत्सावाद, संक्षेप में समर्पण की परिसमाप्ति में ही होना चाहिए।' 'समर्पित' बनाम 'कामिटेड' की सफ़ाई देते हुए युयुत्सावाद के प्रवर्तक के विषय में मज़ेदार तर्क दिया गया है 'शलभ युयुत्सावादी इसलिए है कि वह एक पत्नीव्रती नहीं है और अर्थतः सम्पन्न भी नहीं।' फिर अन्त में सीधे 'समाजवादी क्रान्ति' की बात करने की नेक सलाह दे दी गयी है। दूसरे लेखक ने दो एक और परिभाषा-वाक्य जड़ दिये—'युयुत्सा एक ऐसी ऊर्जा है, युयुत्सु सक्रिय शक्ति है जिसे समूह में या अन्य किसी तरह भी नहीं बाँधा जा सकता।.....युयुत्सा युयुत्सु को निःशुल्क युयुत्सा के कारणों का चलचित्र दिखाती रहती है।' अतिवाद में यह भी कहा गया है कि हम 'युयुत्सा के प्रति भी युयुत्सु हो जाएँ। हम संभावनाओं के प्रति भी युयुत्सु हो सकते हैं, असंभावनाओं के प्रति भी और परिणामों के प्रति भी।' मेरा कहना है 'अबसि हूजिए हूजन जोगू।'

अब यदि नवगीतकार शलभ युयुत्सावाद का प्रवर्तन करते हैं तो 'नवगीत' आन्दोलन के प्रवर्तक ओम्प्रभाकर उसका समर्थन क्यों न करें। दिसम्बर के अंक में वह भी हो गया। (देखिए 'युयुत्सा' पृष्ठ 90)।

'धर्मक्षेत्र मुझे दिखाई नहीं देता। कुरुक्षेत्र एक स्थान अवश्य है। आज कहीं कोई भी समवेत नहीं है—नहीं रहा। केवल युयुत्सवः है। और वह तथ्य है—प्रत्यक्षतः एक प्रिय तथ्य।'

बीटनिक या भूखी पीढ़ी वाले शाश्वत और सनातन को गाली देते हैं, निषिद्ध मानते हैं परन्तु ओम्प्रभाकर युयुत्सावाद के समर्थन में उसे वरेण्य बताते हैं।

'युद्धेच्छा एक सनातन वृत्ति है, एक आदिम स्वभाव है।........मनुष्य मात्र अपने से ही जिस वृत्ति के वशीभूत होकर सबसे अधिक सक्रिय होता रहा है वह वृत्ति युयुत्सा ही है।.........युयुत्सा हमारी नियति है।'

जैसे वैदिक ऋषि जिस देवता की स्तुति करते थे, सारी विशेषताएँ, सारे गुण, सर्वोपरि होने की अनन्य शक्ति आदि सब कुछ उसी में देख लेते थे और सुन्दर ऋचाएँ रच डालते थे उसी प्रकार यह वादी वक्तव्य होते हैं। जो शब्द हाथ आ गया उसी पर सारी आहुतियाँ चढ़ा दी गयीं; सारे मन्त्र अर्पित कर दिये गये। प्रशस्ति-गान के साथ यों कुछ मर्म की बातें भी कही गयी हैं, मसलन यह कि **'आज हमारी युयुत्सा अनिच्छित युयुत्सा है।.....आज हम विज्ञान की सहायता से सर्वाधिक शक्तिशाली होते हुए भी सबसे अधिक कमज़ोर हो गये हैं।'** या यह कि 'युयुत्सा हमारी मूल वृत्ति है। मगर साथ ही हम शान्तिप्रिय भी हैं।' और यह भी कि 'अपने अस्तित्व के लिए परिवेश के विरोध में हमारा युद्ध चलता रहता है।.....किन्तु एक विडम्बना यहाँ भी होती है। हर व्यक्ति अपने अस्तित्व के लिए युद्ध कर रहा है। सब लड़ रहे हैं। मगर किससे? क्या हम ही अपने शत्रु हैं।'

इस तरह के विरोधों या अन्तर्विरोधों को लक्षित करने से लगता है लेखक की पकड़ वास्तविकता पर है, परन्तु सहसा वादी मनोवृत्ति अपना लेने से वह बहुत गहराई तक न जाकर एकांगी और ऊपरी होकर रह गयी है। एक तीसरे लेख में कहा गया है कि 'साहित्य के क्षेत्र में इससे अधिक शाश्वत दृष्टि और कोई भी नहीं हो सकती। युयुत्सा को 'सनातन' नवगीतवादी ओम्प्रभाकर ने कहा, तो उसे 'शाश्वत' नवगीत के अन्य पक्षधर नीलम ने सिद्ध कर दिया । वस्तुतः मानव की सभी मूल वृत्तियाँ प्रकृति से कालातीत हैं तो क्या प्रत्येक के नाम पर कविता का एक एक वाद इसी तरह प्रशस्ति गाते हुए चलाया जायेगा? क्या इससे अनिच्छित रूप में युयुत्सावाद के स्थान पर सनातन अतिवाद की स्थापना नहीं होती है?

कहा जा चुका है कि एक समर्थक ने 'एंग्री यंग मैन' से युयुत्सावाद को जोड़ा है और मैंने एक जगह पढ़ा है कि एक जिज्ञासु द्वारा प्रश्न किये जाने पर भूखी पीढ़ी के सुनील गंगोपाध्याय ने उत्तर दिया था कि चूँकि इस भारी समाज को बदलने में असमर्थ हैं अतः जब भी कोई विरोध या वैषम्य दिखायी देता है, वे उस पर मल्ल युद्ध के जापानी दाँव 'जुजित्सु' की शैली में सीधा आक्रमण कर देते हैं (द्र० 7 मई, '67 के लीडर के मैगज़ीन सेक्शन में छपा डी० पी० भट्टाचार्य का बंगाली बीट कवियों से सम्बद्ध लेख) असंभव नहीं कि युयुत्सावादियों को यह जापानी दाँव भी मालूम रहा हो, क्योंकि उनका केन्द्र भी वही कलकत्ता है जो बँगला साहित्य का गढ़ है। किन्तु शलभ ने—'युयुत्सा' के जनवरी, '67 के अंक में 'सामाजिक स्थिति में दोहरे परिवर्तनों' के आ जाने और 'दो प्रक्रियाओं से एक साथ गुज़रने की विवशता के कारण अपने 'भूल वैचारिक स्वरूप' के 'कुछ का कुछ' हो जाने की शिकायत करते हुए लिखा है कि 'हम स्वयं से अधिक बीटनिक दीखने लगते हैं।' यानी उनका 'स्वयं' 'बीटनिक' से भिन्न है या रहना चाहता है। यह शिकायत भी अन्ततः 'तीसरे व्यक्ति' का नाम फिर दोहरा कर ठहर गयी और लगा कि गुफा में दूसरी ओर द्वार है ही नहीं। उन्हें अपनी 'युयुत्सा' को विवेकपूर्ण ढंग से बनाये रखने के अहम मसले पर सोच पाने में काफ़ी कठिनाई का सामना करना पड़ रहा है। 'युयुत्सा' एक वक्तव्य और' देकर बजरंग विश्नोई भी उन्हें उस कठिनाई से उबार नहीं पा रहे हैं क्योंकि वह पुनः 'प्रतिद्धता' की बात सामने ले आये हैं जो अति आधुनिक होने में बाधा देती है, भले ही वह ईमानदारों में युयुत्सा जगाती हो?

निर्दिशायामी कविता

सत्यदेव 'राजहंस' की राँची से भरी गयी अद्वितीय उड़ान के रूप में 'लय' नामक पत्रिका का प्रथम अंक 1965 में प्रकाशित हुआ। सम्पादक के अनुसार उसकी 'आधारशिला' 'आधुनिकता की निर्दिशायामी दृष्टि' है। उसने इच्छा प्रकट की 'प्रस्तुत संकलन आधुनिकता के संदर्भ में निर्दिशायामी-दिशा' का निर्देश भी करना चाहेगा। इस प्रकार उसकी ओर से दो निर्दिशायामी चीज़ें हाथ आयीं एक 'दृष्टि' और दूसरी 'दिशा'। संकलन की अन्तिम चार कविता पंक्तियों में जो उसी की रची हुई हैं एक तीसरी निर्दिशायामी चीज़ भी सहज ही हस्तगत हो जाती है और वह है, आपको आश्चर्य होगा, 'परी'।

तुमने जो साँस डरकर
अधर पर धरी,
उसके पास रहती है,
निर्दिशायामी परी।

यों सच पूछिए तो उसी की रचनाएँ वास्तव में निर्दिशायामी हैं शेष जो कवि संकलित हुए हैं उनमें से संभव है बहुतों को यह मालूम भी न हो कि वे अपनी 'दिशा' और अपना 'याम' खोकर यह गौरव पा रहे हैं। सम्पादक से ही मुझे ज्ञात हुआ था कि शायद निर्दिशायामी शब्द तथा उसकी पहुँच श्री गिरिजाकुमार माथुर की प्रेरणा से हुई। उनकी कविताएँ भी सम्पादक की कविताओं से ठीक पूर्व स्थित हैं पर वे खुल कर (फ़िल्मी गीत की एक पंक्ति के मुताबिक़) सामने नहीं आये 'आउट साइडर' ही बने रहे, कारण जो भी हो। भूमिका के 'महज आठ पृष्ठ' जो सम्पादक की ओर से प्रस्तुत हैं, कुछ रोचक बातें कहते हैं जैसे यह कि 'कई दर्जन कवियों ने कविकर्म का अपने ही अनुरूप मोड़ा, तोड़ा और अपना उल्लू सीधा किया।········ऐसे कवियों ने अस्तित्व की जरूरी शर्तों को भी पश्चिम से उधार लिया। यही उनका कच्चा माल था जिसे पकाते-पकाते अपना मूल भी गँवा बैठे।········सभी ने राजनीति के वाद्यों की 'संगत' करने में कविता का इस्तेमाल तबले की तरह किया है' आदि आदि। अन्त में बिहार के प्रति विशेष सद्भाव व्यक्त करते हुए जहाँ पहुँचा गया है वह मुक़ाम है—'इसी खींचातानी में 'नई कविता' जन्मती है। **'नकेनवाद' ने 'नई कविता' को ऐसे मोड़ पर लाकर खड़ा ही नहीं किया, बल्कि उसे किधर जाना है यह भी इंगित किया। एक तरह से कविता को निस्तेज होने से बचा लिया। कविता की 'दुखन्ती' (Tragedy) पर सुखन्ती (Comedy) का रंग चढ़ाया श्री नलिन-विलोचन शर्मा तथा उनके अन्य समर्थक कवियों ने**।··········हमारे कवियों को दिक्-काल की सम्पूर्णता की परिधि से परे जाना है; वहाँ से लौट कर एक क्षण पहले की अनुभूतियों को समेटना है और उनका उदात्तीकरण करना है। औद्योगिक सभ्यता और वैज्ञानिक संस्कृति की व्यापकता का पुनरावलोकन आदमी के अस्तित्व को क़ायम रखने की दृष्टि से करके उसका सम्बन्ध आध्यात्मिक आधार पर यान्त्रिक-दर्शन से जोड़ना है। तभी कविता का प्रयोजन सिद्ध हो सकेगा।'

यों ऊपरी तौर पर बिलकुल आखिरी बात ही कही गयी लगती है मगर उसके लिए निर्दिशायामी होना क्यों जरूरी है यह मूल मान्यता ही सिद्ध नहीं हो पायी। फिर कविता

का प्रयोजन उससे कैसे सिद्ध होगा? और 'यद् गत्वा न निवर्तन्ते' के अनुसार तो उस परिधि के पार जाकर लौटना होता ही नहीं है। वहाँ से लौटकर ठीक एक क्षण पहले की अनुभूतियों को समेट पाना राजहंसों के बूते की बात नहीं है, यह अजूबा काम तो कोई 'परमहंस' ही कर सकता हैं।

'लय का विलय हो गया और कोई भला कवि चार जनों के बीच अपने को निर्दिशायामी मानने को तैयार नहीं हुआ। कविता की यह किस्म यों ही हवा हो गयी।

ताज़ी कविता बखोज नंगी भाषा बनाम टटकी कविता (फ्रेश पोएट्री)

लगभग ऐसा ही एक क्षणजीवी नामकरण-संस्कार इसी नगर इलाहाबाद में सम्पन्न हुआ और उसके 'कर्णधार' बने या बनाये गये हमारे मुंशी लक्ष्मीकान्त वर्मा। नयी कविता के प्रतिमान के प्रसिद्धि-प्राप्त लेखक को सहसा 'ताज़ी कविता के मतिमान' के रूप में तेवर बदल कर 'नंगी भाषा' बोलते हुए देख पहले तो लोग कुछ चकित हुए, परन्तु ज्यों-ज्यों ताज़ी कविता के सुविचारित, परम मौखिक, सैद्धान्तिक आधार, शरारतपूर्ण सहसंयोजन' का असली रूप सामने आने लगा त्यों-त्यों उनका आश्चर्य कम होता गया और उनकी समझ मे आ गया कि 'शरारत' किसकी थी और 'सहसंयोजन' किसका। शरारत करने वाला मन ही मन मुस्कुराता रहा किन्तु प्रवर्तक की खिन्नता के बावजूद सह-संयोजकों में से कोई भी इतना आस्थावान् न निकला कि उसके समर्थन में एक लेख ही लिखता। किसी बाहर वाले ने भी कुछ नहीं लिखा। पर हाँ, दो एक अपवाद भी हैं।

'विवेचना' की एक गोष्ठी में डॉ० रामदरश मिश्र ने इसका अपने लेख में उल्लेख किया और जनता की प्रतिक्रिया देखकर संकुचित भी हुए।

'इलाहाबादी शगूफ़ा' नाम से 'वातायन', वर्ष 4 अंक 9 में पृ० 52 पर एक टिप्पणी छपी है जिसमें लिखा गया है—**'प्रयाग की एक साहित्यिक गोष्ठी में श्री लक्ष्मीकान्त वर्मा ने एक ताज़ा स्पुतनिक छोड़ा है— 'ताजी कविता' का। यह हिन्दी है जो चाहे अपने अक्ल की नली को साहित्यिक-साबुन से छुआए और फुर्र से एक रंगीन गुब्बारा छोड़ दे। चर्चा की हवा कुछ देर तो उड़ायेगी ही फिर फट्ट।' और टिप्पणीकार ने इस परिवर्तन को नयी कविता से 'डाइवोर्स' के रूप में देखा है तथा ताज़ी कविता को 'ट्रेडमार्क' कहा है।**

'क ख ग' के जुलाई 1965 के अंक में अकेले 'मुंशी जी' शहीद होकर रह गये। इक्का-दुक्का पत्रिकाओं और गोष्ठियों में 'ताज़ी' या 'ताजा' विशेषण की गूँज भर सुनायी दी अन्यथा, बिना किसी शोर-गुल के, 'ताजी कविता' के ताज़िए अपने आप दफ़्न हो गये।

अंक 10 के बाद ही 'क ख ग' के सम्पादकों ने स्वयं कविताओं के साथ ताज़ी विशेषण छापना बन्द कर दिया। प्रवर्तक ने भी अनुभव किया कि उसके लिए 'नयी कविता' से अपने आप को अलग कर पाना न आसान ही है और न उचित ही। उन्होंने कृपापूर्वक प्रस्तुत अंक में, श्रीराम वर्मा का 'परिचय' लिखना स्वीकार कर लिया, जिसके लिए मैं उनका हृदय से कृतज्ञ हूँ, भले ही 'हृदय' शब्द में उन्हें उस 'रागात्मक ऐश्वर्य' की गन्ध मिले जिससे बच निकलने के लिए उन्होंने बेचारी भाषा को नंगा करने में दुःशासन को भी मात कर दिया है। मुझे अच्छी तरह मालूम है कि पौराणिक प्रतीकों के इस तरह प्रयुक्त किये जाने पर उन्हें क़तई आपत्ति नहीं है। खतरा बस इसी बात का है कि भाषा

को 'नंगी' कर देने के बाद कहीं वे भी 'जाँघों के जंगल' में ही फँसकर न रह जायें। पहले उनकी धारणा थी कि 'नयी कविता की विषय-वस्तु मात्र चमत्कार न होकर एक साक्षात्कार किया हुआ जीवन सत्य है।' (न० प्र०, पृ० 41) परन्तु अब वह बदल चुकी है। 'ताज़ी कविता' की 'कुछ जोड़ बाकी' का आरम्भिक वाक्य है 'आज का निश्चित सत्य है कि नयी कविता का आन्दोलन किसी भी प्रकार के नयेपन का आन्दोलन नहीं रह गया है।' कारण यह कि 'अब नयी कविता प्रतिष्ठित हो चुकी है' और 'नयी प्रवृत्ति की अपेक्षा पुनरावृत्ति की ओर उन्मुक्त होकर बढ़ रही है।' मेरा ख्याल है इसी पुनरावृत्ति के भय से ताज़ी कविता पर लक्ष्मीकान्त जी ने आगे कुछ और नहीं लिखा। पर जो कुछ अपने लेख में लिखा उसमें भी कम पुनरावृत्ति नहीं है। पन्त जी और मेरे बीच 'रागात्मक उद्‌बोधन' की समानता व्यक्त करने वाली, छायावाद और नयी कविता की आपसी 'राजनीतिक भेंटों' की चर्चा करते हुए उन्होंने वस्तु सत्य का पता लगाने और तथ्यों पर प्रकाश डालने के लिए जो कारण-सप्तक प्रस्तुत किया है उसमें रोमानीपन की बात जगह-जगह दोहरायी गयी है। खेद है कि यह कारण निजी 'गुल्ला-त्रिकोण' शैली में नहीं दिये गये अन्यथा प्रभाव में कुछ वृद्धि तो हो ही जाती।'छायावाद : पुनर्मूल्यांकन' में पंत जी भी यही कहते हैं कि 'प्रयोगवाद और नयी कविता' छायावाद का 'छायावाद' है और नयी कविता के अन्यतम वकील लक्ष्मीकान्त जी भी इस लेख में यही सिद्ध करते हैं कि 'नयी कविता का अधिकांश परोक्ष रूप से नाभिनाल द्वारा छायावाद से जीवन-शक्ति लेता रहा था।'

इस विचित्र मतैक्य को दो विरोधी दलों का 'राजनीतिक समझौता' कह सकते हैं। 'राजनैतिक भेंटों' के विशेषज्ञ के लिये विस्तार में जाने की आवश्यकता नहीं। मुंशी जी चाहते हैं कि नयी कविता 'अच्छी कविता' न बनने पाये और 'नयी कविता के प्रतिमान' की ही बात की जाये, 'कविता के नये प्रतिमान' क्या हैं या हो सकते हैं, यह मौलिक सवाल उठाया ही न जाये। पर वे 'क ख ग' में प्रतिक्रियावादी विचारों का प्रतिपादक 'नयीं कविता : पुराने मान' जैसा लेख छापना पसंद करते हैं जिसमें मूल तत्वों की ही चर्चा की गयी है और कहा गया है **कि काव्यानुभूति की पहली शर्त उसकी रागात्मकता है। द्र० अंक 13, पृ० 50** । बौद्धिकता विरोधी यह लेख तो उसी रोमानी विचारधारा का समर्थन करता है जिसके विरोध में ताज़ी कविता खड़ी की गयी है। **यों अगर 'नयी कविता के प्रतिमान को उलट-पलट कर देखा जाये तो बावजूद अपने रूमानी जेहाद के मुंशी की दृष्टि में अन्ततः 'कविता आत्म परक अनुभूति की रागात्मक अभिव्यक्ति' ही है।** द्र० पृ० 194 । कविता को वे स्वयं नितान्त सम-सामयिकता' के घेरे से उठकर देखना गँवारा नहीं करते, पर मैं इसे भी जरूरी समझता हूँ ताकि व्यर्थ का कुहासा छँट सके और मूल तत्वों पर एक बार फिर दृष्टि जा सके। मैं जड़ों तक जाने को आधुनिक ही नहीं वैज्ञानिक वृत्ति भी मानता हूँ और चाहता हूँ कि अब वे भी इस ओर कुछ सोच सकें तो सोचें।

खैर, देखा जाये कि अपनी ताजी कविता के बारे में उन्हें खासा क्या-कुछ कहना है—नयी कविता को कोसने के अतिरिक्त। उन्होंने सवाल उठाया है—

'क्या ताज़ी कविता नयी कविता के आगे का आन्दोलन है ?

यह ताज़ी की माँग क्या है ? गलत कविता की सार्थकता क्या है ?

● **पहला समीक़रण** : ताजी कविता = ग़लत कविता

'ताजी कविता वास्तव में उन समस्त प्रयोगों की असफलता को स्वीकार करके चलती है जो नई कविता ने गत पन्द्रह वर्षों में गढ़ी है। जब मैं कहता हूँ, कि 'नयी' नहीं ताज़ी कविता चाहिए तो मेरा आशय है कि अनुभूतियों की अद्वितीयता और प्रामाणिकता दोनों एक नितान्त प्रामाणिक और घिसी हुई भाषा के माध्यम से व्यक्त होने के कारण नितान्त 'नयी' अथवा 'ताजी' संवेदना को व्यक्त करने में असमर्थ और झूठी पड़ रही है।'

● **दूसरा समीकरण :** नयी नहीं ताज़ी = नयी अथवा ताज़ी

स्पष्ट है कि 'ताज़ी' शब्द लेखक के अन्तर्मन में 'नयी' का ही पर्याय है केवल नया नाम देने के मोह में पड़कर ताज़ी विशेषण का प्रयोग किया गया है और कृत्रिम दर्शन बघारा गया है।

'ताज़ी कविता आज के यथार्थ और क्षण-भक्त सत्यों के प्रति प्रतिक्रिया रूप में नहीं चलती। वह उन्हें वहन करके **तटस्थ अभिव्यक्ति** देती है, और उनकी समस्त महिमामंडित रागात्मता के ऐश्वर्य में निहित **एब्सर्डिटी, अर्थहीनता, लस्टम-पस्टमपन और ऊल-जलूलपन को आभिजात्य 'कोरिलेशन'** के साथ व्यक्त करती चलती है।·····ताज़ी कविता अव्यवस्थित व्यवस्था से जिस एब्सर्डिटी और **अर्थहीनता** के साथ **लस्टम-पस्टम** और **ऊल-जलूल** को व्यक्त करती है, उसे मृत व्यवस्था में अव्यवस्था (chaos) के माध्यम से नयी व्यवस्था को उसके एब्सर्ड से सम्बद्ध करने की माँग है।·····वस्तुतः हम **एब्सर्डिटी** में ही जी रहे हैं। यही हमारा भोग्य है।

● **तीसरा समीकरण** : ताज़ी कविता = एब्सर्डिटी की कविता

यदि ताज़ी कविता सचमुच 'एब्सर्डिटी' की कविता बन पाती तो भी एक बात थी पर वह तो स्वयं एब्सर्ड कविता बनकर रह गयी। जिसके लिए लेखक के पास अपने शब्द तक न हों और स्वयं को क़दम-क़दम पर दोहराने-तेहराने की विवशता हो, वह उधार के चिंतन पर आधारित प्रवर्तन सिवा 'फिस्स' हो जाने के और क्या असर पैदा करता। यह 'ताज़ी' शब्द भी पहले 'फ्रेश' के रूप में लक्ष्मीकान्त जी के मन में आया होगा, मुझे इसमें संदेह नहीं। प्रयोगायन, पटना द्वारा मई —1966 में प्रकाशित 'टटकी कविता' भी, उसके सम्पादक रामवचन राय के अनुसार तभी समझी जा सकती है **जब उसके आगे अँग्रेजी में कोष्ठकों के भीतर 'फ्रेश पोएट्री' लिख दिया जाये। स्वसम्पादकीय में क्या दिव्य सानुप्रासिक बात कही है, उन्होंने 'इन कविताओं के टकटोहन के बाद आप इन्हें टरका नहीं सकेंगे, इसी में उनका टटकापन है। नयी कविता की जगह टटकी कविता के आस्पदित होने का औचित्य आह्निक जीवन के ईप्सित भाव-बोध को ही एक धचका देना'** अपना उद्देश्य मान कर जैसा टकारमय पूर्वोक्त जुमला 'टटकी कविता' के प्रवर्तक की ओर से कहा गया है वैसा एक भी 'ताजी कविता' के प्रवर्तक द्वारा नहीं लिखा जा सका। जब दोनों ही 'फ्रेशनेस' के हामी हैं तो मेरा प्रस्ताव है कि उसे 'ताज़ी' कविता उसके लिए भी लागू मान लिया जाये। आखिर तो 'एब्सर्डिटी' ही उनका भोग्य है। इतना ताज़ा-गरम, सामने परोसा हुआ टटका भोजन और कहाँ मिलेगा। जैसे एक जमाने में 'एब्सट्रैक्ट' उन्हें सिद्ध हो गया था वैसे ही इधर 'एब्सर्ड' उन पर हावी हो गया है।

नीचे ताजी कविता के तख्तनशीन न हो पाने के कुछ महत्त्वपूर्ण कारण, ऐतिहासिक परिप्रेक्ष्य में इसलिए प्रस्तुत कर रहा हूँ कि बिना कारण गिनाये लक्ष्मीकान्त जी को न तो चैन आयेगा और न विश्वास उत्पन्न होगा। भले ही वे इसके लिए मुझे 'ताज़ी रात हिन्द' की किसी दफ़ा में धर लें।

पहला कारण : 'ताजी कविता' नाम 'नयी कविता' की तरह पूर्व-विकसित संज्ञा की सहज स्वीकृति न होकर नामकरण की आपाधापी की होड़ में किया गया एक सचेष्ट और कृत्रिम प्रयत्न था जो बहुत दूर तक नहीं ले जाया जा सकता था।

दूसरा कारण : लोग यह नहीं भुला सके कि मूल्य-बोध के स्तर पर जिस शक्ति और विश्वास के साथ 'नयी कविता के प्रतिमान' के लेखक ने 'नयी कविता' की वक़ालत की थी उसका अंश मात्र भी वह ताज़ी कविता को नहीं दे सका। अवसरवादी मनोवृत्ति भी प्रतिपादन में स्पष्ट झलकती रही।

तीसरा कारण : 'नयी कविता' के सयुक्तांक में प्रकाशित आत्मविश्लेषण की ईमानदार कोशिश और शंभूनाथ सिंह आदि अनेक व्यक्तियों द्वारा निर्दिष्ट 'स्वयं को निरन्तर परिवर्तित करते रहने की अद्भुत शक्ति' और 'स्थायी क्रान्ति' के लक्षणों की उपेक्षा की गयी है। यही नहीं स्वयं 'क ख ग' के चौथे अंक में संगमलाल पाण्डे द्वारा 'नयी कविता की विविधता को उसकी सम्पत्ति' मानते हुए उसके भावी-विकास की दिशा का जो विचार-पूर्ण संकेत किया गया है, उसे भी उपेक्षित कर दिया गया। 'अभिजात' के सम्बन्ध में भी उनका मत वर्मा जी के मत के विपरीत और अधिक संगत दिखायी देता है।

चौथा कारण : लक्ष्मीकान्त वर्मा ही नहीं 'शरारतपूर्ण यह संयोजन' के अन्य सभी सदस्य, कवि, परिचय-प्रस्तुतकर्ता तथा सह-सम्पादक इत्यादि अनेक रूपों में 'नयी कविता' से घनिष्ठ रूप से सम्बद्ध रह चुके हैं। मन, वचन और कर्म सभी से, परम बौद्धिक होते हुए भी, उन्होंने उस आन्दोलन से अपने को पूरी तरह विच्छिन्न करने से पहले, अधपकी स्थिति में ही हाथ से खिचड़ी अलग निकाल कर खाने या धार के बीचो-बीच नाव से उतर जाने का उपक्रम किया। परिणाम हाथ जलाने और धारोधार जाने के अतिरिक्त और क्या होता।

पाँचवाँ कारण : 'क ख ग' जिस उद्देश्य एवं जिस स्वरूप को लेकर चला था उसमें मूलतः कविता का कहीं कोई स्थान नहीं था। उसके किसी आन्दोलन को चला सकने की क्षमता का तो प्रश्न ही नहीं उठता। ताज़ी कविता के समर्थन में प्रवर्तक इसीलिए अकेला पड़ गया और किसी से भी उसे सक्रिय समर्थन प्राप्त नहीं हुआ।

छटा कारण : ताजी कविता के नाम पर लेख के साथ जो कविताएँ छापी गयीं वे सामान्य काव्य-प्रेमी को ताज़ेपन की स्वल्प प्रतीति कराने में भी असमर्थ रहीं, व्यापक प्रभाव का तो प्रश्न ही नहीं उठता। आगे के अंकों में भी जो कुछ छपा इसमें कुछ दम-खम नहीं था। भूखी पीढ़ी और बीटनिकों से भिन्न मार्ग बनाने की उद्घोषणा तथा कुछ-कुछ उन्हीं के अनुवर्तन की द्योतक पंक्तियों 'प्यार शब्द घिसते-घिसते चपटा हो गया है। अब हमारी समझ में सहवास आता है' को मुख-पृष्ठ पर विज्ञापित करना, यह भूलते हुए कि उनकी लेखिका ममता अग्रवाल 'प्रारंभ' में 'नपे-तुले प्यार से' पहले ही 'त्राण' पा चुकी हैं, पिष्ट-पेषण ही नहीं, जूठन बटोरने जैसा दिखायी दिया।

सातवाँ कारण : मुद्राराक्षस की एब्सर्डिटी नं० 4 और 3 छापते हुए उनके साथ कवि के पत्र की पंक्ति 'मेरी नयी और मेरे संतोष की कृतियाँ यही हैं' छापना एक प्रकार से उसके प्रति सम्पादकीय अविश्वास प्रकट करता है। इसके विपरीत अगले अंक में सर्वेश्वर की पाँच कविताएँ, बिना उनके व्यंग्यात्मक पत्र के सही उद्देश्य का हवाला दिए, 'ताजी कविताएँ' करके छाप देना 'शरारत' तो प्रकट करता है पर इससे जो 'सह-संयोजन' हुआ वह अन्दर से बिल्कुल खोखला और आरोपित था।

आठवाँ कारण : युवा पीढ़ी अपनी वकालत स्वयं करना पसंद करती है। बुजुर्ग श्वेत-केश का, उसकी सहमति के बिना नया आन्दोलन चलाने की झोंक में, खुद-ब-खुद उसकी ओर से बोलने लगना अब क़तई पसंद नहीं किया जाता है, इस ज्वलन्त सत्य को नज़र अन्दाज़ कर दिया गया। सात की जगह आठ कारण हो गये, अब बस।

अकविता और अ-अकविता

'एंटी कविता' के अर्थ में अकविता का प्रयोग 'प्रारंभ' और 'अभिव्यक्ति' में किस प्रकार किया गया इसका परिचय उसके पूर्वरूप 'अभिनव काव्य' के संदर्भ में दिया जा चुका है। इससे पहले यह शब्द 'नयी कविता' के संयुक्तांक (60-61) में कविता की विशेषताओं से रहित अग्राह्य रचना के अर्थ में प्रयुक्त किया जा चुका था, पर अकविता का वह अर्थ इस नये अर्थ से सर्वथा भिन्न था। अपने मूल प्रेरक अभिधान 'एंटी पोएट्री' या एंटी कविता' से अपना पल्ला छुड़ाकर, क्योंकि 'अर्थ' 3 में श्याम परमार ने अकविता को 'कविता-विरोधी (एण्टी) **कविता नहीं बताया है और उसे 'अन्तर्विरोधों की अन्वेषक कविता' कहा है,** तथा एक लघु पत्रिका का सहारा लेकर 'अकविता' कुछ वर्षों के अन्तराल के बाद सन् '65 में कुछ नये सहयोगियों की शक्ति और श्याम परमार की प्रमुखता के साथ पुनः सामने आयी। प्रस्तावकों में नयी पीढ़ी के अतुल, विमल आदि के साथ पुरानी पीढ़ी के गिरिजाकुमार माथुर, प्रभाकर माचवे और भारतभूषण अग्रवाल के नाम भी छपे दिखायी दिये। 'संकेत' में कहा गया—नये कवि ने जिस बृहत्तर 'परिवेश में नवीन काव्य-रचना के विविध प्रयोग किये हैं, उनका दिग्दर्शन कराना ही हमारा अभीष्ट है। साथ ही 'परिवर्तित सौन्दर्य-बोध' के कारण 'पिछली परम्पराओं को नकारते हुए' 'सम्पूर्णतया पृथक् मार्ग' की खोज में रति प्रदर्शित की गयी। इस पहले अंक में मुद्राराक्षस भी साथ दिखायी दिये जो बाद में 'अकविता' के घोषित विरोधी हो गये। उनकी दो कविताएँ, जो अर्थवत्ता में 'ताजी कविता' के नाम पर छापी गयीं एब्सर्डिटियों से भी दो क़दम आगे थीं, अकविता के इसी पहले अंक में छपीं। 'अकविता' 'नयी कविता' के बाद आविर्भूत अन्य कविता-संज्ञाओं की अपेक्षा कुछ अधिक स्वीकृति पा सकी और उसके विषय में अनेक लेख ही नहीं, विशेषांक भी प्रकाशित हुए किन्तु दृष्टिकोण की अस्थिरता, प्रदर्शनवादिता और बीटनिकों के प्रभाव को नकारने-स्वीकारने की अन्तर्विरोधी एवं संशयग्रस्त मनःस्थिति के कारण उसका प्रभाव भी गहरा होने के स्थान पर बिखर गया, यहाँ तक कि समाचार-पत्रों में कुछ लोगों ने उसकी अकाल मृत्यु की घोषणा भी कर दी है तथा और नाम सामने आ गये हैं। डेढ़ साल के भीतर ही उसके 'चयन' सम्पादक श्याम परमार को उसके भविष्य के विषय में 'सम्पाती दम्भ' छोड़कर यह लिखने की आवश्यकता आ पड़ी कि 'अकविता कोई आन्दोलन नहीं है' और वह **'अगर 'अ-अकविता' हो जाए तो उससे अकविता को प्रसन्नता होगी।'** उसमें 'लय नहीं है', 'अनगढ़ता' है, 'उखड़ापन' है

आदि आदि (द्र० 'युयुत्सा', दिसम्बर '66 का अंक, अन्तिम पृष्ठ)। 'लहर' के कवितांक पूर्वार्ध में 'प्रतिबद्ध' कविता का सवाल उठाते हुए परमानंद श्रीवास्तव ने अकविता के आन्दोलन तथा उससे सम्बद्ध भूखी-पीढ़ी, बीट आदि सबको 'प्रतिबद्धता' के मूल प्रकृति से ही अलग बताया है। उनके अनुसार प्रतिबद्ध कविता का विकास आज की निर्मम अमानवीय स्थिति के साक्षात्कार की दिशा में हुआ है। अकविता के विषय में एक अन्य मत भी द्रष्टव्य है। सकलदीप सिंह ने **'सचेतन कहानी—बनाम अकविता' में अपनी धारणा व्यक्त की है कि 'खासकर' अकविता के नारे देने वाले तो और पिछड़ी कविताएँ लिखते हैं।** (द्र० नयी धारा अपील, '67)। **कुमार विमल के अनुसार 'परिवेश के प्रति निष्क्रिय होकर' अकविता का क़वि 'एक ग़ैर जिम्मेदार आदमी हो जाता है।' युयुत्सा, भाग** 67। 'भयो कछु और होनहार लागे दिखरान'। निषेध काव्य का निषेध बहुत ही कम समय में आरंभ हो गया।

अकविता को भाषा और शब्दार्थ की समस्या के प्रति भी कुछ कहना पड़ा क्योंकि "उसके 'अभिप्राय' अलग हैं और 'मुहावरा' भी बदला हुआ है" जैसी स्थापना 'शब्दों को परम्परागत संप्रेषण से मुक्त करने की दिशा में' प्रवृत्त होते हुए, बिना भाषा की समस्या को उठाये, की नहीं जा सकती थी। फिर मुद्राराक्षस के असम्बद्ध अर्थ विहित-अक्षर-पुंजों को भी कविता कहने की धृष्टता वह कर ही चुकी थी। माचवे जी ने यद्यपि लिख दिया है कि 'शब्द अर्थ से दूर हो गये' तथापि कविता लिखना बन्द करने की सलाह उन्होंने न स्वयं को दी, न औरों को। यह भी नहीं बताया की यह दूरी कितने मील की है।

मैं यह निश्चित रूप से जानता हूँ कि निषेधात्मक वृत्ति की चरम परिणति आत्मनिषेध या आत्महत्या में होती है और कविता के लिए अर्थ-साहित्य की बात उससे कम नहीं है, परन्तु मेरे आगे यह भी स्पष्ट है कि छंद की सीमाओं का अतिक्रमण करने के बाद अर्थ की परिधि को तोड़ना ही कविता के अगले आन्दोलन का सही आधार हो सकता है। लेकिन सवाल है कि क्या 'अकविता' ने वास्तव में इसे तोड़ पाया। विश्वनाथ त्रिपाठी के अनुसार तो उसने अपने पाठकों को अब तक यही समझा पाया कि शंकराचार्य और शेखचिल्ली में कोई अंतर नहीं है। अर्थ तो अर्थ, जिस विद्रोह को अकवितावादी **'मनमानी प्रकृति मानकर त्याज्य समझते हैं, रामदरश मिश्र की दृष्टि में वे उससे स्वयं मुक्त नहीं हो पाये हैं। 'सत्य का अनासक्त द्रष्टा' बनना तो दूर की बात है। मिश्र जी का निष्कर्ष है कि 'साठ के बाद जो नया मोड़ लक्षित होता है, वह एकाएक दिखने वाली कोई नवीन वस्तु नहीं, वरन् नयी कविता से ही फूटा हुआ है। अकवितावालों ने भले ही कविता से अलगाने के लिए अकविता नाम दे दिया, किन्तु किसी मौलिक आधार पर अकविता को कविता से अलग नहीं कर सके। उनके पास कोई मौलिक दृष्टि नहीं है, इसलिए अकविता के नाम पर या तो कविता छापते हैं या घटिया कविता।** (द्र० धर्मयुग, 4 दिसम्बर 1966, 0580) दिल्ली में रहकर भी निर्भीक भाव से वे इतनी स्पष्ट बात कह सके, इस पर आश्चर्य न करके मैं उनके साहस की सराहना ही करूँगा। 'चिन्तना' 1 में राजेन्द्रप्रसाद सिंह ने 'आज की कविता एक वक्तव्य' लिख कर रामदरश मिश्र से सहमति प्रकट की है। मुद्राराक्षस की कविताएँ निरर्थक अपवाद होकर रह गयीं और बजाय इसके कि वे 'अकविता' में प्रमुखता ग्रहण करते, स्वयं 'विकविता' की दिशा में 'वाक आउट' कर

गये। जब 'अकविता' और 'विकविता' में भी 'कविता' शब्द से पीछा नहीं छूट पाया तो 'अविता' और 'विकता' जैसे नामकरण की कल्पना की जाने लगी, (द्र० उत्कर्ष, जुलाई ' 66)। देवेन्द्र उपाध्याय ने केवल अर्द्ध सत्य पहचाना कि 'जो भी नया वाद होता है उसके साथ मुद्रा भाई होते हैं।' उन्होंने यह नहीं देखा कि वे पूर्ववर्ती 'वाद' को 'विवाद' का रूप देकर घर के भेदी की तरह लंका ढहाते हुए उसका स्पष्ट विरोध भी कर सकते हैं। 'नव लेखन : नये खतरे' शीर्षक अपने लेख, जो 'लहर' '66 के अगस्त अंक में छपा है, में उन्होंने निर्भीकता के साथ लिखा—पृष्ठ 63 पर

'अपनी इसी उपेक्षित स्थिति का बोध होने के बाद नयी कविता के व्यवसायी वर्ग ने नये नारे की तलाश शुरू की। अकविता उसे ऐसा ही नारा मिला। डेमागागी वहाँ भी वही है। जो कुछ नारे के रूप में कहा जा रहा है उसमें और उनकी रचनाओं में सामंजस्य कहीं नहीं दिखायी दिया। जो कुछ पुराना था उसी के लिए नयी संज्ञाएँ प्रयुक्त की जाने लगीं। बीस साल से नयी कविता जिन बिम्बों को इस्तेमाल करती आ रही है, वही बिम्ब वही संवेदनाएं, वही शब्दावली, वही विषयवस्तु—बस सिर्फ नाम नया—अकविता। नयी कविता के साथ जिन-जिन लोगों ने फ़ैशन से फायदा उठाना चाहा था, वही लोग अकविता के साथ भी फ़ैशन से लाभ उठाने के लिए आये।'

आखिरी इशारा ख़ास तौर पर शायद गिरिजाकुमार माथुर की ओर है पर उन्हें तो अकविता ने पहले ही अंक में 'घोंघा' बना कर छोड़ दिया। रमेश गौड़ की बात मानी जाये तो उनके द्वारा स्वयं अंगीकृत 'आउट साइडर' की स्थिति 'जुलूस से निकाल दिये जाने पर आब्जैक्टिव होने की घोषणाएँ करने' की स्थिति है तथा 'अकविता' में घुस कर यश लूटने का उनका प्रयत्न अब सब की समझ में आ गया है और उन जैसों का अब कोई भविष्य नहीं है।' श्याम परमार ने अकविता--प्रस्तावक माथुर के 'धर्मयुग' में प्रकाशित 'अस्वीकृति का नवोन्मेष : तारसप्तक से अकविता तक' में व्यक्त की गयी 'तीसरे का विकास चरण की धारणा' का खंडन इस वर्ष 23 अप्रैल के 'धर्मयुग' में छपे अपने लेख 'परम्परा : अर्थगर्भ मौन :अकविता' में खुल कर किया है। माथुर साहब का कहना है कि अकविता ही अस्वीकृत कविता है और अकविता नयी कविता से असम्पृक्त नहीं है। परम्परा 'निस्संग और अतर्क्य प्रवृत्ति आदि की चर्चा करते हुए मूल्य-दृष्टि के आधार पर 'अकविता' को 'नयी कविता' से पूरी तरह 'असम्पृक्त' सिद्ध करने की चेष्टा की तथा पूर्वोक्त 'विकास चरण' वाली माथुरीय दृष्टि को 'अपने आप में विरोधात्मक बताया। उन्हें 'नयी कविता का टूटा हुआ व्यक्तित्व' कहा और 'वर्तमान भी रफ्तार को छूने की बेचैनी' दिखाते हुए उनके द्वारा 'दस पन्द्रह वर्ष पुरानी नयी कविता में 'अकविता या अस्वीकृत काव्यमनःस्थिति के उद्धरण' खोजने की चेष्टा की तीव्र भर्त्सना की। प्रस्तावक और सम्पादक के बीच का यह दृष्टि-द्वन्द्व 'बाँह छुड़ाये जात हो' का ठीक उल्टा दिखायी देता है और इसलिए पर्याप्त मनोरंजक भी प्रतीत होता है। चौंकने वाली फूहड़ता, अशिष्टता, प्रकृत दैहिक क्रियाओं की यान्त्रिक व्याख्या अथवा यौन-क्षेत्र का वीभत्स, कुरुचिपूर्ण, नंगा विवरण, गिरिजाकुमार माथुर की दृष्टि में, 'न तो अ-रोमानी सिद्धान्तवादिता (एण्टी रोमांटिक स्टैण्ड) है, न किसी काव्यगत नये आयाम का अनावरण ही।' उनका कहना है कि 'नव्यता के नाम पर विकृति स्वीकार नहीं की जा सकती।' माना कि अकविता के सम्पादकों ने स्वयं इस बीटनिक मनोवृत्ति का विरोध किया है,

जैसा पहले निर्दिष्ट किया जा चुका है, परन्तु अकविता के कवि यौन-शब्दावली के अतिरेकमय आकर्षण से ऊपर नहीं उठ सके। भूखे-प्यासों से अपने को अलग करने वाले श्याम परमार भी 'अकविता' के पहले अंक में 'औरतों के कटे नुचड़े ध्वस्त अंगों पर शिश्न की परछाइयाँ' देखते नजर आते हैं। औरों की तो बात ही क्या है। जिन सतीश जमाली ने 'अकवि' का सम्पादन किया और अकविता में सहयोग दिया उन्होंने ही अपने कविता-संग्रह 'एक और नंगा आदमी' में शवों की लिंग-माल पहनना, टट्टी खाना, पेशाब पीना 'बूढ़ी औरत की सड़ी योनि पर से मक्खियाँ चुनकर चबाना' आदि क्रियाओं का प्रभावोत्पादन में विशेषता लाने के लिए प्रयत्नपूर्वक समावेश किया है। 'लहर के कवितांक उत्तरार्ध में जगदीश चतुर्वेदी ने 'गैंडे' से लेकर 'मग़रमच्छ' तक लगभग आधे दर्जन प्रतीकों के नाम गिनाये जिनमें सभी जीवन-जन्तु है। लगता है अकविता का इनसे विशेष संबंध है। 'साहित्यिकी' की प्रथम वंध्या-संध्या में 'अविकता' के नाम पर जो कुछ सुनाया गया उसका विवरण पढ़कर ही यह सिद्ध हो जाता है कि सम्पादकों का बीटनिक प्रभाव से अपने को अलग कहने का यत्न दिखावटी और ऊपरी ही था। 'दिनमान' के अनुसार वहाँ पिछले बीस वर्षों के इतिहास में कभी इतना विकृत, उच्छृंखल अर्थहीन और जघन्य शब्द-विस्फोट घटित नहीं हुआ। सभापति प्रयाग नारायण त्रिपाठी की बेचारगी कल्पनीय है। उसका यह भी कहना है कि 'सारा आयोजन नयी कविता के इर्दगिर्द चक्कर काट रहा था।' इससे यही प्रतीत होता है 'नयी कविता' को स्थानान्तरित करने के अपने सजग प्रयत्न में 'अकविता' अपने प्रवर्तन-केन्द्र में ही असफल सिद्ध हुई और लोगों में उसके प्रति आकर्षण बढ़ने के स्थान पर जुगुप्सा ही बढ़ी। अजित कुमार को तो यहाँ तक लगा कि वहाँ कविता के साथ जो कुछ हुआ। वह 'मरी हुई औरत के साथ संभोग' से कम नहीं था यों यह असंभव नहीं है कि 'नयी कविता', 'नवगीत' और 'अकविता' की मृत्यु घोषित कर देने के बाद भी इस 'जादूगरनी' की लाश मर्सियाबाज़ों के हाथ लगी ही न हो। मैं अजित भाई की इस नाटकीय कल्पना का साझीदार बन कर उनकी मौलिकता की दाद देना चाहता हूँ। (द्र० धर्मयुग 21, मई,' 67)। बहस, सुना है, इस बात पर ज़्यादा हुई कि साठोत्तरी कविता, साठ के पहले की यानी छठें दशक की कविता से एकदम अलग हैं अथवा उसका विस्तार, गोया कविता के विकास में 'शून्य' का ही सबसे अधिक महत्व हो।

अकविता 'साइकिक शार्टहैण्ड' हो सकती है पर वह 'लिटरेरी शार्टकट' नहीं हो सकती; वह क्या कोई भी स्वनामधन्य कविता बिना प्रभाव की अनुकूलता उत्पन्न किये युगमानस पर अपनी छाप नहीं छोड़ सकती। यदि 'अकविता' संवेद्य काव्य नहीं है तो वह उसी अर्थ में 'अकविता' हो सकती है जिस अर्थ में नयी कविता के संयुक्तांक में इस शब्द का प्रयोग किया गया था। 'कथ्य के प्रकाशन को प्रयोजनीय' मानने के बाद अभिव्यक्ति न तो अर्थ से बहुत दूर जा सकती है और न संवेदना से, भले ही इसका दावा किया जाये। विशेषतः यौन शब्द तो अपना प्रभाव पूर्व-प्रयोग की परम्परा के कारण ही इतना अधिक रखते हैं कि बहुधा वे गाली बन जाते हैं।

अस्वीकृत कविता

यद्यपि गिरजाकुमार माथुर ने तीसरे चरण के प्रसंग में 'अस्वीकृत कविता या अकविता' जैसा प्रयोग किया है और फलस्वरूप एक प्रवक्ता द्वारा 'नयी कविता का टूटा

व्यक्तित्व' जैसी उपाधि पायी तथापि वस्तु स्थिति को देखने में यह स्पष्ट हो जाता है कि 'अकविता' से 'अस्वीकृत कविता' भिन्न है तथा दोनों से सम्बद्ध कवि एवं उनकी आधारभूत विचारधारा भी एक नहीं है। दोनों को पर्याय मानना भ्रामक और अवास्तविक है। यह दूसरी बात है कि कविताओं में यौन-प्रवृत्तिपरक साम्य कहीं-कहीं लक्षित हो जाये पर उससे दोनों की एकता सिद्ध नहीं होती।

'अस्वीकृत कविता' की बात करने वाले प्रमुख कवि हैं, श्रीराम शुक्ल जिन्होंने 'उत्कर्ष' (जुलाई, '66) में उसके साथ 'सत्याश्रित प्रश्न-चिह्न' लगाकर टिप्पणी लिखी और 'एक लम्बी अस्वीकृत कविता' 'मरी हुई औरत के साथ संभोग' शीर्षक से प्रकाशित की जिसे 'कविता की खोज में एक कविता' कहा। उसके प्रारंभ में ही कूट शब्दावली अपनाते हुए लिखा गया है 'मैं तीन और पाँच के बीच सात के साथ खो गया हूँ।' 'सात' शब्द से कवि को खासा लगाव है और वह कहता है 'संभोग का अनुभव ही पर्याप्त है सात महाकाव्य लिख ले जाने के लिए।' उसे 'पंचमकार' फिर याद आने लगे हैं और शब्दार्थ की समस्या का निदान व्यंग्यात्मक रीति से उसने जिस भावी मनोभूमि पर किया है वह द्रष्टव्य है—

शब्द मिलेंगे सिर्फ़ अर्थों के आलिंगन में।
और तमाम कवि मिलेंगे सिर्फ़ लिंगन में।

अस्वीकृति के प्रवक्ता-कवि की यह विवशता है कि उसे धोखा-धड़ी वाली नक़ली कविता 'असली कविता' के रूप में स्वीकार करनी पड़ती है। वह मानता है कि 'मैं और मेरे समकालीन कवि कविता नहीं लिखते, कविता का धोख खड़ा करते हैं।' इस स्पष्ट स्वीकारोक्ति के बाद उपर्युक्त कविता की चर्चा करने का यहाँ कोई प्रसंग नहीं रह जाता। हाँ, विचारों की ओर दृष्टिपात् अवश्य किया जा सकता है। आवरण-पृष्ठ के भीतर की ओर छपी सूचना के अनुसार इतना याद रखना आवश्यक है कि अतियथार्थवादी आन्दोलन के प्रवर्तक, तर्क या विवेक का नियंत्रण कभी स्वीकार न करने वाले आन्द्रे ब्रेन्तों का मृत्यु-वर्ष ही अस्वीकृत कविता का जन्म वर्ष है। अस्वीकृत कवि 'नापसंद व्यवस्थाओं को बदलने के लिए' व्यग्र है। हल न प्रस्तुत कर सके तो भी वह 'उन पर प्रश्न-चिह्न लगाकर बेसुध लोगों का ध्यान आकर्षित करना' अपना कर्तव्य समझता है। वह अपने को 'सामाजिक-सांस्कृतिक स्वभाव वाले लक्ष्यों से' असम्बद्ध नहीं मानता। संसार की 'पुनर्रचना' में उसका विश्वास है। अकवि की तरह वह बाह्य परिस्थितियों से निरपेक्ष नहीं रहना चाहता। 'अस्वीकृत कवि केवल तटस्थ छायांकन को ही अच्छे आस्वाद के अनुकूल नहीं मानता, वह अपनी कविता में अपने क्रोध और आक्रोश को भी आसानी से व्यक्त कर सकता है। वह 'नकली नये कवियों' की तरह प्रश्नों से विमुख नहीं होना चाहता। प्रकारान्तर से वह अपने को 'असली नया कवि' मानता है। उसकी दृष्टि में 'अस्वीकृत कविता अपने प्रश्नों के सार निरन्तर बह्रिमान है।' 'नैतिकता' और 'श्लीलता' पर भी इसीलिए वह प्रश्न-चिह्न लगाना अपना दायित्व मानता है। 'राजनीति और लोकतन्त्र' भी उसके प्रश्नों की परिधि से बाहर नहीं है। असत्य के विरुद्ध वह सत्याश्रित होना चाहता है।

अकविता की तरह वह अन्तर्विरोधों की कविता नहीं बतायी गयी है वरन् उन्हें समाप्त करने का संकल्प रखने वाली कविता के रूप में व्याख्यायित की गयी है। वह

प्रश्नों को 'शिश्न मुंड' मात्र नहीं समझती। 'अर्थ' 3 (मई, 1966) में 'अस्वीकृत कविता' को मुख पृष्ठ पर विशेष महत्व देकर छापा गया है तथा उसे 'अकविता' से पृथक् रखकर उसके स्वतन्त्र व्यक्तित्व की घोषणा करने का प्रयत्न किया गया है। विमल पाण्डेय द्वारा उसका वैचारिक पक्ष भी अलग से प्रस्तुत किया गया है जो बहुत अंशों में अकविता की मान्यताओं का विरोधी है। उनके विचार से 'कविता नहीं जैसा कहना कविता की विधा को ही समाप्त करना है। कुछ विचित्र बातें भी कही गयी हैं जैसे 'आज अस्वीकृति पूर्ववर्तियों के प्रति न होकर शायद आगामियों के प्रति हैं।.......आज की अस्वीकृति नव निर्माण के प्रति है, नव निर्माण के लिए नहीं।' संभाव्य को अस्वीकृत करने का विचार बहुत ही नायाब दिखायी देता है। 'अस्वीकृत' का एक दूसरे ढंग का प्रयोग भी किया गया है, यथा 'रूढ़िग्रस्त **सामाजिकता या सौजन्य के कारण अनुभव करते हुए भी हम जिन्हें कह सकने में असमर्थ हैं, अस्वीकृत हैं। यहाँ अस्वीकृति शक्ति और संकल्प की द्योतक न होकर असमर्थता और विवशता का द्योतन करती दिखायी देती है। बहरहाल माना गया है कि 'सत्य को सत्य न कह पाने की विषमता कभी न कभी अवरोध तोड़ कर बह निकलती है' और तभी जन्म होता है अस्वीकृत कविता का।.......वह 'किसी नये शिल्प प्रयोग या अहम् को सन्तुष्ट करने के लिए सामान्य से कुछ अलग हट कर अपने को विशिष्ट प्रदर्शित करने वाला कोई नया नारा नहीं अपितु प्रस्तुत युग में व्याप्त, यथार्थ होते हुए भी अस्वीकृत विशिष्ट प्रवृत्तियों, संवेगों, स्थितियों, मूल्यों, असंगतियों और मूड की सम्प्रेषक कविता है।'.....अस्वीकृत रहने के बावजूद तथ्य तो तथ्य ही है। अस्वीकृत कविता उसी को प्रस्तुत करती है।'** इस पूरे वक्तव्य से यह निष्कर्ष निकलता है कि 'अस्वीकृत कविता' का तात्पर्य है 'अस्वीकृत तथ्यों या सत्यों की कविता'। वह स्वयं अस्वीकृत बनी रहे या प्रतिष्ठित होना न चाहे ऐसा कोई भाव नहीं है। अकविता और ताज़ी कविता से उसकी मान्यता में इसलिए भी अन्तर दिखायी देता है। 'अर्थ' के अगले अंक में 'आयातित बौद्धिकता' का विरोध, 'पाज़िटिव की तलाश' के साथ मूल्यबोध के प्रति सज़गता और 'धनात्मक अस्वीकृति' की युयुत्सु के साथ संगति प्रदर्शित की गयी है।

एक अन्य प्रवक्ता शरद के अनुसार अस्वीकृत कविता 'शार्टमूड' की कविता है, जिसमें हम अपने को बिना पूर्व तर्क और विवेक के सहज ही सम्पृक्त पाते हैं।' उनकी समझ में सबसे बड़ी रूढि 'तर्क और विवेक' ही हैं और इन्हीं के प्रति यह अस्वीकृति है जो प्रतिवर्ती क्रिया (Reflex action) है और 'शार्टमूड' की 'क्रिया' भी। मेरे विचार से तर्क और विवेक खोकर केवल प्रतिवर्ती क्रियाओं के आश्रित हो जाना मानवधर्मी होने के स्थान पर पशुधर्मी हो जाना है। शरद के यह विचार न तो अस्वीकृत कविता के पूर्व प्रवक्ता श्रीराम शुक्ल के विचारों से मिलते हैं और न इनमें किसी प्रकार की गहरी सांस्कृतिक पकड़ दिखायी देती है। मनुष्य का सारा कार्यकलाप और अन्तर्जीवन केवल प्रतिवर्ती क्रियाओं के ही आश्रित नहीं होता है। उसमें उनसे ऊपर उठकर अपने को देखने की शक्ति है और इसीलिए वह उन्हें मर्यादित भी कर लेता है।

'अस्वीकृति' की चरम परिणति होती है मुद्राराक्षस की उन अति साहसिक एवं मनोरंजक स्थापनाओं द्वारा जिन्हें लेखन की कुछ 'अस्वीकृत स्वीकृतियाँ', जैसी विरोधाभास मूलक संज्ञा दी गयी है। कुछ उदाहरण द्रष्टव्य ही नहीं ध्यातव्य भी है और

यदि कोई उन्हें पढ़ते ही अंगीकार करने के लिए प्रस्तुत हो जाये तो मुझे कोई आपत्ति नहीं होगी। इन विचारों के कुछ बीज़ लेखक की 'साहित्य समीक्षा' में मिलते अवश्य हैं, पर इतना विकास तो अभूतपूर्व ही है।

(क) 1. मैं इस बात में यक़ीन नहीं करता कि मानव एक बुद्धिमान प्राणी है। बुद्धिमान सिर्फ़ कुछ हीं होते हैं, बाक़ी सभी सिर्फ़ प्राणी होते हैं। अगर बाक़ी सब मूर्ख नहीं होंगे तो लेखक का होना निरर्थक हो जायेगा। बड़ा लेखक वही है जिसके होने के सामने बाकी सभी का होना सिर्फ़ मूर्खता साबित हो।

2. लेखक अगर पाठकों के लिए लिखता है तो निहायत मूर्खतापूर्ण चीज़ लिखनी होगी। गधे को शामी कबाब नहीं खिलाया जा सकता उसे घास ही खिलानी होगी।

3. लेखक वही जो चाहे अपने लिए हो या दूसरों के लिए केवल मूर्खतापूर्ण चीजें ही लिखे।

पहले वाक्य की तुलना कीजिए लेखक के ही अन्यत्र प्रकाशित वाक्य से 'वर्तमान मानव पहले ज़माने की अपेक्षा अधिक बुद्धि-प्रखर है। '(कविताएँ जून '62 पृ० 22)। इसके बाद किसकी इच्छा नहीं होगी कि वह मुद्रा जी को 'वही लेखक' मान ले।

(ग) 1. परम्परा को मैं इसलिए नहीं मानता कि परम्परा कभी थी ही नहीं। है सिर्फ़ वही जो आज है·······उसमें विश्वास करते रहना केवल अंधता है।

2. ·····अगर हम यह मान लें कि हमसे और हमारे इस क्षण से पहले कुछ भी नहीं था तो मामला सीधा हो जंाता है। —(मूँदिय आँखि कतहुँ कोउ नाही)।

(घ) 1. भाषा बेकार का अथवा फालतू अलंकरण है भाषा को समाप्त कर दिया जाना चाहिए।·····भाषा सिर्फ़ मूर्खों की मूर्खता का कवच होती है।

2. अगर कहीं झूठ होता है तो उसका नमूना भाषा ही होती है। भाषा से बड़ा झूठ और कहीं नहीं होता। जो घोड़ा शब्द होता है वह दुनिया में कहीं होता भी है ?

स्मरण रहे कि यह सब भाषा में ही कहा गया है और 'कविताएँ' जून '61 के पृष्ठ 21 पर इसी लेखक ने लिखा था कि 'कलाकार अथवा कवि ऐसी शब्द रचना करता है जो अर्थ की दृष्टि से समग्र तो होती ही है'।

(ङ) लेखन में गंभीरता कुछ भी नहीं होती। जो लेखक गंभीर होने का दावा करते हैं वे सिर्फ़ गंभीर हो सकते हैं, लेखक नहीं।

2. गंभीरता पराजय का लक्षण होती है। जो गंभीर होता है वह जरूर पराजित होता है।·····जो साहित्यकार कुछ बनाने या स्थापित करने में रुचि लेता है वह लेखक नहीं होता। लेखक वही होता है, जो सिर्फ़ तोड़ता है और लूटता है। भंजन करता है चाहे शील हो या मूल्य, ऐसी मौलिक 'मुद्राराक्षसी' दिव्य दृष्टि पा जाने के बाद अस्वीकृत कविता को भला कौन स्वीकार नहीं करेगा।

आज की कविता

अस्वीकृत कविता में जैसे 'तर्क और विवेक' को अन्ततः तिलांजलि दे दी गयी वैसी दुर्घटना 'आज की कविता' में घटित नहीं हुई। सामाजिक दायित्व और प्रतिबद्धता की

स्वीकृति के साथ 'अन्तर संवेगों और व्यापक भावनाओं को व्यापक कैनवास पर विवेक से अनुशासित करने की बात बलपूर्वक कही गयी और 'आज की कविता' नामक मार्च '66 के एक 'अनियमित प्रकाशन' यानी पत्रक के अन्तिम पृष्ठ पर बिन्दुओं के साथ विज्ञापित भी की गयी। इससे पूर्व 'वातायन' के 'कविता अंक' में 'आज की कविता' शब्द 'आज का गीत' की व्यापक परिणति के रूप में विशेषतः प्रयुक्त किये जा चुके थे। सम्पादक ने 'अपनी बात' के अन्तर्गत एक सहयोगी के प्रश्नात्मक उत्तर 'आज की कौन सी कविता पर लिखा जाये?' का आधार लेकर कविता के अनेक प्रचलित रूपों के प्रति अपनी स्पष्ट प्रतिक्रिया व्यक्त की है। सामाजिक-आर्थिक असमानताओं के कारण जो व्यक्ति-सम्बन्ध गौण हो गये हैं उन्हें उबारने का संकल्प करते हुए 'स्वार्थों की कसौटी को अस्वीकारने पर कटिबद्ध' 'व्यक्ति' के प्रति सहानुभूति भी प्रदर्शित की गयी है। 'आज की कविता ने सम्बन्धों और संभावनाओं के नये आयाम खोजे हैं।' शिल्प-शब्द सामर्थ्य ने अनूठा बौद्धिक स्पर्श दिया है। लिजलिजी भावुकता से बहुत दूर हुई है। यहाँ तक तो किसी पर कोई आरोप किये बिना बात कही गयी पर आगे 'नई कविता' को 'व्यक्ति की सर्जना शक्ति में अविश्वास प्रकट करने वाली' कह कर उसे 'सम्पूर्णता के साथ अस्वीकार' कर दिया गया है। नयी कविता ने ऐसा कहाँ किया है या वह कौन सी नयी कविता है जो ऐसा करती है यह बताने की जरूरत नहीं समझी गयी। 'आज की कविता' नहीं मानती कि व्यक्ति सामाजिक मूल्यों, सम्बन्धों से कट गया है या निपट वैयक्तिक होकर जीने में ही जीवन की सार्थकता है.....।' 'अतीत के व्यामोह' से व्यक्ति को मुक्त करना अपने पिछड़ेपन को 'सार्थक अनुभव' और नयी पीढ़ी की दृष्टि को 'भ्रम' कहने वाली 'बूढ़ी पीढ़ी' से उसे बचाना तथा आत्महनन, निराशा और भुभुक्षाओं की आरोपित अभिव्यक्ति से पीछा छुड़ाना भी आज की कविता का लक्ष्य है। उसकी दृष्टि में आधुनिकता के नाम पर 'अन्तर्राष्ट्रीयकरण' 'एक विकृति भर है। इसी अंक के अंत में 'आज की कविता' के सम्बन्ध में 'दो पत्र' छपे हैं। रणजीत के पत्र में कुछ बातें ऐसी कही गयी हैं जो आधुनिकता के विषय में प्रचलित धारणाओं से भिन्न होने और सर्वथा विपरीत दृष्टिकोण व्यक्त करने के कारण उल्लेखनीय हैं—

पश्चिम के साम्राज्यवादी देशों में हर ह्रासशील पर अस्वस्थ प्रवृत्ति को आधुनिक कहने का एक गहरा अन्तर्राष्ट्रीय षड्यन्त्र चल रहा है। आधुनिकता के नाम का जो सम्मान लोगों के दिलों में है, उसका बेजा फ़ायदा उठाने के लिए वे अपनी हर मूर्खता और धूर्तता को आधुनिकता के सिक्के से चलाते हैं। आखिर आधुनिकता कोई हवा में से टपकी हुई चीज़ तो है नहीं कि पहले उनके यहाँ टपक पड़ी और अब हम उसे उधार ले रहे हैं । आधुनिकता को इतिहास के परिप्रेक्ष्य में ही समझा जा सकता है।'—वातायन, सितम्बर, पृ० 57

यहाँ तक भी 'आज की कविता' एक स्वतन्त्र नामधारी काव्यान्दोलन के रूप में सामने नहीं आयी। केवल एक सजग विचार को दिशा का ही उद्घाटन होता दिखायी दिया। परन्तु, चूँकि वातावरण में नया नाम देकर नया दौर चलाने के बीज काफ़ी तादाद में बिखरे हुए थे, देर नहीं लगे, एक स्वतन्त्र प्रस्तावक वर्ग द्वारा उसके प्रवर्तन में। पूर्वोक्त 'आज की कविता' नामक पत्रक वही चीज़ है। इसमें दो अन्य प्रस्तावकों के साथ 'वातायन' के प्रधान सम्पादक हरीश भादानी का नाम भी मुद्रित है। श्री हर्ष आदि 'सहयोगी' कवि रूप में समाविष्ट हैं। गीत के 'रागात्मक स्तर' को छोड़कर ऊपर उठते

हुए सचल 'वातायन' से 'आज की कविता' ने जन्म लिया और अपना अलग अस्तित्व प्रमाणित करने के लिए व्यग्र हो उठी। प्रस्तावना में जो विचारधारा सामने रखी गयी वह वातायन के सम्पादकीय का ही परिष्कृत एवं संवर्धित रूप है। उसमें एक ओर आधुनिकता सम्बन्धी रणजीत की धारणा को समाहित कर लिया गया है, दूसरी ओर 'संत्रास' में जीने वाले कवियों के युद्ध की विभीषिका' के पुस्तकीय ज्ञान पर भी सीधा आघात किया गया है। कविता के 'नयी' आदि अनेक प्रचलित अप्रचलित नामों से अपने को पृथक् करते हुए, उसमें व्याप्त कुंठा', तथा अर्थहीनता के अवांछित स्वरों का निर्देश किया गया है। 'अनास्था' और अतिवैयक्तिकता' **को पश्चिम की ही देन बताते हुए कहा गया है कि फ्रांस, अमरीका और ब्रिटेन का यह बुद्धि-विलास अफ्रीका और सारे एशिया में नहीं, केवल भारत में ही प्रवेश पा सका।' जापान और पाकिस्तान की स्थिति** को एकदम भुला दिया गया है पर बात एकदम निस्सार नहीं है। स्वतन्त्रता के डेढ़ दशक बाद भी कल्पना के साकार न हो सकने की **विवशतापरक चेतना से ग्रस्त 'हिन्दी कवि के मानस पर पश्चिम के हारे हुए लोगों को प्रभाव पड़ा। परिणाम यह हुआ कि हिन्दी कविता भी यान्त्रिकता को आरोपित कर अपने आप को बखेरने लगी, शिल्प, बिम्बों-प्रतीकों के साँचे कविता की स्वाभाविकता को जकड़ते गये और साहित्य भूखी पीढ़ी, विद्रोही पीढ़ी, अकथा-विकथा बनकर यौन अतृप्तियों और जड़ आक्रोशों की अभिव्यक्ति के रूप में लिखा जाता रहा और आज भी लिखा जा रहा है।'** वस्तुस्थिति की इस व्याख्या में जो सत्य निहित है उससे इन्कार नहीं किया जा सकता। 'आज की कविता' ने कम से कम वैचारिक स्तर पर एक दूसरा पहलू सामने रखा जिसकी ओर और लोगों का भी ध्यान गया था. परन्तु उसे काव्यान्दोलन के संदर्भ में कम सामने लाया जा सका। 'नयी कविता' ने 'आधुनिकता' पर जो 'परिचर्चा' प्रकाशित की थी (द्र० अंक 7) उसमें यह पक्ष भी उभारा गया था। इस बात पर स्पष्टतया आग्रह किया गया था कि बाह्य प्रभाव को अपने देश की परिस्थिति और परम्परा की सापेक्षता में ग्रहण करना ही उचित है। और यह भी कि मानवीय संवेदना के सांस्कृतिक पक्ष की उपेक्षा करके आधुनिकता लाना निरर्थक बात है। प्रस्तावकों ने बहुत विचार-श्रम करके समसामयिक जीवन के निम्नलिखित तीन स्तर निर्दिष्ट किये हैं जो स्थूल रूप में यों ही सहज ग्राह्य हैं—

> **एक, जिसका सम्पूर्ण परिवेश पाश्चात्य है।**
>
> **दूसरा, जिसका बाहरी आवरण पाश्चात्य और भीतरी परम्परा की दृष्टि से कुछ-कुछ प्रगतिशील है।**
>
> **तीसरा, जो पूर्णरूप से परम्परागत विश्वासों-अन्धविश्वासों से ग्रस्त है।**

इसके बाद कहा गया है कि 'पश्चिम की जीवन पद्धति तो एक सी है।' यह माना जा सकता है कि भारत जैसा स्तर-भेद पाश्चात्य देशों में नहीं है पर यह कहना कि समग्र रूप से पश्चिम की जीवन-पद्धति एक सी है, वास्तविक न होकर काल्पनिक या उसी प्रकार का पुस्तकीय ज्ञान है जैसा संत्रासियों का ज्ञान।

प्रस्तावकों के अनुसार सन् '60 के बाद की हिन्दी कवितायें 'विदेशी अजनबीपन', 'सायासित अनास्था' और 'ओढ़ी हुई कुंठा' के विपरीत **'जीवन स्तरों की विभिन्नता के खिलाफ़ एक सक्रिय विरोध और स्वावलम्बन की आकांक्षा और नये व्यक्ति सम्बन्धों में**

सामाजिकता की खोज' की ध्वनियाँ सुनायी देनी लगी हैं। इन ध्वनियों के अस्तित्व का साक्ष्य मैं भी दे सकता हूँ पर मुझे ऐसा नहीं लगता कि सन् '60 से ही ऐसा हुआ है। 'नयी कविता' ने सन् '54 से ही जो विचार सामने रखें उनमें आस्था और मानवीय व्यक्तित्व के प्रति एक विश्वास निहित रहा है। नयी कविता वस्तुतः नये व्यक्ति सम्बन्धों और नयी सामाजिक चेतना की ही कविता है जिसे नये मनुष्य के आविर्भाव के रूप में ग्रहण किया गया है। हाँ उसने 'इकांइयात्मक' जैसे विशेषण का प्रयोग अवश्य नहीं किया है।

'आज की कविता' की दो एक विज्ञापित विशेषताएँ और द्रष्टव्य हैं—

'आज की कविता अर्थ की लेन-देन की समाप्ति के साथ व्यक्ति सम्बन्धों में होती रिक्तता को भरना चाहती है।'

'आज की कविता व्यक्ति व्यक्ति का कटाव, उसका दौर्बल्य स्वीकारने को तैयार नहीं, वह तो उन शब्दों-अर्थों की खोज में है जो व्यक्ति को नये सामाजिक दायित्व दें।.......वह आंशिक आधुनिकता की प्रतीति के नाम पर करोड़-करोड़ लोगों से, उनकी स्थितियों-पीड़ाओं से कटने को तैयार नहीं है।.......दासता के जुए को उतार कर वह अपनी आधुनिकता का निर्माण करने में लगी है।'

ज़ाहिर है कि इतनी अच्छी-अच्छी बातों से कैसे इनकार किया जा सकता है। करोड़ों से अपने को सम्पृक्त करने या बनाये रखने की भावना कहीं तो 'अछूत' सिद्ध नहीं हुई, कोई तो 'विवेक' का नामलेवा दिखायी दिया पर सवाल यही है कि 'आज की कविता' भी क्यों नहीं चल पायी ?

नव प्रगतिवादी कविता या नव प्रगतिशील कविता

प्रगतिवादी ख़ेमे ने उखड़ते-उखड़ते भी कई बार जमने की कोशिश की और कविता के क्षेत्र में, जहाँ वह सीधी लड़ाई लड़ने में नाकामयाब साबित हुआ, उसने 'गुरिल्ला वारफेयर' का तरीका अपनाया। कविता की कई क़िस्मों में उसकी घुसपैठ इधर-उधर, दायें-बायें, होती रही मगर मोर्चा कुछ ठीक हो नहीं सका। 'नयी कविता' पर उसकी ओर से पहला हमला 'काव्य-धारा' निकाल कर 'जनि चूकै चौहान' ने किया था। उसकी असफलता के बाद 'संकेतों' से कहा-सुनी होती रही। कुछ और पत्र-पत्रिकाएँ ताक़त आज़माती रहीं, मगर कुछ हो नहीं सका। मई '65 में प्रकाशित 'संदर्भ' का प्रतिबद्धता विशेषांक ऐसा ही प्रयत्न था। 'नयी कविता' का दौर शुरू में इतना तेज़ था कि खूँटे उखड़े तो उखड़ ही गये। लेकिन पिछली जुझारू भाषा के शब्द अब भी कभी-कभी छपे दिखायी दे जाते हैं। अगस्त '66 की 'रूपाम्बरा' के 'अधुनातन कविता अंक' में डॉ० माहेश्वर ने लिखा—

'सर्वेश्वर और श्रीकान्त जैसे अज्ञेय के गुर्गों ने समाजवादी चिंतन के विरोध में विघटित होती हुई वायवी व्यक्ति स्तर एवं कोष्टबद्ध फ़ार्मूलाबाज़ी वाली, मुमूर्षु नई कविता की सर्वोत्तम उपलब्धि के रूप में मुक्तिबोध की कविता को प्रस्तुत करने की हास्यास्पद कोशिश की। किन्तु इस षड्यन्त्र का पर्दाफाश तभी हो जाता है जब कोई साधारण समझ का पाठक 'अँधेरे में' या 'ब्रह्मराक्षस' जैसी कविताओं की तुलना 'आँगन के पार द्वार' की निरर्थक अध्यात्मपरक रोमांस से पूर्ण, छायावाद-छाप (फिर भी पुरस्कृत) कविताओं से करता है।

नव प्रगतिवादी कविता और उसके सर्वाधिक समर्थ स्वर मुक्तिबोध को नई कविता के साथ जोड़ने की साज़िश बड़ी हास्यास्पद लगती है.......राहों के अन्वेषियों को अपनी नाक के नीचे का जीवन नहीं दीखता....... ।'

आलोचक महोदय भूल गये कि 'तार सप्तक' में संगृहीत कवि के नाते राहों के अनेक अन्वेषियों में एक मुक्तिबोध भी थे और काफ़ी ऊँची नाक वाले रामविलास शर्मा भी, और दोनों दूसरे संस्करण में भी हैं, बहरहाल, आलोचना तो आलोचना। एक सपाटे में आलोचक से जितना लिया जा सका ले लिया गया, कुछ फ़ालतू आ गया या उलट कर तीर खुद को ही लग गया तो इसमें चलाने वाला क्या करे। और सुनिए—

'नवगीत के अतिरिक्त, नयी-कविता की कोख से जन्मी हुई अन्य कविता प्रवृत्तियाँ वैचारिक दिवालियापन, अक्षमता तथा विघटनवादिता का स्पष्ट प्रमाण पेश करती हैं।'

आज जब कोई समसामयिक कविता-प्रवृत्ति एक दशक से ज़्यादा पुरानी मान ली जाने के डर से अपने को नयी कविता से नामतः भी सम्बद्ध करने के लिए तैयार नहीं है तो उनके लिए 'कोख से जन्मी' जीवात्माओं की कल्पना, कोख को लजाने जैसी लगती है; पर यह रूपक मैं नहीं रच रहा हूँ इसे तो नव प्रगतिवादी कविता के एक प्रवक्ता ने रचा है। उनके अनुसार 'इन सभी **विस्थापित कविता आन्दोलनों के बीच वाद रूप में 'युयुत्सावाद' ही ऐसा है जो नव प्रगतिवादी कविता को एक समर्थ आन्दोलन से जोड़ने का प्रयास है।'** उठान पूरी नहीं हो पायी थी कि 'नव प्रगतिवादी कविता' में अपने निजी आन्दोलनात्मक रूप की संभावना त्याग कर सहसा 'युयुत्सावाद' के आगे घुटने टेक दिये। और युयुत्सावाद का क्या हुआ, यह देखा ही जा चुका है। अब सुना है, शलम 'युयुत्सा' से अलग हो गये हैं और वह बिना सच्चे युयुत्सु के ही निकल रही है।

'प्रगतिवाद' के प्रति जो पूर्वाग्रह एवं तीखी प्रतिक्रियाएँ उसके विजड़ित और दलीय रूप के कारण बहुतों के मन में घर कर गयी है उन्हें अवरोध बनने से बचाने के लिए 'प्रगतिशील' शब्द का व्यवहार कुछ उदार दृष्टि अपनाते हुए नवलकिशोर ने कविता (जनवरी '66) में, अर्थात् प्रगतिवादी कविता के पूर्वनिर्दिष्ट आत्मसमर्पण के पहले, एक प्रयत्न 'नव प्रगतिशील काव्य' को प्रतिष्ठित करने के उद्देश्य से किया था जो वास्तविकता के प्रति अधिक सजगता प्रदर्शित करता है। प्रस्तोता ने पहले ही वाक्य में मान लिया है कि 'प्रगतिवाद ने हिन्दी को श्रेष्ठ काव्य नहीं दिया' यों उसने 'उत्पीड़न के विरुद्ध विद्रोह' की चेतना उभारने का उसको श्रेय भी दिया है। अपने विचार को लेखक ने इस रूप में सामने रखा है—

'नव प्रगतिशील शब्द का प्रयोग मैं नयी कविता के विरोधी काव्य-सम्प्रदाय के लिये नहीं कर रहा हूँ, नयी कविता के अन्तर्गत ही उन कवियों की रचनाओं को इस संज्ञा से अभिहित करना आवश्यक है, जिन्होंने पीड़ित मानवता के पक्ष और मुक्तिकामी ताक़तों के समर्थन की प्रतिबद्धता घोषित या अघोषित रूप से स्वीकार की है।......इस तथ्य को नकारा नहीं जा सकता कि नयी कविता ने पहली बार काव्येतर मूल्यों को अपदस्थ कर कला की अपनी भूमि पर कविता को महत्त्व दिया, इसलिए यह एक व्यापक काव्यान्दोलन था और अब अपनी ही रूढ़ियों के प्रति अस्वीकृति का प्रबल होता भाव नये कवियों की सतत प्रयोग-शीलता का परिचायक है।......नव प्रगतिशील कवि अपने पूर्ववर्ती प्रगतिवादी की

तरह नारेबाजी या पैम्फलेट का साहित्य नहीं रचता, वह कविता के अपने जादू का क़ायल पहले है······लेकिन कविता उसके लिये स्वयं में साध्य नहीं है, उसे वह जीवन की वास्तविकता को बेहतर बनाने वाली सांस्कृतिक चेष्टा के रूप में स्वीकार कर चलता है। नव प्रगतिशील कवि किसी राजनीतिक विचारधारा या दलगत निष्ठा का प्रचारक नहीं है, लेकिन वह उस व्यवस्था का उन्मूलन चाहता है जिसके कारण व्यक्ति अभावों की यन्त्रणा भोगता है।

—पृ० 34-35

यही नहीं, 'अमूर्त्त समाज' के स्थान पर 'जागता इंसान' उसका 'आराध्य' है और वह 'साम्राज्यवाद' और 'युद्ध' का अन्त चाहता है, 'जातीय भेद-भाव' की समाप्ति चाहता है जिससे आदमी इस धरती पर खुशहाल ज़िन्दगी विता सके। वातें यह भी अच्छी हैं पर 'साम्राज्यवाद' तिब्बत के रास्ते तथा 'युद्ध' चीन के माध्यम से साम्यवाद में विष की तरह पैठता जा रहा है। स्वयं साम्यवादी दर्शन रूस और चीन के द्वन्द्व में टूट कर दो टुकड़े हो गया है और भारत के परमुखापेक्षी प्रगतिवादी लेखक तक दो दलों में बँट गये हैं। ऐसी दशा में वह शब्दावली जो आसानी से दोनों प्रतिस्पर्धियों या प्रतिद्वन्द्वियों द्वारा अपनायी जा सके, बहुत कुछ निरर्थक हो जाती है। ऊपर से लगता है कि वह व्यापक और गहरे अर्थ को व्यक्त करती है पर चूँकि उसका प्रयोग विवशता और स्वार्थ के कारण अधिक, तथा निष्ठा और विश्वास के कारण कम होता है अतः वह विना प्रेरक बने ऊपर ही ऊपर निकल जाती है। जहाँ तक दृष्टिकोण का सम्बन्ध है 'प्रगतिवाद' की अपेक्षा 'प्रगतिशील' शब्द अधिक संगत और उदार दिखायी देता है पर जब तक अपने मूल उत्स 'द्वन्द्वात्मक भौतिकवाद' की सीमाओं और विसंगतियों को, जो इतने समय के अनुभव से परिलक्षित की जा चुकी हैं, उसके प्रयोक्ताओं और प्रवक्ताओं द्वारा खुले तौर पर नकार नहीं दिया जाता तब तक सच्चे अर्थ में 'नव प्रगतिशील आन्दोलन', आन्दोलन कहलाने का हक़दार नहीं है। बिना इसके वह किसी भी समय 'प्रच्छन्न प्रगतिवाद' सिद्ध हो सकता है क्यों कि राजनैतिक स्तर पर प्रगतिवादी विचारधारा चाहे दक्षिण हो चाहे वाम, आज भी साम्यवाद की ही अनुवर्ती है यद्यपि उसकी दृष्टि सिद्धान्त-च्युत संकीर्ण एवं आत्मलक्षी हो चुकी है जिस तरह लोकतन्त्रवादी देश उपनिवेशवादी और युद्धकामी बनते जा रहे हैं। उसी तरह साम्यवाद भी व्यवहारतः समाजवादी चेतना का विरोधी हो गया है और सिद्धान्ततः भी वह बीच में दरक गया है। विश्वव्यापी स्तर पर समाजवाद स्वयं वास्तविक एवं अनिवार्य जनतान्त्रिक मूल्यों को आत्मसात् करने की ओर उन्मुख है तो साम्यवाद के सर्वसत्तात्मक अधिनायकवादी रूप से किसी नवचेतनापरक आन्दोलन के प्रेरित होने का प्रश्न ही नहीं उठता। कविता क्या समस्त साहित्य और सभी कलाएँ उसकी दृष्टि में अस्त्रों से अधिक मूल्य नहीं रखती रही हैं।

स्वाभाविक ही था कि नवल किशोर की टिप्पणी पर कुछ वैसी ही प्रतिक्रिया होती जैसी अनिल कुमार की हुई—

'इधर कुछ समय से राजनीति या किसी प्रकार की पक्षधरता को इंकारने वाला स्वर बराबर मुखर होता जा रहा है। बड़ी प्रगल्भता से यह स्वर जमात जोड़ता जा रहा है। और जहाँ कोई स्वर एकाकी न रह कर जमातजोड़ू बनता है तो उसकी अपनी पक्षधरता स्पष्ट होने लगती है। उसका एक घोषणा-पत्र बनने लगता है।······नवगीत आन्दोलन की तरह

कोई नव-प्रगतिशील आन्दोलन अभी साहित्य में है ही नहीं।......मुक्तिबोध को नव-प्रगतिशील कहना इसीलिये भ्रामक है।......मुक्तिबोध की व्यक्तिगत जीवन तथा 'नयी कविता का आत्मसंघर्ष' निबन्ध पुस्तक में व्यक्त विश्वास उनकी पक्षधरता की गवाही देते हैं। नवलकिशोर जी जिस आधार पर मुक्तिबोध को एक विशेषण चिपकाते हैं वह निराधार है।......क्या नव-प्रगतिशील कवि काव्य-रचना से साम्राज्यवाद, युद्ध और अभावों से पीड़ित मानवता को और स्वयं को मुक्त कर लेगा? यदि नवलकिशोर जी ऐसा सोचते हैं तो वे एक 'युटोपिया' के शिकार हैं।......दिशाहीन चिन्तन, लक्ष्यहीन लेखन, राजनीतिरहित दृष्टिकोण की परिणति व्यक्ति की खोज अर्थात् निजी स्वार्थ में होती है।'

—कविता 5, पृ० 55-56

यह और भी स्वाभाविक था कि टिप्पणी लेखक अपनी स्थापनाओं पर उठायी गयी आपत्तियों का उत्तर देने के लिए कटिबद्ध होता। प्रतिबद्धता के बाद कटिबद्धता का ही सहारा लिया जाना उचित है। हुआ भी वही। 'नव प्रगतिशील कविता' का पक्ष लेकर नवलकिशोर ने 'राजनीतिहीनता की राजनीति' के सवाल पर उठायी गयी आपत्तियों को 'आरोपित' बताया। 'प्रगतिवादी दौर के आगे के प्रगतिशील कवियों की कुछ अपनी विशिष्टताएँ समझायीं और नयी कविता को अतिक्रान्त कर आने वाले एक नये मोड़ की चर्चा करने वालों के रूप में उनकी विशेष स्थिति पर प्रकाश डाला। राजनैतिक दल से असम्बद्ध होने का 'यह अर्थ नहीं कि इनके पास कोई राजनीतिक निष्ठा नहीं है' को स्पष्ट किया। **कलागत मूल्यों को प्राथमिकता देना तथा 'प्रचारात्मक मूल्यों' से 'अलांछित रहना उनकी प्रकृति माना और यह भी साफ़ कर दिया कि 'निश्चय ही यह प्रगतिशीलता प्रगतिवादी पद्धति की नहीं है।'**

नवल जी ने 'नयी कविता' में अन्तर्निहित प्रगतिशील तत्त्वों को पहचाना, इसके लिए मैं उनकी आशंसा करता हूँ, किन्तु उन्होंने उसके अन्तर्गत प्रगतिशील और अप्रगतिशील जैसे पूर्व-मान्य विभाजन की कल्पना करके उसके उस समग्र और एकात्म रूप को खंडित कर देने की चेष्टा की जिसका विकास पिछले दस-पन्द्रह वर्षों के भीतर, प्रयोग और प्रगति की प्रवृत्तियों के रचनात्मक स्तर पर घटित होने वाले संश्लेष द्वारा प्रकट हुआ है। मैं इस संश्लेष को नयी कविता की एक प्रमुख उपलब्धि मानता हूँ, क्योंकि इसके द्वारा दोनों की सत्ता अतिक्रमित हो जाता है और नयी कविता के निजी एवं व्यापक स्वरूप का सही परिचय भी मिल जाता है।| लोगों का कहना है कि नयी कविता की धारा में 'प्रगतिवाद' और 'प्रयोगवाद' दोनों अन्तर्भुक्त हो गये हैं। (सम्प्रति' जनवरी-फरवरी 63, पृ० 95) आगे इस प्रक्रिया को विकसित करना ही श्रेयस्कर है, विघटित करना नहीं। प्रयोगवाद को बीच से हटाया नहीं जा सकता, नवल जी का उद्देश्य भी इस आशय के संभवतः विपरीत नहीं है परन्तु 'प्रगतिवाद के आगे प्रगतिशील' कहने से और नव प्रगतिशीलता को इसी परिप्रेक्ष्य में व्याख्यायित करने से ऐसा प्रतिभाषित अवश्य होता है। उन्होंने अपने समर्थन में 'आजकल' के फरवरी अंक में प्रकाशित रणजीत के लेख 'नयी कविता का प्रवृत्तिगत वर्गीकरण' का जो उद्धरण दिया है उसमें 'नई प्रगतिशील कविता' का प्रयोग है और उसे 'स्वस्थ कविता' का एक प्रमुख और महत्वपूर्ण रूप माना गया है तथा 'प्रगतिवाद की कट्टरता से मुक्त और एक नई व्यापक और उदार सामाजिकता तथा मानवता की

भावनाओं से युक्त' बताया गया है। स्पष्ट है कि 'नव प्रगतिशील कविता' 'नई प्रगतिशील कविता' का ही दूसरा संस्करण है जिसे पहले लक्षित किया जा चुका था। और यदि साहित्यिक सूत्रों को जोड़ा जाये तो यह भी प्रकट हो जायेगा कि वह रणजीत वही है जिन्हें 'रूपाम्बरा' के 'अधुनातन कविता अंक' में ही 'युयुत्सावादी कवि' के रूप में, अन्य दो कवियों के साथ सवक्तव्य छापा गया है और जिन्होंने कविता को आधुनिकतावादी भूखे-नंगों की तरह 'शौचालय' मानने से इन्कार किया है।' वे चौंकाने में विश्वास नहीं रखते हैं और 'संसार को अपने सपनों के अनुकूल बदलना' उनका उद्देश्य है। हो सकता है उनका कोई निजी यूटोपिया हो। थोड़ी मिट्टी हटाने से ही पता चल जाता है कि किस तरह 'नव प्रगतिवादी', 'नई प्रगतिशील' 'नव प्रगतिशील' और 'युयुत्सावादी' कविता सम्बन्धी विचारधारा आपस में गड्ड-मड्ड हो गयी है। यह नहीं कि उसमें कोई विचारात्मक या बलात्मक अन्तर ही नहीं है, वरन् यह कि वह अन्तर जहाँ उभरना चाहिए था वहाँ सीमित व्यक्तियों की अतिशय बहुमुखी प्रतिभा के कारण धुँधला पड़ गया है। जो कुछ थोड़ा बहुत स्पष्ट हो सका वह यह कि **'राजनीति के प्रति निष्ठा की माँग साहित्यकार के प्रतिबंधन (रेजिमेंटेशन) की माँग है जिसका दृढ़ता से विरोध किया जाना चाहिए।' जहाँ तक मैं समझता हूँ 'नयी कविता' और 'परिमल' ने पिछले दो दशकों में मुख्यतया अब तक यही किया है।**

□ 'अगली कविता' और 'भावी कविता अर्थात् सहज कविता'

जब 'नयी कविता' की सापेक्षता में 'व्यतीत कविता' की बात की जा चुकी है (द्र० 'विन्यास' मई, 1965, पृ० 17) तो स्वाभाविक ही है कि नये नाम की खोज, विलोमता के तर्क से, 'अगली कविता' और 'भावी कविता' की मृगमरीचिका में भटक जाये। 'मृगमरीचिका' इसलिये कि बढ़ते हुए पाँवों के साथ उसका आभास भी आगे बढ़ता जाता है और वह कभी हाथ नहीं आती। पर यह अन्तर्विरोध मात्र शब्दार्थगत है, वस्तुगत नहीं क्योंकि जो स्थापनाएँ की गयी हैं वे वर्तमान कविता से सम्बद्ध हैं और नयी कविता द्वारा निर्धारित मान्यताओं का ही पुनर्कथन हैं। जैसे 'रस' की अपेक्षा 'अनुभूति' और 'छंद' की अपेक्षा 'लय' तथा अनास्था के स्थान पर 'आस्था-बोध' आदि 'अगली कविता' यानी 'नव्यतर कविता की चौमासिकी' के प्रथम अंक (1965 में वल्लभ विद्यानगर गुजरात से प्रकाशित) की प्रतिक्रिया का एक वाक्य साक्षी है—**'अगली कविता** पर लिखा हुआ स्वस्थ सम्पादकीय पढ़ कर लगा कि **आज कविता** में आस्था के स्वर को महत्व मिलने लगा है।' प्रतिक्रिया की कुछ न पूछिये। कुछ लोगों को 'अगली कविता' 'ugly कविता' लगी और 'सौजन्य सम्पादक' को दूसरे अंक में लिखना पड़ा कि लोगों ने 'मूल आस्था के विपरीत' उसे ऐसा समझकर 'अपनी बुद्धि के दिवालियेपन तक की घोषणा कर दी है।' अलीगढ़ यूनिवर्सिटी से निकलने वाले हैरत अंगेज़ 'सैद्धांतिक दस्तावेज' में छपी बडी-बड़ी हस्तियों के साथ केवल नामतः सामने आने वाली 'सहज कविता' को यदि ऐसे मखौल उड़ाने वाले लोग 'स + हज' समझ कर हज करने की भावना से सम्बद्ध कर दें तो उसके प्रवर्तक को भी पीड़ा होना स्वाभाविक है। अब कह ही दूँ, एक स्थानीय 'लघु मानव' ने बात ही बात में ऐसा क्लेशकर श्लेषार्थ लगा ही तो डाला था। मैंने उन्हें तुरन्त समझा दिया कि भाई! मुझसे कहा तो कहा पर 'भावी कविता अर्थात् सहज कविता' के परामर्श-सूत्री कोमल हृदय गीतकार के पास लिख कर प्रकाशनार्थ मत भेजना। यद्यपि उसकी दृष्टि में 'अब

गीत की संभावनाएँ चुक गयी हैं और वह दिल्ली की चौथी बंध्या-संध्या में हुई गीत गोष्ठी में 'सहज-कविता' के नाम पर 'फ्लोरक्रास' करने की घोषणाकर चुका है, तथापि उसके साथ ऐसा करना उचित नहीं है। मुझे खुशी है कि उन्होंने मेरी बात आखिरकार मान ली। यह 'सहज कविता' के परामर्शसूत्री उद्‌भावक वही डॉ० रवीन्द्र भ्रमर हैं जिन्होंने 'वातायन' के 'आज का गीत' नामक अंक में दो ही वर्ष पूर्व यानी सन् 1965 में एक आन्दोलन चालक की मुद्रा ग्रहण करते हुए लिखा था—

'भाई जान! हमने, आपने और तमाम अच्छे लोगों ने कविता के पहले नये विशेषण लगाकर किसी लोभ, मोह या पूर्वग्रह का परिचय नहीं दिया था, प्रयोगवाद से अलग हटकर नयी कविता का आन्दोलन चलाने में हमारा एक निश्चत ध्येय था।' और यह भी कि 'नयी कविता और उसके सहज कलात्मक मुक्त शिल्प के प्रति मेरी बड़ी आस्था है।'

मार्च 1967 में 'सहज कविता' के पूर्वोक्त पत्रक में 'निषेध और विद्रोह' के स्थान पर 'स्वीकृति और संस्कार' को 'युग-मन' के स्वास्थ्य की चिन्ता करते हुए उसी ने निम्न बातें कहीं—

'सन् '60 के बाद एक वर्ग में मैनरिज़्म का क्राफ़्टमैनशिप को ही मूल लक्ष्य माना और हिन्दी कविता कुल मिलाकर टेढ़ी रेखाओं के व्यापार के रूप में सामने आयी। इसीलिए वह फैशन रही है और बहुत अर्थपूर्ण भी नहीं। इस बीच जो नये-नये नाम अथवा नारे सामने कविता के क्षेत्र में उछाले गये उनके मूल में स्वस्थ-सृजन की प्रवृत्ति उतनी नहीं रही जितना कि उन नारों को उछालने वाले व्यक्ति अथवा व्यक्ति-समूह को प्रचारित करने का कौतुक। कविता के इन तथाकथित सूत्रधारों ने या तो मरे हुए विदेशी आन्दोलनों का आयात किया है या फिर अनास्था और हीनतापूर्ण दलीलें पेश करके नयी पीढ़ी को गुमराह करने की साज़िश की है। अहमन्यता, आत्महत्या, योनि और जंघाओं पर कविता लिखने की प्रेरणा दी है। अतएव आज कविता के नाम पर एक ओर तो कुण्ठाएँ और विकृतियाँ हैं और दूसरी ओर चमत्कार एवं अनुकरणमूलक प्रवृत्तियाँ, जिनके कुहासे में स्वस्थ कविता गुम है। सहज़ कविता नये सिरे से कविता की खोज करना चाहती है।.....'सहज कविता' अकृत्रिम जीवन-बोध और अकृत्रिम कलारचना के क्षेत्र में नवीन प्रतिमान स्थापित करना चाहती है।'

दो वर्ष में ही 'निश्चित ध्येय' बदल गया और पिछले पाँच वर्षों को भी अपने साथ यों ही बहाकर ले गयी। फिर जिस तरह और जिन नामों को जोड़ बटोर कर यह 'नारा' 'उछाला' गया है वह 'तथाकथित सूत्रधारों से परामर्श-सूत्री को कहाँ, कैसे अलग करता है यह तो सोचना ही होगा। 'धरी न काहू धीर, सबके मन मनसिज हरे।' उर्दू के उसके दो मित्रों की ओर से कही गयी यह बात कि 'हिन्दी वाले बहुरूपिया हैं, क्षण-क्षण में रूप परिवर्तन की कला इन्हें खूब आती है।' लगता है निकटतम अनुभव से कही गयी बात है।

'सहज कविता' 'अगली कविता' की ही तरह एक ओर 'कोई आन्दोलन नहीं है, वह मात्र आमन्त्रण है' दूसरी ओर वह 'भावी कविता की खोज' है 'भावी कविता अर्थात् सहज कविता'। अगर आप इस खोजामन्त्रण को स्वीकार नहीं करते तो आपकी 'आस्था' और 'ईमानदारी' खतरे में है। चलिए जल्दी कीजिए और सहज कवितावादी हो जाइए। पर जो लोग आपका स्वागत करने के लिए खड़े हैं, उनमें हैं वही श्री प्रभाकर माचवे, राजकमल चौधरी आदि-आदि और सबके ऊपर सुचारु रूप से स्थित हैं आचार्य नन्ददुलारे

वाजपेयी एवं आचार्य हजारीप्रसाद द्विवेदी। शुद्ध कविता के लेखक दिनकर जी और रसवादी नगेन्द्र जी उनसे नीचे पड़ गये हैं। चतुराई एक ने ही दिखायी और वह हैं डॉ० इन्द्रनाथ मदान, 'कविता और कविता' के सम्पादक जिनका वाक्य है 'मेरे लिए कविता या तो कविता रही है या नहीं।' उन्होंने अन्य विशेषणों की तरह 'सहज' विशेषण को भी सहज ही टाल दिया और अपनी समझ से साफ़ बच निकले। माचवे जी तो पहले ही 'सहज' को प्रतिष्ठित करने वाली पीढ़ी के आने की भविष्यवाणी कर चुके थे अब उन्हें इधर मुड़ जाना चाहिए। मैंने भी 'सहज मनुष्य' की बात की है अतः अवश्य साथ दूँगा।

'अगली कविता' की बात इस 'सहज कविता' के चक्कर में पीछे ही छूट गयी। पर छूट गयी तो छूट गयी, अब उसे उठाने से भी क्या फ़ायदा। उसमें है भी क्या?

☐ नयी कविता और नये नामों का दौर : कुछ निष्कर्ष

कविता के पूर्वोक्त विविध नामों से सम्बद्ध विचारधारा की चर्चा करते हुए, कहीं सीधे और कहीं प्रकारान्तर से, मैं अपनी धारणा एवं प्रतिक्रिया, उससे सम्बद्ध अनके प्रश्नों और समस्याओं के विषय में, काफी खुले ढंग से व्यक्त करता गया हूँ फिर भी निष्कर्ष रूप में जो बातें सामने आयी हैं उन पर यहाँ स्वतन्त्र रीति से दृष्टिपात् कर लेना आवश्यक है।

पहली चीज़ जिसकी ओर विशेष रूप से ध्यान जाता है वह है वर्तमान के प्रति तीव्र और सक्रिय असंतोष। सक्रियता उतनी नहीं, जितनी तीव्रता; पर दोनों का, छोटे-मोटे प्रयत्नों तक ही सही, साथ अवश्य है। लघु-लघु पत्रिकाओं का प्राकट्य वह भी एक के बाद एक, कविता के समसामयिक संदर्भ में 'प्राण! तुम लघु-लघु गात' पंक्ति का स्मरण दिलाता है। अपनी बात, वह चाहे जैसी और चाहे जिस स्तर की हो, कहने छापने और समर्थन पाने की उत्कट अभिलाषा व्यापक रूप से लगभग सारे हिन्दी क्षेत्र और उसके प्रभाव-वृत्त में जंगली आग की तरह फैली प्रतीत होती है, इसी के साथ उस जागरूकता की ओर भी दृष्टि जाती है जिसमें इतर भाषा-साहित्यों, देशी और विदेशी दोनों ही, में घटित होने वाले परिवर्तनों से निरंतर सम्पृक्ति बनाये रखने की भावना समाहित है। प्रभाव-ग्रहण के प्रति खुलेपन और उन्मुखता की ही नहीं आकुलता तक की मनःस्थिति, जो कहीं-कहीं काफ़ी रोचक रूप धारण कर लेती है, उपेक्षणीय नहीं है। कुछ प्रवक्ता 'केवल राष्ट्रीय' होकर रह जाने के स्थान पर 'एकदम अन्तर्राष्ट्रीय' हो जाने को गौरवपूर्ण मानते हैं पर कई ऐसे भी हैं जो विदेशी चिंतन और कृतित्व की गुलामी से ऊपर उठने और ईमानदारी के साथ उससे मानसिकतया मुक्त होने की बात करते हैं। शीघ्र आधुनिक हो जाने की उतावली में कही गयी बहुत सी बातें कुछ-कुछ वैसा ही वात्सल्य-रस उपजाती है जैसा 'मैया मोरी कबहिं बढ़ैगी चोटी' से उपजता रहा है। गंभीरता तथा प्रौढ़ता का 'पोज़' या उसका अभिनय भी मिलता है और कभी-कभी सचमुच हड्डियों तक उतर जाने वाली गहरी दृढ़ता की झलक भी दिख जाती है, पर बहुत कम। एक साथ अनेक विचारधाराओं से सम्पर्क, वह भी उनके बीच की खाई को पाटे बिना या प्रकट विरोधों का शमन किये बग़ैर, अनेक व्यक्तित्यों के बहुमुखीपन ही नहीं बहुरूपियेपन को भी प्रमाणित करता है। अपने व्यक्तित्व एवं कृत्रित्व के प्रति अतिशय चिन्ता, यहाँ तक कि रचना के प्रतिष्ठित होने से पूर्व ही अपने को प्रतिष्ठित घोषित करने की चेष्टा या वैसा समझने की भूल, वह भी प्रतिष्ठितों और प्रतिष्ठा दोनों को गाली देते हुए, एक सामान्य

लक्षण है जो अब किसी प्रकार अलक्षित नहीं रहा है, दूसरों को यों ही अपदस्थ, लाञ्छित और उपेक्षित कर आगे बढ़ने की युद्ध जैसी प्रवृत्ति भी कम नहीं दिखायी देती। इसका परिणाम यह हुआ है कि प्रायः सब एक दूसरे का निषेध करते दिखायी देते हैं और कुल मिलाकर अपने आप सबका निषेध हो जाता है। यह नहीं कि इसके बाद कुछ बचता ही नहीं है पर जो बचता है, वह बहुत कुछ वही है जिससे बचने की कोशिश में निषेध का प्रतिवादी मार्ग अपनाया गया। इस मनोवृत्ति की परिणति अन्ततः आत्म-निषेध के अतिरिक्त और किस चीज में हो सकती थी। काव्य के संदर्भ में यह वृत्ति कविता का ही निषेध करती दिखायी देती है क्योंकि अगर इस युग में वास्तव में कोई रूमानी काम है तो वह है कविता करना और अपने को कवि कहते-कहलाते जाना पर उससे विरत होता हुआ कोई दिखायी नहीं देता। तर्क और विवेक का विरोध ही नहीं निषेध भी किया गया है, जो रचना प्रक्रिया के संदर्भ में भले ही कोई मायने रखता हो पर वैचारिक धरातल पर निश्चित रूप से घातक लगता है। तर्क की असमर्थता को भी एक सीमा तक समझा भी जा सकता है पर विवेक को छोड़कर चलने की बात करने वालों के साथ कोई गति और सहमति संभव नहीं है। मानव संस्कृति का सारा विकास विवेक की ही दिशा में हुआ है और भारतीय मानस के लिए तो इसे छोड़कर चलना और भी अकल्पनीय है, क्योंकि यहाँ की सारी विचार-प्रक्रिया मूलतः सूक्ष्म विवेक पर ही आधारित रही है।

हिन्दी में अनके छिटपुट कविता-आन्दोलनों की असफलता, जो बावजूद बहुत तूमार बाँधने के भी अनिवार्य सिद्ध हुई, वातावरण में एक ऐसी दहशत बैठाई गयी कि आगे के प्रवर्तकों एवं प्रवक्ताओं ने पहले से ही, अपने बचाव के लिए कहना शुरू कर दिया कि हम कोई आन्दोलन नहीं चला रहे हैं, यद्यपि कसर कोई भी उठा नहीं रखी। अकविता से लेकर अगली कविता तक अनेक में 'एपॉलोजिटिक' होने की यह प्रवृत्ति चतुराई न होकर स्पष्टः आत्मबल और क्षीणता और संशयग्रस्तता का चिह्न बन कर सामने आयी है। इससे लगता है कि अब कविता के नव-नामी आन्दोलन चलाने की चेष्टा करने वालों को भी हक़ीक़त और अपनी ताक़त का थोड़ा बहुत सही अन्दाज लगने लगा है।

जिस बात की डट कर आलोचना करना, उसी को अवसर पाकर स्वयं करना और कहे हुए को सुविधापूर्वक भूल जाना विडम्बना के उस रूप को व्यक्त करता है जो अनजान या विवशता में नहीं जानबूझ कर छुट्टा-छरीदापन में उपजता है। उससे उबरने का प्रयत्न बहुत कम लोगों ने किया। अधिकतर 'इक भीजे, चहलैं परे, बूढ़े, बहे हजार' की ही गति हुई है। विचारों की असंगति, अन्तर्विरोध और उनके उखड़े-उखड़े अस्थिर रूप से बहुधा बौद्धिक दिवालियापन प्रकट होता है और चिंतन की अधकचरी स्थिति का परिचय मिलता है। कोई समझदार व्यक्ति सहज ही देख सकता है कि कहाँ विचार नवीनता के वास्तविक उन्मेष को व्यक्त करते हैं और कहाँ वे मुखौटे एवं कवच के रूप में इस्तेमाल किये गये हैं। व्यक्तित्व में आन्तरिक परिवर्तन घटित हुए बिना अथवा अपेक्षित मनोनयन हुए बिना, सतही तौर पर की गयी स्थापनाएँ, निष्ठा के अभाव के कारण तथा इतर उद्देश्य की झलक आ जाने से भी अभीष्ट प्रभाव उत्पन्न नहीं कर पातीं और उन्हें गंभीर स्तर पर ग्रहण करने वाले लोग बहुत कम मिल पाते हैं। विचारों का पुंज आतिशबाजी की तरह छोड़ा जाता दिखायी देता है जो कुछ देर चकाचौंध पैदा करके अंधकार को और सघन बना देता है। कभी-कभी यह आतिशबाजी भी गीली और घटिया साबित होती है।

अपने को सामने लाने के जैसे-जैसे प्रयत्न हुए हैं और हो रहे हैं उन्हें देखकर पं० माखनलाल चतुर्वेदी जी के द्वारा सुना हुआ यह श्लोक मुझे बार-बार स्मरण हो आता है—

घटं छिन्द्यात् पटं छिन्द्यात् कुर्याद् रासभ-रोहणम्।
येन केन प्रकारेण पुरुषो प्रसिद्धो भवेत्॥

जैसे-तैसे प्रसिद्धि पाने को आतुर व्यक्ति घड़ा तोड़ देता है, कपड़े फाड़ डालता है, गधे की सवारी करने लगता है, उससे सभी कुछ संभव है। लगता है यह उक्ति समसामयिक हिन्द कविता के ऐसे मनोरम दृश्य को देखकर ही लिखी गयी हो।

भारत के लिए अँग्रेजों की गुलामी से उबरते-उबरते रूसी या अमरीकी वैज्ञानिक गुलामी में पड़ जाना कम भयावह नहीं है। मैं नहीं मानता कि 'हमारा चिन्तन, हमारा परिवेश, इस तरह ग्रस्त है कि अमेरिकी गेहूँ खाकर और भारतीय वस्त्र पहन कर सोच भी क्या सकते हैं कि और 'कविता के टापलेस ब्लाउज का पाकेट' बनाना ही शेष रह गया है। भारतवर्ष 'रैट रेस' हो गया या हो जायेगा ऐसा भी मैं नहीं समझता। मुझे इस बात का पूरा विश्वास है कि जिस देश ने अनेक राष्ट्रीय चिन्तकों के रूप में अपनी निजी विचार-शक्ति और संकल्प शक्ति को निरन्तर सक्रिय एवं सजीव रूप में व्यक्त किया है वह इन प्रभावों को भी झेल जायेगा और साहित्य के प्रति उसका जो गंभीर दायित्वपूर्ण एवं लोकोन्मुखी दृष्टिकोण रहा है वह बाहरी आघातों से विच्छिन्न एवं तिरोहित नहीं होगा। मानसिक दासता, चाहे वह किसी की भी हो और किसी भी मूल्य पर हो, हमें मंजूर नहीं है। रूस और चीन ने अपने सैद्धान्तिक भेदों को जितने बड़े पैमाने पर राजनैतिक दाँव-पेच में गूँथ दिया है उसमें यह भी उचित नहीं है कि 'जनवाद' के नाम पर हम आँख मूँदकर इनमे से किसी देश के अनुयायी बन जायें और अपने को, असांस्कृतिक यात्राओं और पुरस्कारों के मूल्य पर, बेचने लगें। भारतीय संस्कृति अगर कुछ भी है तो वह तत्वतः आत्मोपलब्धि, आत्मबल और आत्मपरिष्कार की संस्कृति है। आत्महत्या, आत्मविक्रय और आत्मवंचना के साथ उसका मेल कभी संभव नहीं है। यहाँ का साहित्य इस मूल दृष्टि के अभाव में नहीं, आविर्भाव में ही फलता-फूलता रहा है। कविता के क्षेत्र में दिखायी देने वाला बहुत सा कुहासा, बहुत सा वाग्जाल और बहुत सी छद्म प्रवृत्तियाँ, इस केन्द्रीय दृष्टि को अपनाने से दूर हो सकती हैं। बाहरी प्रभाव उस वृक्ष को उन्मूलित नहीं कर पाते जिसकी जड़ें गहरी होती हैं और गहरी जड़ों वाला वृक्ष होना अपने में कोई अपराध नहीं है कि हम, फैशन के रूप में आधुनिक होने के जोश में, अपनी व्याप्ति, समग्रता और निजत्व को नकार दें। जहाँ तक मैं समझा हूँ वास्तविक आधुनिकता मानवीय स्तर पर व्यापक परिवेश की समग्रता में निजत्व को पहचानने और सभी उपलब्ध एवं आविष्कृत साधनों से उसे विकसित, विस्तृत तथा समृद्ध करने में है। आधुनिकता का एक रूप परमुखापेक्षी होकर इतने वैचित्र्य में जीने लगता है कि वह असामाजिक ही नहीं अमानवीय तक हो जाता है। रूढिबद्ध समाज में बहुत सी 'महत्वपूर्ण' बातें 'असामाजिक' कह कर उपेक्षित की जाती रही हैं अतएव केवल सामाजिकता की दलील काफ़ी नहीं है; उसे सामयिक संदर्भ में मानवीयता से जोड़ना अनिवार्य है। यह मानवीयता कोई दार्शनिक उलझाव नहीं है। सच्चे साहित्यकार इसे सबसे अधिक पहचानते आये हैं। मनुष्य के दुःख को सही रूप में पहचानता और उससे गहरी और वास्तविक सहानुभूति का अनुभव करना इसके स्वरूप-बोध के लिए पर्याप्त कहा जा सकता है।

जिस स्वचेतन मनोभूमि पर विदेशी प्रभावों को ग्रहण एवं आत्मसात् करने की बात कही गयी है उसी पर पूर्व परम्परा का भी आकलन करना होगा। उसे सर्वथा नकार देना असंभव है और छोड़ देने की बात करना अनुत्तरदायित्वपूर्ण। पर यह विवेक और युग-विशेष की दृष्टि का आग्रह रहता है कि वह अपने अनुरूप उसके स्वरूप की व्याख्या करके तथा उसके शक्तिमय प्रवाह से अपने का वांछित रीति से जोड़े उसके प्रति अंध-भक्ति व्यक्त न करें। यदि सारे पितर ऐसे ही हों कि उनसे मुक्ति पाना ही उचित हो तो वैसा करने में भी कोई हानि नहीं है पर उससे पूर्व पितरों के बारे में कुछ जान-समझ लेने की भी आवश्यकता होती है। 'हमें अपने पितरों तथा स्वयं हमारे अपकार्यों से युक्त करो' के मन्त्रार्थ को प्राप्त करने के लिए 'वयम्—1' को जैसे ऋग्वेद तक जाना पड़ा। उस तरह तो न परम्परा से मुक्ति मिल सकती है न पितरों से क्योंकि समग्रतः वैदिक विचारधारा पितरों के प्रति असम्मान व्यक्त करने की विचारधारा नहीं है। साहसपूर्वक मतभेद व्यक्त करने और स्वतन्त्र मार्ग बनाने के लिए भी विगत की सापेक्षता आवश्यक होती है। पुराने के संदर्भ में ही नया, नया कहलाता है। संदर्भ को तोड़ना स्वयं अपने को तोड़ना है, क्योंकि 'स्व' का अर्थ भी संदर्भ से ही खुलता है।

यद्यपि दिनकर जी ने अपनी 'शुद्ध कविता' की भूमिका में लिखा है कि नयी कविता का प्रवर्तन पिछली शताब्दी में फ्रांस में हुआ था और वह योरोपीय आन्दोलन है तथापि हिन्दी की नयी कविता को मैं बहुत पीछे न ले जाकर निराला से सम्पृक्त करके देखना विशेष उपकारक एवं तथ्यपूर्ण समझता हूँ। उसकी तीनों मुख्य विशेषताएँ उस व्यक्तित्व से जुड़ी हैं जो किसी भी 'वाद' में पूरी तरह नहीं अँट पाया और जिसने अपने एक सुकेश सहयोगी की तरह केंचुल बदलते रहने और किसी भी अन्यायपूर्ण बात का तन कर विरोध करने से कतराने की नीति कभी नहीं अपनायी। वे तीनों मेरी नज़र में इस प्रकार हैं—

1. **विद्रोह-वृत्ति से युक्त मानववादी जीवन-दृष्टि**
2. **स्वातन्त्र्य-कामना से उत्पन्न छंद-मुक्ति**
3. **जागरूक व्यक्ति-चेतना के साथ सामाजिक दायित्व**

'परिमल' की भूमिका में निराला ने लिखा था 'मनुष्यों की मुक्ति की तरह कविता की भी मुक्ति होती है।' अतः जब तक हम विश्वव्यापी परिप्रेक्ष्य में इस बात को प्रत्यक्ष नहीं कर लेते, हिन्दी के संदर्भ में इसे विशेषतः चरितार्थ होते नहीं देखते तब तक कहना होगा कि नयी कविता का वास्तविक काम समाप्त नहीं हुआ है और जब तक काम समाप्त नहीं होगा तब तक नाम समाप्त होने का भी कोई प्रश्न ही नहीं उठता। जिन लोगों ने इस बड़े अभियान को छोटी-छोटी अनेक नामधारी टुकड़ियों में बाँट कर इसकी प्रगति को विशृंखलित करने का उपक्रम किया है, उन्होंने अपने ऐतिहासिक दायित्व का ठीक ढंग से संवहन नहीं किया है। यदि कविता का स्वरूप वास्तव में उतना विविधात्मक होता जितने कि नाम दिये गये हैं तो कोई आपत्ति की बात नहीं थी पर आज भी मुक्त-छंद ही अभिव्यक्ति का प्रमुख स्वरूप है तथा जो विभेद, उसमें आया है वह अभी न तो इतना प्रमुख हो सका है कि उसे एकदम अलग पहचाना जा सके, न उसके प्रति वैसी विद्रोहात्मक प्रतिक्रिया ही हुई है जैसी कि मुक्त छंद के आने पर हुई थी और न वह इतना

प्रमुख हो सका है कि सारा काव्य-सृजन मुक्त-छंद के स्थान पर उसी में होने लगा हो। ऐसी दशा में वह गद्य के अतिशय निकट होना भी मुक्त-छंद के विमुख नहीं दिखायी देता। ठीक यही स्थिति भाषा के क्षेत्र में भी है। भाषा का प्रयोग बहुत सी नयी विधियों के साथ किया गया है और किया जा रहा है। जिसे 'नंगी भाषा' कहा जाता है वह कटु यथार्थ की अभिव्यक्ति के अतिरिक्त और कुछ नहीं है। नयी कविता में आरंभ से ही ऐसी अभिव्यक्ति मिलती है। रूमानी कहकर उसका निषेध नहीं किया जा सकता। केवल यौन विषयों और शब्दों तक सीमित हो जाना, नंगी भाषा का प्रयोग करना नहीं है। सच तो यह है कि यौन शब्दावली को ही आधुनिकता का प्रतीक मानने वाले भी कोश के शब्दों का ही व्यवहार करते हैं, लोक में प्रचलित ठेठ शब्दों से वह भी कतराते हैं। यदि वे ताव में आकर वैसा करने भी लगें तो भी उससे कोई बात बनेगी नहीं, क्योंकि शब्दावली स्वयं में महत्वपूर्ण नहीं होती, वह अपनी प्रयोगान्विति और अनुभूति से संश्लिष्ट होकर ही महत्व पाती है। यदि कुछ शब्द इतने अलग दिखायी देने लगें कि पूरी रचना के स्थान पर ध्यान उन्हीं पर जाये तो सौन्दर्य-बोध की दृष्टि से प्रयोक्ता की सफलता नहीं असफलता ही मानी जायेगी। आप उलट कर कह सकते हैं कि यह देखने वाले की विकृति है कि वह उन्हीं शब्दों को देखता है, उसे पूरी रचना ही देखनी चाहिए। बात सही है, पर चीज़ आरंभ कहाँ से हुई। विकृति तो मूलतः रचनाकार के ही दृष्टिकोण में आयी जिसके परिणामस्वरूप एक विशेष प्रकार के शब्द-समूह तथा तत्सम्बन्धी क्रियाओं को अधिक महत्व देकर उन्हीं के द्वारा अपनी विशिष्टता प्रकट की जाने लगी और वह भी मौलिक रीति से नहीं, अनुकृति के रूप में। तर्कों तक में नवीन उद्भावना का अभाव उसके आयातित एवं विकृत रूप को एकदम उद्घाटित कर देता है और निजी रूप को नकार कर दूसरे के बाने को अपनाने जैसा स्पष्टतः नाटकीय अथवा मानसिक दासता-सूचक दिखायी देता है।

मेरे विचार से 'नयी कविता' कहने से आज निम्नलिखित अर्थों का बोध होता है जो परस्पर सम्बद्ध हैं और जिनका महत्व-क्रम भी यही है—

- **वह कविता जो नये मूल्य-बोध से अनुप्रेरित हो, विशेषतः स्वातन्त्र्योत्तर या बीसवीं शती उत्तरार्ध के।**

- **वह कविता जो काव्य की, निरन्तर नवीन लगने वाली, उर्वर रचना-शक्ति एवं अनुभव के अलक्षित नूतन स्तरों से सम्बद्ध हो।**

- **वह कविता जिसमें पूववर्ती स्थिति के निषेध के साथ अभिव्यंजना की अपरिचित प्रणालियाँ, कथन की विचित्र एवं अप्रचलित भंगिमाएँ और अद्यतन प्रभावों को ग्रहण करने तथा नये-नये नामों से अपने को व्यक्त करने की प्रवृत्ति हो।**

आवश्यक नहीं है कि यह सभी अर्थ एक दूसरे के विरोध में ही देखे जायें या कि हों। जैसा कहा जा चुका है, यह असम्बद्ध न होकर वर्तमान हिन्दी कविता के व्यापक निर्माण-क्षेत्र में एक दूसरे से सम्बद्ध दिखायी पड़ते हैं। इनमें आपस में कुछ व्यवधान हो सकता है पर इतना नहीं कि संघर्ष उपस्थित हो जाये, क्योंकि वह विघटन का सूचक होगा। मेरी दृष्टि में नयी कविता के स्वरूप में अभी परिवर्तन, के रूप में नाम-वैविध्य और थोड़ी अनेकरूपता ही सामने आयी है, आन्तरिक विघटन आरंभ नहीं हुआ है। आत्मलक्षी पत्र-पत्रिकाओं के प्रचारात्मक वक्तव्यों से ऐसा कोई भ्रम नहीं होना चाहिए और

न किसी विवेक सम्पन्न आलोचक को होगा ही। अपने को अलग दिखाना एक बात है और वस्तुतः अलग हो जाना दूसरी बात। बहुत सा अन्तर उपर्युक्त तीनों अर्थों के अनुपात भेद से पैदा हुआ है। प्रचलित रूपों में कुछ ऐसे हैं जिनमें नये मूल्य बोध पर विशेष बल है, कुछ में अनुभव के नूतन स्तरों और उर्वर रचना-शक्ति का महत्व अधिक माना गया है और अब कुछ ऐसे रूप सामने आ रहे हैं जिनमें पहले दोनों अर्थ प्रायः गौण होते जा रहे हैं और नाम-भेद तथा अभिव्यंजना प्रणाली के वैचित्र्य एवं विद्रूप-पक्ष को ज़्यादा उभारा जा रहा है जिनके लेख का संदर्भ पीछे दिया जा चुका है उन अपने दार्शनिक मित्र संगमलाल पांडे की इस धारणा से मैं सहमत नहीं हूँ कि सच्ची नयी कविता वह होगी जो परिदृश्यात्मक हो, मानववादी न हो, ऐसी दशा में वह देश की वास्तविक प्रगति से भी सम्बद्ध नहीं रह सकेगी जिसे वे आवश्यक मानते हैं। यह कहना गलत होगा कि इस परिवर्तन से नयी कविता के विकास में बाधा ही पड़ी, लाभ कुछ नहीं हुआ। वस्तुतः यदि रूपक बाँधना गुस्ताखी न माना जाये तो कहूँगा कि जैसे वृक्ष का विकास कुछ दूर तक सीधे रूप में होना है फिर उसमें शाखा-प्रशाखाएँ फूटने लगती हैं और तिरछापन तथा अनेकत्व आने लगता है। सभी डालियों में नयी-नयी पत्तियाँ आती हैं जो उसी वृक्ष की होती हैं। तेज हवा चलने पर डालियाँ आपस में टकराती भी हैं और कुछ टूट कर गिर भी जाती हैं तथा कुछ का विकास वृक्ष की विकास-दिशा के विपरीत भी लगता है। शाखाएँ भूल को नकारना चाहें तो नकार दें पर उन्हें वास्तविक विच्छेद की अवस्था में सूख जाने या कोई अन्य प्राण-स्रोत खोज लेने के लिए तैयार रहना होगा। जहाँ तक नाम-भेद का प्रश्न है, मेरी दृष्टि से वह बहुत महत्वपूर्ण नहीं है। भला-बुरा जो भी नाम कालान्तर में व्यापक रूप से लोक-ग्राह्य हो जाये उसे अपनाने में संकोच नहीं होना चाहिए। कभी-कभी किसी बड़े वृक्ष पर कोई दूसरा वृक्ष भी उग आता है जिसे 'पैरासाइट' कहते हैं। यदि कोई इस रूप में ही स्थित हो या रहना चाहे तो भी जो हरेपन में सुख मानते होंगे, उन्हें आपत्ति नहीं होगी, मुझे तो नहीं ही है। नयी कविता अपनी अप्रतिहत प्राण-शक्ति से उसे भी पल्लवित पुष्पित करने में निजी सार्थकता ही समझती रही है और आगे भी समझती रहेगी। हाँ, विषवृक्षों का पोषण वह अवश्य नहीं चाहेगी क्योंकि अभी उसने अपने विवेक को तिलांजलि नहीं दी है और उन्हें निर्जीव बना देने की शक्ति भी उसमें है ही।

'पाश्चात्य औद्योगिक सभ्यता में कवि की स्थिति दुःखद है। पूर्वी देशों में कविकर्म जितना सहज और सामान्य माना जाता है, या कम से कम कुछ दिन पहले तक माना जाता था, पाश्चात्य देशों में उतना नहीं माना जाता। कवि वहाँ एक अजूबा होकर रह गया है।.... पाश्चात्य समाज कवि-कर्म को तुच्छ ठहराता है और मानता है कि कवि सिर्फ शब्दों से खेलता है। यह विचार 'आधुनिक समाज में कवि की पुनः प्रतिष्ठा आवश्यक' मानने वाली आस्ट्रेलियाई कवयित्री जूडिथ राइट के हैं। (द्र० विशेष लेख, नया साहित्य, 1967, अंक 4, पृ० 2) और भी बहुत से लोग ऐसे हो सकते हैं जिनकी दृष्टि में आज के समाज में कवि का 'अजूबा' बनते जाना वरेण्य नहीं होगा। भारतीय मानस ने कवि को भावशील और निर्बन्ध मानते हुए भी कभी उसे असामाजिक, मानसिक रोगी अथवा विकृत मस्तिष्क वाला प्राणी नहीं माना है और न अब वैसा मानने या बनने की अनिवार्यता सिद्ध होती है। ऐसी दशा में यहाँ के नये कवि को अपनी सार्थकता निजी परिवेश से सम्पृक्त होकर

स्वयं खोजनी होगी। अतिशय प्रभावोन्मुखता या फ़ैशन-परस्ती इस सम्पृक्ति को या तो काट देती है या कम कर देती है और कविता न कविता रह जाती है, न नयी, और न अपनी। उसका साहित्यिक मूल्य भी अपने आप घट जाता है। नया कवि द्विवेदी-युग की तरह 'उचित उपदेशक का मर्मी नहीं बन सकता किन्तु वह ऐसा भी न हो जाये कि कविता सुनने के स्थान पर श्रोता या पाठक उसके मानसिक स्वास्थ्य की कामना करते हुए उसे उचित 'इलाज' कराने का उपदेश देने लगें और वह नाराज हो होकर अपने रोग को स्वयं प्रमाणित करता जाये।

स्वतंत्र लेख

प्रयोगवादी कवि : एक चेतावनी

डॉ० देवराज

हम जान-बूझ कर अतिव्याप्ति को बचाने के लिये, 'नयी' के बदले 'प्रयोगवादी' विशेषण का प्रयोग कर रहे हैं। हमें यहाँ प्रयोगवादी काव्य की प्रेरणा एवं प्रगति का पर्यालोचन करना है।

अवश्य ही प्रयोगवादी काव्य किसी बलवती प्रेरणा की अभिव्यक्ति है; चाहें तो आप उस प्रेरणा को युग की ज़रूरत या माँग कह सकते हैं। इसका सबसे बड़ा सबूत यह है कि कल के प्रगतिवादी भी आज प्रयोगवादी मुहावरे में लिखने का प्रयत्न करते पाये जाते हैं—लिख रहे हैं।

कविता या साहित्य में नई शैलियाँ क्यों उगने लगती हैं? इस प्रश्न का उत्तर कई प्रकार से दिया जा सकता है—अथवा कई उत्तर दिये जा सकते हैं। एक, बहुत दिनों तक एक मार्ग या लीक में चलते-चलते पुरानी कविता रूढ़िग्रस्त एवं अरोचक हो जाती है, इसलिये; दूसरे, काव्य-भाषा को जन-भाषा के निकट लाने के लिये अथवा काव्य-निबद्ध अनुभूति को जन-जीवन के सम्पर्क में लाने के लिये; तीसरे, बदले हुये जीवन की नयी सम्भावनाओं के उद्घाटन के लिये, अथवा नये मूल्यों की प्रतिष्ठा के लिये। नयी शैली का अर्थ है जीवन या अनुभव-जगत् के नये पहलुओं को नयी दृष्टि से देखना और उन्हें नये चित्रों, प्रतीकों, अलंकारों द्वारा अभिव्यक्ति देना।

हमारा युग प्राचीन मूल्यों के सम्पूर्ण विघटन, उनके प्रति पूर्ण अनास्था का युग है; इसलिये हमारे कवियों की 'दृष्टि', उनके देखने—प्रतिक्रिया करने का तरीक़ा भी, पूर्णतया बदल जाना चाहिये। प्रयोगवादी कविता यही करना चाहती है; इसीलिये वह पुराने संस्कारों के पाठकों को अटपटी और कभी-कभी असंवेद्य लगती है। वह उनके बद्धमूल संस्कारों से एकदम ही मेल नहीं खाती।

अंग्रेजी में प्रयोगवादी—जैसी कविता प्रथम महायुद्ध के बाद के अनास्थामूलक वातावरण में उद्भूत हुई। किन्तु उस समय रवीन्द्र से प्रभावित छायावादी कवि रहस्यवाद लिख रहे थे। हिन्दी प्रयोगवाद भी केवल युग से प्रभावित नहीं है—वह बहुत हद तक इलियट-पाउण्ड आदि की शैली के अनुकरण में उत्थित हुआ है। यह इसलिये कहना पड़ता है कि स्वतन्त्रता-प्राप्ति के बाद भारतीय कवि देश के निर्माण, उसकी सृजनात्मक शक्तियों के पुनर्विकास के सशक्त स्वप्न भी देख सकते थे—नयी स्फूर्त्ति दायक जीवन-दृष्टियों की परिकल्पनायें भी कर सकते थे। अवश्य ही वैसी जीवन-दृष्टि या दृष्टियाँ भी रहस्यवाद एवं परलोकवाद से मुक्त होकर ही 'नवीन' विस्तार पा सकेंगी; वे भी पुराने मुहावरों में 'फ़िट' न होंगी।

अब तक हमारे प्रयोगवाद का विकास किन दिशाओं में हुआ है। उत्तर है—जन-भाषा की अधिकाधिक निकटता की ओर; रूप-विधान अथवा शिल्प के अधिक साहसी नये प्रयोगों की ओर। यह प्रगति है; यद्यपि यह नहीं कहा जा सकता कि तत्सम तथा जन-

भाषा के शब्दों के मिश्रण की अपेक्षा (जैसा कि प्रथम 'तारसप्तक' में है) शुद्ध जन-भाषा का प्रयोग ज्यादा रोचक और अर्थवाही होता है। हमारी राय है कि समृद्ध साहित्य-सृष्टि भाषा के सारे उपकरणों का उपयोग करते हुये ही संभव होती है।

साम्प्रतिक प्रयोगवाद की तीन मुख्य कमियाँ हैं। एक, कविगण नयी 'दृष्टि' द्वारा नूतनता उत्पन्न न करके सिर्फ़ शब्दों तथा अलंकारों की विलक्षणता द्वारा प्रभाव उत्पन्न करना चाहते हैं। श्री गिरिजा कुमार माथुर के शब्दों में वे 'चौंकाने, ध्यान आकृष्ट करने, नयी शैली का आभास पैदा करने' की ओर ही ज्यादा उन्मुख हैं। हमारा अनुमान है कि किसी भी युग की सफल प्रयोगशील कविता सिर उछाल-उछाल कर अपनी प्रयोगशीलता की घोषणा नहीं करती; किसी भी शैली की यथार्थ सफलता इसमें है कि वह अपने को वक्तव्य की महत्ता में खो दे।

प्रयोगवाद की दूसरी और ज़्यादा बड़ी कमी-जो प्रथम से सम्बद्ध है—है, कवियों में व्यक्तित्व की कमी या अभाव। इस कमी के मूल में पारस्परिक अनुकरण या होड़ की प्रवृत्ति भी है, और गंभीर साधना का अभाव भी। कवियों की साम्प्रदायिक-जैसी दिखने वाली एकता—शैली अर्थात् मुहावरों, चित्रों, लय-विधान आदि की समानता-जहाँ उन्हें संगठन का बल देती है, वहाँ उनके व्यक्तित्वों को अनिर्दिष्ट भी बना देती है। इस दृष्टि से प्रथम 'सप्तक' के बाद प्रयोगवादी कविता ने कोई प्रगति की है, इसमें सन्देह किया जा सकता है। साम्प्रदायिक ऐक्य और व्यक्तियों के अपूर्ण विकास के कारण ही प्रगतिवाद हमें कोई महत्वपूर्ण कवि नहीं दे सका।

हम अपनी बात दूसरे ढंग से कहें। व्यक्तित्व-सम्पन्न साहित्यकार का जीवन के कुछ क्षेत्रों से विशेष परिचय होता है जिनका वह विशेष अन्वेषण उद्‌घाटन करता है। उसकी अपनी निजी साधना और दृष्टि भी होती है। छायावाद के चार प्रमुख कवियों का अपना-अपना व्यक्तित्व रहा है—प्रत्येक का अपना विशिष्ट क्षेत्र और अपना सौंदर्य-बोध। अपने विशिष्ट क्षेत्र में उनमें से प्रत्येक की उपलब्धि एक सीमा तक विशद एवं प्रौढ़ हो सकी है। किसी भी प्रगतिवादी कवि के सम्बन्ध में ये बातें नहीं कही जा सकतीं। इन दृष्टियों से 'अज्ञेय' का कृतित्व भी प्रमुख छायावादियों का समकक्ष—अभी तक—नहीं है।

यह नहीं कि नयी कविता वैसे व्यक्तित्व पैदा नहीं करेगी। हमें कहना यह है कि वैसे व्यक्तित्व अनवरत साधना द्वारा ही गठित हो सकेंगे। अनास्था और निषेध की भूमिका से निकल कर भविष्य के श्रेष्ठ कवियों को जीवन के प्रति सुचिन्तित, सशक्त भावात्मक दृष्टिकोण विकसित करना होगा और अपनी संवेदना के अनुकूल क्षेत्रों में मार्मिक, विस्तृत एवं प्रौढ़ सृजन के अनुष्ठान करने पड़ेंगे। इस दृष्टि से नये कवियों का काम रवीन्द्र तथा छायावादियों से कहीं कठिन है; उन कवियों को परंपरा-प्राप्त जीवन-दर्शन का बल था, आज जीवन--दृष्टि को विकसित करने की समस्या है। मार्क्स का एकांगी जीवन-दर्शन आज के जटिल युग तथा भारत जैसे प्राचीन देश के लिए पर्याप्त नहीं है—यह हमारी पिछले पन्द्रह वर्ष की अल्प-सफल काव्य-रचना से भी सिद्ध है।

तीसरे, अधिकांश प्रयोगवादी कवियों की रचना में उस अनुशासन की कमी दिखाई देती है जो विशिष्ट कविता अथवा कृति को चुस्त संगठन एवं विशद ओज देता है। इस दृष्टि से नये कवि बच्चन के काव्य से जो जनभाषा के निकट है—सही प्रेरणा ले सकते हैं। स्पष्ट ही इसका अर्थ बच्चम के छन्दों, मुहावरों एवं संवेदना का अनुक्रण नहीं है।

कम कवि इस बात को महसूस कर पाते हैं कि मुक्त-छन्द लिखना छन्दबद्ध काव्य-रचना से कहीं अधिक कड़ा अनुशासन माँगता है। कुछ कवियों के बारे में यह सन्देह होता है कि वे, संभवतः अक्षमता के कारण, छन्दबद्ध रचना की 'डिसिप्लिन' में गुजरे बिना ही, मुक्त-छन्द लिखने लगे हैं। इस संबंध में हम हिन्दी लेखकों तथा समीक्षकों के सामने एक विचारणीय मन्तव्य रखना चाहते हैं। मानव-संस्कृतियों के प्रसिद्ध अध्येता, नर-विज्ञान के प्रकाण्ड पंडित, क्रेवर का कहना है कि छन्दहीन काव्य और कथानक-रहित उपन्यास सांस्कृतिक अधः प्रगति (डिकेडेन्स) के द्योतक होते हैं।

हमारा उद्देश्य प्रयोगशील कवियों को निरुत्साहित नहीं, सचेत करना है। राजनीतिक इतिहास में सांप्रदायिक संगठन बल देता है; किन्तु साहित्यिक इतिहास व्यक्तियों को ही महत्व देता आया है। साधनाशील साहित्यकार अपने तथा मानवता अथवा मानव-संस्कृति दोनों के भविष्य के संबन्ध में दूरदर्शी होता है; सुलभ किन्तु अल्पकालिक वाहवाही के लोभ से वह अपने को किसी संकीर्ण, सांप्रदायिक जोश या उमंग के प्रवाह में नहीं बह जाने देता। इसे याद रख कर ही हमारे प्रयोगशील कवि उन बड़ी महत्वाकांक्षाओं का पोषण कर सकेंगे जो वाल्मीकि, कालिदास एवं सूर-तुलसी के देश के कलाकारों के लिए उचित और शोभन हैं।

"The pouring of a new and greater self-vision of man and Nature and existence into the idea and the life is the condition of the completeness of the coming poetry......

...The real inspiration enters with a more complete movement, an enlarged horizon of life, a widening of the fields of the idea, a hightening of the flight of the spirit."

SRI AUROBINDO

—*The future Poetry, Page 404-405*

नयी कविता का सामाजिक परिवेश

डॉ० रघुवंश

नयी कविता के सम्बन्ध में प्रचलित पूर्वग्रहों के बीच समीक्षा का दायित्व अत्यन्त कठिन जान पड़ता है। पक्ष-विपक्ष में विभाजित पूर्वग्रहों से न केवल समीक्षात्मक दृष्टि धुँधली हुई है, वरन् वातावरण में तनाव भी पैदा हुआ है। ऐसी स्थिति में समीक्षा का सन्तुलित आधार पा जाना बहुत सरल नहीं है। पर जिस क्षण मैं स्वीकार कर लेता हूँ कि आज की कविता के सम्बन्ध में पक्ष-विपक्ष ग्रहण नहीं करता, पूर्वग्रहों को स्वीकार नहीं करता, उसी क्षण यह सारा कुहासा अपने आप कट जाता है। लेकिन प्रारम्भ में ही मैं यह कह देना चाहूँगा कि प्रत्येक युग में जो कुछ कविता के नाम पर लिखा गया है वह कविता नहीं सिद्ध हो सका, और आज नयी कविता के नाम से जो कुछ लिखा जा रहा है या छप रहा है, आगे 'नयी' विशेषण मिट जाने पर उसमें से पता नहीं कितना कविता सिद्ध हो सकेगा, यह भविष्य ही जाने।

सबसे बड़ा प्रश्न-चिह्न जो नयी कविता के विषय में लगाया जाता है, वह है उसकी असामाजिकता। कहा जाता है कि नयी कविता व्यक्ति-प्रधान है। उनका कहना है कि यह कविता अतिवैयक्तिक तथा असामाजिक है। इस धारणा के मूल में यह भावना किसी न किसी रूप में निहित है कि आज की यह कविता योरप में पिछली शताब्दी के उत्तरार्द्ध से प्रारम्भ होकर द्वितीय महायुद्ध तक चलने वाले विभिन्न वादों से प्रभाव ग्रहण करती है। प्रश्न के इस पक्ष पर मैंने 'हिन्दी काव्य की विभिन्न प्रवृत्तियाँ' की भूमिका में विस्तार से विचार किया है। वस्तुतः नये कवियों में इस कोटि का असामाजिक व्यक्तिवादी नहीं है जिस कोटि के कवि और कलाकार यूरोप में विभिन्न वादों के अन्तर्गत हुए हैं। कुछ आलोचक यूरोप की पिछली परिस्थिति से हमारे देश की आज की परिस्थिति की समानता प्रतिपादित करने की कोशिश करते हैं, पर जो समानता परिलक्षित होती है वह वास्तविक से अधिक आभास-मात्र है। हमारे देश का ऐतिहासिक क्रम भिन्न परिस्थितियों के बीच से अग्रसर हुआ है, और हमारी सांस्कृतिक परम्पराएँ भी अनेक दृष्टियों से भिन्न रही हैं। इसके अतिरिक्त यूरोप की पिछली समस्त भावधाराएँ यहाँ बाद में पहुँची हैं, इस कारण इनका प्रभाव कम हो चुका है।

परन्तु यह भी सत्य है कि हमारे देश के जीवन में एक बहुत बड़ा मोड़ इस नये युग में उपस्थित हुआ है। प्रत्येक मोड़ संक्रान्ति युग होता है, जिसमें पुराने और नये के बीच संघर्ष अनिवार्य हो उठता है। यह संघर्ष विध्वंसक लगता है, पर इसके बीच से गुज़र कर पुराना नये का निर्माण करता है। पुरानी आस्था, पुरानी मर्यादा और पुराना विश्वास नयी आस्था, नयी मर्यादा और नये विश्वास को जन्म देता है। पहले युग का सांस्कृतिक जीवन विच्छिन्न होकर नये युग की सांस्कृतिक उपलब्धियों की भूमिका तैयार करता है। क्योंकि इतिहास साक्षी है कि संसार की प्रत्येक संस्कृति अपने चरम उत्कर्ष के बाद पतनोन्मुख

होकर विशृंखल हो गई है और अतीत की संस्कृति, कला, साहित्य तथा दार्शनिक चिन्तन आगत युग को विरासत में दे जाती है।

इस युग के नवागत विचारों तथा बदलते हुए आदर्शों की पीठिका पर इस काव्य में वस्तु-सत्य अथवा शैली को लेकर अनेक प्रवृत्तियाँ यूरोप तथा इंग्लैण्ड के पिछले काव्य की मिल जायें तो आश्चर्य नहीं। इस काव्य में विचारों का तीव्र आघात और संघर्ष, भावों का संकुलित उलझाव, अचेतन उपचेतन मन के नानाविध प्रभावों का वर्णन समान रूप में मिल जाता है। उसी तरह इसमें नवीन अनुभूतियों, मानसिक अन्तर्द्वन्द्वों, विचारात्मक संघर्षों तथा यथार्थ सत्य को झेलने की आन्तरिक पीड़ा को व्यक्त करने के लिये पुरानी व्यंजना शैली के प्रति विद्रोह भी है। स्पष्टतः इसका कारण देश के व्यापक जीवन का मोड़ है, संक्रान्ति है जो पिछले युगों के विध्वंस पर नवीन युग का निर्माण कर रही है। इस संक्रान्ति युग में निर्माण के अदृश्य अंकुरों से अधिक ध्वंस के अवशेष दिखाई पड़ते हों तो आश्चर्य क्या! समस्त युग-चेतना को संवेदित करके उसको अभिव्यक्ति का रूप देने वाले कवि का दायित्व इस युग में सबसे अधिक जटिल और असाध्य हो गया है। उसको इस युग के समस्त संघर्ष, विषमता, विशृंखलता को झेलना ही होगा। यदि वह झेल नहीं सकेगा तो युग उसमें संवेदित नहीं हो सकेगा। यह उसी का दुस्तर कर्त्तव्य है कि संक्रान्ति-कालीन संघर्ष और ध्वंस को छाती पर झेल कर नये युग की आस्था और उसके विश्वास को जन्म दे। फिर इस बदलती हुई परिस्थिति के अनुकूल अपनी अभिव्यक्ति का माध्यम खोजना भी आज के कवि के लिये अनिवार्य हो उठा है।

यहाँ अभिव्यंजना के रूप और शैली के प्रश्न को जान बूझ कर छोड़ा जा रहा है, क्योंकि हमारे सामने मूल प्रश्न सामाजिकता का है। आज का कवि केवल अभिव्यक्ति के सौन्दर्य-मात्र को अपना लक्ष्य स्वीकार नहीं करता। वह अधिक गम्भीर सामाजिक उत्तरदायित्व को मान कर चलता है। आज का कवि व्यक्तिवाद को घोषित करके अपना नहीं सकता, पर स्वीकार करने अथवा न करने से समस्या का समाधान नहीं होता। प्रश्न है कि आज की कविता में कुण्ठा, निराशा, अवसाद, आवेश, दुरूहता, अस्पष्टता, विशृंखलता आदि का कारण क्या है? इस स्थिति से दो प्रकार के निष्कर्ष सामान्यतः, निकाले जाते हैं। कुछ का कहना है कि यह सब पश्चिम की नक़ल है, आरोपित भावशीलता मात्र है। इन आलोचकों की सबसे बड़ी कठिनाई यह है कि ये जितने पश्चिम की रचनाओं से अपरिचित हैं उतने ही नयी भावशीलता की परख में कच्चे भी हैं। दूसरों का कहना है कि यह घोर वैयक्तिक दृष्टिकोण का परिणाम है, पलायनवादी मनोवृत्ति है। इन मतवादियों के विचार में सत्य का आभास अधिक है। और आभास इसलिये कि इन्होंने अपनी बात स्थापित करने के लिये वर्तमान कविता को गलत दृष्टिबोध का आधार प्रदान किया है। सत्य इसलिये कि जिस यूरोप की कविता से इस कविता को अनुप्राणित मान लिया गया है वह घोर व्यक्तिवादी तथा पलायनवादी कविता थी। जो नयी कविता में केवल कुण्ठा, निराशा तथा आस्थाहीनता आदि देखते हैं, वे या तो इस कविता के सम्पूर्ण व्यापक अर्थ को ग्रहण नहीं कर सके हैं अथवा जान बूझ कर किसी उद्देश्य से स्वीकार नहीं करना चाहते हैं।

पहले ही इस बात का निर्देश किया गया है कि यूरोप पिछले युग में जिस संक्रान्ति की स्थिति से गुज़रता आ रहा है उसमें और अपने देश की वर्तमान संक्रान्ति की स्थिति में

अन्तर है। यूरोप में 19 वीं शती के विज्ञानवाद से उत्पन्न अनास्था जितनी गतिशील, प्रवेगपूर्ण थी उतनी ही सर्वग्राही भी, साथ ही उसके मानववाद का आधार भी निर्बल था। इसके विपरीत इस देश की आज की अनास्था पिछले युगों की जड़ अंध आस्था के प्रति गहरा विद्रोह है। यूरोप की समस्या आस्थाहीनता है तो हमारे देश का प्रश्न आस्था की जड़ता का है। शताब्दियों से इस देश का जीवन अपनी पिछली सांस्कृतिक मर्यादाओं में जकड़ कर बँध गया है। युग बदले, जीवन धारा आगे बढ़ी ऊपर पर जमी बर्फ़ के समान ये मर्यादाएँ ज्यों की त्यों बनी रहीं। सैकड़ों वर्षों के बाद 19वीं शती के अन्तिम चरण के जागरण में हम को लगा कि हमारे इस सांस्कृतिक मूल्यों और मर्यादाओं पर गहरी काई जम चुकी है, उनकी सारी उज्ज्वल चमक जाती रही है। फिर भी साम्राज्यवाद के अन्तर्गत हमारा विश्वास बना हुआ था कि इस काई के नीचे मूल्यवान सिक्के हैं। परन्तु पहले महायुद्ध के बाद से ज्यों-ज्यों देश के स्वतंत्रता-संग्राम का रूप स्पष्ट होता गया, उसी के साथ यह भी स्पष्ट होता गया कि काई छूट जाने पर भी इन पुरानी मूल्य-मर्यादाओं में चमक शेष नहीं रह गई है। इस नये आगत युग में इनको लेकर आगे नहीं बढ़ा जा सकता।

इस स्थिति में हमको यूरोप से प्रेरणा और प्रकाश मिलने की संभावना हो सकती थी, राष्ट्रीय जागरण के दौरान में देश ने ऐसा किया भी था। और ऐसा नहीं है कि इस दिशा में प्रयत्न किया ही न गया हो। परन्तु दो कारणों से ऐसा संभव नहीं हो सका। देश की व्यापक जीवन-धारा का प्रवाह दूसरी धाराओं के नियम से शासित या नियंत्रित नहीं हो सकता; संस्कृति और मूल्यगत उपलब्धियों की कलमें नहीं लगतीं, वे जीवन के विकास-क्रम में अपने आप स्थापित होती हैं। इसके अतिरिक्त यूरोप की सभ्यता और संस्कृति की चमक-दमक के अन्तराल में स्वयं संघर्ष और विषमता पल रही थी जिसका विस्फोट द्वितीय महायुद्ध था। परिणाम-स्वरूप यह युग अंध जड़ता का युग है जिसमें समस्त सामाजिक, धार्मिक, राजनीतिक तथा आर्थिक मान्यताएँ झूठी पड़ गयी हैं। हम सत्य और आदर्श की चर्चा बहुत करते हैं, और ऐसा जान पड़ता है कि हमारे पास इनका बहुत बड़ा आधार है, बहुत बड़ी परम्परा है। परन्तु समाज की जड़ निष्क्रियता ने इस समस्त आदर्शों को खोखला बना डाला है। हम धर्मनिष्ठ हैं, आदर्शवादी हैं, मानवतावादी हैं, पर सब कुछ होकर भी वह आन्तरिक निष्ठा का बल हममें नहीं है जो जीवन-धारा को अग्रसर करता है। यह समाजव्यापी कुण्ठा, निराशा, अवसाद तथा अंध आस्था का परिणाम है कि हम इन सबके बावजूद व्यक्तिगत स्वार्थों, बेईमानी, घूसखोरी, चोरबाज़ारी, अकर्मण्यता से अपने को बचाने में असमर्थ हैं। इस सामाजिक जड़ता से न नगर बचे हैं और न गाँव, न शिक्षित और न अशिक्षित, न उच्चवर्ग और न निम्नवर्ग ही। यहाँ ऐतिहासिक कारणों की विवेचना जानबूझ कर नहीं की गई है, केवल परिस्थिति का रूप भर उपस्थित किया गया है।

आज की इस सामाजिक परिस्थिति ने कवि को संवेदित किया है। वह इस सर्वग्राही जड़ता और कुण्ठा का अनुभव अपने जीवन में कर रहा है। यह कुण्ठा पलायनवादी न होकर परिस्थितिजन्य है। उसके मन का संघर्ष, विषमता, आवेश, विशृंखलता सभी इस सामाजिक परिस्थिति का संवेदन है। समाज जिस परिस्थिति में अनायास पड़ा हुआ है, उसका अनुभव वह बहुत अस्पष्ट रूप से कर पा रहा है। कवि उस परिस्थिति से टकरा

रहा है और यह संक्रान्तिकालीन स्थिति का स्वस्थ लक्षण है। नदी के प्रवाह पर जमा हुआ बर्फ़ समान रूप से सारे जल-विस्तार की गति को रोक देता है। पर उसकी बाधा का एहसास अन्तर्वती धारा को ही होता है, वह उसको काटने का दुर्दम प्रयास करती हुई टकरा कर नीचे से बहती है। आज के कवि का संघर्ष, उसकी आशानिराशा-जन्य-कुण्ठाएँ व्यक्तिगत से अधिक सामाजिक हैं। उसके विषय में सबसे बड़ी बात यह कही जा सकती है कि यूरोप के पिछले कवियों के समान उसने अपने भविष्य को खोया नहीं है, कम से कम उसका भविष्य का विश्वास बना हुआ है। यह ठीक है कि इन कवियों में मार्ग खोजने का संघर्ष ही अधिक परिलक्षित होता है और यह आगे बढ़ कर निर्माण के पथ को प्रशस्त करने वाले संघर्ष से बड़ा नहीं है, फिर भी इस मोड़ पर यह संघर्ष कम महत्व का नहीं है।

नयी कविता के सम्बन्ध में अन्तिम महत्वपूर्ण प्रश्न है सामाजिक प्रेषणीयता का। यह पहले ही निर्देश किया जा चुका है कि आज का कोई भी कवि इसको अस्वीकार नहीं करता। परन्तु आलोचकों का सबसे अधिक आक्षेप इसी बात पर है। मुझे लगता है कि आज की साहित्य-चर्चा में सब से अधिक उलझन और भ्रम की स्थिति साधारणीकरण तथा समाजीकरण के प्रश्न को लेकर है। साधारणीकरण के माध्यम से अनेक बार समाज की भावशीलता के समस्त स्तरों को समान मान लिया जाता है और समाजीकरण के रूप में साहित्य तथा लोक साहित्य को समान स्तर का स्वीकार कर लिया जाता है। युग-जीवन की विचारात्मक तथा भावात्मक उपलब्धियों के वाहक साहित्य को जनता के निकट पहुँचाने और उसकी वस्तु बनाने की बात और है और समस्त साहित्य को लोक-साहित्य के स्तर पर उतार लाना बिलकुल भिन्न बात है। नदी के सम्पूर्णप्रवाह के जल का ऊपरी स्तर समान होता है, पर तल की गहराइयों में अन्तर होता है, मूल धारा की गति और सामान्य प्रवाह की गति में अन्तर होता है। मूल धारा सम्पूर्ण प्रवाह से भिन्न नहीं है और न उसका अन्य कोई अस्तित्व है। पर साथ ही सम्पूर्ण प्रवाह को नियोजित और गतिशील करनेवाली मूल धारा ही होती है। आज की कविता का कवि युग-चेतना की मूलधारा का अंग है और उसकी आकुलता की संवेदनीयता मूल-धारा तक ही सीमित जान पड़ती है। परन्तु धारा समग्र प्रवाह की गति का लक्षण है, प्रतीक है और इसी प्रकार नयी कविता का सम्बन्ध युग से है, समाज से है। वह आज के युग के संघर्ष को झेलने वाली चेतना का स्फुरण है, और उसकी प्रेषणीयता भविष्य के विश्वास तथा आस्था को जन्म देने की पीड़ा सहने वालों की वस्तु है। ऊपर की जमी हुई बर्फ़ की जड़ता को तोड़कर बहने वाली धारा के वेग का अनुभव अतल की गहराइयाँ नहीं कर पाती हैं, उनके लिये परिवर्तन तथा गति का कोई अर्थ नहीं। और न उस वेग का अनुभव कट कर अलग हुए सेवा से आकुलित स्थिर-प्रवाह जल-खंड ही कर पाते हैं। यह धारा तो सारे प्रवाह की गति को अनायास ही नियोजित करती हुई आगे बढ़ती जाती है।

"Much of the difficulty which people find in reading modern poetry, and of the distaste for it which they are so ready to express, seems to me to be due to a lack of realization of the great changes which have occurred during the last fifty years, both in the world and in ourselves who live in it : or rather, perhaps, to a failure to recognize that as human life and its environment change, so the face and form of literature change too. In other words, many people approach modern literature with a background which still remains obstinately nineteenth-century. The result cannot be anything but perplexity and confusion"

MARTINE GILKES

Introduction to Modern Poetry, from preface.

नयी कविता : मनोवैज्ञानिक पृष्ठ-भूमि

लक्ष्मीकान्त वर्मा

किसी भी कलाकृति को समझने के लिये जहाँ रुचि और बोध के साथ संदर्भ-ग्राह्यता, कलाकार की मानसिक स्थिति और परिप्रेक्षण-विधि के साथ सह-अनुभूति होना आवश्यक है वहीं उन मनोवैज्ञानिक आधारों के प्रति वैज्ञानिक दृष्टिकोण विकसित करना भी अनिवार्य है जो जीवन और उसकी समस्त अभिव्यक्ति को प्रभावित करते रहते हैं। यह मनोवैज्ञानिक सत्य आज जीवन का विशिष्ट अंश है जिसके आधार पर यह निश्चय ही कहा जा सकता है कि कला का उद्भव तथा विकास न तो शून्य में होता है और न वह कोई इल्हाम की वस्तु है जिस में सहज मानवीय प्रकृति के अतिरिक्त कोई अन्य रहस्यात्मक शक्ति निहित हो। प्रत्येक कला अधिकांश रूप में संपर्कात्मक अनुभूति, प्रतिभावनात्मक अनुभूति, संवेदनात्मक स्मृति और चेतन-अचेतन में व्याप्त अनुभव की परिणति होती है। इसीलिये प्रायः प्रत्येक प्रवृत्ति की पृष्ठ-भूमि में ऐतिहासिक सत्यों से सम्बद्ध सामाजिक, वैयक्तिक, आत्मव्यंजक और संस्कारगत स्थितियाँ होती हैं जो विशेष प्रकार की धारणा को प्रश्रय देकर उस मनोवैज्ञानिक सत्य को उद्घाटित करती हैं जिसकी सहज अभिव्यक्ति भी परम्परानिष्ठ रीतिवादी व्यक्तियों को चौंका देती है। आज की नयी कविता भी परम्परा और रीति के विरोध में जीवन-सत्य के उन आयामों और धरातलों को छूती है जो नित्यप्रति जीवन में आत्म-सत्य और आत्म-अनुभूति के अधार पर व्यक्त होते हैं।

नयी कविता के नयेपन में यही ऐतिहासिक, वैयक्तिक, सामाजिक और आत्म-व्यंजक सत्य वे आयाम और धरातल विकसित करते हैं जो परम्परा से भिन्न होते हुए भी सार्थक एवम् समर्थ रूप में नयी अभिव्यंजना को अवतरित करते हैं। यही नहीं, इस नयेपन में एक नवीन धरातल, मानसिक स्थिति, अनुभूति और संवेदनशील तथ्यों की अभिव्यक्ति मिलती है जिसमें यथार्थ की स्वीकृति है, मिश्रित भावनाओं की संवेदना है, रस बोध के नये स्तर हैं, सौन्दर्य अनुभूति की भिन्न सार्थकता है और बदलते हुये संदर्भों में मानव जीवन के प्रति जागरूक जिज्ञासा है। नयी कविता का विचार-बोध और उसकी अभिव्यक्ति वह चरम बिन्दु है जहाँ कलाकार अथवा कवि की कलाकृति उन माध्यमों को त्याग कर चलती है जो निष्प्राण, चेतनाहीन रूप में अपने जीर्ण-शीर्ण कलेवर के साथ आज के जीवन में स्वारोपित रूप से जीना चाहते हैं। वस्तुतः आज की नयी कविता संकेत रूप से अकर्मण्य सौन्दर्य बोध के प्रति आस्था नहीं रखती। वह सौन्दर्य बोध के उन जीवन्त तत्वों के प्रति निष्ठा रखती है जिनका साहचर्य उसे प्रत्यक्ष जीवन में प्राप्त है। यह नयी इसलिये भी है क्योंकि मूल्यों की निरपेक्षता में भी इसका विश्वास नहीं है। वस्तुतः यह नया स्वर उस वास्तविक सत्य की रक्षा के लिये है जो हर विघटन में भी जीवित रहता है। साथ ही नयी

कविता सामूहिक चेतना और वैयक्तिक चेतना में कोई मौलिक अन्तर नहीं मानती। इसीलिये उसका संदर्भ वह ऐतिहासिक सत्य है जिसमें मानवात्मा वाह्य आडम्बर और पराजय के बीच अपनी आस्था को जीवित रखने में प्रयत्नशील है। ऐसी स्थिति में कविता का, कला का, जीवन के मूल्यों का आधार नया होगा, परिप्रेक्षणीयता नयी होगी, भावोचित भाषा बनेगी, शब्दों और अर्थों का नया संस्कार बनेगा, यहाँ तक कि उपमा, उपमेय, आलम्बन, अलंकार सभी में आधारभूत परिवर्तन आयेगा और धीरे-धीरे उसके अनुकूल वह आलोचना पद्धति भी विकसित होगी जो इन पनपते सत्यों को प्रतिष्ठित कर सकेगी। यह भी एक सत्य है कि आज के कलाकार के सामने केवल उस मानवात्मा को सुरक्षित रखने की इच्छा है जो सदैव नये रस का संचार करके कलाकृति को जीवन देने का प्रयास करती रहती है। पूर्वपरिचित टूटे फूटे कला के मानदण्ड आज के विशृंखल, सन्दिग्ध एवं संघर्षशील जीवन को प्रेरणा नहीं दे सकते। विशुद्ध रस भी बिना मनोवैज्ञानिक जीवन-अनुभूति के भाव संचारित नहीं कर सकते। वस्तुतः आज के विकृत संस्कारों का बोझ और अनावश्यक परम्परा का मोह मानवीय संवेदना को वहन करने में असमर्थ है।

प्रस्तुत पृष्ठ-भूमि में नयी कविता उस मनःस्थिति की प्रतीक है जिसमें अनुभूति और वस्तु-स्थिति, विषय-वस्तु और प्रेषणीयता के बीच केवल आत्माभिव्यक्ति और आत्मानुभूति ही प्रधान बन गई है। यह मिथ्या अहंवादी प्रवृत्ति नहीं है क्योंकि वर्तमान युग इस बात का साक्षात् प्रतीक है कि शब्दों और भावों का स्वतंत्र मूल्य लुप्त हो गया है। 'शान्ति' ही को लीजिये। दो पक्ष हैं, दोनों ही शान्ति स्थापित करना चाहते हैं। दोनों के पास शब्दों की सेना है, दोनों ही शब्दों के संदर्भ को तोड़ते मोड़ते हैं। शान्ति कलाकार भी चाहता है, लेकिन इन दोनों प्रतिमानों से पृथक्! निश्चय ही उसे नये शब्दों और नये प्रतीकों का आधार लेकर शान्ति को, मर्यादा को रक्षित करना होगा। निरपेक्ष अनुभूति प्रेम को लीजिये। शायद इस शब्द की निरपेक्षता इतनी ज़्यादा संदिग्ध है कि यह अपना अर्थ समाप्त कर चुका है। विशुद्ध प्रेम की मानवीय अभिव्यक्ति के लिये शब्द का संदर्भ शायद सामर्थ्य भी नहीं रखता। नया शब्द गढ़ना उचित भी नहीं है, निश्चय ही इस अनुभूति की नयी अभिव्यक्ति के लिये नये प्रतिमान ढूँढ़ने पड़ेंगे। निस्संदेह इन्हीं स्थितियों में यह भावना उठती है—

नहीं कारण कि मेरा हृदय उथला है या कि सूना है
या कि मेरा प्यार मैला है
बल्कि केवल यही :
ये उपमान मैले हो गये हैं।
देवता इन प्रतीकों के कर गये हैं कूच
कभी बासन अधिक घिसने से मुलम्मा छूट जाता है।

(हरी घास पर क्षण भर : 'अज्ञेय')

यही कारण है कि प्रत्येक अनुभव और उसकी अभिव्यक्ति में प्रधान रूप से कलाकार के व्यक्तित्व और वातावरण से अनुप्राणित आन्तरिक अनुभूति की अभिव्यंजना अपरचित लगती है। इसमें पूर्व-परिचित शिल्पविधि का संगीतात्मक तत्व भी असंगत लगता है।

कभी-कभी इसके कारण काव्यानुभूति में आक्रोश और खीझ आ जाती है तथा संतुलन भी नष्ट हो जाता है लेकिन इसके कुछ अच्छे निष्कर्ष भी हैं जिनकी अवहेलना नहीं की जा सकती। नयी कविता में वेदनानुभूति जीवन के संघर्ष के साथ यथार्थ को स्वीकार करती है जिसके कारण अनुभव के नये स्तरों का परिचय देश और काल से सम्बद्ध होकर अधिक ज्ञेय और स्पष्ट रूप में व्यक्त होने लगा है। बहुधा लोग नयी कविता के इस तत्व को असाधारणीकरण के नाम से सम्बोधित करते हैं किन्तु यह भूल, जाते हैं कि साधारणीकरण भावान्तरण (transformation of emotion) से भिन्न है। नयी कविता भावान्तरण में विश्वास रखकर विकसित हुई है। उसकी अभिव्यक्ति में संगीत, लय और गति का प्रचलित रूप न होते हुये भी, प्रत्येक संगीतात्मक तत्व के संस्कार में निहित मनःस्थिति की अभिव्यक्ति ही उसकी आत्मा है। वस्तुतः छायावाद और रहस्यवाद की शब्दावली भावनाओं को प्रेषित करने में असफल सिद्ध होने लगी थी जिसके कारण नयी कविता ने अपनी भावाभिव्यक्ति के लिये नये शब्द रचे और नयी अभिव्यक्तियों का अन्वेषण भी किया। इसी मनोवृत्ति के फलस्वरूप नयी कविता में लोक भाषा से लेकर निराला, पंत, महादेवी की भाषा तक सम्मिलित है।

मनोवैज्ञानिक रूप से यह मनःस्थिति उस अनुभूति की परिचायक है जिसमें सौन्दर्यानुभूति और उसकी अभिव्यक्ति के माध्यम, आयाम और संदर्भ, परिप्रेक्षणीयता के आधार पर, नये मूल्यों को स्थापित करने में प्रयासशील हैं। इस मनःस्थिति के एक छोर पर व्यापक जीवन के तिक्त अनुभवों के प्रतिमान हैं और दूसरे छोर पर बौद्धिक जागरूकता है जो जीवन के खुरदरेपन, नीरस, बेतरतीब, अस्त-व्यस्त प्रतिमानों को भी एक सौन्दर्यानुभूति प्रदान करना चाहती है। परिणामस्वरूप आज की नयी कविता में, उनकी कल्पना और बिम्ब भावना में अधूरे चित्र, अस्त-व्यस्त रंग, टूटे विशृंखल भाव उस सौन्दर्यबोध को बौद्धिक और आत्मानुभूति के स्तर पर अर्थ देना चाहते हैं। उसकी असाधारणता, उसका नीरस व्यवधान, उसकी नयी प्रतीक भावना, नये उपमान, उस परम्परा के विरुद्ध जागरूकता का परिचय देते हैं जिसमें निरर्थक शिल्प, गठन-सौन्दर्य, शब्दाडम्बर, अनावश्यक उदात्तीकरण, बिना जीवन के वस्तु सत्य को छुये ही रस-बोध कराना चाहते हैं। नयी कविता निश्चय ही इस मिथ्याडम्बर और शब्दाडम्बर का विरोध करती है। आज की नयी काव्य-प्रवृत्ति उन भावस्तरों का अन्वेषण है जहाँ से हम समूचे जीवन में व्याप्त वेदना और पीड़ा के यथार्थ के भाव स्तर पर अनुभव कर सकें।

इस मनःस्थिति से सम्बद्ध आस्था के प्रति एक नयी भाव-भूमि जागरूक है जिसमें सामाजिक बन्धनों और परम्पराओं की अनिवार्यता भी वैज्ञानिक एवं उचित मात्रा में आवश्यक है। लेकिन इस आवश्यक अंश में नियतिवादी और भावों के क्षेत्र में अधिनायकवादी मनोवृत्ति के प्रति सक्रिय विद्रोह भी है! इस भाव स्थिति की अभिव्यक्ति में उस अराजकता का भी बोध हो सकता है जो प्रत्येक क्षेत्र में नये मूल्यों और नये आयामों के अन्वेषण में होता आया है इस स्थिति में वे कुण्ठायें भी पायी जा सकती हैं जो विकृत मनःस्थिति, अरुचि और अतिवादी विद्रोह की भावना से आक्रान्त हैं किन्तु यह सत्य है कि इस अराजकता का कारण व्यक्ति की आत्मनिष्ठ मर्यादा के परिवेश में उस स्थिति का उत्तरोत्तर विकसित होना है और उस विकास-क्रम में सौन्दर्यबोध के व्यापक और आन्तरिक मूल्यों का संचयनशील प्रयास निहित है। यह अहंवादी परम्परा कई अर्थों

में आज की कविता में उस आस्था की परिचायक है जो असंगत कृत्रिमता के विरुद्ध सामाजिक, व्यावहारिक मूल्यों को मानवीय संवेदना के साथ ग्रहण करना चाहती है। इसलिये यदि नयी कविता में यह अहंकारयुक्त अवश्यम्भावी कुण्ठा व्यक्त होती है तो उसका भी एक ऐतिहासिक महत्व है।

कल्पना-शक्ति के स्तर पर नयी कविता न तो वस्तुवादी रूढि की कायल है और न ही वह सत्यम्, शिवम्, सुन्दरम् की परम्परागत निर्जीव परिभाषाओं को ही स्वीकार करती है! वह इन सबके साथ उस बृहत् मानव मूल्य के प्रति आस्थावान है जो प्रत्येक स्थिति में अपनी सहजता को प्राण और जीवन प्रदान करता है। इस युग में बदलते हुए जीवन के प्रतीकों का अर्थ भी भिन्न है क्योंकि आज परम्परा, शास्त्र, इतिहास, दर्शन और चिन्तन की अधिकांश धरोहर जीवन के साथ चलने में असमर्थ है। आज वे उस काठ की तलवार और काठ के घोड़े के समान हैं जिनके प्रति एक हद तक मोह हो सकता है। जैसे इनका महत्व एक अवस्था के बाद केवल जीवन कथा की पृष्ठ-भूमि में निहित हो जाने में है वैसे ही जीवन के विकास के साथ-साथ उनका संवेदनात्मक महत्व समाप्त हो जाना भी स्वस्थ प्रतीक है। शैशव काल में या एक विशेष स्थिति में ये काठ के खिलौने जीवन को प्रेरणा दे सकते हैं, किन्तु प्रौढ़ जीवन के संघर्ष में इनका आधार अर्थहीन है। वस्तु सत्य और परम्परा के मोह के बीच कहीं उस स्थिति को रेखांकित करना होगा जहाँ दोनों पक्षों का असत्य त्यागा जा सके, अन्यथा कलानुभूति के साथ युग की अनुदारता विकास संभावना को ग्रसित कर लेगी।

कविता तथा गद्य-कविता

रामस्वरूप चतुर्वेदी

नयी कविता के रूप-गठन को लेकर आज कई जटिल समस्याएँ उठ खड़ी हुई हैं। इन समस्याओं में से प्रमुख यह है कि कविता तथा गद्य की सीमारेखा कहाँ है ? सम-सामयिक कविता के विरुद्ध अधिकांश पाठकों की शिकायत यही है कि वे इस वर्ग की कविताओं तथा गद्य के बीच के अंतर को स्पष्ट नहीं कर पाते। उदाहरण के लिए एक 'कविता' प्रस्तुत है—

मैं आज भी ज़िन्दा हूँ
उस हस्ताक्षर की भाँति
जो मज़ाक-मज़ाक में यों ही किसी वट वृक्ष के नीचे
पिकनिक, तफ़रीह में लिख दिया गया था
एक तेज़ धार वाले फ़ौलाद की नोक
अब भी मेरी छाती में गड़ी है
और उस वट वृक्ष का घायल सीना
उस दाग़ की रक्षा हर मौसम में करता है।

(नयी कविता—1 : लक्ष्मीकांत वर्मा)

यदि उपर्युक्त आठ पंक्तियों को बिना तोड़े हुए सीधे ही लिख दिया जाये तो वह कविता गद्य का रूप धारण कर लेगी, यथा—

"मैं आज भी ज़िन्दा हूँ उस हस्ताक्षर की भाँति जो मज़ाक मज़ाक में यों ही किसी वट वृक्ष के नीचे पिकनिक, तफ़रीह में लिख दिया गया था (।) एक तेज़ धार वाले फ़ौलाद की नोक अब भी मेरी छाती में गड़ी है और उस वट वृक्ष का घायल सीना उस दाग़ की रक्षा हर मौसम में करता है।"

इस रूपांतरण से यह स्पष्ट हो जाता है कि उद्धृत कविता का वाक्य विन्यास (Syntax) एकदम गद्य का है और उसमें लय का अभाव है। अतः जहाँ तक 'फॉर्म' का सम्बन्ध है, इस कविता तथा गद्य में कोई अन्तर नहीं रह जाता। तब फिर प्रश्न उठता है कि इस प्रकार की रचनाओं को कविता क्यों माना जाता है?

कविता की परिभाषा हर युग के विद्वानों ने अपने-अपने ढंग से दी है। फिर भी यह बात निर्विवाद है कि इनमें से एक भी परिभाषा ऐसी नहीं है जो कविता की कभी पकड़ में न आने वाली प्रकृति को पूर्णतः बाँध सके। यदि बहुत मोटे ढंग से विश्लेषण किया जाये तो कविता के दो मूल तत्वों को हम निर्धारित कर सकते हैं—वस्तु अर्थात् 'कंटेंट' और विधान अर्थात् 'फॉर्म'। इसके साथ ही साथ हम इस निष्कर्ष पर भी पहुँचते हैं कि

कविता की वस्तु का भावावेगमय (passionate) होना आवश्यक है, और उसके विधान में लय (rythm) की स्थिति अनिवार्य है। किसी उपयुक्त परिभाषा के अभाव में लय को हम शब्दों का एक ऐसा क्रमबद्ध संयोजन (harmonious pattern) कह सकते हैं जिसे पढ़ते समय पाठक को संगीतात्मकता का एक निश्चित अनुभव हो। लयात्मक भाषा के वाक्य-विन्यास (syntax) में उतार चढ़ाव का एक निश्चित क्रम (pattern) होने के साथ ही साथ, उसमे यति की भी व्यवस्था रहती है। यह स्पष्ट है कि गद्य में कविता की इन दोनों विशेषताओं में से एक का भी होना आवश्यक नहीं। विधान की बात तो गद्य के प्रसंग में उठती ही नहीं, और उसकी वस्तु भावावेगमय हो, ऐसा भी बंधन उसके लिए नहीं है।

यह तो निश्चित ही है कि कविता तथा गद्य की सीमा-रेखाएँ कहीं न कहीं मिलती अवश्य हैं। इस संधि-स्थल के क्षेत्र में हम एक अपेक्षाकृत गौण साहित्यिक विधा 'गद्य-गीत' को मान्यता दे चुके हैं। कम से कम हिन्दी में तो गद्य-गीत लिखने वालों की बहुत कमी नहीं रही है। यह दूसरी बात है कि आधुनिक युग में गीत के साथ-साथ गद्य-गीत लिखने का भी प्रचलन धीरे-धीरे कम हो रहा है।

एक विशेष प्रकार के गद्य को काव्यात्मक गद्य (poetic prose) कहा जाता है। यह भी गद्य तथा कविता के मिलन की ही एक स्थिति है। शास्त्रीय दृष्टिकोण से हम काव्यात्मक गद्य उस साहित्यिक रचना को कह सकते हैं जो मूलतःगद्य में लिखी गई होने पर भी अपने कुछ प्रसंगों में काव्यात्मक है। अर्थात् उस गद्य के इन टुकड़ों में वस्तु कविता की है और विधान गद्य के उन प्रसंगों की भावावेगमय वस्तु ही उन्हें काव्यात्मक गद्य की संज्ञा दिलाती है। यदि गद्य के ये टुकड़े बिना पूर्वा-पर क्रम की अपेक्षा रखते हुए उतने ही भावावेगमय हैं, तो उन्हें भी हमें कविता के ही किसी वर्ग में रखना पड़ेगा।

इस सारे साहित्यिक विभाजन के बावजूद बहुत सी ऐसी कविताएँ हैं जो इनमें से किसी भी वर्ग के अंतर्गत सुविधापूर्वक नहीं रखी जा सकतीं। इस सम्बन्ध में एक उदाहरण ऊपर दिया जा चुका है, एक अन्य उदाहरण प्रस्तुत है—

तुम—
जिसके बालों में बनावटी 'कर्ल्स' नहीं हैं,
जिसकी आँखों में न गहरी चटक शोखी है,
थर्मामीटर के पारे सी
चुपचाप जिसमें भावनाएँ चढ़ती उतरती हैं;
अखंड कीर्त्तन की थकी हुई अस्पष्ट धुन सी
जिसकी जिंदगी है;
समझ में न आने वाली,
अटपटी भाषा के किसी लोक गीत के
मधुर उतार-चढ़ाव सा
जिसका हर काम है;

(सर्वेश्वर दयाल सक्सेना—'नयी कविता' : 1)

निश्चय ही इस प्रकार की कविताओं में से अधिकांश आधुनिक युग में लिखी गयी हैं—यहाँ मेरा तात्पर्य हिन्दी ही नहीं, अपितु विश्व के सभी विकसित काव्य-साहित्यों से है। इसी वर्ग की कविताओं के लिये मैं गद्य-कविता नाम प्रस्तावित करता हूँ। यह पहले ही स्पष्ट कर देना उचित होगा कि गद्य-कविता नामक मैं साहित्य का सर्वथा नवीन-विभाजन नहीं करना चाहता, वरन् इस गद्य-कविता की विधा को एक व्यापक अर्थ में मैं कविता के एक उप-वर्ग के रूप में ही सोचता हूँ।

पूर्व विवेचन को ध्यान में रखते हुए यह कहा जा सकता है कि गद्य-कविता में वस्तु कविता की होगी, अर्थात् वह भावावेगमय होगी, परन्तु उसका विधान गद्य का होगा। इस प्रकार कविता की आत्मा तथा गद्य का शरीर लेकर गद्य-कविता का सृजन हुआ है। इस उपवर्ग के अन्तर्गत हम स्वयं गद्य-कविताओं के अतिरिक्त गद्य-गीत, विदेशी कविताओं के पंक्तिवार अनुवाद, तथा काव्यात्मक गद्य के उन टुकड़ों को भी रख सकते हैं, जो पूर्वापर सम्बन्ध की अपेक्षा नहीं रखते। व्यावहारिक दृष्टिकोण से नयी कविता के पाठक के रसबोध की सुविधा के लिए हम इस नये उपवर्ग की स्थिति को स्वीकार कर सकते हैं। जहाँ तक सिद्धान्त का प्रश्न है, गद्य-कविता कविता तथा गद्य के बीच की साहित्यिक विधा है, परन्तु वह गद्य की अपेक्षा कविता के अधिक निकट है। गद्य-गीत तथा गद्य-कविता में लगभग वही अंतर होगा जो अंतर साधारणतया गीत तथा कविता नें होता है।

इस प्रसंग में यह प्रश्न उठाया जा सकता है कि लय न होने के कारण गद्य-कविता को बिना तोड़े हुए एक साथ ही क्यों न छापा जाये? इस सम्बन्ध में यही कहा जायेगा कि इस प्रकार से छापने पर भी गद्य-कविता के रस में कोई व्याघात न पड़ेगा, परन्तु यदि अर्थ के विरामों के आधार पर गद्य-कविता की पंक्तियों को तोड़कर मुद्रित किया जायेगा जो संभवतः इससे उसका मूल भाव अधिक स्पष्टता के साथ व्यक्त हो सकेगा। अभी तक कविता के वृत्त अथवा तुक को अक्षुण्ण रखने के लिये उसे इस प्रकार छापा जाता था कि नाम का एक भाग (और संस्कृत में तो कहीं-कहीं शब्द का एक भाग) एक चरण में रहता था, और दूसरा भाग दूसरे चरण में। अब स्थिति बिलकुल बदल गई है। विधान के लिये अब वस्तु को इस प्रकार अव्यवस्थित नहीं किया जाता। कविता अब अर्थ के विरामों के अनुसार छापी जाती है। मुक्त छंद की कविता तथा गद्य-कविता की पंक्तियों के असमान होने का यही मुख्य कारण है। जो भी हो, साहित्य के क्षेत्र में गद्य-कविता बहुत कुछ आधुनिक युग की देन है। इसकी शक्ति तथा संभावनाओं का अभी पूरा-पूरा विश्लेषण नहीं किया जा सका है। बहुत सम्भव है कि युग की परिस्थितियों के अनुकूल भविष्य में कविता का यही रूप सर्वाधिक प्रचलित हो।

——✦——

भारतीय भाषाओं में नयी कविता : कुछ नोट्स

प्रभाकर माचवे

'नयी कविता' कुछ आलोचकों को हिन्दी के 'प्रयोगवादियों' का, या (बिगड़े हुये या फटे हुये) प्रगतिशीलों का एक नया शिगूफ़ा जान पड़ता है कुछ आलोचकों के अनुसार केवल दो सप्तकों के कवि ही 'नयी कविता' लिखते हैं जिनमें से कवियों ने कविता के बजाय गद्य की 'लीक-लीक' पकड़ ली है। कुछ आलोचक ऐसे भी हैं कि उन्हें एक ओर रीतिकालीन कविता के 'वर्णचमत्कार' और शाब्दिक कसरतों में बड़ा 'रस' मिलता है पर नये कवि की रचना उनके लेखे बौद्धिक व्यायाम मात्र या केवल प्रयोग के लिए प्रयोग है। यह केवल 'स्टंट' है इत्यादि। इन सब आरोपों का उत्तर तो समय ही देगा। निवेदन यहाँ इतना ही है कि हिन्दी में यह 'नयी कविता' का आंदोलन-अन्य सभी 'वादों' की भाँति बहुत विलंब से आया है, और दुर्भाग्य से उसे सही परिप्रेक्ष्य में अभी भी दो-चार सही आलोचकों को छोड़कर कोई ठीक से देख नहीं पाया है। तीन वर्ष पूर्व मैं 'कल्पना' में 'आधुनिक हिन्दी कविता में प्रयोग शीलता' पर एक विस्तृत निबन्ध लिख चुका हूँ। यहाँ मैं केवल इस बात का प्रयत्न करना चाहता हूँ कि इस नव-काव्य आंदोलन की जो स्थिति अन्य भारतीय भाषाओं में है, उससे हिन्दी पाठकों को अवगत करा दूँ। यह नहीं कि उन भाषाओं में 'नयी कविता' के ऐसे 'बौद्धिकता' से दुश्मनी रखने वाले आलोचक नहीं हैं; यह नहीं कि प्रगतिवादियों ने 'डिकेडेंट, बूर्ज्वा, फार्मेलिस्ट, ईलियटाइट, ऐंटीपीपुल, इसोटेरिक, डीविएशनिष्ट' कहकर इन कवियों को कम गालियाँ दी हैं। फिर भी यह निष्पक्ष प्रयत्न राष्ट्रभाषा के स्वनामधन्य कविकर्मियों और काव्यालोचकों को वहाँ के कुछ समाचार देने भर का है। जो अपनी बन्दूकें या तो मम्मट-आनंदवर्धन के रेती को बोरों की आड़, या फिर फेदायेव-सिमोनोफ़ के 'पार्तिनोस्त' बुर्जों या कंधों पर से तानते हैं, उन शिखंडियों से लड़ना व्यर्थ है। 'कालोह्ययं निरवधिर्विपुला च पृथ्वी.........'

यहाँ प्रगतिवादी आलोचकों की जानकारी के लिए बताना उचित होगा कि रूस में बोरिस पॅस्टरनाक जैसे कवि को 'टिपिकल फार्मलिस्ट' कहा गया; माइकोवस्की ने तो आत्महत्या ही कर ली; ज़्दानोव ने बेचारी कवयित्री ॲना ॲख़्मातोवा को 'हाफ़नन, हाफ़ हार्लोट' कहा—और उसके बारे में ठीक उन्हीं शब्दों में कहा, जो हमारे कुछ कठमुल्ला आलोचक महादेवी के संबंध में कहते हैं—Her poems could only sow gloom low spirits, and pessimism : इन अर्ध-भक्तिवादी आलोचकों ने कविता को आशावादी-निराशावादी कटघरों में बाँटने का बहुत सा विफल यत्न किया है। परन्तु जहाँ उच्च साहित्य का एक मात्र मापदण्ड 'पार्तिनोस्ट' (पक्षधर) होना है, वहाँ क्या कहा जाये ? आडेन ने बहुत पहले, ईशरवुड के साथ लिखे 'नये वर्ष के पत्र' में लिखा था—'Art is not a fiat lux'

मगर हिन्दी के समझदार पाठक अब धीमे-धीमे सुबुद्ध और विवेकवान हो रहे हैं। वे इस तरह से डंडे के बल से हाँके जाने लायक अपने आपको भेड़ या गरीब गउएँ नहीं समझते। ज्यों-ज्यों काव्य-दृष्टि परिपक्व होती जाती है वे काव्यगत अनुभूति की समग्रता और उसकी अभिव्यञ्जना की समस्याओं को समझते जाते हैं। और केवल कैशोर्य के कुहरे में रहकर कभी मार्क्स की, कभी गाँधी की, कभी अरबिंद कीं, कभी नेहरू की अंध श्रद्धा से काव्य का काम नहीं बनेगा, यह वह रहस्य समझने लगा है। वह अब इन पंक्तियों को समझता है कि ऑगडेन नैश ने लिखा था—

The trouble with a kitten is
THAT eventually it becomes a
CAT.

असमिया

असमिया भाषा के कवियों की गौहाटी में एक बड़ी गोष्ठी में सम्मिलित होने का सन् '54 में मुझे सौभाग्य मिला। रघुनाथ चौधरी, अंबिका गिरी रामचौधरी आदि पुराने खेवे के पुरानी पीढ़ी के प्रकृति और पुण्य और देशप्रेम के गीत गाने वाले कवि भी उसमें थे; और दूसरी ओर नवकांत बरुआ, वीरेन्द्र बरकाकटी जैसे तरुण कवि भी वहाँ उपस्थित थे, जो नव-काव्य के लिए 'बदनाम' थे। दोनों ओर से काफ़ी शाब्दिक शरसंधान हुए। और धीमे से एक आलोचक ने कहा—'ये पुराने कवि भी अब नयी 'ईडियम' नया मुहावरा खोज रहे हैं। लगता है कि उनके पास के जो औज़ार थे वे भोथरे हो चुके हैं। मेरे 'मन में' कहीं यह पंक्ति चमक गयी—'आज खड्ग की धार कुण्ठिता है खाली तूणीर हुआ।'

मैंने विस्तार से जानने का यत्न किया। पता चला है कि वैसे तो सन् '34 के आसपास कविता की रुझान प्रगतिवाद या मार्क्सवाद की ओर बहुत अधिक हुई, परन्तु गत महायुद्ध की समाप्ति के पश्चात् प्रत्यावर्तन शुरू हुआ। कवि जैसे अपने आपको टटोलने लगा। 'सागर देखिसा' (समुद्र देखा है?) नामक संग्रह से यह मोड़ स्पष्ट होता है। 'आधुनिक अहोमिया कविता' (1946) चक्रेश्वर भट्टाचार्य द्वारा सम्पादित काव्यसंग्रह में गति के लिये अकुलाहट स्पष्ट है। उदाहरणार्थ—

'the Earth : that is sufficient' से शुरू होने वाली नवकात बरुआ की एक नयी कविता की पंक्तियाँ हैं—

दुर्बल, दुर्बल, मैं अक्षम हूँ,
क्लांत है मेरी जीवन की आदिम उग्रता,
शक्तिहीन है मेरा प्रेम।
हटात् समझ आया, हे प्रिया, हे पृथ्वी !
मैं कृपण हूँ
मैं लोभी महाजन हूँ।

कविता काफी लंबी है। और नयी कविता में समग्रता पर आग्रह होने से केवल दो चार पंक्तियाँ उद्धृत करने से पूरा न्याय उसके प्रति हो नहीं पाता—फिर भी आप देखेंगे कि आधुनिक कवि की यह जो व्यथा है या विवशता है—यह रवीन्द्र-प्रभावित काल के

कवि की आध्यात्मिक वेदना नहीं है, न ही यह बंगाल के काल के क्षुधा-पीड़ित या भूखी छाती पर कच्चे फोड़ोंसी झोपड़ियों में बिलबिलाने वाले किसान की वेदना को अपने ऊपर झूठे ही ओढ़ लेने का प्लैटफार्मी आवेश या निरी 'सेल्फ़-पिटी' है— परन्तु यह एक ऐसी अवस्था है जिसे शायद इक़बाल ने अपनी शब्दावली में कहा था—

तेरे आज़ाद बंदों को न ये दुनिया न वो दुनिया
यहाँ मरने की मजबूरी, वहाँ जीने की मजबूरी !

मर्ढेकर (मराठी कवि) के गीले पीपे से मरे चूहों पर लिखी कविता में यही बॅकलाइट सी आँखों वाले चूहों पर कवि कहता है—

जगण्याची ही सक्ती आहे !
मरण्याची ही सक्ती आहे !

यह विवशता कवि की व्यक्तिगत प्रेम निराशा वाली 'ग्रंथि' नहीं; यह 'पीड़ा में तुमको ढूँढ़ा, तुममें ढूँढ़ँगी पीड़ा' वाली 'अतृप्ति' नहीं। यह 'angst' है—जिसका काँटा सारे युग को साल रहा है। कवि उसका इलाज खोजने को छटपटाता है उसकी छटपटाहट को आप और हम 'प्रयोग' कहते हैं। बेचारा अणि-मांडव्य !

उर्दू

उर्दू के पाठक, जो जोश और फिराक़, जाफरी और फैज़ जज़वी और कैफ़ी की साफ़, प्रचारात्मक, आवेशपूर्ण वक्तृतारूपी कविताओं से प्रभावित हैं—वे पूछते हैं यह हिन्दी में प्रयोगशीलता क्या बला है! हमारे यहाँ देखिए दो खेमे हैं—एक तरक्की पसंद हैं (जिसमें प्रायः भारत के उर्दू के अधिकांश प्रतिष्ठित लेखक हैं) या फिर रजत-पसंद हैं। तीसरा कोई रास्ता ही नहीं है।

एक तरक्क़ी पसंद शायर दोस्त से बहुत खोदने पर पता लगा कि जो गज़लगो हैं, जो इश्क़िया नज्में तरन्नुम से पढ़ते हैं और महावरे चमकाते हैं वे, हिन्दी के गीतकारों की तरह से, इस युग-व्यथा और विचारपक्ष से उदासीन हैं—उनका प्रधान उद्देश्य श्रोताओं को 'केटर' करना है।

और फिर पता चला कि हाँ एक नून-मीम-राशिद होते थे, उन्होंने कुछ आज़ाद नज़्म लिखने की कोशिश की थी। पर चली नहीं। और बाद में कुछ एकाध आई-सी-एस ने उर्दू में इलियटाना रंग लाने की कोशिश की, पर बेकार साबित हुई।

मैंने उन समझदार 'किरटिक' महाशय से पूछा—"ग़ालिब को आप क्या समझते हैं, तरक्क़ी पसंद या रजत पसंद ?"

वे हँसे—पुराने शायरों की बात छोड़िये। तब तो फ्यूडल निज़ाम था। अकबर के यहाँ दोनों धारे हैं बाज़ औक़ात बड़े ही पते की तरक्क़ी पसंद बात करता है; और बाज़ औक़ात एकदम शेख है।

फिर मैंने दूसरा सवाल पूछा—'क्या सिनेमा के गानों को जो अकसर हमारे तरक्की पसंद शोअ्रा लिख रहे हैं—शायरी में शुमार किया जा सकता है ?"

बोले—'वह तो पैसे के लिए लिखते हैं! इस बूर्ज़्वा निज़ाम में वह जायज़ है! आदमी किस तरीक़े से रोटी खाता है, इसका उसकी शायरी पर थोड़े ही असर पड़ता है।'

मैं चुप हो गया। मैंने उन्हें यह समझाने की कोशिश बेकार समझी कि अच्छे और ऊँचे साहित्य की, कविता की खास तौर पर, पहली कसौटी ही यह कथनी-करनी की एकता, यह 'इंटिग्रिटी'—ईमानदारी है। उन्होंने उस शब्द को 'बूर्ज्वा वैल्यू' कहकर यों उड़ा दिया जैसे झींगुर हो। तो सद्सद्विवेक नाम की कोई शक्ति मनुष्य में नहीं है? तो मनुष्य क्या निरा पशु है—जिसे 'कंडीशन' किया जा सकता है! तौबाह!

पर 'अर्श' मल्सियानी जैसे भी कुछ लेखक हैं जिनके निकट यह आज के युग के दुचित्तेपन (डबल टाक, डबल थिंक) का मसला अहम् है। काश उर्दू के लेखक और शायर अपने आसपास भी देख पाते। इक़बाल को फाशिस्त घोषित करने से कुछ नहीं होता, कुछ 'इक़बाल' अपने पर भी आय तो अच्छा हो। वर्ना डालरनामे लिखिए और बे-'नजीर' बनिये।

उड़िया

मुझे 1954 के आरंभ में चिदम्बरम् की पी-ई-एन-परिषद् में गोपाल चंद्र मिश्र मिले जो कि उड़िया में संप्रति 'नवीनतम' धारा के प्रमुख उद्गाता हैं। उन्होंने कहा कि जब उनकी कविता में एटमबम की उपमा प्रेयसी की आँखों से दी गयी तो पाठक सहसा चकित हो उठे। मैंने उनसे बहुत बातें की और पूछा कि क्या यह नई उपमाएँ आपने नवीनता के झोंक में दी हैं—'क्या यह निरा नवीनता प्रेम फैशनेबुल है?'

वे बोले— 'पुराने खेवे के आलोचक अपने दृष्टिकोण को बदलने की असमर्थता के समर्थन में ऐसा ही कहते हैं। वस्तुतः नये विज्ञानाविष्कारों ने हमारे—रचनाशील सृजनशील कलाकारों के सामने एक चुनौती फेंकी है। भाषा अब बचकानी नहीं रही। बच्चा भी अब समझता है कि कमल-लोचन कहने से केवल देवालय के देवता की मूर्ति का बोध होता है। मनुष्य के लिए यह प्रयुक्त करना उसे पत्थर बना देना है। क्या कर कमल और पद कमल हम केवल ध्वनि-शून्य परंपरित शब्दावली की तरह प्रयुक्त नहीं करते?'

इसी प्रकार अन्य कई नये उड़िया कवियों से मिलने से मैं समझ सका। वहाँ स्पष्ट प्रगतिवादी स्वर अनंत पट्टनायक, शची राउतराय, कालिंदीचरण पाणिग्राही और कुंजबिहारी दास का प्रसिद्ध है। शची राउतराय ने 'भानुमतीर देश' कविताम लिखा—

विच्छिन्न बाणप्राथ जीबनर
शांतिर परिकल्पना
किंवा अतीतर मृत जठर मीतरकु
क्लांतिर नेतिनरे पलाइ जिवार
वृथा चेष्टा रे
मू सार्थकतार धारण करि पारे ना।

(अर्थ—विच्छिन्न वानप्रस्थ जीवन में प्राप्त होने वाली शांति कल्पनाएँ या 'नेति नेति' भावना से मुक्त होकर अतीत के गर्भ में बैठने में कोई सार्थकता मुझे नहीं दिखाई देती।)

परन्तु यह प्रगतिवादी स्वर जिसने पुराने रोमांटिक और आदर्शवादी डॉ० मायाधर मानसिंह को भी एक बार झकझोर दिया—(देखिए उनकी 'नमस्कार' कविता) पूरी कहानी

नहीं है। उसमे मनोविश्लेषणवादी स्वर भी प्रधान हो रहा है और विनोद नायक, चिंतामणि बहेरा, गोपाल मिश्र आदि कई नये कवियों में श्री नरेन्द्रनाथ मिश्र के शब्दों में—''पैयार छंद', 'मुक्त छंद', 'गद्य छंद', आदि के सरल और स्वाभाविक प्रयोग द्वारा आधुनिक छंद योजना में नवीनता लाई गयी है। वर्तमान विचार-धारा के दुरूह और विस्तृत भावों को अभिव्यक्त करने के लिए नये प्रतीक, नये संकेत, नये शब्द, नये उपमानों तथा नये काव्यपक्षों या रूप विधान से अभिव्यंजना में भी नया चमत्कार उत्पन्न किया जा रहा है। फिर भी आधुनिक कविता प्राचीन उड़िया काव्य की भाँति व्यापक रूप में लोकप्रिय नहीं हो सकी है।''

उड़िया कविता में अभी प्रगतिवादी स्वर सशक्त हैं। एक आलोचक ने कहा कि जो बँगला में पहले हो जाता है उड़िया में दस वर्ष बाद वही होता है।

कन्नड़

कन्नड़ में हमारे मित्र द० रा० बेंद्रे ने एक कविता में लिखा है—

राधी है राह की कुतिया
उसका न कोई धंधा न वेतन
कूड़ाकरकट गुदड़ी मसान
यही है उसकी बपौती जागीर
राधी है राह की कुतिया
हवा पानी से बचने का साधन
इमली के पेड़ की छाया है उसे
जिसके तले करती है वह सतमी का पूजन
राधी थी राह की कुतिया
हाल ही में उसकी मौत हो गयी
जिसे सुन, एक दुष्ट हँस पड़ा
रो पड़ी वेश्या बाज़ार की।

आप इसे पढ़कर कहेंगे—यह कैसी कविता हुई। यह तो 'सोशल कमेंट' मात्र है। मैं आपको बताऊँ कि इसी कवि ने 'पैसिफिक स्पेक्टेटर' के संपादक राबर्ट नार्थ से इन स्पष्ट शब्दों में कहा था—जिसे उसने अपने संपादकीय में सगर्व उद्धृत करके बहस की है—'आप अमरीका वाले और रूस वाले चाहे लड़ो, चाहे जहन्नुम में जाओ। सारी दुनिया को एक बड़ा सा कँटीले तारों का बाड़ा बना लो—पर बराये मेहेरबानी हमारे लिए अपनी यह छोटी सी पहाड़ियाँ और नदी किनारा खाली रहने दो—यहाँ आप दोनों की पहरेदारी में हमारे लिए आसमान का एक टुकड़ा खाली रखना जहाँ हम तारे देख सकें, फूल सूँघ सकें।'

बेंद्रे एक ज़माने में कट्टर प्रलयवादी थे। अब वे अरविंद-दर्शन के प्रेमी बने हैं। उनके अनुसार 'विरस मरण है, रस जनन है; किन्तु समास ही जीवन है।'

कन्नड़ के दूसरे प्रसिद्ध नव-कवि गोपाल कृष्ण अडिग ने अपने नये संग्रह 'चंडे मद्दले' में कुछ ऐसे प्रयोग किये हैं जिन्हें परंपरावादियों ने तथा तथा-कथित साम्यवादी प्रगतिवादियों ने साहित्येतर कारणों से बुरी तरह बुरा-भला कहा है। कन्नड़ कविता में 'नवता' की ओर झुकाव प्रि० वी० कृ० गोकाक से शुरू हुआ। बंबई के साहित्य सम्मेलन में, 1950 में उन्होंने इसका साधार विवेचन किया और 'नव्य काव्यगलु' नाम से संग्रह भी प्रकाशित किया। "मेरी कविता 'हिमगिरिय कंदर' जब 1952 में प्रकाशित हुई तो कन्नड़ में तहलका मच गया! इसमें नया छंद, नये प्रास (स्पीच रिद्म), नये शब्द प्रयोग है। बाद में 'गोंदलपुर' कविता में मैंने आज के उलझन भरे व्यनिनादमय विश्व की चर्चा की है। मुझ पर टी० एस० इलियट का बहुत प्रभाव है। मैंने उनसे, हापकिन्स और आडेन से बहुत कुछ सीखा है। परन्तु मेरा यत्न अनुकरण का नहीं है। मेरी अपनी काव्य दृष्टि है, मेरा प्रयत्न दो दिशाओं में है। (1) कविता को अति सरलीकरण और वृथा भावुकता से बचाना, जो कि पुराने खेमे के कवि करते हैं, जिससे कि कविता अधिक 'dense, dramatic and adult' बने (2) कविता को अधिक काव्यमय बनाना—गद्य से उसे बचाकर; शुद्ध काव्य के रूप में प्रतीकों और संकेतों का अधिकाधिक प्रयोग करना। इसी का अर्थ है नयी भाषा का प्रयोग!......" अन्य सार्थक नव कवियों में बी० सी० रामचंद्र शर्मा हैं, जिनका तीसरा कविता संग्रह 'एलु सुत्रिन कोटे' (सात कोट का किला) बहुत अच्छा है—इसमें 'गौरीशंकर' बड़ी शक्तिशाली कविता है।

कन्नड़ कविता में अभी भी पारम्परिकता का बड़ा ज़ोर है और नवीनता बहुत धीरे-धीरे आ पा रही है।

गुजराती

गुजराती में नव कविता का आंदोलन उमाशंकर जोशी और सुंदरम् से ही शुरू हो जाता है यानी पंद्रह वर्ष पहले परन्तु उसमें यह वैफल्यतावादी भावना गत महायुद्ध के बाद अधिक स्पष्ट हुई। जब उमाशंकर लिखते हैं—'मने मुर्दानी बू आवे' या जब राजेंद्रशाह, हँसमुख पाठक या उशनम् अपने सानेटों में नयी संमिश्र नांगा चेतना के चित्र प्रस्तुत करते हैं तब उन्हें कोई ज़ोर नहीं देता कि सरल कीर्ति का, झालरदार, लेसदार, कीनखाब और ज़री का प्रेम-गीत लिखने का राजमार्ग छोड़कर वे यों कांटों की राह चलें। ये कवि अनुभव करते हैं कि 'भावनात्मक प्रतिरूप' (इमोटिव सिंबल्स) का नया प्रयोग करना अत्यंत आवश्यक है। गुजरात साहित्य परिषद् की '39-'40 की कार्यवाही में नयी कविता पर उमाशंकर जोशी का भाषण इस दृष्टि से बहुत विचार पूर्ण है।

'मनीषा' नामक एक मासिक पत्र सुरेश जोशी बंबई से निकालते हैं। उसमें की कविताएँ और 'संस्कृति आदि में छपने वाली कविताएँ पढ़ने से स्पष्ट पता चलता है कि नयी गुज़राती कविता अधिक अंतर्मुखी होती जा रही है। खबरदार और स्वप्नस्थ का आशावाद अब निरा शब्दों का जादू जान पड़ता है।

दो चार तरुण कवियों की प्रतिभा को मान्यता देते हुए श्री मनसुखलाल झबेरी ने गुजरात की आधुनिक कवि-पीढ़ी को 'राजेन्द्र-निरंजन पीढ़ी' कहा है अपनी 'अर्वाचीन कविता' नामक समीक्षा पुस्तक के तीसरे स्तवक के प्रावेशिक में 'सुन्दरम्' ने आधुनिक गुज़राती कविता की नवीन प्रवृत्तियों पर महत्वपूर्ण विचार प्रकट किये हैं। इधर अति

आधुनिक प्रवृत्तियों का परिचय यत्किंचित् रूप में श्री मनसुखलाल झबेरी तथा रमण वकील द्वारा सम्पादित 'नवी कविता' और सुरेशदलाल द्वारा प्रस्तुत 'कविता 1953, '54, '55 के तीनों अंकों में प्रकाशित अनेक रचनाओं से प्राप्त होता है, यद्यपि यह सभी संकलन कविता के मिश्र रूप को ही व्यक्त करते हैं।

तमिल

तमिल दक्षिण की चारों भाषाओं में प्राचीनतम है। और वहाँ परिवर्तन भी साहित्य में शीघ्रतर नहीं होते। जहाँ तक मेरी जानकारी है भारती-दासन और कम्बदासन ने तमिल में प्रगतिवादी स्वर ऊँचा उठाया, परन्तु उसकी विशेष क्रिया-प्रतिक्रिया नहीं हुई। जैसे बँगला में बहुत काल तक रवीन्द्रनाथ का, वैसे तमिल में भारती का नशा सा छाया रहा। यह सपना टूटा तो एक ओर नामक्कस रामलिंगम् पिल्लई जैसे पुराने ख़ेमे के कवि 'भूमिदानयज्ञम्' आदि लंबी कविताएँ लिखते हैं; या फिर योगी शुद्धानंद भारती जैसे कवि हैं जो अरविंद के प्रमुख प्रभाव में हैं। सामाजिक यथार्थवाद का कोई स्पष्ट स्वर तमिल कविता में अनुगुंजित नहीं हुआ कि उसकी कोई विशेष प्रतिक्रिया होती। 'सोमु' या 'सोमसुन्दरम्' जैसे कुछ कवि हैं जिनकी रचनाओं में व्यष्टि-समष्टि परस्पर-संबंधों की समस्या विशेष रूप से झलक उठती है। अन्यथा पारंपरिक-छंद-बंधनों को तोड़कर स्वतंत्र, मुक्त छंद में प्रयोग करने की ओर विशेष ध्यान नहीं बढ़ा है। 'लिपि' आदि पत्रिकाओं में कुछ ऐसे प्रयोगों का यत्न हुआ, परन्तु वह कम है। काव्य साहित्य में अभी परंपरा-पूजन का महत्त्व बहुत है।

तेलुगू

तेलुगू की स्थिति तमिल से भिन्न है। यहाँ श्री० श्री० और अरुद्र, तथा 'जाषुवा' आदि के रूप में बहुत जोरों से प्रगतिवादी लहर उठी। रायलसीमा का अकाल, रज़ाकारों के अत्याचार और तेलंगाना आंदोलन ये सभी उसकी कारण-पीठिका में थे। यों 1930 के करीब मुक्त-छंद शुरू हुआ श्री० श्री० के 'महाप्रस्थानम्' से उसकी कविता में कई स्वर मिले हुए हैं—'सुप्तास्थिका' या 'कंकालों की खोपड़ियों में' या 'मरुप्रपंच' में यह गहरी निराशा और मृत्यु-पूजा का भाव स्पष्ट है। परन्तु उन्होंने जो नयी कविता का तब घोषणा पत्र दिया वह किसी शाक्त की तांत्रिक पूजा की भाँति भयानक था। नयी कविता को तेलुगू में दो दलों में विभाजित किया जा सकता है: (1) साम्यवादी : इसका प्रभाव 1945 से '48 तक अधिक था। 'अभ्युदय रचयितल संघम्' की तेलंगाना में स्थापना हुई। इस आंदोलन के साथ जस्टिस राजमन्नार और देवुलपुल्लकृष्ण शास्त्री का आशीर्वाद भी रहा। उनके प्रयत्नों से साहित्य जन साधारण तक पहुँचा। (2) नयी कविता : श्रीरंगम् नारायण बाबू (जो श्री० श्री० के चाचा हैं) वीभत्स रस पर नग्न उत्तान शृंगार पर ज़ोर देते हैं। उनकी कविता में आत्म-रति (नेरासिज्म) के भी बीज हैं। वैसे 1926 में शिष्टलां रामेश्वर राव की कविता में जेराल्ड मॅनूली हॉपकिन्स की भाँति प्रयोगशीलता के आरंभिक स्वर मिलते हैं। पट्टाभि रामरेड्डी ने 'फिडेल रागालु' में बहुत सी ऐसी 'चौंकाक' कविता लिखी है। नये विषयों पर, यथा वेश्या, काला बाज़ार करने वाला, पुलिसमैन आदि पर। इन्होंने ही द्वित्त्वाक्षर वर्ण-क्रम की परंपरित छन्दशास्त्रीय बंध परंपरा को तोड़ा और नये अंत्य प्रास शुरू किये। इन्होंने उमर ख़ैयाम का अनुवाद भी किया है। इनकी नायिकाएँ सारी दुनिया

भर की होती हैं आलूरी बैरागी चौधुरी हाल में मिले थे और बतला रहे थे कि आंध्र देश में कविता के क्षेत्र में साम्यवाद से प्रत्यावर्तन पुनः शुरू हो गया है।

यह प्रत्यावर्तन और आधुनिक कवि का पुनः आत्मविश्वास में सुप्रतिष्ठित होना, एक विश्वव्यापी घटना है। स्पेंडर-आडेन ही उसके उदाहरण नहीं हैं, परन्तु कई दूर और पास के कवि फिर 'परिचित डगर पर लौट रहे' हैं। यह किस बात का लक्षण है? क्या नया कवि यह अनुभव करता है कि उसका व्यक्ति के नाते अपने प्रति अपने अनुभूत के प्रति दायित्व अधिक महत्वपूर्ण है; कि उसे अपेक्षाकृत सामाजिक और राजनैतिक क्रान्ति करने वालों के नारों का खोखलापन और अविवेकी ढंग से मनुष्य को साध्य नहीं, बल्कि साधन मानने की स्वार्थपरायणता अधिकाधिक स्पष्ट रूप से दिखाई देने लगी है? तेलुगू काव्य पर वैसे कुछ वर्षों पूर्व तक बहुत स्पष्ट लाल रंग था। परन्तु अब जान पड़ता है कि वह रंग इतना पक्का नहीं बैठा है—हो सकता है 'चुनरिया हिराय आई रँगरेजवा के पास' जैसा कुछ हुआ हो। कविता का हयादारी से बड़ा सम्बन्ध है; परन्तु सियासत बेहया है। परिणाम : स्वप्न-भंग (डिसइल्यूजनमेंट) या भ्रम-निरास!

यहाँ याद आता है मैरियनयूर ने एक कविता में आधुनिक युग के मानव को 'स्ववंचना-पीड़ित' कहा है। जैसे ईसप की कहानी का कुत्ता था—अपनी ही छाया से डरकर उसने पानी में मुँह की रोटी का टुकड़ा डाला। 'पर नाला थोड़ी देर के लिए हिला, व्यथित हुआ—कुत्ता फिर किनारे पर आ गया था।'

पंजाबी

वैसे पंजाबी भाषा उर्दू के निकट संपर्क में रही और इस कारण उस पर उर्दू की तरक्क़ी पसंदगी का रंग भी खासा गाढ़ा रहा है। पंजाबी के सभी आधुनिक महत्वपूर्ण कवि मोहन सिंह, अमृताप्रीतम, करतार सिंह दुग्गल, देवेंद्र सत्यार्थी, प्रीतम सिंह 'सफ़ीर' आदि प्रगतिवादी रंग में रंगे हुए कवि रहे हैं। परन्तु इसके साथ ही पंजाबी कविता की अपनी एक खूबी यह है (जो काश्मीरी नयी कविता में भी है) कि देहात के ताजे, सौंधे, सीधे, लोकगीतों वाले प्रतिमानों और कल्पना चित्रों के प्रयोग के कारण, यह जो सामाजिक दर्शन का ऊपरी ख़ोल ओढ़ा भी जाता है, वह गौण हो जाता है, कहीं कहीं उस कविता का अपना व्यक्तिगत स्वास्थ्य और सौंदर्य इतना स्पष्ट है कि इस ऊपरी रंगामेजी की आवश्यकता नहीं होती। उसके भोलेपन का असली रंग बार-बार उभर पड़ता है, जिससे कविता सह्य बनती है—और उसमें शुद्ध कविता के लक्षण जान पड़ते हैं। पंजाबी लोकगीत गद्य के निकटतम होने से वे आधुनिक जान पड़ते हैं। यथा—मोहन सिंह के अंकित दृश्य 'उडीक' में, उषा के छाछ बिलोने, और तारों को छीटें मारने का कैसा सुंदर अंकन है—

पिछला पहर रात दा लग्गा,
वज्जी फजर दी मेहेर वे
चूह की चीडी लालो चिचलाणी,
लग्गा होण मुन्हेर वे।
पूरब गुजरी रिडकन बेठी

छिट्टां उडियां ढेर वे।
चानण नाल अकाश भर गये।
चढपई सोन सबेर रे,
इतनी वी की देखे माहिया,
इतनी वी की देर वे।

बँगला

सभी भारतीय भाषाओं में कविता में आधुनिकता और नवता का सबसे अधिक वरदान (या अभिशाप) बँगला को मिला है। रवींद्रनाथ के अन्त के बाद उनकी द्वाभा बहुत अधिक काल तक बनी रही और बाद में सबूज-युग, कल्लोल-युग में जो नये नाम आगे आये उनमें एक ओर नज़रुल इस्लाम जैसी सर्वसंहारवादी (निहिलिस्ट) प्रतिभाएँ थीं—और दूसरी ओर 'नाम रेखेछी कोमल गांधार' जैसी नाजुक ख़याली वाले विष्णु दे। एक ओर 'कविता' के संपादक बुद्धदेव बसु थे—जो एक से अधिक अर्थों में बँगला काव्य में आधुनिकता के जनक रहे हैं—तो दूसरी ओर एकांतसेवी, एकसुरिये जीवनानंद दास—जिनकी बुलन्दी को अभी नये कवि पूरी तरह छू नहीं पाये हैं। रवींद्रनाथ ने 'पुनश्च' से ही इस नव्य—काव्यांदोलन की धारा का समारंभ किया था—पर उनके बाद वह अनेक वक्र-सरल आवर्तन लेती हुई आज ऐसे विशाल सुन्दर वन में आ पहुँची है कि यह विश्वासपूर्वक कह सकना कठिन है कि 'नदी नाव-संयोग' कब होगा, या सरिता-सागर-संगम आवश्यक भी रह गया है या नहीं। व्यष्टि की सरिता का समष्टि के सागर से स्वाभाविक संगम सृष्टि-क्रम में अपेक्षित है—परन्तु रूप-शिल्पवादियों ने ऐसी मज़ेदार स्थिति पैदा कर दी है कि समुद्र ने सीमा उलाँघ दी यह देखते ही सरिता सिकुड़कर-सिमिटकर 'बिंदुरूपेण संस्थिता' बन गयी है।

उदाहरणार्थ—

आकाश बृहत् चक्का। के घोराय? कोथाय हाथल?
के जाय के जाय बले एका जेगे पहाड़ेर नीचे
आमिइ डेकेछे ताके। से कि शुधु सुरेर प्रलाप?
मादल बजेछे राते सेकि शुधु शकारेर गान?

(हरप्रसाद मित्र)

'आकाश एक विस्तृत पहिया है। कौन घुमाता है इसे? कहाँ है इसका हैंडल? 'कौन है, कौन है' कहकर अकेले जागते हुए पहाड़ के नीचे मैंने ही उसे पुकारा है। वह क्या केवल स्वरों का प्रलाप है? रात में बजती हुई मादल क्या केवल शिकार का सङ्गीत है?'

परन्तु इससे भी ज्यादा अच्छे उदाहरण प्रेमेंद्र मित्र, जतीन्द्र सेनगुप्त, जीवनानंद दास, अशोक विजय राहा, अचिंत्यकुमार सेनगुप्त, सुधीन्द्रनाथ दत्त आदि स्वनामधन्य कवियों में मिलेंगे। यह कल्पना कर पाना कठिन है कि सन् 42-43 में 'एक पैशाय एकटि' सीरीज़ में या 'एकसूत्रे' में गीत लिखने वाले थे कविजन कितनी दूर चले आये हैं। प्रेषणीयता का प्रश्न इस समृद्ध साहित्यिक भाषा वाले कविजनों के सामने और भी स्पष्ट रूप से खड़ा

है। और ध्यान रखने की बात है कि भाषा के शब्द भांडार को व्यापक बनाने को उत्सुक बँगला कवियों ने किसी भी शब्द को ग्राम्य या अछूत कहकर तिरस्कृत या उपेक्षित नहीं किया है। हिन्दी के नये कवि को बँगला के नव कवियों के शब्द-प्रयोगों से बहुत कुछ सीखना है।

उसी प्रकार से मुक्तछंद के वैज्ञानिक प्रयोग के मामले में भी बँगला से बहुत कुछ जाना और लिया जा सकता है। बँगला की अंतर्गत प्रास योजना और उलझी हुई सहस्मृतियों के संकेतों में समृद्ध प्रतिमान-परिकल्पना उस भाषा के कवियों की मौलिकता की साक्षी है। विशेषतः 'बन लता सेन' के व्यापक दिग्प्रत्यय और 'कास्मिक इमेजरी' का मान हमारे यहाँ के नये कवि भी अब करने लगे हैं।

इस सिलसिले में सबसे बड़ी बात जो बँगला कवियों से सीखने जानने योग्य है : वह है काव्य-पाठ की महत्ता। काव्य-पाठ काव्यगान नहीं होता। हिन्दी में संगीत ज्ञान से कोरे, बेताला, बेसुरे भोंडें गलों को जब हम कविता पढ़ने के नाम पर 'हनुमान-चालीसा' या 'आल्हा' पढ़ते हुए कवि सम्मेलनों में सुनते हैं—और उस नकल में बड़ों-बड़ों का 'गायन' जब हम सुनते हैं—तब यह ध्यातव्य है कि 'रवीन्द्र-संगीत' के जनक रवींद्र नाथ कभी भी अपनी कविता गाकर नहीं पढ़ते थे। वे जब गाते थे, तब गाते थे; जब कविता पढ़ते थे, तब कविता पढ़ते थे। हिन्दी में यह हलके-फुलके गाने और मुहावरे की तरन्नुमी तर्ज़ का यह जो लेकर 'गीत' (?) प्रकार है वह जितनी जल्दी समाप्त होगा—उतना ही अन्य भाषाभाषियों को संतोष होगा कि हिन्दी कविता अब प्रौढ़ि के चरण पर चरण रखकर बढ़ रही है, वह किशोरावस्था में अर्थ शून्य सीटी बजाती हुई 'बाथरूम सिंगिंग' नहीं कर रही है। और फिर जनाब मुलाहिज़ा हो ट्यून न बाथरूम सिंगिंग की और विषय विश्व-शांति का! कपोत-कूजन क्या काकेशस के पार ऐसा ही होता है?

मराठी

मराठी में वैसे मुक्त छंद का आरंभ आत्माराम रावजी देशपांडे 'अनिल' और वा० ना० देशपांडे आदि ने करीब बीस वर्ष पूर्व से शुरू कर दिया था। परन्तु अनिल ने काव्य को अधिक सघनता प्रदान की, तीसरा आयाम उसे दिया—व्यष्टि-समष्टि के समग्र अनुभव को स्पष्टतः अधोरेखित किया। भावुकता पूर्ण उच्छ्वासात्मक रिरियाहट से कविता को उबार कर, 'हाय-हाय' वाद की अपेक्षा उस दुख के मूल तक जाने की 'विश्लेषणात्मक' काव्य दृष्टि दी। उनके लेखे व्यास का वाग्विसर्गो जनताद्यविप्लवः' सही है। अनिल की कविता युद्ध काल में स्पष्टतः प्रगति-गामी थी। परन्तु सांस्कृतिक पीठिका के कारण वे 'भग्नमूर्ति' जैसा काव्य भी निर्माण कर सके। शिल्प और संगीत, चित्रकला और स्थापत्य का अच्छा अध्ययन होने से 'अनिल' की दृष्टि 'चौफेर' और गहरी है।

विषयगत भाविन्य, विशेषतः ऐलीयटीय वैफल्यवाद का प्रतिपादन बा० सी० मर्ढेकर की, 'काही कविता' (1940) में मिलता है। इस पुस्तक ने काव्य जगत् में बहुत बड़ी खलबली पैदा की। न केवल इसमें अप्रस्तुत और पारम्पर्य-भंजक शब्द प्रयोग और उपमा उत्प्रेक्षाएँ थीं—परन्तु समूची कविता का स्वर एक करारे तमाचे की तरह से आधुनिक मानव को लगता था। ज्यों ज्यों आप मर्ढेकर की कविता पढ़ें ऐसा लगता है कि जैसे वे एक साथ युग की अपनी और हमारी भी, चीर-फाड़ करते जा रहे हैं। और यह शल्य-

क्रिया हमारे दुचित्तेपन की है, हमारी अध्यात्मवाद के नाम पर पुंस्त्वहीनता की, सौंदर्यवाद के नाम पर स्त्रैणता और साहसशून्यता की। हमारी मनोविकृतियों को कवि जैसे काटकर हमारे हाथ में रख देता है और हम तिलमिला कर रह जाते हैं। मार्क्सवादी आलोचक यथा बेडेकर आदि ने पहले उन्हें जंतुवादी कहा; परन्तु बाद में उनकी मौलिकता से इतने प्रभावित हुए कि ज्ञानेश्वर और केशवसुत के बाद मर्ढेकर का नाम युग-प्रवर्तक रचयिताओं में लिया जाता है। अनिल और मर्ढेकर दोनों की कविताओं के अनुवाद 'आजकल' 'नयी कविता' आदि में हिन्दी के लिए भी सुलभ बनाये गये हैं।

मर्ढेकर की छाया इतनी अधिक आधुनिकतम कवियों पर है कि विंदा करंदीकर या शरच्चंद्र मुक्तिबोध जैसे प्रगतिशील कवि भी जाने-अनजाने मर्ढेकर का मुहावरा काम में लाते हैं। मराठी में उन्होंने एक नया सम्प्रदाय मानो चला दिया। एक उदाहरण से यह स्पष्ट होगा। अपनी एक नयी कविता में शरच्चंद्र मुक्तिबोध कहते हैं—

(मूल मराठी)	*(अनुवाद)*
नैराश्यात्रा नाजुक नखरा	**नाजुक नखरा नैराश्यों का**
श्रीमंतीची विरक्त वाणी	**श्रीमंतों की विरक्त वाणी**
माणुसकीचे मर्भ विसरतां	**मानवता का मरम भूलकर**
बुकी ठरतिल चढसे गाणी	**पंगु बनेंगे बुलन्द गाने**

तीसरे शक्तिमान नव-कवि मासिक 'छंद' से संबद्ध प्रो० पु० शि० रेगे हैं। ये नये 'गाथासप्तशती' कार हैं। शृंगार के स्पष्ट चित्रण में, लगता है कि, डी० एच० लारेंस इनके गुरु हैं। परन्तु शब्दों की सूक्ष्म अर्थच्छटाओं को अधिक सक्षम रूप से व्यक्त करने में रंग का कौशल बहुत बड़ा है। उनके लिए कविता मानो एक रूपसी है—और वे कविता द्वारा समाज क्रांति या समाज दुख चिकित्सा करने के अनावश्यक यत्न में नहीं पड़ते। परन्तु वे पलायनवादी या रोमांटिक नहीं हैं। वे शृंगार चित्रण में भी अत्याधुनिक हैं।

मलयालम

मलयालम के सबसे प्रसिद्ध 'संकेतवादी' कवि हैं जी० शंकर कुरुप्प। त्रिवेंद्रम की केरल साहित्य परिषद् में 'प्रतीकवादी' होने के आक्षेप का जो उत्तर उन्होंने अपने ऐतिहासिक विद्वतापूर्ण, सुललित भाषण से दिया—वह मैं कभी नहीं भूलूँगा। उन्होंने कहा—"मैं संकेत छोड़ दूँ? यह आपका कबूतर क्या है? 'सिंबल' है। आप कहते हैं मैं वैज्ञानिक ढंग से सोचूँ। ये आपके + और — क्या हैं? 'सिंबल' हैं।" यों वे आधे घंटे तक प्रगतिशीलों को उन्हीं की भाषा में विश्व कविता का अध्ययन बहुत ही प्रगाढ़ है।

दुख के विषय में पुराने खेमे के कवि भी सोचते हैं—

'मरुघ रम्पल्ला' (मरुभूमि नहीं) नामक कविता में वल्लत्तोल् ने कहा है—'हे विपत्ति! तुम्हारी तेज हवा से हिलकर झुक जाने वाला तिनका मैं नहीं हूँ। मैं अपने मानव जीवन को मनस्वी लोगों के दयनीय अश्रु-प्रवाह से गीला होकर जीर्ण भी होने न दूँगा।'

और इन सब झंझावातों में, वैचारिक उठा-पटक और आरोहावरोहों में, पुराने कवियों का मानसिक समतोलन सराहनीय है। परन्तु वल्लत्तोल् स्पष्टतः आशय प्रधान निष्कर्षवादी कवि हैं। इसीलिए ये प्रगतिशीलों के लिए प्रिय हैं। जहाँ कविता की अपेक्षा पक्ष-समर्थन

अथवा भट्टि काव्य अपेक्षित हो, वहाँ फिर वल्लत्तोल् जैसे महाकवि—जिन्होंने **ऋग्वेद का** पद्यबद्ध अनुवाद किया, ग्रामलक्ष्मी लिखी (गाथा सप्तशती का पद्यबद्ध अनुवाद) और 'मरियभु माग्दलिनु' लिखा—**वे जब चीन देश पर**

मधुर मनोहर मनोज्ञ चैना !

जैसा गीत लिखें तब देखकर आश्चर्य और दुख भी होता है। जन्मना बधिर और अंग्रेजी का एक अक्षर भी न जानने वाले महाकवि वल्लत्तोल् से मास्को और मलाया का दौरा भी कराया गया है—यह जानकर और भी अचरज होता है। पर फिर सोचकर रहना पड़ता है कि 'किमाश्चर्यमिदम्!' मलयालम में एन० वी० कृष्ण वारियर, व्यालपल्ली, रवि वर्मा आदि कई नये कवि प्रगति प्रधान स्वर वाले हैं—परन्तु काव्य के नवीन उपकरणों को अपनाने में उन्होंने कोई हिचकिचाहट नहीं दिखाई है। बल्कि उन नवीन रूप-शिल्प उपादनों को वे अपनी देशज परंपराओं से संयुक्त करते हैं।

सच्ची कविता, चाहे नयी हो या न हो, अपने अनुभूत, 'स्वानुभूत' में से ही निर्मित हो सकेगी—यह बात जब 'नयी कविता' वाले कहते हैं तो उन पर आरोप किया जाता है कि तुम असामाजिक हो, तुम असमष्टिवादी हो, तुम अनुत्तरदायी हो, तुम……। 'नयी कविता' वाले और ऐसे लोगों से सिर्फ़ इतना ही कहते हैं कि—"तुम 'कवि' नहीं हो। चाहे नेता, प्रचारक, नारेबाज, अवसरवादी, दुचित्ते, अंधश्रद्धावादी, कलाकार, सिनेमाई, कवि सम्मेलनी केटरर जो भी हो—पर 'कवि' नहीं हो।" सस्ते कवि सम्मेलन वाला या सिनेमा का गीत दो-चार महीने बाद भुला दिया जाता है, पर बावजूद सारी गालियों के चर्चा सबसे अधिक 'तारसप्तक' की ही हिन्दी में हुई है। क्यों? कभी इस पर गंभीरता से सोचने की कृपा की है। नहीं तो अब कीजिये: 'नयी कविता' हिन्दी का रोग नहीं, विश्व की सभी समृद्ध भाषाओं की कविता की स्वदिशा है।

अब इन सूचनाओं के बाद–(मेरे कृपालु मित्र मेरे लेखों को सूचना-संग्रह ही कहते हैं!) हिन्दी के बारे में कहने को क्या रह जाता है? 'लोगा मति के भोरा रे!" या 'लोगा अति बावरे' जो हों, उनके लिए 'इति अलम्' है। रॉबर्ट हिलीयर ने 'बाईसवीं सदी' कविता में कहा है—

There is not time,
No time,
There is no time,
Not even for a kiss,
Not even for this,
Not even for this rhyme,
No…………………

—✦—

काव्य की रचना-प्रक्रिया

गजानन माधव मुक्तिबोध

काव्य की रचना-प्रक्रिया के अन्तर्गत तत्व—बुद्धि, भावना, कल्पना इत्यादि एक होते हुए भी, प्रभाव-संगठन आन्तरिक उद्देश्यों की भिन्नता के साथ ही, रचना-प्रक्रिया भी वस्तुतः बदल जाती है। गेय काव्य, (लिरिकल पोएट्री) की रचना-प्रक्रिया, उस कविता की रचना-प्रक्रिया से बिल्कुल भिन्न है, जो मन की किसी प्रतिक्रिया-मात्र का रेखांकन करती है।

भावानुरूप संवेदनानुसारी शब्द-क्रम-शैली की रचना कवि के लिए आसान काम नहीं है। महत्वपूर्ण बात यह है कि यथोचित अभिव्यक्ति के विकास के दौरान में, अर्थात् ध्वनि-विम्बवती शब्द-क्रम-शैली के विकास के दौरान में, कवि अपने भाव-स्वभाव से घनिष्ठ रूप से परिचित होता जाता है। वह शब्दों में वास करने वाले अर्थ-बिम्बों और अर्थ-ध्वनियों की तुलना अपने भाव-दृश्यों से करने लगता है। और, इस नेत्रमयी तुलना के दौरान में वह इस बात से अधिकाधिक सचेत होता जाता है कि वह किस प्रकार के चित्रों तथा ध्वनियों द्वारा कौन-सा संवेदनात्मक प्रभाव उत्पन्न करना चाहता है। संवेदनानुसारी शब्द-चेतना का विकास कवि के लिए महत्वपूर्ण है। शब्द-चयन की भावानुसारिता को घटित करने वाली आत्माचेतना अर्थात् स्वयं के भाव-स्वभाव से घनिष्ठ परिचय के अभाव में व्यक्तिगत अभिव्यक्ति शैली का विकास नहीं हो सकता।

सामान्यतः यह देखा गया है कि कवि-व्यक्तित्व, अपनी कुछ विशिष्ट और प्रबल आवश्यकताओं के अनुसार, कुछ विशेष भाव-श्रेणियों को ही प्रकट करता रहता है, मानो वे उसके जीवन के स्थायी भाव हों। उन्हें प्रभावोत्पादक रूप से प्रकट करने के उसके अथक निरन्तर परिश्रम के तथा अभ्यास के फलस्वरूप, धीरे-धीरे, एक अर्से बाद उसकी वे भावश्रेणियों और उनकी अभिव्यक्ति, एक संगठित इकाई बनकर, 'कंडीशंड' साहित्यिक 'रिफ्लेक्स' का रूप धारण कर लेती हैं।

यहाँ हम रचना-प्रक्रिया के आन्तरिक क्षेत्र में पहुँच रहे हैं। होता यह है कि नये कवि को अपनी वास्तविक अभिव्यक्ति पाने के लिए, यानी अपने आभ्यन्तरिक वास्तव से साक्षात्कार के लिए, अनेकानेक काव्य प्रयोग करते हुए एक लम्बा समय गुज़ार देना पड़ता है। इन विविध रूप बहु मार्गानुसारी प्रयोगों के अनवरत क्रम की अन्तिम परिणति होती है अपनी मूलभूत अभ्यन्तर-वास्तविकता के संवेदनात्मक साक्षात्कार में। दूसरे शब्दों में, कवि-जीवन की प्रथम स्तरीय उपलब्धि—उस अन्तः प्रकृति से साक्षात्कार है, जो अपना कुछ विशेष कहना चाहती है, जिसके पास कुछ विशेष कहने के लिए है। इस आत्म-चेतना के प्रत्यक्ष संवेदनात्मक ज्ञान के बिना, कोई कवि मौलिक नहीं हो सकता।

प्रथम स्तरीय उपलब्धि के वाद अर्थात् अपने अभ्यन्तर-वास्तव में संवेदनात्मक ज्ञान के अनन्तर, अथवा उसके साथ ही साथ, कुछ विशेष महत्त्वपूर्ण बातें होने लगती हैं।

उनमें से एक है—आलोचन-धर्म का विकास। इस आलोचन-धर्म द्वारा परिचालित होकर, अभ्यन्तर वास्तव में अपने विशेष भावों की अभिव्यक्ति के लिए अनेकों रूपों अर्थात् कल्पना-चित्रों तथा शब्द-ध्वनि को अस्वीकार करते हुए, अन्य ध्वनियों तथा कल्पना-चित्रों को स्वीकार करता चलता है। विचित्र संस्कारों के वशीभूत होकर, आलोचन-धर्म कई प्रकार के 'सेन्सर्स' अर्थात् निषेधों का प्रयोग करता है। यदि ये निषेध, युक्ति-युक्त और उचित न हुए तो कविता बहुत ही दुर्बोध हो उठती है आलोचन-धर्म के साथ ही साथ, तथा उसके अतिरिक्त, एक बात और भी होती जाती है, जो महत्त्वपूर्ण है। वह है—भावों का अभ्यन्तर सम्पादन। रचना-प्रक्रिया से अभिभूत कवि जब भावों की प्रवहमान संगति संस्थापित करता चलता है, तब उस संगति की संस्थापना में उसे भावों का सम्पादन यानी एडीटिंग करना पड़ता है। यदि वह इस प्रकार भावों की काट-छाँट न करे तो मूल प्रकृति उसे सम्पर्ण रूप से अपनी बाढ़ में बहा देगी। और, उसकी कृति, विकृति में परिणत हो जायेगी। अनुभवी कवि अभ्यन्तर -भाव-सम्पादन का महत्त्वं जानता है।

भावों की प्रवहमान संगति की संस्थापना के हेतु, जब अभ्यन्तर भाव-सम्पादन होने लगता है तब एक और विलक्षण बात होती है। वह है—सृजन! मूल प्रकृति के तल से अभ्यन्तर वास्तव में कुछ विशेष उद्वेगों या प्रतिक्रियाओं द्वारा परिचालित होकर जब भाव-सम्पादन पूर्ण हो जाता है, तब उसमें एक नया तत्व आ जाता है—एक ऐसा तत्व है जो, कदाचित प्रारंभ में कथ्य नहीं था, किन्तु जो, भावों की प्रवहमान संगति की संस्थापना पूर्ण होते ही, उसके भीतर उद्घाटित हो गया। असल में यह कहना कठिन है कि अभ्यन्तर भाव-सम्पादन की शैली-विशेष के कारण वह द्योतित हो उठा है अथवा उस पूरी प्रक्रिया में से गुज़रने के कारण, लगे-हाथों, कुछ उद्घाटन हो गये हैं, जिनमें से एक वह भी हैं। शायद, ये दोनों ही बातें होती होंगी। किन्तु, यह निश्चित है कि वह भाव-सम्पादन की लगभग अनिवार्य उपलब्धि है। इसीलिए, कविता पूरी होने पर, कवि को यह प्रतीत होता है कि वह कविता-में कुछ ऐसा विशेष कह गया है अथवा उद्घाटित कर गया है, जो प्रारंभ में उसका कथ्य था ही नहीं।

द्वितीय स्तर पर पहुँच कर कवि अपने कुछ मूल स्थायी भावों अथवा कुछ भाव-श्रेणियों की समुचित अभिव्यक्ति कर चुकता है। उसका काव्य-रचना-मूलक आलोचन-धर्म तथा भाव-सम्पादन इतना परिपक्व हो चुकता है कि उसे अपनी अभिव्यक्ति के लिए अब विशेष कष्ट नहीं हो पाता। तब तक वह अभिव्यक्ति के मानसिक रूपों अर्थात् बिम्बों, चित्रों, निवेदनात्मक भंगिमाओं तथा विभिन्न लयों पर न केवल अधिकार प्राप्त कर चुकता है, वरन् उन विभिन्न चित्रों, बिम्बों तथा निवेदन-भंगिमाओं को वह अपने विशिष्ट भावों और भावच्छायाओं से, अभिन्नतः, संयुक्त कर देता है। दूसरे शब्दों में, वह अपने भावों की अभिव्यक्ति के लिए एक रूप-रचना तैयार कर लेता है, कि जो रूप-रचना, उसके लिए, उन भावों से, अविच्छिन्न रूप से, संयुक्त रहती है और उनसे कदापि पृथक अथवा विच्छिन्न नहीं की जा सकती।

वस्तुतः, भावों की प्रवहमान संगति की संस्थापना के दौरान में, अभ्यन्तर-भाव-सम्पादन, सक्रिय आलोचन-धर्म की सहायता द्वारा, विभिन्न भावों का विभिन्न अभिव्यंजक रूपों से घनिष्ठ संयोजन स्थापित कर देता है। काव्य-रचना के अनवरत श्रम और अभ्यास

के फलस्वरूप, यह संयोजन अभेद्य हो जाता है। यही स्थिति-स्थापना अर्थात् 'कंडीशनिंग' है। यही स्थिति-स्थापना अत्यंत दृढ़ और आगे चल कर विघ्नकारी हो जाती है।

यहाँ से कवि-जीवन के अगले स्तर का आरंभ हो जाता है, बशर्ते कि कवि अभी भी विकास-पथ पर हो। कवि को अब यह प्रतीत होने लगता है कि अब तक वह जिसे अपनी अन्तः-प्रकृति से साक्षात्कार कहता आया है, वह वस्तुतः उसके विगत भाव-जीवन की कुछ विशेष मूलबद्ध भाव-श्रेणियों का बोध-मात्र था। उसको अब इस स्तर पर आकर यह प्रतीत होने लगता है कि उसका वास्तविक भाव-जीवन कुछ ही अर्थात् सीमित भाव-श्रेणियों में बद्ध करके नहीं आँका जा सकता। यही नहीं, वरन् वे उसके पुराने स्थायी भाव और वे भाव-श्रेणियाँ, अपना पुराना तनाव बिलकुल खो चुकी हैं। लेकिन, मुश्किल यह है कि पुरानी भावाभिव्यक्ति के पुराने उपादान और पुराने उपादानों से समन्वित पुराने भाव अर्थात् सोचने, प्रकट करने, विचार करने, अनुभव करने की पुरानी आदतों के रूप में प्रबल रूप से विराजमान हैं। दूसरे शब्दों में, कवि ने पहले से ही अपनी जो स्थिति-स्थापना करके रखी है, वह अब पग-पग पर उसके आड़े आ रही है। अगर वह आत्मानुभूत नये भावों को प्रकट करने की कोशिश भी करता है तो भी पुराने भावों से गर्भित उपमाएँ और पुराने भावों से संयुक्त प्रतीक नवीन अर्थ-सत्ता को समाप्त कर देने पर तुले रहते हैं।

किन्तु, बहुतेरे कवि इन कठिनाइयों के बोध तक, जीवन के इस घुमाव तक, आ ही नहीं पाते। वे आगे के विकास के बजाय अपने ही आसपास घूमते रहते हैं। फलतः उनके पूर्व की स्थिति-स्थापना, यांत्रिक रूप से, पुरानी गूँजें प्रकट कराती रहती हैं। उनके खुद के तैयार किये पुराने शिकंजे—यानी पुराने भाव और उनकी अभिव्यक्ति—उन्हें आगे बढ़ने नहीं देते। कंडीशंड साहित्यिक रिफ्लेक्सेस यंत्रवत् कविताएँ तैयार करवाते हैं। मनोवेग यांत्रिक हो जाते हैं, अभिव्यंजक रूप जड़ीभूत हो जाते हैं। कवि अपने बनाये कटघरे में फँस जाता है और एक समय आता है जब कवि क़तई मर जाता है, किन्तु उसका शरीर शतायु रहता है।

भाव तथा उसकी अभिव्यक्ति की यह जड़ीभूत वृत्ति यदि हिला डुला कर ज़बर्दस्ती लचीली न बनाई जाये, तो अजीब दृश्य सामने आते हैं। उदाहरणतः तत्व तो होना है अत्यंत आधुनिक, किन्तु उसकी रूप-योजना होती है बहुत पुरानी। कहा तो यह जाता है कि तत्व अपना स्वयं का रूप विकसित करता है, किन्तु उसे अपना रूप विकसित करने की स्वतंत्रता दी जाये तब न। वास्तविकता यह है कि स्वयं के द्वारा विकसित किये गये व्यवधान, जो कंडीशंड साहित्यिक रिफ्लेक्सेस का ही एक अंश होते हैं, उस आधुनिक तत्व की आधुनिक अर्थ-सत्ता को समाप्त कर देने की राह देखते रहते हैं।

कंडीशंड साहित्यिक रिफ्लेक्सेस बनने का नियम प्राकृतिक है। किन्तु, उसके साथ यह भी स्वाभाविक है कि कवि-मनुष्य के अन्तर्व्यक्तित्व में परिवर्तन होता जाये। इस परिवर्तन के फलस्वरूप उत्पन्न होने वाली नई भाव श्रेणियाँ, पुराने रिफ्लेक्सों से टकरायेंगी ही। यदि साहस पूर्वक कवि इस आत्म-संघर्ष को तीव्र करता गया और आत्म-निरीक्षण-द्वारा उसे और सार्थक बनाता गया तो यह आशा की जानी चाहिए कि वह नई भूमि की खोज करके रहेगा।

किन्तु, इस आत्म-संघर्ष में बहुतेरे विघ्न उपस्थित होते रहते हैं। सबसे बड़ा विघ्न तो यह उत्पन्न होता है कि पुराने कंडीशंड साहित्यिक रिफ्लेक्सेस द्वारा तैयार की गई मूल्य-भावना नई मूल्य-भावना के पैर जमने ही नहीं देती। उदाहरणतः, कवि ने कुछ साहस-पूर्वक नया लिखा भी कि वही कवि, स्वयं, काव्य-श्रेष्ठता की अपनी पुरानी संवेदनाओं के अनुसार, नई रचना को तौलने लगता है, जब उसे यह मालूम होता है कि काव्य-श्रेष्ठता की उसकी मूलबद्ध (पुरानी) संवेदना के अनुसार, वह नया कुछ मूल्य नहीं रखता तो वह कवि नई दिशा में विशेष साहस नहीं कर पाता। दूसरे शब्दों में कंडीशंड साहित्यिक रिफ्लेक्स उसे खूब ही छकाते हैं,

आत्म-संघर्ष के दौरान में एक बड़ी बाधा यह उत्पन्न होती है कि कवि अपने को हमेशा शुरू की सीढ़ी, पर एक अल्प-बुद्धि 'बिगिनर' एक नौसिखिया उम्मीदवार के रूप में ही पाता है। साथ ही, एक विचित्र प्रकार का अकेलापन महसूस करता है। क्योंकि जिस काम में वह व्यस्त है, उसमें शायद ही कोई संलग्न हो। एक ओर, प्रकट होने के लिए बेचैन यथार्थ उसकी क्षमता को चुनौती देता है। यहाँ तक कि कभी-कभी उस चुनौती को ग्रहण करने के दौरान में, कंडीशंड साहित्यिक रिफ्लेक्सेस बीच में आकर उसके हृदय में, आत्म-विश्वास की हानि की घटना घटित कर देते हैं। मेरी अनगिन कविताएँ इस घटना से खण्डित होकर इधर-उधर बिखरी पड़ी हैं।

आत्म-संघर्ष का अर्थ, कवि के हृदय में, केवल नये और पुराने के बीच झगड़ा ही नहीं है। कंडीशंड साहित्यिक रिफ्लेक्स, कवि को उसके नये अनुरोधों और उद्वेगों से हटाकर, उसने अलग रूपों और चित्रों की तरफ उसे ले जाते हैं, किन्तु. जिस कवि में आत्म-निरीक्षण जितना तीव्र होगा, वह कंडीशंड साहित्यिक रिफ्लेक्सेस से उतना ही जूझ सकेगा। निःसन्देह इस आत्म-निरीक्षण के अन्तर्गत, अपने मूल कथ्य के महत्व की पहचान भी है। इस नयी भावना के प्रति जो कवि जितना ईमानदार और आग्रहशील रहेगा, वह धीरे-धीरे नई अभिव्यक्ति का रास्ता खोज लेगा।

रचना-प्रक्रिया, वस्तुतः एक खोज और एक ग्रहण का नाम है। अभिव्यक्ति के कार्य के दौरान में, कवि नयी खोज भी कर लेता है। इस तथ्य को मैं एक उपमा चित्र द्वारा स्पष्ट करना चाहूँगा।

वीरान मैदान, अँधेरी रात, खोया हुआ रास्ता, हाथ में एक पीला मद्धिम लालटेन। यह लालटेन समूचे पथ को पहले से उद्घाटित करने में असमर्थ है। केवल थोड़ी-सी जगह पर ही उसका प्रकाश है। ज्यों-ज्यों वह पग बढ़ाता जायेगा, थोड़ा-थोड़ा उद्घाटन होता जायेगा। चलने वाला पहले से नहीं जानता कि क्या उद्घाटित होगा। उसे अपने पीले मद्धिम लालटेन ही का सहारा है। इस पथ पर चलने का अर्थ ही पथ का उद्घाटन होना है, और वह भी धीरे-धीरे, क्रमशः। वह यह भी नहीं बता सकता कि रास्ता किस ओर घूमेगा या उसे किन घटनाओं या वास्तविकताओं का सामना करना पड़ेगा। कवि के लिए, इस पथ पर आगे बढ़ते जाने का काम महत्वपूर्ण है। वह उसका साहस है। वह उसकी खोज है। बहुतेरे लोग, जिनमें कवि भी शामिल हैं, इस तथ्य को भूल जाते हैं, क्योंकि वे उस पर चलना नहीं चाहते अथवा बीच में से ही भाग जाना चाहते हैं।

इस रास्ते पर बढ़ने के लिए, निःसन्देह आत्म संघर्ष करना पड़ता है। केवल एक लालटेन है, जिसके सहारे उसे चलना है।

इस उपमा को देखकर, बहुतेरे लोग यह आरोप लगायेंगे कि यहाँ किसी अवचेतनवादी सिद्धान्त का निरूपण हो रहा है। किन्तु कोई भी रचनाकार यह जानता है कि रचना बढ़ते जाने के मार्ग का नक्शा, रचना के पूर्व नहीं बनाया जा सकता और यदि बनाया गया तो वह यथा-तथ्य नहीं हो सकता। रचना-प्रक्रिया, वस्तुतः एक स्वायत्त प्रक्रिया है। और, वह किन्हीं मूल उद्वेगों और अनुरोधों के सहारे चली चलती है। ये उद्वेग और अनुरोध ही वह लालटेन है, जिसको हाथ में लेकर उसे आगे चलना होता है।

और यह पथ क्या है। वस्तुतः बाह्य संसार का अभ्यन्तरीकृत रूप है। बाल्य काल से ही मनुष्य, बाह्य संसार का अनवरत अभ्यन्तरीकरण करता रहा है। और इस प्रकार वह उस अभ्यन्तरीकृत बाह्य को उन विशेषताओं से समन्वित और सम्पादित करता रहा है जो उसके 'स्व' की विशेषताएँ हैं।

यह अभ्यन्तरीकृत बाह्य या कहिए कवि की अपनी सम्पत्ति अथवा, दूसरे शब्दों में, कवि का मनोजगत् किन्हीं उद्वेगों या अनुरोधों से विचलित होकर कल्पना-नेत्रों के सामने चंचल हो उठता है। उसे प्रतीत होता है कि उसकी चेतना—अंधेरे मैदान में बहने वाली सरिता है, जिसकी लहरें कुछ क्षणों के लिए चमक-चमक उठती हैं।

उसके चेतन बोध यानी ध्यान के ओट होने के कारण ही, वह इस अभ्यन्तर वास्तव को रहस्यमय ही समझेगा। यह उसके लिए स्वाभाविक ही है। किन्तु जब वह रचना कर चुकता है, तो उसकी रचना, वस्तुतः पुनर्रचित जीवन ही होती है—वह जीवन, जो आत्म-पक्ष और वस्तु-जगत् की क्रिया-प्रतिक्रिया के उलझे रूप से बना हुआ है।

चूँकि कवि का अभ्यन्तर वास्तव में बाह्य का अभ्यन्तरीकरण रूप ही है, इसीलिए कवि को—अपने वास्तविक जीवन में, रचना-बाह्य काव्यानुभव जीना पड़ता है। कवि, केवल रचना प्रक्रिया में पड़कर ही कवि नहीं होता, वरन् उसे वास्तविक जीवन में अपनी आत्म-समृद्धि को प्राप्त करना पड़ता है और मनुष्यता के प्रधान लक्ष्यों से एकाकार होने की क्षमता को विकसित करते रहना पड़ता है। यही कारण है कि काव्य केवल एक सीमित शिक्षा और संस्कार नहीं है, वरन् एक व्यापक भावनात्मक और बौद्धिक परिष्करण (कल्चर) है—वह कल्चर, वह परिष्कृति जो वास्तविक जीवन में प्राप्त करनी पड़ती है।

बाह्य का अभ्यन्तरीकरण एक मनोवैज्ञानिक प्रक्रिया है। यदि यह अभ्यन्तरीकरण, बचकाने ढंग से, दूषित दृष्टि से अवैज्ञानिक रूप से और मनोविकृतियों से ग्रस्त होकर किया गया हो तो तुरन्त ही उसका साहित्य पर भी परिणाम होता है। इसीलिए कवि के लिए सतत आत्म-संस्कार आवश्यक है जिससे बाह्य का अभ्यन्तरीकरण सही-सही हो।

ध्यान रहे कि मनोवेगों में स्वयं स्फूर्ति के अतिरिक्त, यांत्रिकता भी होती है। यही यांत्रिकता, विवेक की शत्रु है। अपने से ऊपर उठकर सोचने-समझने की शक्ति तथा भावना मन की संवेदना—ये दो छोर हैं स्रष्टा मन के।

जगत्-जीवन के संवेदनात्मक ज्ञान और ज्ञानात्मक संवेदना में समाई हुई मार्मिक आलोचन-दृष्टि के विना कवि-कर्म अधूरा है।

विश्व-संघर्ष की पार्श्व-भूमि में व्यक्ति-संघर्ष और विश्व-स्थिति की पार्श्वभूमि में व्यक्ति-स्थिति रखकर, अन्तर्बाह्य वास्तविकताओं से प्रेरित जो लक्ष्य-चित्र आविर्भूत हैं वे भव्य प्रेरणाओं को उत्सर्जित करते हैं। मेरा अनुभव मुझे यह बताता है कि नयी कविता में

नियो-क्लासिसिज़्म के बीज पक चुके हैं। और अभी से विभिन्न कवियों में उसकी आशाएँ प्रकट हो रही हैं।

हिन्दी में इन दिनों दो प्रकार के वर्ग काम कर रहे हैं। एक उच्च-मध्यवर्गीय जन, दूसरे निम्न मध्य-वर्गीय जन। इन दोनों के बीच की खाई लगातार चौड़ी होती जा रही है। विश्व का जो अभ्यन्तरीकरण ये दो वर्ग करते जा रहे हैं, उसमें बड़ा भेद दृष्टिगत हो रहा है। इन दोनों श्रेणियों की प्रधान भावनाएँ एक दूसरे से जुदा हो चुकी हैं। दोनों के सामने दुनिया दो अलग संवेदनात्मक रूपों में प्रस्तुत हो रही है। प्रगतिशील जीवन-मूल्य निम्न मध्यवर्गीय श्रेणी के भावना-चित्रों में अधिक पाये जाते हैं। इस श्रेणी में जीवन संघर्ष की अधिकता के फलस्वरूप अन्तर्मुखता और भाव-सघनता तो होती ही है, किन्तु उसके साथ शिक्षा, स्वाध्याय और समय के अभाव के कारण काव्य-सौंदर्य के विकास के प्रति विमुखता भी दृष्टिगोचर होती है। किन्तु, सबसे अधिक चिन्तनीय यह है कि वे तथाकथित अभिजात उच्च मध्यवर्गीय काव्य-संस्कृति से आच्छन्न होकर, अपनी विशिष्टता को प्रखर रूप से प्रकट नहीं कर पाते।

यह धारणा ग़लत है कि आत्मपरक काव्य व्यक्तिवादी काव्य है। भारतीय संस्कृति द्वारा विकसित की गई कई परम्पराओं में से एक परम्परा आत्मपरक काव्य की है। आत्मपरक काव्य में प्रगतिशील जीवन-मूल्य प्रकट होते हैं।

अपने लक्ष्यों के प्रति हार्दिक स्नेह के बिना, जिज्ञासा, आत्म-संस्कार आत्म-निरीक्षण तथा आत्म-संघर्ष—सब व्यर्थ है। लक्ष्यों के प्रति दुर्दान्त स्नेह आस्तिकता के बिना वास्तविक अस्मिता का विकास नहीं हो सकता, और उन्हीं के संदर्भ में हमेशा यह जाना जायेगा की किस किस सतह से बोल रहा है। ध्यान रखना चाहिए कि कवि किस सतह से बोल रहा है, यह हमेशा महत्वपूर्ण होता है और यही उसके निवेदनों या चित्रणों को द्योतित करता है।

—✦—

नयी कविता और पौराणिक प्रतीक

मलयज

काव्य में पौराणिक प्रतीकों का प्रयोग भी वास्तव में काव्य-रचना की अन्तः प्रेरणा से ही सम्बद्ध होता है। वे अन्तःप्रेरणाएँ एक ओर कवि-व्यक्तित्व के अपने व्यक्तिगत अनुभवों तथा दूसरी ओर उसकी सामाजिकता के जटिल संदर्भों की परस्पर प्रतिक्रियाओं की योगफल होती हैं। इस दृष्टि से पौराणिक प्रतीक भी एक प्रकार से हमें उन अन्तःप्रेरणाओं की दिशा का ही बोध कराते हैं। यह समझना कि पौराणिक प्रतीकों का प्रयोग काव्य-शिल्प की आवश्यकता मात्र है, ठीक नहीं है, वस्तुतः वह एक संपूर्ण संवेदनशील व्यक्तित्व की माप है।

यहाँ बात और आगे बढ़ाने से पूर्व यह स्पष्ट कर देना उचित होगा कि काव्य-रचना मात्र भावानुभूतियों की अभिव्यक्ति का नाम नहीं है, वरन् वह एक नई गतिशील प्रक्रिया है, जिसमें कवि-व्यक्तित्व अपनी गहरी अन्तर्दृष्टि द्वारा मानवीय अनुभूतियों संवेदनाओं के भीतर से बदलते हुए युग के परिप्रेक्ष्य में मूल्यों के नवीन स्तरों की खोज करता चलता है। अतः काव्य की अन्तः प्रेरणा का विवेचन भी इस प्रक्रिया को दृष्टि में रखकर ही होना चाहिए, क्योंकि आज की नयी दृष्टि में प्रत्येक काव्योपलब्धि का प्रश्न अन्ततः मूल्योपलब्धि का ही प्रश्न है।[1]

नयी कविता के पूर्ववर्ती युगों में हम पौराणिक प्रतीकों का प्रायः अभाव पाते हैं। यत्र-तत्र पौराणिक आख्यानों, गाथाओं, चरित्रों, पात्रों आदि का संकेत और प्रायः ही उनका प्रबन्धात्मक वर्णन हमें अवश्य मिलता है, किन्तु उनमें युग के पूरे परिवेश की जटिल संवेदनाओं से संग्रथित वह संकेतात्मक अर्थ नहीं मिलता, जिसे हम प्रतीक के लिए आवश्यक मानते हैं। अतः कहा जा सकता है कि एक सशक्त एवं विकसित काव्य-प्रयोग की दृष्टि से पौराणिक प्रतीक नयी कविता की अपनी विशेषता है। इस कथन को थोड़ा और स्पष्ट करने के लिए तथा नयी कविता में प्रयुक्त पौराणिक प्रतीकों की मूलभूत आवश्यकता को समझने के लिए भी, हमें नयी कविता के पूर्ववर्ती युगों पर किंचित् दृष्टिपात कर लेना आवश्यक हो जाता है।

बीसवीं सदी के प्रारम्भ से ही अपने देश में हम एक प्रकार की बौद्धिक जागरूकता एवं वैयक्तिक चेतना का उदय पाते हैं। कहना न होगा कि यह पश्चिम के नवागत वैज्ञानिक प्रभावों के आलोक में तत्कालीन रूढ़िग्रस्त समाज के प्रति मानव-मन की प्रतिक्रिया का ही परिणाम था। इस नवचेतना के उदय के साथ ही साथ नवीन परिस्थितियाँ और समस्याएँ भी कवि-दृष्टि के आगे रेखांकित (outlined) हो उठीं। यहीं

1. तुलनीय—Picasso 'The important in art is not to seek but fo find.'

से मूल्यगत संकट की शुरुआत होती है, जिसकी चरम परिणति वैज्ञानिक प्रगति के साथ आज के युग में मूल्यों के पूर्ण विघटन के रूप में हुई। किन्तु उस समय उन्हें एक तो ठीक-ठीक समझने, व्याख्यायित करने लायक कवि के पास कोई स्पष्ट ऐतिहासिक परिप्रेक्ष्य नहीं बन पाया था, दूसरे पिछले कई सौ वर्षों में जीवन और साहित्य के भीतर जो एक भव्य ऐतिहासिक व्यक्तित्व मूर्तिमान होकर खड़ा हो गया था, उसका पूरी तरह से स्खलन भी नहीं हुआ था। अतः प्राचीन परम्पराएँ, मान्यताएँ, रूढ़ियाँ आदि अधिकांशतः किसी न किसी रूप में चिपकी हुई थीं। परन्तु इनका खोखलापन भी धीरे-धीरे स्पष्ट होने लगा था और एक व्यापक असंतोष की लहर युग-मानस को भीतर ही भीतर मथ रही थी।

प्रारम्भ में इसकी प्रतिक्रिया स्वरूप उस बौद्धिक जागरूकता एवं वैयक्तिक चेतना ने दो स्वरूप ग्रहण किये। अपने क्रियात्मक (active) रूप में वह सुधारवादी आंदोलनों, तत्पश्चात् दीर्घकाल तक चलने वाले स्वातंत्र्य आन्दोलन को मानसिक शक्ति प्रदान करती रही। इसके लिए कभी तो वह भारतीय अतीत गौरव की स्वर्णिम झाँकियाँ दिखाने में मुखरित हुई और कभी उद्बोधनों द्वारा समाज तथा देश की कायापलट कर देने का शंखनाद किया। अपने अ-क्रियात्मक (passive) रूप में वह वर्तमान दुरवस्था पर शोक के आँसू बहाने और 'हम कौन थे क्या हो गये' के समवेत रुदन में व्यक्त हुई। यही अ-क्रियात्मक रूप आगे चलकर छायावाद के ऊहात्मक अध्यात्म-रहस्य के पलायन में प्रतिफलित हुआ। इन दोनों ही रूपों में उसकी दृष्टि परम्परा की ओर रही, किन्तु जैसा कि संकेत किया गया परम्परागत मूल्यों के प्रति ऐतिहासिक कारणों से पूर्णतः शंकालु और अविश्वासी न होने के कारण युग की नवचेतना इन दो रूपों में प्रकट होने के अतिरिक्त पौराणिक उपजीव्यों से कोई प्रतीकात्मक अर्थ नहीं ढूँढ़ सकती थी। उसके सामने मूल्यों की रक्षा का प्रश्न था, उनके परीक्षण का नहीं।

वस्तुतः परम्परागत मूल्यों की परीक्षा करते रहना और सही अर्थों में उनसे अपने को जोड़ते रहना एक जीवित और प्राणवान काव्य-धारा की चारित्रिक विशेषता है। पौराणिक प्रतीकों का प्रयोग जहाँ यह सूचित करता है कि मूल्यमय स्तर पर प्राचीन परम्परा वैज्ञानिक चेतना से उद्भूत प्रश्नों का समाधान किये बिना यथावत् ग्रहण नहीं की जा सकती, वहाँ उससे यह भी स्पष्ट हो जाता है कि इसी स्तर पर परम्परा को सही अर्थों में समझने परखने और ग्रहण करने की चेष्टा की जा रही है। पौराणिक प्रतीकों का अभाव प्रगतिवादियों के यहाँ भी पाकर यह स्पष्ट हो जाता है कि मूल्यगत संकट का प्रत्यक्ष अनुभव करके भी वे किस प्रकार अपने दायित्व को (शायद परम्परावादी कहे जाने के डर से) बचा गये थे।

आज नयी कविता मूल्यगत संकट और तज्जन्य वस्तुस्थितियों की ऐतिहासिक परिणति के उस बिन्दु पर है, जहाँ कवि-व्यक्तित्व सत्य के प्रति वस्तुपरक (rationalist) एप्रोच को तिलांजलि देकर न तो परम्परा के पात्रों को अपनी अंधी श्रद्धा प्रदान करता है और न ही विवेक एवं साहस का परित्याग कर प्राचीन मूल्यों का परीक्षण करके नवीन मानवीय सदर्भों में आयी नवीन मूल्य-सृजन की प्रेरणाएँ लेने से पलायन। नयी कविता की इस मूलभूत अन्तः प्रेरणा में पौराणिक उपजीव्य अनायास फ़िट हो जाते हैं और सच्चे मायनों में प्रतीक बनकर उभर पाये हैं।

इस दृष्टि से नयी कविता के पौराणिक प्रतीकों में कवि-व्यक्तित्व की वह अन्तः प्रेरणा दो रूपों में अभिव्यक्त हुई है—

1. वर्तमान मूल्य-संकट की स्वीकृति के लिए।

2. इस वस्तुस्थिति के संभावना-पक्ष को संकेतित करने के लिए।

वर्तमान मूल्य संकट की इस स्वीकृति का अर्थ है, आज के यथार्थ की स्वीकृति; सामाजिक तथा नैतिक मूल्यों के विघटन, वैयक्तिक विकृतियों, कुंठाओं, विसंगतियों तथा मानव-मन के चेतन-उपचेतन में प्रतिपल घटित होने वाले स्फोटों की स्वीकृति; इसके अर्थ हैं, मानव-नियति के इन युगान्तरकारी परिवर्तनों को रहस्य-रोमांस के काल्पनिक इंद्रजाल में पलायित न करके उन्हें सक्रिय गत्यात्मक बौद्धिक चेतना के स्तर पर परिभाषित-प्रतिष्ठित करने की प्रवृत्ति। यह सब प्रभावशाली ढंग से पौराणिक प्रतीकों के माध्यम से नयी कविता में अभिव्यक्त हुआ है। पौराणिक प्रतीकों में क्यों हुआ है, इसका सबसे सीधा उत्तर संभवतः यह होगा कि पौराणिक प्रतीकों के रूप में ही सापेक्ष मानवीय संदर्भों में उस व्यंग्य-विपर्यय (irony) की प्रभावशाली सृष्टि हो सकती है, जो मूल्यों के स्तर पर मानवीय अनुभूतियों और जीवन-सत्यों की टकराहट का आवश्यक परिणाम है। वस्तुतः यह व्यंग्य-विपर्यय और उसकी तिलमिला देने वाली सत्यता ही जो बहुधा एक बेबाक और निर्भीक टोन के साथ व्यक्त होती है, नयी कविता में पौराणिक प्रतीकों की शक्ति बन सकी है। उदाहरणार्थ—

अब किसी बियाबान वन में जटायु……?
……नहीं ! वायुयान में बिठाकर ले जायेगा……।
अव्वल तो जटायु नहीं कोई
और हो भी तो
मशीन से कब तक लड़ पायेगा ?
……राम युद्ध ठानेंगे ?
बानरों की सेना ले…………?
जो कि आजकल अपने नगर में मुँडेरों पर
रोटी ले भागने की फिक्र में बैठी है !
राम स्वयं आहत हैं।

—दुष्यन्त कुमार

इसमें यांत्रिक सभ्यता के आधुनिक परिवेश में सापेक्ष मानवीय संवेदनाओं के मूल अंतर को स्पष्ट करने के लिए जिन पौराणिक प्रतीकों की रचना हुई है, वह मानवीय संदर्भ में मूल्य-विघटन के साथ ही उस स्थिति में निहित व्यंग्य-विपर्यय की ओर भी मार्मिक रूप में संकेत करता है। अस्तु !

नयी कविता के पौराणिक प्रतीकों में वर्तमान मूल्य-संकट और व्यापक मानवीय धरातल पर उसकी प्रतिक्रिया की स्वीकृति हमें कई रूपों से देखने को मिलती है।

अपने प्रारम्भिक विकास-वृत्त में नयी कविता का स्वरूप बहुत कुछ आन्दोलनात्मक रहा। परम्परा के प्रति विद्रोह और प्राचीन जीवन-मूल्यों के प्रति कटु अनास्था एवं चुनौती का दृष्टिकोण ही उसकी शक्ति थी। फलस्वरूप इस प्रकार की पंक्तियाँ लिखी गईं—

उस पुष्प से, गंध से बचो
जो अपने पराग में तक्षक लिए फिरता है
....

ओ परम्परा की निर्जीव सत्ता पर जीने वालो,
तक्षक भागवत के पृष्ठों के संसर्ग में भी
परीक्षित की मृत्यु लिए फिरता है।

—लक्ष्मीकान्त वर्मा

किन्तु यह विद्रोह निषेधात्मक एवं विध्वंसमूलक न होकर कुछ महत्वपूर्ण नया सृजन करने के लिए पृष्ठभूमि तैयार करने की अकुलाहट है। इसीलिए इस विकास-वृत्त में आये हुए पौराणिक प्रतीक विद्रोह के इस गतिशील पक्ष को उभारने के साथ मानव-मूल्यों के गूढ़ और जटिल संदर्भों की अनेक सूक्ष्म संवेदनाओं तथा दिशाओं को भी धारण किये हुए हैं जो आगे चलकर मानव-नियति और मानवीय संभावनाओं के विभिन्न धरातलों पर अधिक स्पष्ट और विकसित रूपों में अभिव्यक्त हो सकीं।

मूल्यों के विघटन की एक स्थिति यह है कि सामाजिक-इकाई के रूप में मनुष्य अपने आपको अकेला (isolated) अनुभव करने लगा है। फलस्वरूप जीवन में उसकी स्थिति कभी तो 'गर्भ से धक्के देकर निकाले गये ऋषि-पुत्र' जैसी प्रतीत होती है और कभी निहत्थे अभिमन्यु जैसी, और कभी छले गये एकलव्य, तिरस्कृत नचिकेता तथा 'क्यूरियोमार्ट में हारे भटकते हुए अर्जुन' जैसी। परन्तु इस अनुभव के कारण एक ओर जीवन में जहाँ उसे टूट जाने का बहुत बड़ा मूल्य चुकाना पड़ रहा है, वहीं इसने उसमें एक प्रकार की कटिबद्धता को भी जन्म दिया है—वस्तुस्थिति को भोगने की सक्रिय कटिबद्धता, जिसमें मनुष्य का अकेलापन और निहत्थापन उसे निष्क्रिय तथा हतवीर्य बनाकर नहीं छोड़ देता। जहाँ वह यह स्वीकार करता है कि—

मेरा बाप अर्जुन नहीं था।
मेरी माँ सुभद्रा नहीं थी।
और मैं भी अभिमन्यु नहीं हूँ।
....

इतने पर भी मुझ अबोध को
दुर्भेद्य चक्रव्यूह में फाँस दिया गया है।

—श्रीराम वर्मा

वहीं वह यह भी जानता है—

मेरे ही लिए यह व्यूह घेरा
मुझे हर आघात सहना
गर्भ-निश्चित मैं नया अभिमन्यु, पैतृक-युद्ध!

—कुँवर नारायण

तीसरा रूप आज के जीवन और उसके यथार्थ को उसकी समग्रता में जीने की प्रवृत्ति में व्यक्त हुआ है, जिसमें व्यक्ति-जीवन के विभिन्न पक्षों एवं अनुभवों को जीवन के अंग के रूप में स्वीकार करता है और इनके निर्भीक साक्षात्कार में मानव-नियति का विकास देखता है। इन सारे अनुभवों से हटकर अनुभव के किसी एक स्तर पर किसी एकांगी समाधान को पा लेने का प्रयास वह नहीं करता वरन् क्षण-क्षण घटित यथार्थ के विभिन्न आयामों में जीते हुए उन्हीं में से किसी आन्तरिक आधार की तलाश करता है। शिव और शिव का विषपान इस दिशा में अपेक्षाकृत प्रचलित एवं रूढ़ प्रतीत हो चुके हैं, इससे हटकर भी कुछ नये प्रतीकों की उद्‌भावना हुई है—

सुनते हैं तुम किसी अवतार में कछुये थे
अपनी इस वज्रोपम पीठ पर
तुमने यह धरती टिकाई थी…………

आदि पंक्तियाँ।

—भारती : (सात गीत-वर्ष)

मैं ही नल हूँ
अजगर-सा चाय की पत्तियाँ निगलता हूँ
मैं ही अपने विष से, स्टोव को ठंडा कर जीता हूँ
मैं ही शराब की बोतल ले
रामायण से गीता तक जीता हूँ
मैं, लक्ष्मीकान्त, सत्यवान, नल, दुष्यंत आक्रान्त…………

—लक्ष्मीकांत वर्मा (नयी कविता—4)

वर्तमान परिस्थितियों में वस्तुपरक सामाजिक यथार्थ तथा क्रूर भौतिक सत्यों और व्यक्तिगत जीवन की आत्मानुभूतियों के बीच जो आन्तरिक संघर्ष छिड़ा हुआ है, उसकी चरम परिणति सामाजिक स्तर पर सामाजिक विसंगति (social tragedy) तथा व्यक्तिगत स्तर पर वैयक्तिक कुंठा के रूप में हुई है। यह कुंठा एक साथ ही जीवन के अनेक स्तरों, नैतिकता-मर्यादा के छूछे प्रतिमानों तथा खंडित अहं की विकृतियों आदि के विभिन्न रूपों में प्रतिफलित हुई है। किन्तु इस द्वन्द्वात्मक स्थिति को भोगते हुए नयी स्थापनाएँ, नैतिकता-मर्यादा के नये सम्बन्धों को उभारने की व्यक्ति की अकुलाहट के कारण इस कुंठा का स्वरूप निष्क्रिय और गलित न होकर स्फोटात्मक (dynamic) है। इस एक तत्व के परिणामस्वरूप ही इस वैयक्तिक कुंठा को व्यक्त करने वाले पौराणिक प्रतीकों में एक प्रकार की सक्रिय गहन पवित्र वेदनानुभूति का आभास मिलता है, जो व्यक्त आशय को एक गंभीर उदात्तता तथा परिशोधन की भावभूमि प्रदान करती है—

मेरी कुंठा, रेशम के कीड़े-सी ताने-बाने बुनती
……………………
तड़फ-तड़फ कर बाहर आने को सिर धुनती
गर्भवती है—

मेरी कुंठा क्वाँरी कुन्ती
बाहर आने दूँ तो लोक लाज मर्यादा
भीतर रहने दूँ तो घुटन सहन से ज़्यादा
मेरा यह व्यक्तित्व सिमटने पर आमादा
....

ओ स्वर-निर्झर बहो कि तुममें
गर्भवती अपनी कुंठा का कर्ण बहा दूँ
मुझको इससे मोह नहीं है
इसे विदा दूँ।........

—दुष्यंत कुमार

सामाजिक विसंगति में निहित व्यंग्य ने भी पौराणिक प्रतीकों को अपनी ओर आकर्षित किया है। इस सामाजिक विसंगति का अंतिम भोक्ता सामाजिक-इकाई के रूप में व्यक्ति ही है और पौराणिक प्रतीक संपूर्ण जटिल सामाजिक परिवेश की दुखान्त (tragic) संवेदनाओं को व्यक्ति के माध्यम से ही केन्द्रित एवं संप्रेषित करते हैं, अतः उनमें इस सामाजिक विसंगति की मशीन में पिसते हुए, टूटते और ज़ूझते मनुष्य की खीझ, निराशा, दैन्य, व्यथा सब एक प्रकार के आत्म-व्यंग्य के रूप में अभिव्यक्त हुए हैं। यह स्थिति उन पौराणिक प्रतीकों में निहित व्यंग्य को मात्र छिछली व्यंग्योक्ति, विद्रूपमय उपहास और कटूक्ति न बने रहने देकर उन्हे गहराई तथा स्थैर्य प्रदान करती है। उदाहरण के लिए किसी सेटायर अथवा पैरोडी का व्यंग्य हमें मुस्करा भर देने या मुक्त-हास्य तक ही सीमित रखता है, परन्तु पौराणिक प्रतीकों का व्यंग्य हमें उस समूची स्थिति की आदिकरण मूल संवेदना से संयुक्त कर कुछ सोचने के लिए विवश कर देता है। इस प्रकार पौराणिक प्रतीकों में यह व्यंग्य अर्थबोध और भावबोध के नये आयाम छू सका है।

कल रात मैंने एक स्वप्न देखा :
मैंने देखा कि मेनका अस्पताल में नर्स हो गई हैं
और विश्वामित्र ट्यूशन पढ़ा रहे हैं
उर्वशी ने डान्स-स्कूल खोल दिया है
नारद गिटार सिखा रहे हैं
गणेश बिस्कुट खा रहे हैं
और
बृहस्पति अंग्रेजी से अनुवाद कर रहे हैं।

—भारत भूषण अग्रवाल

ईश्वर, धर्म, दर्शन आदि मानवीय आस्था के प्राचीन उत्सों के झूठे पड़ जाने अथवा अपर्याप्त सिद्ध हो जाने की स्थिति में मानवीय आस्था के ज्वलंत प्रश्न को प्रतीकात्मक स्तर पर पौराणिक पात्रों या बड़े कैन्वेस पर पौराणिक प्रबंधों के माध्यम से प्रस्तुत किया गया है। उदाहरणार्थ—भारती के 'अंधायुग' में इस प्रश्न की मूल पीठिका पर मानव-

व्यक्तित्व के अन्य कई प्रश्नों, कुंठाओं, अन्तर्द्वन्द्वों, विकृतियों आदि से अनुस्यूत कई पात्र सामने आये हैं—गांधारी, धृतराष्ट्र, संजय, विदुर, युयुत्सु और अश्वत्थामा—जो वर्तमान सामाजिक परिवेश में मानवीय आस्था के विभिन्न types हैं। ये प्राचीन आस्तिक आस्था को अपने-अपने ढंग से जीते हैं। किन्तु ये सभी types अपनी-अपनी आस्थाओं के साथ भी किसी सर्वमान्य अखंडित आस्था का निर्माण नहीं कर पाये हैं, क्योंकि—

आज इस पराजय की वेला में
पता नहीं जाने, क्या झूठा पड़ गया कहाँ
सब के सब जैसे
उतर आये हैं अपनी धुरी से आज

इसीलिए गांधारी और धृतराष्ट्र की आस्था अंधी है, संजय की निष्क्रिय, विदुर की तटस्थ मर्यादावादी, युयुत्सु की भावुकतापूर्ण और अश्वत्थामा की अर्द्धपशु की-सी पीड़ित, कातर। और ये सभी अपनी आस्था के केन्द्र बिन्दु स्वरूप कृष्ण के प्रति अनुभव करते हैं :

एक-एक कर सारे पहिये
हैं उतर गये जिसके
वह बिल्कुल निकम्मी धुरी
तुम हो
क्या तुम हो प्रभु ?

नयी कविता के पौराणिक प्रतीकों ने ऊपर से अराजक-से प्रतीत होने वाले विखंडित मानव-व्यक्तित्व के इन विभिन्न रूपों का वहन करने के साथ इनमें निहित, प्रायः इनसे संयुक्त, संभावनाओं एवं प्रेरणाओं की ओर भी अंगुलि-निर्देश किया है। यह प्रेरणा कोई दैवी प्रेरणा अथवा जीवन तथा उसके यथार्थ के आसंग से दूर कोई कल्पित प्रकाश-वृत्त नहीं है। यह तो व्यक्ति की उसी आत्मनिष्ठता, अकेलेपन, बौनेपन, संघर्ष की कटिबद्धता, खंडित अहं के हताश संकल्पों, सामाजिक, विसंगति में रंग भरने वाले निस्सहायता एवं टूटे पहिए की-सी आस्था से संघर्ष करने के उन्मत्त साहसिक आह्वानों में ही अन्तर्निहित हैं। किन्तु यहीं यह भी स्वीकार कर लेना होगा कि ये पौराणिक प्रतीक उस संभावना एवं प्रेरणा का केवल संकेत मात्र करते हैं, इससे अधिक नहीं। मानव-व्यक्तित्व में धीरे-धीरे संपुजित होने वाली नयी अनुभूतियों और उन अनुभूतियों के भीतर जुटने वाले नये निर्मायक तत्वों, उनकी निश्चित गठन की संभावित रूप-रेखाओं तथा निहित तात्पर्यों को अभिव्यक्त करने मे पौराणिक प्रतीक हमारा अधिक दूर तक साथ देते नहीं प्रतीत होते। वर्तमान को 'इकलौता छोटा भाई', चक्रव्यूह को भाई की 'नूतन पाठशाला' और खुद को उसका अकेला 'अध्यापक' मानने वाले 'अभिमन्यु' के पास भी भविष्य के लिए कोई निश्चित कार्यक्रम, कोई सुस्पष्ट नक्शा नहीं है। उसे बस इतना आत्मतोष है कि उसने ब्यूह-घेरे को तोड़ लिया है और उन कायर-वीरों से भिन्न है 'जिन्होंने पक्ष अपना सत्य से ज्यादा बड़ा माना' (कुँवर नारायण)।

इस तथ्य का समाधान यह कहकर दिया जा सकता है कि यह स्थिति तो समस्त नव-लेखन की है। इसे पूर्णतः न अस्वीकार करते हुए भी प्रस्तुत संदर्भ में हम यह पुनः

दुहरा देना चाहेंगे कि पौराणिक प्रतीक कवि-व्यक्तित्व की उस विशेष मनःस्थिति से सम्बन्ध रखता है, जिसमें वह परम्परागत मूल्यों—स्थापनाओं का पुनर्परीक्षण करता है तथा उन मूल्यों-स्थापनाओं की वाहक प्रेरणाओं—संवेदनाओं को सामयिक संदर्भों की माँगों के अनुरूप मूल्यों के एक सर्वथा नये रचना-क्रम में ग्रहण करता है। वस्तुतः यहीं पौराणिक प्रतीकों की सीमा भी स्पष्ट हो जाती है। मूल्यगत उलटफेर के कारण वर्तमान जीवन में पग-पग पर व्याप्त व्यंग्य-विपर्यय तो इनमें सशक्त रूप से उभर सका है, किन्तु आगे नये मूल्यों के रचना-क्रम में परम्परा का स्थान स्फूर्ति एवं नवोन्मेष के लिए एक ऐतिहासिक परिप्रेक्ष्य भर उपस्थित कर देना रह जाता है। इधर नयी कविता का स्वर जब से प्रौढ़ तथा दायित्वपूर्ण अनुचिन्तन से युक्त होने लगा है, पौराणिक प्रतीकों के प्रयोग की प्रवृत्ति प्रायः कम हो गई है। यह भी उक्त तथ्य का ही समर्थन करता है।

किन्तु इधर 'कनुप्रिया' में राधा के रूप में पौराणिक प्रतीकों के विकास-क्रम की दिशा में एक और निश्चित चरण की अभिवृद्धि हुई है। राधा भी गहरी तन्मयता के क्षणों की आंतरिक निष्ठा और वस्तुपरक ऐतिहासिक युग-सत्य के संघर्ष को प्रश्नात्मक रूप में रखती है। मुझे ऐसा लगता है, मानो राधा भारतीय संस्कृति की मूल रागात्मक प्रवृत्ति के प्रतीक-रूप में आधुनिक जटिल परिवेश के बीच भावी-युग-निर्माण में अपनी सार्थकता का महत्व बलपूर्वक स्थापित कर देना चाहती है। वह पौराणिक प्रतीकों के क्रम में विकास का अगला चरण इसलिए है कि वह अपनी सार्थकता मात्र संकेतित नहीं करती, वरन् आग्रह के साथ जतला देना चाहती है—एक विनम्र चुनौती के रूप में—कि वस्तुपरक युग-चिन्तन का सत्य अन्ततः अर्द्धसत्य है। यही चुनौती नयी कविता के सामने भी है।

आगे नयी कविता पौराणिक उपजीव्यों को, प्रतीकात्मक स्तर पर किन नये रूपों में प्रतिष्ठित करेगी, यह बहुत कुछ इस पर निर्भर करता है कि नया कवि उक्त चुनौती को किस रूप में लेता है। आज का नया कवि अपने दायित्वों के प्रति गंभीरता से सचेष्ट है, इसलिए यह बहुत संभव है कि अपने संघर्ष और मूल्य-निर्माण की चेष्टा में वह पौराणिक उपजीव्यों को वर्तमान वस्तुस्थिति के व्यंग्य-विपर्यय को व्यक्त करने के लिए ही न लेकर उन्हें प्रतीकात्मक स्तर पर मानव-व्यक्तित्व की तेजी से निर्मित होती हुई व्याख्याओं में भावबोध, सौंदर्यबोध के नये आयाम दे सकें।

——✦——

नयी कविता : एक ऐतिहासिक अनिवार्यता

जितेन्द्रनाथ पाठक

:1:

20वीं शताब्दी भारतीय जीवन में जो मोड़ लेकर आई, वह थी भारतीय साहित्य में धर्म-निरपेक्ष मूल्यों और वैज्ञानिक विधियों का आग्रह। 20 वीं शती से पूर्व का भारतीय साहित्य धर्मानुशासित है। स्वयं हिन्दी-साहित्य बीसवीं शती से पूर्व प्रत्येक क्षेत्र में धर्माश्रित है। यह दूसरी बात है कि वह कहीं भक्ति और साधना के मूल्यों से मंडित है तो कहीं ऐहिक स्वर को धर्म के कलेवर में उपस्थित करने का अभ्यस्त। पाश्चात्य विश्व किंचित् भिन्न है। आधुनिक विज्ञान और वैज्ञानिक दृष्टिकोण की जन्मभूमि होने के कारण वहाँ धर्माश्रय और विज्ञानाश्रय की कालगत विभाजक रेखा कुछ और पूर्व खींची जाती है। किन्तु वहाँ भी 19वीं शती के पूर्व वैज्ञानिक आविष्कारों के बावजूद चिंतन और सृजन के क्षेत्रों में धार्मिक आग्रह प्रबल थे, वैज्ञानिक आग्रह सर्वथा दुर्बल। अठारहवीं शती के अन्तिम दशकों से उन्नीसवीं शती के पूर्वार्द्ध के दशकों की औद्योगिक क्रांति के पश्चात् योरोपीय जीवन वैज्ञानिक प्रक्रिया के समीप आता दिखलाई पड़ा। समस्त योरोपीय समाज में औद्योगीकरण के द्वारा क्रान्तिकारी परिवर्तन घटित हुए। मध्ययुगीन सामाजिक संगठन एकबारगी टूटने लगे और कुछ ही दशकों में सारी योरोपीय सभ्यता रूपांतरित-सी हो गई। योरोपीय साहित्य-चेतना ने इसे आंशिक रूप में लक्षित किया।

लगभग आधी शताब्दी बीतते न बीतते उत्पादन की वृद्धि के कारण एशिया और अफ्रीका के पिछड़े देशों में बाजारों की खोज सम्बन्धी प्रतिद्वंद्विता के कारण युद्धों का एक सिलसिला-सा शुरू हो गया। प्रथम विश्व-महायुद्ध इस सिलसिले की एक परिणति है। साहित्य की समग्र चेतना को इस विश्व-युद्ध ने भयंकर झटका दिया। महायुद्ध में भीषण नर-संहार ही नहीं हुआ, बल्कि महायुद्धोत्तर काल में युद्ध-काल के ध्वंसावशेष उस नर संहार से भी भीषण सिद्ध हुए। विश्व-मानवता के लिए भीषण आर्थिक संकट पैदा हुए। आर्थिक संकट का अपरिहार्य परिणाम था नैतिक संकट। युद्ध में प्रत्यक्षतः और परोक्षतः भाग लेने वाले समस्त देशों के सम्मुख सांस्कृतिक ह्रास की समस्या उत्पन्न हुई। संशय, अनास्था, चारित्रिक, अराजकता, व्यक्तित्व की विशृंखलता, मूल्यगत अस्तव्यस्तता ने जीवन और साहित्य के समस्त क्षेत्रों को प्रभावित किया। अंग्रेजी साहित्य में टी० एस० इलियट ने इस समसामयिक यथार्थ के समग्र संदर्भ को न केवल अपने प्रखर बौद्धिक चिंतन का उपजीव्य बनाया, वरन् अँग्रेजी कविता के वस्तु और शिल्प, दोनों क्षेत्रों में युगांतरवादी परिवर्तन के नये तत्वों को प्रतिष्ठित किया। इलियट, एज़रा पाउंड, ऑडेन, स्पेंडर डाइलन टॉमस आदि कवि प्रथम विश्व-महायुद्ध से द्वितीय महायुद्ध तक लगभग एक ही दिशा में गतिशील विश्व-परिस्थितियों के संदर्भ को स्वीकार करते हुए नवीन जीवन-मूल्यों का शोध अपनी पुष्ट और समृद्ध काव्य-चेतना के बल पर करते रहे। हिन्दी

काव्य-चेतना आधुनिकता के इस अत्यावश्यक संदर्भ को द्वितीय विश्व-महायुद्ध के आस-पास अवश्य स्वीकार करने लगी किन्तु नवीन आस्थाओं और जीवन-मूल्यों के शोध की ओर वह लगभग सन् 1952 ई० के बाद तत्पर हुई।

: 2 :

हिन्दी में 20 वीं शती के प्रथम साढ़े तीन दशकों तक आधुनिकता का प्रभाव 19वीं शती के नवजागरण के प्रभाव के रूप में सीमित है। इस काल के आख्यान काव्यों में पौराणिकता का बौद्धिकीकरण, देवत्व अथवा अतिमानवत्य का मानवीकरण, प्राचीन सांस्कृतिक मूल्यों के प्रति आस्था, सुधारवाद के प्रति आग्रह के तत्व मिलते हैं। शिल्प के क्षेत्र में द्विवेदीयुग रीतिकाल की आत्यंतिक प्रतिक्रिया होने के कारण घोर इतिवृत्तात्मक हो गया। छायावाद पूरी तरह से सन् '20 में एक निश्चित काव्यशैली के रूप में (और विचार दर्शन के रूप में कुछ बाद में चलकर) दिखलाई पड़ा। यह अँग्रेजी साहित्य के रोमैंटिक काल (1800-1840) की प्रवृत्तियों से मिलता-जुलता काव्योत्थान था। प्रथम महायुद्धोपरांत जब कि इंग्लैण्ड में पाउण्ड और इलियट आदि कविता में आधुनिकता को आत्मसात करने में संलग्न थे, तब हिन्दी कविता इंग्लैण्ड के लगभग एक शताब्दी पूर्व के काव्योत्थान के साथ थी। यह वस्तुतः आधुनिकता की अधूरी पकड़ थी अथवा यो कहें, अनेक दृष्टियों से आधुनिकता से पलायन। छायावाद के ह्रास के कारणों में यह सम्भवतः सबसे बड़ा कारण है कि वह आधुनिकता से तादात्म्य करने में असमर्थ रहा। काल इस बात का निर्णय करेगा कि छायावाद की वे ही रचनाएँ टिक सकेंगी, जो समसामयिक यथार्थ से जूझ सकी हैं, अन्यथा सज्जित रचनाएँ ऐतिहासिक क्रम-विकास की सूचिका मात्र बनेंगी। इससे यह निष्कर्ष निकालना समुचित होगा कि रचना के क्षेत्र में (यहाँ विशेषतः कविता के क्षेत्र में) शाश्वत निर्माण अथवा परंपरा का आग्रह समयुगीन प्रश्नों से कला और रचना के माध्यम को जोड़ने में ही चरितार्थ होता है न कि परंपरा और शाश्वत के नाम पर वायवी और स्वाप्निक कल्पना-क्रोड में विश्राम करने में। छायावाद शिल्प के क्षेत्र में आग्रहवान था, क्योंकि वह जिस पूर्ववर्ती काव्य-प्रवृत्ति की प्रतिक्रिया था, वह शिल्प के आग्रह से दूर थी। बहुत कुछ स्वाभाविक रूप में प्रगतिवाद आधुनिकता को प्रश्रय देने के नाम पर वस्तु को ही सब कुछ मानने की प्रवृत्ति के कारण छायावाद की शिल्प-प्रधानता से सर्वथा विरत हो गया। प्रगतिवाद के इस रूप में अवतरित होने के दो कुपरिणाम हुए : आधुनिकता एक निश्चित मतवाद के चौखटे में यों जकड़ दी गई कि उसकी समग्रता और उसकी आंतरिकता काव्य का संप्रेष्य नहीं बन सकी तथा कविता को शिल्प से इतना बिदका दिया गया कि कविता के नाम पर या तो कोरा गद्य-लेखन हुआ अथवा संवेदना-शिथिल काव्य-निर्माण। शिविरधर्मी साहित्य-चर्चाओं के कारण चाहे मानने में हिचक हो, किन्तु कल यह मानना ही होगा कि अज्ञेय के द्वारा 'तारसप्तक' का संपादन, प्रकाशन और उसमें 'राहों के अन्वेषी' के रूप में हिन्दी के सात कवियों की अवतारणा हिन्दी कविता के क्षेत्र में एक युग के शुभारंभ का कारण बनी। छायावादी काव्य का मुहावरा अकाव्योपयुक्त नहीं था, किन्तु वह आदर्शवाद, कल्पनातिशय्य तथा प्रयोगशीलता के अभाव में बहुत शीघ्र स्थानच्युत और पतनोन्मुख हो गया। प्रगतिवाद काव्य का मुहावरा अकाव्योपयुक्त भी था। 'तार सप्तक' में राहों के अन्वेषण, प्रयोगशीलता के आवाहन, मतभेद सम्पन्न कवियों की एक मंच पर अवतारणा के द्वारा तीन बातों की सम्भावना स्पष्ट

ही दिखलाई पड़ी; पहली काव्य के एक काव्योपयुक्त विकासशील मुहावरे के विकास की सम्भावना, दूसरी, एक समग्र आधुनिक जीवन-दृष्टि के विकास की सम्भावना तथा तीसरी, एक सामंजस्य की क्षितिज-रेखा के खुलने की सम्भावना। 'तारसप्तक' के प्रकाशन के मुश्किल से एक दशक के बाद का काव्यनिर्माण इस बात का साक्षी है कि तीनों सम्भावनाएँ उपलब्धि के रूप में परिणत हो गईं और दूसरे सप्तक में काव्य का एक निर्दिष्ट मुहावरा, समग्र आधुनिकता और किंचित् सामंजस्यपूर्ण दृष्टि का रूप दिखलाई पड़ने लगा। यों फार्मेलिज्म और प्रयोग को 'वाद' से अनधिकार और अयथार्थ रूप में जोड़कर इस सम्भावनाशील विकास को बदनाम करने का प्रयत्न किया गया, किन्तु शिविर-सीमित यह प्रयत्न सफल नहीं हुआ। आलोचना के क्षेत्र में प्रयोग का वाद चाहे किसी रूप में गठित हो गया हो और उसकी कुछ प्रवृत्तियाँ भी दिखाई पड़ी हों, किन्तु दूसरे सप्तक के बाद उस काव्य-भूमि के दर्शन हुए जो एक ओर प्रगतिवाद की सामाजिक चेतना के आग्रह से संयुक्त तो थी, लेकिन तत्सम्बन्धी दुराग्रह से दूर; दूसरी ओर तथाकथित प्रयोगवाद की व्यक्ति-मर्यादा और शिल्पगत उपलब्धियों से तो मंडित थी, किन्तु इनके ही अतिवाद से दूर। 'तीसरा सप्तक' इस नवीनतम काव्य-भूमि को उसकी समग्र विशेषताओं के साथ उपस्थित करता है। वैसे इस काव्यांदोलन को सुदृढ़ और प्रशस्त भूमिका प्रदान करने का श्रेय 'नयी कविता' को दिया जायेगा।

: 3 :

ऊपर इस तथ्य की ओर ध्यान आकृष्ट किया गया है कि मध्ययुग धर्मानुशासन से परिव्याप्त था। धर्म-साहित्य के भीतर अंतर्यमित था। किन्तु आधुनिक युग में धर्म का स्थान राजनीति ने ले लिया तथा ब्रह्म का स्थान मानवता ने। संप्रति राजनीति के क्षेत्र से उठे सभी मतवाद मानव-हित को अंतिम उद्देश्य मानते हुए भी उसके मार्गों को कूटनीति के ऐसे दृढ़ स्तम्भों से बाँधे हुए हैं कि मानव-हित की साधना के स्थान पर उसका हनन हो रहा है। आज विश्व-राजनीति में एक ओर सामूहिक शक्ति और अधिनायक तंत्र की ऐसी मान्यता है, जिसमें व्यक्ति की स्वतंत्र मर्यादा समाप्तप्राय है, दूसरी ओर व्यक्ति-स्वातंत्र्य के नाम पर ऐसे लोकतंत्र की कल्पना है, जिसमें न्यूनाधिक मात्रा में शोषण और अधिनायक तंत्र को भी प्रश्रय प्राप्त है। शक्ति-शिविरों में विभाजित राजनीति के हाथ उन ध्वंसास्त्रों को पकड़े हुए हैं, जिनके किंचित् उपयोग से भी विश्व-मानवता का संहार सुनिश्चित है। विषाक्त राजनीतिक प्रतिद्वंद्विता और शीतयुद्ध के वातावरण में राष्ट्रनायक राष्ट्रीय मस्तिष्क को भीषणतर से भीषणतम ध्वंसास्त्रों के आविष्करण के लिए प्रेरित कर रहे हैं। राजनीति की लहरें कभी शान्ति की आशा को शत-प्रतिशत निश्चित करते-करते विश्वयुद्ध को इस प्रकार मार्ग दे देती हैं कि विश्व-मानवता संकट के भयावह आवर्त में फँस जाती है।

हिन्दी काव्य ने विश्व के इन भयावह तनावों के बीच कसते आधुनिक मनुष्य को इतने निकट से नहीं देखा था, जितना 'नयी कविता' का कवि देख रहा है। बड़े बल के साथ कहा जा सकता है कि 'नयी कविता' जिस ऐतिहासिक उत्तरदायित्व को साहसपूर्वक वहन करने के लिए सामने आई है, उसे नयी कविता के विरोधी आलोचक ठीक से नहीं समझते। यह जो नया यथार्थ अपनी समूची विकरालता के लिए सामने खड़ा है उससे बचकर कविता को मानव-मंगल की साधना से युक्त नहीं किया जा सकता। समुन्नत देशों

के साहित्य इस नये यथार्थ को कविता के वाहन पर प्रथम महायुद्धोपरांत ही चढ़ा चुके हैं, किन्तु हममें उस ऐतिहासिक अनिवार्यता के प्रति विरोध का भाव है। मेरा तात्पर्य यह नहीं है कि विदेशी आंदोलनों का अनुकरण होता चले। यहाँ अनुकरण का प्रश्न ही नहीं उठता। जो ऐतिहासिक अनिवार्यता है, उसके विरुद्ध पुरातनप्रिय हठवादिता बहुत दूर तक सफल हो भी नहीं सकती। समस्त विश्व में सांस्कृतिक अंतरावलंबन की क्रिया तीव्र गति से चल रही है। भौगोलिक सीमा-रेखाएँ आज अपना महत्व खो चुकी हैं। समस्याओं की विश्वजनीनता और उनका विश्वजनीन दबाब इसके पूर्व इतना अधिक और कभी नहीं था।

इस परिवेश में आज का नया मनुष्य नैतिकता की परंपरागत व्याख्या को अस्वीकार करता है, क्योंकि वह नैतिक मूल्यों की सापेक्षता की अवगति से सम्पन्न है। वह नैतिकता की युग-साऐक्ष धाराओं को पल्लवित करना चहता है। उसकी नैतिकता अभिनव यथार्थ के सम्बन्धों के भीतर से जन्म लेती है। नैतिकता के निर्णय में उसकी स्वाधीनता उसके विवेक और उसकी दायित्व-चेतना से संयमित है। ऐसा अस्तित्ववान व्यक्ति प्रत्येक दूसरे व्यक्ति के प्रति सहभाव रखने के लिए सहज रूप से अभ्यस्त होगा। यहीं काव्यगत सह-अस्तित्व और सह-अनुभूति की बात सामने आती है। इस प्रकार यह 'नया मनुष्य, रूढ़िग्रस्त चेतना से मुक्त, मानव-मूल्य के रूप में स्वातंत्र्य के प्रति सजग, अपने भीतर अनारोपित सामाजिक दायित्व का स्वयं अनुभव करने वाला, समाज को समस्त मानवता के हित में परिवर्तित करके नया रूप देने के लिए कृतसंकल्प, कुटिल स्वार्थ-भावना से विरत, मानव मात्र के प्रति स्वाभाविक सह-अनुभूति से युक्त, संकीर्णताओं और कृत्रिम विभाजनों के प्रति क्षोभ का अनुभव करने वाला, हर मनुष्य को जन्मतः समान मानने वाला, मानव-व्यक्तित्व को उपेक्षित, निरर्थक और नगण्य सिद्ध करने वाली किसी भी दैविक शक्ति या राजनैतिक सत्ता के आगे अनवरत, मनुष्य की अंतरंग सद्वृत्ति के प्रति आस्थावान, प्रत्येक व्यक्ति के स्वाभिमान के प्रति सजग, दृढ़ एवं संगठित अंतःकरण संयुक्त, सक्रिय किन्तु अपीड़क, सत्यनिष्ठ तथा विवेक-संपन्न होगा।' (नयी कविता चार में डॉ० जगदीश गुप्त द्वारा लिखित नयी कविता : नये मनुष्य की प्रतिष्ठा शीर्षक संपादकीय निबन्ध से उद्धृत)।

: 4 :

सौन्दर्य बोध के स्तर पर नयी कविता सर्वथा अभिनव शिल्प-सज्जा से संयुक्त है। 'तार सप्तक' से ही शिल्प की यह अभिनवता; जिसके छायावादी आलोचक अभ्यस्त नहीं थे, दिखलाई पड़ने लगी। वहाँ भी दृष्टि-संकोच ही था, जिसके विश्लेषण में यह कहा जायेगा कि आलोचकों ने यह नहीं समझा कि विशिष्ट रूप विशिष्ट वस्तु का अनिवार्य परिणाम है अर्थात् आधुनिकता का ग्रहण माध्यम में नूतन प्रयोगों को अनिवार्य बनाता है अथवा जिन्होंने यह नहीं चाहा कि परम्परा से टूट कर कविता वैज्ञानिक दृष्टिकोण (वह बौद्धिक स्वतन्त्रता जो जीवन और काव्य की प्रत्येक सम्भावना के प्रति कवि में अन्वेषी का दृष्टिकोण पैदा करती है) स्वीकार करे। सच्चाई यह है कि आधुनिकता के नानाविध बहुजटिल पक्षों, अंतर्बाह्य तुमुल संघर्षों को तब तक वाणी दी ही नहीं जा सकती थी, जब तक माध्यम को नाना प्रकार के पारंपरिक बन्धनों और रूढ़ियों से मुक्त करके नये प्रयोगों के द्वारा सक्षम न बनाया जाता।

रूढ़ छंदों के उस वाहन को, जिससे भावों के प्रवृत्त प्रसार में बाधा पहुँचती थी छायावादी कवि ही अस्वीकार कर चुके थे। तार सप्तक के कवि ने यह और स्पष्ट रूप से देखा कि नव्यतर वस्तु रूढ़ छंदों में अभिव्यक्ति पाने में पंगु भी हो सकती है। यह धारणा उत्तरोत्तर पुष्ट होती गई। छंद की धारणा—जो अपने सूक्ष्म रूप में लय मात्र है—के प्रति नयी कविता का आग्रह न कम था, न है क्योंकि उसको छोड़कर कविता, गद्य से पृथक् अपना अस्तित्व नहीं रख पायेगी। मात्र लयाश्रित नयी कविता वस्तु की निजी लय की संगति में होती है। भाषा के क्षेत्र में नयी कविता ने विस्तृत वस्तु-क्षेत्र को प्रेषित करने के दायित्व के कारण संस्कृत के विशद कोश से लोक साहित्य के विशालतर कोश तक अपनी गति बनाये रखी है। बात यह हुई है कि हिन्दी भाषा को एकबारगी इतनी विकसित, जटिल और विस्तृत वस्तु-संपदा को न केवल संप्रेषित, बल्कि नये सौन्दर्य-बोध के स्तरों पर भी कार्य करना पड़ रहा है। नयी कविता की भाषागत उपलब्धियाँ इस बात को प्रमाणित कर रही हैं कि खड़ी बोली को व्यंजना की जो उन्नततर शक्तियाँ इस नये आंदोलन से प्राप्त हुई हैं, वह पिछले युगों की कविता से नहीं प्राप्त हुई थीं।

नयी कविता ने बिंबों और प्रतीकों के विपुलतापूर्ण ग्रहण के द्वारा एक ओर जहाँ सूक्ष्म भाव-स्तरों को मूर्त्त करने का कार्य किया है, वहीं पर हमारी ऐन्द्रिय चेतना को नये यथार्थ के साथ संपृक्त भी किया है। नितांत समसामयिकता के दायित्व की चेतना—जो 'क्षण' में अपनी सूक्ष्मतम परिणति प्राप्त करती है—भी बिंबों के बाहुल्य का कारण है। बिंबों के द्वारा माध्यम में संक्षिप्तता और दीप्ति का आगमन हुआ है। यथार्थ की गह्वर सत्ता की काव्योपयुक्त आकृतियों की सृष्टि का दायित्व बिंबों के प्रयोग के द्वारा ही निभाया गया है। नयी कविता का बिंबवाद फ्रेंच बिंबवादियों की तरह निरन्तर अन्तर्मुख होती जाने वाली कला न होकर बराबर यथार्थ के विकृत-संस्कृत नाना रूपों को अत्यन्त संकेतपूर्ण, संक्षिप्त, प्रसन्न, मौलिक, चित्रात्मक रूपों में अभिव्यक्त करने का प्रयास है। प्रतीकों ने बिंबों से सटकर इस बहुजटिल यथार्थ को काव्यभाषा में उपस्थित करने का उद्योग किया है।

कुल मिलाकर, नयी कविता आधुनिक जीवन के समग्र रूपों के बृहत्तर सन्दर्भ में, व्यक्ति के विवेकपूर्ण अस्तित्व को पूरी प्रतिष्ठा देते हुए, परम्परा की मिटती अर्थवत्ता को अस्वीकार करते हुए, एक अन्वेषी का दृष्टिकोण लेकर कविता के शिल्प और वस्तु, दोनों क्षेत्रों में महत्वपूर्ण उपलब्धियाँ उपस्थित कर रही है, जो आधुनिक संकट के वातावरण को समाप्त करके आस्थावान सह-अस्तित्वपूर्ण संस्कृति का शिलान्यास करेंगी।

——✦——

लघु मानव के बहाने हिन्दी कविता पर एक बहस
(छायावाद से अज्ञेय तक)

विजय देवनारायण साही

क्या 'लघु मानव' की मृत्यु हो गयी? कुछ दिनों तक पक्ष-विपक्ष में 'लघु मानव' की चर्चा सुनाई पड़ी। अब नहीं सुन पड़ती। क्या 'लघु मानव' की कल्पना ने आज के साहित्यिक कृतित्व की रूप-रेखा समझने में कोई मदद की? या सिर्फ यह एक कौतूहलपूर्ण आग्रह बनकर रह गया? बहुत कुछ ये सारे प्रश्न शव-परीक्षा जैसे लगते हैं। किन्तु यदि लघु मानव की मृत्यु हो भी गयी हो तो भी शव-परीक्षा एक दृष्टि से उपयोगी होगी।

जो लोग साहित्य को मूलतः मानव-मूल्यों से (अर्थात् मानवेतर मूल्यों से नहीं) जुड़ा हुआ मानते हैं, और इसी में साहित्य की सार्थकता देखते हैं, उनके ऊपर एक सैद्धान्तिक या दृष्टिपरक ज़िम्मेदारी होती है। वह यह कि मनुष्य की परिभाषा क्या है, इस प्रश्न से साहित्य की मूल्यवत्ता को जोड़ते चलें। इस दृष्टि में यह भी स्वीकृति अनिवार्य है कि सम्पूर्ण मनुष्य को ग्रहण कर पाना सर्वदा असम्भव है। मनुष्य में अखंड आस्था, और उसको 'सबार ऊपर सत्य' अनुभव करने का एक अवश्यम्भावी नतीजा यह है कि मनुष्य को हम उपलब्धि और सम्भावना, दोनों का ऐसा सम्मिश्रण जानें जो पकड़ में आते-आते भी हाथ से छूट जाता है। सम्भावना को हम सत्य और सृष्टि दोनों ही रूपों में देख सकते हैं। देश-काल-विपन्न प्रतिक्षण सर्जित-विसर्जित मानववादी भी मनुष्य के उस 'अनन्त' को, जो सम्भावना का विस्तार है, कम से कम भविष्य में फैला हुआ देखता है। और जो मनुष्य को मूलतः देशकालातीत 'सत्य' मानते हैं वह तो उसकी पकड़ में न आने वाली अनन्तता का ढिंढोरा पीटते ही हैं।

हिन्दुस्तान कभी भी योरुप की तरह मनुष्य को सिर्फ़ देश-काल निबद्ध प्रतिक्षण सर्जित-विसर्जित सृष्टि मानने को तैयार होगा या नहीं, या उसका इस तरह मानने को तैयार हो जाना विश्व-सभ्यता के लिए शुभ होगा या अशुभ, इस अटकल में न पड़ कर हम इतना तो अवश्य ही मानकर चल सकते हैं कि भारतेन्दु हरिश्चन्द्र के ज़माने से होकर आज तक मनुष्य को उसकी चिरन्तन परिवर्तनशीलता में समझने का ज़िम्मा हिन्दी साहित्य ने उठा लिया है, और अभी इस ज़िम्मेदारी से निकल भागने की कोई ख़ास आतुरता नहीं दिखलाई पड़ रही है। अगर यह सत्य है, तो हमें यह भी स्वीकार करना होगा कि बारम्बार मनुष्य को बदलते हुए देश-काल में परिभाषित करना साहित्य की ज़िम्मेदारी है। बल्कि हम यह भी कहें कि साहित्य तो यह काम करने के लिए अपनी प्रकृति से मजबूर है; आलोचना और दर्शन इस समस्त उपलब्धि को व्यवस्थित करके चेतना को अगली चढ़ान के लिए तैयार कर रहे हैं या नहीं, यह सन्दिग्ध हो सकता है। क्योंकि कविता की सृष्टि करना यह तो मनुष्य की आदिम प्रतिभा है, जो शायद पाषण-काल में भी रही

होगी। परिभाषा देना और विचारों के कटघरे बनाना-बिगाड़ना, यह सभ्यता की बहुत बाद की देन है। और आज भी दुनिया में ऐसी जातियाँ मिल जायेंगी, जो जंगलों में बसी हुई कविता ही में जीती-मरती हैं, लेकिन आलोचना, दर्शन और परिभाषा के 'निरर्थक' कटघरों में जूझने की जरूरत उनको पड़ी ही नहीं।

मेरी समझ में आलोचना का काम साहित्यिक कृति की संवेदना को जबर्दस्ती खींचकर पाठक तक पहुँचाना नहीं है। आलोचना सिर्फ़ इतना कर सकती है कि पाठक के जो भी वैचारिक या धारणात्मक पूर्वग्रह, जाने या अनजाने, अपनी उपस्थिति या अनुपस्थिति के कारण, पाठक को उस ओर उन्मुख होने से रोक रहे हैं, जहाँ से काव्य का 'प्रभाव' प्रवाहित हो रहा है, उन्हें विनष्ट करके पाठक को एक उचित तत्परता की अवस्था में छोड़ दे। यन्त्र-जगत् की एक स्थूल उपमा के द्वारा हम यों कह सकते हैं कि रेडियो की सुई को उचित लहर-मान पर लाकर लगा भर देना आलोचना का काम है; बाकी ट्रान्समीटर से आता हुआ गायन तो रेडियो सेट स्वयं पकड़ेगा अब अगर वहाँ से गायन आ ही न रहा हो, या आवाज़ में गड़बड़ी हो, तो आलोचक गाने वाले के स्वर से स्वर मिला कर गा नहीं सकता।

मनुष्य की हर परिभाषा मूलतः 'सहज मनुष्य' की परिभाषा है। चाहे हम मनुष्य की उस परिभाषा को कितना भी विकृत या अयथार्थ क्यों न समझें। अगर वह 'सहज मनुष्य' की न हुई तो उसे परिभाषा कहना ही व्यर्थ है। यह कहना कि 'मनुष्य एक सामाजिक प्राणी है' मूलतः यह कहना है कि 'अपने सहज रूप में मनुष्य एक सामाजिक प्राणी है।' यह नहीं कि वह असामाजिक नहीं हो सकता। चाहे तो वह हो सकता है। लेकिन उस हालत में वह सहज नहीं होगा। वक्र या कुटिल हो जायेगा। इसी तरह 'मनुष्य एक बौद्धिक प्राणी है' या, 'मनुष्य एक भावुक प्राणी है', इसमें उसके अन्य गुणों के केन्द्र में, या उसके अन्य गुणों को व्यवस्थित करने वाले इस या उस 'सहज-स्वरूप' या 'निजी-स्वरूप' की ओर ही इशारा है जिसे उपलब्ध करने का आग्रह था, जिसमें लय हो जाने की ज़रूरत हम महसूस करते हैं।

मनुष्य की कोई भी परिभाषा उसके सहज रूप को पूर्णतः पकड़ सकेगी, ऐसा मानववादी कभी मान ही नहीं सकता; जैसा ऊपर कहा गया। इसीलिए मनुष्य की परिभाषा वैज्ञानिक न होकर सृजनात्मक होती है। लेकिन इसका मतलब यह नहीं है कि उसे परिभाषित किया ही न जाये। निःसीम होना हमारी विवशता है। लेकिन उस निःसीम को बराबर सीमित जाल में फँसाते रहना, और इसमें निरन्तर सफल-असफल होते रहना, यह हमारी सबसे बड़ी उपलब्धि है, सृष्टि है। इसलिए साहित्य कभी सहज मनुष्य को नहीं पकड़ता—वह केवल उस केन्द्रित-कालबद्ध जाल में फँसी हुई सीमित झलक को पकड़ता है, जहाँ से वह सहज आभासित होता है। कुछ दिनों तक—युग परिवर्तन की एक मुद्रा में—सहजता का यह आभास सजीव और मर्मग्राही लगता है, हमें लगता है, अन्तिम पूर्ण सत्य को हम पा गये हैं। फिर धीरे-धीरे युग-परिवर्तन की दूसरी मुद्रा आने तक, सत्य की यह प्रतीति विनष्ट होने लगती है, हमें लगता है कि हमारी पकड़ में तो सिर्फ़ दो-चार तत्व ही आये। मनुष्य की सजीवता और मनुष्य का मर्म तो फिर भी छूट गया। और दूसरा जाल फेंकने की तैयारियाँ होने लगती हैं। आदमी को कटघरों में बाँध कर कौन रख सका है? लेकिन सिवाय आदमी के इस कोशिश में लगा भी कौन?

इसलिए मुझे यह कहना है कि लघु-मानव 'सहज मानव' का विरोधी है, कुछ जँचता नहीं। और यह भी आग्रह मुझे काम का नहीं लगता कि हम 'सहज-मानव' या 'मानव' ही क्यों न कहें। क्योंकि 'सहज-मानव' या 'मानव' की किस झलक को हम देख रहे हैं, और उस असीम की कितनी सजीवता हमारी पकड़ में आ रही है, इसी को समझने के लिए तो यह सारी खोजबीन है। अगर हम सिर्फ़ ऐसी शब्दावली का व्यवहार करें, जिससे पाठक के मन में मनुष्य के एक पहलू और दूसरे पहलू में विवेक न जाग्रत होकर, उसके पूर्वग्रह ही पुष्ट होते रहें, तो हम पाठक की चापलूसी भले ही कर लें, साहित्य के प्रति उसके भाव-यन्त्र को अधिक उन्मुख, अधिक सूक्ष्म और अधिक स्पन्दनशील बनाने से रहे।

साहित्य के बारे में सोचने का यह ढंग उन्हें नहीं रुचेगा, जो मनुष्य को देशकालातीत आत्मस्थ सत्व के रूप में सुनने या बताये जाने के अभ्यासी रहे हैं। उनसे बहस भी नहीं है। क्योंकि उनसे साहित्य की चर्चा ही क्या? आखिरकार शंकराचार्य की कोई दिलचस्पी कालिदास में भी रही हो, इसका प्रमाण अभी तक तो नहीं ही मिला है। काश मिलता!

* * *

लघु-मानव के प्रति एक आपत्ति यह भी है कि कल्पना मनुष्य की महत्ता या महानता का निषेध करती है; मनुष्य का जो सर्वश्रेष्ठ है, सबसे विराट है, उससे हमारे सम्बन्ध को तोड़ देती है। मुझे इसमें शाब्दिक चमत्कार ज़्यादा दिखलाई पड़ता है, तत्व कम। क्योंकि सत्य यही है कि लघु-महत् में वैसी दुश्मनी नहीं है, जैसा कि शब्दकोष बतलाता है। इस सम्बन्ध में मैं प्रसाद जी की सूक्ष्म दृष्टि का हवाला दूँगा, जहाँ उन्होंने यथार्थ को लघु से और आदर्श को महत् से सम्बद्ध किया है: और यथार्थ और आदर्श दोनों को समन्वित दृष्टि से देखने की कोशिश की है। लघु और महत् दोनों कहीं न कहीं वैसे ही मिलते हैं जैसे यथार्थ और आदर्श। यह कोई नयी उपलब्धि नहीं है। प्रसाद जी ही क्यों, सारे 'छायावाद युग' की कोशिश इन दोनों के भेद को मिटाने की ही रही है। 'यथार्थोन्मुख आदर्शवाद', 'आदर्शोन्मुख यथार्थवाद' या उसी वज़्न पर अगर हम बना सकें : 'लघून्मुख-महत्वाद' या 'महदुन्मुख-लघुवाद' (जो कुछ भी इन सारगर्भित शब्दान्वयों का मतलब हो!) इस क़िस्म की शब्दावली छायावाद-युग की है, लक्ष्मीकान्त वर्मा की नहीं।

इसलिए अच्छा हो कि हम मानकर ही चलें कि लघु की कल्पना मनुष्य में जो 'महत्' है, उसका निषेध नहीं करती। साहित्य की समीक्षा को एक पश्चिमी आलोचक ने 'कॉमन-परसूट'—एक सहयोगी प्रयास—कहा है। साहित्य को समझने और आत्मसात् करने में उत्पन्न बाधाओं को दूर करने का यह सहयोगी प्रयास बहुत-कुछ सुगम हो जाये, अगर चर्चा अथवा विश्लेषण करने वाले कम से कम इस पर सहमत हो जायें कि जिन बातों पर आज से एक पीढ़ी पहले बहस हो चुकी है, उन्हें फिर से नहीं उठायेंगे या उठायेंगे तो उन उत्तरों को ध्यान रखेंगे, जो पहले दिये जा चुके हैं। फ़िजूल की बकवास तो इससे बन्द ही हो जायेगी। कम से कम इतना तो हो ही जायेगा कि मतभेद अगर प्रसाद जी से है, तो उसका ग़ुबार लक्ष्मीकान्त वर्मा पर नहीं उतरेगा।

बहस इस पर हो सकती है, और है भी कि लघु और महत् ; यथार्थ और आदर्श जहाँ मिलते हैं, उस मनोभूमि की अनुभूति कैसी है—दोनों के पारस्परिक सम्बन्ध की

प्रकृति क्या है। साहित्य, चूँकि उस अनुभूति का साक्षात् अनुभव करता है, इसलिए उसके लिए यह जरूरी नहीं है कि वह दर्शन की तरह हर एक को टुकड़े-टुकड़े में बाँट कर परखे, मिलाये और फिर उत्तर दे। किन्तु इसका मतलब यह नहीं है कि साहित्य के उत्तर में बौद्धिक गम्भीरता या औचित्य की कमी हो। आलोचना साहित्य का दर्शनशास्त्र है और उसका एक काम यह भी है कि वह संश्लिष्ट उत्तर का विश्लेषण करके उसकी सीमा-रेखा को सुस्पष्ट और तीक्ष्ण बनाये। नहीं तो जीवन के प्रति साहित्य का स्पर्श गूँगे के गुड़ की तरह होकर रह जायेगा। रीतिकाल की कविता और मनोभूमि में कितना फ़र्क़ पड़ जाता, अगर रीतिकालीन कवियों के पास काव्य के बारे में विवेक सम्मत दार्शनिकता की भी एक परिपाटी होती।

यथार्थ-आदर्श की मिश्रित मनोभूमि का 'स्पर्श' कैसा है, इसके बारे में पिछले चालीस वर्षों में हिन्दी साहित्य ने क्या उत्तर दिये हैं? किसी हद तक हम इसे यों रख सकते हैं—छायावाद युग के लिए आदर्श यथार्थ का ध्येय या लक्ष्य है। इसलिए दोनों के सम्बन्ध का चित्र परस्पर 'उन्मुखता' से खींचा जाता है। यह 'उन्मुखता' काल में भी है, कालातीत भी। इसमें सब एक जैसे नहीं हैं। प्रेमचन्द में तो निश्चय ही यह 'उन्मुखता' काल-बद्ध की है। जो अपने को रहस्यवादी नहीं कहते, वे कवि भी काल में ही 'उन्मुख' हैं। यों 'रहस्यवादी' भी काल का अतिक्रमण मूलतः नहीं करते। सूक्ष्म विवेचना से यह दिखलाया जा सकता है। स्थिति—कालान्तर गति—लक्ष्य : यथार्थ-आदर्श, या लघु-महत् के सम्बन्ध का यह ढाँचा सिर्फ़ छायावादी कवियों का प्रेमचन्द में हो, ऐसा नहीं है। जो कुछ थोड़ी जानकारी मुझ जैसे व्यक्ति को हिन्दी के अतिरिक्त भी हिन्दुस्तान के साहित्य की हो सकती है, (दुर्भाग्य से कुल मिलाकर बहुत कम है।) उसके भरोसे यह कहने का साहस करूँ कि सारे हिन्दुस्तान के साहित्य की मनोभूमि इतिहास के उस चरण में ऐसी ही रही है? और अगर हम साहित्य के बाहर सारे देश की मनोभूमि पर निगाह डालें तो यह स्वाभाविक भी लगता है। ग़ुलामी की स्थिति यथार्थ और लघुता की स्थिति थी। और दूर कहीं पर, किन्तु निश्चित या अनिश्चित काल के भीतर ही आज़ादी का लक्ष्य आदर्श और महत्ता का लक्ष्य था। सारा देश उस लक्ष्य की ओर बढ़ रहा था। यह बढ़ना, यह 'उन्मुखता', एक स्थितिजन्य सत्य थी और उन लोगों की मनोभूमि के लिए भी ढाँचा तैयार करती थी, जिन्हें आज़ादी की लड़ाई में सीधी दिलचस्पी नहीं थी।

यह वर्णन बहुत सरल और आपत्तिजनक न लगे, इसलिए कुछ और संकेत ज़रूरी हैं। एक तो यह कि सम्बन्धों की रूपरेखा प्रस्तुत करने का मतलब यह नहीं है कि हमने उसके समस्त रंग, सारे उतार-चढ़ाव भी निबटा दिये। स्तर-भिन्नता के कारण, उसी सम्बन्ध के भीतर ही बड़ी विभिन्नता दिख सकती है। अनुभूति केवल एक ढाँचे या मनोभूमि में ही चक्कर नहीं काटती, उसमें अपनी खुद की विविधिता अथवा एकरसता; सम्पन्नता अथवा दरिद्रता; विस्फोट अथवा सन्तुलन; निविड़ता अथवा रुक्षता होती है। नहीं तो एक ही मनोभूमि पर अभिव्यक्त होने वाले सभी लेखक एक ही जैसा लिखने लगें। या एक ही मनोभूमि पर विचरण करने वाले दो देशों या युगों की लय-सम्पन्नता एक जैसी होती। लेकिन हम देख सकते हैं कि रोमांटिक मनोभूमि इंग्लैंड में जितनी समृद्ध और पल्लवित हुई, उतनी फ्रांस में नहीं: उसी तरह तथाकथित 'क्षयग्रस्त' मनोभूमि या उसके बाद 'आधुनिक' मनोभूमि फ्रान्स में जितनी पल्लवित हुई, उतनी

इंग्लैंड में नहीं। पेड़ तो सभी आम के होते हैं, लेकिन सभी न एक जैसे छतनार होते हैं, न सब में एक जैसी मंजरियाँ ही आती हैं, न फलों में स्वाद ही एक जैसा होता है। इसलिए इस सामान्य ढाँचें में हिन्दी, बँगला, मराठी, गुजराती, उर्दू आदि में अलग-अलग कैसा पल्लवन हुआ, इसका लेखा-जोखा कोई बहुभाषाविद् हमारे सामने रखता तो मुझे जैसे बहुत से अंधकारग्रस्त लोगों को अपने देश को कुछ ज़्यादा निकट से पहचानना सम्भव होता। अभी तो अपना हिन्दी का गाँव ही समूचा भारत लगता है। शेष सारे गाँव परदेश ही हैं।

'उन्मुखता' के विषय में दो बातें और। यह सब जानते हैं कि 'छायावाद' के कवि 'परिवर्तनवादी' हैं, लेकिन मेटाफ़िज़िक्स, मनुष्य देशकालातीत अनन्त सत्व के प्रभामण्डल का दामन नहीं छोड़ते। मेटाफ़िज़िक्स छायावाद के लिए चिन्तन या अनुभव की विद्या उतनी नहीं है, जितनी कि एक काव्यात्मक मुद्रा। इससे छायावादी काव्य में एक तरफ तो 'आदर्श', 'महत्' की झलकियाँ मिलती रहती हैं, दूसरी ओर गम्भीरता की दृष्टि भी होती है। इस गम्भीरता को परम्परा से जुड़कर पुष्ट होने का एहसास भी होता रहता है। क्योंकि छायावाद-युग की प्रचलित धारणा है कि मेटाफ़िज़िकल होना ही 'भारतीय परम्परा और संस्कृति' से जुड़ जाना है। इसके अतिरिक्त होता भी क्या, जब उन्नीसवीं सदी में 'भारतीय संस्कृति' की पहली सड़क कपिल, कणाद, पतंजलि, वशिष्ठ, अश्वघोष, नागार्जुन, शंकर जैसे बाल की खाल निकालने वाले दर्शनशास्त्रियों के मुहल्ले में से होकर निकाली गयी थी। इस सड़क को निकालने में अंग्रेजों और हिन्दुस्तानियों ने मदद की थी, यद्यपि दोनों के उद्देश्य भिन्न थे। सड़क काफ़ी चौड़ी थी, और उन दिनों इस पर ट्राफिक बड़ी जबर्दस्त थी। आगे हम देखेंगे कि छायावाद के दूसरे दौर में बच्चन, भगवतीचरण वर्मा, दिनकर, नवीन आदिक गद्य तथा काव्य लेखकों ने किस प्रकार छायावाद का बाक़ी सब बदस्तूर रखते हुए, मेटाफ़िज़िकल दार्शनिक मुद्रा और तज्जनित 'गम्भीरता' को नमस्कार किया, और इससे कौन से नये 'मोड़' पैदा हुए—क्योंकि यही समय 'प्रगतिवाद' के उद्भव का भी है। अभी तो इतना द्रष्टव्य है कि इस मेटाफ़िज़िकल तत्व ने लघु-गति-महत्; अथवा यथार्थ-परिवर्तन-आदर्श के फ़ार्मूले में स्पष्टतः कुछ नये संवादी स्वर जोड़ दिये।

आध्यात्मिक तत्ववाद परिवर्तन के बिल्कुल विरुद्ध हो, ऐसा नहीं। हिन्दुस्तान का आध्यात्मिक तत्ववाद भी नहीं। परन्तु आध्यात्मिक तत्ववाद का परिवर्तन केवल एक बार घटित होता है। उसके बाद परिवर्तन का 'संसार' खत्म हो जाता है। इसलिये इसका रूप काल से कालातीत, अज्ञान से ज्ञान, अविद्या से विद्या, मोह से निज-स्वरूप में लय होने, असत्य से सत्य, तमस् से ज्योति, मृत्यु से अमरता, गुलामी से आज़ादी, क्षितिज के इस पार से उस पार, अंग्रेजी राज्य से हिन्दुस्तानी राज, वेश्यावृत्ति से आश्रम; शराब के खद्दर; यथार्थ से आदर्श; लघु से महत् तक ही चुक जाता है। क्षितिज के उस पार कुछ ऐसा है, जो विद्युत-चुम्बक की तरह यों खींचता है कि निराला की सुदृढ़ मांसपेशियाँ, और महादेवी के कोमल भावतन्तु एक सरीखे चरमराते दिखते हैं, लेकिन बारम्बार टकराने के बावजूद भी न क्षितिज ही टूटता है, और न यही उत्तर मिलता है कि उस पार है क्या आखिर। 'कौन तम के पार, रे कह?' 'तोड़ दो यह क्षितिज, मैं भी देख लूँ, उस पार क्या है!' 'इस पार प्रिये तुम हो मधु है, उस पार न जाने क्या होगा।' और अन्त में—

फिर ये आये।
ये जो दीवारों के बाहर के वासी थे;
....
परिचय स्वागत की जब विधियाँ ख़तम हो गईं
तब ये बोले :
यहाँ कहीं कुछ नया नहीं है।

उत्तर तो एक ही था— जैसा इस पार है, वैसा ही उस पार भी है; और उस पार के बाद भी एक क्षितिज है; और उसके पार भी उस पार है·······और इसी तरह निरन्तर········ लेकिन यह उत्तर 1947 के पहले नहीं दिया जा सकता था; यों 1947 आते-आते कुछ लोगों ने दीवाल पर चढ़ कर उस पार की ताक-झाँक शुरू कर दी थी। लेकिन यह आगे का विकास है। अभी हम छायावाद पर थोड़ी और दृष्टि डालें।

आज हम परिवर्तन को सहज ही एक शृंखला के रूप में देखते हैं। इस शृंखला की कड़ियाँ काल में क्रम में जुड़ी हुई दिखलाई देती हैं। और प्रायः इस शृंखला का छोर कहीं नहीं दिखता। विचारकों का कहना है कि जो परिप्रेक्ष्य हमें बहिर्जगत् में देखने पर मिलता है, अन्तर्मन में भी देखने पर वैसा ही स्वरूप अपनी आत्मा का दिखता है। कम से कम यह परस्परापेक्षिता तो बहुत कुछ सामान्यतः स्वीकृत और बहुकथित तथ्य है, इसका दार्शनिक आधार जो हो; बहिर्जगत् को अन्तर्जगत् जन्म देता है या अन्तर्जगत् बहिर्जगत् को; या कोई तीसरा ही इन दोनों को। लेकिन यह अनुभूति कि हमारे मन में परत पर परत की एक शृंखला है, प्याज के छिलके की तरह, और हर परत पहली से कुछ भिन्न दिखलाई पड़ती है—हमें बाहर जगत् में मंजिल पर मंजिल परिवर्तन के परिप्रेक्ष्य जैसी ही लगती है। ये दोनों ही नये परिप्रेक्ष्य हैं—जिनके बीज तो छायावाद में खोजने पर मिल जायेंगे; लेकिन जिसकी अनुभूति आज़ादी के बाद के साहित्य की अपनी है। ये दोनों ही भीतर और बाहर के परिप्रेक्ष्य मेटाफ़िज़िकल चश्में को त्याग कर परिवर्तन की शृंखला की ओर देखने के नतीजे हैं। क्योंकि छायावाद के बाद का न सिर्फ़ बहिर्जगत् अध्यात्मविहीन है, बल्कि अन्तर्जगत् भी 'आध्यात्मिक' नहीं है। नये कवियों में से बहुतों ने काफ़ी दूर तक अन्तर्मन के महाद्वीप या महासागर में कोलम्बस जैसी अन्वेषण-यात्राएँ की हैं; कभी-कभी छायावादियों से ज़्यादा भी; लेकिन हिन्दुस्तान के इतिहास में पहली बार यह घटित हुआ कि भीतर बैठने पर 'आत्मा' के दर्शन नहीं हुए। मिला कुछ और ही। नयी कविता की 'आन्तरिकता' उस अर्थ में आध्यात्मिक नहीं है, जिस अर्थ में छायावाद की 'आन्तरिकता' आध्यात्मिक या अर्ध-आध्यात्मिक है। इस 'आध्यात्मिक मुद्रा' का विनाश किसने किया? पहले पापियों में आज के नये कवि या नये कहानीकार या नये उपन्यासकार नहीं आयेंगे। जड़ खोदने का काम तो दिनकर, बच्चन, भगवतीचरण वर्मा आदि ने ही शुरू किया था। अज्ञेय और उनके साथ या बाद वालों ने तो सिर्फ़ मट्ठा डाला है।

वस्तुतः मेटाफ़िज़िकल तत्व तो गाँधी जी ही की शैली में वर्तमान हैं। सत्याग्रहयुग के साहित्य के दो विशाल आच्छादन हैं, गाँधी जी और रवीन्द्रनाथ। ये दोनों उस मनोभूमि के

निर्माता हैं, या खुद भी औरों की तरह अभिव्यक्ति मात्र, यह बहुत कुछ जिस दृष्टि से हम उस युग के परस्पर सम्बन्धों का अध्ययन करना चाहें, उस पर निर्भर करता है। गाँधी जी ने सत्य और स्वाधीनता की कुछ परिभाषाएँ दीं और उन तक पहुँचने का रास्ता बताया। यहाँ हमारे विवेचन का सम्बन्ध उन परिभाषाओं और मुद्राओं के मानसिक परिणामों से है। गाँधी जी की 'स्वाधीनता' का एक आयाम इतिहास के बाहर, देश-काल से परे भी है। उनकी स्वाधीनता उस सत्याग्रही को सहज ही उपलब्ध हो जाती है, जो उस आन्तरिक परिवर्तन की सीमा-रेखा को पार कर जाता है, जो उसे ग़ुलाम बनाये हुए है। फिर इतिहास के चौखटे में वह ग़ुलाम है, इसका कोई मतलब ही नहीं रह जाता। क्योंकि उसका एक आयाम उस चौखटे के बाहर है और जरूरत पड़ने पर चौखटे के बाहर वाला आयाम ही सब कुछ माना जा सकता है। उपन्यासकार की कलाकृति की तरह गाँधी जी का मनुष्य इतिहास के भीतर भी है, इतिहास के बाहर भी कालबद्ध भी है, कालातीत भी। (क्या इसी कारण गाँधीवाद का सबसे सीधा और सबसे सशक्त प्रतिफलन उपन्यासों और कहानियों में ही हुआ है? काव्य और नाटक पर रवीन्द्रनाथ कुछ ज़्यादा छाये हुए हैं?) इसका प्रमाण तो गाँधी जी के सम्पूर्ण चिन्तन, कर्म और व्यक्तित्व में विद्यमान है; यहाँ आश्वासन भर के लिए कोई-सा भी एक उद्धरण देता हूँ—

"Every one of you should, from this very moment. consider your self a free man or woman and even act as if you are free and no longer under the heel of this Imperialism. This is no make-believe. You have to cultivate the spirit of freedom before it comes physically. The chains of a slave are broken the moment he considers himself a free man."

Selections by Nirmal Kumar Bose, p. 208.

सत्य को अन्तर्ध्वनित होते हुए पकड़ना, यह शैली भी गाँधी जी की विशेषतः विख्यात है। सत्य को उसके मूल चारुत्व में आत्मा की संकल्पात्मक अनुभूति से ग्रहण कर लेना लगभग वैसी ही शैली है। अधिक विशिष्ट बात यह है कि अन्तर्ध्वनित यह सत्य, जो बारंबार देश-काल के बाहर से आता हुआ अनुभूत होता है, उसी अनुपात में इतिहास का सत्य भी बन जाता है। यह चरम विश्वास है कि दोनों में भी व्यवधान होगा ही नहीं. सत्याग्रह-युग मानवीय आस्था की रीढ़ है। बेशक, इस अखण्ड, असंदिग्ध आस्था पर हताश शंका प्रकट की बच्चन आदि ने और मुँह चिढ़ाया प्रगतिवाद ने। उसके बाद तो इन्द्रजाल टूटता ही गया। आज के साहित्य की मनोभूमि की प्रथम अनुभूति यही है कि अन्तःसत्य और बहिर्सत्य के बीच एक विशाल खाई है, जो पाटे नहीं पटती।

इस प्रकार हम देखते हैं कि परिवर्तन की व्यापक कल्पना उस युग में अध्यात्म के सिर्फ़ एक बार घटित होने वाले परिवर्तन की मनोभूमि से जुड़ गई थी। फिर भी हम इसे संवादी स्वर ही इसलिए कहेंगे कि इसकी भूमिका मूलतः भारतीय परिवर्तन को अधिक केन्द्रित करने की, और आज़ादी के बाद क्या होगा—इस परेशान और एकता को क्षीण करने वाली चिन्ता से मुक्त करने की थी। क्योंकि राष्ट्रीय आन्दोलन की मुख्य धारा से अलग या भिन्न जितनी धाराएँ थीं—मुस्लिम लीग से लेकर कम्युनिस्ट पार्टी तक—उनका

आरम्भ ही यहाँ से होता था— परिवर्तन तो ठीक है; लेकिन आजादी के बाद क्या होगा, इसका निबटारा अभी से ही कर लिया जाये। प्रामाणिक भारतीय मानस का एक ही उत्तर था—इस तरह के प्रश्न नहीं पूछने चाहिये; क्षितिज के पार क्या है, इसका हमें विश्लेषण नहीं करना चाहिये; आओ, हम सिर्फ उसका स्वप्न देखें और वेग से आकर्षित होते जायें। इससे ज़्यादा ऊहापोह शैतान का काम है। इस उत्तर के पीछे प्रत्यक्ष अनुभव यह था कि इन ऊहापोहात्मक धाराओं से एकता को बार-बार धक्का पहुँचता था। आज़ादी के बाद आज हम सोचते हैं कि काश! हिन्दुस्तान ने आज़ादी के बाद ऊहापोह की मानसिक तैयारी कुछ अधिक की होती।

परिवर्तन, जो सिर्फ़ एक बार घटित होता है— लघु से महत्, यथार्थ से आदर्श, ग़ुलामी से आज़ादी क़ी ओर, स्वाभाविक है कि शृंखलाबद्ध परिवर्तन से अधिक आमूलक, अधिक नाटकीय, अधिक चमत्कारपूर्ण होगा। सत्याग्रह-युग विराट् नाटकीयता का युग है। उस युग के बारे में पढ़ कर ही हम रोमांचित होने लगते हैं, फिर उस समय ज़िन्दा होना और उसकी लय को महसूस करना तो स्वर्ग में रहने के बराबर ही रहा होगा! क्या आश्चर्य है कि उस युग के बचे हुए अवशेष आज भी तृषित प्रेतात्माओं की तरह वैसा ही उतार-चढ़ाव, वैसा ही झंझा-झकोर, वैसी ही सिर को चक्कर देने वाली पेंगें, वैसी ही नाटकीय झंकार और इतिहास की वैसी ही उत्ताल तरंगों में फुफकारती हुई गति तलाश करते घूमते हों! वह ऐसा समय था जब इलाहाबाद की सड़कों पर स्त्रियों के एक छोटे से जुलूस के निकालने की ख़बर पाकर जवाहरलाल नेहरू जैसे आदमी को भी लगता था, जैसे इतिहास ने ज़बर्दस्त अँगड़ाई ली हो और तेज़ी से छूटते हुए अग्निबाण की तरह आकाश में दौड़ चला हो। और हमारा युग है कि न्यूयार्क में दुनिया के सभी देशों के प्रधानमंत्री और अध्यक्ष इक्ट्ठा होते हैं, मेज़ों पर घूसे बरसते हैं, रेडियो, टेलीविजन, अख़बार चीख़ते हैं और महफ़िल ख़त्म होने के बाद लगता है कि इतिहास नहीं बढ़ता; बिल्कुल नहीं बढ़ता कुछ भी तो नहीं घटित होता! कहाँ है वह युग, जब एक सटीक शेर पर दिल्ली का क़त्लेआम बन्द हो जाता था; जब एक राखी की याद पर सल्तनतें लुट जाती थीं; जब एक लाठी की मार पर अँग्रेज अफ़सर आफ़िस क्लर्क को तरक्की दे देता था; जब एक लड़कपन की याद पर गुण्डा आख़िरी गोली तक जीवित रहने की प्रतिज्ञा करता था; जब एक झोंपड़ी की दृढ़ता पाण्डेपुर की सिगरेट-फ़ैक्टरी को चुनौती देती अडिग खड़ी हो जाती थी? लघु और महत् की यह नाटकीय विराटता कहाँ है? इतिहास-रथ की उड़ी हुई धूल में पीछे, बहुत पीछे!

यह नाटकीयता सिर्फ़ छायावादी काव्य ही नहीं, प्रसाद और प्रेमचन्द के आस-पास के गद्य को भी सम्पन्न करती चलती है। इसमें इतनी शक्ति थी कि बग़ैर स्टेज के भी प्रसाद को नाटकीय नाटक लिखना सम्भव हो गया। अगर प्रसाद को स्टेज की कोई जीवित परम्परा मिली होती तो उनकी अपनी प्रतिभा और युग की लय दोनों मिलकर हिन्दी नाटक में कैसी विशाल छवियाँ उत्पन्न करतीं, यह कल्पना करने की चीज़ है। रंगमंच के अभाव में हुआ यही कि प्रसाद के नाटकों की नाटकीयता कमज़ोर स्ट्रक्चर में भरी नहीं रह पाती, उबल-उबल कर गिर पड़ती है। लगता है कि झीनी चादर पर ऑरोरा बोरियालिस के रंगों की चमत्कृत करने वाली भागदौड़ हो रही है, और चादर इस सारे उत्सव को सँभाल न पा रही हो। वस्तुतः शिल्प की यह कठिनाई छायावादी युग के

साहित्य की सर्वाङ्गीण कठिनाई है। उस साहित्य का हुलास शिल्प के कटोरे में नाप-तौल कर भरा-पूरा न रहकर बार-बार छलक पड़ता है। कविता में भी और उपन्यास में भी। प्रेमचन्द ने दोनों की मैत्री कीभरसक कोशिश की—और बहुत कुछ सफल हुए, लेकिन कहाँ तक? उनके आरंभिक उपन्यासों में भीतर का अमृत कटोरे में समा नहीं रहा है, इसकी कठिनाई स्पष्ट है। आगे चलकर यह कठिनाई सुलझती दिखती है। मगर प्रेचमन्द के शिल्प का विस्तृत विश्लेषण करना यहाँ उद्दिष्ट नहीं है। ध्यान में रखने की बात सिर्फ़ यह है कि इस नाटकीय, ओतप्रोत, अतिक्रान्त मनोभूमि ने काव्य-शैली में फ़ॉर्म-कंटेंट, भाषा-अर्थ; शिल्प-अभिव्यक्ति आदि की विशिष्ट समस्याएँ पैदा कीं, और आगे चलकर वच्चन, भगवतीचरण वर्मा तथा आज़ादी के बाद नये काव्य और नये उपन्यास-कहानी ने इन सब के लिए सन्तुलित ढाँचा निकालने की कोशिश की। परिणाम यह हुआ कि उन समस्याओं को लेकर विचार करने का ढंग बदल गया। लगता है कि जैसे कांग्रेस के झीने संगठन में राष्ट्रीयता की सम्पूर्ण भावधारा न प्रवाहित हो पाती हो, और बार-बार तमाम तरह की, सहयोगी, असहयोगी संस्थाओं में किनारे तोड़ कर जा मिलती हो, और खुद कांग्रेस के आंतरिक संगठन में तरह तरह के रिक्त या अर्द्धरिक्त खाई गढ़ छोड़ती चलती हो।

नाटकीयता उस युग का दूसरा संवादी स्वर है। इसे भी हम प्रमुख स्वर न मानकर सहायक ही इसलिये मानेंगे, कि सब के बावजूद भी परिवर्तन की मुद्रा में एक तरतीबवार गति की अन्तःसलिला प्रवाहित है। उस अन्तःसलिला की सतह पर तूफान पछाड़े खाता है, लेकिन गहरे कहीं भारतीय मानस आँवे की तरह ही पकता जाता है। गाँधी जी का नेतृत्व परिवर्तनकारी ही नहीं, क्रांतिकारी भी था—लेकिन कहीं उसमें धीरे-धीरे बदलने वाली गति भी मौजूद है। हिन्दी के तत्कालीन साहित्य में यह दोनों ही गतियाँ दिखती हैं। रक्तचाप के नाम करने वाले डाक्टर ब्लड प्रेशर की अधिकतम और न्यूनतम और अव्यक्त दोनों ही गतियाँ देखकर सम्पूर्ण वेग का अन्दाज़ लगाते हैं। उस समय की मनोभूमि के व्यक्त और अव्यक्त दोनों स्तरों की धड़कनों के अनुमान के लिए गाँधी जी का एक उद्धरण दूँगा, जो रूपक की तरह हिन्दी काव्य पर भी लागू होता है—

The nations have progressed both by evolution and revolution. The one is as necessary as the other. Death which is an eternal verity, is revolution as birth and after is slow and steady evolution. Death is as necessary for man's growth as life itself. God is the greatest Revolutionist the world has ever known or will know. He sends deluges. He sends storms where a moment ago there was calm. He levels down mountains which he builds with exquisite care and infinite patience. I do watch the sky and it fills me with awe and wonder. In the serene blue sky, both of India and England, I have seen clouds gathering and bursting with a fury which has struck me dumb. History is more a record of wonderful revolutions than the so-called ordered progress—no history more so than the English. And I beg to inform the correspondent that I have seen people trudging slowly up mountains and have also seen men shooting up the air through great heights.

इन शब्दों की राजनीति पर नहीं, इन शब्दों में जो काव्य है, उस पर ध्यान केन्द्रित कीजिये, और आपको निराला, प्रसाद, प्रेमचन्द इन सबके लहू की धड़कन सुनाई पड़ेगी। जीवन और मृत्यु; क्रान्तिकारी ईश्वर, प्रलय-प्रवाह; शान्त वातावरण में बरबस आ जाने वाला तूफ़ान; टूटते हुए पहाड़; विस्तृत आकाश; विकरारे प्रलय-मेघ; धीरे-धीरे चढ़ता हुआ पर्वतारोही; और छूटते हुए उल्कापिण्ड सरीखा मनुष्य, ये सारे चित्र तत्कालीन साहित्य में निरन्तर मँडराते रहते हैं। ऐसे युग की कल्पना कीजिये, जब इन शब्दों का आशय बुद्धि द्वारा गृहीत अर्थवत्ता नहीं थी, साधारण जीवन में प्रतिफलित होने वाली प्राणों की लय थी और आप को छायावाद युग का स्पन्दन कुछ-कुछ स्पर्श करता हुआ प्रतीत होगा।

गाँधी जी हिन्दुस्तान के लिए गाँधी इसलिए नहीं थे कि वे हमारे विचारों या आदर्शों के प्रवक्ता थे; उनका जोड़ देश के साथ कहीं और भी गहरा था, वे हिन्दुस्तान की जिन्दगी के rhythm की अभिव्यक्ति थे; इतनी पूर्णता के साथ, जो उस युग में किसी और को प्राप्त नहीं थी और आगे भी किसी को हो सकेगी, कहना कठिन है।

●

लघु-महत्, यथार्थ-आदर्श की इस 'उन्मुखता' के सन्दर्भ में हम एक और प्रश्न पूछ सकते हैं। यह एक दृष्टि से महत्वपूर्ण भी है, क्योंकि मेरी समझ में इस प्रश्न का उत्तर हिन्दी के 'छायावाद युग' ने—जिसे हम अखिल भारतीय दृष्टि से सत्याग्रह युग कह सकते हैं—और भाषाओं के साहित्य से कुछ भिन्न ढंग से दिया। हिन्दी-क्षेत्र की परम्परा, और ऐतिहासिक अनुभव जिस हद तक हिन्दुस्तान की दूसरी भाषाओं से भिन्न था, उस हद तक हिन्दी के एक विशिष्ट 'व्यक्तित्व' का निर्माण उस युग में हुआ। इस सम्बन्ध में, कम से कम, हिन्दुस्तान की अन्य भाषाओं के टेम्पर—मिज़ाज से तुलना करने से हमारे सार्वदेशिक ऐतिहासिक व्यक्तित्व के बारे में स्पष्ट और उपयोगी नतीजे निकाले जा सकते हैं। आज की जानकारी—या जानकारी के अभाव—में सत्य का एक सीमित पहलू ही देख कर सन्तोष करने के अतिरिक्त क्या चारा है? अस्तु, प्रश्न यह है कि आदर्श जिस तरह यथार्थ को आकर्षित करता है, उस आकर्षण का प्रमुख रूप क्या है?

उत्तर प्रदेश वह सूबा है, जहाँ बंगाल की पुरवैया भी आती है, और पच्छिम की पछुआ भी। पुरवैया तो तीन ही चार महीने चलती है, लेकिन पछुआ जाड़ों में अधरों पर पपड़ियाँ छोड़ जाती है और गर्मियों में लू चलकर झुलसकर रख देती है। बंगाल की पुरवैया शरत्चन्द्र और रवीन्द्रनाथ को लाती है। और पछुआ दयानन्द सरस्वती को। और कुल मिलाकर आठ महीने पछुआ का ही राज्य रहता है—रूखा, या तप से संयमित। उत्तर प्रदेश की—या साधारणतः हिन्दी भाषा की प्रकृति—कुल मिलाकर संयम की अधिक है, वेग के साथ बन्धन को तोड़ कर बहा ले जाने की कम। शायद कालिदास से हिन्दी ने यही सीखा है। गहरी से गहरी शराब के बावजूद भी, कल्पना की सम्पन्न से सम्पन्न उड़ानों के बावजूद भी, और विलास के बंधनहीन अवसरों में भी कालिदास की आँख नहीं झपकती। कालिदास की आँखों का वह निर्धूम, निष्कम्प, निश्चल प्रकाश जो मालवा की पहाड़ियों, उछलती हुई नदियों, मथुरा की गम्भीर जमुना, फूलों को पानी देती हुई वन-

कन्या, धूल उड़ाते हुए रथ, सोंधी मिट्टी पर बरसते हुए पानी —यहाँ तक कि मानदण्ड की तरह फैले हुए समूचे हिमालय पर—एक सरीखा, नवम्बर की धूप की तरह नरम, लेकिन तटस्थ पड़ता है, उसका कोई महत्वपूर्ण अंश शायद हिन्दी को उत्तराधिकार के रूप में मिला है। ऐसा नहीं है कि इस बीसवीं सदी में ही महावीरप्रसाद द्विवेदी, मैथिलीशरण गुप्त, रामचन्द्र शुक्ल जैसे ऊपर से रूखे और भीतर से अंकुर की तरह मुलायम लोग हुए हों। तुलसीदास तो मध्ययुग के दयानन्द सरस्वती हैं ही; विभोरावस्था को पहुँचे हुए सूरदास भी कालिदास की तरह कृष्णलीला को सिर्फ़ देखते ही हैं, चैतन्य की तरह आत्मविस्मृत नहीं हो जाते। सूरदास की तन्मयता जितनी गहरी होती जाती है, आँखें उतना ही साफ देखती हैं—और उसे देखने में जयदेव या विद्यापति की तरह महकते हुए फूलों से धूम-नशीले, अल्पना और अंगराग से लहकते हुए कुंजकुटीर कम हैं; ज़्यादातर तो उलूखल, मूसल, कछौटी, हरे बाँस की बे-सँवारी वंशी, बिल्कुल ही अन-ईस्थिटिक ढंग से फैलाया हुआ मक्खन ही है! हिन्दी की कल्पना चेरापूँजी की जल-थल करने वाली वर्षा से उद्भूत कल्पना नहीं है, उसका सौंधापन आषाढ़ के पहले दिन तप्त धरती पर पड़ी हुई बूँद जैसा है। जिन राष्ट्रीय परिस्थितियों ने बंगाल में शरत्चन्द्र को जन्म दिया, उन्होंने हिन्दी में प्रेमचन्द को। कहने में जैसा भी विरोधाभास लगे—लेकिन प्रेमचन्द की आँखें कालिदास के अधिक निकट हैं। होशोहवास की दुरुस्ती की एक सीमा है, जिसके बाहर छायावादी कवि—निराला और प्रसाद भी क़दम नहीं रखना चाहते। शरत् बाबू के 'देवदास' की तरह प्रसाद के कंकाल का 'विजय' भी, आदिम भावनाओं द्वारा ग्रस्त है, लेकिन भावना के उन तिमिराच्छन्न प्रदेशों का सफ़र नहीं करता, जहाँ से बँगाल के लेखक की यात्रा शुरू होती है।

महत् के आकर्षण की प्रकृति की खोज करते समय इस सीमा का ध्यान में रखना जरूरी है, यद्यपि इसे बहुत स्थूल नहीं समझना चाहिये। इस संकेत का मतलब सिर्फ़ हिन्दी की आत्मा की हल्की-सी ढलान की पहचान है। यह नहीं कि हिन्दी में बुद्धि और हृदय; मर्यादा और स्वच्छन्दता; आवेग और संयम; कल्पना और रीति, शक्ति और नैतिकता का द्वन्द्व सारे संसार की तरह नहीं हुआ या नहीं होता। देखने की बात यह है कि यह द्वन्द्व चेतना के किस स्तर पर और किन चौहद्दियों के भीतर घटित होता है।

जैसा कि उस युग में स्वाभाविक था, महत् का आकर्षण, आज़ादी के आकर्षण की तरह दो धाराओं में होकर बहता था—नैतिक और शाक्त। इतिहास के विचित्र संयोगों में से यह भी है कि इन दोनों विद्युत-तरंगों के परस्पर संतुलन का नाटक भी आधुनिक हिन्दी के जन्म-केन्द्र वाराणसी में खेला गया, और उसके प्रतीकात्मक पात्र थे प्रेमचन्द और प्रसाद। इन दोनों की भिन्नता और समानता; वक्रोक्तियाँ और प्रशंसाएँ; अलगाव और सम्मिलन; दोनों के पीछे समर्थकों और प्रशंसकों का जमघट और बिखराव; धारणाओं और व्यवहार के ठोस और तरल तत्व— ये सब मिलकर उस विशिष्ट वातावरण का निर्माण करते हैं, जिसे फ्रेंच आलोचक टेन ने 'मिलियू' कहा है। दुर्भाग्य से उस 'मिलियू' अथवा युगभूमि की कहानी अभी कही नहीं गई है और हिन्दी आलोचना की दशा अगर ऐसी ही रही तो शायद कभी कही भी नहीं जायेगी। साहित्य में भावनाओं, धारणाओं, विचारों, आदर्शों, उद्देश्यों, मन्तव्यों, अनुभूतियों, व्यवहारों, प्रणालियों आदि के मिले-जुले प्रतिक्षण सर्जित-विसर्जित प्रवाह जिसको मनोभूमि—(या अगर यह बहुत गतिहीन रूपक लगे तो

'मनः प्रवाह') कहते हैं, उसे सजीव और सशक्त रूप में देखने और समझने की अभ्यासी हिन्दी आलोचना नहीं हुई है।

प्रसाद-प्रेमचन्द की युगभूमि को मैंने संघर्ष या द्वन्द्व न कहकर सन्तुलन का नाटक इसलिए कहा है कि वस्तुतः यह चरम द्वन्द्व था भी नहीं, और उस युग की मानसिक अवस्था में हो भी नहीं सकता था। आख़िरकार हिन्दी साहित्य के दूसरे केन्द्र इलाहाबाद में दोनों धाराएँ बिल्कुल मिली-जुली दिखती हैं। यहाँ उतना भी पृथक्करण नहीं हुआ। निराला और महादेवी का गद्य और काव्य अप्रत्यक्ष रूप से एक धारा से निकल कर दूसरे में प्रवाहित होता रहता है।

आज़ादी का संघर्ष किसी भी देश के लिए नैतिक भी होता है और शक्तिपरक भी। स्वातन्त्र्य न सिर्फ़ हमारी नैतिकता की आधार-भूमि होती है, बल्कि हमारी प्रभुत्व-सम्पन्नता की भी। इसीलिए आज़ादी की कोई भी माँग हमारे नैकित मन को तो अपील करती ही है, हमारी कल्पना को भी उत्तेजित करती है। मानवीय कर्तव्य और अधिकार दोनों की ही धाराएँ स्वाधीनता के चरम आकर्षण की धाराएँ बनीं, जैसा हर क्रान्ति में होता है।

छायावाद की चर्चा में अकरार योरप के रोगांटिसिज़्म का नाम चिपका दिया जाता है। मैंने भरसक हिन्दी के सत्याग्रह-युग के साहित्य पर रोमांटिक विशेषण लगाने से परहेज़ किया है। क्योंकि योरप की अट्ठारहवीं सदी के अन्त और उन्नीसवीं सदी के पूर्वार्ध में—फ्रेंच क्रान्ति की गोद में—जिस मानसिक उद्वेलन को आज़ादी मिली, उसके स्वप्नों का केन्द्र प्रधानतः प्रभुत्व-सम्पन्न, शाक्त या सत्ताभिलाषी है। यह सही है कि हर क्रान्ति, जैसा ऊपर कहा गया, नैतिक और शाक्त, दोनों तत्वों के सम्मिश्रण की भूमि होती है। लेकिन योरप की क्रान्ति—फ्रेंच और रूसी दोनों ही—प्रधानतः शक्ति के अजस्र स्रोत के विशाल विस्फोट की ही चकाचौंध करने वाली ज्योति है। ट्राटस्की कहता है कि क्रान्ति एक ऐसी विस्फोटक ज्वाला है, जिसकी उद्दाम ज्योति के आगे नैतिकता-अनैतिकता के प्रश्न छोटे और छिछले मालूम पड़ने लगते हैं। अगर हम सत्याग्रह-युग के मानसिक उत्तर को शब्दबद्ध करें तो कह सकते हैं कि नैतिकता का उदात्तीकरण एक ऐसा विराट् प्रभामण्डल है, जिसके आगे सत्ता और शक्ति, क्रान्ति अथवा क्रमिक विकास के प्रश्न गौण हो जाते हैं। ऊपर हमने गाँधी जी का जो कथात्मक उद्धरण दिया, उसका आन्तरिक आशय यही है। योरपीय रोमांटिक कवियों ने मानवीय शक्ति के विस्फोट में नैतिकता के विलयन के स्थूलतम से लेकर सूक्ष्मतम क्षणों को पकड़ने की कोशिश की है। हिन्दी के छायावादी काव्य में सत्याग्रह युग की भारतीय अनुभूति की पूरी कथा हो, ऐसा तो नहीं है। लेकिन जो कुछ भी कहा जा सका है, वह प्रधानतः नैतिकता में शक्ति के विलयन की ही कथा है। निराला, पंत, महादेवी मुख्यतः नैतिकता में ही शक्ति का होम करते हैं, यह तो स्पष्ट ही है। सबसे अधिक शाक्त जयशंकर प्रसाद भी योरपीय अर्थ में रोमांटिक नहीं हैं। मेरी कल्पना में इस समय प्रसाद के चरित्र आ रहे हैं : स्कन्दगुप्त, चाणक्य, मनु······ये सब नैतिक प्रत्यंचा पर चढ़े हुए शक्तिबाण ही तो हैं। रोमांटिसिज़्म और छायावाद का साम्य उस एनर्जी में है जो मॉरल विज़न और इमेजिनेटिव विज़न के साथ-साथ भभक उठने से पैदा होती है, लेकिन दोनों तत्वों का अनुपात इन दोनों मनोभूमियों में बहुत भिन्न है, बल्कि हम कह सकते हैं कि परस्पर विलोम भी है। इसलिए दोनों का प्रकाश भिन्न है।

इस भिन्नता को ध्यान में रखकर ही हम रोमांटिसिज़्म की शब्दावली का व्यवहार छायावाद के संदर्भ में कर सकते हैं।

जिस तरह छायावाद युग की चरम आस्था यह है कि अन्तर्जगत् का सत्य और बहिर्जगत् का सत्य एक ही है, और दोनों में कभी भी व्यवधान नहीं पैदा हो सकता, उसी तरह उसकी मान्यता की दूसरी आधार-शिला यह है कि नैतिक विज़न और कल्पनाशील विज़न दोनों वस्तुतः एक हैं और इन दोनों में कभी भी दरार नहीं पड़ सकती। इस प्रकार महत् की महत्ता में एक अभूतपूर्व सहज आकर्षण शक्ति उत्पन्न हो जाती है। राष्ट्रीय संघर्ष के स्तर पर अधिक और कल्पनाजन्य महत्ताएँ राष्ट्रीय नेतृत्व की महत्ता में घुल-मिल कर एकाकार हो जाती हैं। छायावाद की हर रचना एक ही साथ नैतिक भी है, कल्पनात्मक भी है और राजनैतिक भी है। इससे काव्य में अर्थ और लय की गूँज-अनुगूँज की सम्भावना बहुत बढ़ जाती है। उदाहरण के लिए प्रसाद का 'बीती विभावरी जाग री' या निराला का 'राम की शक्ति पूजा' या पंत का 'धूम धुँआरे काजर कारे' या महादेवी का 'जाग तुझको दूर जाना.........' एक साथ ही नैतिक, कल्पनात्मक, और राजनैतिक स्तरों पर झंकृत होता है। यही दशा प्रेमचन्द के उपन्यासों की, विशेषतः 'रंगभूमि' और 'कर्मभूमि' की है। लेकिन नैतिक और कल्पनात्मक तत्वों की यह मैत्री अपने सम्मिलित बोझ को एक ही झंकार में बहुत दूर तक नहीं सँभाल पा रही है, इसका संकेत तो प्रसाद-प्रेमचन्द कटाक्ष गाथा में ही मिलने लगता है। पछुआ और पुरवैया दोनों को मिलाकर कब तक आषाढ़ का पहला दिन रहेगा? ये अनुभूतियाँ खण्डित भी हुईं, और उन्हें फिर से समन्वित करने का प्रयास भी आज हो रहा है, लेकिन इस बीच में मनुष्य की परिभाषा या यों कहें कि सहज मनुष्य की परिभाषा को बदल देने की जरूरत पैदा हो गयी। एक नया समन्वय नये स्तर पर ही सम्भव हो सकता है।

दार्शनिक मुद्रा, विराट् नाटकीयता, और नैतिक तथा कल्पनात्मक स्वप्नलोकों का विशिष्ट अनुपात में सम्मिश्रण, इन तीनों के अतिरिक्त दो अन्य तत्व भी हैं, जो उस युग की मनोभूमि का निर्माण करते हैं। ये दोनों हिन्दी की अपनी विशिष्ट स्थिति में उपजते हैं। एक तो यह कि हिन्दी की जिस भाषा को काव्य-मुखर करने का संकल्प छायावाद युग ने किया था, उसे अपना तोतलापन छोड़े हुए बहुत दिन नहीं हुए थे, ब्रजभाषा और उर्दू दोनों ही से समान विद्रोह करके ही इस साहित्य का जन्म हो रहा था। दूसरे, हिन्दी का स्वयं का एक 'संसार' था। यह 'संसार' इस रूप में समूचे भारत से छोटा था कि हिन्दी का साहित्य भारत का एकमात्र साहित्य नहीं था। इसमें तो हिन्दी की गति बँगला, मराठी आदि के समान थी। लेकिन एक अर्थ में हिन्दी का 'संसारत्व' अन्य भाषाओं से कुछ अधिक कठिन दबाव महसूस कर रहा था। स्वयं हिन्दीभाषी प्रदेश में हिन्दी के अतिरिक्त दो सांस्कृतिक 'संसार' और थे— एक तो उर्दू का और दूसरा अंग्रेजी शिक्षितों या रुचि-सम्पन्नों का। ये दोनों 'संसार' समाज के शासक वर्ग में से थे और इनका 'प्रेशर' हिन्दी के विरुद्ध ही पड़ता था। यह ऐसी स्थिति थी, तो बँगला, मराठी या तमिल में नहीं थी। ये दोनों ही तत्व अत्यन्त महत्वपूर्ण हैं और इसका प्रभाव हिन्दी की मनोभूमि पर पर क्या पड़ा, यह अलग विश्लेषण का विषय है। आशा है इस ओर आलोचकों का ध्यान जायेगा। हमारे सामने जो प्रश्न है, उसमें हम इतना नतीजा जोड़ सकते हैं कि इनमें से पहला तत्व—भाषा की समस्या, जो मूलतः एक टेक्निकल समस्या है—संस्कृत शब्दावली

के माध्यम से मनोभूमि को क्लासिकल और ऐब्स्ट्रैक्ट बनाती है; दूसरा तत्व—हिन्दी के संसारत्व की सीमा—उस 'विद्रोही' स्वर को जन्म देता है, जो उसे रोमाटिसिज़्म के निकट लाता है। कुल मिलाकर पूरे देश की अनुभूति के समस्त उतार-चढ़ावों को ग्रहण करने और भाषा में व्यक्त करने की क्षमता में कमी आती है। प्रौढ़ भाषा की अवस्था में उस समय की अनुभूति की अभिव्यक्ति ज़्यादा सूक्ष्म, ज़्यादा विविध ज़्यादा जटिल होती और इतना अधिक ऊबड़-खाबड़ रिक्त स्थान भी न छूटता। जैसी स्थिति है, उसमें अनुभूति के सरलीकरण की प्रवृत्ति अधिक है—जटिलता और विविधता—अपरिचित और अजनबी मालूम पड़ती है। आज जब हिन्दी का पाट बहुत बढ़ गया है, तब भी हिन्दी के लेखकों में 'बिरादरीपन' का अभाव खटकने की शिकायत कभी-कभी सुनाई पड़ जाती है। हिन्दी का 'संसारत्व' अभी भी पूरी तरह नहीं टूटा है। कहने को मनोभूमि 'आधुनिक' हो गई है। नयी कविता की तथाकथित 'आधुनिकता' में हिन्दी के 'संसारत्व' का दबाव कौन-कौन से 'म्यूटेशन्स' (संशोधन) पैदा करता है? जहाँ तक छायावाद का सवाल है, उसने एक तरह की शिशु-आस्था का आयाम जोड़ा, जो ऐब्स्ट्रैक्ट संस्कृत शब्दावली से पुष्ट हो गया। इससे अधिक विश्लेषण इस लेख में संभव नहीं है।

●

ये सारे तत्व मिलकर यथार्थ और आदर्श—लघु और महत्—के सम्बन्ध के प्रति, एक विशेष दृष्टि को जन्म देते हैं। कहा गया है कि छायावाद ने यथार्थ का तिरस्कार करके हवाई या स्वप्नदर्शी उड़ान में निकल भागना चाहा। इसको 'पलायनवादी' दृष्टि भी कहा गया है। इस ढंग से कभी-कभी कवियों की तुलना में प्रेमचन्द को यथार्थवादी या यथार्थ के निकट कहा गया है। वस्तुतः प्रेमचन्द, प्रसाद और दूसरे छायावादी कवि समान मनोभूमि पर स्थित हैं। इनके वर्ण्य विषय अलग-अलग हैं, और होना स्वाभाविक भी है। वे यथार्थ का तिरस्कार नहीं करते। यथार्थ के प्रति उनकी एक दृष्टि है। वे यथार्थ को मूलतः अपरिभाषित, निर्माणातुर, अविरोधी, कच्ची और गीली मिट्टी की तरह देखते हैं, जिस पर आदर्श की कोई मुहर लगाई जा सकती है, जिसको किसी भी शक्ल या रूप रंगत में मोड़ा जा सकता है। जिस तरह अन्तर्जगत् का सत्य बिल्कुल अपने हाथ का है, उसे हम जिस स्वप्न के आकार का चाहें गढ़ सकते हैं उसी तरह बहिर्जगत् का सत्य भी है, एक ही जादू टोनों को ही मन मुताबिक़ गढ़ता चलता है। संक्षेप में, कटु यथार्थ, कठोर यथार्थ, ऐसा यथार्थ जिसके आगे हमें अपनी इच्छाओं को दबाना पड़े, या जो हमारे आन्तरिक सत्य के आगे हमें अभेद्य अड़चन-सा बनकर खड़ा हो जाये; जिससे हमें 'समझौता' करना पड़े—इस तरह के यथार्थ की कल्पना न छायावादी काव्य में ही है, न आरम्भिक प्रेमचन्द में ही है या है भी तो बहुत गौण। एक बार जब नैतिक या कल्पनात्मक 'विज़न' की आँच पड़ती है तो यथार्थ में एक नाटकीय परिवर्तन होता है—और वह रेशे-रेशे, कण-कण में व्याप्त हो जाता है—इस तरह कि यथार्थ की यथार्थता का एक चिह्न भी शेष नहीं रह जाता; जिस तरह एक बार आश्रम खुल जाने पर वेश्या के वेश्यात्व का कोई निशान भी बाक़ी नहीं बचता। काव्य में तो नैतिक या कल्पनात्मक 'विज़न' की सम्पूर्ण प्रभुत्व-सम्पन्नता स्वयंसिद्ध है ही, स्वयं प्रेमचन्द में यथार्थ की मिट्टी कितनी गीली है और कितने असम्भव रूपों तक में ढल सकती है, इसका अनोखा उदाहरण उनका वह अद्भुत उपन्यास 'कायाकल्प' है, जो शिशु-आस्था का एक

अप्रत्याशित दृश्य ही हमारे सामने प्रस्तुत कर देता है।

इसलिए छायावादी युग का लघु प्रतिक्षण महत् में विसर्जित या विलीन हो जाने को आतुर है। या हम यो कहें कि छायावादी दृष्टि उसे उस आतुरता के क्षण में ही पकड़ती है। उससे पहले, या उसके तले, वह देखती ही नहीं। उसके लिए 'लघु' का कोई साकार, ठोस, प्रतिरोधी रूप प्रस्तुत ही नहीं होता। मानव या तो महामानव है, या है ही नहीं। चाहे यह महामानवता प्रधानतः नैतिक हो या कल्पनात्मक। इसमें शक नहीं कि छायावादी दृष्टि में एनर्जी और अनुगूँज है, क्योंकि हर तरह का विसर्जन एनर्जी को जन्म देता है, लेकिन मनुष्य की प्राणशक्ति का यही एक मात्र दिग्दर्शन नहीं है।

मैं यह नहीं कहता कि लघु महत् के सम्बन्ध की यह दृष्टि असम्भव है, या गौण है। मनुष्य के ऊपर जो कुछ गुज़रा, जिसने भी उसके आकार की सृष्टि की, वह छोटे से छोटा भी न असम्भव है, न गौण है। लेकिन क्या यह कहने की जरूरत है कि इस दृष्टि के अलावा भी दृष्टियाँ हो सकती हैं? कि मनुष्य उसका पिण्ड की तरह मात्र भस्मसात् होता हुआ पुतला मात्र ही नहीं है? हम यह भी देख सकते हैं कि छायावादी दृष्टि की विशेषता एक युग से उपजी थी, उसके अन्दर हमको आकर्षित करने वाली मुद्रा उसे उस युग से ही मिली थी। साहित्य या कला का पहला काम है कि वह हमें यह आश्वस्त करे कि वह जो कुछ कह रही है, वह सत्य है। 'सत्यता' का यह आभास हम मात्र ऊपरी आवरण की छानबीन से नहीं कर पाते। उसमें हम वह अनाम, अपरिभाषिकीय वस्तु भी शामिल करते हैं, जिसे आवाज़ की मुद्रा कहते हैं—जिस तरह जिन्दगी में भी हम आदमी के कहने के ढंग से अनुमान करते हैं कि वह सच कह रहा है या झूठ। इस 'टोन' की उत्पत्ति युग से ही होता है। ज़िद करके उस टोन को नहीं पकड़ा जा सकता। और टोन बदल जाने पर वे बातें सत्य भी नहीं लगतीं, जो पहले टोन में सत्य मालूम पड़ती थीं। यह विश्लेषण करना सम्भव है कि लघु-महत् के सम्बन्ध में, न सिर्फ हिन्दी में युग-परिवर्तन हुआ, बल्कि उसी तरह हिन्दी काव्य का टोन भी बदला और हिन्दी साहित्य ने नये ढंग से उस सम्बन्ध को देखने की कोशिश की। इस दृष्टि से नयी कविता और छायावाद के बीच की भी एक मंज़िल है, जिसके प्रमुख स्वर बच्चन, भगवतीचरण वर्मा और दिनकर आदि हैं, जिन्हें हम बीसवीं सदी के तीसरे दशक की अभिव्यक्ति मान सकते हैं।

Was it for this that our people had behaved so gallantly for a year ? Were all our brave words and deeds to end in this ? The independence resolution of the Congress, the pledge of Jan. '26, so often repeated ? So I lay and pondered on that March night, and in my heart there was a great emptiness as of something precious gone, almost beyond recall.

"This is the way the world ends
Not with a bang, but a whimper.

—*Jawaharlal Nehru : Autobiography.*

पंडित नेहरू के इन शब्दों के साथ हिन्दुस्तान में बीसवीं सदी का तीसरा दशक शुरू होता है। मार्च की रात, 5 मार्च, 1931 की रात है और यह प्रतिक्रिया है दिल्ली में इसके

एक दिन पहले हुए गाँधी-इरविन समझौते की। ऊपर से सब कुछ वैसा ही था, वैसा ही रूप-रंग, वैसी ही तरंगें, वैसा ही संघर्ष, वैसे ही लोग, वैसे ही शब्द लेकिन पंडित नेहरू के शब्दों में, मन में एक विराट रिक्तता आ गई, जैसे कुछ बहुत मूल्यवान हमेशा-हमेशा के लिए चला गया। इस मनःस्थिति की अभिव्यक्ति के लिए इलियट की प्रसिद्ध पंक्तियों का उद्धृत किया जाना आज एक विचित्र-सा प्रभाव मन पर छोड़ता है। मेरे देखने में इलियट का यह पहला उल्लेख है। (इलियट का उल्लेख हिन्दुस्तान से सबसे पहले कब और कहाँ हुआ? कोई विद्वान् अन्वेषक इस पर प्रकाश डालेंगे? पंडित नेहरू की आत्मकथा 1936 की लिखित है।) हिन्दुस्तान के किस विशिष्ट मानस का साम्य इलियट से बैठा? आगे चलकर इस कवि का नाम सिर्फ़ हिन्दी ही नहीं, भारत की सभी भाषाओं में साहित्यिक विवादों के केन्द्र में स्थापित हो गया, जिसकी प्रतिध्वनियाँ अभी कुछ दिन पहले तक सुनाई पड़ती थीं। भारतीय मानस अथवा हिन्दी मानस ने इलियट का क्या उपयोग किया?

हमारा उद्देश्य यहाँ हिन्दी में इलियट की कल्पित या अर्धकल्पित मूर्ति के उपयोग की छान-बीन करना नहीं है, इसलिए इस रोचक प्रसंग को छोड़कर हम हिन्दी के तीसरे दशक की ओर ही ध्यान केन्द्रित करें, जहाँ ऊपरी ढाँचा वैसा ही रहते हुए भी, भीतर से मनोभूमि में परिवर्तन आ गया। भगवतीचरण वर्मा, बच्चन, दिनकर, नवीन, माखनलाल चतुर्वेदी, नरेन्द्र शर्मा आदि ने वह आरम्भ किया, जिसे आलोचकों ने छायावाद का दूसरा दौर कहा है। इसे हम छायावाद का शेषांश भी कह सकते हैं या 'नयी कविता' का आरम्भ भी। यह सही है कि यदि हम इन कवियों और लेखकों को ध्यान से देखेंगे तो छायावाद और 'नयी कविता' के बीच दुर्लंघ्य खाई के बजाये एक क्रमशः विकसित होती हुई परम्परा दिखलाई पड़ेगी; और छायावाद के 'महामानव' और आज के 'लघु मानव' के बीच इतनी सख़्त फ़ौजदारी होती हुई भी नहीं मालूम पड़ेगी।

सुविधा के लिए हम चाहें तो तीसरे दशक द्वारा परिभाषित मानव का भी नाम रख सकते हैं। वस्तुतः उसके आशय को व्यक्त करने की शब्दावली उस युग ने खुद ही चलाई थी। बच्चन की मधुशाला में जाने वाला यात्री, भगवतीचरण वर्मा का बीजगुप्त या दिनकर का कभी रस खोजने वाला, कभी अंगारों पर चलने वाला आदमी—ये सब एक विशेष अर्थ में 'साधारण' आदमी हैं। उस समय के बहुप्रचलित शब्द को लें तो 'जनसाधारण' हैं। जिन्हें पारिभाषिक और आग्रहपूर्ण शब्दों से प्रेम हो, वे 'महामानव' और 'लघु मानव' के वज़न पर 'साधारण-मानव' का नामकरण कर सकते हैं। मैं थोड़ी ढीली शब्दावली में बड़े परिवेश में बड़े आदमी की कविता, छोटे परिवेश में छोटे आदमी की कविता, साधारण परिवेश में साधारण आदमी की कविता कहना पसन्द करूँगा। क्योंकि जैसा मैंने पहले ही कहा है, ये कल्पना-चित्र मूलतः आलोचना और विश्लेषण के औज़ार हैं, कृतिकारों के आदर्श और उद्देश्य नहीं। उनकी कसौटी यही है कि वे जीवन और साहित्य के विराट् और प्रमथित कर देने वाले उतार-चढ़ाव में कोई पैटर्न, कोई डिज़ाइन, कोई तारतम्य या संगति देखने में मदद कर सकते हैं या नहीं। उनकी सच्चाई इस कारण होती है कि जाने या अनजाने, अधिकतर अनजाने, कृतिकार मनुष्य को परिभाषित करता चलता है—सहज मनुष्य की अपनी विशेष छवि देखने के लिए वह तब तक बाध्य है, जब तक उसकी कल्पना और अनुभूति का केन्द्र मनुष्य है।

साधारणता के साथ बच्चन और उनके समकालीन कवि 'सहजता' का ख़ास तौर से आभास देते हैं। एक बहुत दुहराया हुआ फ़िकरा यह है कि 'मनुष्य की अपनी सीमाएँ होती हैं'। इन सीमाओं के साथ या वस्तुतः इन सीमाओं के कारण ही उस युग के कृतिकार सहज आदमी का रूप खड़ा करते हैं, जो दूसरे दशक के रूप से भिन्न है। बच्चन का पीने वाला सहज इसलिए है कि किसी को पीड़ा नहीं देता, बढ़-बढ़ कर बातें नहीं करता, जिन पर अपना अधिकार नहीं, उन बातों की चर्चा नहीं करता, उसका सबसे बड़ा शत्रु उसका छलरहित व्यवहार है, लोग उसे ग़लत समझते हैं, लेकिन दिल से वह ईमानदार और हमदर्द है। उसी तरह बीजगुप्त भी एक विशेष ढंग से 'सहज' आदमी है। उसकी सहजता की प्रतीति का कारण भी उसकी आडम्बरहीनता, निश्छलता, ईमानदारी और हमदर्दी है, जो उसकी सारी सीमाओं के बावजूद, या यों कहें कि उन सीमाओं के कारण है। उसे भी बच्चन के पीने वाले की तरह ग़लत समझा जाता है। 'चित्रलेखा' उपन्यास की बहस भोग और योग को लेकर है। भोग में एक सहजता है—क्योंकि वह साधारण मनुष्य का अनिवार्य धर्म है—इसी कारण जहाँ कुमारगिरि के चरित्र में ऐंठन अथवा तनाव दिखता है, वहाँ बीजगुप्त सीधा और सहज जान पड़ता है।

यह तसवीर सतही है और मैं आशा करता हूँ कि विचारवान पाठक को ठीक भी मालूम पड़ेगी। लेकिन छायावाद युग के जो लक्षण हमने पहले अन्वेषित किये, उससे इस तसवीर का जोड़ किस तरह बैठता है? लघु और महत् यथार्थ और आदर्श, परिवर्तन और नाटकीयता, शिशु-आस्था और दार्शनिक मुद्रा—इन सब का स्वरूप और सम्बन्ध किस प्रकार इस नये चित्र में प्रतिफलित होता है? इसके लिए हमें थोड़ा और गहरे प्रवेश करना होगा।

●

लेकिन इस विवेचन के पूर्व ग़लतफहमी दूर करने के लिए दो-एक बातें ध्यान में रखना आवश्यक है। इस संक्षिप्त लेख में उस युग के सभी कवियों या गद्य लेखकों का विश्लेषण करना सम्भव नहीं है। केवल विषय से सम्बन्धित मनोभूमि की मौलिक बनावट के सामान्य रूप ही हम देखेंगे। इसलिए उदाहरण के लिए हम प्रायः दो लेखकों को लेंगे—बच्चन और भगवतीचरण वर्मा। दोनों ही 'लोकप्रियता' में बेजोड़ हैं। कहते हैं कि किसी समय देवकीनन्दन खत्री ने 'चन्द्रकान्ता सन्तति' लिखकर हजारों (या लाखों?) लोगों को उर्दू छोड़कर हिन्दी पढ़ने को विवश कर दिया था। कविता में यदि उस क्रान्ति का कोई जोड़ है तो वह बच्चन की 'मधुशाला' है। अधिक से अधिक पाठकों को सामयिक कविता का चस्का लगाने का श्रेय जितना अकेले बच्चन को है, उतना किसी अन्य कवि को नहीं, इसमें तनिक भी सन्देह नहीं। उसी अनुपात में पिछले अस्सी वर्षों में कविता का जितना व्यापक शौक़ तीसरे दशक ने पैदा किया, उतना शायद किसी अन्य युग में सम्भव नहीं हुआ। गद्य के क्षेत्र में आज भी भगवतीचरण वर्मा की 'चित्रलेखा' अपराजित है। इसलिए, युग की प्रधान रुचि और मानव सम्बन्धी कल्पना की रूपरेखा हमें इन लेखकों में मिल जायेगी। स्थूलतः बच्चन और भगवतीचरण वर्मा में हमारी दृष्टि से वे सभी उपलब्धियाँ और अभाव, विस्तार और सीमाएँ मौजूद हैं, जो तीसरे दशक की अपनी हैं। बेशक, इस विशिष्ट रूप-रेखा के अनगिनत रंगारंग हैं, जो अलग-अलग कवियों में हैं। मनुष्य कभी परिभाषाओं में बाँधा नहीं जा सकता। किन्तु जहाँ तक कोई भी युग उसे

परिभाषित कर सकता है, वहाँ तक वे सारे रंगारंग उसी केन्द्रीय चित्र के चारों ओर दिखलाई पड़ते हैं।

दूसरे, हमारा उद्देश्य, कवियों की श्रेष्ठता की छानबीन करना नहीं है, बल्कि कृतियों के तल में काम करती हुई मनोभूमि का विश्लेषण करना है। दुःख है कि हिन्दी आलोचना ने साहित्यकार को समझने में ज़्यादा महत्वपूर्ण उसकी प्रशंसा-निन्दा करना समझा है। अधिकांश पाठकों की आदत कम से कम कुछ ऐसा ही सुनने की पड़ गई है। परिणाम यह है कि प्रशंसा-वन्दना तो हम कर सकते हैं, लेकिन काव्य की सीमारेखा निर्धारित करने से हम कतराते हैं। भारत-माता की जितनी प्रशंसा-वन्दना हमने सीखी, उतनी जागरूकता हमें हिन्दुस्तान की चौहद्दी के प्रति भी होती तो शायद आज की बहुत-सी समस्याएँ हमें नींद में सहसा आघात लगने जैसी न मालूम होतीं। जगबीती नहीं तो आपबीती से ही इतिहास सिखलाता है। हमारी श्रद्धा-भक्ति का एक महत्वपूर्ण अंग सीमारेखा की सचेत जागरूकता (frontier-consciousness) भी है, शायद आज इसे आग्रहपूर्वक सिद्ध करने की ज़रूरत नहीं है। इसकी पीड़ामय चेतना आज किसको नहीं है। देश और साहित्य की यह परस्पर समानता हम सिर्फ़ तर्क-चमत्कार के लिए नहीं दिखला रहे हैं। वस्तुतः सीमारेखा की जीवन्त जागरूकता (frontier-consciusness) मन और बुद्धि के संघटन के एक विशेष स्तर की माँग करती है, जो प्रशंसा-वन्दना के स्तर से भिन्न है, चाहे इस संघटन का उपयोग देश की कल्पना में हो, या तर्क में, या दर्शन में, या आलोचना में, या काव्य-विम्बों में। दुर्भाग्य से हिन्दी का 'सीमा' शब्द-संकोच या अभाव सूचित करता है, जब कि उसका अंग्रेज़ी पर्याय frontier विस्तार-सूचक है। विचारों की सीमा, कल्पना की सीमा, विम्बों की सीमा, मनोभूमि की सीमा, संस्कृति की सीमा (frontiers of thoughst, concepts, images, sensibility, culture) आदि से हमारा तात्पर्य सिर्फ़ इतना ही नहीं होता कि इनमें क्या चीज़ें शामिल नहीं हैं, बल्कि साथ ही साथ यह भी कि इनका फैलाव कहाँ तक है, कहने की शैली हमारी जो भी हो, बहुत गम्भीर अर्थ में किसी कृतिकार या युग को 'समझना' उसकी वन्दना करने से ज़्यादा बड़ा काम है और सचमुच बड़ा लेखक, अगर उसमें कुछ भी दम है तो अभिनन्दित होने से अधिक 'समझा जाना' पसन्द करेगा। अभिनन्दन की प्यास दिमाग़ी दुकड़ेपन की द्योतक है। कहने की ज़रूरत नहीं कि 'समझने' की एक (एकमात्र नहीं) अनिवार्य प्रक्रिया सीमा-रेखा का निर्धारण है।

इस भूमिका के साथ हम मन में महसूस होने वाली उस विराट् रिक्तता की ओर देखें, जिसका एहसास पंडित नेहरू को हुआ था। क्योंकि यह विराट् रिक्तता सिर्फ़ नेहरू की नहीं, उस युग में पूरे देश की केन्द्रीय समस्या है, जिसका उत्तर देने की, या जिस पर भावानात्मक विजय प्राप्त करने की कोशिश उस युग की हिन्दी कविता करती है : और जिस प्रयास में 'साधारण मानव' का रूप निर्मित होता है। बच्चन के मधुपायी में वह रिक्तता है, भगवतीचरण के बीजगुप्त में भी यह रिक्तता है, प्रगतिवादी चीख़ में भी वह रिक्तता है; इतना ही नहीं, उसी युग में लिखी गयी प्रसाद की 'कामायनी' के मनु में भी वही रिक्तता है, जो कहीं गहरे गुंजलक मार कर बैठी है। 'कामायनी' का पूरा दर्शन, पूरा विराट् फैलाव उस एक रिक्तता को दार्शनिक और कल्पनात्मक कंचन से भर देने की कोशिश है। यह रिक्तता ही प्रेमचंद के 'गोदान' को ट्रैजेडी नहीं, बल्कि एक धुँधले प्रश्न-

चिह्न में विलीन कर देती है। बेशक प्रसाद, प्रेमचन्द, निराला और पन्त इस रिक्तता का समाधान अन्य कवियों से अलग ढंग पर खोजते हैं। उनकी पूँजी वही है, जो उन्हें दूसरे दशक में मिली थी। आगे चलकर वह रिक्तता बढ़ती गई और कवियों का स्वर बदलता गया, जैसा आजकल है। दुर्भाग्य या सौभाग्य से प्रसाद, प्रेमचन्द या निराला को पुरानी मनोभूमि से इस नयी अनुभूति का सामना करने की ज़रूरत बहुत नहीं पड़ी। हम नहीं जानते कि यदि काल नें उन्हें अवसर दिया होता तो वे काव्य या कला के, और साथ ही मनुष्य के कौन से नये स्तर उद्घाटित करते। समय ने इसका दायित्व पन्त जी पर छोड़ा। और तीसरे दशक के बाद से लेकर आज तक पन्त जी का काव्य छायावादी मनोभूमि में नई अनुभूति को 'फ़िट' करने का एक विराट्—हीरोइक—प्रयास है। हम उनकी इस शक्तिशाली वीरता की तारीफ़ किये बिना नहीं रह सकते; लेकिन उनके भीष्म-संग्राम की छवि करुण भी है; इसलिए भी कि इस संग्राम का रूप अन्तर्द्वन्द्व का है। विशेषतः इसलिए कि इस लड़ाई में जब उन्हें अपनी आस्था और कविता इन दोनों में से एक को तिलांजलि देना पड़ा तो उन्होंने काव्य को ही छोड़ देना स्वीकार किया, आस्था को नहीं। पन्त जी के परवर्ती काव्य में आस्था जितनी हठी होती गई है, 'कविता' उतनी ही क्षीण; इस ओर आलोचकों ने ध्यान अकसर आकर्षित किया है, यद्यपि इस अद्भुत अन्तर्विरोध की जड़ में जाने की कोशिश कम की गयी है। पन्त जी के आरम्भिक काव्य के आधार पर उनकी तुलना अंग्रेज़ी कवि वर्ड्सवर्थ से कभी-कभी की गई है। इतिहास के अद्भुत चमत्कारों में से क्या यह भी है कि यह समानता पन्त की बाद की कविताओं और वर्ड्सवर्थ की बाद की कविताओं में भी स्थापित होती चली जायेगी?.......ऐसा क्यों हुआ? छायावादी मनोभूमि उस आन्तरिक रिक्तता के इनकार पर खड़ी होती है। विपरीत युग में, पन्त जी का सारा प्रयास कभी हताश, कभी प्रार्थना स्वरों में उस रिक्तता का सामना करने के बजाय, उसकी सत्ता से इनकार करने का है। वह उसे हिरण्य मंत्रों से भर देना चाहते हैं। लेकिन वह रिक्तता उतनी ही विराटता के साथ उनके काव्य के चारों ओर व्याप्त हो जाती है। यही उत्तर वर्ड्सवर्थ के साथ हुआ, जो अन्त तक बदले हुए युग से पुराने आयुधों से लड़ता रहा। यह विडम्बना उत्तर पन्त की भी है। वैभवपूर्ण अतीत और हठी वर्तमान। कल्पना-शिशु राजयोगी बना और राजयोगी धीरे-धीरे हठयोगी बनता गया। प्रकृति से अरविन्द, और अरविन्द से काष्ठमौनी बाबा..................

"...........and in my heart there was a great emptiness as of something precious gone, almost beyond recall."

इस नयी परिस्थिति का प्रतिफलन दूसरे दशक के अन्य लेखकों, विशेषतः प्रसाद और प्रेमचन्द में किस प्रकार हुआ? संकेततः यहाँ हम इतना कह सकते हैं कि प्रसाद जी इस रिक्तता को ज्ञान, क्रिया, इच्छा की भिन्नता के रूप में देखते हैं। क्या यह बिल्कुल ठीक विश्लेषण है? क्या मनु की आन्तरिक रिक्तता का उत्तर समरसता का दर्शन है, या श्रद्धा है या एक नई, सृजनात्मक पीड़ा है? सबके बाद, क्या प्रसाद जी 'कामायनी' में काव्यात्मक अनुभूति को दार्शनिक रिक्तता से बचाने में सफल हुए हैं, जिसने वर्ड्सवर्थ और पन्त से बारम्बार बदला लिया? इन प्रश्नों का उत्तर हम पाठकों पर छोड़ते हैं। शायद इस नयी परिस्थिति का सबसे सार्थक मुक़ाबला, सृजनात्मक प्रतिभा द्वारा, पुरानों में

प्रेमचन्द ने किया, जिसका प्रमाण 'गोदान' है। क्या यह इस कारण था कि उनकी मनोभूमि गांधी के अधिक निकट थी? एक तरह से स्वयं गांधी जी ने अपने सत्यान्वेषण की प्रणाली से नये युग का सामना तो किया ही। कहते हैं कि वे अकसर घोषित करते थे कि मैं अपने चारों ओर अन्धकार देख रहा हूँ। प्रकाश देखने के लिए, आँखों को अन्धकार देखने की भी शक्ति होनी चाहिए। वस्तुतः छायावाद-युग के अन्तर्ध्वनित सत्य के दो प्रकाश-स्तम्भों—रवीन्द्रनाथ और गाँधी जी—में यही अंतर था : रवीन्द्रनाथ की आँखें आत्मा का प्रकाश तो देख सकती थीं, परन्तु अन्धकार नहीं, जब कि गाँधी जी अन्धकार से भी आँखें मिला सकते थे। सम्पूर्णतः हिन्दी कविता पुरवैया के अधिक निकट है और हिन्दी गद्य पछुवा के, ऐसा रूपक हमने पहले बाँधा है। जो भी हो, 'गोदान' में प्रेमचन्द की प्रकाश-अभ्यस्त आँखें हिम्मत करके अन्धकार को देखने की कोशिश कर रही हैं और यह एक ऐसी अनुभूति है, जिसे छायावादी कवियों ने स्पष्टतः स्वीकार नहीं किया, 'कामायनी' के प्रसाद ने तो बिल्कुल नहीं। प्रेमचन्द-प्रसाद विवाद में इस दृष्टि-विपर्यय का क्या योगदान था? काश, हम जान सकते!

●

छायावादी शेष चिह्नों को छोड़कर हम तीसरे दशक के इन कवियों की ओर आकृष्ट हों, जो इस युग के मानस-पुत्र थे। ऊपर हमने छायावादी मनोभूमि की तन्मय एकाग्रता और एक साथ ही कई स्तरों—आध्यात्मिक, नैतिक, कल्पनाशील, राजनैतिक—पर ध्वनित होने की शक्ति का उल्लेख किया है। एक वाक्य में हम अगर कहना चाहें तो रिक्तता का मतलब यह था कि मनोभूमि की यह तन्मय एकाग्रता खण्डित हो गई। जो लहर पूरे कसाव और उन्माद के साथ पिछले दस-बारह वर्षों से उत्तरोत्तर बढ़ती हुई गति से उठी थी, वह जैसे अपनी चरमता पर पहुँच कर किसी चट्टान से टकराई और छितरा गई। तनाव ढीला हो गया और बूँदें बिखर गईं। इन बिखरी हुई बूँदों में चमकता हुआ इन्द्रधनुष बच्चन, भगवतीचरण वर्मा, दिनकर, नवीन, सुभद्राकुमारी, नरेन्द्र शर्मा, अंचल, शिवमंगलसिंह सुमन आदि का खुमारी और जवानी का काव्य है।

इस खण्डित लहर के कुछ टुकड़े तो साफ़ दिखते हैं। 'राजनैतिक' और 'कल्पनाशील' में एक तनाव पैदा हो गया और इनके बीच की 'नैतिक' कड़ी आधी इधर आधी उधर विलीन हो गयी। आध्यात्मिक मुद्रा लापता हो गई। एक तरफ़ बच्चन जैसे कवि हैं, जो जानबूझ कर राजनैतिक तमाशों से कतराते हैं; दूसरी तरफ़ ऐसे प्रगतिवादियों का जन्म होता है, जो सप्रयास सजग राजनैतिकता के आगे प्रेम और मधु के कल्पनाशील तमाशों को पलायनवादी समझते हैं। इस पर दोनों ही सहमत हैं कि ये दो नावें हैं, जिन पर एक साथ नहीं चला जा सकता। मज़ा यह है कि समुन्दर पार से नव-युग ले आने के चक्कर में बच्चन प्रगतिवादी से कम नहीं हैं। बच्चन इस परिवर्तन को शुष्क जड़ता से सरस चैतन्यता तक देखते हैं, प्रगतिवादी इतिहास के शिकंजे से कल्पना की मुक्ति की शक्ल में। यह बँटवारा मकानों के आँगन से होकर गुज़रने वाली ज़िला-रेखाओं की तरह बाज़ कवियों के भीतर से होकर निकल गया। इसके अच्छे उदाहरण नवीन हैं, जिनके काव्य में दार्शनिक, राजनैतिक और कल्पनाशील रचनाएँ पत्थर के शिला-खण्डों की तरह अलग-अलग दिखलाई पड़ती हैं, लेकिन जिनमें वह रासायनिक मिश्रण नहीं उत्पन्न हो पाता, जो

आरम्भिक पन्त, प्रसाद, निराला को सहज उपलब्ध है। दिनकर के काव्य में भी ये पृथक् समूह दिखलाई पड़ेंगे, यद्यपि उनका विभाजन उतना बिखरा हुआ नहीं है; जितना नवीन में।

दार्शनिक या आध्यात्मिक मुद्रा को, जो छायावादी अनुभूति की विशेषता थी, तीसरे दशक ने लबादे की तरह उतार फेंका, उसी के साथ उस गम्भीरता को भी, जो उसमें निहित थी। जो गम्भीरता को नहीं छोड़ सके, उनमें दार्शनिक मुद्रा या अनुभूति का स्थान दर्शनशास्त्र ने ले लिया। नवीन जब गम्भीर होना चाहते हैं तो 'काऽहं', 'कोऽहं', 'साऽहं', 'सोऽहं' का आवर्तन करते हैं। हमने देखा कि दर्शनशास्त्र का आग्रह पुराने छायावादियों में भी आ गया। प्रगतिवादी भी जब बहुत गम्भीर होते हैं तो मार्क्सवादी दर्शन को रचनाओं द्वारा उदाहृत करने की कोशिश करते हैं। लेकिन दार्शनिक काव्यानुभूति में और दर्शनशास्त्र में अन्तर है। गम्भीर होकर तीसरा दशक दार्शनिक की तरह बोलता है, कवि की तरह नहीं। कवि को कवि नहीं, दार्शनिक होना चाहिए, यह मान्यता काफ़ी प्रचलित हुई और आलोचकों ने अपनी सुविधा के लिए इसको काफ़ी बढ़ावा दिया—क्योंकि काव्य में उदाहृत दर्शनशास्त्र पर आस्फालन करना आसान काम है, काव्यानुभूति की छानबीन में ग़लती हो जाने की गुंजाइश ज्यादा है।

न सिर्फ़ आध्यात्मिक मुद्रा लापता है, बल्कि उस नैतिक 'विज़न' का भी विघटन हो गया, जो आरम्भिक छायावाद की विशेषता थी। बच्चन, भगवतीचरण, दिनकर, नरेन्द्रशर्मा आदिक उस अर्थ में नैतिक प्रभामण्डल का आभास नहीं देते, जिस अर्थ में पन्त, प्रसाद या निराला देते हैं। इस काव्य का प्रमुख आकर्षण कल्पनात्मक 'विजन' है, यदि बच्चन आदि के खुमार को 'विजन' की संज्ञा से विभूषित किया जा सके। वस्तुतः उनके पास एक स्वप्निल शक्ति-प्रवाह है। नैतिक विज़न का विलयन इस शक्ति-प्रवाह में हो जाता है। यहाँ मुझे बच्चन के मधुकलश के कई काव्य-चित्र याद आ रहे हैं—'इन्द्रधनु पर शीश धरकर बादलों की सेज-सुख पर'.......'नेत्र मेरे आज सहसा तम-पटल के पार जाकर देखते हैं रत्न सीपी से बना प्रासाद सुन्दर।' न जाने क्यों बच्चन के मधुकलश की चर्चा उतनी नहीं हुई, जितनी उनकी मधुशाला, निशा निमंत्रण और एकान्त संगीत की। न सिर्फ़ उस पुस्तक में उस युग की काव्यात्मक अनुभूति की काफ़ी बड़ा ख़ज़ाना है, बल्कि उस काल की प्रधान काव्यात्मक-समस्याओं की कुंजी भी है; जिसके बग़ैर उस युग को नहीं समझा जा सकता। यों भी, मेरी समझ में हिन्दी की लम्बी कविताओं में—जिनमें शुरू से आख़ीर तक काव्य गुण समान रूप से वर्तमान हो—मधुकलश की कविताएँ बेजोड़ हैं। ख़ैर, उपर्युक्त चित्रों में हम देखेंगे कि 'शक्ति' का आभास प्रथम है। ये चित्र नैतिक भी हैं, यह सिद्ध करने का अरमान दूसरा है। नैतिकता और शक्ति के इस सम्बन्ध की दृष्टि से छायावाद का यह दूसरा दौर अंग्रेजी 'रोमांटिसिज़्म' के समान है और इसके कुछ लक्षण रोमांटिसिज़्म से मिलते हैं। बेशक बच्चन, दिनकर आदि में रोमांटिक कवियों जैसा भावना का तनाव और निपट गम्भीरता नहीं मिलती। वस्तुतः गम्भीरता का ह्रास इस नयी 'सहज' मनोभूमि की विशेषता है।

इतना ही नहीं, मनुष्य का मन भी खण्डित हो गया है। मन के विभाजन का आविष्कार इस युग की विशेषता है। हम देखते हैं कि चित्रलेखा का बीजगुप्त और

मधुशाला का यात्री दोनों ही एक ख़ास तरह से लोगों की 'ग़लतफहमी' के शिकार हैं। आदमी का एक ऊपरी रूप है : एक उसका अन्तर है। इन दोनों में सामंजस्य नहीं है, न हो सकता है। होता यह है कि लोग पीने वाले या बीजगुप्त के ऊपरी कलेवर को तो देखते हैं, लेकिन उनके भीतर जो 'हृदय' है, उसे नहीं देखते। विचित्र बात यह है कि ऊपरी कलेवर का सम्बन्ध ज्ञान, आदर्श, मर्यादा, सामाजिक नियमों से है। किन्तु यह ऊपरी कलेवर क्रूर, जड़ और कठोर है। 'असली मनुष्य' तो भीतर धड़कते हुए दिल में है, जिसे बुद्धि अथवा ज्ञान या मर्यादाएँ अभिव्यक्ति नहीं दे पातीं। यह 'असली मनुष्य' हम सबके भीतर है और यही सहज मानव है। यही जब बन्धन तोड़ कर आशा और निराशा के हिलकोरें खाता निकलता है तो तीसरे दशक की कविता जन्म लेती है।

ईमानदारी और सहजता का आधार मनुष्य के आदर्श, लक्ष्य या मर्यादाएँ नहीं हैं, बल्कि उसका 'हृदय' है। स्वभावतः 'हृदय और बुद्धि', श्रद्धा और इड़ा, प्रेम और मर्यादा, सरस और जड़ के बीच एक दीवार खड़ी हो जाती है। बुद्धि के पीछे लाठी लेकर जितना तीसरा दशक पड़ा, उतना कोई अन्य काल नहीं। बच्चन से लेकर दिनकर तक को बुद्धि से शिकायत है। क्योंकि बना बनाया सरस खेल यह जड़-बुद्धि ही चौपट करती है। हम देखेंगे कि शिकायत कहाँ तक और किस अर्थ में जायज़ है। अभी हम इतना ही समझ लें कि हृदय और बुद्धि की दरार भी लहर के खण्डित हो जाने का लक्षण है। जिस अर्थ में हृदय को सहजता एवं ईमानदारी का आधार माना जाता है, उस अर्थ में हृदय न सिर्फ भावनाओं का रूपक है, बल्कि 'नीयत' (motive) का भी। जब हम कहते हैं कि बीजगुप्त का हृदय निश्छल है, तो हमारा मतलब है कि उसकी नीयत दुरुस्त है।

क्या मनुष्य को हम उसके उद्देश्य में विसर्जित होते हुए देखते हैं क्या हम उसे नीयत द्वारा परिचालित देखते हैं? उद्देश्य में विसर्जित होता हुआ मनुष्य 'महान' है। नीयत द्वारा परिचालित मनुष्य 'साधारण' है। लेकिन एक और प्रश्न है : क्या नीयत और उद्देश्य एक ही वस्तुएँ हैं या दो? यही एक प्रश्न उस काल के समस्त साहित्य में प्रेत की तरह मँडराता है। उनकी पीड़ा और उनका खुमार इसमें है कि उन्हें कुछ दूर तक ये एक ही दिखलाई पड़ती हैं, लेकिन बाद में दो ही जाती हैं। वे देखते हैं कि ये दो वस्तुएँ हैं लेकिन मेधा से, आवेश से, खुमारी से, यौवन से, रोकर, आँख मूँद कर, जैसे हो, इस द्वयता को कूद जाना चाहते हैं। नीयत के बारे में तो वे कुछ जानकारी रखते हैं, लेकिन उद्देश्य—गन्तव्य—? कौन जानता है?

पाँव चलने को विवश थे, जब विवेक-विहीन था मन,
आज तो मस्तिष्क दूषित कर चुके पथ के मलिन कण।
मैं इसी से क्या करूँ, अच्छे-बुरे का भेद भाई,
लौटना भी तो कठिन है, चल चुका मैं एक जीवन।
हो नियति इच्छा तुम्हारी, पूर्ण मैं चलता रहूँगा।
पथ सभी मिल एक होंगे, तम भरे यम के नगर में।

विवेक के परे पाँवों की चलने की विवशता, अविश्राम तलाश और गन्तव्य का अन्धकार में विलीन हो जाना, यह एक बहुत दुहराया हुआ रूपक है। यहाँ नीत्शे की कुछ पंक्तियाँ याद आती हैं—

"Have *I*—still a goal ? A haven towards which *my* sail is set ? A good wind ? Ah, he only who knoweth *whither* he saileth, knoweth what wind is good, and a fair wind for him.

What still remaineth of me ? A heart weary and flippant; an unstable will (;) fluttering wings; a broken backbone.

This seeking for *my* home : O Zarathustra, dost thou know that this seeking hath been *my* home-sickening; it eateth me up.

Where is—my home ? For it do I ask and seek and have sought but have not found it. O eternal everywhere, O eternal nowhere. O eternal—*in-vain*."

अनुभूति समान भी है, भिन्न भी है। दोनों प्रश्न एक ही पूछ रहे हैं, लेकिन टोन कितना भिन्न है। अन्तर केवल बच्चन और नीत्शे का ही नहीं है, हिन्दी और योरोपीय रोमांटिसिज़्म का है। हिन्दुस्तान और योरप का है। सिर्फ़ नीयत के सहारे विलीन उद्देश्य को तलाश करने का काम भावना के इतने तनाव और ऐसी निपट गम्भीरता के साथ हिन्दी या हिन्दुस्तान ने किया ही नहीं। इस लिहाज़ से हिन्दी के लिए सबसे निकट का रोमांटिक कवि बायरन है। नीचे एक और बिम्ब है, जो 'थक कर चूर और फक्कड़ हृदय……जर्जर संकल्प……फड़फड़ाते डैने……टूटी रीढ़', की बच्चन जी द्वारा देखी हुई तस्वीर प्रस्तुत करता है—

यह महान् दृश्य है
चल रहा मनुष्य है
अश्रु-स्वेद-रक्त से लथपथ, लथपथ, लथपथ!
अग्नि पथ, अग्निपथ, अग्निपथ!

क्या सचमुच यह महान् दृश्य है? किस अर्थ में? क्या यह सिर्फ़ एक नाटकीय मुद्रा है? किस अर्थ में? इसकी तुलना हम नीत्शे से क्योंकर करें?

●

जो भी हो, उस युग को सचेत उद्देश्य (जो मर्यादाओं का निर्माण करता है) और नीयत (जो हमें परिचलित करती है) (conscious purpose and motive) के बीच अन्तर स्थापित करके नीयत की तलाश करने की आवश्यकता थी और इसके लिए उसने तीन रास्ते अपनाये। तीनों ही इस विभेद पर आधारित हैं। हृदयवाद (जो दिनकर, बच्चन, भगवतीचरण आदि अधिकतर कवियों की आधार-शिला है); मनोविश्लेषण (जिसका इस्तेमाल इलाचन्द्र जोशी, जैनेन्द्र आदि ने किया) और ऐतिहासिक भौतिकवाद (जिसके सैद्धान्तिक आधार पर प्रगतिवाद की इमारत खड़ी हुई)। ये तीनों दृष्टियाँ अकसर एक दूसरे में घुल-मिल जाती हैं और लेखक या कवि आसानी से एक से दूसरे में विचरण करते हैं, क्योंकि इन सबका काम मुख्यतः मानसिक लहर को 'मोटिवॅ' से समन्वित करके मुक्त और स्वच्छन्द वेग प्रदान करना है, उद्देश्य पर आधारित मर्यादाएँ जिसको बन्धन-स्वरूप जान पड़ती हैं। यह 'मुक्तिकारी' उल्लास एक नाटकीयता के साथ

घटित होता है। हृदयवाद के सशक्त प्रवाह को हमने देखा। मनोविश्लेषण तो आदमी के अचेतन मोटिवॅ और सचेत उद्देश्य में अन्तर करता ही है। उस अचेतन मोटिवॅ का 'विघूर्णन' 'विस्फूर्जन' बच्चन की 'उर-उमंगों' की उद्दामता से कम प्रचण्ड नहीं है, जिसको 'न निराशा का भय रोक सकता है, न आशा का प्रवंचन'। बेशक फ्रायड, एडलर, यंग या किसी का भी मनोविश्लेषणवाद सिर्फ़ इतना ही नहीं है। मगर हिन्दी लेखकों की रुचि शेष में थी ही नहीं। उनको मानव-मन की एक बनावट चाहिये थी, जो लगभग 'प्राकृतिक शक्ति' की तरह तेज़ फूटने वाली 'नीयत' दे सके, जो बिना उद्देश्य की परवाह किये वेग से दौड़ सके और ज़रूरत हो तो उद्देश्य की जगह भी ले सके। मनोविश्लेषणवाद उन्हें स्थूलतः इस ज़रूरत को पूरा करता-सा जान पड़ा। उन्होंने उसका इस्तेमाल कर लिया। इसी तरह ऐतिहासिक भौतिकवाद भी मनुष्य के सचेत उद्देश्य और उसकी नीयत में अन्तर करता है। आदमी का सचेत उद्देश्य कितना भी महान् हो, उसकी 'नीयत'—अथवा 'असली' उद्देश्य, पूँजीवादी प्रचार हो सकता है। ऐतिहासिक भौतिकवाद सचेत उद्देश्य के तल में काम करती हुई इस असली 'नीयत' की खोज करता है। मनोविश्लेषण वाद की ही तरह, ऐतिहासिक भौतिकवाद भी सिर्फ इतना ही नहीं है। लेकिन बाक़ी सब में हिन्दी लेखक की रुचि नहीं थी। वह केवल चेतन उद्देश्य से अलग दौड़ने वाली उद्दाम गति चाहता था। 'प्रगतिशील' होना तो उसने स्वीकार कर लिया, किन्तु 'प्रगतिवादी' या 'मार्क्सवादी' होने में उसे घुटन महसूस होती थी। मानव-मन की बनावट की इन तीनों दृष्टियों में अनिरुद्ध स्वचालित वेग के समान उपयोग के अतिरिक्त दो अन्य समान लक्षण भी हम फ़िलहाल अंकित कर सकते हैं। एक तो यह कि तीनों में नीयत जाने-या-अनजाने, अधिकतर अनजाने ही, अपना काम करती है। बच्चन के पाँवों के चलने की विवशता विवेक-विहीन अवस्था में उत्पन्न होती है; अचेतन नीयत तो परिभाषा से ही विवेक के परे स्थित है; और ऐतिहासिक भौतिकवाद का नियम भी हमारे अनजाने ही काम करता है। दूसरे, इस दृष्टि की बुनियाद वैज्ञानिक है। मनोविश्लेषण-शास्त्र और मार्क्सवाद तो घोषित रूप में विज्ञान का सहारा लेते हैं। बच्चन आदि भी वैज्ञानिक टेम्पर के बाहर नहीं हैं। वस्तुतः उनके आध्यात्मिक लबादे का उतार फेंकने की जड़ में विज्ञान ही है। विज्ञान का इस नयी दृष्टि से क्या सम्बन्ध है और क्यों हैं, इस पर आगे हम थोड़ा और विवेचन करेंगे।[1]

नीयत की तलाश तो हुई और उसे बहुत उपयोगी भी पाया गया। किन्तु वह अटल प्रश्न तब भी बना रहा : क्या नीयत (motive) और उद्देश्य (purpose) एक ही वस्तुएँ हैं? छायावाद के पास तो एक सीधा उत्तर था—हाँ। बल्कि उसे उद्देश्य से अलग भी कोई नीयत हो सकती है, इसकी कोई जानकारी ही नहीं थी। देव-शिशु की तरह उसका बहिरंतर एक था। लेकिन बच्चन? भगवतीचरण वर्मा? दिनकर? इनके पास क्या उत्तर है? 'यह प्रश्न शिथिल करता मन को भरता उर में विह्वलता है।' वे उत्तर देने से इनकार

---

1. अंग्रेजी में जिसे purpose और motive कहते हैं, उसके लिए मैंने 'उद्देश्य' और 'नीयत' का प्रयोग किया है। इस शब्दावली पर जिन्हें आपत्ति हो, वे भाषा के मेरे सीमित ज्ञान को समझ कर मुझे क्षमा करेंगे। आशा करता हूँ, तात्पर्य स्पष्ट है।

करते हैं। बुद्धि कहती है, दोनों एक नहीं हैं, हृदय कहता है, हैं। यही वह स्थल है, जहाँ रिक्तता महसूस होती है। बुद्धि से शिकायत जायज़ है। उनके मन का 'अरमान' यही है कि ये दोनों एक ही हों, यद्यपि वे देख नहीं पाते कि ऐसा कैसे होगा। इस प्रकार छायावाद में जो संकल्पात्मक अनुभूति, अन्तर्ध्वनित सत्य है, वह तीसरे दशक में 'अरमान' बन कर रह जाता है। रहस्यानुभूति, आनन्दानुभूति, शौर्यानुभूति, वेदनानुभूति, तमाम अनुभूतियाँ 'अरमानों' के धरातल पर घटित होती हैं।

लेकिन क्या 'अरमान' प्रश्न का उत्तर हो सकता है? स्पष्ट है कि नीयत और उद्देश्य का प्रश्न मूलतः नैतिक प्रश्न है। कितना गहरा और भयानक प्रश्न यह था, यह इससे स्पष्ट है कि उस ज़माने में इसको बमों के विस्फोट और पिस्तौल की गोलियों की आवाज के साथ पूछा गया, जिसने एक बार समूचे देश को हिलाकर रख दिया। भगत सिंह के छूटे हुए बम की आवाज़ और आज़ाद की गोलियाँ—और उसके बाद दोनों का बलिदान—हमारे शुभ नैतिक मानस को तोड़ती हुई निकल गईं। उनकी नीयत के बारे में किसी को सन्देह नहीं था। लेकिन क्या उनका कार्य नैतिक था? उद्देश्यगत संकल्प की ओर से दुःखी, किन्तु दृढ़ आवाज़ में सिर्फ़ एक व्यक्ति ने स्पष्ट उत्तर दिया—गाँधी ने : 'नहीं।' बाक़ी देश के पास सिर्फ़ खंडित चेतना बची रह गई। तीसरे दशक की कविता 'अरमान' द्वारा खंडित चेतना की इस गहन विडम्बना को पी जाने का मादक प्रयास है—

हमने मर्यादा का अतिक्रमण नहीं किया
क्योंकि नहीं थी, अपनी कोई भी मर्यादा
हमको अनास्था ने कभी नहीं झकझोरा
क्योंकि नहीं थी, अपनी कोई भी गहन आस्था :

....

इसीलिए सूने गलियारे में
निरुद्देश्य,
निरुद्देश्य,
चलते हम रहे सदा
दाएँ से बाएँ
और बाएँ से दाएँ
मरने के बाद भी
यम के गलियारे में
चलते रहेंगे सदा
दाएँ से बाएँ
और बाएँ से दाएँ।

—धर्मवीर भारती : अन्धायुग

'अग्निपथ' की यह तसवीर—भारती ने देखी—जब निरुद्देश्य स्वचालित गति के ऊपर से 'अरमानों' की झिलमिली उतर चुकी थी। और झिलमिली के नीचे थी, एक

अथाह रिक्तता। लेकिन यह बाद की कथा है। यह 'पराजित' पीढ़ी का गीत है। अभी हम 'अपराजित' पीढ़ी को ही थोड़ा और गहरे उतर कर देखें। तीसरा दशक अपने काव्य-निर्मित 'साधारण मानव' की अपराजेयता की घोषणा ओजस्वी से लेकर तरलायित स्वरों तक में नाना प्रकार से करता है।

विवेकविहीन हालत में भी पाँवों की जो यह चलने की अपराजेय विवशता है, यही 'अपराजित' पीढ़ी की अपराजेयता का रहस्य है। चित्रलेखा-बीजगुप्त का प्रेम इसी अपराजेय विवशता से उद्भूत होता है। बच्चन का मधुपायी भी इसी अपराजेय विवशता के फलस्वरूप मधुशाला की ओर जाता है। यही अपराजेय विवशता उसे लहरों में निमंत्रण देती मालूम पड़ती है। और इसी अपराजेय विवशता से, मौका पड़ने पर वह 'साधारण' आदमी अग्निपथ पर भी तड़ातड़ चलते जाने का महान् दृश्य उपस्थित करता है। दिनकर की कविता में भी आदमी इस अपराजेय विवशता का दर्शन करके लगभग इसी क़िस्म की हरकत करता है। परमात्मा की ही भाँति इस अपराजेय विवशता के भिन्न-भिन्न नाम हैं। कहीं, इसे उद्दाम उर-उमंग कहा जाता है, कहीं अचेतन मानस का विघूर्णन और कहीं ऐतिहासिक अनिवार्यता; शायद सबसे प्यारा नाम, जो उस समय कहीं-कहीं कहा गया, वह था 'जिजिविषा'। इंगला-पिंगला पर फूत्कारती हुई यह जिजीविषा नामक जाग्रत कुण्डलिनी तंत्र-विज्ञान के पंडित हजारी प्रसाद द्विवेदी के शब्दों में अकसर दिखलाई पड़ती है, जो इस तीसरे दशक के सबसे समर्थ आलोचक हैं और जिनके हर दृष्टि-निक्षेप पर 'साधारण मानव' अपने सबसे प्रिय रूप में उल्लसित होता और हिलकोरें खाता चलता है। आश्चर्य की बात यह है कि छायावादी अनुभूति (पहले दौर की) अपराजेयता तो देखती है, लेकिन इसमें विवशता कहाँ है, यह नहीं देख पाती। अपराजेय विवशता? या अपराजेय संकल्प? प्रेमचन्द के सूरदास में यह अपराजेय विवशता कहाँ है? प्रसाद के चन्द्रगुप्त मौर्य में, चाणक्य में कहाँ है? निराला की रूखी डाल जब पार्वती बनकर स्मरहर को वरने के लिए 'वसन-वासन्ती' माँगती है तो उसमें अपराजेय विवशता है या अपराजेय संकल्प? शक्ति पूजा करने वाले राम में क्या है—विवशता या संकल्प? प्रेमचन्द के होरी में? हाँ, शायद उसमें एक अपराजेय विवशता है, जो उसको बार-बार धर्म की राह पर ला पटकती है, लेकिन अपराजेय संकल्प का अभाव क्या प्रश्न-चिह्न बनकर नहीं खड़ा हो जाता? क्या यह अपराजेय विवशता पराजित भी करती है? और भारती 'नयी कविता' की ओर से विवशता तो देखते हैं, लेकिन उसमें अपराजेय क्या है, यह उनको नहीं दिखलाई पड़ता: जिस तरह होरी का पुत्र अपने पिता की विवशता तो देखता है, लेकिन उसमें अपराजेय क्या है, यह नहीं समझ पाता!

डॉ० रामविलास शर्मा की 'गोदान' पर आलोचना पढ़ते समय मैंने कहीं पढ़ा था कि होरी नाम का किसान तो पराजित होकर खप गया, लेकिन साहित्य की अगली पीढ़ी का मनुष्य होरी के पुत्र और मेहता नामक फ़िलासफ़र के सम्मिश्रण से निर्मित होगा। डॉ० रामविलास शर्मा से सहमत होने का सौभाग्य मुझे कम मिलता है और उनकी भविष्यवाणियाँ तो अकसर ग़लत साबित होती हैं। लेकिन यहाँ मैं उनसे पूर्णतः सहमत हूँ। होरी को मरे हुए छब्बीस-सत्ताईस वर्ष हो गये और उसके बाद जो 'नयी पीढ़ी' आयी है, कविता में, गद्य में, उसके सबके सब सदस्य प्रो० मेहता द्वारा शिक्षित, होरी के मानस-पुत्र हैं। अपराजेय विवशता द्वारा पराजित पिता के दार्शनिक पुत्र! रह गई किसानी की बात;

तो ज़रा-सा खरोंचिये, ऊपरी 'आधुनिक' की जिल्द के नीचे हममें से कौन किसान नहीं है? अज्ञेय नहीं हैं? भारती नहीं हैं? शमशेर नहीं हैं? सर्वेश्वर नहीं हैं? कुँवर नारायण नहीं हैं? हिन्दी के किस कवि में से किसानी की गन्ध नहीं आती—मैथिलीशरण गुप्त से लेकर सर्वेश्वर तक?

उदार दार्शनिक
तुम्हारे दर्शन में अपनी विकलता पाता हूँ
काश अपनी विकलता में
तुम्हारा दर्शन पा सकूँ!

—कुँवर नारायण

किसानी और दर्शन—हिन्दी के किस कवि में से इन दोनों की गन्ध नहीं आती? कुल मिलाकर हिन्दुस्तान नाम के देश की यही तो पूँजी है। इन दोनों गन्धों से जब चक्रवर्ती राजगोपालाचारी और फ़िराक़ गोरखपुरी तक अछूते नहीं बचते तो हिन्दी बिचारी क्या खाकर अछूती रह जायेगी, जो अभी 'दिल्ली की ज़ुबान' भी नहीं बन पायी है?

यह अपराजेय विवशता क्या है? यह अपराजेय क्यों है? यह विवश क्यों है? इसका मनुष्य की सहजता से क्या सम्बन्ध है? छायावाद का अपराजेय संकल्प कैसे दूसरे दौर की अपराजेय विवशता में बदल गया? और इस अपराजेय विवशता के नीचे एक अथाह रिक्तता क्यों है?—क्या है, जो इस साधारण मानव को बराबर सालता रहता है?—और तीसरा दशक क्यों ऊपर से छायावादी है, नीचे से कुछ और हो गया है, क्यों वह छायावाद से अलग होकर छायावाद का दूसरा दौर है।

अन्तिम प्रश्न का सरल उत्तर तो हम उस युग के मनुष्य के मर्म में ही देख सकते हैं, जो ऊपर से कुछ और है, नीचे से कुछ और। परन्तु बात सिर्फ़ इतने से सूत्र में कह देने से इस स्थिति में जो महिमा-मण्डित ऐश्वर्य है, वह कहीं आँखों से ओझल न हो जाये। चूँकि यह महिमा-मण्डित ऐश्वर्य उसे मूल्यवान थाती के रूप में छायावाद से मिला है, इसीलिए छायावाद से उसका लगाव बहुत ज़रूरी है। खुद छायावादी मानस में इसकी जो गहरी प्रतिक्रिया हुई, उसकी एक प्रतिध्वनि तो प्रेमचन्द के गोदान में है, जिसका उल्लेख हमने पहले किया। दूसरी विराट् प्रतिध्वनि है, प्रसाद की कामायनी में, जिसमें हिमगिरि के उत्तुंग शिखर से आरम्भ करके मनु फिर हिमगिरि के उत्तुंग शिखर पर आसीन हो जाता है: चिन्ता के साथ प्रलय-प्रवाह को देखने से आरम्भ करके, समरसता के साथ स्थिर भूमि को देखने में अन्त करता है। एक चित्र में वह अतीत की ओर देख रहा है, दूसरे चित्र में भविष्य की ओर। बेशक वह पहुँचता वहीं है, जहाँ से चला था; लेकिन इस बीच में उसकी दृष्टि में महान् परिवर्तन आ जाता है, जैसे एक परिक्रमा पूरी हो गई हो। इस परिक्रमा की कथा ही कामायनी में कही गयी है।

पहले वह श्रद्धा से मिलता है, जो भीतर-बाहर बिल्कुल एक-सी है और जो 'अपराजेय संकल्प' की प्रतिमा है। उसका उत्तरोत्तर उल्लास उठती हुई लहर की तरह बढ़ता जाता है। फिर एक पुत्र होता है—एक नई पीढ़ी—और मनु को महसूस होती है, एक विराट् रिक्तता 'जैसे कुछ बहुत मूल्यवान पीछे छूट गया हो।' तब उसकी भेंट होती है इड़ा से, जो 'ऊपर से कुछ और है, नीचे से कुछ और, और अतीव महिमा से मण्डित है

एक 'अपराजेय विवशता' के साथ वह इड़ा की ओर खिंचता चला जाता है। और तब एक अद्‌भुत बात होती है। जो मनु श्रद्धा के साथ बाहर भीतर एक जैसा था, खुद उसके मन में ऐंठन उत्पन्न होने लगती है। यह ऐंठन बढ़ती जाती है और एक दिन उन्मत्तता की चरम स्थिति में 'अपराजेय संकल्प' का वह स्वामी 'अपराजेय विवशता' को छू लेता है। झंकार के साथ जैसे पक्के फ़र्श पर थाली गिर कर चूर हो जाये, वैसे ही इस वर्जित-स्पर्श के साथ ही सारा इन्द्रजाल टूट जाता है। ऐंठन पूरी हो जाती है और तड़ाक्-से मनु का व्यक्तित्व भी खण्डित हो जाता है। अब वह भी इड़ा की तरह 'अपराजेय विवशता' से व्याप्त 'ऊपर से कुछ और, अन्दर से कुछ और' है, और 'ग़लतफ़हमी' का शिकार बनता है.........फिर उसके बाद युद्ध, क्रान्ति, विप्लव......लेकिन मनु की चेतना इस विभाजन और विप्लव को सह नहीं पाती और वह मूर्च्छित हो जाता है, जड़ और चेतन के बीच की कड़ी की तरह। उस टूटे हुए आदमी की खोज यहाँ से आरम्भ होती है। वह उस विराट् रिक्तता को देखता है, जो गहरे कहीं श्रद्धा में भी है और इड़ा में भी और अपने पराजित विभाजन को भी देखता है। कौन उसे जोड़ेगा? कौन फिर एक बार उसके बहिरंतर को एक करेगा? उसे फिर एक बार हिमगिरि के उत्तुंग शिखर पर जाना पड़ेगा। प्रसाद जी का उत्तर है: समरसता का दर्शन।

लेकिन क्या यह सिर्फ़ दर्शन है, अनुभूति नहीं? तब फिर वह 'एलेगरी' का रूप क्यों—वेद की जगह वेद का निरुक्त क्यों? दीप्त बिम्बों की जगह, रूपायित प्रतीक-कथा क्यों? क्या अन्धकार को सीधे नहीं भेदा जा सकता, केवल उसकी परिक्रमा की जा सकती है?

कामायनी के बाद हिन्दी कविता का अगला चरण इसी प्रश्न से शुरू होता है, जिस 'समरसता' को प्रसाद जी ने अनुभूति से दर्शन में बदल दिया, उसे कैसे दर्शन से अनुभूति में बदला जाये। 'समरसता का दर्शन' या 'निर्वैयक्तिक अनुभूति'? इस प्रश्न को जिस व्यक्ति ने पूछा, उसका नाम था 'अज्ञेय।'

उदार दार्शनिक,
तुम्हारे दर्शन में अपनी विकलता पाता हूँ
काश अपनी विकलता में
तुम्हारा दर्शन पा सकूँ।

—कुँवर नारायण

आलोचकों में इस बात को लेकर बहुत दिनों तक बहस चलती रही कि पुत्रवती श्रद्धा को मनु क्यों छोड़कर चले जाते हैं और प्रसाद उस अनुभूति का सन्तोषप्रद 'मनोवैज्ञानिक' निरूपण क्यों नहीं कर पाते। वे भूल गये कि प्रसाद मनोवैज्ञानिक उपन्यास नहीं लिख रहे हैं—वे एक प्रतीक-कथा द्वारा एक दार्शनिक स्थापना कर रहे हैं। अगर वे यह प्रश्न भी पूछते कि क्यों जब श्रद्धा मनु को तलाश करने जाती है तो अपने पुत्र को छोड़कर ही उस तलाश में जाना उसके लिए आवश्यक हो जाता है और क्यों यहाँ भी प्रसाद उस अनुभूति का 'सन्तोषप्रद मनोवैज्ञानिक' निरूपण नहीं करते तो वे प्रसाद के मानस को ज़्यादा गहराई से समझ पाते। और प्रसाद एक ऐसे कवि हैं, जिनके मानस के बिना गहराई के समझा नहीं जा सकता। उनके लिए सारा प्रश्न अनुभूति और दर्शन के

सम्बन्ध का है। कामायनी वेद नहीं, वेद का निरुक्त है। 'एलेगरी' है। यह संकेत तो प्रसाद ने कामायनी की भूमिका में ही दिया है। एक गम्भीर दार्शनिक मानस समस्त सृष्टि को देख रहा है। उस सारी सृष्टि में यही तो पहेली है: 'अपराजेय संकल्प' के भीतर से 'अपराजेय विवशता' की तरह यह श्रद्धा पुत्र कहाँ से आ गया? यही तो रिक्तता है, अन्धकार है—अन्धकार की अनुभूति कैसी? क्या अन्धकार भी 'सत्य का मूल चारुत्व' हो सकता है, जिसे संकल्पात्मक अनुभूति द्वारा पकड़ा जाये? रवीन्द्रनाथ की ही तरह प्रसाद की आत्मा अन्धकार को सामने से नहीं भेदती, वह दर्शन द्वारा उसकी परिक्रमा कर सकती है। लेकिन इस परिक्रमा के वाद प्रसाद इतना तो देख ही रहे हैं कि आगे की कहानी मनु की नहीं, श्रद्धा-मनु के उस पुत्र की कहानी है, जो इड़ा द्वारा शिक्षित होता है और सारस्वत प्रदेश में लौट जाता है—आकुलि-किलात का निहत्था सामना करने। 'अपराजेय विवशता' द्वारा पराजित पिता का दार्शनिक पुत्र! क्या उसकी सीमा रेखायें किसी धुँधले क्षितिज पर होरी-धनिया के उस पुत्र से मिलती हैं, जो मिलों-कारख़ानों के नगर में लौट जाता है, प्रो० मेहता द्वारा शिक्षित होने के लिए? क्या नाम है, उस मनु-पुत्र, होरी-पुत्र का—लघु-मानव? क्यों वह दत्तक पुत्र होकर ही जीवित रह सकता है?

मैं उस भटकती हुई प्यासी आत्मा का
दर्द-भरा संगीत हूँ,
जो मुझे अपने सफ़र में
इस वीरान राह की
अन्धी चट्टान पर
ख़ामोशी का ताज बना कर
छोड़ गई है।............

ढाँक जिससे मैं सकूँ, जलते हुए सम्पूर्ण वन को
छाँह जिसके दे सकूँ, बेदम परिन्दों को गगन को
फिर न पलकें गिरा, आँसू छिपा, गर्दन मोड़
कहूँ, 'इस तूफ़ान ने मेरे दिये पर तोड़!'

पंख दो, पंख दो, नये मेरे पंख दो
पंख दो, पंख दो, बड़े मेरे पंख दो

—सर्वेश्वर

●

कामायनी और मधुकलश को आमने-सामने रखने पर प्रसाद की 'अखंड-चेतना' और बच्चन की 'खण्डित-चेतना' में जो समानता है और जो अन्तर है, वह स्पष्ट हो जायेगा। बहुत आश्चर्यजनक ढंग से दोनों एक स्थल पर एक ही प्रतीक का उपयोग करते हैं—लेकिन दोनों की चेतना बिल्कुल दो भिन्न चीज़ें देखती हैं। बच्चन के मधुकलश का प्रमुख गीत है, 'लहरों का निमंत्रण' जिसमें सागर के किनारे खड़े हुए 'साधारण मानव' की तस्वीर है। वह इतना रोमांचित करने वाला काव्य-चित्र है कि उसके आरम्भिक छन्द को

उद्धृत करने के अतिरिक्त कोई चारा नहीं है—वह बात मेरे शिथिल गद्य में नहीं कही जा सकती—

रात का अन्तिम प्रहर है,
झिलमिलाते हैं सितारे,
वक्ष पर युग-बाहु बाँधे
मैं खड़ा सागर किनारे,
वेग से बहता प्रभंजन
केश-पट मेरे उड़ाता,
शून्य में भरता उदधि,
उर की रहस्यमयी पुकारें,
इन पुकारों की प्रतिध्वनि
हो रही मेरे हृदय में,
है प्रतिच्छायित जहाँ पर
सिन्धु का हिल्लोल-कम्पन।
तीर पर कैसे रुकूँ मैं,
आज लहरों में निमंत्रण।

एक प्रलय-प्रवाह और उसे देखता हुआ मनुष्य! यहीं से कामायनी की भी कथा शुरू होती है :

हिमगिरि के उत्तुंग शिखर पर
बैठ शिला की शीतल छाँह,
एक पुरुष भीगे नयनों से
देख रहा था प्रलय प्रवाह।

इसके बाद बच्चन के प्रतीक उलट जाते हैं। प्रसाद का मनु रात के अन्तिम प्रहर में नहीं, दिन के दोपहर में यह दृश्य देखता है, शिला की शीतल छाँह के तले। प्रभंजन वहाँ भी वेग से बहता है, लेकिन उसमें केश-पटों को उड़ा ले जाने की शक्ति नहीं है, वह केवल 'पैरों से टकराता फिरता है'। मनु जल और स्थल दोनों को देखता है तो उसे लगता है कि दोनों में एक तत्व की ही प्रधानता है, उसे जड़ कहो या चेतन। जब कि बच्चन का मनुष्य जल और स्थल में सीधा भेद करता है—स्थल जड़ का प्रतीक है, जल चेतन का—'क्यो धरणि अब तक न गल कर लीन जलनिधि में गई हो'.........'स्थल गया है भर पथों से नाम कितनों के गिनाऊँ'..........'राह जल पर भी बनी है रूढ़ि पर न हुई 'कभी वह।' और जब कि बच्चन के मनुष्य के हृदय में सिन्धु का हिल्लोल-कम्पन प्रतिच्छायित है, मनु के हृदय में प्रतिच्छाया है, स्तब्ध हिम की। आगे चल कर बच्चन का मनुष्य देखता है : 'सिन्धु के इस तीव्र हाहाकार ने विश्वास मेरा/है छिपा रखा कहीं पर एक रस-परिपूर्ण गायन।' प्रसाद के मनु का यह विश्वास ही नहीं है, उसको जानकारी है कि इस विशाल जलनिधि में 'एक रस-परिपूर्ण गायन' डूबा हुआ है। और उसके बाद उस प्रलय-प्रवाह को देखकर प्रसाद और बच्चन, दोनों की कल्पना में 'सुख, केवल सुख के

केन्द्रीभूत संग्रह' के एक ही प्रतीक-चित्र उभरते हैं : नाचती हुई सिन्धु-कन्याएँ, जिनके नृत्य के दर्शक देवता-गण हैं। प्रसाद का मनु उन सिन्धु कन्याओं का नाम जानता है—कीर्ति, दीप्ति, शोभा। बच्चन का मनुष्य, उनका नाम नहीं जानता। क्योंकि प्रसाद का मनु जब नाच हो रहा था, उस समय वहाँ उपस्थित था—'स्वयं देव थे हम सब'—यहीं मनुष्य की परिभाषा के प्रतीकों का अन्तर है। बच्चन का मनुष्य चित्रलिखित-से उन देवताओं को कुछ विनोद की दृष्टि से देखता है—'साथ देवों के पुरन्दर/एक अद्‌भुत और अविचल चित्र-सा है जान पड़ता।' क्या उसने उस चित्र में मनु को पहचाना होगा? प्रसाद का मनु उस प्रलय-प्रवाह में अतीत की भाषा देखता है और बच्चन का मनुष्य भविष्य की। इसके बाद मनु पृथ्वी की ओर लौट जाता है और उसका अन्त हिमालय से पृथ्वी की ओर देखने में होता है। बच्चन का मनुष्य शायद रुकता नहीं, समुद्र में कूद जाता है—क्या अन्त होता है उसका?

जल और स्थल—दोनों कविताओं की प्रतीक-माला इतनी स्पष्टतः मिलती-जुलती है कि जब-जब मैंने इस पर सोचा है, मुझे अत्यंत आश्चर्य हुआ है। क्या कामायनी की रचना के समय प्रसाद जी ने बच्चन का यह गीत सुना था? या कोई गहरी वस्तु है, जो दोनों से समान प्रतीक-योजना में अभिव्यक्ति माँग रही है? सृजनात्मक प्रतिभा के किस स्तर पर अखंड और खंडित चेतना का यह तिरीछा वाद-विवाद घटित हो रहा है?

क्या ये प्रतीक जातीय स्मृति से सम्बद्ध हैं? हमारे दीर्घकालीन इतिहास में कब हमारी कल्पना जलोन्मुख रही और कव स्थलोन्मुख हो गई? क्या हमारे उत्थान-पतन, प्रगति और ह्रास का इन प्रतीकों से कुछ सम्बन्ध है? क्या मनु की तरह केवल स्थलोन्मुख हो जाने में ही समाधान है?

इन प्रतीकों का कोई रूढ़ या सुनियोजित अर्थ खोजने की यहाँ आवश्यकता नहीं है। शायद एक वहुत बड़े पैमाने पर वे सारी मनुष्यता के आध्यात्मिक प्रतीक हैं। केवल उनकी व्यापकता को ध्यान में रखकर हम हिन्दी कविता की ओर देखें तो कभी-कभी उन झंकारों की रेखाओं को अधिक सफ़ाई से देख पायेंगे, जो इन कलात्मक बिम्बों के प्रत्यक्ष दर्शन पर हमें रोमांच की तरह अनुभूत होती हैं।

बच्चन के सीमित अर्थ में जल, प्रकृति की स्वयं चालित गति का प्रतीक है। इसमें वे चैतन्यता का, और हो सके तो 'सुख, केवल सुख के केंद्रीभूत संग्रह' का आरोप करते हैं। चैतन्यता का यह आरोप केवल काव्यालंकार नहीं है, बल्कि अनुभूति का केन्द्रीय सिद्धान्त है। स्थल चूँकि गतिहीन है, इसलिए जड़ता का प्रतीक है। प्रसाद इन प्रतीकों को उलट कर पढ़ते हैं। सिर्फ गति के कारण ही उन्हें जल और स्थल में दो तत्वों का सा अन्तर है, यह नहीं दिखता।

जो भी हो, प्रत्यभिज्ञा दर्शन का मूल सूत्र है "जो मैं हूँ वही मैं हूँ।" और सारस्वत-प्रदेश के युद्ध के बाद प्रसाद ने इसी दर्शन-जनित परिभाषा को बच्चन, दिनकर, भगवतीचरण आदि की अनुभूति-जनित परिभाषा "जो मैं हूँ, वह मैं नहीं हूँ" के विरुद्ध टिका दिया। इसमें से कौन-सी सहज मनुष्य की परिभाषा है? क्या अनुभूति और दर्शन, इन दो में से एक को ही चुनना पड़ेगा? कोई तीसरा रास्ता नहीं है?

•

एक गम्भीर दृष्टि से इन दोनों दृष्टियों से तात्विक अन्तर है। लेकिन इन दोनों में से एक को चुन लेने की अनिवार्यता उस युग को महसूस नहीं हो रही थी। वस्तुतः ये दोनों दृष्टियाँ एक समझौते पर आकर स्थिर हो गईं। इसीलिए नीत्शे जैसा भावना का तनाव हिन्दी के आवेश में नहीं मिलता। यह टकराहट ऊपरी थी, लेकिन अन्दर ही अन्दर इसमें समझौते की एक अनिवार्य आवश्यकता भी काम करती रही। इस समझौते ने एक तरफ़ 'अपराजेय विवशता' के वेग को थोड़ा कम किया, दूसरी तरफ़ 'अपराजेय संकल्प' को भी थोड़ा लचीला बना दिया। इस समझौते से दोनों दृष्टियों का समन्वय तो नहीं हो पाया, सन्तुलन अवश्य हो गया। यह सन्तुलन बेशक कुछ ही दूर तक चल सकता था और कुछ ही दूर तक चला भी। कुछ हद तक इसने दोनों में रक्त-संचार किया, लेकिन उसके बाद इसने भँवर और ''गतिरोध'' भी पैदा किये। कामायनी में इड़ा और श्रद्धा का दार्शनिक समझौता तो है ही। अनुभूति के क्षेत्र में इसी कारण यह अपराजेय गति ''विज़न'' को जन्म न देकर एक स्वप्निल शक्ति-प्रवाह, मस्ती और खुमारी के रूप में प्रकट होती है। इस स्वप्निल शक्ति-प्रवाह का सबसे अच्छा गुण एक तरह का लापरवाह खुलापन है, जो साधारण जीवन में रसीलेपन की तरह व्याप्त हो गया है।

बच्चन, दिनकर, भगवतीचरण वर्मा, माखनलाल चतुर्वेदी, नवीन आदि सभी कवि एक ख़ास अर्थ में 'जवानी' के कवि हैं। यह एक विशिष्ट-सी बात है। जवान तो अपने समय में प्रेमचन्द, प्रसाद, निराला, पन्त सभी रहे होंगे—और मेरा अनुमान है कि मैथिलीशरण गुप्त भी—लेकिन इनमें से कोई भी ख़ास अर्थ में जवानी का कवि कभी नहीं रहा। इस अर्थ में योरपीय रोमांटिसिज़्म भी ख़ास तौर से जवानी का काव्य बन कर नहीं आया। यह सही है कि हिन्दुस्तान एक क्रान्ति की अवस्था से गुज़र रहा था; और देश भर में मार्क्सवाद-गांधीवाद का द्वन्द्व भी चल रहा था। लेकिन खुद मार्क्स के लेखन में विशेषतः 'जवानी' का क्रान्ति से कोई रिश्ता हो, ऐसा नहीं लगता और न यही जान पड़ता है कि वह जवानों को सम्बोधित करके लिख रहा हो। किन कारणों से नयी चेतना, जिसका आधार अधिकतर विज्ञान था, 'जवानी' से सम्बद्ध हो गई और मनोभूमि पर क्या प्रभाव पड़ा, यह अनुसन्धान का रोचक विषय हो सकता है।

इतना हम देख सकते हैं कि यथार्थ के जिस स्पर्श को ये कवि चित्रित कर रहे हैं, उसमें 'जवानी' की एक कल्पित तसवीर 'आवेग' और 'फक्कड़पन' से सम्बद्ध है। एक गहरे स्तर पर नयी चेतना को 'जवानी' में सीमित कर देना भी छायावाद से आन्तरिक समझौते का ही फल है। छायावादी दृष्टि सम्पूर्ण जीवन की दृष्टि थी। उस सारी जीवन-दृष्टि को उलट देना इन कवियों का अभीष्ट नहीं है। वे केवल ज़िन्दगी के अंश—जवानी—को ही इस नयी यथार्थ आवेगशीलता से ध्वनित देख रहे हैं। एक ढंग से यह आंशिकता कविता के विस्तार को सीमित करती है और आगे चलकर गीतों की जो धारा निकली, वह इस सीमा में उलझ कर रह गयी।

इस समझौते को हम 'चित्रलेखा' और प्रसाद के नाटकों की तुलना करके देख सकते हैं। प्रसाद अपने नाटकीय समाज को एक ऐतिहासिक स्थिति में रखते हैं। उस इतिहास से हमारा सम्बन्ध 'उत्तराधिकार' का है। लेकिन इस उत्तराधिकार के लिए हमें प्रयास करना पड़ता है। हमें लगता है कि ये सारे चरित्र एक लक्ष्य में विसर्जित हो रहे हैं। उस लक्ष्य

की विवेक-सम्मतता को हम स्वीकार करते हैं। यह लक्ष्य ही नाटक को एकता प्रदान करता है। और उसकी स्वीकृति के माध्यम से ही हमारा उन पात्रों से 'साधारणीकरण' होता है। लेकिन यह स्वीकृति हम तभी दे सकते हैं, जब हम अपने भीतर के 'यथार्थ' को उस लक्ष्यमूलक सत्य में विसर्जित होता हुआ देखें। विसर्जन की अनुभूति तनाव को जन्म देती है और हमें लगता है कि प्रसाद के पात्र हमसे 'ऊँचे' स्तर पर प्रतिष्ठित हैं।

इसके विपरीत 'चित्रलेखा' में एक ढीलापन है, यद्यपि ऊपर से सारा वितान वैसा ही है। 'चित्रलेखा' का पूरा समाज इतिहास में अपनी अतीव महिमा के साथ है। उस इतिहास से हमारा जो 'उत्तराधिकार' का सम्बन्ध है, उसका पूरा उपयोग, हमें सहलाने के लिए उपन्यासकार करता है, क्योंकि उन पात्रों की रुचि-अरुचि हमारी अपनी है। उस समाज का कोई 'लक्ष्य' या गन्तव्य नहीं है। परन्तु वह मृत समाज नहीं है। वह स्पन्दित हो रहा है। वस्तुतः लक्ष्य का स्थान 'व्यापार' ने ले लिया है। हम व्यापार यहाँ वाणिज्य के अर्थ में नहीं, बल्कि प्राकृतिक कर्म (function) के अर्थ में प्रयुक्त कर रहे हैं। राजा चन्द्रगुप्त, मंत्री चाणक्य, सामन्तगण सब 'फ़ंक्शन' कर रहे हैं, जिस तरह एक जीवित मनुष्य के अंग-प्रत्यंग फ़ंक्शन करते हैं। इस व्यापार-रत समाज को अतीव महिमा से मण्डित करके, हम 'व्यापार' को भी महिमा से मण्डित कर देते हैं। लगता है कि जिसे प्रसाद 'लक्ष्य' 'गन्तव्य' 'उद्देश्य' करके अभिव्यक्त करते हैं, वह फ़ंक्शन का ही एक विस्तार है। चूँकि यह व्यापार निष्प्रयास, परिचालित-सा है, इसलिए हमें ढीलापन और सहजता महसूस होती है। चूँकि यह उद्देश्य या लक्ष्य की कल्पना से कहीं टकराता नहीं, इसलिए महिमा से मण्डित जान पड़ता है।

बीजगुप्त का समस्त भोग-विलास अपनी सारी अपराजेयता के बावजूद देवताओं द्वारा 'वर्जित' की कोटि में नहीं आता। ऐसा कदापि नहीं लगता कि जिन मान्यताओं पर यह समाज खड़ा है, उनसे उसकी टक्कर की सम्भावना हो। अपनी अपराजेय विवशता के कारण उसे किसी भी यातना का शिकार नहीं होना पड़ता। हर बार एक नाटकीय मुद्रा और निपुण मेधा के द्वारा यह मान्यताओं से समझौता कर लेता है। इस तरह बीजगुप्त के प्राकृतिक 'आवेग' के साथ-साथ हम मर्यादाओं पर आधारित छायावादी 'महानता' के आदर्श के अनायास ही उत्तराधिकारी हो जाते हैं। यह एक सुखद किन्तु अगम्भीर स्थिति है।

बीजगुप्त भोगी है, चित्रलेखा का प्रेमी भी है। यह प्रेम, हृदय का एक सहज-व्यापार है। भोग साधारण मनुष्य का सहज धर्म है। इसी आधार पर बीजगुप्त हमें अपने समान धरातल पर जान पड़ता है। इस 'साधारणीकरण' में हम बिना प्रयास किये ही उस समस्त महिमा के उत्तराधिकारी हो जाते हैं। यह अनुभव हमारे मर्म को सहलाता है। हमें यह बात बहुत अच्छी मालूम पड़ती है, जैसे हमारी चापलूसी की गई हो। चित्रलेखा की अपील, हमारे भीतर जो व्यापारिक मनुष्य है, उसके प्रति है। यह व्यापार-रत अथवा फ़ंक्शनल मनुष्य ही 'साधारण मानव' है।

व्यापार-रत मनुष्य की कल्पना के साथ ही हम मानवीय भावनाओं को भी व्यापार-रत भावनाओं के रूप में देखते हैं। इसी अर्थ में प्रेम हृदय का सहज व्यापार है। जब तक ये भावनाएँ व्यापार-रत हैं, तब तक हमें 'सहज' जान पड़ती हैं। इसीलिए जब चित्रलेखा

बीजगुप्त को छोड़कर कुमारगिरि के पास विवश-सी चली जाती है तो हम इसे भी हृदय का सहज-व्यापार समझ कर क्षमा कर देते हैं। कवि का काम मुख्यतः इस व्यापार-रत भावना पर झिलमिली चढ़ाना है। यह व्यापार-रत भावना छायावादी 'सूक्ष्म' भावना से भिन्न है, जो लक्ष्य में विसर्जित होने के समय ही भावना का रूप ग्रहण करती है। उसके पहले वह मात्र जड़ता है, या है ही नहीं। इसके दो लक्षण हैं। एक, कि यह भावना आघात लगते ही आघात-प्रत्याघात, या कार्य-कारण-सम्बन्ध की तरह उमड़ पड़ती है। यह अनिवार्य है। इसमें मनुष्य का विवेक कुछ नहीं कर सकता। दूसरे इसकी विशेषता इसके वेग में है। व्यापार-रत भावना जितनी वेगवान होगी, उतनी ही महिमा से व्याप्त होगी। यह वेग लक्ष्य के आकर्षण से नहीं उपजता। आन्तरिक उद्वेलन ही उसे चलाता है। तृप्ति का क्षण उसकी मृत्यु का क्षण है। मनु और इड़ा का 'वर्जित-स्पर्श' है। चूँकि यह व्यापार-रत भावना अपने को बारम्बार दुहराती रहती है, और हर बार एक 'नयी तृप्ति' की माँग करती है, इसलिए उसमें वेग, अपराजेयता, अमर भूख, अमिट प्यास दिखती है। नश्वरता और अमरता के इसी संयोजन पर हम तीसरे दशक की अनुभूति में लघु और महत् का सम्मिलन देख सकते हैं। हर नयी दौड़ एक नाटकीय परिवर्तन की सूचना है। लेकिन जहाँ छायावाद का परिवर्तन गुणात्मक (qualitative) है, वहाँ तीसरे दशक का परिवर्तन परिमाणात्मक (quantitative) है। इसके पीछे एक अरमान है कि यह निरन्तर दुहराया जाना, यह परिमाणात्मक परिवर्तन कभी न कभी गुणात्मक परिवर्तन का रूप ग्रहण कर लेगा।

"O eternal, O everywhere, O eternal nowhere, O eternal—*in vain.*"

स्वप्न देखना—यथार्थ और आदर्श के बीच पुल बनाते रहना—मनुष्य की कमज़ोरी नहीं है, मनुष्य का सबसे मूल्यवान अंश है। लेकिन क्या इस स्वप्न का आधार सिर्फ़ जीवन की पुनरावृत्ति है या सृजनात्मक संकल्प द्वारा उस पुनरावृत्ति से बाहर फूटती हुई राह? अगर स्वप्न ही देखना हमारी मनुष्यता है तो हम उस स्वप्न को पूरी तरह आँखें खोल कर क्यों न देखें, अधमुँदी आँखों से क्यों देखें? यदि गति हमारी यथार्थता है तो हम उसे विवश होकर क्यों झेलें, दायित्व समझकर अंगीकार क्यों न करें? ये गहरे विवाद तीसरे दशक के काव्य और आज की नयी कविता की मनोभूमि में निहित हैं।

मनुष्य की कोई भी भावना उसे जिस तरह एक छोर पर परस्पर सत्य तक ले जाती है, वैसे ही दूसरे छोर पर प्रकृति तक ले जाती है। क्योंकि मनुष्य का जड़ और चेतन दोनों है। शरीर और आत्मा दोनों है। परात्पर सत्य उसकी चेतना की शुद्ध अवस्था है, उसी तरह प्रकृति उसकी जड़ता की। वह दोनों के सन्धिस्थल पर है। आदिम काल से एक ओर जहाँ वह परमात्मा में मानवीयता का आरोप करता आया है, वहीं वह प्रकृति पर भी मानवीयता आरोपित करता आया है। ये दोनों छोर उसे अपने से बाहर भी मिलते दिखते हैं और वह प्रकृति और परमात्मा दोनों को एक दूसरे पर आरोपित देखता है। कभी उस सन्धिस्थल पर प्रकृति विसर्जित हो जाती है, कभी ईश्वर। कभी अपने भीतर जड़ता विसर्जित-सी दीखती है, कभी चेतना। लेकिन मनुष्य की मनोभूमि की इतनी-सी बीजगणित से हम इसमें-जो 'इतिहास' अथवा पैटर्न है, उसे आँखों से ओझल नहीं कर

सकते और न हम यही भूल सकते हैं कि सत्य की यह वह गुत्थी है, जिसे मनुष्य खुद खोलता है और टटोल-टटोल कर आगे बढ़ता है। यह उसकी विवशता नहीं, उसका गम्भीर दायित्व है।

फ़ंक्शनल भावना, फ़ंक्शनल सत्य के माध्यम से मनुष्य को प्रकृति से जोड़ती है। हम यह देखते हैं कि बच्चन, दिनकर आदि की कविता में प्रकृति के जो भी चित्र हैं, वे प्रकृति के 'व्यापारों' के चित्र हैं। बादल का उड़ना, समुद्र का उद्वेलित होना, हवा का चलना, फूल का खिलना और सूख जाना—सब का सब तीसरे दशक के लिए केवल एक 'फ़ंक्शनल' अर्थ रखता है। महादेव की कविता में प्रकृति जहाँ भी आयी है केवल अपने 'व्यापारिक' अर्थ में। हर आइटम के एक सहज 'व्यापार' की कल्पना की गई है, वही उसका अर्थ है। वही उसका सत्य है। इस दृष्टि से महादेवी की कविता दूसरे दशक की छायावादी मनोभूमि से भिन्न है, रहस्यवादी शब्दावली उसमें जितनी भी हो। न केवल कविता के प्रधान फ़ार्म में, बल्कि अनुभूति की बनावट में भी महादेवी की कविता छायावाद को क्रमशः बच्चन आदि में परिवर्तित होते हुए उदाहृत करती है। इसीलिये जब निराला की डाल खिलना चाहती है तो उसमें एक संकल्प का स्वर है और महादेवी के जितने फूल हैं, वे एक तरल और मधुर मार्दव के साथ सहज ही खिलते हैं, झरते हैं।

ऊपर हमने जिसे मोटिवॅ या 'नीयत' कहकर अभिव्यक्त किया है, वह और कुछ नहीं, यह फ़ंक्शनल भावना ही है, आशा करता हूँ, यह स्पष्ट होगा। इस प्रकार हम देखते हैं कि मुख्य द्वन्द्व फ़ंक्शन और पर्पज़ व्यापारिक सत्य (functionl truth) और उद्देश्यगत सत्य (purposive truth or moral truth) का है।

व्यापारिक सत्य क्या है और उसका द्वन्द्व उद्देश्यगत सत्य या नैतिक सत्य से क्यों होता है? बीसवीं शताब्दी के मनुष्य की प्रमुख समस्या इस विभेद की जड़ में है। क्योंकि मनुष्य के उद्देश्यगत सत्य को, जो अभी तक अपराजित सम्राट था, विज्ञान ने सिंहासन से हटा दिया है। पदार्थ मात्र में एक गति है, यह गति ही पदार्थ या प्रकृति का व्यापार है। लेकिन क्या यही उसका उद्देश्य भी है?

चन्द्रमा अपनी किरणें पृथ्वी पर फेंकता है। यह उसका फ़ंक्शन है। ग्रह सूर्य के चारों तरफ़ चक्कर काटते हैं, यह उनका फ़ंक्शन है। विज्ञान के अनुसार यह समस्त ब्रह्माण्ड फैलता-सिकुड़ता है। यह उसका फ़ंक्शन है। लेकिन क्या यही चन्द्रमा का उद्देश्य है? ग्रहों का उद्देश्य है? इस अखिल ब्रह्माण्ड के फैलने-सिकुड़ने का क्या उद्देश्य है? क्या कोई उद्देश्य है भी?

यू० एन० ओ० में भाषण होते हैं, प्रस्ताव स्वीकृत होते हैं, गिरते हैं। यह उसका फ़ंक्शन है। राष्ट्र उठते हैं, गिरते हैं। सरकारी मंत्री वक्तव्य देते हैं। यह फ़ंक्शन है। मैं खाता हूँ, पीता हूँ, सो जाता हूँ। रोज़ अपना काम करता हूँ। यह फंक्शन है। लेकिन इस सब का क्या उद्देश्य है? क्या कोई उद्देश्य है भी?

पुरानी चेतना फ़ंक्शन और उद्देश्य के इस पीड़ादायक अन्तर से ग्रस्त नहीं थी, इसका एक उदाहरण है, हमारा शब्द 'धर्म'। 'धर्म' शब्द फ़ंक्शन और उद्देश्य, दोनों अर्थों में व्यवहृत होता है। जब हम कहते हैं कि फूल का धर्म है खिलना तो हमारा मतलब उस फ़ंक्शन से है, जो फूल की 'अपराजेय विवशता' है। यह एक फ़ंक्शनल सत्य—'तथ्य'—

है। जब हम कहते हैं कि मनुष्य का धर्म है, सच बोलना तो यह कोई 'अपराजेय विवशता' नहीं है। हम चाहें तो झूठ भी बोल सकते हैं, लेकिन हमें सत्य बोलना चाहिए। यह एक उद्देश्यगत या नैतिक सत्य—'सत्य'—है।

यहाँ से लेकर अखिल ब्राह्मण्ड के फैलते-सिकुड़ने तक तथ्यों की अनिवार्यता तो दिखती है, लेकिन उसकी रेखा 'सत्य' को कहीं छूती नहीं दिखाती, सिवाय मनुष्य के। लेकिन मनुष्य को भी यदि हम केवल फ़ंक्शन की पुनरावृत्ति के ही रूप में देखते हैं—चाहे वह कितनी ही वेगवान और राशिभूत पुनरावृत्ति क्यों न हो—तो फिर वह 'वर्जित-स्पर्श' कैसे घटित होगा? यह रिक्तता कैसे भरेगी?

यह प्रश्न आज केवल हिन्दी लेखक के सम्मुख नहीं है, सारी मनुष्यता के सम्मुख है। इसकी चेतना तीखी है। इस तीखी चेतना के कारण एक विश्व मानस का निर्माण सम्भव है। यही हिन्दी की 'नयी कविता' और दुनिया के अन्य देशों की सामयिक कविता में साम्य भी पैदा करती है। किन्तु उस 'वर्जित-स्पर्श' की झलक हिन्दी की कविता और अमेरिकन या योरपीय कविता में भिन्न है। आख़िरकार, कवि दार्शनिकों की तरह केवल 'ऐब्स्ट्रैक्ट' उधेड़ बुन नहीं करता। वह अपने चारों ओर के यथार्थ के स्वाद की सूचना देता चलता है। वह आस्वादन उसका पहला काम है। विश्लेषण द्वारा हम उस आस्वादन की प्रकृति को पहचानते हैं।

आकुलि-किलात अभी मरे नहीं हैं, वे भी केवल मनु की तरह मूर्च्छित हो गये थे। और आज भी मनु-श्रद्धा का पुत्र सारस्वत-प्रदेश में निहत्था, उन असुर-पुरोहितों से घिरा खड़ा है। वह उनसे क्या कहे? जिनके 'असुरत्व' को प्रलय-प्रवाह भी नहीं मिटा पाया, जिनका सामना श्रद्धा ने किया ही नहीं, उन्हें कैसे वह देवत्व से भर दे? अज्ञेय के शब्दों में "आज के जीवन के दबाव की अभिव्यंजना का मार्ग उसे नहीं सूझता।"

●

लेकिन तीसरे दशक के कवि इस समानांतर द्वयता को इस अकिंचन जागरूकता के साथ नहीं देखते। यदि समानांतर रेखाओं को हम अधमुँदी आँखों से—महादेवी के चित्रों के पात्रों की तरह—देखें तो वे मिलती हुई जान पड़ेंगी। आँखें अधमुँदी ही रहें, यही सबसे बड़ी मूल्यवत्ता है। इसी के लिए तीसरा दशक 'खुमारी और जवानी' का सहारा लेता है और बहुत गम्भीर होकर अगम्भीरता को अपनाता है।

प्रचलित शब्दावली में वह शिशु-आस्था है, कि अन्तः सत्य और बाह्य सत्य एक ही है, नष्ट हो गई। इन कवियों के सामने आधारभूत अनुभव यही है कि युग की करवट के साथ अन्तर में ध्वनित होते हुए सत्य और बाहर के 'यथार्थमूलक' सत्य में अन्तर दिखलाई पड़ता है। इसलिए जिस एकाग्रता को आरम्भिक छायावाद जन्म के साथ प्राप्त करता है, वह उत्तरकालीन कवियों के लिए सप्रयास साग्रह स्थापित करने की वस्तु है। छायावाद के लिए जो सहज ज्ञान है, तीसरे दशक के लिए यह निचुड़ी हुई चीज़ हो गई, जिसे 'आस्था' का नाम दिया गया। संक्षेप में, जहाँ बीसवीं सदी के दूसरे दशक के सामने सीधा रास्ता था, वहाँ तीसरे दशक के सम्मुख 'क्राइसिस' थी। इन कवियों के सामने दो ही रास्ते थे: या तो वे छायावाद के मूलभूत सूत्र पर ही प्रश्न-चिह्न लगाते; या वे इस क्राइसिस को ही मानने से इनकार कर देते। उन्होंने दूसरा रास्ता चुनना स्वीकार किया। इससे उन्हें

'बौद्धिकता' और बोझिल भावनाओं से तो एक नाटकीय ढंग से मुक्ति मिल गई, किन्तु उन्हें अनुभूति की गम्भीरता को छोड़ना पड़ा। बच्चन की रूपकोक्तियाँ, दिनकर का रिटॉरिक, भगवतीचरण वर्मा की लापरवाह दीवानगी, नवीन का वलवला, अंचल का उबाल, नरेन्द्र शर्मा का नफ़ीस ऐश्वर्य—इन सब में गम्भीरता के अभाव की छाया है। कुल मिलाकर लगता है, जैसे अँग्रेजी कवि लार्ड बायरन के पचासों टुकड़े कर दिये गये हों और उनमें से कुछ-कुछ टुकड़े इन तमाम कवियों की 'जवानी' में अलग-अलग जज़्ब कर दिये गये हों।

यह कहना कठिन है कि यह 'बायरानिक' आवेश आज की 'नयी कविता' में बिल्कुल ख़त्म हो गया है। बायरानिज़्म की ख़ासी छवि धर्मवीर भारती जैसे कवि में आज भी दिखलाई पड़ती है—तीसरे दशक से कुछ अधिक केन्द्रित रूप में। सिर्फ़ बायरन का प्रभुत्व-सम्पन्न स्वर न पहले के कवियों में है, न भारती में। शायद उस सीमाहीन प्रभुता का अनुभव, जो अँग्रेज को नैपोलियन की हार के बाद हुआ था और जो उन्नीसवीं सदी के अन्त तक क़ायम रहा, आज किसी देश को होना असम्भव है—तीसरे दशक के ग़ुलाम हिन्दुस्तान और आज के फूँक-फूँककर क़दम रखने वाले हिन्दुस्तान की तो बात ही क्या। बर्नर्डशा ने कहीं कहा है कि चतुर और कल्पना बहुल उद्धत मानस के साथ मिलकर जब तेज आलोचनात्मक मेधा हलचल पैदा करने लगती है, जैसा पुराने इंग्लैण्ड में उन्नीसवीं सदी के आरम्भिक वैज्ञानिक विचारों से हुआ तो बायरानिज़्म नाम का नतीजा निकलता है। यह उद्धत मेधावी निपुणता 'मधुशाला' और 'चित्रलेखा' दोनों की ही जान है और दोनों की व्यापक लोकप्रियता का कारण है।

तात्विक विरोध और व्यावहारिक समझौते की इस मिली-जुली मनोभूमि से ही छायावाद का तीसरा दौर 'यथार्थ' को देखता है। समझौता हर हालत में यथार्थ से समझौता है। आदर्श आदर्श में समझौता नहीं होता। मनोभूमि के विश्लेषण की दृष्टि से हम यों कह सकते हैं कि मनुष्य में हम कुछ ऐसा आविष्कृत करते हैं, जो नैतिक और कल्पनात्मक आँच में पूर्णतः पिघल जाने से इनकार करता है। पिसे हुए शीशे की तरह हम उसे पानी में जितना ही चक्कर दें, वह घुल कर पानी नहीं बनता। जब तक उस जल में तेज़ भँवर है, तब तक पिसे हुए शीशे और पानी में अन्तर तो दिखता नहीं, इसलिए सिर खपाने से क्या लाभ? और अगर शीशा रंगीन है तो पानी को कुछ चमका ही देगा। पानी थिर हो जाने पर क्या होगा, इसको कौन जानता है? मस्ती, फक्कड़पन, वलवला, उबाल, लापरवाह दीवानगी, नफ़ीस, ऐश्वर्य, शहादत—और इन सब के साथ ईमानदारी का खुलापन—यह सारी भावभूमि यथार्थ और आदर्श, लघु और महत् के उस रंगीन मिश्रण से उपजती है। ज़िन्दगी एक लाख महतावी के प्रकाश की तरह, जो एक अन्धकार से दूसरे अन्धकार तक जलती है, लेकिन जब तक जलती है, क्या ही प्रकाश देती है? हिन्दी के तीसरे दशक की कुछ बहुत ही मधुर कविताएँ इसी भावभूमि से लिखी गई हैं।

इस दौर का यथार्थ कोड़े मारता हुआ आता है। लेकिन इस मार में चोट नहीं है, एक तरह का नशीलापन है, कसैलापन है, मिर्च का मज़ा है। इसका स्वरूप ऐसा है कि आदर्शवादी प्रवाह में सहसा नारी अनावृत्त हो जाती है, पूजन-आराधन प्राप्त करता हुआ पाषाण अट्टहास कर उठता है, जलती चिता पर बैठ कर मुर्दा गाने लगता है, भरे बाजार में शैतानी के साथ भैंसा-गाड़ी चलने लगती है, नगर-वेश्या मुस्कराकर योगी के माथे पर

भरी राजसभा में विजय-मुकुट पहना देती है, छत पर खड़ी भीगे बालों वाली लड़की कौओं को रोटी खिलाती है और कहती है 'सब तन खाइयो……।' संक्षेप में यह यथार्थ अपनी यथार्थता की घोषणा बहुत ज़ोर से, बहुत नाटकीय ढंग से करता है कि आप चौंक पड़ें, लेकिन कहीं भी दिमाग़ पर ज़ोर नहीं डालता। जैसे दीवाल के मोड़ से गुज़रते ही कोई बच्चा आपको चौंका दे, फिर हँसने लगे। इसीलिए लगता है कि बच्चन के साथ मधुशाला में चले जाइयो, सिर फुटौवल की नौबत नहीं आयेगी; दिनकर के साथ अंगारों पर टहलिये, पैर नहीं जलेंगे; साँप के फन पर खड़े होकर बाँसुरी बजाइये, प्राण जाने का भय नहीं है; चर्र-मर्र करती ही सही, भैंसा गाड़ी चली ही जायेगी, मुहल्ले के हाइजीन को ख़तरा नहीं है; और-तो-और जब अंचल जी ज़ोर से दहाड़ते हैं कि 'लूटूँ किसका यौवन' तो टोन में कुछ ऐसा है, जो आश्वस्त करता है कि सचमुच कोई औरत सामने आ पड़े तो ये हज़रत हरगिज ऐसा नहीं करेंगे और न पुलिस-केस ही बनेगा; सिर्फ़ थरथराते गले से प्रणय-निवेदन की स्थिति उत्पन्न होगी। ईमानदार मस्ती में बड़ी ताक़त है; वह हँसते-हँसते आदमी को सूली पर चढ़ा देती है, यथार्थ तो छोटी-सी किरकिरी मात्र है। इस यथार्थ का साक्षात्कार वे ही कर सकते हैं, जो करना और मर जाना जानते हैं—क्यों नहीं पूछते?

मुझे तोड़ लेना बनमाली उस पथ में तुम देना फेंक
मातृभूमि पर शीश चढ़ाने जिस पथ जावें वीर अनेक।

●

विचारों के क्षेत्र में छायावाद के पहले और दूसरे दशक का वैपरीत्य सरल चिन्तन और द्वन्द्वात्मक चिन्तन का है। लेकिन हिन्दुस्तान का मानस मूलतः इन दो विरोधी तत्वों को घुलाकर एक करने का स्वप्न देखता है। वस्तुतः हर देश अपने-अपने ढंग से इन तत्वों का सामंजस्य करता है। यह सामंजस्य उसे कभी गति देता है, कभी उसे जर्जर बनाता है। समस्या वही है—कैसे इस अद्वैत और द्वैत को मिलाकर विशिष्टाद्वैत को जन्म दिया जाये। अलग-अलग सन्दर्भों में हिन्दुस्तान में कई बार इस विशिष्टाद्वैत की आवृत्ति हुई है। आज भी हमारे सामने चिन्तन की उस अगली मंज़िल का रास्ता स्पष्ट नहीं हो पा रहा है। कबीरदास और उनके साथियों की तरह आज भी नयी कविता अधिक से अधिक उस 'अज्ञात-वय-कुशशील', 'नामहीन', 'अलख', 'संख्यातीत रूपों में याद' किये हुए सत्य तक ही पहुँचाती है। लेकिन दूसरा मार्ग ही क्या है? आदमी बराबर वज्रयानियों की तरह सिर्फ सत्य को 'कैसे' करके तो नहीं पूछता रह सकता, कभी न कभी तो वह पूछेगा ही—क्यों?

युग बदलने के बाद यथार्थ का लगा हुआ कोड़ा, 'त्याग पत्र' की मृणाल की तरह नशा नहीं उत्पन्न करता बल्कि 'शेखर' की शशि की तरह छोड़ जाता है एक अमिट छाप, एक अज्ञात दुर्भाग्य से भरा हुआ दर्द और एक कभी भी उत्तरित न होने वाला 'क्यों'?

एक बहुत व्यापक विस्तार के साथ सरल और द्वन्द्वात्मक चिन्तन के आन्तरिक संघर्ष और ऊपरी समझौते का प्रयास तीसरे दशक में हुआ। वह केवल हिन्दी कविता ही नहीं बल्कि सम्पूर्ण राष्ट्र को प्रमथित करता हुआ दीखता है। उस व्यापकता को ध्यान में रखना बहुत जरूरी है, क्योंकि उसके बग़ैर हम हिन्दुस्तान के मानस को अच्छी तरह नहीं समझ पायेंगे, जिसे अभिव्यक्ति देने की कोशिश हिन्दी कविता कर रही है।

राष्ट्रीय आन्दोलन और साहित्य की अनुभूति में पहले का सरल सामंजस्य सत्याग्रह-युग के दूसरे दौर में वक्र और परोक्ष हो जाता है। हम पहले ही देख चुके हैं कि 'राष्ट्रीय' कविता एक विशेष आइडियोलॉजिकल आग्रह के साथ लिखी हुई कविता हो गई, जिसका रूप माखनलाल चतुर्वेदी, नवीन, सुभद्राकुमारी आदि में परिलक्षित होता है। जो पहले अन्तर्ध्वनित लय थी, अब वह विषय-वस्तु होती जा रही है। लेकिन एक 'पैटर्न' के अर्थ में, परोक्षतः वह लय फिर भी ध्वनित हो रही है।

अन्तर्ध्वनित सत्य के सरल चिन्तन के प्रतीक-रूप में गाँधी जी का नेतृत्व वर्तमान था, लेकिन उसके अतिरिक्त द्वन्द्वात्मक चिन्तन पर आधारित जो 'वाम-पक्ष' विकसित हुआ, उसका गाँधीवाद या गाँधी जी से क्या रिश्ता बना? गाँधीवादी हिस्सा बड़ा है, लेकिन शिथिल और टटोल-टटोल कर चलता दिखता है। द्वन्द्वात्मक हिस्सा छोटा है, लेकिन बहुत तेज़-तर्रार और त्रिकाल को हस्तामलकवत् देखने की घोषणा करता है। इससे निकली हुई तमाम वैचारिक बनैती-पठैती के बावजूद भी (जिसकी भरमार उस युग में क्या साहित्य, क्या अख़बार क्या राजनीति, सभी जगह है) विचारों से कोई गम्भीर लगाव उस युग को नहीं है। दोनों विरोधी—लगभग परस्पर, विनाशकारी दृष्टियाँ हैं—इतना तो स्पष्ट है। जो चीज़ इतनी स्पष्ट नहीं है, वह यह कि दोनों के साथ चलने की अनिवार्यता उससे भी गहरी है। स्थिति असामंजस्य और सामंजस्य दोनों की है। इससे जिस विशिष्ट चित्रफलक का निर्माण होता है, वही हिन्दुस्तान की आन्तरिक लय को व्यक्त करता है। जैसा आगे के इतिहास से ज्ञात हुआ, असमन्वयशीलों के समन्वय के इस विराट् देशव्यापी प्रयास ने बड़े-बड़े भँवर पैदा किये।

वह पैटर्न कुछ इस तरह का है— 'वाम पक्ष' के चार रंग हैं, जो एक सीमान्त से उठ कर रंग बदलती हुई रेखा की तरह गाँधीवाद में घुल जाते हैं। गाँधी जी की सापेक्षता में हम इन्हें यों रख सकते हैं— जवाहरलाल नेहरू, कांग्रेस सोशलिस्ट पार्टी, सुभाषचन्द्र बोस और कम्युनिस्ट पार्टी। यह सूची सम्पूर्ण नहीं है, क्योंकि बीच-बीच में और भी समूह हैं, जो द्वन्द्वात्मक चिन्तन के और बारीक तेवर अभिव्यक्त करते हैं। ये सभी दूसरे दशक के 'अन्तर्ध्वनित सत्य' पर आधारित मूल्यों और तज्जनित राजनीति से अलग-अलग अंशों में असन्तुष्ट हैं। साथ ही कांग्रेस से, जिसका नेतृत्व अभी भी अन्तर्ध्वनित सरल चिन्तन पर आधारित है, चिपके भी रहना चाहते हैं, यहाँ तक कि कम्युनिस्ट पार्टी भी, जिसका एक हिस्सा कांग्रेस के बाहर है। आकर्षण-विकर्षण की यह प्रक्रिया तेज़ हलचल और बौद्धिक विवाद के बीच सम्पन्न होती है। इसी तरह छायावाद का समान स्वरों वाला आरंभिक आर्केस्ट्रा उत्तरकाल में परस्पर विरोधी और टकराते हुए स्वरों वाले सहगायन में बदल जाता है। यह भी द्रष्टव्य है कि ये सारे रंग स्थिर नहीं हैं, बल्कि तेज़ी से बदलते रहते हैं—उन पर गाँधीवादी घटा, अंग्रेज़ सरकार और देश की संस्कृति का सम्मिलित दबाव बराबर पड़ रहा है।

हम इस पैटर्न को घटा में खिले हुए इन्द्रधनुष की तरह देखें या मन्दगति गज पर लगे हुए अंकुश की तरह या बुझती हुई राख में उपजती नयी चिनगारी की तरह। यह इस पर निर्भर करता है कि हम देश की इस द्विविध मनोभूमि का असली केन्द्र ऊपर वर्णित चारों रंगों में से किसको मानते हैं। यशपाल के अनुसार तो इस नयी चेतना का स्वरूप शव और शवपरीक्षक डाक्टर जैसा है—किन्तु हम इसमें सन्निहित ऊपर की टकराहट और

आन्तरिक समझौते की ओर ध्यान आकृष्ट करना चाहते हैं।

इस 'वामपक्ष' में भी हम 'जवानी' की एक ख़ास हवा की शब्दावली देखते हैं; 'लीडर्स आफ़ दि यूथ' का वाक्य अकसर सुन पड़ता है। सुभाष बोस 'नयी चेतना' की ओर से उल्का की तरह गाँधी जी से टकराये। यह टक्कर एक तरफ़ तो सुभाष की 'फ़ॉर्मल' विजय, दूसरी तरफ़ गाँधी जी की वास्तविक विजय में परिलक्षित हुई। गाँधी जी को 'शिकस्त' देने में तो देश ने उनका साथ दिया, लेकिन उनसे अलग एक नयी पार्टी बनाने में, एक नया नेतृत्व प्रदान करने में देश उनकी मदद नहीं करता दिखता। नयी चेतना पुराने मूल्यों से तेज़ी से टकराये, लेकिन उनको स्थानान्तरित न करें, तीसरे दशक के राष्ट्रीय नाटक की ये शर्तें हैं। यह प्रत्यक्ष संघर्ष और अप्रत्यक्ष समझौते की ऊपरी लहर है, जो नये युग के मध्य में घटित होती है। उसकी एक आन्तरिक धारा नेहरू गाँधी के समन्वय में है, जो ऊपर से बराबर एक साथ चलती मालूम पड़ती है। लेकिन उसकी तह में तनाव है। हमने देखा कि 1931 में जब गाँधी ने अंग्रेज से समझौता किया तो पंडित नेहरू ने एक गहरी रिक्तता महसूस की और खण्डित अनुभूति के साथ गाँधी जी के निर्णय को स्वीकार कर लिया। इस समन्वय का दूसरा अन्तिम छोर वह है, जब जवाहरलाल ने 1947 में अंग्रेजों से समझौता किया और गाँधी ने टूटकर उन समझौते के प्रति आत्मसमर्पण कर दिया। 'अपराजेय संकल्प' और 'अपराजेय विवशता' के पहले समझौते ने देश की चेतना को विभाजित कर दिया, दूसरे समझौते ने देश को ही विभाजित कर दिया। गाँधी-नेहरू और गाँधी-सुभाष के इस सम्बन्ध को हम ब्लॅडप्रेशर की ऊँची-नीची दो गतियों (systolic and diastolic) की तरह देख सकते हैं। दूसरे दो तत्व, कांग्रेस सोशलिस्ट पार्टी और कम्युनिस्ट पार्टी भी लहर की इसी दुहरी गति में फँसे हुए हैं। कांग्रेस सोशलिस्ट पार्टी विचारों में घोर मार्क्सवादी है और जितनी ही वह उग्र है, उतनी ही गाँधी जी के निकट खिंचती जाती है। कम्युनिस्ट पार्टी बौद्धिकतः इस तमाम राष्ट्रीय आन्दोलन की निरर्थकता के विश्वास पर खड़ी होती है, लेकिन उसमें अर्थ देखने के लिए इस हद तक बाध्य है कि कांग्रेस में सोशलिस्ट पार्टी के छोटे दरवाज़े से घुसने का प्रयत्न करती है। आज़ादी के बाद हम देखते हैं कि गाँधी जी के जीवन तक कांग्रेस सोशलिस्ट पार्टी मार्क्सवादी रही और कांग्रेस में शामिल रही। फिर जैसे ही सोशलिस्टों ने कांग्रेस छोड़ा, जैसे ही उनका चिन्तन गाँधीवाद के निकटतर होता जाता है—द्वन्द्वात्मक चिन्तन का स्थान सरल चिन्तन लेता जाता है। उसी तरह कम्युनिस्ट पार्टी भी धीरे-धीरे आरम्भिक 'क्रान्ति' की उग्रता को भी छोड़ देती है और क्रान्ति के हिंसात्मक मार्ग को भी। उसकी कोशिश उदारवादी अर्थ में पूर्णतः डिमोक्रैटिक समझे जाने की है।

इसके अतिरिक्त तीसरे दशक में इस संघर्ष-समझौते की अन्य गतियाँ भी हैं। सरल चिन्तन की धारा, जिसका प्रतिनिधित्व गाँधी जी करते हैं, सिद्धान्त से पूर्णतः 'भारतीय संस्कृति' की हामी है, और 'पाश्चात्य संस्कृति और मूल्यों' के नितान्त निषेध पर खड़ी होती है—लेकिन यह धारा उस दौर में आगे बढ़कर पाश्चात्य मूल्यों की प्रतिनिधि अंग्रेज सरकार से समझौता करती है और संघर्ष को स्थगित कर देती है। द्वन्द्वात्मक चिन्तन, जो अंग्रेज सरकार से सीधी टक्कर के लिए उतावला है, 'भारतीय संस्कृति' की पुरानी कल्पना का निषेध करता है और 'आधुनिकता' के नाम पर उसका 'पाश्चात्य मूल्यों' से आन्तरिक समन्वय है।

हम देखते हैं कि देश के मानस में कोई ऐसी लय है, जो बारम्बार इन तत्वों को एक विशाल गति से आकर्षण-विकर्षण की प्रक्रिया में झिंझोड़ रही है और ये तत्व उसी के अनुरूप ढलते जा रहे हैं, बदलते जा रहे हैं। अगर तीसरे दशक के लेखक इसको 'प्रलय-प्रवाह' की तरह देखते हैं—और तात्विक असमन्वयशीलों का व्यावहारिक समन्वय करने की कोशिश करते हैं तो इसमें आश्चर्य ही क्या?

क्या इसकी उत्पत्ति अन्तर्राष्ट्रीय कारणों से होती है? क्या इसके पीछे वर्ग-संघर्ष है? क्या हिन्दुस्तान कुल मिलाकर इस गति में सत्य का कोई नया प्रयोग कर रहा है? क्या राजनैतिक स्थिति ही साहित्यिक चित्रपटल को जन्म देती है? या कोई और गहरी वस्तु है, जो एक साथ ही साहित्यिक, वैचारिक, दार्शनिक और राजनैतिक स्तरों पर व्यक्त हो रही है?

व्यापक दृष्टि से देखने पर हमें लगता है कि वह गहरी वस्तु भी वहीं है और उसके पीछे शायद हिन्दुस्तान की चार हज़ार वर्षों की पुरानी सभ्यता और संस्कृति है। ये गतियाँ, ये संघर्ष, ये द्वन्द्व अन्यत्र भी मिल जाते हैं, उदाहरण के लिए इंग्लैण्ड के रोमांटिक और विक्टोरियन काल में। लेकिन जहाँ विक्टोरियन काल इस सीमित द्वन्द्व पर, बनावट का आवरण चढ़ाता है, वहाँ हिन्दुस्तान की अनुभूति में, हिन्दी साहित्य में, एक निश्छलता है, जो अन्यत्र नहीं मिलती। इस सबके बावजूद 'साधारण मानव' में एक खुलापन है।

●

किसी युग का विश्लेषण करना कितना कठिन काम है, विशेषतः तब, जब कि हम उसके अत्यन्त निकट हों, यह तो इसी से स्पष्ट है कि ऊपर की रेखाओं के सहारे हमने जो मानचित्र खड़ा किया, वह उस पूरी छवि का आभास बिल्कुल नहीं देता, जिसके माध्यम से यथार्थ का वह विशेष स्पर्श अभिव्यक्त हुआ। हिन्दी आलोचक का काम इससे और भी कठिन हो जाता है कि हिन्दुस्तान के इतिहासकारों ने अपना दायित्व पूरा नहीं किया है। यूरोप के आलोचकों से ईर्ष्या होती है, जिनके बगल में विचारों के, घटनाओं के, संस्कृति के, परम्पराओं के, संस्थाओं के, आर्थिक परिवर्तनों के इतिहासकार सहायक ग्रन्थ लिए बराबर मौजूद रहते हैं। वैज्ञानिक अनुसन्धान और सहयोगी प्रयास के मुकाबले में सिर्फ आलोचक की ख़ाली मेज़ और 'अन्तर्दृष्टि' कहाँ तक ले जायेगी?

●

सरल चिन्तन और द्वन्द्वात्मक चिन्तन या सरल अनुभूति और द्वन्द्वात्मक अनुभूति का यह समन्वय, इड़ा और मनु का 'वर्जित स्पर्श' कहाँ तक प्राणद है और कहाँ वह जर्जर और शिथिल बनाता है, कहाँ तक आगे बढ़ाता है और क्यों फिर संकल्प को तोड़ देता है, इसकी व्याख्या करने की यहाँ आवश्यकता नहीं है। आज के युग में ही हम उस संकल्प-शैथिल्य और राष्ट्रीय भावना की जर्जरता के एक रूप को परिलक्षित देखते हैं—लेकिन आवश्यकता उस आन्तरिक गति को भी देखने की है, जिसके लिए हमने पहले कहा था : हिन्दुस्तान का मानस अन्दर ही अन्दर आँवें की तरह पकता जाता है।

तीसरे दशक ने हमारी चेतना में क्या योगदान दिया? किसी देश के सांस्कृतिक जागरण के—कम से कम हिन्दुस्तान के पिछले सौ वर्षों के—चार चरण दिखते हैं। पहले हम प्रकाश-प्रतीकों के प्रति सचेत होते हैं, फिर उन आदर्शों और विचारों के प्रति जिनमें

ये प्रतीक समाहित हो जाते हैं, फिर हम सभ्यता अथवा संस्कृति की उस आन्तरिक लय (rhythm) के प्रति जागरूक होते हैं, जो उन प्रतीकों और आदर्शों को पचा लेती है; फिर यह आन्तरिक लय अभिव्यक्ति माँगती है—एक नई सृजनशीलता के साथ, नये प्रतीकों का जन्म होता है। तीसरे दशक की कविता का सबसे महत्वपूर्ण योगदान यही है कि उसने यह देखा कि सभ्यताएँ और संस्कृतियाँ सिर्फ़ प्रतीकों और आदर्शों के सहारे नहीं चलतीं। उनको चलाने वाली वस्तु उनसे भी गहरी है, जो उनका भी निर्माण करती है—वह है हमारे देश की आन्तरिक लय। आज की नयी कविता की मनोभूमि उस लय को बारम्बार सृजनशील अर्थ देने की कोशिश करती है। इसी दृष्टि से इन अनुभूतियों की अभिव्यक्ति कविता के रूप को बदलती चलती है। छायावादी कलाकृति मूलतः एक विस्फोट करता हुआ कला-रूप है—जैसे केन्द्रीय अर्थ फूट कर चारों ओर क्रमशः विलीन होता हुआ बिखर रहा हो। तीसरे दशक की कलाकृति उसे विस्फोट की तरह नहीं, बल्कि एक लहर की तरह निर्मित करती है—जिस प्रयास में महादेवी से लेकर बच्चन तक के गीत निर्मित होते हैं। नयी कविता उस तरंग के रूप को एक 'स्ट्रक्चर' में बदल देती है। जैसे हीरे का क्रिस्टल हो।

दूसरा बड़ा योगदान, जो तीसरे दशक का था, वह था रोमांटिक मनोभूमि को मूलतः उस गहरे भँवर से निकाल ले जाने का, जहाँ से योरपीय डिकेडेंस की धाराएँ शुरू होती हैं। यह सही है कि उन्होंने इसके साथ ही निपट गम्भीरता को छोड़ दिया। लेकिन इसमें सब हानि ही नहीं हुई, कुछ लाभ भी था। 'आलकुआ के घड़ियालों' से उनकी भेंट नहीं हुई। अपने अन्तिम रूप में रोमांटिक मनोभूमि 'अपराध-भावना' में बदल जाती है। आज योरप का मानस मूलतः रोमांटिक कवियों द्वारा दी हुई 'अपराध-भावना' से ग्रस्त है। लेकिन हिन्दी के तीसरे दशक के कवियों ने उस 'अपराध-भावना' का जन्म ही नहीं होने दिया और नयी कविता के लिए 'त्रास' की जगह 'पावनता' की ही थाती समर्पित की। समाजशास्त्री योरपीय साहित्य की अपराध-भावना को योरपीय साम्राज्यवाद द्वारा मानवता के प्रति किये हुए 'अपराध' की अनुभूति से उत्पन्न मान सकते हैं और हिन्दुस्तानी मानस में उसके अभाव को हिन्दुस्तान की साम्राज्यहीन निरपराधता से जोड़ सकते हैं। लेकिन इससे हम सिर्फ़ इतना ही पुष्ट कर सकेंगे कि किसी भी देश का साहित्य अपनी सांस्कृतिक और ऐतिहासिक चौहद्दी से निर्मित होता है। जो समूचे देश की सीमा और विस्तार है, वही हिन्दी साहित्य की भी सीमा और विस्तार है—इसका प्रमाण तो हम बारम्बार पाते हैं। आज की नयी कविता, योरप की आधुनिक मनोभूमि से इस तथ्य में बिल्कुल भिन्न है कि उसमें वह व्यापक 'अपराध-भावना' नहीं है। यहाँ प्रधान प्रवृत्ति को ही ध्यान में रखकर यह बात कही जा रही है।

इसके पूर्व कि हम साधारण मानव से विदा लें, एक बार हम फिर उसकी ओर लौटकर देख लें—समुद्र के किनारे खड़ा हुआ, उमड़ती हुई कर्मठ भावनाओं से हिल्लोलित। उसने बहुत गीत गाये और बहुत-सी उमंगों का निर्माण किया : छायावाद के पहले दौर की जगह उसने एक नयी अनुभूति दी—

> **लौट आया यदि वहाँ से**
> **तो यहाँ नव युग लगेगा,**

नव प्रभाती गान सुनकर
भाग्य जगती का जगेगा,
शुष्क जड़ता शीघ्र बदलेगी
सरस चैतन्यता में—
यदि न पाया लौट मुझको
लाभ जीवन का मिलेगा;
पर पहुँच ही यदि न पाया
व्यर्थ क्या प्रस्थान होगा?
कर सकूँगा विश्व में
फिर भी नये पथ का प्रदर्शन!

●

Most of us, I suppose, have lost the old pagan feeling and not gained the new insight. Not for us to "have sight of Protens rising from the Sea"; or "hear old Triton blow his wreathed horn." And very few of us are fortunate enough—

"To see a world in a Grain of Sand
And a Heaven in a Wild Flower
Holy infinity in the palm of your hand
And Eternity in an hour."

Not for most of us, unhappily, to sense the mysterious life of Nature, to hear her whisper close to our ears, to thrill and quiver at her touch. Those days are gone. But though we may not see the sublime in Nature as we used to, we have sought to find in the glory and tragedy of humanity, in, its mighty dreams and inner tempests its pangs and failures, its conflicts and misery, and over all this, its faith in a great destiny and a realisation of those dreams. That has been some recompense for us for all the heart-breaks that such a search involves, and often we have been raised above the pettiness of life. But many have not undertaken this search, and having cut themselves adrift from the ancient ways, find no road to follow in the present. They neither dream nor do they act. They have no understanding of human convulsions like the great French Revolution or the Russian Revolution. The complex, swift and cruel eruptions of human desires, long suppressed, frighten them. For them the Bastille has not Yet fallen."

Jawaharlal Nehru—Autobiography.

●

बच्चन जी और पंडित नेहरू दोनों ही उस ध्वस्त होते हुए बास्तील की थरथराहट को महसूस कर रहे हैं। दोनों ही ठीक हैं। सिर्फ़ एक जगह उनकी दृष्टि ग़लती करती है। दुनिया में कोई वस्तु किसी का मुआवज़ा नहीं होती। हर वस्तु अद्वितीय है, अखण्ड अपनापे से व्याप्त है।

●

समुद्र में कूदे हुए उस मनुष्य की तसवीर हम फिर देखते हैं, जब शम्भूनाथ सिंह उसको कातर और हमदर्द स्वरों में उत्साहित कर रहे हैं—

तुमने मान ली क्या हार?
परिचित छोड़ सागर तीर
लहरों के हृदय को चीर
सुनकर एक मौन पुकार
लाँघें अगम सागर नीर,
तुमने छोड़ दी पतवार
पहुँचे जब प्रलय के द्वार;
पहुँचे जब प्रलय के द्वार
तुमने मान ली क्या हार?

और उसकी अन्तिम छवि गिरिधर गोपाल यों देखते हैं—

मत आज बाँधो स्वर्ग के मीना बाज़ारों का समाँ
अंगार के दरिया उगलते अजगरों का कारवाँ
मेरे लिये तो ज़िन्दगी वह भी नहीं, यह भी नही,
मुझसे बहा जाता नहीं, गतिहीन रक्त अथाह में!

जिस तरह बाढ़ के बाद उतरती गंगा
तट पर तज जाती विकृत शव अधखाया
वैसे ही तट पर तज अश्वत्थामा को
इतिहासों ने ख़ुद नया मोड़ अपनाया

—धर्मवीर भारती—अन्धायुग

●

अज्ञेय और उनके साथियों के सामने—जो तारसप्तक में संगृहीत हुए—समस्या यह थी कि तीसरे दशक के काव्य में जो अनिवार्य अगम्भीरता थी, उससे मनोभूमि को फिर किस प्रकार गम्भीरता की ओर वापस लाया जाये। इसका एक ही उपाय था, अन्तर्ध्वनित सत्य और बाह्य-सत्य के जिस अन्तर को महसूस करते हुए भी तीसरा दशक झुठलाना चाहता था, उसे पूर्णतः स्वीकार कर लिया जाये। बेकन ने 'सत्य' सम्बन्धी अपने लेख का आरम्भ अगम्भीरता के रूपांकन से यों शुरू किया है, "What is Truth, asked the jesting Pilate, and did not wait for an answer." तीसरा दशक सत्य क्या है, यह तो पूछता है, परन्तु उत्तर की प्रतीक्षा नहीं करता। तार सप्तक के कवि सत्य क्या है,

पूछते हैं और अत्यन्त आतुरता से प्रतीक्षा करते हैं। उत्तर की यह आतुर प्रतीक्षा ही उन्हें मंज़िल पर पहुँचे हुए राही नहीं, 'राहों का अन्वेषी' बनाती है। संक्षेप में यह कि उन्होंने क्राइसिस का सामना किया। इसका मतलब था, छायावाद के मूलभूत फ़ार्मूले पर प्रश्न-चिह्न लगाना। इसी दृष्टि से हम अज्ञेय में अभिव्यक्त हिन्दी काव्य की मनोभूमि को देखेंगे—जिससे 'लघु-मानव' का ढाँचा निर्मित होता है। क्योंकि यहाँ लघुता न तो विसर्जित होती है, न आवेग द्वारा संगृहीत होती है—बल्कि महत् उसे एक आन्तरिक आलोक द्वारा विद्ध करता है, उसकी सीमा रेखाएँ और भी स्पष्ट हो जाती हैं। लघु और महत् का सम्मिलन प्रतीकात्मक स्तर पर होता है। शाब्दिक रूप में हम महत् की तीन अवस्थाएँ मान लें, छायावाद में उसका रूप लघु की महानता का है, तीसरे दशक में लघु की महिमा का है और उसके बाद की कविता में लघु के 'महत्व' का है। यों महत्व की जगह पर प्रायः सार्थकता शब्द का उपयोग होता है।

यहाँ भी हमें गहरे कहीं धीरे-धीरे पकता हुआ मानस दिखता है और ऊपर से तात्विक विपर्यय। इस दृष्टि से नयी कविता निश्चय ही उसी परम्परा से उद्भूत होती है, जिसने तीसरे दशक तक की कविता का निर्माण किया। वस्तुतः नयी कविता के अलग-अलग कवि एक तरफ़ छायावाद के दार्शनिक पथ से आये, दूसरी ओर बच्चन आदि के भावनात्मक मार्ग से। इसीलिए वे सब एक जैसे नहीं हैं। किन्तु अन्तःसत्य और बाह्य सत्य अलग-अलग हैं, इस विडम्बना की खुली स्वीकृति ही उन सबका आरम्भ-स्थल है। और यह भी कि यह सिर्फ दार्शनिक समस्या नहीं है, मूलतः अनुभूति की समस्या है। अज्ञेय ने इसको सूत्र बद्ध किया और पुरानी परम्परा से जोड़ा।

●

अज्ञेय का महत्व इस बात में है कि उन्होंने 'समरसता का दर्शन' के बजाये 'निर्वैयक्तिक अनुभूति' का प्रश्न पूछ कर एक बार फिर दर्शन को अनुभूति में घुला देने की राह निकाली, विवेक और हृदय, संकल्प और विवशता को एक नये 'योग' से बाँधा। इसीलिए, अज्ञेय हिन्दी काव्य की धारा को मोड़ते हुए-से प्रतीत होते हैं। केवल पारिभाषिक सूत्र में हम कहना चाहें तो इस नयी परिभाषा को यों रख सकते हैं, "जो मैं हूँ, वह मैं नहीं हूँ, किन्तु जो मैं हूँ, वही मैं हो जाऊँ।" यूरोप के अस्तित्ववादियों से या इलियट से या व्यक्तित्ववादियों से इस परिभाषा का दार्शनिक साम्य दिख सकता है और इसीलिए कभी-कभी यूरोप के इन चिन्तकों या कृतिकारों का उल्लेख भी आता रहता है, किन्तु यह दिखलाया जा सकता है कि जब कि आज की यूरोपीय चेतना इस कल्पना तक 'त्रास' के माध्यम से पहुँचती है, हिन्दुस्तान (कम से कम हिन्दी की नयी कविता) की चेतना मूलतः गहरे दबी हुई प्रभासिक्त 'पावनता' के माध्यम से। यह महत्वपूर्ण अन्तर है। दो ऐतिहासिक परिस्थितियों, दो संस्कृतियों का अन्तर है। वस्तुतः आज विश्वमानस के सामने गहरा प्रश्न यही है कि कैसे त्रासजनित विवेक को, पावनताजनित विवेक में बदल दिया जाये। शायद अभी इसमें बहुत समय लगेगा। लेकिन हम तो भविष्य को, अपनी हज़ारों वर्षों की संस्कृति और ऐतिहासिक अनुभव से विवश होकर घोर अन्धकार के क्षणों में भी कालिदास की ही आँखों से देखने को बाध्य हैं, जहाँ वे रघुवंश को गहरे पराभव की सीमा तक ले जाकर अपने महाकाव्य का अन्त करते हैं; जिससे कोई आशा नहीं है, किन्तु त्रास भी नहीं हैं। सिर्फ है एक तटस्थ, निर्विकार और पावन सम्भावना—जहाँ

गरम-गरम आँसुओं से अभितप्त गर्भ शीतल हो जाता है और सावन में बोये हुए मुट्ठी भर बीच को छिपाए हुए पृथ्वी की तरह रानी पुत्रोत्पत्ति की बाट देखती है।

मनुष्य की सम्भावनाएँ असीम हैं; किन्तु सार्त्र के अर्थ में या कालिदास के अर्थ में? आज का हिन्दुस्तान कालिदास का हिन्दुस्तान नहीं है। किन्तु हमारे भीतर ज़िन्दगी की जो 'कालिदासीय लय' है, उसे छोड़कर हम कहाँ जायेंगे? हमारे चाहने पर भी वह हमसे छूटेगी कैसे?

●

दर्शन और अनुभूति को घुलाने के लिए अज्ञेय वहीं से आरम्भ करते हैं, जहाँ प्रसाद ने छोड़ा था। प्रसाद और अज्ञेय की समानता सहसा अचरज में डालती है। वही शालीनता, वही शब्दों की चौकसी, वही आभिजात्य और वही कुछ खुला हुआ और कुछ डूबा हुआ व्यक्तित्व। बेशक दोनों के बीच दो युगों का अन्तर है, लेकिन दो ही युगों का अन्तर है। प्रेमचन्द ने एक बार प्रसाद से अपनी जीवनी के बारे में कुछ लिखने को कहा था। जवाब में प्रसाद जी ने एक कविता भेज दी। अज्ञेय भी शेखर की भूमिका में उन तमाम जीवन सम्बन्धी घटनाओं को बताना व्यर्थ समझते हैं, जिनसे साहित्यिक कृति का 'विज़न' उद्‌भूत होता है।

लगता है वे सारे प्रश्न, वे सारे अभिप्राय, वे सारे प्रतीक, जो कामायनी में निहित हैं, अज्ञेय के कृतिकार मानस में मँडराते रहते हैं—यद्यपि उनके अर्थ भिन्न हो जाते हैं। शायद ये प्रतीक या अभिप्राय तीसरे दशक की मनोभूमि में ही निहित हैं और प्रसाद, बच्चन और अज्ञेय को अलग-अलग ढंग से प्रमथित करते हैं।

अज्ञेय की काव्य-कृति 'चिन्ता' का नामकरण 1941 में हुआ, यद्यपि उसकी कविताएँ 1932-36 में लिखी गईं जब वे जेल में थे। इस सन्दर्भ में कामायनी के प्रथम सर्ग 'चिन्ता' की याद आना स्वाभाविक है। दोनों ने एक मनःस्थिति का विश्लेषण दो छोरों से किया। दोनों ने ही आदिम प्रेमी और आदिम प्रिया का माध्यम चुना और दो विभिन्न परिणामों पर पहुँचे—क्योंकि उनका आरम्भ दो छोरों से होता है। 'शेखर' की जो प्रति मेरे पास है, उसके कवर पर पहाड़ की चोटी पर बैठे हुए, ठुड्डी पर हाथ रखे, दृढ़ मांसपेशियों वाले एक चिन्ताग्रस्त पुरुष की तसवीर है। उसके चारों ओर गहरा नीला रात के अन्तिम पहर का-सा आकाश है, जिसमें सितारे तो नहीं, लेकिन चारों ओर चिनगारियों के बबूके टिमटिमा रहे हैं। और चित्र से लगता है कि यह व्यक्ति बैठा हुआ अपने हृदय में उमड़ते हुए एक अथाह प्रलय-प्रवाह को देख रहा है। और उसके सामने है, एक विराट् स्तब्धता। इसी मनुष्य के निर्माण का विज़न अज्ञेय ने उस रात्रि में देखा था, जो उनकी भूमिका के अनुसार फाँसी और गुमनाम शहादत की सम्भावना लेकर उनके सामने उपस्थित हुई थी, जब वे वायसराय की गाड़ी उड़ाने के अभियोग में गिरफ्तार हुए थे।

आपको लगेगा कि यह प्रसाद के मनु और बच्चन के लहर-विमोहित मनुष्य का मिला-जुला रूप है: जैसे बच्चन के मनुष्य को लाकर सहसा मनु के उत्तुंग शिखर पर बैठा दिया गया हो। जो स्तब्धता मनु के हृदय के भीतर है, वह बाहर व्याप्त हो गई है जो प्रलय-प्रवाह बाहर था, वह हृदय में समा गया है। सिर के ऊपर से शिला की शीतल छाँह अन्तरिक्ष में विलीन हो गयी।

अज्ञेय की समानता दुनिया भर के तमाम कवियों से खोजने की कोशिश की गयी है और अकसर उन्हें हिन्दी के लिए 'बाहरी' आदमी समझा गया है। हिन्दी साहित्य का स्रोत जो लोग हिन्दुस्तान के बाहर, ख़ास तौर से अंग्रेज़ी में खोजने की कोशिश करते हैं, वे यदि छोटे मुँह बड़ी बात न लगे तो कहना चाहूँगा, इसी कारण करते हैं कि उनका ज्ञान अंग्रेज़ी साहित्य के बारे में बहुत थोड़ा है। दुनिया के किसी कवि से यदि अज्ञेय की निकटता दिखती है तो वह जयशंकर प्रसाद से। वे दोनों एक ही सिमिट्री की दो विपरीत दिशाएँ हैं, जिसके 'बेस' में तीसरे दशक की खण्डित चेतना वाली मनोभूमि है।

'नदी के द्वीप' उपन्यास में अज्ञेय एक सुनियोजित ढाँचें में फिर अपनी आरम्भिक चिन्ता का समाधान खोजते हैं। प्रयोग का माध्यम फिर स्त्री-पुरुष हैं और एक गहरे स्तर पर कामायनी का ही रेखाचित्र उपन्यास में व्याप्त हो जाता है। श्रद्धा जैसी गौरा, इड़ा जैसी रेखा और दोनों के बीच परिक्रमा करता हुआ मनु की तरह भुवन। गौरा से आरम्भ करके रेखा को स्पर्श करता हुआ भुवन फिर गौरा तक लौट आता है। दूसरी समानताओं के विस्तार में न जाकर हम केवल उस 'वर्जित-स्पर्श' की समस्या की ओर देखें, जो न सिर्फ़ कामायनी और नदी के द्वीप के मूल में हैं, बल्कि एक तरह से तीसरे दशक की जड़-चेतन, जीव-ईश्वर, भौतिकवाद-अध्यात्म, मार्क्सवाद-गाँधीवाद, भारतीय संस्कृति-पाश्चात्य संस्कृति, हिंसा-अहिंसा, प्रेम-क्रान्ति, हृदय-बुद्धि, प्रेयसि-प्रिय अनवरतगति-गन्तव्य, अन्तःसत्य-बाह्य सत्य, विज्ञान-नैतिकता, मांसलवासना-प्लैटोनिज़्म, यथार्थ-आदर्श, लघु-महत् आदि नाना प्रकार की द्वन्द्वात्मक शब्दावली या विचारावली के केन्द्र में है। एक रहस्यमय ढंग से 'देवताओं' ने मनु-इड़ा के स्पर्श को 'वर्जित' कर रखा है। जब कोई गम्भीर उद्वेलन किसी देश के पूरे मानस को प्रमथित करता है तो उसकी अभिव्यक्ति देश के छोटे से छोटे और विराट् से विराट् स्तर पर होती है। देवताओं द्वारा यह 'वर्जित-स्पर्श' तीसरे दशक को अनिवार्य दिखता है; कम से कम उन्माद की दशा में वह उस 'वर्जित-स्पर्श' की ओर खिंचा जा रहा है। उसकी घनघोर वर्जना उसके कानों को प्रताड़ित कर रही है और यह केवल आशा यही कर सकता कि जो लोग, ठीक होगा, रुकने की शक्ति उसके पास नहीं है। आध्यात्मिक प्रतीकों में महादेवी वर्मा का काव्य उस रहस्यमय 'वर्जित-स्पर्श' की अत्यन्त आर्द्र और मधुर वेदना से अनुप्राणित है। छायावादियों समेत तीसरे दशक के सभी कवि उस 'वर्जित स्पर्श' की वर्जना की स्वीकार करते हैं। प्रसाद के विपरीत, अज्ञेय के 'वर्जित स्पर्श' में दो विशेषताएँ हैं। एक तो यह कि मनु-इड़ा के वर्जित स्पर्श के साक्षी है, असुर-पुरोहित आकुलि-किलात जो जड़ता से आरोपित चेतनता के प्रतीक हैं और भुवन-रेखा के साक्षी हैं 'अन्तरिक्ष' के देवतागण और अकिंचन वनस्पतियों, जो चेतना से आरोपित जड़-प्रकृति के प्रतीक हैं। अज्ञेय उस 'वर्जित-स्पर्श' को दो हिस्सों में बाँट देते हैं—उसकी आधी अनुभूति फ़ुलफ़िलमेंट, अखण्ड पूर्णता की है और दूसरी आधी में नवीन सृष्टि के उपजने की असमर्थता है। द्वन्द्वों का स्पर्श किस सीमा तक अभिप्राय, अर्थ अथवा देवताओं के आशीर्वाद से अभिसिंचित होता है और कहाँ से और क्यों फिर वह अभिशप्त और असमर्थ हो जाता है? संकल्प और विवशता, सचेत उद्देश्य और प्राकृतिक गति, भौतिकता और अध्यात्म, जड़ और चेतन, कहाँ मिलकर अर्थ दे पाते हैं? कौन उन्हें अर्थ देता है? कैसे? देवताओं का क्यों ऐसा अभिशाप है कि मनु और इड़ा की अपनी सन्तान नहीं होगी? क्या इड़ा के लिए केवल दत्तक पुत्र ही लिखा

है ? मनु का उत्तराधिकारी कौन और क्योंकर होगा ?

उत्तराधिकार के प्रश्न पर हिन्दुस्तान का मानस महाभारत और रामायण काल से लेकर आज तक प्रमथित होता आया है। साहित्य में इसके बहुत उदाहरण हैं। 'धर्म' और 'स्वभाव' के बीच का यह द्वन्द्व भारतीय मानस के किन गहरे अभिप्रायों और संघर्षों की सूचना देता है, शायद इसका अनुसन्धान हमें अपने को समझने में मदद करे। प्रश्न की यह दिशा सम्प्रति हमारे वश के बाहर है।

हमें देखते हैं प्राकृतिक गति मानवीय संकल्प वर्जित स्पर्श और अनुभूति की अर्थवत्ता आदि के सन्दर्भ में अज्ञेय मनुष्य की एक ऐसी तसवीर प्रस्तुत करते हैं, जो प्रसाद के पैटर्न के निकट होती हुई भी बहुत भिन्न है। अनुभूति और दर्शन के सम्बन्ध का अनुसन्धान अज्ञेय का भी उद्देश्य है; लेकिन इसके लिए वे प्रसाद के रास्ते को बिल्कुल और उलट देते हैं और एक नयी राह निकालते हैं। यह उलटना बच्चन से भिन्न ढंग का है। यदि हम हीगेलवादी शब्दावली का उपयोग करें तो यों कह सकते हैं कि छायावाद और बच्चन आदि के मानवीय रूपों की थीसिस-एन्टीथिसिस की सिन्थिसिस अज्ञेय की चेतना में प्रकट हो रही है। यों वैपरीत्य भी एक प्रकार का साधर्म्य है, ऐसी कल्पना हिन्दुस्तान में भी मिल जायेगी।

प्रसाद और अज्ञेय का लगभग पूर्ण वैपरीत्य-साधर्म्य एक उद्धरण से और स्पष्ट हो जायेगा। कामायनी की भूमिका में प्रसाद जी लिखते हैं—

'आज हम सत्य का अर्थ घटना कर लेते हैं। तब भी उसके तिथि-क्रम मात्र से सन्तुष्ट न-होकर, मनोवैज्ञानिक अन्वेषण के द्वारा इतिहास की घटना के भीतर कुछ देखना चाहते हैं। उसके मूल में क्या रहस्य है? आत्मा की अनुभूति! हाँ, उसी भाव के रूप-ग्रहण की चेष्टा सत्य या घटना बनकर प्रत्यक्ष होती है। फिर वे सत्य घटनाएँ स्थूल और क्षणिक होकर मिथ्या और अभाव में परिणत हो जाती हैं, किन्तु सूक्ष्म अनुभूति या भाव, चिरंतन सत्य के रूप में प्रतिष्ठित रहता है, जिसके द्वारा युग के पुरुषों और पुरुषार्थों की अभिव्यक्ति होती रहती है।'

अज्ञेय भी सत्य और तथ्य के बीच जो अन्तर है, उसी से आरम्भ करते हैं, यद्यपि दूसरे छोर से, 'आज हम घटना (तथ्य) का अर्थ सत्य कर लेते हैं।' दोनों को जोड़ने वाली कड़ी है अनुभूति। लेकिन यह 'भाव के रूप-ग्रहण की चेष्टा' नहीं है—रूप के भाव-ग्रहण की चेष्टा है; दूसरे शब्दों में 'तथ्य' का सहसा अर्थ से 'आलोकित' हो जाना है। जाने हुए का 'पहचाना' हुआ हो जाना है। यह आलोकित सत्य 'नदी के द्वीप' की तरह चमक कर विलीन हो जाता है। चिरन्तन प्रतिष्ठित तो तथ्य ही रहता है, सत्य नहीं। प्रसाद जी की दृष्टि में तथ्य एक विलीन होता हुआ 'नदी का द्वीप' है, चिरन्तन प्रवाह तो सत्य का ही है। इसीलिए प्रसाद जी कामायनी में भावों को रूप देकर एलेगरी की सृष्टि करते हैं और अज्ञेय अपने काव्य में रूपों को—अथवा तथ्यों को—प्रथम मानकर केवल उन्हें उन क्षणों में ग्रहण करने की कोशिश करते हैं, जब वे अपने आन्तरिक तनाव के कारण आलोकित हो जाते हैं।

वस्तुतः सत्य, जिसे हम 'अनुभूत सत्य' कहकर अर्थ देते हैं, किसी चिरन्तन प्रवाह-कोष से 'अवतार' लेता है, या चिरन्तन जड़ प्रकृति से ही ऊपर की ओर फूटता है, इस

दार्शनिक बहस में पड़े बग़ैर हम इतना ध्यान में रख लें कि 'अनुभूति' शब्द समान होने पर भी इसका अर्थ भिन्न हो गया और उसी के साथ कविता का मूल धर्म क्या है, इसकी परिभाषा भी। दोनों के अन्तर को इलियट की उक्ति values as held और values as felt के अन्तर से स्पष्ट कर सकते हैं। प्रसाद जी का सत्य एक दार्शनिक सत्य है, जो 'मान्य' अथवा 'आस्था-सम्मत' मूल्यों की तरह हमारे मानस में सूक्ष्म रूप से वर्तमान रहता है। अज्ञेय का सत्य 'साक्षात्कार' का एक क्षण है, एक द्वीप है, जिसे हम अपने भीतर के जड़ और चेतन के संकल्पित संयोग से अनुभूत करते हैं। इस प्रकार कामायनी में जो अनुभूति दर्शन में परिवर्तित हो जाती है, उसे अज्ञेय फिर दर्शन से अनुभूति में परिवर्तित करते हैं। कविता सम्बन्धी हमारी धारणाओं में इससे गहन परिवर्तन हो जाता है, विशेषतः अनुभूति की सार्वजनीनता को लेकर। यह सार्वजनीनता अपनी 'अनुभूति' के प्रति कृतिकार की तटस्थता अथवा 'निर्वैयक्तिकता' से उत्पन्न होती है—इसलिए नहीं कि हमारे बीच के 'मान्य सत्य' या 'आस्थाएँ' चिरन्तन एवं समान हैं, बल्कि इसलिए कि जिस चिरन्तन 'तथ्य' के दबाव में हम रह रहे हैं, वह तथ्य समान है। कवि और पाठक के बीच की जोड़ने वाली कड़ी 'आस्था' नहीं, 'यथार्थ' है।

अज्ञेय प्रसाद को कवि नहीं मानते, या केवल विश्वविद्यालयों का कवि मानते हैं। मुझे इस पर सदा आश्चर्य हुआ है, यद्यपि इसका कारण मैं समझ सकता हूँ। शायद उनकी निगाह वैपरीत्य पर अधिक पड़ती है, साधर्म्य पर कम। उससे अधिक आश्चर्य प्रसाद के कुछ कठिन प्रशंसकों पर हुआ है, जो प्रसाद की परम्परा की अभिलाषा तो रखते हैं, लेकिन उस परम्परा को तीसरे दशक की मनोभूमि फलित होता हुआ देखते हैं। बेशक परम्परा का अर्थ हम केवल पुनरावृत्ति लें तो बात दूसरी है। लेकिन यदि परम्परा हमेशा परिवर्तन और वैपरीत्य की दिशाओं में फूटती हुई चलती है, तो अज्ञेय, आगे के इतिहासकार को, प्रसाद की 'परम्परा' में ही दिखलाई पड़ेंगे। केवल पुनरावृत्ति पर आधारित 'कृष्ण काव्य की परम्परा', 'रहस्यवाद की परम्परा', 'रीति काव्य की परम्परा' आदि संकुचित और भ्रामक प्रयोगों से 'परम्परा' का कुछ ऐसा रूढ़िगत अर्थ हमारे मन में बैठ गया है कि विकासमान या द्वन्द्वात्मक अर्थ में हम परम्परा की कल्पना ही नहीं कर पाते। (अपूर्ण)

———◆———

कवि-सत्य : एक दृष्टिकोण

लक्ष्मीकान्त वर्मा

प्रत्येक कविता प्रायः कवि-सत्य नहीं होती—मैं यह मानकर चलता हूँ। कुछ तो रीति-प्रधान होती है, कुछ शब्द मात्र होती है, कुछ में शब्द और कविता का आकार होता है और कुछ में केवल आग्रह होता है, अनुभूति नहीं होती है, मैं जानता हूँ कि यह बात थोड़ी चौंकाने वाली होगी, लेकिन वस्तु-स्थिति यही है। लिखने को तो पहाड़ के बराबर लिखकर अम्बार लगाया जा सकता है, किन्तु उस अम्बार में कितनी कविता है, इसका मूल्यांकन कौन करेगा? उस मूल्यांकन का माप-दण्ड क्या होगा? और यदि माप-दण्ड मिल भी जाये और सारा संसार एक कविता को आदर्श कविता, उच्चस्तर की कविता मान भी ले—तो क्या आज इतने से कवि भी उसे आत्मोपलब्धि मान लेगा? यदि नहीं तो क्यों नहीं मानेगा और अगर मान भी लेगा तो किन कारणों से मानेगा—मूल प्रश्न यहीं आकर रुक जाता है।

आलोचकों का एक वर्ग ऐसा मिलेगा, जो किसी कविता में छन्द, अनुप्रास, यमक अलंकार आदि के आधार पर किसी भी रचना को, यदि वह एकदम से निरर्थक नहीं हुई, तो कविता के रूप में स्वीकार कर लेगा। दूसरा उसमें, विषयगत बोध, दृष्टिकोण, अनुभूति के स्तर और अन्य वस्तुओं की माँग करके उसका मूल्यांकन करेगा। मान लीजिये, यह भी हो गया और इस दूसरे वर्ग के आलोचक ने एक विशिष्ट रचना को बहुत महत्वपूर्ण घोषित भी कर दिया—तो क्या कवि उस रचना को अपनी आत्मोपलब्धि की वस्तु मान लेगा?

प्रायः ऐसा देखा गया है कि जिस कविता को कोई कवि अपनी सर्वोत्कृष्ट रचना समझता है, आलोचक वर्ग उसे सर्वोत्कृष्ट नहीं मानता। ऐसा प्रायः होता है। इसका कारण भी है। कुछ कृतियों के प्रति कवि का मोह होता है। वह अपने इसी मोह को अपना आत्म-सत्य मान लेता है। किन्तु जहाँ आलोचक अपने मूल्यांकन में ग़लती करता है, वहीं प्रायः कवि भी अपनी कृति के विषय में मोह से घनीभूत होकर बिना तटस्थ हुए अपने मत को मुख्य मान लेता है।

अस्तु: किसी भी कविता के निर्णय में वे आलोचक भी ग़लती करते हैं, जो मूल्यों की अपेक्षा, अनुभूति की अपेक्षा, दृष्टि की अपेक्षा, कविता के मर्म की अपेक्षा, कुछ बाह्य तथ्यों से उसे आँकने की चेष्टा करते हैं। कविता के बाहर कुछ चीज़ों को मानना और उनको कविता पर आरोपित करके देखना उतना ही ग़लत है, जितना कि कवि का बिना अपनी रचना तटस्थ हुए सर्वोत्कृष्ट कह कर घोषित करना। दोनों ही निरर्थक हैं और कविता के मूल्यांकन में ग़लती करते हैं।

प्रश्न उठता है कि किसी रचना को कैसे परखा जाये?

तो इसके लिये आलोचक को थोड़ा दृष्टि-प्रधान होना पड़ेगा।

अनुभूति के स्तर पर उसे कवि के अनुभूत सत्य—अथवा जिसे कवि-सत्य भी कह सकते हैं—उसकी खोज करनी होगी। कभी-कभी यह कवि-सत्य मापना कठिन हो जाता है, क्योंकि कवि जब अपने समय से आगे की दृष्टि देता है, प्राप्त अनुभूतियों के स्तर से भिन्न स्तर पर अनुभव करता है और उस अनुभूति पर आधारित अपने कुछ आत्मोपलब्ध सत्य देता है तो प्रायः अनुभूति के सर्वथा नये आयाम से अपरिचित होने के नाते हम अपने मूल्यांकन में कुछ ग़लतियाँ कर बैठते हैं। कुछ रचनायें ऐसी होती हैं कि उनकी विवेचना करते समय प्राप्त मान-दण्ड छोटे और अधूरे लगने लगते हैं। प्राप्त मान-दण्डों के अनुकूल न होते हुए भी उन्हें कविता कहना ही पड़ता है। फिर प्रश्न यह उठता है कि वह कौन-सी वस्तु है, जो मान-दण्डों की अवहेलना करने के बावजूद भी, स्थापित कलात्मक मानों में कम होते हुए भी अपने को कविता के स्तर से नहीं गिरने देती और हर दशा में हमें मजबूर होकर उसे कविता कहने के लिए विवश होना पड़ता है।

फिर वह कौन-सी वस्तु है, जो कभी-कभी आलोचकों के समक्ष ऐसी समस्यायें प्रस्तुत कर देती है कि उनके नियंत्रित प्रतिमान झूंठे पड़ जाते हैं, उनका अर्जित ज्ञान खोखला-सा मालूम पड़ने लगता है और तब एक नये प्रतिमान को निर्धारित करने की आवश्यकता महसूस होने लगती है?

निश्चय ही वह वस्तु विषय नहीं और न वह किसी रचना का आकार-प्रकार ही होता है। वह कवि की अनुभूति होती है—वह अनुभूति जो उसके व्यक्तिगत सत्य से उपजती है, उसके व्यक्तिगत साक्षात्कार का परिचय होती है—जो उसका नितान्त व्यक्तिगत सत्य होते हुये भी अनुभूति और अभिव्यक्ति के नये आयामों का उद्‌घाटन करता है। जिस साहित्य अथवा जिस प्रतिमान में कवि के भोगे हुए सत्य को आँकने की क्षमता नहीं होती या जिसमें यह उदारता नहीं होती कि वह उस कवि सत्य के वास्तविक मूल्य को ग्रहण कर सके, वह अधूरा होता है। उसमें साहित्य का विकास नहीं हो सकता, क्योंकि वह प्रतिमान दृष्टिहीन होने के साथ-साथ कला की गहराइयों तक नहीं पहुँच सकता।

कविता मूलतः कवि की व्यक्तिगत वस्तु है। उसकी व्यक्तिगत अनुभूति जब अपने ही अन्वेषण में तल्लीन होती है और जब उसके अर्जित सत्यों के बीच से उसे उसकी दृष्टि स्थापित मूल्यों को देखने के लिये विवश करती है तो वास्तव में उस अनुभूति का स्तर केवल कवि का व्यक्तिगत स्तर होता है। वह उस क्षण के यथार्थ से जूझता है, टकराता है, उससे प्रताड़ित होता है......और उस घात-प्रतिघात, विघटन और संघटन, संक्रमण और नियमन का वह क्षण कवि का व्यक्तिगत सत्य होता है। उस क्षण उसके निकट न तो आलोचक होता है और न पाठक, न तो उसके समक्ष प्रतिमान होते हैं और न परम्परा। उस समय केवल वह होता है, उसकी प्रज्ञा होती है और यथार्थ का वह सजीव क्षण होता है। उस वेदनामय क्षण को वही भोगता है, और वही उस क्षण का तटस्थ द्रष्टा भी होता है। इस आत्म-भोग और भोग में भी तटस्थ रहने की प्रक्रिया में केवल परम्परा से मिले हुए कुछ शब्द होते हैं, जो कभी-कभी उसकी अनुभूति को भी वहन करने में असमर्थ होते हैं। जो केवल माध्यम होते हैं एक झीने से संभावित अर्थबोध के। वस्तुतः शब्द भी उसके सामने निरावरण होते हैं, इसीलिए कभी-कभी वह उसको सीमित भी कर देते हैं।

कवि-सत्य वास्तव में इसीलिये कवि का व्यक्तिगत सत्य होता है। इसकी अनुभूति ही कवि की आत्म -स्थापना से जनमती है। यह आत्म-स्थापना, वह गतिशील तत्व है, जो कवि को परिचित सत्य और अर्जित सत्य के समक्ष आत्म-चेतना के साथ साक्षी होने का बल देता है। बह जाने वाले कवि प्रायः आत्म-स्थापित कवि नहीं होते, क्योंकि उनमें आत्म-स्थापना की कमी होती है। वे केवल भाव-विह्वल होकर अपनी आत्मसत्ता भी खो देते हैं। वे केवल उस क्षण के हो जाते हैं। उसके साक्षी नहीं हो पाते। यही कारण है कि वह उस सत्य से परिचित नहीं हो पाते, जो उनके आत्म-मन्थन से उपजता है। वस्तुतः बिना इस आत्म -स्थापना के कवि या कलाकार केवल एक बालू के कगार-सा होता है, जिसे क्षण का कोई भी प्रवाह बड़ी आसानी से तोड़कर गिरा देता है और फिर अपने साथ बहाकर ले जाता है। बहुत से लोग इस आत्म-स्थापना की स्थिति को स्वीकार करने में हिचकिचाते हैं, किन्तु वे ग़लती करते हैं, क्योंकि कवि, द्रष्टा या कलाकार का सत्य बह जाने से नहीं मिलता। कवि-सत्य तो केवल साक्षात्कार में मिलता है और यह सिद्ध करता है कि यथार्थबद्ध देश-काल में समय के प्रवाह के आगे भी देख सकने की क्षमता किसी कवि में तभी आती है, जब वह आत्म-स्थापित होता है। आत्म-विस्थापित कवि न तो उस कवि-सत्य को जान पाता है और न अपने अस्तित्व-बोध को। बिना इन दोनों के बोध के कवि केवल पुनरावृत्ति कर सकता है। किसी नये सत्य का अन्वेषण कर सकने की क्षमता उसमें नहीं रह जाती। क्षण के प्रवाह में टिककर ही उसका समस्त सार पुंजीभूत किया जा सकता है। मोम के समान गल जाने वाली प्रतिमायें न तो उसको भोगती हैं और न उनसे उपलब्ध हो पाती हैं।

कवि के साथ सबसे बड़ी विडम्बना यह होती है कि वह एक साथ ही समय के तीनों आयामों का भोगता है। अतीत उसकी परिचित निधि है, वर्तमान उसकी आत्म-स्थापना है और भविष्य उसकी दृष्टि होती है। साधारणतया जीवन को केवल दो ही आयामों में भोगा जाता है। परिचित अतीत संस्कार के रूप में होते हैं। वर्तमान में वह केवल वस्तु-स्थिति से होता है, किन्तु इनके परे भी उसकी दृष्टि जाती है, इसीलिये वह बहुधा ऐसी भाषा बोलता है, जो सब को ग्राह्य नहीं होती। ऐसे प्रतीकों और बिम्बों का निर्माण करता है, जो प्रायः अटपटे-से लगते हैं। जिस कवि की भाषा में या भाव में यह नयापन या अटपटापन होता है, प्रायः लोग उसे समझ नहीं पाते, आलोचक—ऐसे आलोचक—जिनमें सहानुभूत्यात्मक दृष्टि नहीं होती, उस कवि की मर्म-वेदना समझे बिना ही तिरस्कृत कर देते हैं, लेकिन वास्तव में यह कठिनाई प्रत्येक अच्छे कवि के साथ होती ही है, क्योंकि वह प्रचलित लीक से भिन्न होने के नाते उतना 'डीप' नहीं होता या उतनी साधारण बिम्ब-भावना, प्रतीक या उपमान उसके पास नहीं होते। चूँकि उसकी अनुभूति यथार्थ के नये आयामों से जूझती चलती है, सौन्दर्य को विभिन्न परिप्रेक्ष्यों से पनपाती है और दृष्टि के नये अन्तरालों का साक्षात्कार करती है, इसीलिये उनकी संवेदना नयी होती है, उसका मर्म भिन्न होता है और उसका आग्रह भी सर्वथा अपरिचित-सा लगता है।

इस दृष्टिकोण से यदि देखा जाए तो निश्चय ही कवि-सत्य का गुणात्मक रूप कई अर्थों में भिन्न होता है। वह गुण-विशेष होने के नाते देश-काल की सीमाओं को भी लांघ कर नयी मर्यादा की स्थापना करता है। वस्तुतः देशकाल की सीमायें संभावित तक विस्तार पाने के कारण लांघने का बोध देती हैं। वैसे देश और काल दोनों ही अपने

परिप्रेक्ष्य में विकसित हो जाते हैं। कवि-द्रष्टा होने के नाते किसी भी वस्तुस्थिति की टूटती शृंखला को देख लेता है। जो कुछ भी व्याप्त है, सर्व-स्वीकृत है, उसके आगे जो कुछ भी सम्भावित है, जो कुछ भी अपेक्षित है या जो कुछ भी आभासित है, उसकी निर्भीक स्वीकृति ही कवि-धर्म है। यही कारण है कि कवि मूलतः एक विद्रोही दृष्टि लेकर अपने पर्यावरण और परिवेश की अन्वेषण-क्रिया में अन्यों से भिन्न होता है। यह भिन्नता उसकी अपनी निजी भाव-स्थिति की द्योतक होती है। जो कुछ भी हेय लगता है, या जो कुछ भी ग्राह्य लगता है, जिस किसी भी स्थापित मूल्य के अन्तर्गत साधारणतया जन-मानस अपनी विवश स्वीकृति दे देता है, कवि-धर्म प्रायः उस विवशता के विद्रोह को स्वीकार करता है। इसीलिए कवि को कुछ लोगों ने मसीहा भी कहा है। मसीहा का आडम्बर मैं नहीं मानता, किन्तु द्रष्टा की भाव-स्थिति को मैं स्वीकार करता हूँ। बिना मसीहाई के भी कवि अनुभूतियों के विभिन्न स्तरों को एक साथ और अलग-अलग भोगने के कारण, अपनी विशेष भाष्य-बुद्धि के नाते (interpretative mind) वर्तमान से उबर कर भविष्य के भी कुछ क्षणों का साक्षात्कार कर लेता है। साथ ही मानव-नियति का वह अंश, जो केवल दैनिक होने के नाते शिथिल हुआ रहता है—मानवीय संदर्भ में जुड़कर अधिक मानवीय हो जाता है।

कवि-सत्य मूलतः व्यक्तिगत होता है। व्याप्त परम्परा और संस्कार की सीमाओं का अतिक्रमण करके कवि की सूक्ष्म दृष्टि अपनी आत्म-स्थापना की स्वीकृति के आधार पर केवल व्यक्तिगत स्तर पर कुछ नये संदर्भ और नये परिवेशों का परिचय पाती है। वस्तुतः यह परिचय, यह स्वीकृति, यह दृष्टि और यह परिवेश उसका अपना, निजी नितान्त व्यक्तिगत सत्य होता है। इसीलिये प्रायः वह अपने व्यक्तिगत प्रतीकों (private symbols), व्यक्तिगत बिम्बों (private images) और व्यक्तिगत आग्रहों (private assertions) की भाषा, शैली और व्यंजनाओं में बोलता, कहता और समझता है। उसकी अपनी पीड़ा होती है, जो वेदना और मर्म के स्तरों पर मूलतः केवल उसकी अपनी होती है। हम अपने नितान्त व्यक्तिगत को, जब वह सामान्य के संदर्भ से जोड़ता है और उसको एक व्यापक मानवीय स्तर पर मानव-संदर्भ में उसको अभिव्यक्त करता है—तो प्रायः वह बड़ा अटपटा, टूटा, अक्रमबद्ध, बिखरा-सा भी लगता है—कभी-कभी वह उससे उबर कर उन्हीं रागात्मक सत्यों को एक नये परिवेश में रखकर उनका मूल्यगत आविर्भाव भी करता है। कवि-सत्य को समझने के लिये जब तक कवि के व्यक्तिगत उपलब्ध सत्य की अन्वेषण प्रक्रिया के प्रति हम सहानुभूत्यात्मक दृष्टि नहीं रखेंगे, तब तक हम उसके मर्म को समझ सकने में असमर्थ रहेंगे। किसी भी नयी प्रवृत्ति या नयी काव्य-चेतना को समझने के लिये इतनी स्वीकृति नितान्त आवश्यक है।

इस बात को मान लेने के बाद यह बात स्पष्ट हो जाती है कि कवि-सत्य कवि का निजी अर्जित मूल्य होता है। अर्जित इसलिये होता है क्योंकि प्राप्त संवेदन स्थिति (sense data) को जिन विभिन्न संदर्भों से वह जोड़ता या (co-relate) करता है, वह उसकी निजी रचना-प्रक्रिया का माध्यम होता है। अनुभूति का वैयक्तिक रूप कवि की व्यापक दृष्टि के आधार पर ही मूल्यों के स्तर को स्वीकार कर पाता है। कवि जहाँ नितान्त वैयक्तिक स्तर पर किसी भी वस्तु-स्थिति को व्यंजनाओं को झेलता है, वहीं वह एक व्यापक स्तर अपनी उपलब्धियों को व्यापक जीवन के संदर्भों से जोड़ता है। प्रश्न यह नहीं

है कि उसकी मर्मपीड़ा, उसकी अपनी है, प्रश्न यह है कि वह अपनी मार्मिक पीड़ा को, अपने नितान्त वैयक्तिक भोग्य को किस सीमा तक व्यापक जीवन से सम्बद्ध (co-relate) कर पाता है। वास्तव में कवि-सत्य के नितान्त वैयक्तिक मूल्य को आँकने में, पाठक या आलोचक को केवल अभिव्यक्ति के माध्यम को रूढ़ रूप में नहीं लेना चाहिये। अधिकांश रूप में कवि-सत्य के अर्जित मूल्य को हम इसीलिये ग्रहण करने में असमर्थ हो जाते हैं। कवि की रचना में ही वह तत्व मौजूद होते हैं, जो उसके आत्म-स्थापन और आत्म-भोग्य की सीमाओं में उसे एक नितान्त संघर्षशील दृष्टि की उपलब्धि देते हैं। वस्तुतः यह दृष्टि ही उसकी सबसे बड़ी पीड़ा-जनक स्थिति होती है। कभी-कभी गूँगे के गुड़ की स्थिति जैसी भी लगती है, किन्तु सह-संवेदना वाले पाठक या आलोचक का यह धर्म है कि वह कवि उस आत्म-स्थापन और आत्म-भोग्य के सत्य को—जिसे हम कवि-सत्य भी कह सकते हैं—सहानुभूत्यात्मक दृष्टि से देखें और उसे किसी भी बाह्य स्थापित मानदण्ड से मापने की चेष्टा न करें। इसलिये जब मैं यह कहता हूँ कि मूलरूप में कवि-सत्य कवि का व्यक्तिगत अर्जित मूल्य है तो इससे मेरा यह मन्तव्य है कि किसी भी वस्तु-स्थिति के यथार्थ का साक्षात्कार कवि के नितान्त व्यक्तिगत सत्य का आधार होता है और वह उसके जीवन की घनीभूत संवेदना की स्थिति से उपज कर उसे कुछ नये संदर्भों से जोड़ती है। इस नये संदर्भों के परिप्रेक्ष्य से ही वह उनके गतिशील (dynamic) आरोहावरोह से कुछ नयी दृष्टि पाता है—सन्दर्भों का नया अर्थ पाता है, दृष्टियों की नयी मर्मान्तक भाव-वेदना पाता है और इन सबके साथ नये सम्बन्धों की इस स्थिति में वह नितान्त व्यक्तिगत नैतिक निर्णयों के आधार पर कुछ मूल्यों को अर्जित करता है। कवि का चेतन व्यक्तित्व उसकी समस्त चेतना-शक्ति, उसकी अन्यतम विधायें और उसका व्यक्तित्व समस्त जीवन और उसके अंगों से एक प्रकार का बिल्कुल नया सम्बन्ध स्थापित करता है। इसी स्थापना में ही वह नये मूल्यों को जन्म देता है।

इसलिये कवि-सत्य स्थापित मूल्यों से भिन्न कवि की अन्वेषण-जिज्ञासा से भी जनमता है, किन्तु उसकी अन्वेषण-जिज्ञासा उसी सीमा तक महत्वपूर्ण उपलब्धियाँ ग्रहण कर पाती हैं, जिस सीमा तक कि उस कवि के व्यक्तित्व का गठन महत्वपूर्ण होता है। जिस व्यक्तित्व में जीवन का कितना व्यापक आग्रह होता है, जो जीवन को जितने विभिन्न भाव-स्तरों पर जीता और भोगता है, वह अपनी अन्वेषण-जिज्ञासा में, मूल्यों की उपलब्धि में और अन्य अर्जित सत्यों के संदर्भ में उतना ही बड़ा या उतना ही दायित्वपूर्ण नैतिक निर्णय भी लेता है। प्रत्येक मूल्य वस्तुतः इसी नैतिक निर्णय और आग्रह की पृष्ठभूमि में विकसित होता है। व्यक्तित्व की अनेकता, दृष्टि की अनेकता, और भाव-संदर्भों के परिप्रेक्ष्य की भिन्नता इन्हीं कारणों से कई अर्थों में भिन्न होते हैं। कभी-कभी एक ही स्तर के होते हुए भी भिन्न मालूम पड़ते हैं। इस भिन्नता में भी एक एकता होती है, ऐसा मेरा विश्वास है, क्योंकि मैं प्रत्येक कवि-व्यक्ति को किसी रूढि से नहीं बाँध पाता, उसके भिन्न अस्तित्व को स्वीकार करने के साथ-साथ उसके व्यक्तित्व की पावनता में भी विश्वास करता हूँ—किन्तु इसके साथ-साथ मैं यह भी देखना चाहता हूँ कि उसकी अन्वेषण-जिज्ञासा कहाँ तक किस सीमा तक उसकी अपनी है और किसी सीमा तक ओढ़ी हुई है। अनुभूति की गहराई ही इस व्यापकता को स्थापित करती है। जब तक यह गहराई नहीं मिलती, तब तक किसी भी प्रकार की छटपटाहट का कोई अर्थ नहीं मिल पाता। इसीलिए कवि-सत्य जिन स्थापित

मूल्यों से भिन्न कवि की अन्वेषण-जिज्ञासा का प्रतीक होता है, उन्हीं के आधार पर उसकी सार्थकता का भी परिचायक होता है—यह अन्वेषण अनुभूति-मुद्रा नहीं है—इससे भी अधिक अनुभूति की गहराई है।

कवि-सत्य व्याप्त यथार्थ के एक नये आयाम का उद्‌घाटन करता है, इसीलिए वह यथार्थ के गतिशील तत्व का गुण भी होता है। यथार्थ कोई स्थायी वस्तु नहीं है। संदर्भों की सम्बद्ध (co-related) स्थिति में उसके अनेक रूप हो सकते हैं। सामाजिक यथार्थ भी इसी दृष्टि से कोई स्थित वस्तु नहीं होता और व्यक्त्यनुभूति के संदर्भ में तो वह और भी गतिशील (dynamic) रूप में व्यक्त होता है। प्रत्येक प्रवाहित क्षण जिस तीव्रता के साथ कवि के आत्म-सत्य की प्रेरणा देता है, उसकी मर्म-संवेदना को गहनता देता है, उतनी सीमा तक वह यथार्थ के विभिन्न रूपों का भी साक्षात्कार कराता है—और इसी संदर्भ में मैं यह मानता हूँ कि कवि के व्यक्तित्व का प्राकृतिक रूप-गठन का भी पता चलता है। कवि-सत्य यथार्थ के इस गतिशील तत्व की मर्मपूर्ण व्यंजना है; जिसे कवि आत्मसात करके मूल्यों के स्तर तक अर्जित करता चलता है। राम के संदर्भ में जिस सत्य को वाल्मीकि ने देखा था, तुलसीदास उस रूप में नहीं देख पाये, किन्तु दोनों की रचना पढ़ने के बाद प्रश्न यह नहीं उठता कि कौन सही है या कौन ग़लत है—प्रश्न यह उठता है किस कवि का कितना व्यापक और साथ ही साथ गहरा व्यक्तित्व है? यथार्थ के गतिशील तत्वों के सामने कौन उसका साक्षात्कार करता है और कौन मात्र मस्तक झुका कर चला जाता है—और तब हम उस निष्कर्ष पर पहुँचते हैं कि वाल्मीकि का सत्य तुलसी का सत्य न होते हुए भी, दोनों का भेद केवल व्यक्तिगत अर्जित मूल्यों का भेद है—एक राम में मर्यादा-पुरुषोत्तम का गुण देखता है, एक भक्तवत्सल होने की विशेषता। दोनों ही अपने-अपने सत्य के प्रति ईमानदार हैं, किन्तु वाल्मीकि की गहराई के साथ व्यापकता उनके नैतिक निर्णय देते हैं, जो शायद तुलसी की अनुभूति के साथ उतनी मात्रा में नहीं है। ये कमियाँ कवियों में हो सकती हैं, किन्तु इसके आधार पर उनके आत्म-सत्यों का खण्डन नहीं किया जा सकता। कवि-सत्य इसीलिए व्यक्ति-सत्य होने के साथ-साथ जिस वस्तु की नितान्त अपेक्षा रखता है, वह व्यापक जीवन-संदर्भों के साथ सम्बद्ध होने के साथ-साथ कवि के व्यक्तित्व में आग्रहशील उसका अपना नैतिक निर्णय है। इसी निर्णय के आधार पर ही किसी भी कवि के मार्मिक सत्य अथवा कवि-सत्य का मूल्य आँका जा सकता है। जो कवि जितने अधिक मार्मिक भाव के साथ मानवीय स्तर पर मानव सह-अनुभूति के प्रति अपने निष्पक्ष निर्णय लेता है, वही उतना अधिक गहरा सत्य ग्रहण कर पाता है। सत्य की यह गहराई उसके मानवीय होने में ही है। राग-अनुराग के इस विस्तार में क्रौंच पक्षी भी आता है, अनुष्टुप छन्द भी, राम की मर्यादा भी, राम की कायरता भी—यह सब उसी नैतिक निर्णय से विकसित होकर मर्यादा-पुरुषोत्तम की उपलब्धि तक पहुँचते हैं।

यहाँ पर यह कह देना आवश्यक है कि प्रत्येक सौन्दर्यानुभूति जब कवि के रागात्मक अस्तित्व और भाव-बोध के स्तरों का वहन करती है तो सौंदर्य की सापेक्षता में कवि की सौंदर्य-दृष्टि को एक चेतना प्रदान करती है, जिससे वह सौन्दर्य और अपने बीच के सम्बन्धों में कुछ नैतिक निर्णय लेता है। यह नैतिक निर्णय कोई कर्मकाण्ड नहीं है। जिज्ञासा के मर्म में उपजी हुई सौन्दर्य की प्रज्ञा-दृष्टि की एक निर्णयात्मक चेतना है।

सौन्दर्य के साक्षात्कार में कवि का व्यक्तित्व जिस आत्म-स्थापना के आधार पर सौन्दर्य से परिचय ग्रहण करता है, उसके विभिन्न आयामों को अनुभूति के स्तर पर भोगता है, उन्हीं से ये नैतिक निर्णय विकसित होते हैं, जो उसे मूल्यों की उपलब्धि करा सकने में समर्थ हो पाते हैं। जीवन के प्रवाह के बीच खड़ा हुआ कवि ही जीवन होता है और जीवन का असम्पृक्त भोक्ता भी वह स्वयं ही सौन्दर्य वहन करता है और सौन्दर्य से तटस्थ भी होता है, वह स्वयं अनुभूत होता है और स्वयं ही उस अनुभूत सत्य का पृथक् दृश्य भी होता है, वह प्रत्येक सौन्दर्य के आयाम को विकसित भी करता है और उससे तटस्थ उसके विकास का विश्लेषण भी करता है, वह स्वयं ही प्रवाह होता है और उस प्रवाह में स्थिर भी होता है, जीवन की पीड़ा भोगता भी है और उससे तटस्थ उस पीड़ा का विवेचन करके उसके सम्पर्क-सूत्रों को जानने की चेष्टा भी करता है—इसीलिए इस सौन्दर्यपरक अनुभूति के क्षण में वह अपने जीवन और साक्षात्कार सत्यों के प्रति कुछ निर्णयों का अधिष्ठाता भी होता है और यही निर्णय उसकी नैतिकता में, उसके मूल्यगत आग्रहों में, उसकी दृष्टिगत उपलब्धियों में और उसकी मर्मस्पर्शी संवेदनाओं में नया अर्थ पिरो देते हैं। ये निर्णय वास्तव में उस महत्वपूर्ण क्षण के परिचायक होते हैं, जब कवि की समस्त चेतना विभिन्न सौन्दर्यों से जूझती-टकराती, गले मिलती एक निश्चित अर्थ-बोध की सीमा तक पहुँच कर उसको ग्रहण करती है और फिर नयी जिज्ञासा के साथ वह मुक्त अनुभूति और अमुक्त संभावना को वहन करती है। यह निर्णय ही उसे आत्म-सत्य उपलब्ध कराते हैं।

यह तो हुई उस कवि-सत्य की परीक्षा, किन्तु इसके निर्णयों की विवेचना करते समय जो बात मुख्य रूप से ध्यान में रखनी चाहिए, वह यह कि कवि का अर्जित सत्य उसके व्यक्तिगत साक्ष्य और व्याप्त जीवन के सन्दर्भों में कोई एकरूपता या सह-अनुभूति का आयाम स्थापित हो पाता है या नहीं। बहुत से लोग ऐसा न हो पाने पर कुछ विशिष्ट प्रकार के आरोप लगा कर कवि की अर्जित अनुभूति पर कुण्ठा-ग्रस्त, पतनोन्मुख, ह्रासशील, प्रतिक्रियावादी आदि आरोप लगाने के सहज अभ्यासी हो गये हैं। वस्तुतः कुण्ठाग्रस्त कवि का भी एक आत्म-सत्य हो सकता है, पतनोन्मुखता का माप क्या है? ह्रासशील किसे कहेंगे? क्या उन तथ्यों को कोई फिर से आँकने की चेष्टा करेगा? क्योंकि प्रत्येक नयी स्थापना जितना अधिक पुराने को अतीत से सम्बद्ध कर देती है, उतनी ही अधिक सरलता के साथ पुराना नये को ह्रासशील, पतनोन्मुख, और कुण्ठाग्रस्त लगने लगता है। किन्तु इससे कवि-सत्य का परीक्षण नहीं किया जा सकता। कवि-सत्य को परखने के लिए अनुभूति की गहराई, जीवन की व्यापकता, यथार्थ के सापेक्ष सुखों की विवेचना करनी होगी। काल के विभिन्न आयाम और चेतना के विभिन्न स्तरों से परिचित होना पड़ेगा। विशुद्ध सौन्दर्यवादी यद्यपि इस सत्य को मानने में थोड़ा संकोच करेंगे, किन्तु बिना इन संदर्भों के साथ सौन्दर्य की अनुभूति का उचित सम्पर्क स्थापित किये कवि के अनुभूत सत्य को न तो पहचाना जा सकता है और न उसका मूल्यगत विवेचन ही किया जा सकता है।

कवि का प्रत्येक अनुभूत सत्य जितना व्यक्तिगत है, उतना ही गहन दायित्व भी उससे सम्बद्ध है। आख़िर इस व्यक्तिगत को किस माध्यम से अभिव्यक्ति मिलती है, यह भी कविता का एक महत्वपूर्ण पक्ष है। वस्तुतः प्रत्येक आत्म-सत्य व्याप्त यथार्थ का आत्मचेतना

प्रधान (self-conscious) अनुभूति द्वारा ग्रहण किया गया सत्य है। इस आत्म-चेतना की विशेषता भी सार्थक तभी होती है, जब व्याप्त यथार्थ के संदर्भ में आत्म-स्थापना प्रतिष्ठित हो जाती है। कवि की आत्म-चेतना में और व्याप्त यथार्थ के गतिशील तत्वों में वास्तविक ईमानदारी का सम्बन्ध स्थापित कर पाना ही कलाकार की वास्तविक प्रक्रिया होती है। प्रत्येक पार्थिव सत्य (mundane truth) अपने में पूर्ण नहीं होता। कवि की अनुभूति उस पार्थिवता को उसके व्याप्त रूप के अतिरिक्त उसकी गुणात्मक सीमाओं से उपजे हुए सत्य (trans-mandane truth) के रूप में भी देखती और अनुभव करती है। इसीलिए कवि की अनुभूति के स्तर पर फूल मात्र फूल नहीं रह जाता। उसके पार्थिव रूप के अतिरिक्त कुछ गुणात्मक तत्व भी कवि की अनुभूति के साथ सम्बद्ध हो जाते हैं। फूल का बाह्य रूप सौन्दर्यानुभूति के क्षणों में वैसा नहीं होता—वह कवि का नितान्त वैयक्तिक फूल होता है और उस फूल को वैयक्तिक स्तर पर अनुभव करने के बाद जब कवि उसके साथ सह-संबंध (co-relation) की प्रक्रिया से गुज़र चुकता है; तब वह उस फूल को नये अर्थ-सम्बन्धों के परिप्रेक्ष्य में उपलब्ध कर पाता है। स्थापित सत्य या पार्थिव सत्य (mundane truth) प्रायः स्थापित अर्थों के साथ सम्बद्ध होने के नाते कवि-सत्य के अर्जित बोध से प्रायः भिन्न होता है। जो कवि के इस क्रियाशील चेतन अस्तित्व को महत्वपूर्ण नहीं समझते, उनके निकट उसकी अनुभूति का भी कोई मूल्य स्थापित नहीं हो पाता। कवि-सत्य को, उसके वास्तविक मर्म को उस समय तक नहीं समझा जा सकता, जब तक उसकी रचना प्रक्रिया और अनुभूत क्षणों की इस मार्मिक वेदना के प्रति हमारी दृष्टि सहानुभूत्यात्मक नहीं होगी।

सौन्दर्य का मूल गुण कवि-व्यक्तित्व को आकर्षित करना नहीं है—अर्थात् उसका मूलभूत गुण किसी भी प्रकार की निष्क्रियता में न तो व्यक्त हो सकता है और न उसमें उसका कोई अर्थबोध ही हो सकता है। प्रत्येक सौन्दर्य-अनुभूति का क्षण हमारे पास प्राप्त संवेदन-तत्वों (sense date) में एक नयी रागात्मक सम्बन्ध की सम्भावनाओं को प्रस्तुत करता है। वास्तविक काव्यानुभूति की अभिव्यक्ति इस रागात्मक सम्बन्ध के बोध और उसकी उपलब्धि से विकसित होती है। इसीलिए कवि की आत्म-चेतना (self-consciousness) वास्तव में उस यथार्थ (reality) की अन्वेषणात्मक जिज्ञासा में है, जो उस अनुभूत क्षण की आन्तरिक अनुभूति (real immanence) के लिये जागरूक होती है। सौन्दर्य की गतिशील आयाम इसी महत्वपूर्ण क्षण में अपनी आन्तरिक अनुभूति (real immanence) की पर्तों के साथ उद्घाटित होते हैं। एक आत्मचेता (self conscious) व्यक्तित्व में और एक आत्म-सुप्त (self complacent) व्यक्तित्व में यही अन्तर होता है। आत्म-चेता व्यक्तित्व सौन्दर्य के अनेक आयामों को देखता है और उसके अन्वेषण और परीक्षण के बाद वह अपने संवेदन-तत्वों के अर्जित क्रमों को ऐसा व्यस्थित करता है कि उसमें इस नये अनुभव की कड़ी सार्थक रूप में पिरो उठे। यह आत्म-चेतना (self-consciousness) ही आत्म-अनुभूति की क्षमता देती है।

जब मैं कवि के अहं की बात करता हूँ तो उसका तात्पर्य इसी आत्म-चेतना के सन्दर्भ में आन्तरिक अनुभूति-स्थापना के लिए उस अहं को आवश्यक मानता हूँ। बिना इस अहं के कवि को आन्तरिक अनुभूति नहीं हो सकती और बिना आन्तरिक अनुभूति के उसका आत्म-सत्य, कवि-सत्य उपलब्ध भी नहीं हो सकता। आत्म-स्थापना की स्थिति

भी इस आत्म-चेतना और अहं का क्रियाशील अंश है। आन्तरिक अनुभूति (real imanence) का वास्तविक अर्थ ही होता है, आत्म-स्थापन से उपजी हुई आन्तरिक प्रक्रिया में प्राप्त सत्य। इसलिये वह आत्म-सत्य या कवि-सत्य के रूप में इसे प्राप्त होता है। बिना इस अहं की मर्यादा स्वीकार किये शायद यथार्थ का वास्तविक दर्शन नहीं हो सकता। कवि की दृष्टि, उसकी संवेदना, उसकी निजी प्रक्रिया का इसीलिए विशेषकर काव्य में बड़ा महत्व होता है, क्योंकि वह मूल रूप से व्यक्ति-सत्य होने के नाते उन गुणात्मक मानव-मूल्यों का प्रतीक होता है—उसका सत्य होता है। आन्तरिक अनुभूति (real immanence) की स्थिति में ही व्याप्त जीवन की विडम्बनाओं, सीमाओं और उनकी आन्तरिक पर्तों को कवि एक समवेत दृष्टि से भोग कर अपने सत्य तक पहुँचता है—यही सत्य कवि-सत्य है।

बहुधा लोग यह प्रश्न भी उठाते हैं कि कवि-सत्य के अतिरिक्त वास्तव में सत्य का अर्थ क्या है? किसको सत्य कहा जाये और किसको न कहा जाये, क्योंकि सत्य व्यक्ति-व्यक्ति के सत्य से लेकर समूह-समूह के सत्य के रूप में व्याप्त है, फिर उसमें यह विभिन्नता स्थापित कैसे की जाये? कवि-सत्य और व्यापक सत्य के सह-सम्बन्ध का आधार क्या हो? इस संदर्भ में मैं केवल एक बात ही कहना चाहूँगा और वह यह कि कला और काव्य के क्षेत्र में इस सत्य के विभिन्न रूप को केवल दो तरीक़ों से आँका जा सकता है—पहला स्थापित सत्य कि प्रकृति के आधार का परीक्षण करके और दूसरे आत्म-अनुभूति के स्तर का विवेचन करके। सत्य की मूल प्रकृति बहुमुखी हो सकती है। एक ही स्थिति में दो विभिन्न कलाकारों की दो विभिन्न प्रतिक्रियायें हो सकती हैं और दोनों सही हो सकती हैं, किन्तु मूल्य के स्तर पर जब हम उन्हें आँकते हैं तो उसकी व्यापकता और गहराई—दोनों आयामों के संतुलन की दृष्टि से ही उनके महत्व को समझने की चेष्टा करते हैं। गहरी से गहरी व्यक्तिगत उपलब्धि में हम जिस अंश तक अपनी पीड़ा और वेदना के क्षणों में भी अपने को व्याप्त मानव-सन्दर्भों से ईमानदारी के साथ जुड़ सकते हैं उतने ही अंश तक हमारे व्यक्तित्व का महत्व भी हो पाता है। यह आदर्श या यह अनुभूति बाह्य आडम्बर, शब्द-जाल या स्थापित नारों के माध्यम से नहीं, वरन् निजी और नितान्त गहरी संवेदना से ही उपलब्ध होता है। कभी-कभी कुछ रचनाओं को पढ़ते समय हमें यह लगता है कि कोश के जितने भी अच्छे शब्द थे, मंगलकारी शब्द थे, मानव-कल्याण वाचक शब्द थे, सबको कवि ने एक साथ इकट्ठा तो कर लिया है, किन्तु कवि-सत्य के नाम पर कहीं भी ऐसा पता नहीं लगाता, जहाँ हम यह कह सकें कि इस बिन्दु पर कवि ने उन शब्दों का सार्थक साक्षात्कार किया है या उनका गहरा बोध अपनी अनुभूति मर्यादित शैली में व्यक्त किया है। प्रमाण के लिये पंत जी की निम्न पंक्तियाँ लीजिये—

विज्ञान-ज्ञान बहु सुलभ, सुलभ बहु नीति-धर्म,
संकल्प कर सके जन इच्छा-अनुरूप कर्म।
उपचेतन मन पर विजय पा सके चेतन मन,
मानव को दो वह शक्ति : पूर्ण जग के कारण।

प्रस्तुत अंश में विज्ञान-ज्ञान से लेकर नीति-धर्म तक के विस्तृत शब्द-भण्डार को पंक्तिबद्ध करके खड़ा कर दिया गया है, किन्तु इस फ़ाल-इन के आर्डर में वे तो विज्ञान-

ज्ञान कवि को छूता है, न पाठक को, न तो नीति-धर्म उसे छू पाता है, न कवि को। लगता है, जैसे प्रेरणा-शक्ति ही नहीं है। इसीलिये हमारी अनुभूति भी उससे सम्बद्ध नहीं हो पाती। मैं नहीं कह सकता कि इन पंक्तियों को लिखकर कवि ने किस गहराई को अंकित किया है। नये कवियों की इस गहराई को ही समझना उनके काव्य-सत्य को समझना है। प्रत्येक अच्छे कवि में यह सम्बद्ध स्थिति—(co-relation) की स्थिति सदैव रहती है। जहाँ यह सम्बद्ध नहीं हो पाता, वहीं कविता भी गिर जाती है, उसका अस्तित्व नहीं रह जाता। यह आवश्यक नहीं है कि कवि-सत्य को जग की बात कह कर ही लाया जा सकता है, कुशल कवि अपनी बात में ही जग का सत्य देख लेता है। महादेवी वर्मा की ये पंक्तियाँ शायद अधिक सार्थक हैं—

मेरे हँसते अधर नहीं—जग की आँसू-लड़ियाँ देखो,
मेरे गीले पलक छुओ मत—मुरझायी कलियाँ देखो।
हँस देता नव इन्द्रधनुष की—स्मित में घन मिटता-मिटता,
रँग जाता है विश्व राग से—निष्फल दिन ढलता-ढलता।
कर जाता संसार सुरभिमय—एक सुमन झरता-झरता,
भर जाता आलोक तिमिर में—लघु दीपक बुझता-बुझता।
मिटने वालों की है निष्ठुर—बेसुध रंगरलियाँ देखो,
मेरे गीले पलक छुओ मत—मुरझायी कलियाँ देखो।

प्रस्तुत गीत के आधार पर हम कह सकते हैं कि कवि-सत्य का मूल्यगत रूप और उसका आग्रह प्रस्तुत विवेचन के गहन व्यक्तिगत आत्म-स्थापना में ही उपलब्ध हुआ है। जग की आँसू-लड़ियाँ ऊपर से थोपी नहीं गईं हैं, जग की अनुभूति महादेवी जी की व्यक्तिगत अनुभूति में गल पर व्यक्त हुई है। सह-सम्बन्ध (co-relation) की यह अनुभूति-स्थिति इसीलिए कामना न बनकर अनुभूति के स्तर पर मूल्यवान हो गई है और वह तादात्म्य, जो कवि का व्यक्तिगत है, हम तक अनुभूति के माध्यम से ही पहुँचता है और कवि-सत्य के अर्जित मूल्य को अधिक महत्वपूर्ण बना देता है। हमारी मंगल-कामना, हमारा विश्वबन्धुत्व हमारी विश्व-संवेदना, किताबी और कोश-प्रधान होकर अच्छी कविता का जन्म नहीं दे सकती। हमारी अनुभूति की गहराई ही उसे उस कवि-सत्य का रूप प्रदान कर सकती है, जिसमें हमने अपने आत्म-स्थापन के माध्यम से सम्पूर्ण जगत् को भी देख सकने की कामना की है।

कवि-सत्य का यह भाव-स्तर समझने के लिये जहाँ हम उदार और खुले मन की माँग करते हैं, वहीं हमारे लिये यह भी अनिवार्य हो जाता है कि हम कवि से इस बात की भी अपेक्षा रखें कि वह हमें अपना सत्य दे और अपने सत्य के माध्यम से हमें व्यापक जीवन के संदर्भों से जोड़ सके। जैसा मैंने कहा है—प्रत्येक कविता में व्यक्त भाव अनुभूत सत्य या कवि-सत्य नहीं होता—वह इसी संदर्भ में है। इसी संदर्भ में यह भी कहा है कि कवि का मोह भी किसी कविता को उसके आत्म-सत्य की प्रतिनिधि काव्यगाथा नहीं बना सकता और न वह आलोचक ही कवि का कवि-सत्य माप सकता है जिसके मान-दण्डों में विकसित हो सकने का लोभ नहीं है। जैसे शब्द मात्र की ओर से विश्वकोश के समस्त कल्याणकारी शब्दों को इकट्ठा कर देने से विश्व-मानव इस पृथ्वी पर नहीं उतर सकता,

वैसे ही समस्त अलंकार और रस और काव्यशास्त्र को कटिबद्ध करके प्रस्तुत कर देने से कविता नहीं उतर सकती। इसलिये कवि-सत्य का मूल्यांकन सदैव कवि के व्यक्तिगत अर्जित सत्य के आधार पर ही किया जा सकता है।

नयी कविता की मूल भावना जहाँ इस व्यक्ति-मर्यादा को मानती है, वहीं वह उस व्यक्ति-अनुभूति की पावनता और उसके गहन दायित्व को भी स्वीकार करती है। जो लोग नयी कविता को कुण्ठाग्रस्त मानते हैं और समझते हैं कि नया कवि कुण्ठाग्रस्त होता है, उनसे मैं केवल इतना ही कहना चाहता हूँ कि क्या ज्ञान-विज्ञान, नीति-धर्म, उपचेतन-चेतन आदि शब्दों का प्रयोग करने वाला व्यक्ति भी कर्दमवासी और कुण्ठाग्रस्त नहीं होता। कुण्ठा का अर्थ अँग्रेजी में (obsession) है और obsession का वास्तविक अर्थ है, दिमाग़ी रुकावट। 'उपचेतन' 'चेतन' और दुनिया भर के कल्याणकारी शब्दों की परेड कराने वाला व्यक्ति भी इन्हीं शब्दों के प्रति कुण्ठाग्रस्त हो सकता है। वास्तव में बात कुण्ठा की नहीं है। कुण्ठा भी यदि अनुभूत सत्य होकर अपनी समस्त पीड़ा के साथ व्यक्त हो सके तो वह भी एक कवि-सत्य हो सकता है। किन्तु उसके लिए भी अनुभूति उतनी ही आवश्यक है, जितना कि विश्व-मानव की महत् कल्पना के लिए अनुभूति आवश्यक है।

कवि-सत्य के इस अर्थ-बोध के साथ आज हमें नयी कविता को भी आँकना है। रूप-प्रधान की अधिकता आज की कविता में भी अनावश्यक रूप में आ सकती है, जैसे कि स्वयं पंत जी की कविताओं में शब्दों के हेर-फेर में आती है। वास्तविक रूप में विवेचना की वस्तु आत्म-स्थापना के स्तर पर आन्तरिक अनुभूति (immanent experience) और व्यापक जीवन के स्तरों से सह-सम्बन्ध (co-relation) स्थापित करने में है। मात्र किसी बात के सीखने से उसके सत्य का बोध नहीं हो सकता। उस सत्य को अनुभूत सत्य के रूप में ही बना कर कविता में आना चाहिए। कवि का कवि-सत्य वास्तव में उसी स्थिति में विकसित होता है, उपलब्ध हो पाता है। एक पत्ते के खड़कने में, एक तृण के कम्पन में कोई कवि समस्त ब्रह्माण्ड को कम्पित रूप में भी देख सकता है, किन्तु यह सम्भव तभी हो सकता है, जब वह अपने अस्तित्व के साथ उसका साक्षात्कार करता है और उसे अपना अनुभूत सत्य बनाकर प्रस्तुत करता है। विपिन अग्रवाल के शब्दों में—

एक घटना में,
एक दुर्घटना में,
दर्द का आयाम बढ़ जाता है
उस दर्शक को मिला लेने से
जो कहीं का ठुकराया
किसी अनहोनी की खोज में
नदियों के भीगे किनारों पर
नंगी सड़कों की डालों पर
मारा-मारा फिरता
किसी निश्चय पर पहुँच गया हो।

——◆——

उड़िया कविता में आधुनिकता

गोपालचंद्र मिश्र

उड़िया काव्य ने—जो अपने शैशव में विषय-वस्तु और स्वभाव की दृष्टि से धार्मिक और शृङ्गारिक रहा है—मध्य युग में अत्युक्तिपूर्ण गहन विकास का परिचय दिया। आलंकारिक विधाओं, शास्त्रीय रोमांसों और गीतात्मक मांसलता से पूर्ण उड़िया काव्य ने 19 वीं शती के अन्त तक अपने इस स्वरूप को बनाये रखा, जब कि मुट्ठी भर अंग्रेजी पढ़े-लिखे लोगों ने—जैसे राधानाथ राव (1849-1908), फकीर मोहन सेनापति (1843-1919), मधुसूदन राव (1853-1953) ने उड़िया काव्य को एक विशेष मोड़ दिया और मुख्यतः महाकाव्यों पर आधारित संस्कृतनिष्ठ आलंकारिक शास्त्रीय उड़िया काव्य के स्थान पर इसे आधुनिकता से विभूषित किया। वे मध्य वर्ग के कवि पूर्ण रूप से उड़िया काव्य को नयी दिशा देने में सफल हुए। उनके कृतित्व ने इस बात की घोषणा भी की कि काव्य को अब धर्म का स्थान नहीं लेना चाहिए, बल्कि पूरी ईमानदारी के साथ वर्तमान जीवन को उसके ऐतिहासिक परिवेश में प्रतिबिंबित करना चाहिए। राधानाथ और उनके उत्तराधिकारी क्लासिसिस्ट (शास्त्रीय) तथा स्वच्छंदतावादी समझे जाते हैं। इस प्रकार राधानाथ और मधुसूदन की कविताओं में धार्मिक उत्तेजनात्मक (Sensuality) कम तथा सामाजिक और ऐतिहासिक चेतना अधिक मुखर हुई। वह सामान्य मौलिकता और विशिष्टता उन्हें पूर्ववर्ती वर्षों से पृथक् करती है। यदि हम राधानाथ, मधुसूदन तथा उनके उत्तराधिकारी जैसे, नन्दकिशोर तथा गंगाधर मेहर की साहित्यिक कृतियों का अवलोकन करें, तो यह स्पष्ट हो जाता है कि विशिष्ट प्रतिभाओं ने काव्य को अधिक सरल, सुगम, देशभक्तिपरक बनाया तथा रूढ़ छन्द-बंधनों से पृथक् किया। उनका सम्बन्ध सामान्य मनोवृत्तियों और भावों से था। उस समय पश्चिम से सम्पर्क, उसकी शिक्षा एवं सभ्यता एक उल्लेखनीय शक्ति थी, जिसके उदय के साथ राधानाथ और उनके प्रशंसकों ने परम्परावादी और स्थापित काव्य-रूढ़ियों का परित्याग किया। राधानाथ के अत्याधुनिक तथा स्फूर्तिवर्धक काव्य का सम्बन्ध उड़ीसा और उसके गरिमामय इतिहास से है। बीसवीं शती के प्रारम्भिक काव्य में इस विशिष्ट मोड़ एवं परिवर्तन के कारणों का पर्याप्त संकेत परवर्ती लेखकों के प्रारम्भिक सुधारकों के प्रति अनेक टिप्पणियों तथा संदर्भों से मिल जाता है। राधानाथ के सामाजिक रोमांसवादी वर्ग के कवियों तथा अन्य लोगों का यह विश्वास करना स्वाभाविक था कि उनके काव्य के प्रेरक तत्व वे शक्तियाँ थीं, जो नये अंग्रेजी शिक्षित समाज को प्रभावित कर रही थीं। गत शती के काव्य का जादू तथा सभी प्रतिबन्ध अब अनिवार्य रूप से सामान्य तथा काव्य-रूढ़ियों एवं शिल्पों से स्वतन्त्र होने लगे। अतः परिवर्तित बौद्धिक परिवेश, जिसने प्रारम्भिक बीसवीं शती के संघर्षशील कवियों को आधार प्रदान किया, 1920 के बाद तरुण मस्तिष्कों को आकृष्ट करने में सामान्य रूप से उत्तरदायी था। इसके अतिरिक्त अखिल भारतीय स्वतंत्रता-संग्राम का भी

जिसका प्रारम्भ राष्ट्रीय कांग्रेस ने महात्मा गाँधी के अहिंसक नेतृत्व में किया था—राष्ट्रीय जीवन एवं साहित्य पर कम प्रभाव न था। उड़िया कविता में प्रथम बार राजनीतिक और राष्ट्रीय चेतना का उदय हुआ। गोपबंधुदास तथा मधुसूदन दास इस क्षेत्र के स्वीकृत अग्रणी हैं। इस प्रकार देशभक्तिपरक मौलिकता उड़िया काव्य से असंपृक्त हो गयी और यह प्रवृत्ति उत्कलमणि गोपबंधुदास, पं० गोदावरीश मिश्र, गोदावरीश महापात्र एवं कुन्तलकुमारी (जिन्होंने बाद में हिन्दी की कविताएँ भी लिखीं) की कविताओं में अभिव्यक्त हुईं। यह लेखकों का वह वर्ग था, जिसने उड़िया काव्य की मृत नसों में नव जीवन फूँका तथा उसमें एक नव्य गीतात्मक शक्ति संचरित थी। प्रवृत्ति एवं शिल्प में अत्याधुनिक उड़िया काव्य ने इन विद्वानों के हाथ में राष्ट्रीय परम्परा एवं दाय के प्रति सम्मान भी कम नहीं व्यक्त किया।

किन्तु अब मिश्रित सभ्यता, द्रुत परिवर्तन, राष्ट्रीय अनैक्य, राष्ट्रीय असंतुलन तथा संस्कृतियों के सम्मिश्रण ने पुरानी लय एवं काव्यगत स्वभाव का अन्त कर दिया और इसके स्थान पर एक नव्यतर काव्य का उदय हुआ, जिसका प्रारम्भ कुछ कॉलेज में पढ़े स्वचैतन्य बंगला और अंग्रेजी से प्रभावित तरुण कवियों ने 1922 में किया था, जिन्हें सबुज वर्ग (green group) की संज्ञा प्रदान की गयी। उन्होंने काव्य के रूढिगत रूपों का विरोध किया और सशक्त भाषा में नैतिक और सामाजिक, दोनों क्षेत्रों में विद्रोह किया। प्रथम बार उनके काव्य ने एक नव्य ऐतिहासिक दृष्टि तथा भौतिक दर्शन को अभिव्यक्ति प्रदान की, किन्तु अब भी यह मायाधर मानसिंह की कविताओं की भाँति स्वप्नमनीषियों तथा काल्पनिक जगत् से सर्वथा शून्य न थी। उन्होंने परंपरागत रूप का तिरस्कार किया और परम्परागत काव्य-अभ्यासों का खुले रूप में विरोध किया। वस्तुतः मुट्ठी भर लेखकों जैसे कालिन्दीचरण पाणिग्रही, बैकुण्ठनाथ पटनायक तथा आनन्दशंकर राय के चारों ओर एक नये आन्दोलन का विकास हुआ। राधानाथ और मधुसूदन द्वारा तिरस्कृत काव्य की परम्परागत शैली उनके अनुयायियों द्वारा भी त्यक्त हुई तथा सन् '30 के आस-पास राजनीतिक और सामाजिक दृष्टि से सचेत कवियों द्वारा सरल और जीवन अभिव्यक्ति के पक्ष में वह पूरी तरह छोड़ दी गयी। 'सबुज-कविता' काव्य-संग्रह (1930) ने एक नयी काव्य-शैली का प्रारम्भ किया, जिसका आगे चलकर 1940 के आस-पास परवर्ती तरुण कवियों द्वारा संशोधन तथा पुनर्निर्माण हुआ। 1940 तथा '42 के बीच लिखे गये साहित्य का राजनीति-दर्शन गीतात्मक सरलता की अपेक्षा अधिक सजग था। 'हरित वर्ग' से अलग एक विशिष्ट काव्य-धारा ने अपने को प्रतिष्ठित किया। यदि 'हरित वर्ग' के कवियों ने नये काव्य-रूप का आविर्भाव किया, तो परवर्ती लेखकों ने 1935-40 के वर्षों में उसकी शैली एवं वस्तु, दोनों में ही क्रांति की ओर उसे प्रगतिशील साहित्य के रूप में स्वीकृत किये जाने की घोषणा की। इस साहित्यिक क्रांति का आधार आर्थिक एवं राजनीतिक मुक्ति का मार्क्सवादी सिद्धान्त था। सच्चिदानन्द राउतराय, अनन्त पटनायक आदि ने कवियों को प्रेरणा प्रदान की, यद्यपि राष्ट्र की प्रतिबिंबित समसामयिक राजनीतिक प्रवृत्ति का जनमुक्ति तथा यथार्थवाद से अधिक सम्बन्ध था। ऐसी परिस्थिति में इस युग की कुछ कविताओं को राजनीतिक प्रचार के रूप में मान्यता प्रदान की गयी। जो एक मतविशेष से असहमत थे, स्वनिर्मित प्रगतिशील लेखकों द्वारा द्वितीय श्रेणी के लेखक की संज्ञा प्रदान की गयी। अनेक अज्ञात तथा विस्मृत कवियों द्वारा भारतीय राष्ट्रीय आन्दोलन के दिनों में

अनेक कविताएँ अवश्य ही लिखी गयी होंगी और उनमें कला का उच्च स्तर भी मिल सकता है, किन्तु इन रचनाओं को प्रगतिशील साहित्य की संज्ञा नहीं दी गयी। कारण स्पष्ट है। राजनीतिक सम्पर्क के अतिरिक्त ये प्रगतिशील कविताएँ तथा उनका नया काव्यरूप और वस्तु 'प्रदर्शन' प्रतीत हुईं। जब कि सची राउतराय की प्रारम्भिक रचना 'पल्लिश्री' (गीतात्मक शैली और ग्रामीण वस्तु के लिए विख्यात) प्रगतिशील रचना से पर्याप्त दूर मानी गयी, किन्तु राजनीतिक नारेबाजी से ग्रस्त और राजनीतिक अधिकारों की घोषणा करने वाली क्रांतिकारियों का खून बहाने का सम्मान करने वाली कविताएँ उच्चतर प्रगतिशील कविताओं की श्रेणी में मान्य हुईं।

विद्वानों ने इस प्रगतिशील कविता में कल्पना और अनुभव की गहनता की कमी की ओर लक्ष्य किया है। गहन मानवीय दर्शन और सार्वभौम मानवतावाद ने उड़िया कविता को एक नवीन प्रकार की राष्ट्रीयता का तत्त्व दिया और ठीक उसके बाद ही राष्ट्रीयता अन्तर्राष्ट्रीय राजनीतिक विचारधारा में परिवर्तित हो गयी। पुराने छन्द पहले से ही छोड़े जा चुके थे। यह पुनः सम्पूर्ण रूप से पाश्चात्य प्रभाव और युग की विशेषता के रूप में व्याख्यायित किया गया। किन्तु परम्परा और बहुत दिनों से चले आते हुए काव्य-अभ्यास के सन्दर्भ में इस प्रयोगशीलता नें मनुष्य के सामने कठिन समस्याओं को प्रस्तुत कर दिया। आधुनिक उड़िया कविता उलझी संवेदना को व्यक्त करती है। उड़िया कविता में नये प्रयोग कुछ पहले प्रारम्भ हुए और 1940 के बाद से '47 ई० और अब तक वह अनिश्चित रूप में है और कवियों ने नये वस्तु-तत्त्व, शिल्पमुक्त छन्द आदि अपनाये। आधुनिकतावादी बिम्ब और उलझाव ने नयी कविता को और उलझा दिया। 'आधुनिक' शब्द उतना ही लचीला है, जितना 'कविता' और प्रायः यह परिभाषित नहीं किया जा सकता और मैं यह कहने में नहीं हिचकूँगा कि आधुनिक उड़िया कविता वह है, जो आधुनिक कवियों द्वारा लिखी जाती है। यह 'आधुनिक' कहाँ से आरम्भ होता है? आधुनिक संसार से क्या तात्पर्य है? क्या वह संसार शक्तिसम्पन्नों द्वारा नष्ट कर देने की धमकी वाला और भयग्रस्त है? आधुनिकतावादी कवि किस प्रकार इस धमकी और भयग्रस्त संसार का तथा राक्षसी-मशीन-युग का मुक़ाबला करेगा? स्वतन्त्रता-प्राप्ति के बाद बहुत से कवि सामने आये, लेकिन किसी ने कोई विशिष्ट परम्परा नहीं स्थापित की। कुछ लोग 1935-45 तक की मार्क्सवादी कविता का अनुकरण करते रहे, जब कि कुछ दूसरे नये फ़ैशन में लिखने का प्रयत्न भी करते हैं। आधुनिकतावादी वैयक्तिक स्वतन्त्रता और मानवीय सम्मान में विश्वास करते हैं। अभिव्यक्ति के नये तरीकों के साथ नये कवियों के प्रयोगों में आधुनिक जीवन की जटिलताओं की व्याख्या परम्परागत काव्य-शैली में न होकर नयी शैली और नये तरीकों में हुई। नयी कविता का सर्वाधिक लोकप्रिय रूप मुक्त छंद का है, जो पश्चिमी कविता की प्रतिच्छाया कहा जाता है। जैसा कि हिन्दी में तथा अन्य आधुनिक भारतीय साहित्यों में कविता की एक सशक्त परम्परा प्रगतिशील हो रही है, वैसा प्रयत्न उड़िया में नहीं है। परिणामस्वरूप उड़िया की आधुनिक (नयी) कविता लोकप्रिय नहीं है। अगर कोई विशिष्ट आन्दोलन उड़िया में भी इस संदर्भ में हुआ होता, तो मेरा विचार है कि अब तक अवश्य नयी कविता की एक सशक्त परम्परा स्थापित हो गयी होती। इस सम्बन्ध में प्रयत्न भी गैर ईमानदारी और आधे मन से किये जा रहे हैं।

आधुनिक बिम्ब, प्रतीक और आधुनिक जटिलताएँ आधुनिक कविता में स्वयं सन्निहित हैं और वे अपनी सामग्री छात्रावास, कोयले की खानों, पृथ्वी और आकाश, हर स्रोत से ले रहे हैं। इस कविता में भाव और संवेगों की अपेक्षा बुद्धि का अधिक योग है, फलतः आधुनिक कविता दुर्बोध हो गयी है। विनोदनायक, ज्ञानीचन्द्र वर्मा, भानुजी राव, रमाकांत रथ, ब्रह्मोहरि मोहन्ती, डॉ० कुंजबिहारी दास, गुरुप्रसाद मोहन्ती और अन्य नये कवि समय की चुनौती के मुक़ाबले के लिए नयी और ताज़ी अभिव्यक्तियों को प्रदर्शित करते हैं, किन्तु उनकी ओर उड़िया नयी कविता के आन्दोलन के लिए कोई संगठित प्रयत्न नहीं हो रहा है।

जब कि यहाँ संक्षेप में आधुनिक उड़िया कविता की परम्पराओं और प्रवृत्तियों का अध्ययन दिया जा रहा है, तो ईमानदारी के साथ यह भी स्वीकार कर लेना चाहिए कि छायावादी (green group) और प्रगतिवादी (revolutionary group) कवियों ने अभी लिखना बन्द नहीं किया है। फलतः रोमांटिक, प्रगतिवादी (समाजवादी विचारधारा समन्वित) कविताएँ प्रत्येक महीने पत्रिकाओं में प्रकाशित होती हैं। निस्संदेह आधुनिक कवि जीवन और वर्तमान मानव-सभ्यता की यांत्रिक विशेषताओं की व्याख्या करने को उत्सुक है तथा कविता के अर्थों का नया मूल्य सृजित करना और जीवन को पुनर्गठित तथा पुनरुज्जीवित करना चाहता है और सहानुभूति के लिए मैं सोचता हूँ, नयी कविता तो नहीं, किन्तु नये कवि आवश्यकता का मुक़ाबला करने में सक्षम और समर्थ हैं।

—अनु० : नित्यानन्द तिवारी

—✦—

परिचर्चा

नयी कविता की वर्तमान स्थिति

[इधर पिछले दिनों नयी कविता की वर्तमान स्थिति और संभावनाओं को लेकर व्यापक चर्चा रही है। उपलब्धिगत सराहना के बावजूद इस महत्वपूर्ण उन्मेष की तेजस्विता को लेकर कुछ प्रश्न, कुछ शंकाएँ भी उठायी गयी हैं। नयी कविता के अकालिक विघटन की आरोपपूर्ण कल्पना अपने साथ कई वैचारिक समस्याओं को उपस्थित करती है। इस लिखित परिचर्चा के माध्यम से दो समीक्षक और दो कवि इस प्रसंग में आपके सम्मुख अपने विचार प्रस्तुत कर रहे हैं।]

समीक्षक की दृष्टि से : **देवराज**

छायावाद तथा प्रगतिवाद के आन्दोलनों की भाँति प्रयोगवाद का जन्म भी विरोध या विद्रोह की स्पिरिट में हुआ। साहित्य में नये आन्दोलन क्यों शुरू होते हैं, इसके भिन्न दृष्टियों से दो भिन्न उत्तर दिये जा सकते हैं। एक उत्तर वह होता है, जिसे आन्दोलन के प्रवर्तक अपने मंडन में देते हैं। दूसरा उत्तर आन्दोलन के समय की वस्तुगत स्थितियों में निहित होता और खोजा जा सकता है। साहित्य के इतिहास की दृष्टि से किसी आन्दोलन का लक्ष्य एक ही होना चाहिये—काव्य-साहित्य के प्रकृत प्रयोजन को अग्रसर करना। इस प्रयोजन के दो पक्ष होते हैं, रचना के अंदाज में परिवर्तन द्वारा नये चमत्कार की सृष्टि, और जीवन व अनुभूति की नयी सम्भावनाओं के आकलन से नये बोध या चेतना-रूपों का संग्रथन। आन्दोलन के प्रवर्तक प्रायः इन प्रकृत प्रयोजनों पर दृष्टि न रखते हुए समसामयिक अथवा सन्निकट अतीत की रचनाशैली में दोषों की उद्‌भावना करते हैं और शैली अथवा जीवन-दृष्टि की उन विशेषताओं पर गौरव देने लगते हैं, जो उनके आन्दोलन को विगत रचना-प्रवृत्तियों से जुदा करने वाली हैं।

उदाहरण के लिये छायावादियों ने अपने और रीतिकाल के कवियों के बीच सांस्कृतिक स्तर के भेद की कल्पना की—यह प्रकट किया कि उनकी रुचियाँ रीतिकाल की अपेक्षा में अधिक परिष्कृत थीं। साहित्य के इतिहास की दृष्टि से यह भेद महत्व शून्य और काल्पनिक था। यह कहना भी ग़लत था कि छायावादी काव्य रीतिकालीन कविता से अधिक सूक्ष्म था। कविता में मूर्त्त चित्रों की प्रधानता होनी चाहिए, और यह नहीं कहा जा सकता कि छायावादी काव्य-कला सूर अथवा बिहारी की तुलना में सूक्ष्मतर है। छायावाद की भावात्मक देन नया सौंदर्य-बोध और उसके अनुरूप अभिव्यक्ति-काल का विधान है। शायद, विशुद्ध साहित्यिक दृष्टि से, यह अभिव्यक्ति उतनी पूर्ण व प्रौढ़ नहीं है, जितनी कि सूर, विद्यापति और बिहारी की संवेदनाओं की अभिव्यक्ति। मतलब यह कि छायावाद की प्रकृति उपलब्धि विशुद्ध रूप में साहित्यिक है, उसका उन चीज़ों से महत्वपूर्ण

लगाव नहीं है, जिन पर आंदोलन के नेताओं ने ज़्यादा ज़ोर दिया। इस ज़ोर देने की क्रिया का एक ही उपयोग था, अतीत के अनुकरण में होने वाली रचनाओं को निरुत्साहित करना। इस क्रिया के साथ-साथ मिथ्या तत्व पर गौरव और उससे सहचरित दम्भ भी चलता रहा। यह दम्भ रहस्यवाद था; उसका जन्म कल्पित सांस्कृतिक श्रेष्ठता के अभिमान में हुआ और वह क्रमशः रचनागत कमज़ोरियों पर पर्दा डालने का अस्त्र बन गया। इसीलिये उसके विरुद्ध विद्रोह हुआ।

प्रगतिवाद ने छायावादी धुंध और कुहासे के विरोध में अभिव्यक्ति तथा विषय वस्तु की सामाजिकता पर गौरव दिया। इस गौरव ने भी सांस्कृतिक विरोध का रूप धारण कर लिया। छायावाद के नेता जहाँ बाहर से रहस्यवाद और सांस्कृतिक परिष्कार की बात करते थे, वहाँ अन्दर से जो रचना-सौष्ठव के प्रति असावधान नहीं थे। (असावधान केवल वे थे, जो बाह्य रहस्यवादी आवरण को डालकर अपने को कृतकृत्य समझे हुए थे। कभी-कभी यह ग़लत दृष्टि स्वयं नेताओं को भी आक्रान्त कर लेती थी।) प्रगतिवाद का आन्दोलन मुख्यतः समीक्षकों के बीच शुरू हुआ, इसलिये उसमें रचना-सौष्ठव की चेतना का अभाव रहा। फलतः उसके विरुद्ध भी विद्रोह हुआ; इस विद्रोह ने क्रमशः उस व्यक्तिवादी प्रवृत्ति का रूप धारण किया, जिसे प्रयोगवाद कहते हैं। यहाँ 'व्यक्तिवादी' विशेषण उस सांस्कृतिक विरोध को द्योतित करता है, जो प्रगतिवाद तथा प्रयोगवाद के बीज उठ खड़ा हुआ।

हमारा विचार है कि साहित्य की प्रकृत उपलब्धि का मार्ग व्यक्तिवाद व समाजवाद, इहलोकवाद तथा परलोकवाद, भौतिकवाद एवं अध्यात्मवाद आदि के विरोधों से अलग और ऊपर है। जिस प्रकार छायावादियों का रहस्यवाद और सूक्ष्मवाद का नारा ग़लत था, वैसे ही आज के 'नये' कवि का यह दावा कि वह किसी नितान्त नये मनुष्य के बारे में लिख रहा है, निःसार है। सार बात सिर्फ इतनी है कि सब युगों के कवियों की भाँति आज का कवि भी नयी शैली व अन्दाज़ में अपने नये जीवनबोध को प्रकट करना चाहता है। आज छायावादियों का मूल्यांकन करते हुए उनकी रचना व सिद्धान्त के उन पहलुओं पर गौरव देना जरूरी नहीं होगा, जो उन्हें रीतिकाल या किसी दूसरे काव्य-युग से भिन्न करते हैं। हम सिर्फ़ यह पूछेंगे कि उनकी रचनाओं में निबद्ध जीवन-बोध कहाँ तक उनका निजी है और वह कितना पूर्ण व प्रौढ़ है।

अपनी विशिष्ट जीवन-चेतना को प्रकट करने के लिए इधर के कवियों ने कुछ नयी चीज़ें अपनाई हैं, छायावाद की अपेक्षा में भाषा यानी पदावली, मुहावरे और अन्दाज़ की नवीनता; बोलचाल की भाषा से लय या रिद्म लेने वाले, अथवा उस रिद्म का अनुकरण करने वाले, नये छन्द व संगीत-विधान; और नयी चित्र-सामग्री तथा अलंकार है। ये सब चीजें उपकरण रूप हैं, नयी कविता के कृतित्व का मूल्यांकन इन उपकरणों के बल पर नहीं होगा; वह उसकी सांस्कृतिक विशेषता से भी नहीं किया जायेगा। भविष्य के आलोचक उसे सिर्फ़ निम्न कसौटी पर कहेंगे : उसमें निबद्ध जीवन स्पन्दन कितना विशिष्ट, विविध व मार्मिक और कितना पूर्ण व प्रौढ़ है।

क्या नयी कविता निस्तेज हो रही है? इस प्रश्न का उत्तर देने से पहले हमें पूछना होगा : क्या नयी कविता सिर्फ उन तत्वों की ओर ध्यान दे रही है, जो एक आन्दोलन को सामयिक रूपाकार देते हुए उसकी अतीत से भिन्नता घोषित करते हैं? हमारा अनुमान है

कि नयी कविता के समर्थक अभी तक विरोध व विद्रोह के नारे बुलन्द करते हुए, यथार्थ या कल्पित प्रतिपक्षियों को खरी-खोटी सुनाते हुए—कम से कम विचार और वितर्क के धरातल पर बहुत कुछ यही करते रहे हैं। जिस समय छायावादियों ने रीतिकाल का विरोध किया, उस समय वे दो बातों में अन्तर करना भूल रहे थे— एक यह कि अब ब्रजकाव्य के अनुकरण में काव्य-रचना करना ग़लत नीति थी, और दूसरे यह कि रीतिकाल के कवियों ने, अपने उपयुक्त माध्यम ढूँढ़ कर सचमुच ही बड़ी उपलब्धियाँ की थीं। किसी आन्दोलन के लिए विरोध का आधार शुरू में ही महत्वपूर्ण होता है; उसके बाद आन्दोलन के नेताओं में रचनात्मक ज़िम्मेदारी की भावना आनी चाहिए।

साहित्यिक आन्दोलन अपेक्षाकृत इधर की चीज़ है। वैसे प्रत्येक महत्वपूर्ण लेखक को नये मुहावरे व अन्दाज़ की ज़रूरत होती है। इस दृष्टि से आन्दोलन की एकता व्यक्तित्व की विघातक भी हो सकती है। नयी कविता के सैकड़ों समर्थकों की वाणी में आपत्तिजनक एकरसता आती जा रही है; ठीक ऐसे ही एकरसता किसी समय छायावादी कृतियों में आने लगी थी। इसके कारण का निर्देश ऊपर हो चुका है, यानी सिर्फ़ उस पर ज़ोर देना जो हमें सन्निकट अतीत से भिन्न करता है। किसी साहित्यिक आन्दोलन के वे श्रद्धाशील अनुयायी व समर्थक, जो उसमें सिर्फ़ वही देखते हैं, जो उसे आन्दोलन का रूप देता है, और उसी को लेकर बढ़ना चाहते हैं, उसके सबसे बड़े शत्रु होते हैं। छायावाद युग में उसका नये से नया अनुयायी अनन्त की ओर प्रधावित होने में पहुँचे हुए रहस्यवादियों को मात करता था, ठीक ऐसे ही आज प्रत्येक 'नया' कवि अपने को नये मानव का जन्मसिद्ध प्रवक्ता समझता है।

जिस नये यथार्थ को साहित्य पकड़ना चाहता है, वह मुख्यतः सांस्कृतिक यथार्थ होता है। सच पूछिए तो महत्वपूर्ण लेखक किसी पूर्वसिद्ध सांस्कृतिक चेतना का प्रकाशन नहीं करता, वह नयी चेतना के पूर्ण व प्रौढ़ रूपों में गठित करता है। कहने की ज़रूरत नहीं कि ऐसा गठन समझदार और सांस्कृतिक दृष्टि से समृद्ध व्यक्तित्व वाला लेखक ही कर सकता है।

नयी कविता में जिस अनुपात में एकरसता बढ़ रही है, उसी अनुपात में नयापन कम हो रहा है। अतीत से भिन्नता के बोधक जिन प्रयोगों को लेकर नव-लेखन ने अपना जीवन शुरू किया था, उसकी सम्भावनाएँ प्रायः ख़त्म हो चुकी हैं। अब दूसरे, ज़्यादा व्यापक और गहरे, ऐसे प्रयोगों की अपेक्षा है, जिनका सम्बन्ध पदों और चित्रों की क्षणिक भंगिमाओं से कम और जीवन व इतिहास की गहरी माँगों एवं जटिल विरोधाभासों से अधिक होगा। ऐसे प्रयोग किसी आन्दोलन द्वारा नहीं, समर्थ लेखकों द्वारा अनुष्ठित होते हैं। हमें प्रसन्नता है कि 'कनुप्रिया' जैसी कृतियों में वैसे प्रयोगों का सफल आरम्भ हो रहा है।

समीक्षक की दृष्टि से : **रामस्वरूप चतुर्वेदी**

किसी ऐसे काव्यान्दोलन का मूल्यांकन-पुनर्मूल्यांकन कठिन होता है, जो समीक्षक की दृष्टि के समानान्तर स्वयं भी विकसित हो रहा हो। विवेचन और विवेच्य दोनों में से

किसी में स्थिरता का न होना शायद मूल्यांकन को भी विकसनशील बना देता है। इसीलिये यह संभव हो सकता है कि नयी कविता के विकास के साथ-साथ उससे संबद्ध समीक्षा-दृष्टि में भी कुछ परिवर्तन आया हो।

यों अपने बारे में मेरा यह कह सकना कठिन होगा कि नयी कविता के प्रसंग में मेरी स्थिति पूर्ववत् है, या कुछ बदली है। पर इतना अवश्य अनुभव करता हूँ कि स्वयं नयी कविता का रूप बहुत कुछ विकसित हुआ है। यहाँ स्पष्ट कर दूँ कि विकास सर्वत्र उत्कृष्टता का ही द्योतक नहीं होता। इस प्रसंग में नयी कविता का विकास किन-किन दिशाओं में हुआ है, और उसकी सामूहिक परिणति क्या है, यहीं प्रस्तुत परिसंवाद की मूल जिज्ञासा है।

अब तक हिन्दी की नयी कविता की समीक्षा प्रायः प्रकाशित सप्तक-संकलनों के आधार पर की जाती रही है। किन्तु अब लगता है, विशेष रूप से 'तीसरा सप्तक' (1959 ई०) के प्रकाशन के बाद से, कि नयी कविता का मूल स्वर संकलन में न होकर उसके बाहर है। 'सप्तक' यहाँ जैसे स्थापन (एस्टेब्लिशमेंट) का प्रतीक हो गया है, और होता जा रहा है, कि किसी एक संकलन के माध्यम से उसका वास्तविक प्रतिनिधित्व नहीं हो सकता। यह एक प्रकार से समसामयिक और आधुनिक के बीच का अंतर कम होने की प्रक्रिया है।

पर ऐसी स्थिति में अब प्रश्न नयी कविता की उपलब्धि का नहीं, उसकी संभावनाओं का है। क्योंकि आधुनिक-साहित्य-दृष्टि में उपलब्धि की संभावना का महत्व कम नहीं है। और आधुनिक साहित्य-बोध अग्रणी संवेदना (advanced sensibility) को समाहित करने के कारण यों भी संभावना पर अधिक बल देता है। किन्तु प्रस्तुत परिसंवाद की प्रकृति से इतना तो स्पष्ट हो जाता है कि इस संभावना को लेकर निश्चित आश्वासन का अभाव है। यह अपने आप में एक विचित्र परिस्थिति है। सामान्यतः कोई साहित्यिक आन्दोलन तभी ह्रासोन्मुख होता है, जब कि उसको लेकर विरोध का स्वर उठता दिखाई दे, भले ही वह बहुत मुखर न हो। पर नयी कविता के प्रतिवाद का आभास कभी किसी ओर से नहीं मिलता। फिर यह अकालिक ह्रासोन्मुखता का आभास क्यों?

यदि नयी कविता के विकास की गति-विधि को ध्यान से देखा जाये तो लगेगा कि यह साहित्यिक उन्मेष मूलतः संवेदना के धरातल से प्रारम्भ होकर भी बाद में शिल्प-प्रधान अधिक हो गया। नये साहित्यिक आन्दोलनों का विकास संवेदना से शिल्प की ओर, फिर संवेदना और शिल्प में संतुलन के क्रम से, अंत में शिल्प की 'मैनरिज़्म' के रूप में परिणत हो जाता है, क्योंकि कालान्तर में नव-विकसित शिल्प प्रणालियों की तुलना में संवेदना का मूल स्वर क्षीण होता जाता है। छायावाद का इतिहास इस दृष्टि को पुष्ट करता है। प्रारम्भ के कवियों ने अभिव्यक्ति के उचित माध्यम न पाकर शिल्प की नयी ज़मीनें तोड़ीं, फिर धीरे-धीरे इस नये शिल्प और संवेदना का उचित संतुलन स्थापित हुआ (यही काल उपलब्धि की दृष्टि से सबसे महत्वपूर्ण होता है), और अन्त में इस काल के सफल छायावादी गीतों की प्रतिध्वनि प्रारम्भ हुई, बहुत दिनों तक चली, शायद अब तक चल रही है।

देखना यह है कि विकास-क्रम की इस रूपरेखा में नयी कविता किस स्थिति से गुज़र रही है। कुछ लोग कह सकते हैं कि वह अब ध्वनि से प्रतिध्वनि की ओर जा रही है, पर

मुझे ऐसा नहीं लगता। इसका एक कारण यह है कि शिल्पगत वैचित्र्य को अपना लेने पर भी नयी कविता के फॉर्म में वैसी एकरूपता और सघनता नहीं है, जैसी छायावाद में थी। नयी कविता के स्वरों की विभिन्नता ही उसकी शक्ति और संभावना का स्रोत है।

पर यह सही है कि नयी कविता के वर्तमान उलझाव के पीछे उसका प्रारम्भिक अतिरिक्त शिल्प-आग्रह है, जिसे वह बाद में संवेदना के प्रवाह में अन्तर्भुक्त न कर सकी। अनुभूति की समुचित गहराई और आवश्यक बौधिकता के अभाव में इस शिल्प बहुलता ने नयी कविता को जैसे एक अंधी गली में छोड़ दिया हो, जहाँ से आगे बढ़ने की राह नहीं दिखाई देती। अंधी गली से निकलने की आकुलता जितनी अधिक है, न निकल पाने की विवशता उससे कम नहीं है। आकुलता और विवशता के बीच की स्थिति में नयी कविता इस समय है। समीक्षक का कार्य भविष्यवक्ता का नहीं होता, फिर भी इतना कहा जा सकता है कि नयी कविता का आन्दोलन प्रारम्भ से ही सजग (self conscious) और बौद्धिक रहा है, अतः विजय आकुलता की ही होनी है, क्योंकि उसकी प्रकृति रचनात्मक भी है। संप्रति उलझाव अप्रेक्षाकृत व्यापक होते हुए भी अस्थायी है, यों इसके पहले भी कुछ कवि शिल्पगत वैचित्र्य के फेर में अपने मूल कवित्व को आहत कर चुके हैं।

नयी कविता में 'मैनरिज़्म' विकसित हो जाने की संभावना पर समीक्षकों ने पहले भी विचार किया था। अब कुछ कथा-अभिप्राय प्रचलित हो चले हैं। अभिमन्यु, चक्रव्यूह, बौने आदि प्रतीक न रह कर अभिप्राय बन गये हैं, क्योंकि इन प्रतीकों के अर्थ विकसित नहीं किये गये। इस प्रसंग में नयी कविता के कवियों को अपने आन्दोलन के प्रारम्भकर्ता अज्ञेय की रचना-संवेदना से बहुत कुछ सीखना है, जिनके काव्य की भावभूमि बराबर विकसनशील रही है। क्षण का महत्व कवियों की प्रतिभा को अल्पकालिक बना दे, यह खेद का विषय है। इसके अतिरिक्त पहले का कवि मूलतः अलौकिक प्रेरणा से लिखता था। अब उसे बहुश्रुत और अधीन होना पड़ेगा। हिन्दी के सजग माने जाने वाले नये कवि से अधीति के अभाव की वह शिकायत विशेषतः की जा सकती है। कलाकार को धर्म, भक्ति, ऐहिकता, रहस्यवाद, ज्ञान-विज्ञान कहीं पर कुछ न कुछ आधार तो बनाना होगा। क्षण का महत्व एक दार्शनिक स्थिति हो सकती है, व्यावहारिक नहीं। इस दृष्टि से आज आधार-हीन कवियों की संख्या बढ़ गयी है। पर अपनी सजग प्रवृत्ति के कारण जब वे बौद्धिक निष्ठा प्राप्त करके अपनी संवेदना को विस्तार देंगे, तब खोखले शिल्प की समस्या स्वतः समाप्त हो जायेगी। नयी कविता में अभी शिल्प और संवेदना होना शेष है। उपलब्धि की इस स्थिति तक संभावना की कमी नहीं होनी चाहिये।

'मैनरिज़्म' की स्थिति को तोड़ने के लिये संवेदना की नयी दिशाओं की खोज आवश्यक है। विज्ञान और टेक्नोलोजी के आधुनिक युग की चुनौती हमारे सामने है। औद्योगिक दृष्टि से कुछ बिगड़े रहने पर भी इस संघर्ष से बचा नहीं जा सकता। यह वर्तमान सभ्यता की बहुत कुछ अनिवार्य परिणति है। विज्ञान और औद्योगीकरण के युग की जटिल परिस्थितियाँ और संकट हमें स्पर्श कर रहे हैं। संवेदना के विकास के लिये इस क्षेत्र में अनेक संभावनाएँ हैं, और इनकी अभिव्यक्ति नयी कविता की शिल्प-बहुलता को सार्थकता दे सकेगी।

नयी रचना-पद्धतियों के भविष्य को लेकर अँग्रेजी साहित्य में भी चिंता प्रकट की जा चुकी है। कई वर्ष पूर्व 'न्यूयार्क टाइम्स' में स्टीफेन स्पेंडर ने एक निबन्ध प्रकाशित किया था 'द मॉडर्निस्ट मूवमेंट इज़ डेड'। शीर्षक के बावजूद कुल मिलाकर लेखक के विचारों में आस्था का स्वर स्पष्ट था। हाँ, वास्तविक स्थिति को लेकर आत्मालोचन पूरा था। नयी कविता की स्थिति इस प्रसंग से सहज तुलनीय है, पर आत्मालोचन को हमें और गहरा करना है।

कवि की दृष्टि से : **शम्भूनाथ सिंह**

अब तक नयी कविता का जो स्वरूप सामने आया है, उसे देख कर दो परस्पर विरोधी विचार मेरे मन में उठते हैं— एक तो यह कि नयी कविता सचमुच ही निस्तेज होकर अपना पूर्ववर्ती चमत्कार आकर्षण खो रही है, जो उसके ह्रासोन्मुखता का लक्षण है; दूसरा, यह कि नयी कविता का भविष्य अत्यन्त उज्ज्वल है, क्योंकि उसमें स्वयं को निरन्तर परिवर्तित करते रहने की ऐसी अद्‌भुत शक्ति है, जो कभी भी उसे बासी, शक्तिहीन और गतानुगतिक नहीं बनने देगी। परस्पर विरोधी होती हुई भी ये दोनों स्थितियाँ नयी कविता में वर्तमान हैं, यही इस बात का प्रमाण है कि वह विकास के पथ पर है। विरोधी स्थितियों के संघर्ष या विरोध से विकास होता है और इस दृष्टि से नयी कविता में स्थायी क्रान्ति (परमानेण्ट रिवोल्यूशन) के लक्षण वर्तमान् हैं, जो उसे एक स्थिति से दूसरी स्थिति में ले जाकर निरन्तर उसका विकास करते रहेंगे।

यहाँ मुझे अक्षयवट की कल्पना याद आती है। अक्षयवट शाश्वत है। कलकत्ते के बोटेनिकल गार्डन का विशाल वटवृक्ष इसका साक्षी है। उसका एक भाग सड़ कर नष्ट होता जाता है तो दूसरा भाग जड़ पकड़ कर वृक्ष का नवीनीकरण भी करता जाता है। इस तरह उसमें जन्म और मृत्यु का क्रम इस तरह साथ चलता रहता है कि उसके जीवन का प्रवाह कभी अवरुद्ध नहीं होता। ठीक यही स्थिति मुझे नयी कविता की भी दिखाई पड़ रही है। कुछ लोग नयी कविता के नाम पर ही यह आपत्ति करते हैं कि आज यह पुरानी कविता की तुलना में नयी है तो इसका नयी कविता नाम उपयुक्त है, किन्तु कुछ दिनों बाद या कभी न कभी तो उसका ह्रास होगा ही और उसकी जगह दूसरी 'नयी कविता' ले लेगी; उस समय इसे किस नाम से पुकारा जायेगा, यह एक मौलिक प्रश्न है, जिसका सम्बन्ध केवल नाम से ही नहीं, उस दृष्टि बिन्दु से भी है, जिसके कारण वर्तमान कविता का नाम 'नयी कविता' पड़ा। हिन्दी की वर्तमान आलोचना कविता को 'वादों' के बन्धन में जकड़ कर देखने की अभ्यासी है। छायावाद, रहस्यवाद, प्रगतिवाद और प्रयोगवाद के बाद कौन-सा वाद आया, यह जाने बिना जैसे उसकी गति ही अवरुद्ध हो जाती है। नयी कविता में कौन 'वाद' और यदि उसका कोई 'वाद' है, नहीं है तो वह कविता कैसी, कुछ इस तरह के विचार हिन्दी के पुराने खेवे के आलोचकों के हैं। यह बात उन लोगों की समझ में ही नहीं आती कि वादों के बिल्ले के बग़ैर भी साहित्य हो सकता है और होता है। 'नयी कविता' नाम से उनके उक्त अभ्यास को धक्का लगता है, जिससे वे इस पर आपत्ति करते हैं। किन्तु इन वादों वाली बात के अतिरिक्त एक और

बात भी है, जो नयी कविता नाम को सार्थक बनाती है। वह है नयी कविता की नित्य नवीनीकरण की प्रवृत्ति। इस प्रवृत्ति का परिणाम यह होगा कि हर दस या पाँच वर्षों के बाद कविता का रूप-शिल्प अथवा वस्तुतत्व पर्याप्त परिवर्तित दिखाई पड़ेगा और उस नवीन सम-सामयिक कविता की तुलना में दस या पाँच वर्ष पूर्व की कविता निस्तेज, रूढिबद्ध और पुरानी प्रतीत होगी। इस तरह नयी कविता तो हमेशा बनी रहेगी, भले ही उसका पूर्ववर्ती रूप पुराना पड़कर पीछे छूट जाये और उसकी जगह नये स्वरूप की प्रतिष्ठा हो जाये। इसी परिवर्तन-प्रक्रिया को ऊपर 'स्थायी क्रान्ति' कहा गया है।

इस बात को और भी स्पष्ट करने के लिए नयी कविता के इतिहास पर एक दृष्टि डालनी होगी। नयी कविता नाम प्रचलित हो जाने के बावजूद बहुत से लोग प्रयोगवाद और नयी कविता में कोई भेद नहीं मानते, क्योंकि बाह्य रूपाकार की दृष्टि से दोनों में विशेष अन्तर नहीं है। किन्तु आन्तरिक तत्वों पर अभिव्यंजना-पद्धति का विश्लेषण करने पर दोनों में बहुत अधिक अन्तर दिखाई पड़ता है। पर यदि यह बात मान भी ली जाये कि नई कविता और प्रयोगवाद एक ही हैं तो यह स्थापना और भी सिद्ध हो जाती है कि नयी कविता में सतत परिवर्तनशीलता की शक्ति वर्तमान है। बीसवीं शताब्दी के पाँचवें दशक के प्रारम्भ में प्रयोग और प्रतिक्रिया की बहुलता लेकर पूर्ववर्ती छायावादी शैली की कविताओं से भिन्न जो तर्कपूर्ण, उपदेशात्मक और परम्पराभंजक कविता सामने आयी, उसे आलोचकों ने 'प्रयोगवाद' नाम दिया। एक दृष्टि से यह कविता भी पूर्ववर्ती कविता की तुलना में नयी कविता ही थी। किन्तु अपनी आन्तरिक अशक्ति और काव्यत्व की हीनता के कारण यह काव्य-प्रवृत्ति शीघ्र ही ह्रासशील हो गयी, यद्यपि 'नकेन'-दल के कवि तथा कुछ अन्य अतिशय आधुनिकतावादी कवि छठें दशक में भी 'प्रयोग के लिए प्रयोग' और अनावश्यक रूप से परम्परा-भंजन की प्रयोगवादी प्रवृत्ति को अपनाये रहे। छठें दशक के प्रारम्भ के साथ ही प्रयोग के अतिरिक्त उत्साह से मुक्ति पाकर हिन्दी कविता एक नयी दिशा में मुड़ी, जिसमें परम्परा को आत्मसात् करके स्वीकारने और स्वानुभूति की सघनता के दबाव से विवश होकर सहज आत्माभिव्यक्ति करने की प्रवृत्ति प्रमुख थी। इसी को नयी कविता कहा जाने लगा। प्रयोगवाद में और कोई काव्यगत वैशिष्ट्य भले ही न हो, किन्तु उसकी यह ऐतिहासिक देन है कि उसने आघात-चिकित्सा (शॉक-ट्रीटमेंट) की पद्धति अपना कर हिन्दी कविता को रूढ़िबद्ध और गतानुगतिक छायावादोत्तर काव्य-प्रवृत्ति के कुहा-जाल से उबारा। यहाँ तक तो उसकी उपादेयता थी, पर नयी कविता के उदय के बाद प्रयोगवाद की वह उपयोगिता समाप्त हो गयी क्योंकि नयी कविता की आधुनिकतावादी दृष्टि, परम्परा के पुनर्मूल्यांकन और आत्मसाक्षात्कार द्वारा उसकी पुनरुपलब्धि तथा अनुभूति की बाध्यता से नवीन शिल्प के आविष्कार के कारण प्रयोगवाद अनावश्यक और अनुपयोगी ही नहीं, स्वयं एक रूढ़ि प्रतीत होने लगा।

इस तरह नयी कविता प्रयोगवाद से स्पष्टतः भिन्न दिखाई पड़ी। यही नहीं, काव्य-सौष्ठव और शिल्प-सज्जा की दृष्टि से भी वह प्रयोगवाद से आगे बढ़ी हुई थी। किन्तु सन् 1950 के बाद आने वाले कुछ नये कवियों और अज्ञेय प्रभृति कुछ पूर्ववर्ती प्रयोगवादी कवियों द्वारा नयी कविता की जो धारा प्रवाहित की गयी, वह भी कुछ ही वर्षों में स्थिरगति होकर भँवर में चक्कर काटती प्रतीत होने लगी। तभी प्रयोगवाद से भी पूर्व से कविता लिखने वाले शमशेर बहादुर सिंह तथा नयी पीढ़ी के कुछ कवियों ने खण्डित

बिम्ब-योजना की आधुनिकतावादी अभिव्यंजना पद्धति अपना कर अथवा लोकतत्वों और कथानक रूढ़ियों को नये सन्दर्भ में रखकर काव्य-रचना प्रारम्भ की। यह नयी कविता का द्वितीय चरण है, जो समानान्तर चलने वाली पूर्वागत नयी कविता से अधिक जीवंत, नवीनतापूर्ण और समृद्ध है। इन कवियों की कविताएँ दूसरे और तीसरे सप्तक के कवियों (शमशेर बहादुर और केदारनाथ सिंह को छोड़कर) की कविताओं से पर्याप्त भिन्न और आधुनिकतावादी हैं। इस तरह सन् 1940 से लेकर अब तक की नयी कविता (यदि प्रगति-प्रयोग-युग की कविता को भी नयी कविता कहा जाये तो) में उत्तरोत्तर विकास का एक ऐतिहासिक क्रम दिखाई पड़ता है। इस विकास-क्रम में ह्रासशील तत्वों वाली प्रवृत्तियाँ पीछे छूटती गयी हैं और उनकी जगह नवीन प्रवृत्तियाँ विकसित होती गयी हैं।

विकास का यह क्रम बहुत ही स्वाभाविक और स्वस्थ है, जिनके मन में यह प्रश्न उठता है कि नयी कविता निस्तेज हो रही है, उनकी दृष्टि सम्भवतः नयी कविता की सद्यः विकसित होने वाली इस प्रवृत्ति की ओर न जाकर केवल प्रगति-प्रयोग-युगीन स्थूल बौद्धिक, तर्काश्रित और परम्परा-विरोधी काव्य-प्रवृत्ति पर केन्द्रित होती है अथवा नयी कविता के उस दूसरे चरण वाली प्रवृत्ति पर, जिसमें अनुभूति की सघनता और अभिव्यक्ति की सहजता तो थी, किन्तु वह अन्तर्दृष्टिमूलक कल्पना और मुक्त आसंग वाली खण्डित बिम्बों की योजना न थी, जिसके बिना अनुभूति के अछूते आयामों और गहरी तथा उलझी संवेदनाओं की अभिव्यक्ति हो ही नहीं सकती। निस्तेज होने के कई अर्थ हो सकते हैं। एक अर्थ तो यह है कि नयी कविता में पहले तेजस्विता या तेजोदृप्त आकर्षण था, जो अब नहीं रह गया है। मेरे विचार से नयी कविता इस अर्थ में निस्तेज नहीं हुई है। इसके विपरीत अधुनातन नयी कविता में प्रगति-प्रयोग युगीन कविता तथा वर्तमान दशक के प्रारम्भ की नयी कविता की तुलना में गाम्भीर्यजन्य तेजस्विता और शिल्पगत आकर्षण अधिक है। इसलिए इस बात को सही तौर पर यों कहा जा सकता है कि नयी कविता का एक अंश अपने पुरानेपन और पिछड़ेपन के कारण निस्तेज हो गया है, किन्तु उसका दूसरा अंश अपनी विकासमान जीवन्तता तथा अग्रगामिता के कारण सतेज है। हाँ, उनकी बात और है, जो सिद्धान्त के रूप में विकास की आख़िरी या परवर्ती मंज़िलों को हमेशा ह्रासशील मानते हैं। किन्तु ऐसे लोगों की दृष्टि में तो समूची नयी कविता ह्रासशील ही नहीं, कविता के उच्च पद से च्युत है। जो लोग 'प्रयोग के लिए प्रयोग' को लक्ष्य मान कर प्रपद्यवाद के सीमित घेरे में बन्द रहना चाहते हैं, जो 'लघुमानव,' 'क्षण की अनुभूति' और अहं की स्थापना के नारों को ही नयी कविता का प्रतिमान मान कर सतही क़िस्म के बौद्धिक व्यायाम किया करते हैं और जो केवल सस्ती भावुकता को, चाहे वह सेक्स से सम्बन्धित हो, चाहे रोटी और राजनीति से, नयी अभिव्यंजना-पद्धति के माध्यम से व्यक्त करने में ही कविता की सार्थकता मानते हैं, आज निश्चय ही आधुनिकता के सन्दर्भ में उनका राग-बोध पिछड़ा, उनकी समझ पुरानी और उनकी कविता निस्तेज मानी जायेगी।

निस्तेज होने का एक अन्य अर्थ यह भी है कि नयी कविता में अपने को दुहराने की प्रवृत्ति प्रमुख हो गई है, जो हर काव्यधारा में ह्रासशीलता की अवस्था में आ जाती है। अपने को दुहराने का अर्थ है, उन तमाम दोषों को स्वीकार करना, जिनके विरुद्ध नयी कविता ने विद्रोह किया था। घिसे-पिटे उपमानों और शब्द-प्रयोगों को नयी कविता ने इसीलिए छोड़ा था कि वे अपनी आकर्षण शक्ति खोकर खोखले हो गये थे या कि जिनमें

वर्तमान जीवन-सन्दर्भ में नवोद्भूत जटिल संवेदनाओं और सघन अनुभूतियों को अभिव्यक्त करने की शक्ति नहीं थी। किन्तु पुराने प्रयोगों को छोड़कर नये कवियों ने जो नये उपमान, नये शब्द, नयी भाषा, नया संगीत और नयी कथन-भंगिमा अपनायी, परवर्ती कवि तोते की तरह उन्हीं को दुहराने लगे; और परवर्ती कवि ही क्यों, प्रारम्भिक मार्गदर्शी कवियों में से भी कुछ ने चर्वितचर्वण करने में ही अपने कर्त्तव्य की इतिश्री मान ली। इस तरह जब एक लब्धप्रतिष्ठ कवि अभिमन्यु द्वारा प्रयुक्त रथ के टूटे पहिये के अस्त्र को प्रतीक रूप में प्रयोग करता है तो फिर अन्य कवियों के लिए राम, कृष्ण, अर्जुन, युधिष्ठिर, द्रोणाचार्य, कर्ण (सूर्यपुत्र), अभिमन्यु, अश्वत्थामा, भीष्म, राधा, सीता, द्रौपदी, वृहन्नला आदि पौराणिक पात्र-प्रतीकों का धड़ल्ले से प्रयोग करने का मार्ग खुल जाता है। जब वह शरद चाँदनी को अँजुरी भर पीने की बात करता है तो अन्य कवि धूप, किरण आदि को भी अँजुरी भर पीने लगते हैं। जब एक कवि आत्मा में झूठ 'माथे पर शर्म और हाथों में टूटी तलवारों की मूठ' वाली पराजित पीढ़ी का गीत गाना शुरू करता है तो अन्य कवि भी 'हम नये छोटे लोग', 'हम सब बौने हैं, 'हम लघु हैं, नगण्य हैं' आदि की ऐसी दादुर-रट शुरू करते हैं, जिसे सुनने वाले के मन में इस तरह की कविताओं के प्रति वितृष्णा उत्पन्न होने लगती है। इस प्रकार नयी कविता की भी अभिव्यंजना-रूढियाँ बनती जा रही हैं, जिसे फैशन या मैनरिज़्म का रोग मानना होगा। इस तरह के बहुप्रयुक्त या घिसे-पिटे नारों के ढंग के प्रयोगों के अतिरिक्त समान या मिलते-जुलते शब्द-प्रयोगों की बहुलता भी बासीपन या अनुकृति का द्योतक है, जैसे, जलपाँखी, वनपाँखी, अन्धा युग, अन्धी गली, अन्धी प्रतीक्षाओं, अन्धी पुत्रियों, अन्धी आस्थाओं, दिगम्बर आस्थाओं, मुमूर्षु यातनाओं, मयूरपंखी जिजीविषाओं, अँजुरी पर धूप, अँजुरी भर चाँदनी, अँजुरी भर फूल, भटके जलयात्री, सन्दर्भ भटकी यात्राएँ, फूल यात्रा, दिग्विजय का अश्व, चक्रव्यूह, कवच और कुण्डल का दान, अजन्मा दिन, अजन्मा बच्चा, मेरे प्रभु, मेरे परमेश्वर, मर्यादा, आस्था, कुण्ठा, अहम्, शंकापुत्र, शंका का वृक्ष, परिधि, केन्द्र, त्रिभुज, चतुर्भुज, विन्दु, वृत्त, मुट्ठी की बालू-सा खिसकना, मर कर अन्धे प्रेत-सा भटकना आदि। शब्द-प्रयोगों की यह अनुकृति और आवृत्ति ख्यात कवियों तक में मिलती है।

शब्द-प्रयोगों का यह साम्य न केवल अनुकृति और पुनरावृत्ति के कारण उत्पन्न होने वाले बासीपन और आकर्षणहीनता की स्थिति को व्यक्त करता है, वह निस्तेज होने के एक तीसरे अर्थ की ओर भी संकेत करता है। किसी युग की कविता के निस्तेज होने का अर्थ यह भी है कि उस युग के कवियों में मौलिकता का अभाव है, उनकी प्रतिभा नवोन्मेषशालिनी नहीं है या कि वे कवि अन्तर्दृष्टि वाले (विज़नरी) कवि न होकर दीक्षागम्य या अभ्यासी कवि हैं। हिन्दी में कितने कवि आज हैं और उनमें भी नयी कविता के कवि जितने हैं, उतने पहले के युगों में शायद ही कभी रहे हों। पत्र-पत्रिकाएँ बेशुमार हैं और उनमें प्रकाशित होने वाली कविताओं की संख्या भी बेशुमार है। यदि परिश्रम करके गणना की जाये तो प्रति मास प्रकाशित होने वाली कविताओं में से प्रायः पचहत्तर प्रतिशत नयी कविता के ढंग की होंगी। मुक्त छन्द और गद्य की लय अपनाने के कारण अब प्रत्येक व्यक्ति के लिए कविता लिखने का मार्ग खुल गया है, चाहे उसमें काव्य-प्रतिभा हो या न हो। काव्य-प्रतिभा न होने पर तथाकथित कवि अनुकृति और काव्य की विडम्बना के अतिरिक्त और क्या करेगा? यदि इस प्रकार की ढेर की ढेर

अकाव्यात्मक अथवा अनुकरणशील कविताओं को देखकर कोई यह धारणा बनाता है कि नयी कविता निस्तेज हो रही है तो उसे अधिक दोष नहीं दिया जा सकता।

किन्तु यहाँ प्रश्न तथाकथित कवियों (पोयटास्टर्स) का नहीं, उन लोगों का है, जो नयी कविता के जाने-माने कवि हैं। अज्ञेय जी ने तीन सप्तक निकाल कर जिन बीस कवियों (उन्हें मिला लें तो इक्कीस) को उचित से अधिक ख्याति दिला दी, उनकी प्रतिभा की यह दशा है कि उनमें से कितनों ने तो लिखना ही बन्द कर दिया, कुछ आज भी भाषण-शैली की लम्बी रचनाओं को कविता के नाम पर चलाते जा रहे हैं; कुछ निरे अभिधावादी तुक्कड़ निकले, जो 'लिख' का तुक 'दिख' और 'पानी' का तुक 'भवानी' लिखने का मोह नहीं छोड़ सकते अथवा कविता ही बोलते और चिट्ठियाँ भी कविता में ही लिखते हैं; कुछ कविता के नाम पर आज भी बौद्धिक व्यायाम किये जा रहे हैं, कुछ अज्ञेय जी के लघु रूप यानी छोटे और मँझले अज्ञेय बन कर रह गये हैं। जो पाँच-सात कवि शेष बच जाते हैं, वे अज्ञेय के कवि की विशाल छाया के नीचे वामन जैसे दीखते हैं या सप्तकों की बैसाखी की मार से उनकी प्रतिभा घायल हो गयी है, जिससे उनके काव्य-व्यक्तित्व का विकास ही रुक गया है।

लेकिन सप्तकों के कवि ही नयी कविता के मात्र कवि नहीं हैं। सप्तकों के बाहर भी नये कवियों की अपार भीड़ लगी है। पर वह प्रतिभा कहाँ है, जो हजारों की भीड़ में सबसे ऊपर उठी दिखाई पड़ती है? शक्ति और प्रतिभा के कवि अज्ञेय हैं जो दूसरों की अनुकृति तो दूर, अपनी भी आवृत्ति कभी नहीं करते और जिनकी सफल अनुकृति करना भी किसी कवि के लिए अत्यन्त कठिन है। नये कवियों ही नहीं, समस्त आधुनिक कवियों में प्रसाद के बाद गहनतम और परिपक्व अनुभूतियों वाला अज्ञेय जैसा अन्य कोई कवि नहीं है। इसलिए अज्ञेय ने किंचित गर्व के साथ ही सही अपने बारे में बिलकुल ठीक लिखा है—

....................जिधर मैं चला
नहीं वह पथ था,
मेरा आग्रह भी नहीं रहा मैं चलूँ उसी पर
सदा जिसे पथ कहा गया.........
....
मेरी खोज
नहीं थी उस मिट्टी की
जिसको जब चाहूँ मैं रौंदूँ।
....
मैं रुका नहीं मुड़ कर पीछे तकने को
क्यों कि अभी भी मुझे सामने दीख रहा है

(नये कवि के प्रति)

अज्ञेय की इस कविता के लिए नये कवियों को बुरा न मानकर उनका आभारी ही होना चाहिए क्योंकि उन्होंने इसमें नये कवियों की गतानुगतिकता और अनुकरण प्रियता की स्पष्टतः निन्दा की है। प्रत्येक विचारशील आलोचक, निष्पक्ष होकर देखे तो, स्वीकार करेगा कि नये कवियों में अज्ञेय जैसा ऊँचे काव्य-व्यक्तित्व का कवि अन्य कोई नहीं है। ऐसा क्यों है? छायावाद-युग में भी कम से कम चार कवि ऐसे थे जो काव्य-प्रतिभा और व्यक्तित्व की ऊँचाई में एक ऊँचाई में एक दूसरे से होड़ ले सकते थे। सन् 1940 के बाद के बीस वर्षों में महान् व्यक्तित्वों का इतना अभाव क्यों दिखाई पड़ता है? मेरे विचार से इसके दो कारण हैं। नयी कविता को तीन सप्तकों, नयी कविता, समवेत, विविधा आदि पत्रिकाओं और 'परिमल' जैसी संस्थाओं के मंच (फ़ोरम्) से एक विशाल संघटित आन्दोलन का रूप दे देने के कारण, अन्य राजनीतिक-सामाजिक आन्दोलनों की तरह, उसमें भी दो-चार तो नेता हो गये और बाकी सब के सब अनुयायी बन गये। आन्दोलन में संघटित और सामूहिक प्रयास होने के कारण बहुत से अनपेक्षित, अयोग्य और प्रतिभाहीन व्यक्ति भी सहज ही ख्याति पा लेते हैं, और नहीं तो भीड़ में घुसकर संख्या तो बढ़ाते ही हैं। फलस्वरूप प्रतिभाओं के स्वाभाविक विकास का मार्ग बन्द हो जाता है और वैयक्तिक शक्ति द्वारा मात्र अपनी कृतियों के बल पर अपने को प्रतिष्ठित करने और खुली प्रतियोगिता में निरन्तर आगे बढ़ने की प्रवृत्ति समाप्त हो जाती है। नयी कविता के आन्दोलन में अज्ञेय का नेतृत्व तो ठीक था, क्योंकि वे इसके योग्य थे किन्तु उसमें कुछ ऐसे नेता भी हुए जिनमें अज्ञेय जैसी प्रतिभा नहीं थी। वस्तुतः ऐसे ही नेताओं की अनुकृति अधिक हुई। उन तथाकथित नेताओं और उनके अनुकर्ताओं की अधकचरी अनुभूतियों वाली अति सामान्य कविताओं से पता चल जाता है कि उनमें प्रतिभा नहीं बोलती, आन्दोलन बोलता है और उनमें स्थायी मूल्य नहीं के बराबर है। स्थायी मूल्य की बात तो दूर, ऐसी अनुकृत कविताओं का कोई ऐतिहासिक मूल्य भी नहीं है, जैसा प्रयोगवाद का उसकी नवीनता और मूर्तिभंजकता के कारण था। इनमें तो नवीनता नहीं, स्थिरता (स्टेग्नेशन) ही अधिक दिखाई पड़ती है।

उच्च-काव्य-व्यक्तित्व के अभाव का दूसरा कारण है, उस सर्वतोमुखी मौलिकता की कमी, जो भाषा, अभिव्यंजना-पद्धति, वस्तु-तत्व सब पर कवि के निजत्व की मुहर लगाती चलती है। ऐसी मौलिकता अभिव्यंजना-रूढ़ि (मैनरिज़्म) के व्यामोह से कवि को मुक्त रखती और उसे नयी राह बनाने के लिए बाध्य करती है, जिस पर चलकर ही स्वानुभूत नवोपलब्ध सत्यों की अभिव्यक्ति सम्भव है। वस्तुतः सच्चे काव्य का लक्ष्य होता है, आत्मोपलब्धि कराना। कवि तथा पाठक दोनों ही काव्य-रचना और काव्यास्वादन के माध्यम से आत्मोपलब्धि ही करते हैं। वह आत्मोपलब्धि सुन्दर की साधना की, जिसे कलात्मक बोध या सौन्दर्य-बोध कहते हैं, चरम परिणति होती है। आत्मोपलब्धि की यह स्थिति प्रातिभ ज्ञान से भी आगे बढ़ी हुई, निर्विकल्पक ज्ञान की स्थिति होती है। जिस कवि को आत्मोपलब्धि हो जाती है, वहीं मौलिक और श्रेष्ठ कवि होता है, अन्यथा वह अनुकर्ता और अभ्यासी या दीक्षागम्य कवि ही रहता है। आत्मोपलब्धि की कोई अन्तिम अवस्था नहीं होती, जहाँ पहुँच कर व्यक्तित्व का विकास रुक जाये। इसी कारण आत्मोपलब्धि करने वाले कवि के काव्य-व्यक्तित्व का निरन्तर विकास होता रहता है। स्थिरता और आत्मावृत्ति उसकी कविता में नहीं होती, परानुकरण की तो बात ही भिन्न

है। उदाहरण के लिए छायावादी कवियों में प्रसाद और नयी कविता के कवियों में अज्ञेय के काव्य-व्यक्तित्व को लिया जा सकता है। प्रसाद ने ब्रजभाषा-काव्य से प्रारम्भ करके द्विवेदीयुगीन शैली अपनाते हुए अन्त में छायावाद के चरम विन्दु पर पहुँच कर अपनी काव्य-यात्रा समाप्त की। उसी तरह अज्ञेय ने भी छायावादी शैली में लिखना प्रारम्भ करके, प्रयोगवाद और फिर नयी कविता का प्रवर्तन किया, किन्तु उनका विकास रुका नहीं। अपनी अनेक कविताओं में खण्डित बिम्बों के नियोजन और मुक्त आसंग-पद्धति को ग्रहण करने के कारण वे नयी कविता की नवीनतम पीढ़ी के कवियों से पीछे नहीं हैं और अपने उपलब्ध सत्यों की सहज अभिव्यक्ति तथा स्वानुभूति की सघनता के कारण वे कहीं-कहीं उनसे भी आगे हैं। शमशेर बहादुर सिंह में नयी कविता की उक्त नवीनतम आधुनिकतावादी प्रवृत्ति सबसे अधिक है और इस दृष्टि से वे अन्य नये कवियों की अपेक्षा सबसे मौलिक और निजी वैशिष्ट्य वाले कवि हैं। किन्तु उनमें उत्तरोत्तर विकास का वह क्रम नहीं दिखाई पड़ता, जो अज्ञेय में है। इसके विपरीत कभी-कभी राजनीतिक प्रभावों के कारण उनमें ऐसा भटकाव और सतहीपन दिखाई पड़ता है, जो उनकी कविता को शुद्ध काव्य की कोटि से अलग कर देता है। फिर भी उनकी वास्तविक कविताओं में काव्यगत मौलिकता दिखाई पड़ती है। नयी पीढ़ी के कवियों में केदारनाथ सिंह में वह मौलिकता है, जो कवि को अपना निजी काव्य-व्यक्तित्व प्रदान करती है। यदि उस व्यक्तित्व का उत्तरोत्तर विकास होता रहा (और यह तभी होगा जब कवि की सौन्दर्य-साधना नयी भूमियों की खोज करती रहे) तो निश्चय ही नयी कविता में उनका स्थान महत्वपूर्ण माना जायेगा।

इस तरह अब तक की नयी कविता के कवियों में बहुत कम ऐसे हैं, जिनमें व्यक्तित्व की ऊँचाई दिखाई पड़ती है। कहा जाता है कि नयी कविता में वैयक्तिक व्यक्तित्व की जगह सामूहिक व्यक्तित्व की स्थापना हुई है, और यह बात इस अर्थ में अवश्य सही है कि नयी कविता का छायावादी, प्रगतिवादी और प्रयोगवादी कविता से भिन्न एक विशिष्ट व्यक्तित्व बन गया है, किन्तु वह व्यक्तित्व विशाल या विराट भी है या नहीं, यह भी एक विचारणीय प्रश्न है। किसी काव्यधारा का सामूहिक व्यक्तित्व तभी विराट होगा जब उसमें दो-चार विराट व्यक्तित्व वाले महान् कवि होंगे। नयी कविता में सामूहिक व्यक्तित्व का वैशिष्ट्य तो है पर उसमें विराट वैयक्तिक व्यक्तित्वों का अभाव है जिससे उसके सामूहिक व्यक्तित्व में भी विराटता या महानता नहीं आ सकी है। यह सही है कि नयी कविता की सम्भावनाओं को अभी ही समाप्त नहीं समझ लेना चाहिये, किन्तु साथ ही यह भी सही है कि किसी नवोद्भूत काव्य-धारा में प्रारम्भ में ही जैसी उत्कृष्ट प्रतिभाएँ दिखाई पड़ती हैं, वैसी नयी कविता में बहुत कम हैं। उसे अभी केवल दस वर्ष का समय मिला है, पर उसका भविष्य उज्ज्वल सम्भावनाओं से पूर्ण है, इसलिए कि उसका आन्दोलनगत स्वरूप समाप्त हो चला है, और अब कवियों को व्यक्तिगत धरातल पर कविता का कीर्तिमान स्थापित करने तथा अपने व्यक्तित्व की खोज और उपलब्धि के लिए अवसर मिलेगा। इस आशा का आधार नयी कविता का वह नया मोड़ है, जिसकी चर्चा पहले की जा चुकी है। यदि नयी पीढ़ी की इस नवीन नयी कविता में भी पूर्ववती नयी कविता की त्रुटियाँ नहीं आयीं, तो निश्चय ही वह अधिक तेजोदृप्त, सप्राण और शुद्ध काव्य के गुणों से युक्त बन सकेगी।

कवि की दृष्टि से : **गिरिजा कुमार माथुर**

किसी भी वैचारिक आन्दोलन, साहित्यिक धारा अथवा 'स्कूल' के सम्बन्ध में यदि उसकी उपलब्धि और सीमाओं को लेकर जिज्ञासा उठने लगे तो उसे अच्छा शकुन मानना चाहिए। यदि ऐसी जिज्ञासा विरोधियों द्वारा उठाई जाये तब तो बढ़िया है ही, स्वयं उस निकाय से संबंधित व्यक्ति यदि उठाएँ तो और भी बढ़िया है। दोनों ही रूप में वह उसके अत्यन्त जीवंत होने का प्रमाण है। असली मूल्यांकन का समय जब आता है तब यही होता है। तब पक्षपात रहित होकर चीज़ जाँची-परखी जाती है, आत्मालोचन होता है, अपनी पूँजी का लेखा-जोखा किया जाता है, उपलब्धि भी सामने आती है, अभाव भी और अनखुली दिशाओं की ओर दृष्टि भी तभी जाती है।

नयी काव्य-भूमियों के अन्वेषण की प्यास से उदित सन् 1940-43 के प्रयोगों से लेकर अब तक के कृतित्व की जितनी चर्चा हुई, उतनी सम्भवतः किसी भी काव्यधारा की नहीं हुई। इतना सिद्धान्त-निरूपण, स्पष्टीकरण, संघर्ष, विरोध, चीख-पुकार, उत्तर-प्रत्युत्तर किसी साहित्यिक आन्दोलन की पृष्ठभूमि में नहीं हुआ। हम यह नहीं कहना चाहते कि मात्र उथल-पुथल ही कोई उपलब्धि है, वह तो केवल इस बात का प्रमाण है कि यह नई धारा एक अभूतपूर्व समस्या बनकर लोगों के सामने आई, जिसने इतनी अधिक और विपरीत दिशाओं से सब की दृष्टि को आकर्षित किया। और चूँकि उसने समस्त पूर्ववर्ती स्थापनाओं-मान्यताओं के पद्धति-घेरे को अस्वीकृत कर दिया। इसलिए एक व्यापक प्रश्न चिह्न बनकर वह काव्य-क्षितिज पर खड़ी हो गई। यह स्पष्ट है कि केवल विरोध या समर्थन की आलोचना समीक्षाओं से ही उसका समापन या विकास नहीं हो सकता था और न ही उसका कल्याण-अकल्याण लोगों के उपराम रहकर उपेक्षा-भाव से ही संभव था। नई प्रवृत्ति ने यदि अप्रत्याशित समस्याएँ पैदा की थीं तो उनका समाधान उसके प्रति विवेकशील जिज्ञासा से ही सम्भव था। पर अकसर होता यह है कि पहले स्थापना बनाकर तय कर ली जाती है, फिर उसी को सिद्ध करने का प्रयत्न किया जाता है। आलोचना-समीक्षा की इस भ्रामक पद्धति के लक्षण आजकल सर्वत्र दिखाई देते हैं। भ्रामक वह दोनों ही ओर है। समीक्षक को ज़्यादा मेहनत नहीं करनी पड़ती, गहराई में उतरने का कष्ट नहीं होता और आलोच्य-विषय की श्रेष्ठता या सीमा के प्रति सही न्याय या कटु सत्य की बचत भी हो जाती है। उदाहरण के लिए यदि प्रस्तुत विषय को ही लिया जाये तो भी अधिकतर ऐसी ही प्रतिक्रियाएँ मिलेंगी। कोई कहेगा, 'हाँ, वाक़ई निस्तेज हो रही है।' दूसरा कहेगा, 'नहीं हर्गिज़ नहीं हो रही है।' तीसरा मध्यम-पथ पर रहकर कह देगा : 'हाँ कुछ है तो गड़बड़, पर बहुत नहीं है। थोड़ी इधर है, थोड़ी उधर है। यदि यह ठीक हो जाये तो भविष्य उज्ज्वल ही है।' ऐसी समीक्षाओं के मूल में नारे की तरह पहले से स्थापना बनाकर उसी को सिद्ध करने की वृत्ति ही अधिक होती है। लेकिन इस तरह के विश्लेषण से अब काम चलने वाला नहीं है। विशेषकर प्रश्न जब उपलब्धियों को कसौटी पर कसने का हो तो उसे अधिक विस्तार से बहिर्मुख रहकर जाँचना जरूरी हो जाता है।

उपलब्धि का प्रश्न जब सामने आता है तो सबसे पहले उन आधारभूत तत्वों पर नज़र जाती है, जिनके कारण ही आधुनिक काव्य-धारा पिछली परिपाटियों से मोड़ लेकर अलग हुई और अपनी वर्तमान स्थिति में पहुँची। इसलिए वह तत्त्व और उनमें निहित दृष्टिकोण या एप्रोच क्या है, यह देख लेना जरूरी है। सबसे पहली और ऊपरी विभिन्नता माध्यमों की दिखलाई पड़ती है, जो इस कविता को पिछले से एकदम अलग करती है। विधा, शिल्प और शैली के क्षेत्र में इतना बड़ा परिवर्तन हुआ है कि बहुत लोग उसे 'रूपवाद' कहकर उसके 'फार्म' में ही उलझकर रह गये और यह मानने लगे कि नई कविता और कुछ नहीं है, सिर्फ 'रूप-विहीनता' की एक पद्धति है, 'विधाहीनता' की 'विधा' है। छंदहीन अराजक ढंग से बात करना ही नये कवि का लक्ष्य है। खोजने से पश्चिम की रूपवादी धारा का प्रमाण भी मिल गया और ईमानदार अन्वेषणों को पश्चिम की नकल मान लिया गया। लेकिन जब माध्यमों की उलटफेर और भी व्यापक हो गई, तब लयहीनता और गद्यात्मकता की बात उठाई जाने लगी तथा यह प्रश्न सामने आया कि लय के बिना कविता, कविता हो सकती है या नहीं क्योंकि वही उसे गद्य से अलग करती है। और चूँकि लय का अर्थ छंद है अतः छंदमुक्त रचना कविता नहीं कहला सकती। पर माध्यम की समस्या हर नवीन चेतना की प्राथमिक समस्या होती है, इसलिए नया कृतिकार उसके अनगिनत रूप खोजने में लगा ही रहा। बड़े रूपों से हटते-हटते कविता का आकार छोटा होने लगा, यहाँ तक कि पिछले 'लिरिक' का आकार भी नये एप्रोच के लिए बड़ा हो गया। पहले की कविताएँ विस्तारपूर्ण रूप से लिखी जाती थीं। एक विषय को लेकर सांगरूपक की तरह उसके प्रत्येक पक्ष को समेटने का यत्न किया जाता था। यह प्रक्रिया वैसी ही थी जैसे कि लेख लिखा जाता है। 'लिरिक' या गीतों के माध्यम में भी यही प्रवृत्ति चली आयी थी। एक भावना को लेकर कई बिम्बों के द्वारा उस भावना के विभिन्न बिन्दुओं का संपूर्ण चित्र अंकित किया जाता था। वर्ण्य-विषय या भावना के विस्तारों में जाकर उसे एक सीमा तक सर्वशः प्रस्तुत करने की प्रवृत्ति 'महाकाव्य वाले युग' का अवशेष है और इस रूप में यह प्रवृत्ति मध्ययुगीन है, आधुनिक नहीं। चाहे वह सिलसिलेवार विकसित लम्बी कविता हो या क्रमबद्ध बिम्बों वाला 'लिरिक' हो, दोनों ही में शैली का दृष्टिकोण अनाधुनिक है। आज तक 'लिरिक' का अंतरंग Pastoral ग्रामीण या पनघटी ही रहा है। अतः यह मानना कि नई शैली की कविता का स्थान परिपाटीबद्ध 'लिरिक' या गीत ले सकते हैं, ग़लत है, क्योंकि इतिहास की गति पीछे नहीं चलती। हाँ, यह स्वीकार करना अधिक सत्य होगा कि आधुनिकता के दबावों के अनुरूप गिने-चुने, सरल पंक्तियों में निबद्ध, एक नवीन गीति-प्रकार की संभावना हो सकती है, जो आधुनिक 'लाइट म्यूज़िक' का साहित्यिक रूप हो, जिसे सूत्र रूप में गाया—गुनगुनाया जा सके। नया लिरिक शायद 'पंक्ति-गीत' ही होगा। इसी प्रकार यदि नये संदर्भ में लम्बी कविता लिखी जायेगी तो सम्भवतः सूरदास जैसी मुक्तक शैली का विस्तार, स्नैप शाट-शिल्प अथवा प्रबंधात्मक प्रतीक-चित्रखंडों की शैली ही उसके लिए अधिक संगत और आधुनिकता-सम्मत होगी। नयी कविता का अत्यन्त सहज लघु आकार आधुनिक जीवन की गतिशीलता, मनोरम तथा सुखद यंत्रमयता, रंग भरी विविधता, घटनाओं के तीव्र प्रत्यावर्तन और द्रुत गति से मिलती जाने वाली संख्यातीत अनुभूतियों के अनुरूप है। नई शैली की कविता की आधुनिकता का पहला मुख्य तत्व उसके 'बाह्याकार' की यह

विशेषता ही है। यदि संगीत में गतिशालता की अभिव्यंजना 'लय' से होती है और चित्रकला में 'डिटेल्स' के स्थान पर 'आउट-लाइन्स' से तो कविता में 'आकार' के अनुपात तथा ध्वनियों के परिवर्तन से। आवृत्तिमय लय (Repititive Rhythm) संगीत का प्रधान गुण है और उसकी प्राथमिक आवश्यकता है, कविता की नहीं। काव्य-क्षेत्र के विचारक कविता का प्रधान गुण आवृत्तिमय लयात्मकता ही मानते रहे हैं और 'अभिव्यक्त' लय (Manisest Rhythm) का आग्रह किया जाता रहा है। वस्तुतः कविता का प्रधान गुण 'ध्वन्यात्मकता' है, जो शब्द-ध्वनियों के क्रम, संहिति और सामंजस्य पर आधारित है। कविता में स्वतः ही अनभिव्यक्त लय (Latent Rhythm) निहित होती है, जो उसे रचना-प्रक्रिया के अन्तर्सामंजस्य-क्रम या Chain Sequence से प्राप्त होती है। अतः कविता में बाहर से आरोपित किसी भी अभिव्यक्त-लय की अनिवार्यता नहीं है। इस रूप में नयी कविता रचना-प्रक्रिया के सहज सत्य के अधिक निकट है। अतः मध्ययुगीन माध्यमों और माध्यम-दृष्टिकोणों से कविता को आधुनिकता के निकट लाने का प्रयास नयी कविता की पहली और महत्वपूर्ण उपलब्धि है।

माध्यमों का विस्तृत विश्लेषण करते हुए मैं इस नतीजे पर पहुँचा कि कलागत माध्यम और शैलियाँ सामाजिक प्रक्रिया का अवशेष (residue) होती है। संभवतः इस दृष्टि से माध्यमों का विश्लेषण कभी नहीं किया गया। सामाजिक स्थिति जैसे-जैसे परिवर्तित होती रहती है तथा चेतनाएँ बदलती हैं, उसी के साथ-साथ कलाओं के माध्यम, शैली, प्रकार, छंद आदि सहगामी-विचरण-प्रक्रिया (कान्कामीटेण्ट वेरियेशन) के सिद्धान्त से बदलते और स्वरूप पाते जाते हैं। जब सामाजिक स्थिति और उसके निकाय परिवर्तन तथा संक्रमण (Flux) से गुज़रते हैं, तब कला-माध्यम भी टूटने लगते हैं, उनका स्वरूप बिखर जाता है। फिर जब समाज स्थिर हो जाते हैं, परिपाटियाँ सध-बध जाती हैं और बहुत काल तक यथावत् (Status quo) : अवस्था में रहती हैं तब 'प्रकार' और माध्यमों में भी स्थैर्य आता है, अभिव्यक्त-लय या छन्द वापस आने लगते हैं, शास्त्रीय (एपीकल) और अभिजातीय (क्लासीकल) पैटर्न उभरते हैं, स्वीकृत होते हैं। कालिदास के युग में नयी कविता नहीं लिखी जा सकती थी और न एलिज़ा बेथ, अकबर या विक्टोरिया के ज़माने में। पद्‌मावत, रामचरितमानस और राम चंद्रिका की शैली का युग किस प्रकार सत्रहवीं और अठारहवीं सदी की उथल-पुथल से टूटकर कवित्त-सवैयों के छोटे खंडों में विभक्त मुक्तक-शैली बना; यह उपर्युक्त स्थापना से स्पष्ट हो जायेगा। अन्य कलाओं की शैलियाँ भी इसी प्रक्रिया से परिचालित ज्ञात होती हैं। मध्ययुगीन जीवन से उद्‌भूत केथेड्रल संगीत, सिम्फ़नी, विलम्बित ख्याल, और पिछली ठुमरी, वर्तमान लाइट-म्यूज़िक या जाज़, Fast Symphonies रोकिन-रोल, चा-चा-चा की गतिमयता और विभिन्नता द्रष्टव्य है। यदि निकट अतीत का ही उदाहरण लें तो हिन्दी में बीसवीं शताब्दी के प्रारम्भिक महाकाव्य, खंड काव्यों की प्रवृत्ति हमारे सामने है। एकछत्र ब्रिटिश शासन की स्थिरता एक ओर थी, दूसरी ओर उपर्युक्त संगठित साहित्यिक माध्यम थे। फिर जैसे ही परिवर्तन की नयी हवा का पहला झोंका आया कि छायावाद का आन्दोलन खड़ा हो गया। स्वीकृत माध्यम बिखर गये। जब द्वितीय युद्ध के बाद सामाजिक विघटन अधिक तेज़ी से हुआ तो प्रयोगवाद जन्मा। फिर जब आज़ादी के बाद समाज में नवीन परिवर्तनों के साथ पुरानी मध्ययुगीन परम्पराएँ छिन्न हुईं, पद्धति और निकायों के प्रयोग होने लगे,

नये सामाजिक संदर्भ (इक्वेशन्स) वने और दूसरे प्रकार का संक्रमण उदित हुआ, हम तेज़ी के, व्यापक औद्योगीकरण के निकट आने लगे तो नयी कविता के माध्यम सामने आये। इस विश्लेषण से भी नयी कविता के माध्यमों की आधुनिकता स्पष्ट होती है। वस्तुतः आधुनिकता किसी तत्कालीन फ़ैशन या चमत्कार की सतही नकल में नहीं होती, बल्कि उस युग की चेतना, समस्या और निकायों के अनुरूप संवेदना (Sensitivity), दृष्टिकोण, प्रतिक्रिया और अभिव्यंजना में होती है। यदि तीव्र गति वाले नवीन औद्योगिक युग की माँग 'त्वरित माध्यमों' की है तो खंडकाव्य, सांग कविता या क्रमबद्ध लिरिक कैसे आधुनिक कहा जा सकता है। इस रूप में भी नयी कविता के माध्यमों की उपलब्धि हमारे देश के वर्तमान सामाजिक तथा औद्योगिक विकास के अनुरूप है।

माध्यम के तट से उतर कर हम नवीन काव्यधारा के अन्तर-तथ्यों पर आयें। जब हम कोई मकान देखते हैं तो पहले उसके बाहरी आकार पर दृष्टि जाती है, फिर हम उसके भीतर प्रवेश कर यह देखते हैं कि उसका आंतरिक नक्शा क्या है, प्रकोष्ठ कितने हैं, किधर-किधर हैं। हर प्रकोष्ठ में क्या-क्या है, इन विस्तारों में बाद में जाते हैं। इसीलिए नयी कविता के बाह्य-रूपाकार को देख कर हम उसके बड़े कोष्ठ या प्रवृत्ति-वर्गों को परखेंगे। विभिन्न लेखकों की कृतियों से प्राप्त उदाहरणों की विवेचना यहाँ अभीष्ट नहीं है। सबसे महत्वपूर्ण प्रवृत्ति, जो हमें सर्वत्र दृष्टिगोचर होती है वह है "व्यक्ति" को परिभाषित करने का प्रयत्न, जो सारे नये कृतित्व का प्रधान तत्व है। हालाँकि मैं यह मानता हूँ कि यह "व्यक्ति" बड़ा मायावी (Elusive) है, अनेक संज्ञाएँ उसे दी जा चुकी हैं, पर अब तक पकड़ में नहीं आ पाया, सफ़ाई से हाथ छुड़ाकर भाग जाता है। पर उसे ढूँढ़ने की दिशा-रेखा (Direction) नये कृतित्व में स्पष्टतया परिलक्षित होती है। यह व्यक्ति कौन है? क्या वह अविनश्वर आत्मा है, महापुरुष है, आदर्श नायक है, अतिनायक है, व्यक्तिवादी हीरो है, अहंघिरा-आत्मलीन-समाजविमुख-अराजक-व्यक्ति है, कुंठाग्रस्त, वर्जना-प्रपीड़ित मनुष्य है अथवा समुदाय मानव है, (Mass-man) समूहीकृत व्यक्ति (Collectivizedman) है, लघुमानव है, सहज मानव है या इस व्यक्ति की कोई और ही क़िस्म है? फिर यह भी प्रश्न उठता है कि क्या व्यक्ति की यह खोज, उसे अभिव्यक्त करने की जिज्ञासा कोई ज़रूरी है या महत्वपूर्ण है। इन दोनों ही प्रश्नों के उत्तर में हमारे समस्त आधुनिक काव्य के विकास का उत्तर निहित है, क्योंकि द्विवेदी युग से आज तक की कविता इसी व्यक्ति को परिभाषित करती चली हैं। पहले वह महाकाव्यों के महापुरुष के रूप में प्रकट हुआ, फिर एक आदर्श "टाइप" के रूप में, तत्पश्चात् छायावाद में वह एक अमूर्त (Abstract) व्यापक आत्मा की खंड-इकाई के रूप में व्यक्त किया गया, किन्तु ऐसी इकाई जो सीमा-बद्ध थी, इसी कारण पीड़ित थी और जो व्यापक आत्मा से वियोगिता थी अतः विषादभरी थी। छायावादी धारा जब अधिक विकसित हुई, तब इस खंड "आत्मा" को अधिक स्थूल वसन पहिनाने का यत्न किया गया और उसका एक अन्य रूपान्तर सामने आया। एक ओर वह आत्मा भू-जीवन या भौतिकता के प्रतीक रूप में प्रयुक्त हुई और अनन्त आत्मा आध्यात्मिकता के रूप में। दूसरी ओर राष्ट्रीयता की उपधारा में वैयक्तिक विद्रोह तथा छायावादी समापन बिन्दु के नये कवियों में मध्यवर्गीय "हताशा" के रूप में। किन्तु, सभी पक्षों में इस इकाई का स्वरूप वायवी था, एक "भावना" का सुदूर आभास भर था और यद्यपि उसके आस-पास बाह्यांतर सामंजस्य जैसे

कितने ही सिद्धान्तादर्शों का इंद्रजाल बुना गया, फिर भी उसका रूप, सद्भावना, शुभ-कामना (Pious wishes) के स्तर पर ही रहा। वहाँ यह स्पष्ट नहीं हो सका कि यह ''मानव'' असल में किस ''वस्तु'' का नाम है, कौन-सा है, उसकी स्थिति और मूल्य वास्तव में क्या हैं, और विश्व संस्कृति के वर्तमान विकास के संदर्भ में उसका भविष्य किस दशा की ओर उन्मुख है।

प्रगतिवादी धारा में इस ''मानव'' की खोज बहिर्मुखी होकर ठोस धरातल पर उतरी और पहली बार उसे वस्तु-जगत के भीतर प्रतिष्ठित माना गया। सामाजिक संदर्भ में ही उसकी स्पष्ट परिधि निर्धारित की गई और उसके अवयव-आयाम बाक़ायदा निश्चित हुए (ईश्वर करे ''आयाम'', परिवेश, ''परिप्रेक्ष्य'' से जल्दी छुटकारा मिले। विश्व के ''नये'' कवियों संयुक्त हों। आमीन।) पर हुआ यों कि यह धारा जब उत्कर्ष की ओर बढ़ी कि उसका ''मानव'' भी ''समूह'' के निर्गुण, निराकार सागर में डूब गया। कल्पनायुक्त अनन्त रेश्मी पर्दों का पिछला अवगुंठन जैसे ही हटने लगा कि एक नया पर्दा पड़ गया और वह ''मानव'' विशेषीकृत होते-होते रूप गुणहीन, समूह-व्यक्तित्व में लोप हो गया। हमारी कविता का अब तक यही ''भाग्य'' रहा कि जब वह उत्थान की दिशा में अग्रसर होने लगती है तो कोई न कोई आरोपित ''कन्फ़्यूज़न'' पैदा करने के लिए खड़ा हो जाता है। नयी कविता इससे बच जाये तो बड़ी बात होगी, हालाँकि ''मानव मूल्य'', ''बौद्धिकता'' ''दर्द'', ''अस्तित्व की अद्वितीयता'', ''क्षण की तन्मयता'' आदि के कन्फ़्यूज़न की कोशिशें जारी हैं, मानने वाले थोड़े ही हैं। लेकिन यह चर्चा अभी नहीं। अब आगे पढ़िए।

इधर हमारी कविता में समूह व्यक्तित्व का निराकार पुतला खड़ा हो रहा था उधर देश में एक नया पैटर्न बन रहा था। सामाजिक तंत्र में मानव इकाई को केन्द्र बनाकर उसकी पावनता और गरिमा को स्वीकार किया जा रहा था और इस जीवित केन्द्र के हाथ में परिधिरूपी ''समष्टि'' दी जा रही थी। इस वैचारिक नक्शे की पीठिका पर कट्टर समूह-व्यक्तित्व का निराकार पुतला बैठाया नहीं जा सकता था और वह क्रमशः प्रस्तुत सामाजिक संदर्भ से विसंगत हो रहा था। उक्त ऐतिहासिक बिन्दु पर प्रयोगवाद के विकसित रूप में नयी कविता सामने आई, जिसमें मानव इकाई को केन्द्र मानकर समाज के व्यापक संदर्भ से उसे जोड़ा गया था। तब बड़ी सैद्धान्तिक मार-काट हुई। पर इकाई को उसके मानसिक, बौद्धिक भावदेशीय, संवेदनात्मक और सामाजिक रूप से समग्रतः प्रतिष्ठित और अभिव्यक्त करने वाली प्रवृत्ति स्थापित होती चली गई। क्या कारण था कि प्रगतिवाद जैसी शक्तिशाली धारा, जिसके पास निश्चित सिद्धान्तादर्श थे, विश्लेषण-दृष्टि थी, आस्था थी, सामाजिकता थी, मानवीय समस्याओं की पहचान थी, वह नई कविता के सामने टिक नहीं सकी। इसके दो कारण थे। एक तो यह कि उस समय के प्रगतिवाद की दृष्टि केवल बाहरी ढाँचे के आर्थिक सामाजिक तत्वों तक ही सीमित रही, सांस्कृतिक क्षेत्र में आकर उसने कोई ऐसे मूल्य प्रस्तुत नहीं किये, जो इस देश की ग्रहणशील प्रकृति को सांस्कृतिक रूप से ही आकर्षित कर सकते। दूसरे यह कि उसने इस देश की नब्ज को नहीं पहचाना, वर्तमान ऐतिहासिक प्रक्रिया के अनुकूल वह नहीं थी और इकाई को विलुप्त करने वाली उसकी कट्टर ''सामूहिकता'' मूल्यगत स्तर पर इस देश के मौलिक सांस्कृतिक मूल्यों से मेल नहीं खाती थी। आरोपित मूल्य हमारी संस्कृति में कभी नहीं पनप सके। बाहर के

प्रभाव हमेशा अपने अनुकूल ढाल कर यहाँ अंगीकृत किये गये और जब पचा लिये गये, तभी इस मिट्टी में घुल-मिल सके। इसी कारण प्रगतिवाद के बाद व्यक्ति-सापेक्ष्य सामाजिकता की नई विमा (Dimension) प्रस्तुत करने वाली कविता की धारा विकसित होती गई।

नयी कविता में एक ओर सामाजिक दायित्वों की जागरूकता और प्रगतिवादी विचारधारा के पृष्ठ में उदित वस्तुपरक दृष्टि तथा व्यापक मानवीयता का समावेश हुआ था तो दूसरी ओर "व्यक्ति" या इकाई को प्राथमिकता दी गई थी। नयी कविता का क्रमशः विकसित स्वर व्यक्ति की पावनता और सामाजिक गरिमा की आकांक्षा का ही स्वर है। उसने निराकार "समूह-समष्टि" का पक्ष ग्रहण नहीं किया, यद्यपि "इकाई" को सामाजिक संदर्भ से अलग नहीं देखा, और न दूसरी ओर आत्मलीन एकांतिक व्यक्तिवादिता को ही स्वीकार किया। स्पष्ट है कि नयी कविता सही मायने में अप्रतिश्रुत (Un-committed) है और विवेकशील असंपृक्तता (Non-alignment) तथा पक्ष-निरपेक्षता (Non-involvement) के पथ पर क्रमशः अग्रसर हुई है। वह केवल एक ही चीज़ का पक्ष लेती है, इकाई रूपी "आदमी" का। अतः वह इस देश के द्वारा अंगीकृत अन्तर्राष्ट्रीय दृष्टिकोण तथा स्वतन्त्र-नीति और नवीन राष्ट्रीय वैचारिक वातावरण के समानान्तर ही उदित हुई है। उसकी मूल भंगिमा (Temper) यही है कि हम अपना विकास अपनी प्रकृति और स्वभाव के अनुसार ही करेंगे, किसी पक्ष के पिछलगुए बनकर नहीं। इस रूप में वह विश्व-क्षितिज पर उदित पक्ष-निरपेक्ष अन्तर्राष्ट्रीय शील की ही सांस्कृतिक अभिव्यक्ति है। यही उसकी आधुनिकता और युगानुकूलता है।

उपर्युक्त विश्लेषण से प्राप्त नवीन तथ्यों से ज्ञात हो जायेगा कि नयी कविता में "व्यक्ति" की खोज क्यों आवश्यक हुई। पक्ष-निरपेक्षता के नए सामाजिक संदर्भ में अब तक की परिभाषाएँ अपर्याप्त हो गयी थीं। विभिन्न "लेंसों" से देखी हुई "आदमी" की तस्वीर "आउट आफ फोकस" हो चुकी थी। आदमी तेजी से बदलता जा रहा था, पर लेंस वही थे। परिणामतः उस "आदमी" को पुनः कितने ही बिन्दुओं से देखने का यत्न किया गया और कई तरह की परिभाषाएँ तेज़ी से आती चली गयीं। शुरू में यह "आदमी" भावनाशील रोमानी व्यक्ति के रूप में प्रकट हुआ, जो अपनी ऐतिहासिकता और संघर्षों के प्रति जागरूक था, दूसरी ओर आत्मानुभूति भरे हीरो के रूप में जिसे अपने "अहं" का प्रथम साक्षात्कार हुआ था। तत्पश्चात् सांस्कृतिक मूल्यों के प्रतीक-प्रभु के रूप में और उसी के साथ संक्रांति के बीच पड़ा "शहीद मसीहा"। फिर दृष्टि अधिक विस्तारों में उतरी और आधुनिक युग में मूल्यों के विघटन की समस्या सामने आई। इस बिन्दु पर हमने उसे टूटा हुआ, लांछित, पथभ्रष्ट, पराजित और विकृतियों से खंडित पाया। यह अहसास बहुत व्यापकता से आया था, और इसी के साथ आई उसके अस्तित्व की हताशा, स्वीकृत मूल्यों के प्रति अविश्वास और दिलासा दिलाने वाले आदर्शों तथा मतों के प्रति अनास्था। कटु वास्तविकता के घुमड़ते फैलाव के सम्मुख आदर्शों की बात थोथी, व्यंग्यभरी और विरोधाभासपूर्ण ज्ञात होने लगी थी। इस तिक्त अनुभूति ने काव्य चेतना को आदमी के एकदम पास लाकर खड़ा कर दिया, जिसके कारण उसके निकटतम परिपार्श्व (Surroundings) के विपर्यय स्पष्टतया सम्मुख आये। स्वप्न भंग (Disillusionment) होने की प्रस्तुत प्रक्रिया में आत्मग्लानि के साथ "आदमी" के

आस-पास लिपटी हुई कुत्सित, घृणित और गर्हित परिस्थितियाँ भी दृष्टि-पथ में आईं, जिन्होंने उसकी गरिमा को खंडित और विकृत कर दिया था। प्रत्येक पूर्ववर्ती मूल्यों के प्रति व्यंग्य और संशय जाग्रत हो चुका था। बोध के इस स्तर पर आहत विद्रोह, अपमान और क्षोभ से परिपूर्ण मनुष्य का रूप प्रकट होने लगा, जो धीरे-धीरे आत्मसम्मान के बोध में परिणति पा रहा है। यह स्वीकार किया गया कि यद्यपि आदमी, तुच्छता, क्षुद्रता और विकृतियों के कर्दम में पड़ा हुआ है और उसका व्यक्तित्व लघुता से कुंठित है, फिर भी उसका आत्मसम्मान मरा नहीं है, जीवित है और रह सकता है। अब नयी कविता उपर्युक्त सीमा-रेखा से भी आगे निकल चुकी है। उसका एक अंश यद्यपि उसी सीमा पर है, किन्तु कुछ अधिक सशक्त अंश तेजी से अग्रसर होता हुआ विकास की अगली मंज़िल पर स्पष्ट दिखाई दे रहा है। आत्मसम्मान के बोध से उसमें क्रमशः आत्मविश्वास और प्रौढ़ता बढ़ती गई है और ऐसे अनेक तत्व आ चुके हैं, जिनसे अछूती दिशाएँ खुलती जा रही हैं।

समय के अनुपात में प्रस्तुत कविता की धारा हमारे इतने निकट है कि विकास की जिन-जिन सरणियों से वह पार हुई, उन बिन्दुओं पर उदित तत्वों को उसकी अन्तिम उपलब्धि मान लिया गया। इस दृष्टिभेद के फलस्वरूप 'व्यक्ति' को प्राथमिकता देने के लक्ष्य को 'व्यक्तिवादिता' कहा गया, प्रचलित मूल्यों के प्रति जिज्ञासा और संशय को 'अनास्था' तथा निहिलिज़्म, बौद्धिक अनुभूति और 'लॉज़िक' के कारण थोथी 'बौद्धिकता' अक्षुण्ण वर्तमान (Present Continuous) को प्रबुद्ध रूप से पूर्णतया भोगने की बात को 'क्षणवादी तुच्छता' और वर्तमान मनुष्य के आस-पास की छोटी से छोटी वस्तुओं-घटनाओं की अभिव्यक्ति को महत्तादर्श-विच्छिन्न 'क्षुद्रता'। जब वास्तविकता की गर्हित अवस्था को अंगीकृत कर चित्रित किया गया तो उसे मानव-गरिमा का विरोधी और 'डिकेडेण्ट' कहा गया। किन्तु मानवीय गरिमा की सच्ची व्याख्या गरिमा के काल्पनिक आरोप से नहीं हो सकती और न इससे कि गलित और गर्हित से आँख मूँद ली जाये। मैं समझता हूँ कि वास्तविक मानव को उसकी समस्त श्रेष्ठताओं और निम्नताओं के साथ अभिव्यक्त करना अधिक संगत और ईमानदार है। गलित, गर्हित के साथ आदमी को अंगीकार कर गले लगाना बड़े साहस का काम है। इसे कोई विषपायी 'शिव' ही कर सकता है, दूसरे किसी की सामर्थ्य नहीं। इस रूप में यह प्रवृत्ति अपनी श्रेष्ठ परम्पराओं के अनुकूल है। देखना केवल यह है कि कुत्सित और गर्हित ही अंतिम लक्ष्य न बन बैठे और 'शिव' का दूसरा उदात्त, गरिमामय, शक्ति विभूषित पक्ष छूट जाए। त्यक्त, अवहेलित मानव का पक्ष ग्रहण करना एक बात है, उसकी 'घृणा' को चिरस्थायी करना दूसरी बात। नयी कविता में अकसर ऐसी चूक हुई है, यह हमें स्वीकार करना होगा, क्योंकि विकृति का मुँह उघाड़ कर देखने की साहसपूर्ण क्रिया में बहुत-सा कृतित्व उसी में उलझ कर रह गया तथा वाम-मार्गी साधना की तरह विकृति में रस लेने लगा, आत्मग्लानि की अभिव्यक्ति को ही महत्वपूर्ण मान बैठा। किन्तु आत्मग्लानि काव्योचित तो क्या मानवोचित भावना भी नहीं है, घिघियाती हुई पराजित मनोवृत्ति का लक्षण है, जो दूसरों में संवेदना के स्थान पर दया उत्पन्न करना चाहती है और अपाहिज याचक की भाँति अपने व्रण खोल-खोलकर प्रदर्शित करना चाहती है। गलित और गर्हित के समक्ष यह घुटने टिकाने वाला असहाय दास्य समर्पण ही है, उससे विद्रोह का, जूझने का, ऊपर उठने का, नष्ट कर देने का या पराजित होकर भी आत्म-समर्पण न करके दीपित रहने का संकल्प नहीं, जो अधिक

मानवोचित होता। नयी कविता के एक अंश में आत्मग्लानि का यह तत्व इतनी मात्रा में आया है कि मानवीय गरिमा का मूल स्वर अधिक दब गया। बिना उस स्वर की अभिवृद्धि के यही लगता है, जैसे उपर्युक्त प्रवृत्ति 'आदमी' को उसकी तत्कालीन स्थिति में ही रहने देना चाहती है और प्रतिगामी **(Status quo)** की समर्थक है, परिस्थितियों के परिवर्तन की नहीं। यह स्थिति काफ़ी चिन्त्य है, जिसका समाधान तुरन्त अपेक्षित है।

दूसरी कमज़ोरी नये कवि की वक्तव्य (स्टेटमेंट) देने वाली प्रवृत्ति है। 'मैं कुत्ता हूँ, लाश हूँ, गलितांग हूँ, वमन हूँ, जारज हूँ, फेंका हुआ भ्रूण हूँ, शहीद हूँ, खंडित हूँ, ओ रे, ओ, हे पिता, हे पूर्वज, दर्द, दर्द, दर्द' आदि वक्तव्यों की काफ़ी भरमार रही है। पहले तो स्टेटमेंट कविता नहीं हो सकता। फिर यदि स्टेटमेंट यह हो कि मैं खंडित हूँ, भग्न हूँ, लाश हूँ, गलित हूँ तो उसका उत्तर यह है कि ठीक है, होंगे आप, अपने को जो चाहें समझें, दुनिया को उससे क्या लेना-देना है। प्रश्न यह नहीं है कि आप वास्तव में किस परिस्थिति में पड़कर क्या हो गये हैं, बल्कि यह है कि उस परिस्थिति के प्रति आपकी क्या प्रतिक्रिया है। दुनिया को आप वहाँ से क्या देना चाहते हैं? परिस्थिति की तीखी चोटों से आपको अनुभूति हुई तथा व्यापक जीवन और मानवीयता के लिए आपका दाय क्या है? केवल यह बारम्बार पुकार कर कहने भर से कि मैं खंडित हूँ, कोई मूल्यगत उपलब्धि तो समाने आती नहीं, वस्तुस्थिति का पता भले ही लग जाये, पर इतना बतलाना ही पर्याप्त नहीं है, क्योंकि जब तक भावुक वर्ग उस विशेष संवेदना को ग्रहण न कर सके, जो कृतिकार देना चाहता है तो उसका कविकर्म व्यर्थ है। आवश्यकता इस बात की है कि मन को अधिक पैना रखकर सूक्ष्म अनुभूतियों के स्तर पर वस्तु-स्थिति को पकड़ा जाये, जिससे उसके अनगिनती पक्षों का भावान्दोलन अभिव्यक्ति में उतर सके।

तीसरा अवरोध मुझे शैली, शिल्प और माध्यमों के उपयोग में दृष्टिगोचर होता है, जिससे इधर नयी कविता को एक पैटर्न में बाँध-सा लिया है। लगता है, जैसे यह सारी सैकड़ों कविताएँ एक ही कवि की लिखी हुई हैं, सिर्फ़ लेखकों की जगह कुछ काल्पनिक नाम गढ़कर रख लिये गये हैं, जो अदल-बदल कर छपते रहते हैं। इसका कारण यह है कि अधिकतर कविताओं में प्रतीक, उपमान, शब्दावली, कथ्य-शैली, ऑटोमैटिक ढंग से प्रयुक्त, प्रचलित 'सत्य-वचन' जैसे दर्द, मूल्य, कुंठा, प्रभु आदि, पौराणिक या महाभारतकालीन संदर्भ, यहाँ तक कि शीर्षक छपाने का ढंग और पढ़ने का दर्दभरा, अफसुर्दी, रोमानी तरीक़ा भी एक-सा हो चुका है। भाषा और शैली की एक परिपाटी-सी बन गई है, जिसमें जो भी चाहे, आराम से 'नयी कविता' लिख सकता है। तभी काफ़ी कुछ कविताएँ एक दूसरे की कॉर्बन कापी-सी प्रतीत होती हैं। अनुकरण पुनरावृत्ति को जन्म देता है, चाहे वह अनुकरण स्वयं अपना ही हो। इस नयी रूढ़िबद्धता और पुनरावृत्ति के कारण ही यह आभास होता है कि नयी कविता की धारा एक स्थान पर आकर ठहर गई है और अब निस्तेज हो रही है। पुनरावृत्ति डिकेडेन्स का प्रथम लक्षण होता है, वह प्रमाण होता है कि अब प्रेरणा के स्रोत सूख रहे हैं, दृष्टि धुँधुली पड़ रही है और नये क्षितिज दिखाई नहीं देते। ऐसी स्थिति जब आने लगती है, तब अनुभूतियों की परिधि घटती है, उक्ति चमत्कार बढ़ता है और परिपाटी की सीमाबद्ध उपलब्धियों को लेकर नक़्क़ाशियाँ शुरू हो जाती हैं।

यह लक्षण अहंता, एकांतिक तल्लीनता और आत्मग्लानि वाली प्रवृत्ति में अधिक दृष्टिगोचर हो रहा है, जो इस बात का प्रमाण है कि उपर्युक्त प्रवृत्ति अपनी अंतिम सीमा तक पहुँच चुकी है और उसका चिराग़ अब गुल होने वाला है। यदि ऐसा है तो इस लक्षण को शुभ ही मानना चाहिए, क्योंकि जो तत्व कविता को आगे नहीं ले जा सकते, उनका समाप्त ही होना कल्याणकर है। अतः यह कहना अधिक सत्य होगा कि नयी कविता की एक प्रवृत्ति-विशेष ही निस्तेज हो रही है, समस्त नयी कविता नहीं। इस बात के अनेक प्रमाण भी हैं।

नयी कविता में ऐसी कितनी ही दूसरी प्रवृत्तियाँ हैं, जो नयी दिशाओं के अन्वेषण में रत हैं। इनमें दो प्रकार के वर्ग प्रमुख हैं। एक तो वह हैं, जो मात्र पुनरावृत्ति से बाहर आने के लिए आत्म-विश्वास के साथ परिपाटीबद्ध प्रतीक उपमानों को छोड़कर नये उपमान बना रहे हैं अथवा उन्हें लोकजीवन, दैनिक नागरिक जीवन, पारिवारिक जीवन या गली के परिवेश जैसे विशिष्ट क्षेत्रों से खोज रहे हैं और इस प्रकार शैली में ताज़गी पैदा करने का प्रयत्न कर रहे हैं। आदमी को उसके सहज, स्वस्थ, ईमानदार और भावनामय रूपों में देखने की प्रवृत्ति और निकटतम सत्यों की अभिव्यक्ति भी इसी वर्ग में आती है।

दूसरे वर्ग में वह प्रवृत्ति है, जो कविता को विज्ञान जैसे अछूते क्षेत्रों में ले जा रही है तथा इतिहास के प्रति नवीन लॉजिकल दृष्टि प्रस्तुत कर रही है। हालाँकि इधर जब से 'विज्ञान' की भौतिक बात उठी है, कुछ लोग, जिन्हें दूर से भी विज्ञान का परिचय नहीं है, उसकी बात बेसमझे-बूझे नारे की तरह करते हैं। इसी के साथ वह अन्वेषण भी आते हैं, जिनमें टेक्नोलॉजी युगीन नये सांस्कृतिक मूल्यों की पदचाप सुनाई दे रही है, बुद्धि और भावना का सामंजस्य उभर रहा है, 'अजनबी' जैसी अनासक्त दृष्टि परिपक्व हो रही है, और भविष्य के सहज किन्तु साथ ही विराट मूल्यों वाले मानव का आभास स्पष्टतर होता जा रहा है।

———✦———

आधुनिकता : स्वरूप और प्रयोजन

[प्रस्तुत परिचर्चा में प्रयाग की मान्य साहित्यिक संस्था 'परिमल' द्वारा 12 नवम्बर, '61 को आयोजित एक विशेष परिगोष्ठी की दो बैठकों में पढ़े गये पाँच निबन्धों को प्रकाशित किया जा रहा है। इस परिगोष्ठी का विस्तृत विवरण, लेखों तथा भाषणों पर व्यक्तिगत दृष्टि से टिप्पणी करते हुए श्रीराम वर्मा ने 'लहर' के मई '62 के अंक में मुद्रित कराया। वस्तुतः पाँच नहीं, हिन्दी के छः निबन्ध पढ़े गये थे; किन्तु वह छठा निबन्ध लक्ष्मीकान्त वर्मा द्वारा अर्धलिखित अवस्था में पढ़ा गया और आज तक त्रिशंकुवत् उसी अवस्था में स्थित है। फ़ादर एक्स्ट्रॉस ने भी अपने विचार लिखित रूप से व्यक्त किये थे। उनका वह अंग्रेजी भाषण भी प्राप्त नहीं हो सका। डॉ० देवराज इस परिगोष्ठी में विशेष अतिथि के रूप में सम्मिलित हुए तथा श्री सुमित्रानन्दन पन्त, शमशेर बहादुर सिंह और बालकृष्ण राव ने क्रमशः दोनों बैठकों की अध्यक्षता की। विषय-प्रवर्तन 'परिमल' के तत्कालीन संयोजक मलयज के निबन्ध-पाठ से हुआ। अतिथि के अतिरिक्त अन्य वक्ताओं में थे प्रो० एस० सी० देब, प्रो० ओ० पी० भटनागर, डॉ रघुवंश और विजयदेव नारायण साही। इन सबके महत्त्वपूर्ण विचारों से आधुनिकता की समस्या के अनेक पक्ष सामने आये। एक साहित्यिक परिगोष्ठी की विस्तृत विचार-चर्चा को इस अंक की सीमा में पूर्णतया प्रस्तुत करना सम्भव नहीं है, अतः यहाँ भाषणों को छोड़कर केवल लिखित विचारों को प्रस्तुत किया जा रहा है। आधुनिकता की समस्या नयी कविता से सीधे सम्बद्ध है तथा इसको लेकर जागरूक साहित्यिक पिछले कुछ वर्षों से विशेष चिंतनशील रहे हैं। विदेश में यह समस्या एक व्यापक आन्दोलन का रूप ग्रहण करते हुए आज प्रायः निश्चित परिणति तक पहुँच गयी है, जिसकी मार्मिक अभिव्यक्ति स्टीफेन स्पेंडर के प्रसिद्ध लेख 'दि माडर्निस्ट मूवमेन्ट इज़ डेड' में हुई है। जिन संघर्षों को साहित्यिक और सांस्कृतिक क्षेत्र में पाश्चात्य जगत् झेल चुका है, युगों तक परतन्त्रता से अभिशप्त भारत आज मुक्त और स्वचेता होकर लगभग उन्हीं से गुजर रहा है। वैज्ञानिकता के विकास और औद्योगिक प्रगति के मार्ग में उनका आना प्रायः स्वाभाविक सा है। भले ही विभिन्न देशों की ऐतिहासिक -सांस्कृतिक पीठिका में उनकी प्रकृति और स्वरूप कुछ बदले हुए दिखायी दें। ऐसी दशा में भारत जैसे नव विकसित या विकासोन्मुख देश में आधुनिकता के प्रति सही और गम्भीर दृष्टिकोण बनाने के क्रम में पाश्चात्य देशों के अनुभव से लाभ उठाना मुझे विवेक-सम्मत और श्रेयस्कर प्रतीत होता है। आवश्यक नहीं है कि आधुनिकता के आन्दोलन की जो परिणति इंग्लैण्ड में हुई, वही भारत में भी हो और यहाँ भी वह वैसा ही क्षणजीवी सिद्ध हो, अतः उसकी प्रकृति को परखने और व्यावहारिक अनुभव में आने पर प्रकट होने वाले अन्तर्विरोधों के प्रति सचेत हो जाना उचित है। मैं उसी दृष्टि से स्पेंडर के उक्त लेख का स्फुट, किन्तु क्रमयुक्त सारगर्भित अंश नीचे उद्धृत कर रहा हूँ, जिसमें कवि-लेखक ने पूरे आत्ममंथन के बाद परिपक्व बुद्धि से अपनी बात कही है।—ज० गु०]

Modernism has two impulses. One of which has lost its force, the other of which has been reversed.

The first was Rimbaud's injunction to be ruthlessly modern. It was to develop within the arts a sensibility to contemporary phenomena like machinery, the industrial city, and neurotic behaviour. Eliot is being a modernist when he observes in an early essay that the noise of the petroleum engine has modified the aural sensibility of contemporary poets. The task of the modernist was to trace the effect of such a change and to convey it in what he wrote. In doing this, he accepted the inevitability that he was always ahead of readers who could not catch up with him.

....

A tension between a heroically sensitive modern mind and harshly modern realities—the machine, the city, absinthe or the prostitute—seems to me the keynote of modernism. Thus futurism, abstraction and surrealism are offshoots which lead away from it, because they are too theoretic and neglect the outer appearances of the contemporary scene.

The other aim of modernism—which though at first sight it may seem irrelevant is certainly essential—was a hostile attitude to society and all its institutions. Rimbaud carried the cult of spitting of the bourgeoisie to a point where it included nearly all contemporary writers.

....

The modernist movement demonstrates that nothing fails like success. There were special reasons why the hot blast of success was fatal to it. For its strength and weakness both lay in the fact that it dramatized the situation of the individual writer or artist in conflict with the modern world, and somehow in his work triumphing over it. Being "absolutely modern" means accepting or anticipating the complete decay of all traditional values, plunging one's self into the stream of contemporary phenomena and using one's dramatized, exacerbated sensibility to create art or literature out of it.

....

One can admire the modernists so long as they maintain the tension of contrast between their individuality and the brutality of the city. But the moment such an attitude begins to pay, they begin to have the rationale of success on their side. So their attitude becomes a pose, and this soon appears in their work.

An attitude which although triumphant in failure cannot endure success is bound only to be a phase. The modernists were driven back on to traditions and society, as recognition inevitably reconciled them with what they spat on. Moreover, the intensely political nature of the times in which we live makes the role of social outcast almost impossible.

So the modernist movement has become absorbed into a new king of conformity and academicism.............The idioms of modernism become a teachable technique for producing a flavour of modern style which everyone recognizes, just as the austere researches of atonality have produced a quite pleasing idiom of ''wrong note music.''

The situation is inevitable because the modernists threw out too much tradition and put too much strain upon the sensibility of their isolated human individuality. The results were at their best pure and heroic, if rather empty. But very few writers had the strength of character not to compromise when they began to enjoy success.

....

I prefer in modern poetry the rhythm which owes something to an awareness of a change in modern sensibility caused by the gasoline engine, to the rhythm of church service, however beautiful it may be. No amount of traditionalism, technique and nature wisdom will ever entirely enable me to overcome my regret for the dead modernist movement.[1]

आधुनिकता पर एक प्रारम्भिक निबन्ध : **विपिन कुमार अग्रवाल**

'क्या वे समझ सकेंगे कि ऐसा नियम है कि कला का इतिहासकार सौन्दर्यानुभूति का सबसे बाद में एहसास करने वाला होता है?' क्लाइव बेल् के इस विवशता भरे प्रश्न से ही आधुनिकता की बात उठायी जा सकती है। मैं अपने को कला के क्षेत्र तक ही सीमित रखूँगा। यहाँ स्पष्ट करने के लिए आधुनिक का माने होगा जो परम्परागत नहीं है। जिसको समझने के लिए और जिसका रसास्वादन करने के लिए पुरानी कविताओं या संग्रहालय के चित्रों को जानना आवश्यक नहीं है। उदाहरण के लिए अनुभव से कहा जाता है कि अमूर्त चित्रों को समझने के लिए यथार्थ कला की उपलब्धियों से परिचित

---

1. यह उद्धरण 'हाईलाइट्स ऑफ़ माडर्न लिटरेचर' में संकलित लेख से लिया गया है।

होना न केवल आवश्यक है, बल्कि हानिकारक भी हैं। इसी तरह से सापेक्षवाद के सिद्धान्त को हाईस्कूल के बच्चों को अधिक आसानी से समझाया जा सकता है, बनिस्बत कि उन विद्यार्थियों को जो न्यूटन के सिद्धान्तों से पूर्णतः परिचित हो चुके हैं। इसलिए पहले मैं यह दिखाने का प्रयत्न करूँगा कि आधुनिक रचनात्मकता का अध्ययन करने के लिए ऐतिहासिक दृष्टिकोण बहुत ही अपूर्ण और स्थूल है।

ऐतिहासिक अध्ययन में हम कुछ दी हुई घटनाओं को एक नियम के अनुसार सूत्र में बाँधने का प्रयत्न करते हैं, जिससे उसमें एक प्रणाली का बोध हो सके। नियम उतना ही अधिक पुष्ट होता जायेगा, जितना कि उसके अनुसार अधिक घटनाएँ सूत्र में बँधती चली जायेंगी। यदि इसमें कोई बाधा न आये तो एक स्थिति ऐसी आ जायेगी, जब हम तमाम घटनाओं और प्रभावों को मिला लेंगे और आसानी से कह सकेंगे कि यह घटनाओं के प्रस्फुटित होने की प्रकृति है। पर इसके पहले ही बाधा आती है जब हम दिक् और काल में फैली हुई बहुत सी घटनाओं को मिलाने लगते हैं, तभी हमारे प्रश्न कम विशिष्ट हो जाते हैं। हम साधारण और व्यापक दिशाओं को ढूँढ़ने लगते हैं। और अन्त में यही अतिव्यापक और असूक्ष्म दिशाएँ ही हमारे हाथ लगती हैं। ऐतिहासिक अध्ययन अपने पूर्ण चढ़ाव पर स्थूल प्रकृति का हो जाता है। यहाँ तक कि बहुत सी दी हुई घटनाओं से एक नहीं, बल्कि कई विभिन्न और कभी-कभी परस्पर विरोधी विशेष-नियमों का प्रतिपादन किया जा सकता है, किया गया है। अतः जब बीती हुई स्थिर घटनाओं से यह स्थिति पैदा होती है, तब ऐतिहासिक अध्ययन की आज की बदलती हुई रचनात्मक क्रियाओं का अध्ययन करने के सामर्थ्य पर प्रश्न सहज ही उठता है। इस निरीह स्थिति का एक स्पष्ट कारण है। कुछ दूर तक रास्ता तय कर लेने के बाद इस प्रकार के अध्ययन का मूल आधार झूठा पड़ जाता है। यह आधार कुछ इस प्रकार है : हमारे अध्ययन का क्षेत्र बहुत व्यापक है। विषय अत्यन्त उलझा हुआ है। इसलिए यदि हम अपने टटोलने वाले साधनों को या प्रश्नों को जटिल से और जटिल बनाते चले जायें और इस सिलसिले में अधिक से अधिक प्रभावों को सम्मिलित करते चले जायें, तो हमें आशा और विश्वास है कि एक ऐसी स्थिति आ जायेगी, जब सहसा रहस्य खुल जायेगा और प्रकाश फूट निकलेगा : पर वास्तव में होता कुछ और है। इस प्रकार के अध्ययन में एक स्थिति के बाद हमारी चल-राशियाँ (variables) इतनी परिवर्तनहीन (insensitive) हो जाती है कि एक राशि में बहुत अदल-बदल कर देने के बाद भी अन्य राशियों पर कोई प्रभाव नहीं पड़ता। राशियों का आपसी सम्बंध कमज़ोर पड़ जाता है। यहाँ तक कि उन्हीं तथ्यों पर आधारित एक बिल्कुल दूसरे नियम की उपस्थिति भी उसको या उसके तर्क को विचलित नहीं करती। यदि चल-राशियाँ परिवर्तनहीन हो जायें, तब यही महत्त्वपूर्ण हो जाता है कि हम किस सिद्धान्त या पक्ष में विश्वास करते हैं। और तब घटनाएँ बढ़ायी और घटायी जा सकती हैं—उनका कोई प्रभाव नहीं पड़ेगा। या दूसरे शब्दों में सिद्धान्त इतना अधिक महत्त्वपूर्ण और विराट् हो जाता है कि एक नये, अधूरे दौर को आसानी से तोड़-मरोड़ कर उसमें फ़िट कर लिया जा सकता है—प्रायः किया गया है। नया दौर स्वीकृत या अस्वीकृत अपने गुणों पर न होकर इस बात पर होता है कि कितनी आसानी से वह उस सिद्धान्त में खप सकता है। ऐतिहासिक अध्ययन अत्यन्त गम्भीरता और विश्वास के साथ आधुनिक को, उसके अपने गुणों और सन्दर्भों से अलग कर, समझने और उसके उद्देश्य तक को

बता देने का दम भरता है। वह ऐतिहासिक प्रणाली से निकले हुए प्रश्न पूछता है, जिनका आधार पूरी हो चुकी और बीती हुई घटनाएँ हैं। वह आधुनिक और नित्य क्रियाशील को मृतप्राय मान कर उसका अध्ययन करता है। पुरानी घटनाओं में जो उतार-चढ़ाव उसने ढूँढ़ रखे हैं, उनके आधार पर वह यह तो कह पाता है कि अगर एक शक्ति या दौर 'क' विशृंखलित हो, तो 'ख' का प्रस्फुटन होगा, पर वह 'ख' के बारे में बहुत कम बता पाता है—हो सकता है कि 'क' के बारे में कुछ बता पाये। यदि अपनी सीमा से आगे बढ़ कर आधुनिक के बारे में वह ग़लत सवाल करना और उत्तर देना शुरू कर देगा, तो वह हास्यास्पद ही होगा। इसकी सफलता के लिए यह आवश्यक होगा कि वह आधुनिक कलाकारों और कवियों को बग़ल हटा कर स्वयं ही नये दौर की सम्पूर्ण रचना-प्रक्रिया को पूरा कर दे और तब उसका उद्देश्य क्या है, या ऐसे ही अन्य ऐतिहासिक प्रश्नों का उत्तर दे दें। अगर वह जोश में इतना ही करके अलग बैठ जाता, तो शायद कोई हानि नहीं थी। पर अभाग्यवश, उनकी उन सब गम्भीर दीखती कलाबाज़ियों का असर इस नये दौर की रचना-प्रक्रिया पर बहुत ग़लत ढंग से पड़ता है। अतः हर ऐसी कलाबाजी का नैतिक पक्ष है। और कोई भी बुद्धिमान और जिम्मेवार व्यक्ति इस ओर सोच-समझ कर ही कदम उठायेगा। एक नये दौर के आरम्भ को लीजिए। किसी भी व्यक्ति को स्वयं कलाकार तक को, इस बात का स्पष्ट आभास नहीं होता कि इस नये दौर का अन्त कहाँ होगा—क्योंकि यह उसकी तमाम रचना-प्रक्रिया की पूर्व जानकारी के बराबर होगा। ऐसी स्थिति में, क्योंकि आधुनिक के बारे में हम जिज्ञासु रहते ही हैं, आधुनिकता के उन पक्षों से हम अधिक आसानी से आगाह हो जाते हैं, जो पुराने दौरों से मेल खाते हैं और वे पक्ष, जो उसके नयेपन के द्योतक हैं, पृष्ठभूमि में चले जाते हैं। कहने का मतलब यह है कि कोई भी चीज़ बिल्कुल नयी नहीं होती, क्योंकि उसका निर्माण हम पूर्व परिचित के आधार पर ही करते हैं। पर,—क्योंकि वह नया निर्माण है,—उसका एक पक्ष पहली बार बना है और वही उसका असली गुण है। शेष वह पूर्व निर्माणों से शेयर करता है। यदि कोई अध्ययन-प्रणाली उसके असली और विशिष्ट गुण की ओर आँखें मूँदकर उन्हीं गुणों की ओर इशारा कर पाती है, जो वह पुरानी परिपाटियों से शेयर करता है, तो वह आधुनिक के बारे में कुछ भी नहीं बताती, या बहुत कम बताती है—और यदि इसी को सब कुछ बताने के बराबर कह देती है, तो हमें गुमराह भी करती है। कलाकार आसानी से इसका शिकार हो जाता है, क्योंकि नये दौर के आरम्भ में वह उसके विशेष गुणों और उद्देश्य से उतना परिचित नहीं होता। पहले की रचना अभी वह कर ही रहा है और दूसरा अभी जाना नहीं जा सकता। अतः, परम्परा से सम्बन्ध दिखा देने पर वह उसे आवश्यकता से अधिक महत्त्व देने लगता है। यदि ऐतिहासिक अध्ययन का बाजार गरम हुआ, तो वह परम्परा की विटामिन की गोलियाँ खरीदने के लिए भी हाथ बढ़ा सकता है। फलस्वरूप, वह जाने या अनजाने, दिये गये इशारों के अनुसार महान् और स्पष्टतः कलात्मक कृतियों की रचना करने बैठ जाता है, या जबर्दस्ती उन इशारों को झुठला देने की कोशिश करता है। दोनों ही स्थितियों में ऐसी रचनाओं का पूर्ण ऐतिहासिक अध्ययन किया जा सकता है। आज लिखी जा रही हैं, इसलिए आधुनिक प्रश्नों से उनका सीधे या टेढ़े सम्बन्ध भी जोड़ा जा सकता है। ऐतिहासिक अध्ययन की पूरी शब्दावली का प्रयोग करने का अवसर मिल जाता है और इसे खूब जश्न के साथ मनाया जाता है। छोटे-बड़े, विख्यात और

उदीयमान सभी उससे आलोड़ित होने लगते हैं—और क्या चाहिए? वह कलाकृति है या नहीं, उसका अपना कोई विशेष गुण है या नहीं, वह किसी नये हल को ढूँढ़ पाये या नहीं, कितनी बात आगे बढ़ी, यह सब प्रश्न गौण पड़ जाते हैं। परम्परा के साथ वर्तमान का साधारण और अत्यन्त साफ़ दीखने वाला समन्वय उस कृति को महान् और बिना शक कला का उत्कृष्ट नमूना घोषित कर देने के लिए काफ़ी होता है। लोग अपनी-अपनी मूँछों पर ताव देते घूमते हैं। बेचारा कलाकार इसमें मारा जाता है। दुनिया का कोई नुकसान नहीं होता, क्योंकि उसकी जिन्दगी बड़ी है। जो आज स्थगित हो गया, कल घटित हो जायेगा, पर कलाकार अपनी अल्प आयु में यह ऐश नहीं कर सकता। शायद आज के युग में दुनिया भी यह ऐश नहीं कर सकती। पर लगता है, इससे हमारी स्थिति पर कोई अन्तर नहीं पड़ता। मैं यह नहीं प्रतिपादित कर रहा हूँ कि हमें इतिहास को या परम्परा को जानना ही नहीं चाहिए, या कि कलाकार ने कुछ जाना नहीं कि वह बिगड़ा। इतिहास आवश्यक है, क्योंकि अनिवार्यतः उसी के अंश ले कर हम नये को गढ़ते हैं। पर इससे अधिक इसका महत्त्व नहीं है। वह पूरी तस्वीर नहीं है। आधुनिक का एक पहलू वह है, जो वह बीते हुए से शेयर करता है और दूसरा वह, जो उसकी अपनी देन है, उसका अपना विशेष गुण है। यदि मुझे चुनने का मौक़ा पड़े, तो मैं दूसरे को ही चुनूँगा। क्योंकि यही वह है, जो नयी दिशाएँ खोल सकता है, जो उस एक डिग्री तापमांन के बराबर है, जो 99 से 100 तक पहुँचाता है और पानी में उबाल पैदा करता है। 99 डिग्री के सामने यह एक डिग्री ही अधिक महत्त्वपूर्ण है। जो इसको महत्त्व नहीं देगा, वह 99 के फेर में ही रह जायेगा। अन्दर गम्भीर ग़ोते लगाता रहेगा और उससे पैदा हुए बुलबुलों को कुछ का कुछ समझ बैठेगा। जब एक दौर समाप्त होने का आता हो, उस समय इरा प्रकार का प्रयत्न समझ में आता है। पर एक नये दौर के आरम्भ में यह बहुत अनिपुणतामय (inefficient) तरीक़ा है। क्योंकि अनिपुणतामय है, इसलिए असुन्दर है, कला से उसका कोई सम्बन्ध नहीं है। आज परम्परा को वे ही अधिक महत्त्व दे सकते हैं, जिन्हें आधुनिक का कोई अनुभव या ज्ञान नहीं है। जो आधुनिक को ऐतिहासिक दृष्टिकोण से देख रहे हैं और उसे ही सम्पूर्ण मानते हैं, जो क्लाइव वेल् के प्रश्न को चरितार्थ करते हैं।

इस प्रकार हम इस नतीजे पर पहुँचते हैं कि आधुनिकता को समझने के लिए ऐतिहासिक अध्ययन का बहुत कम मूल्य है और जब आधुनिक एक नये दौर का आरम्भ हो, तब इस प्रकार के दृष्टिकोण को महत्त्व देना अनैतिक है। नये गतिशील आन्दोलन को समझने के लिए इस दृष्टिकोण की असफलता के तीन मुख्य कारण हैं—(i) इसकी चल-राशियाँ परिवर्तनहीन हो जाती हैं, (ii) इसका प्रयोग आधुनिकता को बिना जाने या समझे हुए किया जाता है, और (iii) यह जिस चीज़ का अनुसंधान करने चलता है, उसे ग़लत ढंग से बदल देता है। ऐतिहासिक आलोचक रेगिस्तान पर उड़ते हुए एक भारीभरकम आदमी की तरह है, जो या तो ऊपर से, बिना पास से रेत का अनुभव किये, उड़ जाता है और राय क़ायम कर लेता है। अगर उतरने का निश्चय करता है, तो अपने पैरों से वहाँ की रेत व्यर्थ ही उलट-पलट डालता है।

अब प्रश्न सहज ही उठता है कि फिर आधुनिकता को किस प्रकार समझा जाये। ऐतिहासिक दृष्टिकोण से जो 'नियत' के, 'उद्देश्य' के 'क्यों' के प्रश्न उठते थे, वे आधुनिकता पर लागू नहीं होते। अगर जबर्दस्ती लागू किये जायें, तो उनसे हानि ही

पहुँचती है। अतः 'क्यों' न पूछ कर यदि हम 'कैसे' पूछें, तो शायद ऐतिहासिक अध्ययन की कठिनाइयाँ सामने न आयें। या दूसरे शब्दों में हम यदि वैज्ञानिक पद्धति अपनायें तो शायद अधिक उपयोगी बातें मालूम हो सकें। यदि मुझे छूट दी जाये, तो कहूँ कि आधुनिकता के प्रश्न में और क्वाण्टम-सिद्धान्त की समस्या में एक उपयोगी समानता है। एक व्यापक-परीक्षक (macroscopic observer) किसी सूक्ष्मकण (microscopoic object) के परीक्षण के दर्मियान उसे अनिश्चित ढंग से बदल देता है। यदि यह युक्ति सही है, तो हम कह सकते हैं कि आधुनिकता की प्रकृति सूक्ष्म है। इसकी कोई स्थूल, पूर्वनिश्चित और परिवर्तनीय दिशा नहीं है, जिसे व्यापक ऐतिहासिक दृष्टि से खोजा जा सके। परमाणु की तरह इसके पास कोई यादगार नहीं है। बल्कि, हम कह सकते सकते हैं कि आधुनिकता मूलतः एक खंडित घटना (discontinuous process) है, जिसका बीती हुई घटनाओं से बहुत दूर का ही सम्बन्ध है। क्योंकि आधुनिकता की प्रकृति सूक्ष्म है, इसलिए इसके अध्ययन का सबसे उचित ढंग होगा कि बजाय अनावश्यक और दूर से सम्बन्धित प्रभावों का घालमेल पैदा करने के हम उपस्थित प्रभावों को धैर्यपूर्वक बैठ कर इकाइयों में अलग करें। निश्चय ही यह पद्धति ऐतिहासिक अध्ययन के बिल्कुल विपरीत है—और शायद इसलिए सिमिट्री के कारणवश सामने आती है। इसके अनुसार प्रभावों को अलग-अलग करना ऊपर से देखने में सरल लगे, पर वास्तव में अधिक कठिन कार्य है। इस पद्धति की भी अपनी सीमाएँ हैं; अपनी कमियाँ हैं। कुछ प्रगति के बाद यहाँ हमारी चल-राशियाँ इतनी अधिक परिवर्तनशील (sensitive) हो जाती हैं कि एक राशि में थोड़ा सा भी परिवर्तन करने से बाक़ी सब राशियाँ गड़बड़ा जाती हैं और हमें दुबारा नये सिरे से सब प्रारम्भ करना पड़ता है। उदाहरण के लिए आज का कवि, आलोचक, रोमांटिसिज़्म को आधुनिकता के लिए घातक मानता है। यहाँ तक कि प्रतीकवाद को भी शंका की निगाहों से देखता है। उसे लगता है कि जरा सा रूमानी तत्त्व आया नहीं कि सब ढह जायेगा। और यह सही भी है। कहाँ तक और किस कोटि का रोमांटिसिज़्म हमारे आस-पास भटक रहा है, उसकी सूक्ष्म मीमांसा करते हुए लक्ष्मीकांत यदि कुछ आवश्यकता से अधिक फ़िक्र करते हुए दीखें, तो उसका कारण है। आज के कवि के लिए रूमानी तत्त्व एक क्रिस्टल में अति अल्प मात्रा में घुस आये विदेशीकरण (impurity) की तरह है, जो उसके स्थूल गुणों में जैसे मात्रा, आयतन इत्यादि में कोई परिवर्तन नहीं डालता, पर उसके आन्तरिक संगठन में एक ऐसी ऐंठन डाल देता है कि उन सूक्ष्म गतिशील गुणों में, जिनसे उसका सरोकार है, जमीन आसमान का अन्तर पड़ जाता है। और इस अन्तर को बिना अनुभव किये, बिना अन्दर पैठे जाना नहीं जा सकता। उसकी विशिष्टता का या आधुनिकता का पदार्थ के ऐतिहासिक या मोटे वर्गीकरण से कोई सम्बन्ध नहीं है। और यह रोमाण्टिसिज़्म सम्बन्धी इतनी संवेदनशीलता उसकी कमज़ोरी नहीं, उसकी उपलब्धि है, उसकी खोज की पैठ की द्योतक है। एक ऐसे नये संसार में ले जाती है, जहाँ स्थूल नियम लागू नहीं होते। जहाँ के सवाल भिन्न हैं। जिनके हल के लिए एक नयी भाषा की आवश्यकता है, क्योंकि पुरानी भाषा का प्रयोग करने से पुराने संसार के विम्ब सामने आ जाते हैं, जिनसे इसका कोई सम्बन्ध ही नहीं है। इसलिए यह प्रतीक और बिम्ब सहायक न होकर बाधक होते हैं। यहाँ पुराने उपमान घिस ही नहीं गये हैं, झूठे पड़ गये हैं या बेमाने हो गये हैं या अनर्गल हो गये हैं। बहरहाल, हर स्थिति में परिवर्तनशील राशियां का

उपयोग करना अपरिवर्तनशील राशियों के उपयोग से बेहतर होता है। परिवर्तनशील राशियों से काम करने के लिए प्रतिनिधित्व करने वाला सीमित क्षेत्र ढूँढ़ना आवश्यक है। अगर क्षेत्र का उचित चुनाव किया जाये, तो इसके अधिक लाभदायक नतीजे निकलेंगे। मुझे लगता है कि हमारे लिए सबसे अधिक घना एवं उपयोगी क्षेत्र कला का ही होगा। यहाँ अगर हम प्रभावों को सुलझायें तो हमें कुछ ऐसी इकाइयाँ मिल जायेंगी, जो प्रकृति के मूल में हैं। हम यथार्थ को उसकी नींव पर पकड़ सकेंगे। एक बार यथार्थ से इस तरह का सम्बन्ध स्थापित कर लेने के बाद हम मनचाही अनेकों प्रणालियों को या यथार्थों को जन्म दे सकेंगे। सहसा एक बिल्कुल नया रास्ता या रास्ते हमारे सामने खुल जायेंगे। हमारे सामने की दुनिया उन तमाम संभावी सजाने के तरीक़ों में से एक विशेष सज्जा होगी। और उसी तक सीमित रहना फिर हमारे लिए आवश्यक नहीं होगा। इसके अच्छे उदाहरण आजकल के अमूर्त चित्र हैं। किसी भी सज्जा के मूल में वही इकाइयाँ होंगी, जो इस संसार के मूल में हैं। पर इससे यह न समझा जाये कि तब तो फिर कल्पना अनन्त में उड़ान भरने लगेगी। ऐसा न होकर यह स्थिति रूमानी कल्पना से भिन्न होगी। यह सीमित होगी, क्योंकि दी हुई इकाइयों से कठोर, नियमित, भागों का अस्तित्व क़ायम रखते हुए किसी व्यवस्था को जन्म देगी—अगर वह आधुनिक है। 'कल्पनामय' होने के बजाय 'मनगढ़न्त' होगी। उड़ान के बजाय उपज होगी। इन दोनों स्थितियों में बहुत अन्तर है, पर इसे जानना कठिन कार्य होगा। जिनकी सोचने की प्रणाली ऐतिहासिक ढंग की है और छायावादी है, उनके लिए तो शायद असम्भव होगा। एक दौर रचनात्मक स्तर पर ढीला पड़ जाने पर भी हमारी रुचियों पर बहुत बाद तक हावी रहता है। आज भी बहुत तरीक़ों से हम कविताओं से उन गुणों की माँगे करते रहते हैं, जिनकी प्रकृति मूलतः रूमानी है। अगर आज वास्तव में क्लासिकल ढंग की कविता की उत्कृष्ट नयी रचना हमारे सामने आ जाये तो हममें से बहुत लोग उसे पहचानने में असफल हो जायेंगे। उसके अपरिचित स्वर को सहज ढंग से स्वीकार करना, जो उचित रसास्वादन की पहली मांग है, हमारे लिए मुश्किल हो जायेगा, क्योंकि इधर जो कविताएँ हमने पढ़ रखी हैं, वे हमें इसके लिए तैयार करने में असमर्थ हैं। हम उड़ान और अव्यवस्था से परे महानता को मानेंगे ही नहीं। इसके अभाव में कविता और विज्ञान का आस-पास सरक आना हमें डरा देगा। और यह डर हमें दर्द, भावुकता, सुन्दर, सुनहरे आदि को जी-जान से पकड़ लेने के लिए मजबूर कर देगा। कविता को विषय के आधार पर स्वीकार या अस्वीकार करने में हमें कोई हिचक नहीं होगी। नवीनता हम वहीं तक स्वीकार करेंगे, जहाँ तक विषयों की, प्रतीकों की प्रधानता बनी रहती है। केवल शब्द दूसरे रख दिये जाते हैं। और इस सिलसिले में हमारा सोचने का, देखने का ढंग नहीं बदलता—महज़ प्रतीक बदल जाते हैं। एक प्रतीक की जगह दूसरे प्रतीक का आ जाना ही नयेपन का द्योतक हो जाता है। कविता से हमारी माँगों में कोई अन्तर नहीं आता। तम, क्षितिज और हहराते सिन्धु के तट पर न खड़े होकर हम धूप, जमीन और अन्धी गली के किनारे आकर खड़े हो जाते हैं। पर हमारे प्रतीकों को निबाहने के ढंग में कोई अन्तर नहीं आता। हमारे प्रश्न नहीं बदलते। और हमारी परम्परागत आलोचना इसका स्वागत करती है। हर अन्तर की विशिष्टता को छोड़कर उसके उस अंग को अधिक प्रतिष्ठा देने की दमतोड़ कोशिश करती है, जो वह पूर्व से शेयर करता है। बजाय अन्तर के आलोचक को पूर्व से समानता

ही अचरज में डालती है। और फिर अपने इस अचरज को वह कुछ निश्चित नियमों या सिद्धान्तों के बल पर प्रतिष्ठित करने में संलग्न हो जाता है। नयी कविता पर प्रकाशित इधर के लेख इसके अच्छे उदाहरण हैं। पुराने को हमें जानना चाहिए, वह हमारी मदद भी कर सकता है—पर बहुत नहीं। कम से कम आज की आलोचना में जो झुकाव ध्वनित हो रहा है, वह इसी भूल पर आधारित है कि समानता ही सब कुछ है और हमें महानता तक पहुँचाने का उसी में सामर्थ्य है। और इसके लिए आलोचक सर्वव्यापी विषय की समानता ही ढूँढ़ कर सन्तुष्ट हो जाता है। मानव सब जगह है, भावनाएँ सब जगह हैं, इत्यादि तक ही उसकी दृष्टि जाकर रुक जाती है। और यह बात हिन्दी पर ही लागू नहीं होती, शायद और भाषाओं पर भी लागू होती है। पर गलती का सर्वव्यापी होना हमारी ग़लती को महानता नहीं प्रदान करता—जैसा कि मानना भारतवर्ष में दैनिक कार्य हो गया है।

इस प्रकार हम देखते हैं कि ऐतिहासिक प्रणाली से निकले हुए प्रश्न हमें महज़ उस समानता में ले जा कर उलझा देते हैं, जिनका आधुनिकता की उपलब्धियों और उसके निजी गुणों से बहुत अनुपयोगी सम्बन्ध है। आज की रचनाओं का विश्लेषणात्मक अध्ययन करके हम ऐसी इकाइयों तक पहुँचते हैं जो हमें आज की कविताओं और चित्रों को समझने में और उनकी समस्याओं को सामने लाने में सहायक हैं। हमारे प्रश्न और पूछने का ढंग बदल जाता है। हम उन्हीं प्रश्नों को अधिक महत्त्व देना चाहेंगे, जिनके पीछे आज की कविता और चित्र का रसास्वादन मौजूद है। क्योंकि इसके बिना किसी भी सम्पूर्णता की बात करना अपने को बहलाना होगा। और इसको महसूस करने के बाद महज़ परम्परा को समझना काफ़ी नहीं है। विज्ञान में क्या हो रहा है, चित्रकार किस समस्या से उलझ रहा है, कविता में भाषा का कैसे प्रयोग हो रहा है, नाटक में प्रतीकों का निर्वाह किस ढंग से हो रहा है—यह सब जानना आवश्यक हो जाता है। जब तक हम इनको अपनी सम्पूर्णता की भाषा में स्थान नहीं दे लेंगे, जब तक हम अपने को पूर्णतः लैस नहीं कर लेंगे, तब तक कोई बात करना निरर्थक होगा। इतना सब जानना कैसे मुमकिन है इसके जानने का क्या ढंग होगा—यह सब अलग सवाल है। इन प्रश्नों का एक हल ही आधुनिक कला होगी और कला हमेशा मुश्किल होती है, अपने समय की सबसे असाध्य क्रिया होती है। जो रचना इन प्रश्नों को स्वीकार नहीं करती, जो इन सब पर आधारित सजगता को ध्वनित नहीं करती, जो अपने रसास्वाद के लिए इस सजगता को अड़ंगा मानती है—उसका आधुनिकता से कोई सम्बन्ध नहीं है। परम्परा और महानता तो हर कृति में—अगर वह कलाकृति है तो—विद्यमान होंगे ही, पर इस पृष्ठभूमि से अलग उनका विवेचन और उनकी खोज का मायाजाल हमारे वहाँ तक पहुँचने को स्थगित ही कर सकेगा। यह मायाजाल अगर अकर्मण्यता, सहजता और आत्मश्लाघा को ही प्रश्रय देता है, तो अनैतिक है। विज्ञापन का साधन हो सकता है, कला का नहीं। एक रचना के ऐतिहासिक मूल्यांकन में और उसके साहित्यिक मूल्यांकन में अगर हम भेद मिटायेंगे, तो कहीं हमें इसकी क़ीमत अदा करनी पड़ेगी। जो रचना नये प्रश्नों को सीधे नहीं हल कर रही है, महज देखने में गम्भीरता और विशालता का बाना ओढ़े हुए है और बहुत ऊपरी ढंग से आज की समस्याओं पर रोशनी डालती मालूम पड़ती है, वह इसका नाजायज़ फ़ायदा उठा लेगी। पुराने, शिष्ट और परिष्कृत के सामने आधुनिक और अदांत को

झुकना पड़ेगा। कुमारस्वामी ने एक स्थान पर लिखा है—'कला और ह्रास के दो विभिन्न तरीक़े हैं। एक का सम्बन्ध घटी हुई इन्द्रियजनित अनुभूति से है और दूसरे से······परिष्कार की झलक मिलती है। इस अति परिष्कार को·········उन आदम आकारों की कठोरता से अलग करना आवश्यक है, जिसमें हो सकता है कम लुभावनापन हो, पर जो अधिक विकसित बौद्धिकता का परिचय दे। आज के नाटक और संगीत के प्रदर्शन और सधे हुए स्वर·····कला में अति परिष्कार और साज सामान के विस्तार के अच्छे उदाहरण हैं।·····जिनकी ऐसी आरामदेह कलाओं की आदत पड़ गयी है, उनसे वास्तविक ख़तरा है कि वे कम परिपूर्ण और कम विस्तृत रचनाओं को सौन्दर्यानुभूति के आधार पर नहीं, बल्कि केवल आलस्य और सुख के मोहवश अस्वीकृत कर दें।' बहुत हुआ आलोचकगण ऐसी ह्रासोन्मुखी रचनाओं को आदर और प्रशंसा अर्पित करने के बाद कहीं कुछ कमी बतला देंगे। यह स्थिति आत्मविश्वास की कमी की द्योतक है, आधुनिकता की अस्पष्ट समझ की आयु प्रदान करती है, क्योंकि ऊपर से देखने में ईमानदारी और साहित्यिकता से भरी-पूरी लगती है।

अब हमारे सामने जो सही प्रश्न उठ सकते हैं, वे कुछ इस प्रकार के होंगे—आधुनिक कलाकृतियों के साधन क्या हैं? उसकी मान्यताएँ क्या हैं? उसके आधार में कौन सी इकाइयाँ मौजूद हैं? कलाकार का अपनी मुक्ति को अनुभव करने का ढंग और क्षेत्र क्या है? उसकी विशिष्टता क्या है? इन विशिष्टताओं और इकाइयों में आन्तरिक संगति है या नहीं? आदि। ये सब मुश्किल सवाल हैं। इनका उत्तर देने का जो ढंग मैं अपनाऊँगा, वह होगा आधुनिक रचनाओं के बारे में प्रचलित सामान्य धारणाओं का एक विशेष क्रम में गिनाना। मैं यह ढंग इसलिए अपना रहा हूँ, क्योंकि इससे अधिक कुछ कर पाना मेरी सामर्थ्य के बाहर है।

जहाँ विरोध दीखे, वहीं आसपास, आधुनिकता के मिलने की सम्भावना अधिक होगी। विरोध का जनक होगा, आधुनिक का परम्परागत न होना, एक खण्डित क्रिया होना। रेलदेवी और बाँधदेवता का जब स्वागत होता है, तब उनका आना लगातार होने वाली क्रिया है, इसलिए उनके साथ आधुनिकता नहीं आती। महज़ एक रिवाज़, एक व्यवसायी क्रिया आती है। आधुनिकता हमेशा एक अमेच्योर क्रिया है। इसलिए वह जानवरों की क्रियाओं से भिन्न है, मूलतः मानवीय है। जानवर, भीड़, देश और यंत्र व्यवसायमय होते हैं। परम्परा और रीति उनके लक्षण होते हैं। इनसे अलग होने का एकमात्र ढंग है—अमेच्योर क्रिया। इसकी एकमात्र शक्ति है मनुष्य में। अतः केवल मनुष्य और उसकी अमेच्योर क्रियाएँ आधुनिकता को परिभाषित करती हैं, कर सकती हैं। या जो जितना आधुनिक है, उतना ही मनुष्य है।

विरोध दो तरह से अपने को अभिव्यक्त करता है। (i) आधुनिकता का कोई ध्येय नहीं है, और (ii) आधुनिकता सतही है। (i) ध्येय का स्पष्ट पूर्वाभास शिल्प को जन्म दे सकता है, कला को नहीं। कला में अन्त तभी स्पष्ट होता है, जब रचना-प्रक्रिया पूरी हो जाती है। अन्त को पहले से तभी जान सकते हैं, जब हम रचना-प्रक्रिया के पूर्व सजग हों—और यह केवल शिल्प में, व्यवसायी क्रिया में मुमकिन है। पुल बनाने के पहले इंजीनियर पहले से जानता है कि वह कैसे बनेगा, बनाता बाद में है। कलाकार बनाता

पहले है, बाद में जानता है, कैसे बना। इंजीनियर अन्त का अधिक आगाह होता है, आधुनिक कलाकार विधि का। विधि पूर्व-योजित न होने के कारण उसे अधिक सतर्क रहना पड़ता है। उसके लिए रचना-विधि एक सहज परम्परा से सीखी हुई क्रिया नहीं है। उसके लिए विधि एक साहसिक क्रिया है, एक अमेच्योर क्रिया है। जो आधुनिकता की सबसे सतर्क और कठिन क्रिया है, वह परम्परा की और रीति की सबसे सहज क्रिया है। इसलिए परम्परावादी के लिए आधुनिकता को स्वाभाविक रूप में न समझ कर उसमें ध्येय का ढूँढ़ना और उसे न पाना स्वाभाविक है। जब और जहाँ उसे उद्देश्य का अभाव दीखे, वहाँ आधुनिकता अवश्य होगी। आधुनिकता इस समय घटित हो रही है। उसकी नयी धारा प्रवाह पकड़ रही है। उसकी प्रक्रिया अभी पूरी नहीं हुई है। प्रक्रिया है और कभी न कभी वह पूरी होगी—इसलिए उसमें कोई उद्देश्य अवश्य निहित होगा। पर तभी 'उद्देश्य क्या है?' पूछना असंगत होगा, उसी तरह से जैसे एक चित्रकार से जब वह चित्र बनाने में संलग्न है, यह नहीं पूछा जा सकता कि इस चित्र का उद्देश्य क्या है। क्योंकि उत्तर देने के लिए चित्र का पूरा होना आवश्यक है। ऐसा प्रश्न वही पूछ सकता है, जो इस प्रश्न से आक्रांत है और जिसे सामने का चित्र दीख ही नहीं रहा है। (ii) अधिकतर विषय-वस्तु को लेकर ही आधुनिकता को सतही कहा जाता है। कूड़ा-कर्कट, काला-मोटा, गाली-धूल, बे-हिसाब और बे-तरतीब आधुनिकता को प्रिय हैं, उसके क्षेत्र हैं! और अगर विषय ही जाने-माने परिचित ढंग से गहन एवं गम्भीर नहीं है, तो कृति कैसे होगी? अगर वह संस्कृति की गहराइयों, हृदय की खाइयों और चरित्र की गरिमाओं से ओत-प्रोत नहीं है, तो उसका मूल्य क्या होगा? अगर वह दर्द से भीगी नहीं है, तो कविता कैसे होगी? एक विचार इसलिए मूल्यवान नहीं हो जाता कि वह अचेतन के अधिक गहरे स्तर से उठ कर आया है। अचेतन के स्तरों से मूल्यों की सीढ़ी नहीं बनती है। वास्तव में कलाकृति का विषय-वस्तु से बहुत कमजोर सम्बन्ध होता है। इसलिए यह कहना कि परम्परागत विषयों को देखते हुए यह विषय सतही है, कुछ साबित नहीं करता। वह महज़ एक पूर्वनिश्चित सीढ़ी के प्रति मोह व्यक्त करता है। हर कलाकृति अपने से पूर्व के क्रमस्थापन को पुनः संगठित करती है। यह पुनः संगठन की आवश्यकता तभी पैदा होती है, जब पूर्व संगठन को त्याग दिया जाता है—उसे तोड़ दिया जाता है। आधुनिकता परम्परा को अधूरी कृति मान कर क्रमबद्ध ढंग से उसे आगे बढ़ा कर पूरा नहीं करती, वरन् उसे कच्चा माल मानती है। जिस और जितनी परम्परा से विरक्त होकर उसे वह कच्चा माल आसानी से मान पाती है, उतनी ही परम्परा आधुनिकता में प्रवेश कर पाती है। इस रूप में परम्परा का आना अनिवार्य है, इसलिए कोई खास बात नहीं मानी जानी चाहिए। पर साथ ही कच्चा माल जब एक ढंग से संगठित होता है, तब एक खंडित क्रिया घटित होती है—क्योंकि कच्चे माल का कोई आकार नहीं होता। आधुनिकता आकार को सुधारती नहीं है, उसका सृजन करती है। सुधारने का महत्त्व हो सकता है, पर आज के युग में बहुत कम । पॉली की मृत्यु पर लिखे गये एक लेख में लान्दाऊ ने कहा है—'इसलिए मुझे लगता है, पौमेरान्युक के प्रमाणों की दक्षता में सुधार करने का प्रयत्न असामयिक है, विशेषकर जब आयु की लघुता हमें ऐसे प्रश्नों पर समय बर्बाद करने का सुख नहीं प्रदान करती, जो हमें नये निष्कर्षों तक ले जाने में असमर्थ है।' एक नये संगठन की रचना सिद्धान्ततः अधिक मूल्यवान है। आधुनिकता का यह आधार है।

आधुनिकता की समस्या विषय-वस्तु नहीं है। जो इसकी समस्या नहीं है, उसके लिए उसकी आलोचना करना विद्यासागर को कपड़ों के लिए तिरस्कृत करना है। आधुनिकता की मुख्य समस्या अभिव्यक्ति की है। इस समस्या को हल करने के लिए स्थानीय औज़ार ढूँढ़ना है और उन्हें दक्ष बनाना है। एक खास तरह के औज़ार जब कुछ लोगों के हाथ लग जाते हैं, तब सहूलियत के लिए वे एक गुट बना लेते हैं। इसलिए आधुनिक गुटों में एक सैद्धान्तिक ध्येय प्रमुख नहीं दीखता है। इन गुटों के सदस्य मूलतः औज़ारों को खोजने में और मिले औज़ारों को पैना करने में व्यस्त दीखते हैं। उन्हें लगता है, राजपथों पर ऐसी खोज़ की आशा कम है। इसलिए गली-कूचों और उजड़ी जगहों पर वे मँडराते मालूम पड़ते हैं। महान् कला से जैसे उनका कोई सरोकार ही न हो। राजपथ जैसे उनके लिए उपस्थित ही न हो। उनके कविता-संग्रह अच्छी कविताओं के बजाय मुख्य (significant) रचनाएँ एकत्र करने का दम भरते हैं। उनमें ऐसी रचनाएँ अधिक मिलती हैं, जिनका परम्परा से कम सम्बन्ध है, वास्तविकता से ज़्यादा। यह वास्तविकता और आडम्बरहीनता उनकी भाषा में निहित है, उनकी बौद्धिकता में निहित है। कवि को अपनी अनुभूतियों में अधिक और पुरानी कविताओं की यादगारों में कम निहित है। उसे बे-पढ़े और सरल होने का सुख प्राप्त नहीं है, क्योंकि उसकी खोजों का क्षेत्र है भाषा और बौद्धिकता। उसकी खूबी है—अननुवादिता! उसके लिए 'भाषा स्वयं एक प्रकार का विचारों का कैसे है'—एडवर्ड सापिर। वह चीजों में कम, उनके आपसी सम्बन्धों में अधिक रुचि रखता है। चीज़ों का वर्णन करने के लिए शब्दों का आलंकारिक प्रयोग किया जा सकता है, पर सम्बन्धों के लिए सही और ठोस शब्द चाहिए। फिर विषय कुछ भी हो, चीजें कुछ भी हों, उनके सम्बन्ध हमेशा गहरे हो सकते हैं—होते हैं। इसलिए आधुनिकता का सम्बन्धों और आकारों से गहरा लगाव है।

कहा जाता है, आज का युग फ़िशन का युग है। हर चीज़ टूट रही है। तोड़ने की शक्ति में असाधारण वृद्धि हो गयी है। अगर यह सही है तो आज हमें ऐसी चीज़ों का निर्माण करना पड़ेगा, जिनमें प्रहार सहने की शक्ति हो, जो टूटने से मना करें। छोटी चीज़ें मुश्किल से टूटती हैं। क्रिस्टल की तरह बनी चीजें अपने आन्तरिक संगठन के कारण टूटने का विरोध आसानी से कर लेती हैं। या टूट कर भी अपना आकार नहीं खोतीं। बड़ी लड़ाई और संघर्ष के बाद भी बच जाने की और नट की तरह बोल उठने की ताक़त रखती है—'और बजेगी थोड़ी-थोड़ी'। चूँकि सजावट अनावश्यक है और आन्तरिक शक्ति को हानि पहुँचाने वाली है, इसलिए आधुनिकता की सृष्टियाँ अपनी पहुँच को देखते हुए छोटे आकार की हैं, मित कथन करती हैं, सादी हैं और अभेद्य हैं। वह सामने इधर-उधर निडर पड़ी हुई है। उनकी शक्ति उनके अन्दर है, इसलिए ऊपर से दीखती नहीं। उनको पहचानने के लिए नये ढंग से देखना आवश्यक है। नहीं तो 'परलॉयण्ड लेटर' की तरह हम उन्हें हमेशा देखने में चूकते रहेंगे। पूर्वग्रह के कारण साधारण को अनुपयुक्त स्थान समझ कर छोड़ देंगे। जब कि कहीं-कहीं आधुनिकता ने अति साधारण या अति शब्दार्थमय होने की चरम सीमा को छूने का असम्भावी कार्य पूरा कर लिया है। वह सहज बुद्धि से आरम्भ नहीं होता, वहाँ तक पहुँचता है। यही उसकी परिष्कृतिमयता है।

सम्बन्धों और आकारों से गहरा लगाव और अत्यधिक सामान्य अतः सर्वमान्य (universal) तक पहुँच—आधुनिकता के लक्षण और उपलब्धि हैं। सर्वमान्य तक

पहुँचने के लिए आधुनिकता ने अमूर्तन का रास्ता अपनाया है। सैद्धान्तिक विज्ञान में, नयी चित्रकला में और वास्तव में सारे आधुनिकता के क्षेत्र में हमें अमूर्तन की बहुत चर्चा मिलती है। कुछ लोग कह सकते हैं कि एक अर्थ में छायावादी कवि भी अमूर्तन करता है। फिर उसमें और आधुनिक कवि में अन्तर कहाँ है और किस प्रकार का है? छायावाद का कवि कल्पनाशील दृष्टि रखता है और उसे एक सुसंस्कृत साहित्यिक लगने वाली भाषा में व्यक्त करता है। यहाँ अमूर्तन कल्पना के क्षेत्र से प्राप्त किया जाता है। दूसरी ओर नया कवि यथार्थ के निकट कहा जाता है। वह किसी दैनिक घटना को बोलचाल की भाषा में व्यक्त करता है। यहाँ अमूर्तन तथ्य के क्षेत्र से प्राप्त किया जाता है। अमूर्तन की ये दोनों दिशाएँ एक दूसरे के विपरीत हैं। इस बात को साफ़ दिखलाना कठिन है, इसलिए मैं महज इतना कह कर इसे स्वीकार योग्य बनाना चाहूँगा कि एक के अनुसार हम ऐसे अन्त पर पहुँचते हैं, जो देखने में स्पष्टतः कविता लगता है और दूसरे में इस प्रकार का नहीं लगता। एक की भाषा साहित्यिक (अलंकृत) और रूप छंदमय है और दूसरे की भाषा बोलचाल की और रूप छंदविहीन है। यह अन्तर चित्रों और मूर्तियों में अधिक आसानी से दिखलाया जा सकता है। उदाहरण के लिए कोलाज चित्र और टूटे यन्त्रों से बनी मूर्तियाँ ली जा सकती हैं। खैर, अब मैं यह कहना चाहूँगा कि अगर हम विपरीत दिशा को स्वीकार कर लें तो नये कवि का अमूर्तन का ढंग अधिक गहराई की ओर बढ़ने की सम्भावना रखता है। यथार्थ या वास्तविक घटना से चल कर अत्यधिक अमूर्तन के उपरांत वह जिस सर्वमान्य पर पहुँचेगा, वह कोई सहज भाषा या वस्तु ही होगी। जब कि कल्पना-क्षेत्र से चलकर आने वाले के लिए यह सहज भाषा या वस्तु अमूर्तन को कमज़ोर करते हुए मालूम होंगे। वास्तविक घटना अपने में सरल सर्वव्यापी इकाई है। उसका पूरा यथार्थ इस इकाई का और इससे उपज सकने वाली सारी व्यंजनाओं का योग है और अत्यधिक जटिल है। नया कवि एक छोटी घटना या तथ्य के बारे में मनगढ़न्त बात कहता है। अगर वह सफल नयी कविता है, तो यह उपयुक्त भी लगता है। तथ्य की उपयुक्त लगने वाली मनगढ़न्त अभिव्यक्ति, चाहे तथ्य से सम्बन्धित या उससे उपजे एक ही पहलू को लें, उसके पूरे यथार्थ के अधिक निकट है, क्योंकि इकाई के बनिस्बत अधिक जटिल है। वह हमें तथ्य के बारे में अधिक बताती है। इसलिए जहाँ तथ्य का केवल यथार्थमय वर्णन अमूर्तन की सबसे निचली सीढ़ी है, और तथ्य की तरह ही कलाविहीन है, वहाँ तथ्य की उपयुक्त सर्वमान्य मनगढ़न्त अभिव्यक्ति अमूर्तन को गहरा करती है। अतः नयी कविता गहराई की ओर उन्मुख है। जब हम कल्पनाशील, विराट्, सम्भावी दृष्टि को श्याम मेघ, हहराते सिन्धु और मलयानिल आदि के सहारे व्यक्त करते हैं, तो हमेशा कम कह पाते हैं। अगर उसे कूड़ा, नाली, गली के सहारे व्यक्त करने का प्रयत्न करेंगे, जैसा प्रयत्न पत्रिकाओं में छपने वाली नयी कविताओं में हो रहा है, तो और भी कम कहेंगे। यहाँ अमूर्तन सतह की ओर उन्मुख होगा। दूसरे शब्दों में अमूर्तन का कलात्मक उपयोग आधुनिक क़विताओं में ही मुमकिन है—इसलिए यहीं अमूर्तन पहचाना भी जा सकता है। वास्तव में यही अमूर्तन का ढंग ही है। जो सैद्धान्तिक विज्ञान की प्रणाली और आधुनिक चित्रकला से परिचित हैं, उन्हें यह बात समझने में कम कठिनाई होगी। वहाँ अमूर्तन अधिक सरलता से समझा जा सकता है। कविता में भी अब शायद इसका संदर्भ बहुत कठिन नहीं लगेगा। और जैसा कि कहा गया, छायावादी प्रवृत्ति की

नयी कविता गहरी अमूर्त नहीं हो सकती, इसलिए आधुनिकता से उसका कोई सम्बन्ध नहीं है।

आधुनिकता यथार्थ के अधिक निकट है। आधुनिक कलाकार किसी रोज़मर्रे की घटना से आरम्भ इसलिए नहीं करता, क्योंकि वह पूर्ण जीवन में रुचि नहीं रखता, या कि वह इतना ही देख सकने के क़ाबिल है—बल्कि इसलिए कि वह चुनाव करता है, वह अपने अनुभव को अपने ढंग से सही अभिव्यक्ति देना चाहता है। पॉल क्ली ने एक स्थान पर अपनी डायरी में लिखा है—'.........शिल्प या योग्यता की कमी नहीं, बल्कि मेरी अधिक कठिनाई है मेरी ईमानदारी। मुझे लगता है जल्दी या देर से मैं किसी समीचीन अन्त तक पहुँचूँगा ही, यदि मैं पूर्व-मान्यताओं को छोड़ कर केवल वास्तविक घटनाओं से, चाहे वह जितनी छोटी हों, आरम्भ करूँ।' आधुनिक कलाकार जीवन के जटिल प्रवाह से परिचित है, पर उससे सीधे जूझने के बजाये अपनी अभिव्यक्ति के लिए दूसरा रास्ता अपनाता है। कुमार स्वामी के शब्दों में—'सच्ची कला, असली कला, जगत् की अप्राप्य पूर्णता से कभी प्रतियोगिता नहीं करती है, वरन् अपने स्वयं के तर्क पर और अपने ही प्रतिमानों पर.....पूर्णतः अवलम्बित रहती है।' आधुनिक कलाकार का अपना तर्क और अपना प्रतिमान अमूर्तन के सिद्धान्त पर आधारित है। इस सिद्धान्त के अनुसार भौतिकशास्त्र का विद्यार्थी पूरी नदी का अध्ययन करने के बजाये अपना ध्यान एक बिन्दु पर केन्द्रित कर लेता है और वहाँ के लिए समीकरण बनाता है। उसका यह समीकरण पूरी नदी पर भी लागू होता है। नदी देखकर उसे जो उपयोगी विशेषताएँ मिली थीं, उन्हें वह शर्तों के रूप में या और किसी तरह से अपने हल में मिला लेता है। इसी तरह आज का कलाकार जब जीवन से एक छोटी घटना को उठाता है, तो उससे उसकी पहुँच में कमी नहीं आती है। हाँ, उसके तरीके की समझ न होने पर ऐसा लग अवश्य सकता है।

आधुनिकता के बारे में यह भी कहा जाता है कि यथार्थ की नक़ल करने के बजाये कैसे यथार्थ प्रकट होता है, यह उसकी खोज है। इसका उदाहरण कृतियों का अमूर्तन और उनका क्रिस्टल की तरह का आन्तरिक संगठन है। और यह खोज इस रूप में इतिहास में पहली बार घटित हो रही है। नयी कविता, अमूर्त चित्रकला और सैद्धान्तिक भौतिक विज्ञान इसकी महत्त्वपूर्ण अभिव्यक्ति हैं। आज आधुनिकता की वही मान्यताएँ हैं, जो भाषा और प्रकृति की सीमाएँ हैं—जैसे, बोलचाल के शब्द, अमूर्त चित्रों में भाग लेने वाले प्रारम्भिक आकार और प्रकाश की सीमित गति!

आधुनिक भाव-बोध : कुछ और विचार : **रामस्वरूप चतुर्वेदी**

आधुनिक भाव-बोध के सम्बन्ध में विचार करते हुए[1] अब तक जिस स्थिति में पहुँचा हूँ, वहाँ आधुनिकता इतिहास की सजग और सचेतन प्रतीति है, और उस इतिहास चक्र

1. 'मॉडर्न सेन्सिबिलिटी इन हिंदी पोइट्री' : लीडर साप्ताहिक, 28 अप्रैल, 1957; 'हिन्दी नवलेखन' : भारतीय ज्ञानपीठ, काशी; 'आधुनिक काव्य-बोध : अज्ञेय और शमशेर' : कादम्बिनी, अप्रैल तथा मई, 1961; 'आधुनिक भाव-बोध का स्वरूप और संक्रमण' : ज्ञानोदय, अक्टूबर, 1961

को द्रुततर चलाने को चेष्टा है। इसी को वर्तमान में भविष्य का बलात् आवाहन और प्रतिष्ठापन कहा गया है। अपने पिछले निबन्ध 'आधुनिक भाव-बोध का स्वरूप और संक्रमण' ('ज्ञानोदय', अक्टूबर, '61) में मैंने आधुनिकता का उद्गम और उसके विकास के विभिन्न स्वरूपों को जानने की चेष्टा की थी। इस दृष्टि से हीगेल तथा अन्य इतिहास-दार्शनिक आधुनिकता के विभावन को जन्म देते दिखायी देते हैं, क्योंकि इतिहास की सजग और स्वचेतन प्रतीति सर्वप्रथम इन्हीं के माध्यम से हुई। साहित्य और कलाओं के क्षेत्र में आधुनिकता की स्थिति और स्पष्ट दिखाई देती है, क्योंकि किसी भी जनजीवन में पैठने के लिए यही उसके प्रवेश-द्वार हैं।

यहाँ स्पष्ट ही आधुनिक शब्द एक विशिष्ट अर्थ में प्रयुक्त हो रहा है। इस अर्थ में किसी हद तक समय-सापेक्ष होते हुए भी आधुनिकता मूलतः एक विशिष्ट जीवन-दृष्टि है। सामान्य प्रयोग में 'आधुनिक' शब्द को हम बहुत दूर तक समय-सापेक्ष मान लेते हैं—जैसे इतिहास का विभाजन प्राचीन, मध्यकालीन तथा आधुनिक कालों में करते समय। परन्तु यह 'आधुनिक' शब्द का सुविधा-निष्पन्न और लचीला अर्थ है, जिसके अनुसार हर अगला काल अपने पूर्ववर्ती की अपेक्षा आधुनिक या अधिक आधुनिक होता है। पर जिस विशिष्ट रूप से हम आज अपने को आधुनिक कहते हैं, वह इससे भिन्न स्थिति है। हम अपने आपको मात्र पिछले युग से भिन्न अथवा नया ही नहीं मानते, वरन् हमारे निकट आधुनिकता वह जीवन-दृष्टि है, जिससे हम अपनी युगीन संस्कृति को समझना चाहते हैं। इसी दृष्टि से आधुनिकता इतिहास की सजग और स्वचेतन प्रतीति है, जिसका आरंभ 19वीं शती के इतिहास-दार्शनिकों के चिंतन की पृष्ठभूमि में हुआ। कहा जा सकता है कि इसके पूर्व हम आधुनिक नहीं थे—केवल पिछले युग से कुछ भिन्न थे।

19वीं शताब्दी में इतिहास के दबाव का अनुभव किया गया और उसे समझने की कोशिश भी की गयी। पर आधुनिक भाव-बोध का प्रारम्भ वहीं से नहीं हो जाता। उस युग के मनीषियों के तर्कों और निष्कर्षों ने अगली पीढ़ियों को आधुनिक बनने में सहायता दी। इतिहास-दार्शनिकों का अपना समय तो प्रधानतः उदारतावादी (liberal) था। उदारतावादी लोग सामान्यतः मत को प्रधानता नहीं देते, मानवीय सम्बन्धों को अधिक महत्त्वपूर्ण मानते हैं। इसके विपरीत आधुनिकता मूलतः मतयुक्त दृष्टिकोण है। यही कारण है, जिससे कि उदारतावादी आधुनिक नहीं हो पाता। उसके लिए सत्य यहाँ भी है, वहाँ भी पर कमिटमेंट कहीं भी नहीं। पर किसी हद तक समय-सापेक्ष होने पर भी आधुनिकता सबसे पहले एक मूल्य दृष्टि है, अतः उसमें मत का महत्त्व है। इसीलिए आधुनिक पद्धति में 'कमिटमेंट' की सजग चिंतना अधिक है। आधुनिक दृष्टि से संयुक्त कलाकार 'एंगेजमेंट' और 'कंसर्न' का बराबर अनुभव करता है। उदारतावाद वस्तुतः दयायुक्त साम्राज्यवाद और उपनिवेशवाद से निःसृत था, जिसका विशेष रूप से प्रचार पिछली शती के इंग्लैंड में हुआ। इस उपनिवेशवाद की समाप्ति के साथ-साथ उसके ध्वंसों पर प्रजातंत्र की पद्धतियों का उदय होता है, जो निश्चित रूप से अपने को किन्हीं विशिष्ट मूल्यों और मानों पर आधारित करती है। और यहीं आधुनिक दृष्टि में, जो मूलतः प्रजातन्त्र युग की उपज है, मूल्यों और मत की चिंता इतनी महत्त्वपूर्ण हो जाती है। इंग्लैंड में, जहाँ की उपनिवेशवादी और साम्राज्यवादी भाव-भूमि में उदारतावाद का बड़ा रचनात्मक विकास हुआ, मूलतः परम्पराओं और परिपाटी पर बल दिया जाता है। इस बात पर बराबर

आश्चर्य प्रकट किया जाता रहा है कि वहाँ का संविधान अधिकतर परिपाटियों पर निर्भर है, और उसको कोई एक निश्चित स्वरूप नहीं दिया गया। मूल्यों और प्रतिमानों के आधार पर अपना नया संविधान अपेक्षाकृत नये प्रजातन्त्रों ने निर्मित किया। यही कारण है, जिससे आज भी इतना पुराना प्रजातांत्रिक देश इंग्लैंड परम्पराओं-परिपाटियों से अधिक बँधा है, और आधुनिक विचारधाराओं में कभी-कभी असुखद तनाव का अनुभव करने लगता है। वहाँ के 'क्रुद्ध नवयुवक', जो मुकुट के सांकेतिक चिह्न को भी समाप्त कर देना चाहते हैं, इसी असुखद तनाव के सूचक हैं। जो भी हो, आधुनिक प्रजातन्त्र की व्यवस्था में मत का असाधारण महत्व है, सामान्य अर्थ में भी और मतदान के विशिष्ट अर्थ में भी। इसी के अनुरूप आज 'विचारों के साहित्य' की आधुनिक विधा जन्मी है। उदारतावाद (liberlism) तथा प्रजातन्त्र (democracy) का मुख्य अन्तर यही है कि उदारतावाद में मत रखने की स्वाधीनता है, पर उस स्वाधीनता का उपयोग नहीं होता, व्यक्तियों में स्वतः अपनी ओर से मत रखने का उतना आग्रह नहीं होता। प्रजातन्त्र में मत रखने की स्वाधीनता तो है ही, पर उससे भी अधिक लोगों में अपना मत रखने और बलपूर्वक व्यक्त करने का आग्रह भी है। यहीं मूल्यों-प्रतिमानों के प्रधान हो उठने की स्थिति आती है, जो प्रजातन्त्र और आधुनिकता के बीच का मुख्य सूत्र है।

अपनी व्याख्यानमाला 'ह्वाट इज़ हिस्ट्री' में कार भी इसी मत का प्रतिपादन करते दिखायी देते हैं। इतिहास-क्रम में आधुनिकता की मुख्य वृत्ति स्वचेतनता उन्होंने स्वीकार की है। इस स्थिति का उदाहरण वे पिछली और वर्तमान अर्थ-व्यवस्थाओं की तुलना के माध्यम से देते हैं। गत शताब्दियों में (विशेषतः उदारतावाद के दौर में) 'लौसाज फ़ेयर' उन्मुक्त व्यापारिक प्रतिद्वन्द्विता का विशेष महत्व था। पर आज के स्वचेतन युग में हम 'लैसाज़ फ़ेयर' के स्थान पर 'प्लाण्ड इकोनॉमी' या नियोजित अर्थ-व्यवस्था को मान्यता दे रहे हैं। कार के अनुसार यह हमारी आधुनिक स्वचेतन (Self-concious) वृत्ति के कारण ही सम्भव हुआ है।

वस्तुतः प्रकृति—'वेजीटेशन' से वर्तमान मनुष्य तक के विकास का आख्यान तीन स्थितियों में देखा जा सकता है—परिवर्तन (change), विकास (development), आधुनिकता (modernity)। आरम्भिक स्वरूप में सृष्टि का क्रम मुख्यतः 'परिवर्तन' था—पदार्थों का एक रूप से दूसरे में बदल जाना। विकासवादियों के अनुसार सृष्टि का निर्माण ही शायद ऐसे हुआ। 'विकास' बुद्धिशील मानव के संचरण की अगली महत्त्वपूर्ण कड़ी थी, जब उसने यत्नपूर्वक अपने को परिवर्तित करना प्रारम्भ किया। परिवर्तन और विकास की स्थितियों का यही मुख्य अन्तर है। परिवर्तन सहज है, जब कि विकास यत्नसाध्य है। 'आधुनिकता' इस क्रम की तीसरी और वर्तमान स्थिति है, जब कि मनुष्य अपने परिवर्तन को यत्नपूर्वक घटित तो कर ही रहा है, साथ ही उस प्रक्रिया के प्रति पूर्णतः सचेत है, और इसी नाते इस प्रक्रिया को शीघ्रतर कार्यान्वित कराने के लिए सचेष्ट है। यह इतिहास-चक्र को द्रुततर करने का संकल्प ही आधुनिकता है। यह सही है कि इन तीनों स्थितियों में सभी पदार्थ या प्राणी ठीक एक ही ढंग से परिवर्तित, विकसित अथवा आधुनिकोन्मुख नहीं हो सकते। आज हम अपने पूरे युग को आधुनिक नहीं कह सकते। केवल कुछ अग्रणी (advanced) संवेदना वाले व्यक्ति ही आधुनिक कहे जा सकते हैं, जिनमें अपनी संवेदनशीलता के कारण कलाकारों की संख्या निश्चय ही अधिक होगी, जो

वर्तमान की जीर्णता से असन्तुष्ट होकर वर्तमान में भविष्य को प्रतिष्ठित करना चाहते हैं। समसामयिक और आधुनिक का अन्तर इसी सन्दर्भ में समझा जा सकता है। एक अपने वर्तमान के प्रति उतना सजग नहीं है, अतः बिना उसकी जीर्णता का अनुभव किये वह उस वर्तमान से सन्तुष्ट है, पर आधुनिकता तो इतिहास के आगामी चरण को रूपायित करने की और इस संचरण को द्रुततर बनाने की प्रक्रिया है।

इस प्रसंग में इतिहास को प्रधानता देने वाले कम्युनिस्टों ने सम्भवतः सबसे पहले आधुनिक होने की चेष्टा की थी, जब उन्होंने माना कि प्रोलेतेरियत के अन्ततः अपरिहार्य शासन को शीघ्रतर स्थापित किया, जाये। पर इस संचरण को द्रुततर करने में उन्होंने जनमानस का अवरोध कर दिया। उनकी पद्धति सम्भवतः यह थी कि एक संचरण को द्रुततर करने के लिए दूसरे को धीमा कर दिया जाये। शायद वे समझते थे कि जनमानस को यदि रुद्ध कर दिया जायेगा तो इतिहास की गति अपने आप तेज हो जायेगी। सापेक्षता की दृष्टि से एक गति को धीमा करो, तो दूसरी स्वतः तेज होगी। पर वे भूल गये कि जनमानस और इतिहास तो वस्तुतः अविभाज्य हैं। जैसे भी हो, दोनों को एक साथ ही आगे बढ़ाना होगा। और फिर आधुनिकता तो चिंतन की स्वाधीनता में ही पनप सकती है। आधुनिकता मात्र पंचवर्षीय योजना, अंतरिक्ष-यान और अणु-आयुध नहीं है। शायद ये हों भी, पर मूलतः तो आधुनिकता चितन और फिर सामान्य जीवनयापन की वृत्ति है। इसीलिए आधुनिक भाव-बोध को सबसे पूर्व और सबसे अधिक कलाकार ही रूपायित करते हैं, क्योंकि वे अधिक संवेदनशील और अग्रगामी हैं।

इतिहास को तीव्रतर गति से चलाने का प्रयोग सर्वसत्तावादी विधि के अतिरिक्त एक दूसरी पद्धति से भी हो रहा है, और वह है जनतांत्रिक प्रणाली। कुछ प्राचीन और प्रतिष्ठित राज्य और कुछ नये अविकसित और अर्द्धविकसित राज्य इस दिशा में आगे बढ़ रहे हैं। पर जनतन्त्र और आधुनिकता, जिनके मूल स्रोत बहुत कुछ एक हैं, व्यावहारिक क्षेत्र में कुछ अंतर्विरोध से ग्रस्त दिखाई देते हैं। यही कारण है, जिससे इस प्रयोग में कई प्रकार की कठिनाइयाँ हैं, विशेषतः भारत जैसे अर्द्धविकसित देश में जो न तो अफ्रीका अथवा एशिया के कुछ अन्य देशों की तरह इतना पिछड़ा है कि सहसा दूसरे के समकक्ष आने की बात न सोच सके और दूसरी ओर इतिहास की तीव्रगति में आज वह विकसितों की तुलना में इतना व्यवधान पा रहा है कि उसे एकाएक दूर करना आसान नहीं लगता। ऐसा जान पड़ता है जैसे इतिहास के कई कालों में वह एक साथ रह रहा हो। इस अर्द्ध-विकसित स्थिति में जनतन्त्र और आधुनिकता का अन्तर्विरोध एक मौलिक कठिनाई के रूप में हमारे सामने आता है। आधुनिकता को हमने इतिहास को तीव्रतर गति से चलाने का यत्न कहा है। दूसरी ओर प्रजातन्त्र अपनी व्यावहारिक कार्य-पद्धति में एक अत्यन्त धीमी प्रणाली है, यद्यपि मानवीय संकल्पों का मुक्ततम रूप इसी में सम्भव है। इस दृष्टि से इतिहास और जनमानस को एक साथ अग्रसर करने के लिए एक ऐसी भाव भूमि की खोज अपेक्षित है, जहाँ आधुनिकता का द्रुत संचरण और जनतन्त्र की धीमी प्रणाली एक आवश्यक सन्तुलन पा सकें। बहुत हद तक अशिक्षित और अर्द्धविकसित भारत में प्रजातन्त्र में प्रयोग में कई प्रकार की कठिनाइयों का होना स्वाभाविक है। पर सम्भव है कि अपनी विषमताओं के संघर्ष में हमीं वह अपेक्षित भाव-भूमि पा सकें, क्योंकि जहाँ एक ओर हमारा जनतन्त्र अपेक्षतया और धीमी गति से चलता है, वहीं अर्द्धविकसित होने

के कारण हमें अपने इतिहास के समुपस्थित अन्तराल को दूर करके उसे अन्यों की तुलना में और तेजी से बढ़ाना है। विपरीत दिशा की इन दो तीव्र गतियों का समाहार होना शायद अधिक आसान है।

इतिहास के इस खास मोड़ पर आधुनिकता के कई और विभ्रम हैं। मध्य युग के कट्टर धार्मिक और सामाजिक संगठनों को शताब्दियों के अनवरत परिश्रम से आधुनिक व्यक्ति तोड़ सका था। पर अपनी मुक्ति का वह ठीक-ठीक एहसास भी न कर पाया था कि उसे अनुभव हुआ कि इस नये युग में अब आर्थिक और राजनैतिक बंधन भी उतने ही दृढ़ हैं या शायद उससे भी अधिक जिनको कि उसने अभी-अभी तोड़ा था। अतः अपनी निरुपायता को उसने फिर ज्यों का त्यों पाया। आधुनिक पद्धति में एक ओर नियोजित अर्थ-व्यवस्था है, और दूसरी ओर व्यक्तिगत स्वातंत्र्य का उत्तरोत्तर बढ़ता हुआ आग्रह। इस तनाव का समाहार अभी हमें करना है। इस दिशा में भी यद्यपि कई प्रकार के यत्न हुए हैं—'वेलफ़ेयर स्टेट' से लेकर 'सर्वोदय समाज' तक। पर अभी तक कोई संतोषप्रद हल नहीं दिखायी देता। इन दोनों हीं विभावनों में 'स्टेट' और 'समाज' पर अधिक बल है, व्यक्ति-मानस कुछ खोया-खोया सा दिखायी देता है। 'आर्गनिज़ेशन मेन' और 'एफ्लुएंट सोसाइटी' के खतरों की ओर प्रबल संकेत किये गये हैं, यही एक क्षीण आश्वासन का विषय हो सकता है।

आधुनिकता की प्रक्रिया के कुछ खतरे भी हैं, जिन्हें ठीक-ठीक समझे बिना आगे नहीं बढ़ा जा सकता। आधुनिकता इतिहास-चक्र को शीघ्रतर चलाने की पद्धति कही गयी है। हमारे जैसे अर्द्धविकसित देश में इस बात का लालच हो सकता है कि एक बार जब द्रुततर संचरण की प्रणाली हमने समझ ली, तो क्यों न उसका अधिक से अधिक प्रयोग किया जाये, अर्थात् इस संचरण को द्रुततर से द्रुततम तक पहुँचाने का यत्न किया जाये। सामाजिक जीवन के बाह्य पक्षों—खेती के नये तरीकों और स्टील बनाने की अधुनातन प्रणालियों के बारे में ऐसा शायद हो भी सके। पर कला के संवेदनात्मक स्तर पर इतिहास की गति को एक निश्चित सीमा तक ही तेज़ किया जा सकता है। पूरे विश्व-इतिहास के किसी काल-विशेष को भारत के प्रसंग में हम संक्षिप्त अवश्य कर सकते हैं, और हमें यही करना भी है, पर ऐसा संभव और व्यावहारिक नहीं लगता कि उस पूरे के पूरे काल को हम अपने इतिहास में आने ही न दें, और इस प्रकार विकसितों के समकक्ष शीघ्र आ सकें। जैसा मैंने कहा, प्रविधि तथा अन्य कुछ क्षेत्रों में गति इतनी तीव्र हो सकती है। पर कला-संवेदना मानव-मन को गहरे स्तरों पर ढालती है, और बिना उस प्रक्रिया में से गुज़रे हमारी कला की सर्जन-शक्ति को आघात पहुँच सकता है। इस प्रक्रिया को हम संक्षिप्त कर दें, यह तो उचित ही है, पर उसे विकलांग नहीं किया जा सकता, क्योंकि स्टील की ढलाई और मानव-मन का संचार एक ही प्रकार से नहीं किया जा सकता।

जहाँ-जहाँ इतिहास की प्रक्रिया जाने या अनजाने अपूर्ण रह गयी है, वहाँ कुछ विचित्र विभ्रम की स्थितियाँ उत्पन्न हो गयी हैं। हिन्दी काव्य के क्षेत्र में प्रगतिवाद की संभावनाओं का पूर्ण विकास नहीं हो सका, ऐसी मेरी धारणा है। और इसी कारण से हिन्दी काव्य में कुछ ऐसी कमज़ोरी आ गयी, जिसे हम अभी तक दूर नहीं कर सके हैं। विदेशी प्रेरणा-स्रोत होने के कारण ही अपने युग से संपृक्त होते हुए भी प्रगतिवाद की अकाल समाप्ति हो गयी। और वह स्थिति किसी ने सजग रूप से चाही न थी। पर यहीं

इतिहास-प्रक्रिया को आघात लगा दिखाई देता है। प्रगतिवाद ने छायावाद के मूलतः रोमांटिक दृष्टिकोण के खिलाफ़ आवाज़ उठायी थी, यद्यपि अपने ढंग से वह रोमांटिसिज़्म के कुछ तत्त्वों का उपयोग भी कर रहा था, किन्तु प्रगतिवाद की अपूर्ण संभावनाओं के कारण न तो रोमांटिसिज़्म पराजित ही हो सका, और न उन रोमांटिक वृत्तियों की पूरी अभिव्यक्ति ही हो सकी। यह इसी का फल है कि हिन्दी काव्य में फिर प्रयोगवाद और नयी कविता के दो प्रबल आंदोलनों के बावजूद रोमांटिसिज़्म को समाप्त नहीं किया जा सका। रक्तबीज की भाँति नये-नये रूप धारण करता हुआ वह प्रयोगवाद और नयी कविता में भी कभी-कभी सम्मानित होता और प्रश्रय पाता दिखायी देता है। यदि प्रगतिवाद की सभी संभावनाएँ अपने ढंग से हो गयी होतीं, तो रोमांटिसिज़्म का स्वतः उनमें पर्यवसान हो जाता। पर ऐसा न होने से रोमांटिसिज़्म उस रोग की भाँति बराबर उमड़ता है, जिसका न तो पूरा उपचार ही किया गया और न जिसे शरीर में से पूरा-पूरा व्यक्त होने दिया गया। आधुनिकता का संघर्ष मूलतः इस रोमांटिक दृष्टिकोण से ही होना है—साहित्य के क्षेत्र में भी और जीवन के अन्य क्षेत्रों में भी, विशेषतः इसलिए कि रोमांटिसिज़्म अतीत के प्रति सम्मोहन-भाव पर पनपता है, और अतीत का वास्तविक प्रयोग होने में बाधा उत्पन्न करता है। जड़ अतीत से बढ़कर प्रगति के मार्ग की कोई रुकावट नहीं, और आधुनिकता इस जड़ अतीत के भार से आक्रांत न होने देने की चेष्टा है। हम किस प्रकार के और कैसे भार से आक्रांत हैं, यह बताकर भी वह हमें किसी हद तक भार-मुक्त कर देती है, और हमारे संचरण को द्रुततर बनाती है। भय को जान लेना किसी सीमा तक भयमुक्त हो जाना है। आधुनिकता और रोमांटिसिज्म के इस संघर्ष के परिणाम के बारे में कोई भविष्यवाणी नहीं की जा सकती, क्योंकि आधुनिक व्यक्ति बने-बनाये इतिहास में विश्वास नहीं करता, वरन् इतिहास को स्वयं ही निर्मित करना चाहता है।

संक्रांतिकालीन आधुनिकता और 'आधुनिकता' : **मलयज**

मानव-मूल्यों के विवेचन के स्तर पर और कला-सृजन के संदर्भ में भी आधुनिकता की अवधारणा, उसके स्वरूप एवं प्रयोजन पर अनेक दृष्टियों से विचार होता रहा है। किन्तु इन सब प्रयत्नों के बावजूद भी, मुझे लगता है, जैसे आधुनिकता के संबंध में अधिकांशतः हम किसी न किसी पूर्वग्रह से ग्रस्त हैं। उन लोगों की बात जाने भी दें, जो आधुनिकता को समसामयिकता का पर्याय समझ बैठते हैं और उसे किसी विशिष्ट जीवन-दृष्टि से अनिवार्यतः उत्प्रेरित न मानकर मात्र 'फैशन' के रूप में देखने का आग्रह रखते हैं, तो भी यह सत्य है कि आधुनिकता को वर्तमान युग की संक्रांतिजन्य मनःस्थितियों से मुक्त कर देखने और अंगीकार करने की चेष्टा अभी तक प्रायः नहीं की गयी है। यह सही है कि वर्तमान युग-परिप्रेक्ष्य में मूल्यान्वेषण की जिस मूलभूत आवश्यकता से विकसित जीवन-पद्धति अथवा जीवन-दृष्टि को हम आधुनिकता के नाम से अभिहित करते हैं, उसका सूत्र हमें उन्हीं संक्रांतिजन्य मनःस्थितियों में ढूँढ़ना होगा, पर आधुनिकता की व्याख्या के अगले चिंतन-क्रम में इसे हम उस विशिष्ट जीवन-दृष्टि का

केवल आरंभिक बिंदु ही मान सकते हैं।

वर्तमान युग-संक्रमण के परिप्रेक्ष्य में व्यक्ति-चेतना का उदय व्यापक स्तर पर आधुनिकता के उस आरंभिक बिन्दु से सबद्ध माना जा सकता है। इसकी परिणति के रूप में मूल्यगत अराजकता और उसके परिणामस्वरूप घोर निराशा एवं अनास्था से लेकर विश्व-इतिहास में प्रतिक्रियास्वरूप उठ खड़े हुए अनेक अर्थ रोमांटिक अर्द्ध वास्तविक आंदोलन तथा विभिन्न मतवाद और सिद्धान्त, सब उसी बिन्दु से शुरू होते हैं। इस ऐतिहासिक चक्र के भीतर जो चीज़ केन्द्रीभूत रूप से गतिशील प्रतीत होती है वह है मानव-व्यक्तित्व के प्रति युग की वह चुनौती कि वह ईश्वर, धर्म अथवा धर्मोपेक्षित किसी नैतिक व्यवस्था के बिना भी अपने अस्तित्व की सार्थकता एवं मूल्यवत्ता सिद्ध कर सकता है या नहीं? और इस चुनौती का प्रत्यक्ष परिणाम नवीन मानव-मूल्यों के अन्वेषण की सतत चेष्टा में व्यक्त हुआ। प्रारंभ में इस चेष्टा का विषय किसी एक ऐसे विश्वास आधार की खोज रही, जो तर्क एवं विवेक पर आश्रित मानव-नियति और मूल्यगत संक्रमण तथा उससे उत्पन्न विशृंखलित जगत्-व्यवस्था (world-order) के बीच कोई संतुलन स्थापित कर सके। किन्तु संक्रमणकालीन विश्व-इतिहास में यह चेष्टा सफल हुई नहीं प्रतीत होती, विशेषतः कला-सृजन के क्षेत्र में। ऐसी ही चेष्टा कुछ अंतर के साथ किसी समय रोमांटिकों ने भी की थी। अपने और जगत् के अंतर्विरोध की समस्या को उन्होंने अपनी प्रभूत कल्पनाशीलता से हल किया था और संपूर्णतः एक नयी ही जगत् व्यवस्था की रचना कर दी थी। किन्तु उनकी कल्पना-शक्ति एवं कल्पना-सृष्टि का आधार किसी न किसी रूप में किसी अतीन्द्रय सत्ता (transcendental power) में निहित था और इससे उनका प्रत्यक्षतः कोई विरोध भी नहीं था। इस मूलाधार के खिसक जाने के कारण ही वैसी स्थिति अब संभव नहीं रही। वैज्ञानिक प्रगति और उससे विकसित यथार्थ को ज्यों का त्यों ग्रहण करने वाली नवीन जीवन-दृष्टि के फलस्वरूप रोमांटिकों का कल्पना प्रसूत मायालोक अथवा अतीन्द्रिय विश्वासों-प्रेरणाओं पर केन्द्रित विश्व (आई० ए० रिचर्ड्स ने इसे "मैजिकल व्यू ऑफ़ दि वर्ल्ड" कहा है) विलीन हो गये। इस प्रकार संक्रमण के इस बिन्दु पर युग का व्यक्ति-मानस दो विभिन्न धाराओं से आक्रान्त दिखायी देता है। भावनात्मक दृष्टि से वह किसी न किसी रूप में अब भी विश्व के परम्परानुगृहीत विज़न के प्रति आसक्त (attached) दिखता है, यद्यपि परम्परा के प्रति उसकी आसक्ति बदली हुई परिस्थितियों में मात्र ऊपरी अथवा रस्मी भी नहीं रह गयी है, बल्कि सृजनात्मक अनुभव के गहन स्तरों पर वह उससे जुड़ा हुआ अनुभव करता है। दूसरी ओर वैज्ञानिक चेतना एवं उससे उद्‌भूत विश्लेषणात्मक प्रवृत्तियों ने मानव-नियति को संचालित करने वाले पूर्व निर्धारित सूत्रों, धारणाओं एवं मान्यताओं को निष्क्रिय बना दिया है और उसकी दृष्टि को समसामयिक परिस्थितियों के उन सक्रिय जागरूक तत्त्वों की ओर उन्मुख करने का प्रयत्न किया है, जिनमें मानव-भविष्य के निर्माण की एक सर्वथा भिन्न सम्भावना निहित है। आधुनिकता के इस आरम्भिक बिन्दु-काल में युग की संवेदना अपनी सजगता एवं बौद्धिक ईमानदारी के कारण इन दोनों ही स्तरों पर समान रूप से क्रियाशील है, जो एक अर्थ में वर्तमान संक्रान्ति को अपेक्षाकृत गम्भीरतर एवं जटिलतर तो बनाता ही है, उसकी मूलभूत समस्या को मात्र विश्वासों की खोज की समस्या तक ही सीमित नहीं रहने देता, जैसा कि उन्नसवीं शताब्दी के रोमांटिकों के साथ हम पाते हैं। युग की संवेदना इन दोनों ही स्तरों

में से किसी का भी निषेध नहीं करती, वरन् उसकी दृष्टि युग के इन दो जीवंत विरोधाभासिक स्तरों का निषेध करने वाले हर दृष्टिकोण का निषेध करती है। और वस्तुतः आधुनिक जीवन-दृष्टि के स्थापन की प्रक्रिया यहीं से प्रारम्भ होती है अर्थात् युगगत विरोधाभास की इस स्थिति के स्वीकार से। किन्तु संक्रमणकालीन युग के परिप्रेक्ष्य में विरोधाभास का यह स्वीकार कला-सृजन के संदर्भ में कलाकार के लिए सुखद सिद्ध होता नहीं दिखायी देता। इसका पहला कारण तो यह है कि इस युग-संधि के कलाकार के सामने बदली हुई बाह्य परिस्थितियों के साथ अपने सृजनात्मक अनुद्वेगों के संघटन की समस्या किसी न किसी रूप में अब भी बनी हुई है, दूसरे कृति की कलात्मक महानता को अनिवार्यतः कलात्मक अनुभव से गुणात्मक रूप में श्रेष्ठ एवं वांछनीय मानने के अपने दृष्टिकोण के कारण इस विरोधाभास के स्वीकार में उसे अपनी कला का ह्रास दिखायी देता है। उसका यह दृष्टिकोण उसके कहीं न कहीं अतीत से चिपके होने का प्रमाण है। दूसरे शब्दों में वह कला के पुरातन स्वर्णिम मापदंडों द्वारा ही समसामयिक कला-संवेदना की वस्तुस्थिति एवं इयत्ता को आँकना चाहता है—''महानता'' अथवा ''सार्थकता'' की प्रचलित कोटियों से परे अपने आप में संपूर्ण और विशिष्ट कला-बोध का कोई स्तर भी हो सकता है, इसे ग्रहण कर पाने की चेतना अभी उसमें विकसित नहीं हुई है। यह दृष्टिकोण केवल कला-सृजन तक ही सीमित नहीं है, वरन् इसके पीछे मूल्यों के विघटन का वह सामूहिक पक्ष निहित है, जिसमें युग का संपूर्ण संस्कृति-प्रवाह एक प्रकार के असम्भव आदर्श के दलदल में फँसा हुआ दिखाई देता है। इन दोनों ही कारणों से संक्रमणकालीन कलाकार एक प्रकार की द्विविधा से ग्रस्त है। अपनी सर्जनशीलता में कभी तो वह अतीत से असंतुष्ट स्वर्णिम भविष्य के मसीहा का रोल अदा करने लगता है और कभी जटिल वर्तमान से ऊब कर एक व्यापक सांस्कृतिक विघटन का मरसिया गाता है। ये दोनों ही स्थितियाँ उसके विस्थापित मानसिक सेटअप की द्योतक हैं। अकेले फ्रांस में ही इस सदी के प्रारम्भ से घटित कोई आधे दर्जन कला-आंदोलन इस विस्थापित मनोवृत्ति का उदाहरण प्रस्तुत करने के लिए पर्याप्त हैं।

उपर्युक्त विवेचन से यह स्पष्ट हो जाता है कि संक्रान्तिकालीन आधुनिकता—जिसे मैं अन्यत्र आधुनिकता के आरम्भिक बिन्दु के रूप में प्रस्तुत कर चुका हूँ—एक प्रकार के विवशता-बोध से आक्रांत है। उस विरोधाभास का स्वीकार किसी स्वतन्त्र जीवन-दृष्टि के प्रति उन्मुखता के आग्रह से प्रेरित न होकर एक लादी गयी लाचारी का पर्याय बन कर रह जाता है। और यही कारण है कि अपनी समस्त ईमानदारी के बावजूद भी यह स्थिति संपूर्ण युग-बोध को एक स्थान पर स्थिरीभूत बना देती है। उसमें कटुतम यथार्थ की स्थितियों के निःसंकोच द्रष्टा होने की क्षमता तो है, किन्तु उसके समक्ष विवेकपूर्ण निर्णय लेने तथा उस निर्णय को दायित्वपूर्ण कर्म से संयुक्त करने की आंतरिक स्फूर्ति का अभाव लक्षित होता है। आधुनिकता की विचार-प्रक्रिया में पहली स्थिति युग-बोध की विशिष्टता निर्धारित करती है, जब कि दूसरी स्थिति उसकी सीमा का संकेत देती है। इन स्थितियों में संक्रांति-युग की सर्जनात्मक प्रतिभा अपने आपको विच्छिन्न तथा संदर्भच्युत अनुभव करने लगती है। उसका आंतरिक सर्जनात्मक जगत् बाह्य जगत् से एकदम कट सा जाता है। अंग्रेजी के एक प्रसिद्ध आधुनिक कवि ने इस स्थिति की तुलना एक पिंजड़े से की है और कला-सृजन के संदर्भ में संक्रांतिजन्य परिणामों का विवेचन करते हुए कहा कि इस

युग की सर्जनात्मक प्रतिभा शीशे की सलाख़ों से बने एक पिंजड़े में बन्द हैं, जिसमें उसे केवल अपना ही प्रतिबिम्ब दिखायी देता है, कल्पना द्वारा अपने से बाहर के यथार्थ जगत् में प्रवेश करने के उसके सारे रास्ते बिल्कुल असम्भव बन चुके हैं।[1]

यह स्थिति व्यापक स्तर पर युग के संवेदनशील मानव-व्यक्तित्व के लिए नितांत 'अकेलेपन' की ही स्थिति है, जो संक्रांतिकालीन आधुनिकता की एक आधारभूत विशेषता है। इस स्थिति में अब भी मानव-व्यक्तित्व कल्पना को ही अपने अंतरिम सत्य को वहन करने वाली भाषा मानता है, तर्क को नहीं। किन्तु अपने ही द्वारा निर्मित पिंजड़े में बन्द होने के कारण और कल्पना को अपने उस अंतरिम सत्य को वहन करने वाली भाषा के रूप में असमर्थ पाने के कारण उसमें कोई प्रतिक्रियाएँ उठ खड़ी होती हैं। ये प्रतिक्रियाएँ संक्रांतिकालीन आधुनिकता की तस्वीर के कई महत्त्वपूर्ण पक्ष प्रस्तुत करती हैं।

(1) पहली प्रतिक्रिया एक प्रकार की गहरी विषाद-भावना में व्यक्त होती है, जो वस्तु-स्थिति का 'पैसिव' पक्ष है। किसी भी प्रकार के अर्ध सत्य से प्रत्यक्षतः समझौता न कर पाने की ईमानदारी और ऐतिहासिक प्रक्रिया के आंतरिक परिचालक तत्वों के साथ क्रियात्मक योग न स्थापित कर सकने की अक्षमता से उत्पन्न यह विषाद-भावना कभी-कभी आत्मतुष्टिकर लगने लगती है। मूल्य-विघटन की परिस्थितियों में मानव-अस्तित्व के किन्हीं खंडित सत्यों के साथ मिलकर इस प्रतिक्रिया की अतियों ने इतिहास में आत्मपीड़नात्मक (सैडिस्टिक) जीवन-दर्शन एवं आंदोलनों को भी जन्म दिया है, जिनकी चरम पतनशीलता के रूप हमें उन्नीसवीं शती के अंतिम दशक में देखने को मिलते हैं।

(2) किन्तु उस 'अकेलेपन' की दूसरी प्रतिक्रिया सिनिसिज़्म तथा विपर्यय-बोध के भी रूप में दिखायी देती हैं, जो वस्तु-स्थिति का ऐक्टिव पक्ष है। सिनिसिज़्म में एक ओर तो अर्ध सत्यों के रूप में जीवित परंपरागत मूल्यबोध तथा उसे वहन करने वाली सामूहिक सामाजिक चेतना की 'मूर्खता' के प्रति आक्रोश भाव होता है और दूसरी ओर नये जीवन-मूल्यों के प्रति स्पष्ट विज़न की कमी का हीनता-बोध। सिनिसिज़्म वस्तुतः उस दुहरी स्थिति की व्यक्ति-चेतना के स्तर पर बाह्य अभिव्यक्ति है। यह किसी मूल्य की रचना नहीं करता, उसकी शक्ति युगगत निषेध को करने में ही व्यक्त होती है। विपर्ययबोध इससे पृथक् एक भिन्न स्थिति है। अपनी गहन संवेदनीयता एवं सत्यान्वेषण के कारण संक्रान्तिकालीन परिस्थितियों में मनुष्य संपूर्ण जागतिक-मूल्यों (क्योंकि उनकी यथार्थता उसके सामने स्पष्ट हो चुकी होती है) एवं ध्वस्तमान सांस्कृतिक अनुभव-प्रवाह से विच्छिन्न हो जाता है। इस एकांत की नितांत पीड़क स्थिति में उसके भीतर का दुःखभाव सिनिसिज़्म की भाँति अपनी अभिव्यक्ति के लिए कोई बाह्य बौद्धिक धरातल नहीं ढूँढ़ पाता। अतः इस एकांत अथवा अंतर्मुख दुःख-भाव को बाह्य सामाजिक चेतना का स्पर्श मात्र भी विपर्यय-बोध में बदल देता है।

(3) तीसरी प्रतिक्रिया एक सर्वथा नयी आंतरिक भाषा की रचना से शुरू होती है। इस भाषा का ऊपर से तर्क से कोई विरोध नहीं प्रकट होता, किन्तु यह अपने ही नियमों

---

1. Stephen Spender : "Inside the cage" (Making of a poem)

एवं अंतःप्रेरणाओं द्वारा परिचालित होती है। इस भाषा के माध्यम से संक्रांति युग का आधुनिक मानव एक ऐसी भूमि की खोज करता है, जहाँ यथार्थ और कल्पना मानव अस्तित्व के संघटित अनुभव-बोध में एकाकार हो सकें। सुर्रियलिज़्म प्रकारांतर से इसी खोज का परिणाम है, जिसका संबंध इसी भाषा से है। सुर्रियलिज़्म का नाम प्रस्तुत संदर्भ में मात्र एक विशिष्ट कला-शैली के रूप में नहीं प्रयुक्त किया गया है, क्योंकि तब ऐसा करना उसके व्यापक अर्थ-संदर्भ को सीमित कर देना होगा वरन् उसे उस प्रतिक्रिया की एक सहज व्यापक परिणति के रूप में देखा गया है, जिसमें संक्रांति युग का आधुनिक मानव अपनी विस्थापित चेतना का अस्तित्व-बोध के एक नये स्तर पर पुनर्स्थापित करने की चेष्टा करता है। संक्रांतिकालीन जटिल जीवन-संदर्भों तथा समाज की वैज्ञानिक तथा प्राविधिक उन्नति में निहित निर्वैयक्तिक शक्तियों से त्रस्त मानव-चेतना अनायास ही एक नये प्रकार के रोमांटिक भाव-बोध को प्रश्रय देने लगती है। अन्दर और बाहर का संबंध-सेतु टूट जाने के परिणामस्वरूप व्यक्ति के सामने जो शून्य की मारक स्थिति बन जाती है, उसे आधुनिक भाव-बोध के इस बिन्दु पर वह नये-नये कथारूपों (लीजेंड्स) तथा 'मिथ' की रचना करके भरना चाहता है। इस नव-रोमांटिक भाव-संवेदना में जीवन के जटिल मानवीय संदर्भों में मूल्यों के निर्माण का कोई ठोस तथा दिशाबद्ध क्रांतिकारी उन्मेष नहीं होता, जैसा कि हम उन्नीसवीं शती के रोमांटिसिज़्म में पाते हैं। यह संक्रांतियुगीन आधुनिक मानव की वित्रस्त चेतना को बस तस्कीन देने के लिए ही होती है। कला-सृजन के क्षेत्र में इस स्थिति के कारण कलाकार एक प्रकार के अनिवार्य नॉस्टेल्जिया से ग्रस्त भ्रांत चेतना की भूलभुलैयों में भटकता रह जाता है। अतः वह समसामयिक जीवन संवेदनों की अद्वितीयता और उनके मात्र विशिष्ट होने का भी साक्षात्कार नहीं कर पाता।

(4) किन्तु चौथे प्रकार की प्रतिक्रिया के अंतर्गत हम पाते हैं कि यह चेष्टा मात्र तस्कीन देने वाली भाषा की खोज से ऊपर उठ गयी है और इसने संश्लिष्ट जीवन-दर्शन तथा क्रांतिकारी जीवन-तत्त्वों से गतिमान तर्क-पद्धति का रूप धारण कर लिया है। यह प्रतिक्रिया संक्रांतिजन्य मानवीय चेतना के उन दो विरोधाभासिक स्तरों को विघटित मानव-मूल्यों के कारण एवं परिणाम के रूप में देखते हुए आधुनिक मानव को किन्हीं शाश्वत, काल-निरपेक्ष मूल्य-स्रोतों की ओर जाने को प्रेरित करती है। यह अतीत तथा परंपरागत मूल्य-स्रोतों को एक संपूर्ण एकीकृत शक्ति संपन्न चेतना के साथ साक्षात्कार करने की प्रक्रिया में व्यक्त हुआ है। इस प्रक्रिया में जीवन-बोध के उस विरोधाभास का तो अतिक्रमण हो जाता है, किन्तु समसामयिकता के दायित्व से अनुबिद्ध जीवन-चेतना का भूमि पर नहीं, जो एक पूर्ण आधुनिक दृष्टि की पहचान है। वह अतिक्रमण व्यक्ति को वर्तमान समय-चेतना से उठाकर समयहीनता की आदिम अनुभूति में स्थापित कर देता है, जहाँ इतिहास मानव-चेतना में संपुंजित एक मूल्यवान अनुभव मात्र नहीं है, जिससे आगे के विकास-क्रम में सहायता ली जा सके, वरन् एक प्रत्यक्ष सत्य है, जिसे दुबारा उतनी ही पूर्णता एवं तीव्रता के साथ लिया जा सकता है।

संक्रान्तिकालीन आधुनिकता के इन विशेष रूपों-पक्षों को इतने विस्तार से विश्लेषित करने की आवश्यकता इसलिए हुई कि बहुधा इनमें और एक पूर्ण आधुनिक जीवन-दृष्टि में कोई अन्तर नहीं मान लिया जाता—सर्जनात्मक अभिव्यक्ति के स्तर पर भी इसको लेकर अभी तक प्रायः भ्रम बना ही हुआ है। आधुनिकता, समसामयिकता के संदर्भ में

विकसित मूल्य-बोध की एक विशेष दृष्टि है, जिसका स्रोत व्यक्ति के विवेकपूर्ण ऐच्छिक निश्चय में है। संक्रांतिकालीन आधुनिकता में मूल्य-बोध की केवल भूमिका ही होती है। उसमें उसे क्रियान्वित करने की निश्चयात्मकता का हम अभाव पाते हैं। इसी परिपार्श्व में 'तथाकथित' आधुनिकता (Pseudo-modernity) पर भी विचार किया जा सकता है। आधुनिकता समसामयिक जीवन-संदर्भ में मानव-अस्तित्व की मूल्यवत्ता के प्रश्न के प्रति व्यक्ति की गहन आंतरिकता के आग्रह से ही उन्मुख होती है। उसका विद्रोह भी मात्र बाह्य रूपाकार के प्रति विद्रोह तक ही सीमित नहीं रहता, वह एक निश्चित जीवन-दृष्टि के प्रति आत्म-स्वीकृति को स्थापित करने के लिए होता है, इसीलिए उसमें चेतना के किसी भी स्तर पर न तो किसी समझौते अथवा समन्वय की चेष्टा होती है और न ही कोई अन्तर्विरोध। किन्तु 'तथाकथित' आधुनिकता रूपाकार के प्रति विद्रोह करके ही रह जाती है। उसकी बाह्य चेष्टाएँ तो आधुनिकता के आयाम छूती सी लगती हैं, परन्तु उसकी अंतश्चेतना संक्रांतियुगीन विसंगतियों से ही आलोड़ित रहती है। उसका एटीट्यूड भी आग्रहपूर्वक ग्रहण किया हुआ होता है, स्वतःस्फूर्त नहीं। इसीलिए युग-जीवन के विरोधाभास का अतिक्रमण कर जीवन के प्रति एक पूर्ण संतुलित दृष्टि अपनाने में वह प्रायः असमर्थ होती है।

उपर्युक्त विवेचन के परिप्रेक्ष्य में वास्तविक आधुनिकता के स्वरूप को देखना आसान होगा। पहली बात तो यह है कि जिसे हम वास्तविक आधुनिकता कहते हैं, वह संक्रांतिकालीन आधुनिकता की भाँति किसी प्रकार की विवशता के बोध से प्रेरित न होकर युग-संदर्भ में व्यक्ति के 'च्वायस' से उद्भूत होती है। यह 'च्वायस' ही संक्रांतियुगीन अनास्थिर एवं द्विविधापूर्ण मनोवृत्ति का निराकरण कर देता है, क्योंकि एक ओर तो यह वैयक्तिक स्वतंत्रता की पुष्टि करता है और दूसरी ओर व्यक्ति के आत्म-निर्णय को सूचित करता है। व्यक्ति के समक्ष युग के विरोधाभास की स्थिति के लाचारी का परिणाम नहीं रह जाती, वरन् इच्छाकृत जीवन-उन्मेष का एक ऐसा संदर्भ होता है, जिसमें वह जीवन-प्रक्रिया में कर्म एवं विचार से संयुक्त होकर भाग लेता है।

वैयक्तिक स्वतंत्रता तथा आत्म-निर्णय जैसे शब्दों का प्रयोग विशेष अर्थ-व्यंजना की दृष्टि से किया गया है। वास्तविक आधुनिकता के परिप्रेक्ष्य में वैयक्तिक स्वतन्त्रता का अर्थ परम्परागत जीवन-मूल्यों और प्रकारांतर से समसामयिक जीवन-संदर्भों में चलती रहने वाली जीवन-प्रक्रिया को किसी भी बिन्दु पर स्थिरीभूत करने वाले एटीट्यूड के प्रति 'नान कमिटमेंट' का दृष्टिकोण है। आधुनिक जीवन-दृष्टि वस्तु-स्थिति के उस स्तर पर होती है, जहाँ उसके लिए यह सब असंगत (irrelevant) हो चुके होते हैं। क्योंकि उसके साम्ने केवल समसामयिक जीवन-संदर्भों को पूरी एकाग्रता एवं समग्रता के साथ जीने का एकमात्र प्रश्न ही संगत है। वह अतीत और भविष्य, दोनों ही के प्रति 'नान कमिटेड' है, क्योंकि जीवन के प्रति अपना पूर्ण दायित्व वहन करने में इससे कोई विषमता नहीं उत्पन्न होती। लेकिन आधुनिकता समयहीनता की शाश्वत अनुभूति नहीं है। वह पूर्णतः समय सापेक्ष है, जो वर्तमान युग-संदर्भों की अनिवार्य परिणति के रूप में व्यक्ति की आत्मसजगता (सेल्फ़ कांशसनेस) की स्थिति को सूचित करता है। आधुनिकता के संदर्भ में व्यक्ति का आत्म-निर्णय समसामयिकता के प्रति उसके दायित्व-बोध का ही परिणाम है। जीवन के प्रति पूर्ण संसक्ति की दृष्टि किसी बाह्य सत्ता द्वारा नियमित तथा प्रेरित न होकर

स्वयं जीवन से ही स्फुरित होती है। एक आधुनिक व्यक्ति-आत्म-निर्णय द्वारा जीवन की सम्भावनाओं को विकसित करता जाता है। उसका निर्णय इतिहास का निर्णय नहीं है, क्योंकि इतिहास उसकी दृष्टि को अतीत अथवा भविष्य में कहीं न कहीं सीमित कर देना चाहता है। इसीलिए आधुनिकता कोई मूल्य नहीं है। वह वर्तमान जीवन के विशिष्ट संदर्भों से उपजा मात्र एक दृष्टिकोण है।

सर्जनात्मक अभिव्यक्ति के क्षेत्र में आधुनिकता किसी भी ऐसे कलात्मक मापदंड को प्रश्रय नहीं देती, जो कला-प्रक्रिया को और उसके पीछे कार्यरत जीवन की प्रक्रिया को प्रचलित मूल्य-मानों में परिभाषित-व्याख्यायित करने का प्रयत्न करता है। एक आधुनिक कलाकार इसे अवैज्ञानिक मानता है, क्योंकि किसी क्षण विशेष के संदर्भ में अनुभूति का संचरण और उससे पृथक् उसका तटस्थ मूल्यांकन—चाहे उसकी कसौटी कितनी ही बड़ी हो—एक साथ सम्भव ही नहीं है। इस प्रकार की चेष्टाएँ जिनके उदाहरणों से कलाअभिव्यक्ति का इतिहास भरा पड़ा है। मात्र ऐतिहासिक भूलें हैं, जिन्हें एक आधुनिक दृष्टि सम्पन्न कलाकार दुहराना पसंद नहीं करता। एक आधुनिक कलाकार के सामने समस्या संक्रांतिकालीन आधुनिकतावादी कलाकार की भाँति न तो तर्क एवं भावना के बीच संघटन स्थापित कर सकने की होती है और न किसी बाह्य जीवन-दर्शन के परिप्रेक्ष्य में अपनी चेतना के उन विरोधाभासिक स्तरों को एडजस्ट करने की। संक्रांतिकालीन आधुनिकतावादी की यह समस्या भी वस्तुतः ज्ञान की ही समस्या है, अर्थात् ज्ञानात्मक स्तर पर वह अब भी तर्क तथा भावना को परस्पर विरोधी मानता है, और मानव-व्यक्तित्व को उन दो विरोधी बिन्दुओं से अलग-अलग देखने की 'फ़ैलेसी' से ग्रस्त है। इसके विपरीत एक आधुनिक कलाकार व्यक्तित्व के इस अवास्तविक विभाजन को न स्वीकार ही करता, न प्रभावित ही होता है। अर्थात् अपनी ज्ञानात्मक श्रेष्ठता से वह उस समस्या का निराकरण कर देता है। उसके सामने भी संघटन की समस्या होती है, किन्तु जीवन के छोटे-बड़े संदर्भों में जिये गये अनुभवों को कलात्मक स्तर के एक अद्वितीय अनुभव से संघटित करने की। दूसरे शब्दों में उसकी समस्या एक ऐसी संस्कारमुक्त भाषा के निर्माण की समस्या है, जो जीवनानुभवों को उनकी सम्पूर्ण सच्चाई एवं विशिष्टता के साथ व्यंजित कर सकें। किन्तु इस भाषा की अवस्थिति व्यक्ति-चेतना के उन संक्षुब्ध अर्ध रहस्यात्मक अनुभवों में नहीं है, जिनके तल में संक्रांतिजन्य वस्तु-स्थितियों की अनुगूँजें सुनायी पड़ती हैं, वरन् इसका आधार व्यक्ति का वह प्रखर विवेक है, जो समसामयिक जीवन-स्थितियों में लिये गये निर्णय के प्रत्येक अद्वितीय क्षण को उसकी समस्त सम्भावनाओं के साथ संकेतित करता है। जिस तेजी से आधुनिक विज्ञान प्रगति करता जा रहा है, उसके परिप्रेक्ष्य में भाषानिर्माण की इस समस्या की गम्भीरता का सहज अनुमान लगाया जा सकता है। जीवन के तेज़ी से बदलते संदर्भ एक आधुनिक कलाकार की क्षमता के सामने नित नयी-नयी चुनौतियाँ प्रस्तुत करते जाते हैं।

आधुनिकता : एक दृष्टि : **नित्यानन्द तिवारी**

पुरुष और स्त्री का पारस्परिक आकर्षण और प्रेम एक मानवीय वृत्ति है और मैं अपनी बात यहीं से शुरू करूँगा। अपनी सुविधा के लिए, यहाँ दुष्यन्त-शकुन्तला और

राजेश-आरती के दो प्रेम-प्रसंगों को लेना चाहूँगा। तपोवन में तपस्विकन्या शकुन्तला पर दुष्यन्त आकृष्ट होते हैं और उसके मन में यह बात उठती है कि "मेरा संस्कारी मन इस पर आकृष्ट हो रहा है, अतएव यह निश्चय ही क्षत्रिय द्वारा ग्रहण करने योग्य है", और उसकी सखी द्वारा शकुन्तला के तपस्विकन्या न होने का रहस्योद्घाटन भी हो जाता है। फिर दुष्यन्त और शकुन्तला का प्रेम, गांधर्व विवाह में परिणत होता है। राजेश और आरती (तंतुजाल : डॉ० रघुवंश) आपस में दूर के रिश्ते में भाई-बहन हैं। वे अपने अपेक्षाकृत लम्बे सम्पर्क के बीच आकृष्ट होते हैं, प्रेम करते हैं और विवाह करना चाहते हैं, लेकिन तथाकथित सामाजिक मर्यादाओं के कारण उनका जीवन एक ट्रेजिडी बन कर रह जाता है।

दो समयों के इन प्रेम-प्रसंगों से कुछ महत्त्वपूर्ण बिन्दुओं की ओर संकेत किया जा सकता है, जिनसे इस कठिन विषय को समझने में मदद मिल सकती है। मान लीजिए, यदि शकुन्तला कण्व की पुत्री होती, तब दुष्यन्त का मन उसकी ओर आकृष्ट होता? शायद नहीं, यह बात उसके संस्कारी मन से अनुमित की जा सकती है। यहाँ एक बात बड़ी आसानी से देखी जा सकती है कि आकृष्ट होना और प्रेम करना एक मानवीय वृत्ति है और वह ब्राह्मण से लेकर चाण्डाल कन्या तक किसी के साथ सम्भव है। इस बात से अधिक महत्वपूर्ण उसका संस्कार है, जो धर्म-समर्थित समाज-व्यवस्था और परम्परा द्वारा दुष्यन्त में निर्मित हुआ है। उसका प्रेम अपने आप में मूल्यवान न होकर किसी संस्कार या किसी व्यवस्था के कारण मूल्यवान है। फलतः उसके प्रेम की अन्तिम सार्थकता और मूल्यवत्ता उसके संस्कार से निःसृत होती है, जो पहले से ही व्यवस्थित और निश्चित है। दूसरी ओर राजेश और आरती भाई-बहन हैं। पारंपरिक सामाजिक मर्यादा और सामाजिक संस्कार के अनुसार उनका प्रेम अनुचित है। लेकिन वे परस्पर आकृष्ट होते हैं और प्रेम करते हैं। उनके प्रेम करने का मूल्य उनके प्रेम करने की प्रक्रिया के भीतर ही उत्पन्न होता है और इस सारी बात को एक क्रमिक शृंखला में तीन बिन्दुओं पर देखा जा सकता है—(i) दुष्यन्त और राजेश दोनों प्रेम करते हैं, (ii) दुष्यन्त का शकुन्तला के प्रति आकर्षण और प्रेम में संस्कार अधिक महत्त्वपूर्ण है, जब कि राजेश और आरती के प्रेम में सहज मानवीय आकर्षण-वृत्ति, (iii) दुष्यन्त के प्रेम का मूल्य धर्मसमर्थित सामाजिक व्यवस्था के संस्कार से निःसृत होता है और राजेश के प्रेम का मूल्य उसके स्वयं के प्रेम से। और इस अन्तिम बिन्दु से ही आधुनिकता का प्रश्न शुरू होता है।

इनके भीतर से जो सबसे महत्त्वपूर्ण समस्या उभरती है, उसका रूप बहुत कुछ नैतिकता का है। दुष्यन्त के प्रेम में अनैतिकता की सम्भावना बहुत कम क्या नहीं के बराबर है, किन्तु राजेश के प्रेम में स्पष्ट ही यह अनैतिकता तथाकथित पाप की सीमा को स्पर्श कर लेती है। दुष्यन्त को अपने प्रेम की सार्थकता के लिए किसी प्रकार के संघर्ष की आवश्यकता नहीं है, जब कि राजेश को संघर्ष करना अनिवार्य है। राजेश अपने को एक ऐसी स्थिति में पाता है, जहाँ वह तमाम सम्बन्धों से ऊपर अपने प्रेम की सच्चाई और तीव्रता को बड़ी स्पष्टता से अनुभव करता है और उस सच्चाई को अस्वीकार करना ही उसके लिए पाप की स्थिति है, जब कि ऐसी परिस्थिति में दुष्यन्त के लिए अपने आकर्षण और प्रेम का स्वीकार ही पाप है। यह बात बिल्कुल भिन्न और मूलभूत जीवन-पद्धतियों के विकास के कारण ही सम्भव है। यहाँ से व्यक्तिगत अनुभव की सच्चाई और सामाजिक मर्यादा

की लड़ाई प्रारम्भ होती है, और यह लड़ाई आज के जीवन में जितनी तीव्र है, कभी नहीं रही है। सामाजिक आदर्श, जिनका रूप बहुत कुछ 'दिया गया सा है', उसे आज का व्यक्ति स्वीकार कर सकने की सुविधा में नहीं है, अपनी व्यक्तिगत अनुभूति की सच्चाई पर उसे ज़्यादा विश्वास है। यह तभी सम्भव है, जब मूल्यों का स्रोत मनुष्य स्वयं हो। राजेश इसीलिए अपने प्रेम की मूल्यवत्ता प्रेम के भीतर ही पाता है। इससे एक बात यह स्पष्ट होती है कि आज व्यक्ति अपने जीवन की सार्थकता स्वयं सृजित करता है, क्योंकि तभी वह अपनी अनुभूति को किसी भी दूसरे आदर्श से महत्त्वपूर्ण और सच्चा मानता है।

यह बात निश्चय ही जीवन-पद्धति के सम्पूर्णतः बदलाव के कारण है और यह बदलाव ऐतिहासिक परिप्रेक्ष्य में विकास-प्रक्रिया की निश्चित परिणति का फल है। और इसीलिए आधुनिकता सबसे पहले एक जीवन-पद्धति है, जिसका विकास इतिहास की विभिन्न शक्तियों के दबाव के कारण हुआ है। सामान्य मनुष्य की ज्ञान और आनंद प्राप्त करने की सृजनशीलता आयामों में भिन्न होती हुई भी जब एक मूलभूत स्तर पर अभिव्यक्त होने लगती है, तब पद्धति का विकास होता है। इस पद्धति को जब जीवन के बीच स्वीकार किया जाता है, तब उसका रूप मूल्य का होता है, क्योंकि उसकी स्वीकृति उसके मूल्यवान होने के सामर्थ्य पर ही निर्भर है। यह पद्धति, विशेष प्रकार के मूल्य और विशेष प्रकार की दृष्टियाँ उत्पन्न करती है। मूल्य हर युग में उत्पन्न होते हैं, दृष्टि की आवश्यकता हर युग के चिन्तक के लिए है, लेकिन पद्धति, जो संपूर्ण जीवन का संस्कार करती है, इतिहास को एक बड़ा मोड़ देती है और शायद वह युगों बाद स्पष्ट हो पाती है। लेकिन ऐसा नहीं है कि मूल्य, दृष्टि और पद्धति तीन अलग-अलग बँटे खाने हों, जिसमें एक दूसरे से कोई सम्बन्ध नहीं होता। एक ही मूल्य भिन्न प्रकार के चिन्तकों के लिए भिन्न दृष्टियों के निर्माण का कारण बन सकता है। मूल्य युग की आवश्यकताओं के कारण उत्पन्न होते हैं और विचारधाराओं के निर्माण में प्रेरणा का कार्य करते हैं, विचारधाराएँ विभिन्न दृष्टियों पर आधारित होती हैं और ये सभी बातें एक ही पद्धति द्वारा परिचालित जीवन के बीच हो सकती हैं। उदाहरण के लिए मध्य युग तक का जीवन धर्म-दर्शन द्वारा रूपायित पद्धति से परिचालित होता रहा है, किन्तु उस बीच युगीन आवश्यकताओं के कारण बहुत से मूल्य उत्पन्न होते रहे हैं और बहुत से मतवादों को जन्म देते रहें हैं, किन्तु जीवन पद्धति भी उतने ही रूप धारण करती रही है, कम से कम इतिहास में इसका प्रमाण नहीं ढूँढ़ा जा सकता। प्रायः मूल्य, जो युग की आवश्यकताओं के कारण उभरता है, उसे तो हम युग-संदर्भ की भावना मान लेते हैं, किन्तु यह जीवन-पद्धति, जिसका बदलाव इतिहास में दूसरी बार इतनी तीव्रता से महसूस किया जा रहा है, उसे युग-संदर्भ में देखना हम नहीं चाहते। लेकिन इतिहास की अनेक शक्तियों के दबाव के कारण एक प्रक्रिया की निश्चित परिणति के फलस्वरूप जीवन-पद्धति भी युग-संदर्भ के बीच ही महत्व पाती है और इसीलिए आधुनिक युग-संदर्भ से कट कर 'समयहीनता' की भावना नहीं हो सकती। यह सच है कि जीवन-पद्धति में काल-खंड अपेक्षाकृत लंबा होता है और युगों तक उसका स्वरूप स्थिर सा लगता है, लेकिन ऐसा है नहीं। समय-प्रवाह के बीच धीरे-धीरे उसका स्वरूप परिवर्तित होकर दूसरा रूप धारण कर लेता है।

यहाँ एक सवाल यह उठ सकता है कि क्या व्यक्तिगत प्रतिभा और सामर्थ्य इतिहास को नहीं मोड़ देते? इतिहास इस बात का साक्षी है कि व्यक्तिगत प्रतिभा और सामर्थ्य से

मोड़ मिलते हैं। किन्तु वहाँ पर व्यक्ति केवल एक व्यक्ति नहीं रहता; वह अधिकांश जन-मानस का प्रतीक हो जाता है, जहाँ सामान्य जन की सृजनशीलता प्रतिफलित होने लगती है और इस प्रकार उसकी प्रतिभा जब पूरे समाज का संस्कार बन जाती है, तब वह इतिहास की एक शक्ति के रूप में आती है, जिसके कारण ऐतिहासिक प्रक्रिया में उसकी एक निश्चित परिणति होती है और इसीलिए समाज में उसे नायकत्व प्राप्त करने का गौरव मिल जाता है। मध्य युग तक इस प्रकार ही समाज और इतिहास में मोड़ मिलते रहे हैं, लेकिन ये मोड़ जीवन की मूलभूत पद्धति को बहुत धीमे या शायद बहुत कम प्रभावित करते हैं, क्योंकि पद्धति का विकास उत्पादन के साधनों के मूलभूत स्रोत से शायद अधिक सम्बन्ध रखता है। प्रारंभिक मनुष्य के सामने जीवन-निर्वाह के साधनों की प्राप्ति में किसी उच्च मानवीय शक्ति का विश्वास रहा है और उस विश्वास ने ईश्वर की धारणा को जन्म दिया, जिसे प्रसन्न करने और ऐक्य स्थापित करने की लालसा (क्योंकि शक्ति और सार्थकता प्राप्त करना मनुष्य की एक मूलभूत वृत्ति है) से उस उच्च शक्ति के बीच कुछ सम्बन्धों की कल्पना की गयी, जिससे धर्म का रूप विकसित हुआ। और इस धर्म ने मनुष्य की मूलभूत सार्थकता को निश्चित और स्थापित करके एक विशेष जीवन-पद्धति प्रस्तुत कर दी, जिसमें सामान्य जन की सृजनशीलता प्रतिफलित होने लगी। किन्तु अपनी उत्पादन-शक्ति के दौरान में मनुष्य को अपने ऊपर अधिकाधिक विश्वास बढ़ता गया और उसकी रचनात्मक प्रवृत्ति (constructive and not creative) ने वैज्ञानिक विकास को सर्वाधिक महत्व दिया। और बिना किसी उच्च मानवीय शक्ति की सहायता के जीवन के अस्तित्व की संभावना दृढ़ कर दी। निश्चय ही यह एक दिन में और एक व्यक्ति की प्रतिभा से न होकर सम्पूर्ण मानवीय इतिहास की एकत्र होती हुई शक्ति के दबाव के फलस्वरूप हुआ। अपनी शक्ति में विश्वास के कारण हर मनुष्य की सृजनशीलता प्रभावित हुई और अब तक इस सृजनशीलता की परिणति, जो ईश्वर, धर्म या मोक्ष में होती थी, केवल मानवीय स्तर पर ही सीमित रह सकने की स्थिति में हो गयी, क्योंकि तब मृत्यु के बाद भी जीवन के किसी न किसी रूप में होने की संभावना गौण हो गयी। फलतः सभी मूल्यों का स्रोत ईश्वर या धर्म में न होकर मनुष्य में केन्द्रित हो गया, जिससे व्यक्तिगत अनुभूति अपेक्षाकृत अधिक महत्त्वपूर्ण बन बैठी और इसीलिए आज कोई व्यक्ति इतना महत्वपूर्ण या ऊपर से लदा हुआ नहीं लग सकता, जितना मध्य युग तक का, क्योंकि अब प्रत्येक व्यक्ति अपनी शक्ति और सृजनात्मकता के लिए अपना रास्ता निकाल लेने में अपेक्षाकृत अधिक सचेत हो गया है। इसलिए आज इतिहास का मोड़ व्यक्तिगत सामर्थ्य पर निर्भर न होकर सामूहिक चेतना के कारण निर्मित ऐतिहासिक संस्कार पर अपेक्षाकृत अधिक निर्भर है। यहाँ आकर हम स्पष्ट देखते हैं कि सामान्य मनुष्य की सृजनात्मकता ने आनन्द और ज्ञान प्राप्त करने के लिए भिन्न रास्ते को स्वीकार किया। फलतः पद्धति के परिवर्तन से इतिहास ने मनुष्य को ऐसे बिन्दु पर लाकर खड़ा कर दिया है, जहाँ जीवन के मूलभूत प्रश्नों को फिर जाँचने और उनकी व्याख्या करके अपने संबंधों को नये ढंग से व्यवस्थित करने का दायित्व निभाना ही होगा।

और फिर यहाँ से अगर राजेश के प्रेम-प्रसंग को ही उठाया जाये, तो उसका प्रेम परंपरया चली आती हुई अच्छाई-बुराई या नैतिकता-अनैतिकता के मूलभूत प्रश्नों को नये सिरे से उठाता है और ऐसे स्तरों पर प्रतिफलित होता है, जहाँ उसकी अच्छाई-बुराई स्वयं

उसके भीतर से फूटती है। इस प्रकार का दृष्टिकोण अपनाने पर वायवी स्थितियों की अपेक्षा ठोस स्थितियों का महत्त्व अधिक होगा, जिसमें तात्कालिक अनुभूति को प्राथमिकता मिलेगी। फलतः कोई भी दिये गये मूल्य ऐसे न होंगे, जिस पर विश्वास किया जाये और तब मानवीय अनुभूतियों और दायित्वों को सर्वाधिक महत्त्व अपने आप मिल जायेगा और मनुष्य को अपनी नियति स्वयं अपने व्यक्तित्व-विकास की प्रक्रिया के भीतर ही सृजित करनी होगी, जिसके लिए कभी न खत्म होने वाले मानसिक तनाव और ईमानदारी की अनिवार्यता पहली शर्त है, जो मनुष्य को उसके स्थापित अस्तित्व से अधिक उसके अस्तित्व के सृजित होते रहने की गत्यात्मकता के साथ संयुक्त कर देती है।

ऐसी परिस्थिति में जैसा ऊपर कहा गया है कि ठोस परिस्थिति तथा व्यक्ति की तात्कालिक अनुभूति की सच्चाई का सर्वाधिक महत्त्व है, वह व्यक्तित्व विकास की प्राथमिक सीढ़ी मात्र होगी, क्योंकि जब दूसरा व्यक्ति अपनी उसी प्रकार की अनुभूति की सच्चाई लेकर हमारे संपर्क में आयेगा, तब उसको भी उतना ही मानवीय, सच्चा और ईमानदार मानकर महत्त्व देना होगा और इस तरह एक से अधिक मनुष्य के बीच संबंध-स्थापना की प्रक्रिया प्रारंभ हो जायेगी, जिसके बीच से व्यक्तित्व का विकास करना होगा। यदि ऐसा नहीं किया जाता है, तो व्यक्ति अपने व्यक्ति को ही सब कुछ मान बैठेगा, अपने व्यक्तित्व को नहीं। आधुनिकता मूलतः इसी बिन्दु पर झगड़े का विषय बन सकती है, क्योंकि कुछ विचारकों की दृष्टि में नितांत एकाकीपन में ही मनुष्य अपनी नियति सृजित कर सकता है। किन्तु व्यक्तित्व के विकास के साथ ही मनुष्य अपनी आपेक्षिक अन्तिम परिणति नियति तक पहुँचेगा, जो एकाकीपन के बिन्दु से प्रारंभ तो हो सकती है, किन्तु उसके बाद एक पग भी केवल एकाकीपन में ही शायद नहीं जा सकती, क्योंकि तब तुरन्त सम्बन्ध-स्थापन की प्रक्रिया प्रारंभ हो जाती है। यह भी कहा जा सकता है कि जीवन और मृत्यु के बीच आदमी अपनी नियति बिल्कुल अकेले बना सकता है। किन्तु इस तरह की बात सोची जा सकती है, सृजित शायद नहीं की जा सकती क्योंकि सृजन तार्किक नहीं, एक जीवन्त प्रक्रिया है, जिसे एक दूसरे के संबंध में होना आवश्यक होता है। उदाहरण के लिए कोई व्यक्ति किसी स्त्री से प्रेम करता है, उससे विवाह करता है और जीवन बिताने लगता है। मान लीजिए, कुछ दिन बाद दूसरी स्त्री से उसका प्रेम हो जाये और वह बड़ी ईमानदारी, सच्चाई से उस प्रेम की तीव्रता अनुभव करे। ऐसी स्थिति में पहली स्त्री से, जो अब भी उससे प्रेम करती है, वह कैसा व्यवहार करेगा? अगर वह व्यक्ति अपने नितांत व्यक्तिगत अनुभव में सच्चा और ईमानदार है, तब वह निश्चय ही दूसरी को स्वीकार लेगा, लेकिन तब क्या वह पहली स्त्री को समान मानवीय व्यवहार दे सकने में सच्चा और ईमानदार होगा? उसका बिना अनादर और तिरस्कार किये दूसरी को स्वीकारना संभव न होगा, जो मूलतः अमानवीय और ग़ैर जिम्मेदार बात होगी, जिसके खिलाफ़ ही वह लड़ता है। फलतः मानवीय मूल्यों को महत्त्व देने के लिए दूसरे मनुष्य के प्रति आदर और समानता का भाव बनाये रखना नितांत अकेले के अनुभव की सच्चाई पर हर समय संभव नहीं है और इस अर्थ में व्यक्तित्व का विकास मनावीय मूल्यों के सृजन के साथ सम्पूर्ण मानव-समाज से जुड़ जाता है। इस रास्ते से चलने पर मनुष्य दिये गये मूल्यों के लिए नहीं, वरन् अपने भीतर सृजित हो रहे मानवीय मूल्यों के लिए एक सृजनात्मक वेदना अनुभव करता है, जिसमें जीवन की विकास-वृत्ति को किसी भी

स्थापित सत्य या आदर्श से अधिक महत्व मिलता है। फलतः उसकी सार्थकता के सृजन का यह स्तर व्यक्तिगत से अधिक मानवीय हो जाता है और इस प्रक्रिया में कोई भी मानवीय उपलब्धि स्थापित या अन्तिम न होकर गत्यात्मक स्वभाव धारण कर लेती है, जिसे संतुलित करते रहने में बराबर मानसिक तनाव, सचेतनता और बिना थके लगातार प्रयत्न की कठिनता सहनी पड़ती है, साथ ही जूझनी पड़ती है बराबर संघर्ष की जिन्दगी। और यह अगर कोई भयानक बात है, तो कामू के साथ यही कहा जा सकता है कि 'प्लेग भयानक चीज है, लेकिन प्लेग को स्वीकार न करना और भी भयानक है।'

आधुनिकता और मानवतावादी दृष्टि : **जगदीश गुप्त**

नयी कविता के संदर्भ की बहुत सी समस्याओं पर विचार करते समय आधुनिकता की समस्या भी गत कई वर्षों से मेरे सामने रही है, परन्तु उसने इतना उग्र रूप कभी धारण नहीं किया, जितना कि कुछ मित्रों की कृपा से अब कर लिया है। मैं यह नहीं जानता कि मैं उसके सम्बन्ध में कुछ कहने का अधिकार रखता हूँ या नहीं, क्योंकि मुझे अपनी सीमाएँ अच्छी तरह ज्ञात हैं, फिर भी समय-समय पर होने वाली बहसों की प्रेरणा से मैंने थोड़ा-बहुत जो कुछ स्फुरण अनुभव किया है, इसका परिणाम आपके सामने रखता हूँ।

आधुनिकता और अतीत

अधिकतर लोग पुरातन की सापेक्षता में ही आधुनिकता को ग्रहण कर पाते हैं, क्योंकि तुलना से दो वस्तु का अन्तर जितनी सरलता से स्पष्ट हो जाता है, उतना मात्र एक वस्तु की स्वरूप-व्याख्या तक सीमित रह कर नहीं हो पाता। यह तो सामान्य बात हुई, पर एक विचार ऐसा भी है, जो गम्भीरतापूर्वक साग्रह कहता है कि आधुनिकता का पुरातन की सापेक्षिकता से भिन्न स्वतन्त्र कोई अस्तित्व सिद्ध नहीं किया जा सकता। पुरातन और आधुनिक का द्वन्द्व प्रत्येक युग में रहा है। अतएव आधुनिकता की पुरातन निरपेक्ष व्याख्या करना मानो उसके मूल आधार को छोड़ देना है। दूसरी विचारधारा ठीक इसके विपरीत यह प्रतिपादित करती है कि आधुनिकता अपने में अलग महत्त्व रखती है तथा उसकी पुरातन-निरपेक्ष व्याख्या करना ही उसे सही रूप में समझना है। जो उसकी इस स्वतन्त्र स्थिति को नहीं समझ पाते, वे उनकी दृष्टि से आधुनिकता के विषय की चर्चा के अधिकारी ही नहीं हैं। इस आग्रह का एक दुष्परिणाम यह दिखायी देता है कि आधुनिकता के अस्पष्ट एवं दुरूह भेद-प्रभेद कल्पित किये जाने लगते हैं और उनका आत्यन्तिक मान कर फ़तवे भी दिये जाने लगते हैं कि अमुक आधुनिकता नम्बर एक के प्रवर्तक हैं और अमुक आधुनिकता नम्बर दो, तीन या चार के। मैं अतीत की समकक्षता एवं सापेक्षता में आधुनिकता की व्याख्या को स्वाभाविक और उचित मानता हूँ, साथ ही यह भी समझता हूँ कि यदि उसकी कोई निरपेक्ष विशेषताएँ हैं, तो वे इस सापेक्ष व्याख्या से तिरोहित नहीं हो जायेंगी, वरन् उनको आकलित करने में अन्ततः यह सहायक ही सिद्ध होगी। इस प्रकार का मत बनाने के मूल में एक दूसरी ही धारणा मेरे मन में रही है

और वह यह कि अतीत से अपने को पूरी तरह काट कर देखने की प्रवृत्ति आदमी को खोखला और हल्का कर देती है। आधुनिकता का अर्थ मेरे निकट पुरातन को गाली देना नहीं है, वरन् सारग्राहिणी तत्त्व-दृष्टि के साथ विगत सांस्कृतिक समृद्धि को आत्मसात करते हुए मानव की वर्तमान नियति एवं उसके भाव विकास के प्रति अपने दायित्व का विशिष्ट एवं सक्रिय अनुभव करना है। व्यक्ति के भीतर सजगता और संवेदनशीलता का परिविस्तार होंने पर अतीत एक बिन्दु पर समसामयिक भी प्रतीत होने लगता है। इसके विरुद्ध विचार एवं चेतना में संकीर्णता आने पर बहुत सा समसामयिक भी अतीत की तरह दूरवर्ती, निरर्थक एवं निष्प्रेरक लगने लगता है।

वर्तमान औद्योगीकरण की असंयत प्रगति से जो विषम परिस्थिति उत्पन्न हो रही है और उसमें आदमी अपने को अतीत से काट कर आधुनिकता के नाम पर कितना खोखला और निरर्थक होता जा रहा है, इसकी ओर इलियट ने दृष्टिपात करते हुए लिखा है—

The tendency of unlimited industrialism is to create masses men and women detached from tradition, alienated from religion and susceptible to suggestions : in other words, a mob, And 'a mob' will be no less a mob if it is well fed, well housed and well disciplined.

इलियट का मत आज पुरातनपंथी कह कर टाला जा सकता है, परन्तु गम्भीरता से विचार करने पर वह हँस कर उड़ा देने जैसा प्रतीत नहीं होता। उसमें एक ऐसी गंभीर समस्या की ओर निर्देश किया गया है, जो आज आसन्न रूप में संसार के बहुत से भागों में व्याप्त है और कालान्तर में भारत में भी व्याप्त होने जा रही है।

वर्तमान समय मे कुछ देश ऐसे हैं, जो औद्योगिक प्रगति की बड़ी से बड़ी ऊँचाइयाँ छू चुके हैं और अब धीरे-धीरे अनेक प्रकार के अन्तर्विरोधों से टकराकर उसकी विषमताओं का भी अनुभव करने लगे हैं। विज्ञान की रचनात्मक शक्ति से चमत्कृत होने के बाद अब वे उसकी नाशक शक्ति के उत्तरोत्तर भयावह होते जाने वाले आतंक से ग्रस्त हैं। पारस्परिक स्पर्धा के चक्र में पड़ कर वे विक्षिप्त की तरह शान्ति के नाम पर निरन्तर युद्ध की तैयारी करते जा रहे हैं। उनके आस-पास कुछ ऐसे भी देश हैं, जो परतंत्रता के बंधनों से कुछ ही समय पूर्व मुक्त हुए हैं और उनमें औद्योगिक प्रगति एवं भौतिक विकास का पहला दौर ही चल रहा है। उनके लिए प्राविधिकतायुक्त औद्योगिक प्रगति भय या आतंक का उतना संचार नहीं करती, जितना आशा और आस्था का। विभिन्न देशों की प्रगति के इन दो धरातलों के कारण विश्वव्यापी स्तर पर युग की आवश्यकता और तदनुरूप आधुनिकता के स्वरूप को आसानी से निश्चित नहीं किया जा सकता। भारत दूसरी कोटि के देशों में आता है और ऐसी दशा में उस पर आधुनिकता का वह दृष्टिकोण उधार लेकर आरोपित नहीं किया जा सकता, जो पहली कोटि के देशों में बहुत कुछ झूठा और घातक सिद्ध हो चुका है। उसे अपने विकास-क्रम और परिस्थिति के अनुरूप आधुनिकता की ऐसी व्याख्या करनी होगी, जो उसके यथार्थ को छू सके और जिसमें अन्य देशों के कटु अनुभवों के ज्ञान से लाभ उठाने की सजगता भी वर्तमान हो। इलियट का जो अभिमत ऊपर उद्धृत किया गया है, वह आधुनिकता के विषय में

अन्तिम धारणा बनाने से पूर्व हमसे भी कुछ सचेत, कुछ सजग हो जाने की माँग करता है, क्योंकि देशों की प्रगति के धरातल भले ही भिन्न हों, पर विश्व-मानव की नियति उतनी विभाजित नहीं है। मैं बलपूर्वक कहना चाहता हूँ कि अतीत की उपलब्धियों को निरर्थक घोषित करके बलात् आधुनिक बनना कल्याणकर नहीं है।

मेरे विचार से आधुनिकता अपने सही अर्थ में उस विवेकपूर्ण दृष्टिकोण से उपजती है, जो व्यक्ति को वास्तविक युग-बोध प्रदान करने के साथ-साथ अधिक दायित्वशील, सक्रिय और मानवीय बनाता है।

आधुनिकता के प्रश्न पर मैं जितना ही सोचता हूँ, मुझे लगता है कि मानववादी जीवन-दृष्टि उसका प्रधान और मूल आधार है । विगत युगों में और विभिन्न देशों में जहाँ भी पुरातन से आधुनिक का संघर्ष हुआ, वहाँ उसके मूल में कहीं न कहीं किसी न किसी रूप में मानवीयता की उपेक्षा और तज्जन्य विरोध अवश्य निहित रहा है। दास-प्रथा, राजतन्त्र, जातिवाद, साम्प्रदायिकता, उपनिवेशवाद आदि का विरोध इसी कारण हुआ और हो रहा है कि इनके भीतर अमानवीयता परिव्याप्त है, जिसे हटा कर ही मानव-प्रगति सम्भव है। इनसे संघर्ष करने में ही जागरूक व्यक्ति अपनी सार्थकता समझता है और उसे आन्तरिक सन्तोष की उपलब्धि होती है। आधुनिकता के नाम पर प्रचलित वे सभी बातें मुझे निस्सार प्रतीत होती हैं, जिनके पीछे मानववादी दृष्टि का प्रमाण नहीं मिलता।

'दि फ़िलासफ़ी ऑफ़ ह्यूमनिज़्म' (The Philosophy of Humanism) के लेखक कॉरलिस लेमॉन्ट (Corliss Lamont) ने मानववाद को, उसके अर्थ, वैचारिक पृष्ठभूमि, परम्परा तथा विज्ञान-युग की नवीन परिस्थितियों के बीच उसकी जटिल स्थिति का सम्यक् निरूपण करते हुए निष्कर्ष रूप में उसके दस लक्षण निर्धारित किये हैं, जिन्हें पढ़ कर मुझे लघुमानव के विषय में लक्ष्मीकान्त वर्मा के, ये Ten Commandments नहीं हैं, के स्पष्टीकरण के साथ प्रस्तुत किये गये दस सूत्रों की याद आ गयी। मैं उन दस लक्षणों को बार-बार पढ़ता और विचार करता रहा। मतभेद की काफ़ी गुंजाइश होने के बावजूद भी मुझे लगा कि आधुनिकता के संदर्भ में जिन प्रमुख वस्तुओं की चर्चा की जाती है, प्रायः उन सभी का सीधे या प्रकारान्तर से उनमें समावेश मिलता है और जो उनमें समाविष्ट नहीं हैं, वे दूरवर्ती या विरोधी न होकर निकटवर्ती एवं अविरोधी हो सकते हैं। संक्षेप में वे दस लक्षण इस प्रकार हैं—

1. मानवतावाद का विश्वास प्रकृतिवादी चिंतन (naturalistic metaphysics) में है, जिसके अनुसार समस्त अति प्राकृतिक तत्त्व भ्रमात्मक हैं तथा प्रकृति एक निरन्तर परिवर्तनशील भौतिक सत्ता है, जो चेतनाश्रित नहीं है।

2. मानवतावाद विज्ञान के नियमों और मान्यताओं को ग्रहण करते हुए यह मानता है कि मनुष्य प्रकृति के विकास-क्रम का एक अंग है और उसके व्यक्तित्व में जड़ चेतन अभिन्न रूप से संग्रथित हैं। फलतः मृत्यु के अनन्तर उसकी कोई सत्ता शेष नहीं रह जाती।

3. मानवतावाद का चरम विश्वास मनुष्य और उसमें सन्निहित उस शक्ति में है, जो अपनी समस्याओं के समाधान में साहस, अन्तर्दृष्टि, तर्क और वैज्ञानिक पद्धति के सहारे स्वतः सक्षम दिखायी देती है।

4. मानवतावाद नियतिवाद अथवा भाग्यवाद के विरुद्ध मानव के कर्म और चिन्तन-स्वातन्त्र्य में आस्था रखता है। अतीत की सीमाओं एवं बन्धनों से परे वह अपनी नियति का स्वयं ही निर्माता है।

5. मानवतावाद राष्ट्र, जाति, धर्म और ऐसी ही अन्य सीमाओं का अतिक्रमण करते हुए एक ऐसी नैतिक व्यवस्था एवं ऐसे मानव-मूल्यों में विश्वास रखता है, जो मनुष्य मात्र के इहलौकिक, सांस्कृतिक एवं भौतिक विकास के लिए अपेक्षित है।

6. मानवतावाद विश्वास करता है कि व्यक्ति उच्चस्तरीय जीवन की उपलब्धि वैयक्तिक परितोषों के सन्तुलन से प्राप्त करता है तथा उसका सतत आत्म-विकास ऐसे कर्म से संयुक्त रहता है, जिसमें समाज का भी हित निहित रहता है।

7. मानवतावाद व्यापकतम सौन्दर्य-बोध का पक्षपाती है, ऐसा जिसमें प्रकृति का सम्पूर्ण-वैभव समाहित हो जाये तथा जिससे उत्पन्न सौन्दर्यानुभूति मनुष्य-जीवन के समग्र यथार्थ का अंग बन जाये।

8. मानवतावाद उस सामाजिक योजना में विश्वास रखता है, जो विश्वव्यापी स्तर पर विकसनशील राष्ट्रीय और अन्तर्राष्ट्रीय आर्थिक प्रगति के साथ-साथ प्रजातांत्रिक पद्धति तथा शान्ति की प्रतिष्ठा करती जाये।

9. मानवतावाद आर्थिक, राजनैतिक एवं सांस्कृतिक, सभी क्षेत्रों में भावों और विचारों की अभिव्यक्ति की पूर्ण स्वतन्त्रता देता है तथा तदनुरूप नागरिक अधिकारों का समर्थन करता है। इनके साथ ही वह वैज्ञानिक प्रणाली से सविवेक कार्य-संचालन पर आस्था व्यक्त करता है।

10. मानवतावाद वैज्ञानिक प्रणाली के अनुरूप मूल स्थापनाओं पर सतत विचार करने तथा पुनर्परीक्षण द्वारा उनकी वास्तविकता सिद्ध करने का पक्षपाती है। वह कोई नयी जड़ीभूत अंध आस्था नहीं है, वरन् उसका स्वरूप नये तथ्यों की खोज और तर्कसिद्ध मान्यताओं के समावेश से निरन्तर विकासमान रहता है। वह अनुभव, चिन्तन, तर्क और परीक्षण के द्वारों को बन्द नहीं मानता।[1]

जैसा मैंने पहले निर्देश किया है कि मानवतावाद के इन दस लक्षणों में प्रायः वे सभी प्रमुख बातें समाविष्ट हो जाती हैं, जो आधुनिकता के लिए आवश्यक बतायी जाती हैं। अन्तिम लक्षण प्रारम्भिक कुछ लक्षणों के सतहीपन का यत्किंचित परिहार भी कर देता है, जिससे तात्त्विक मतभेद तथा नवीन तथ्यों की उपलब्धि के अनुरूप मत-संशोधन की गुंजाइश भी निकल आती है। फिर कोई ऐसी कट्टरता भी नहीं है कि दसों बातें समान आग्रह के साथ ग्रहण ही कर ली जायें। मैं जिस तथ्य को सामने लाना चाहता हूँ, वह यह है कि आधुनिकता के मूल में मानववादी विचारधारा निहित है। इसकी पुष्टि मानववाद के नवोत्थान-काल से लेकर आज तक के विकास पर दृष्टिपात करने से विशेषतः हो जाती है।

विभिन्न विचार-पद्धतियों के अनुरूप मानवतावाद (The man centered theory of life) के भी अनेक भेद बताये जाते हैं, जैसे शास्त्रीय मानवतावाद (academic

1. The Philosophy of Humanism, पृ० 10-11

humanism), कैथोलिक या उदार मानवतावाद (catholic or integral humanism) तथा प्रकृतिवादी मानवतावाद (naturalistic humanism) इत्यादि, ऐसी दशा में उसकी किसी सीधी-सादी परिभाषा तक पहुँच जाना कठिन है। दार्शनिक और व्यावहारिक, दोनों स्तरों पर मानववाद के विरुद्ध भी बहुत कुछ कहा गया है और आगे भी कहा जा सकता है। एक जगह मेरी दृष्टि में आया कि बीसवीं शती के अनैतिक एकरस एवं दुर्वह नगर जीवन के रूप में मानववाद के महान् आदर्शों की विषम परिणति हुई है।

It is a condemnation of the whole humanist tradition which began with the lofty visions of the Renaissance and ended with the corruption and boredom of the cities of the twentieth century.

—*Crisis in English Poetry*

लगता है कि इलियट ने जिस विषमता का संकेत औद्योगीकरण के संदर्भ में मानव-समूह के भीड़ (mob) रूप में परिणत हो जाने की बात लिखकर किया है, उसी का यह दूसरा पहलू है। मैं जानता हूँ कि बहुत से मानववादी स्वप्न युगीन यथार्थ की टक्कर से टूट चुके हैं, परन्तु मैं मानवतावाद को स्वप्न-जाल के अर्थ में नहीं, एक सुविचारित आधुनिक दृष्टिकोण के रूप में ग्रहण करता हूँ। नगर-सभ्यता के परिविस्तार के साथ जो दोष और जो दुर्बलताएँ उत्पन्न हुई हैं, उनका यथोचित परिहार भी मानवतावादी दृष्टिकोण को अपनाकर ही किया जा सकता है, ऐसी मेरी दृढ़ धारणा है। आज प्रजातान्त्रिक और समाजवादी विचारधारा के बीच जो भयानक संघर्ष चल रहा है और जो उत्तरोत्तर महायुद्ध को सन्निकट बुलाता जा रहा है, उससे भी यदि छुटकारा पाया जा सकता है, तो वह मानवतावादी दृष्टि के सहारे ही सम्भव है, क्योंकि प्रजातन्त्र और समाजवाद, दोनों ही अपने-अपने ढंग से मानव-हित को ही अपना लक्ष्य बताते हैं, अन्तर पद्धति, साधन और मनुष्य विषयक धारणा में ही दिखायी देता है। यह अवश्य है कि यह अन्तर दुराग्रह के कारण अब इतना बड़ा हो गया है कि कभी-कभी लगता है, जैसे इसको समझा-बुझाकर मिटाना सम्भव नहीं है।

हम 'मनुष्य' के विषय में क्या सोचते हैं, प्रकृति के सम्पूर्ण विस्तार एवं विकासक्रम में उसे कहाँ स्थान देते हैं तथा उसकी विशिष्टता एवं सार्थकता के लिए किन वस्तुओं को आवश्यक या अनिवार्य मानते हैं, इससे आधुनिकता की समस्या अपने को विच्छिन्न नहीं कर सकती और मनुष्य विषयक धारणा आज भी किसी अन्तिम रूप तक पहुँच गयी हो, ऐसा नहीं कहा जा सकता। प्राचीन धर्म और दर्शन ने भी मनुष्य को अन्य प्राणियों की तुलना में विशिष्ट माना, परन्तु ईश्वरवाद और देववाद की पृष्ठभूमि में उसे इस प्रकार प्रस्तुत किया, जैसे उसका निजी अस्तित्व नितान्त परतन्त्र, विवश, क्षुद्र और नगण्य हो। उसकी सार्थकता ईश्वर और धर्म के लिए बलिदान हो जाने या अपने को उनमें विलीन कर देने में ही हो। अब पारलौकिक ईश्वर और धर्म का स्थान मानवता और समाज के इहलौकिक कल्याण ने ले लिया है, अतः मनुष्य को नये सिरे से समझने की आवश्यकता उत्पन्न हो गयी है, उसकी आध्यात्मिक पिपासा को भी मनोविज्ञान की पद्धति से समझने की चेष्टा की गयी है। इस प्रसंग में मैं सी० जी० जुंग की कुछ स्थापनाओं की चर्चा

आवश्यक समझता हूँ, जो उन्होंने अपनी प्रसिद्ध पुस्तक 'Modern Man in Search of Soul' में की है। मेरे विचार से आधुनिकता को समझने का यह दूसरा आयाम है। जो लोग कुछ थोड़े से योरोपीय साहित्य के परिचय या स्वल्प विदेश-निवास के बल पर आधुनिकता के आवश्यकता से अधिक धर्मध्वज-वाही बन जाते हैं, उनकी तुलना में निश्चय ही जुंग का मत कहीं अधिक प्रौढ़ एवं आधिकारिक है। आधुनिकता एवं आधुनिक मनुष्य को परिभाषित करते हुए उसने लिखा है—

The modern man is a newly formed human being ; a modern problem is a question which has just arisen and whose answer lies in the future.......It must be clearly understood that the mere fact of living in the present does not make a man modern, for in that case everyone at present alive would be so. He alone is modern who is fully conscious of the present. *—पृ० 227*

अर्थात् आधुनिक मनुष्य वही है, जो वर्तमान के प्रति पूर्णतया सजग हो। जुंग ने समय-निरपेक्ष बनाकर आधुनिकता की परिभाषा नहीं दी है। वर्तमान के प्रति पूर्ण सजगता की धारणा को स्पष्ट करते हुए उसने भी आधुनिक मनुष्य को 'इतिहासहीन' (unhistorical) कहा है, पर उसका अभिप्राय डॉ० विपिन कुमार के अभिप्राय से सर्वथा भिन्न है, क्योंकि जहाँ विपिन जी इतिहास और ऐतिहासिक व्याख्या, दोनों को आधुनिकता के लिए निरर्थक मानते हैं, वहाँ उसका स्पष्ट कथन है कि पुरातन युग की चेतना के समस्त स्तरों को मानसिकतया भोग कर उन्हें पार करते हुए ही आधुनिकता तक पहुँचा जा सकता है। यथा—

To be 'unhistorical' is the Promethean sin, and in this sense modern man lives in sin. A higher level of consciousness is like a burden of guilt. But as I have said, only the man who has outgrown the stages of consciousness belonging to the past and has amply fulfilled the duties appointed for him by the world, can achieve a full consciousness of the present. *—पृ० 228-29*

मुझे यह सर्वथा विचित्र लगता है कि एक ओर विपिन जी ऐतिहासिक दृष्टि को आधुनिकता की व्याख्या के लिए सर्वथा अनुपयुक्त एवं अनावश्यक मानते हैं, दूसरी ओर डॉ० रामस्वरूप चतुर्वेदी, स्वचेतन रूप से इतिहास-चक्र को तेज़ी से चलाने की प्रक्रिया को आधुनिकता की वास्तविक व्याख्या मानते हैं। बिना ऐतिहासिक दृष्टि के ऐतिहासिक प्रक्रिया का प्रश्न ही नहीं उठता। रामस्वरूप जी के विश्लेषण का मुख्य आधार वही है, जब कि विपिन जी उसके विरोध से ही अपनी आधुनिकता को सिद्ध मानते हैं। इससे भी बढ़कर आश्चर्य मुझे तब लगा था, जब रामस्वरूप जी के निबन्ध का वे इस आग्रह से पक्ष ग्रहण कर रहे थे, मानो वह निबन्ध उन्हीं का लिखा हुआ हो। जहाँ तक मेरा प्रश्न है, मैं बिना ऐतिहासिक दृष्टि को समाहित किये हुए दी गयी आधुनिकता की व्याख्या को सांस्कृतिक दृष्टि से बहुत ही छिछले स्तर की व्याख्या मानता हूँ। जुंग अतीत के निषेध और वर्तमान की सजगता के बीच विवेक की एक रेखा खींचता है—

It is sheer juggling to look upon a denial of the past as the same thing as consciousness of the present. —*पृ० 229*

डॉ० विपिन अतीत के निषेध को आधुनिकता की अनिवार्य शर्त मान कर वही त्रुटि कर रहे हैं, जिसकी ओर जुंग ने उपर्युक्त शब्दों में संकेत किया है। आधुनिकता एक विकास की स्थिति का अंग होकर संक्रांति की प्रक्रिया (process of transition) का प्रतिनिधित्व करते हुए ही सार्थक हो सकती है; उससे विच्छिन्न होकर वह जो कुछ रह जाती है, वह मुझे मूल्य-बोध की दृष्टि से महत्त्वहीन लगती है।

जुंग की दृष्टि में योरोपीय आधुनिक मनुष्य विज्ञान से संत्रस्त होकर आन्तरिक जीवन के तथ्यों की शरण लेने पर विवश हो रहा है। आइन्स्टीन जैसा वैज्ञानिक भी इसी बात को प्रकारान्तर से व्यक्त करते हुए लिखता है कि—

The serious scientific workers are the only profoundly religous people.

इन धारणाओं से प्रकट है कि विज्ञान के निकट ले जाकर आधुनिकता की व्याख्या करना उल्टी और अर्थहीन पद्धति है। यदि आधुनिकता की कोई सार्थकता है, तो वह मानवीयता संवलित विशिष्ट युग-बोध में ही है, जिसके लिए विज्ञान की अपेक्षा ऐतिहासिक पद्धति का ज्ञान अधिक अपेक्षित है। वे लोग भी जो उसे केवल कला तक ही सीमित नहीं मानते, आधुनिकता के सही दृष्टिकोण तक पहुँच जाते हैं, इसका ज्वलन्त उदाहरण नेहरू की Discovery of India में देखने को मिलता है—

The modern mind, that is to say the better type of the modern mind, is practical and programatic, ethical and social, altruitic and humanitarian. It is governed by a practical idealism for social betterment. The ideals that move it represent the spirit of the age, the Zeitgeist, the Yugadharms. —*पृ० 572*

स्पष्टतया यहाँ मानववादी और सामाजिक दृष्टि से आधुनिक दृष्टिकोण का अभिन्न सम्बन्ध माना गया है। 'better type of modern mind' कह कर ऐसे आधुनिकतावाद की ओर भी संकेत किया गया है, जो संकीर्ण है। यदि मुझे गिनाने पड़ें, तो मैं कहूँगा कि उसके चिह्न हैं पुरातन से चिढ़ना, उपलब्धि के नाम पर सतही आत्मप्रदर्शन, एक मतवाद के रूप में कट्टरता के साथ आधुनिकता की व्याख्या करना तथा प्रत्येक परम्परा से अपने को विच्छिन्न मानना।

मैं ऐसे संकीर्ण आधुनिकतावाद को हितकर नहीं समझता हूँ, क्योंकि मुझे उसके पीछे खंडित, सतही एवं एकांगी जीवन-दृष्टि की झलक मिलती है।

———♦———

कविता के नये प्रतिमान

[प्रत्येक महत्वपूर्ण युग अपने अनुरूप नये मान-मूल्यों की सृष्टि करता है और पुरानी मान्यताओं को अपनी कसौटी पर कस कर उनके खरेपन की जाँच करता है। इस प्रकार जो मूल तक जाने वाली नयी दृष्टि विकसित होती है उससे न केवल सम-सामयिक साहित्य और कला का मूल्यांकन किया जाता है वरन् पूर्व-प्रतिष्ठित कृतियों को भी पुनर्परीक्षा की जाती है। किसी भी साहित्य युग की महत्ता सौन्दर्यपरक मूल्यान्वेषण की सजगता तथा व्यापक सामाजिक परिवेश से गहरी सम्पृक्ति के आधार पर आँकी जाती है जिससे सृजन-शीलता को सही दिशा वास्तविक प्रेरणा प्राप्त होती है। नयी कविता ने जिन दो दशकों तक अपने को व्याप्त किया है उसमें मूल्य-चेतना सृजनात्मक धरातल पर और स्वतन्त्र रीति से भी बहुत सक्रिय रही है। कविता के विषय में ही विशेष चिंता व्यक्त की गयी है, यद्यपि युग के समस्त कृतित्व में उसका वह व्यापक एवं सामग्री स्थान नहीं है जो पूर्व युगों में था। परिचर्चा की इस क़िस्त में तीन नयी प्रतिमाओं के विचार प्रस्तुत किये जा रहे हैं जो स्वभावतः समस्या के समसामयिक संदर्भ को अधिक उभारते हैं।]

—संपादक

कविता के नये प्रतिमान : **नागेश्वर लाल**

प्रारम्भ में नयी कविता के सम्बन्ध में समीक्षा की विलक्षण स्थिति थी। पहले से मैदान में जमें हुए समीक्षक रह-रह कर फ़तवे देते जा रहे थे, यह भूल कर कि स्वयं उन्होंने छायावाद के दौर में वैसे फ़तवेबाजों का साहस पूर्वक सामना किया था, दूसरी ओर से कवि कैफ़ियत देने में लगे थे। उस स्थिति में लक्ष्मीकान्त वर्मा की 'नयी कविता के प्रतिमान' पुस्तक का प्रकाशन एक घटना थी। मुझे आशा है, मेरे जैसे कई दूसरों ने भी उस पुस्तक से ही नयी कविता की समीक्षा में गम्भीर रुचि अनुभव की। निस्संदेह उसमें जगह-जगह उलझे हुए संदर्भों का जंगल है और यह अस्वाभाविक भी नहीं है क्योंकि उस समय तक नयी कविता का अपना स्वरूप भी भरपूर निर्दिष्ट नहीं था। पर उस जंगल में अर्थपूर्ण बातों का समावेश भी है। वह अपने विषय की पहली उल्लेख्य समीक्षा है; गंभीर भी, सहानुभूतिपूर्ण भी और उसका आभार स्वीकार करना आवश्यक है।

अब एक दूसरी स्थिति हो गई है। नयी कविता पर धड़ा-धड़ समीक्षाएँ लिखी जा रही हैं; स्फुट रूप में भी, पुस्तकाकार भी, यहाँ तक कि शोध प्रबंध के रूप में भी। यह अच्छा भी है और अच्छा नहीं भी है। अच्छा है तो इसलिए कि इससे प्रकट होता है कि नयी कविता ने जगह बना ली है, अच्छा नहीं है तो इसलिए कि नयी कविता के भीतर से मुद्दों को ढूँढ़ कर अकसर समीक्षा नहीं लिखी जा रही। नयी कविता की समीक्षाओं को पढ़ने से प्रायः अनुभव होता है कि जो समझाने चलते हैं उनमें से भी कुछ को अपने

समझने की थोड़ी-बहुत जरूरत है। वैसी समीक्षाओं के लेखकों का उत्साह प्रशंसा योग्य है, सहानुभूति पूर्ण दृष्टिकोण सार्थक है पर उनके उद्योग के सम्बन्ध में इतने उत्तम शब्दों का प्रयोग करना बहुत कठिन है।

इसी तरह एक बात और दिखलाई पड़ रही है। नयी कविता की समीक्षा में मतभेद के जितने संदर्भ मिलते हैं उतने मतैक्य के नहीं। कोई इस बात पर अधिक जोर देता है तो कोई उस बात पर और इससे यह भ्रम होता है कि सम्भवतः समीक्षा में चिन्तन की एक सूत्रता नहीं है। इसके सम्बन्ध में विलक्षण दृष्टिकोणों की प्रस्तावना हो रही है। मसलन डॉ० विजयेन्द्र स्नातक प्रतिमानों की खोज की आवश्यकता अनुभव कर रहे हैं तो मुद्राराक्षस मूल्यमूढ़ता के आधार पर समीक्षा मात्र को अनावश्यक और असंगत प्रक्रिया मान लेने का आग्रह कर रहे हैं। प्रायः जीवन्त सृजन के दौर में वैविध्य स्वाभाविक होता है, फिर यह तो है ही कि नयी कविता समीक्षात्मक सूत्रों में अभी चुक नहीं सकती क्योंकि वह लगातार रूप लेती हुई अज्ञेय संभावनाओं की कविता है। उस कविता में ही प्रकृति की कोई प्रत्यक्ष एक सूत्रता नहीं है तो फिर उस पर के चिंतन में कैसे होगी? पर इसका अभिप्राय यह नहीं कि उस पर के चिंतन में किसी तरह का अनुशासन नहीं होना चाहिए। उसके प्रतिमानों की खोज उपादेय है पर उन प्रतिमानों को पत्थर की मूर्तियों के रूप में प्रतिष्ठित करना फलप्रद नहीं है। यह स्मरण रखना है कि कविता को सैद्धांतिक मुद्दों में बदल देना खतरनाक है, क्योंकि उससे रूढ़ियों की स्थापना हो जायेगी और तब साधारण यशःप्रार्थियों के लिए अनुकृतिवाद का रास्ता खुल जायेगा। कसौटी बनाने की बात ग़लत है और फ़ौलादी परिभाषाओं की बात समय के मेल में नहीं, इसलिए प्रतिमानों की खोज विशेषताओं के किन्हीं ऐसे काम चलाऊ संकेतों के लिए ही होनी चाहिए जो विकास के क्रम में अनतिदीर्घ श्रम से संशोधित और परिवर्द्धित होते जा सकें। इससे यह निष्कर्ष निकालना कि प्रतिमान बेमानी होंगे, उचित नहीं और मुझे तो अनुभव होता है कि मूल्यमूढ़ता के दावेदार भी मूल्यपरक प्रतिमानों का आग्रह रखते हैं, गोया कि उनका आग्रह प्रतिषेधात्मक है। स्वभावतः मैं इस पक्ष में हूँ कि नयी कविता के सृजन और चिंतन के वैविध्यमूलक स्वरूप के भीतर की अन्विति का सूत्र पाने के लिए खोज होनी चाहिए।

इस प्रश्न को अब सही ढंग से उठाया जा रहा है। नयी कविता के प्रतिमानों के बदले कविता के नये प्रतिमानों पर विचार करना अधिक अर्थपूर्ण है। यह जानी हुई कहानी है कि जब-जब कविता बदलती है, उसके प्रतिमान भी बदलते हैं पर यह नहीं कि नये प्रतिमान अभी-अभी बनी हुई कविता के लिये हो होते हैं। वस्तुतः वे कविता के समग्र रिक्थ के लिए होते हैं, उनके आधार पर नया युग अपनी कविता को तो मूल्यांकन करता ही है, पूर्वजों की कविता का भी फिर से मूल्यांकन करता है और इस तरह उसे नये सन्दर्भ में अंगीकृत करता है। उस मूल्यांकन से पहले के कवियों और कृतियों के सम्बन्ध में पूर्ण धारणाओं का बदलना या बिगड़ना संभव है। बिरले कुछ कवि होते हैं जो अधिक से अधिक युगों के प्रतिमानों का सामना करने पर भी अपने सम्बन्ध की पूर्वधारणाओं को बचाने में समर्थ होते हैं और तब भी यह असंभव नहीं कि बहुधा उन पूर्व धारणाओं के प्रचलित कारण बदल जायें। कालिदास और शेक्सपियर के सम्बन्ध में वे भी मतैक्य रखते हैं जो आपस में सामंजस्य का कोई अवसर नहीं पाते। मतैक्य दृष्टिगत

एकरूपता का सूचक नहीं, वस्तुतः उन कवियों में विरोधी दृष्टियों के मेल में भी सामग्री मिल जाती है। बीते हुए युग की वही कविता रुचिकर रहती है जो इतना सा ही सही, नये युग के संस्कारों से साम्य रखती है और इस तरह नये प्रतिमानों का सामना कर पाती है। पहले के सब कुछ को छोड़ना आत्म विश्वास है पर सोचे-समझे और जाचे-परखे बिना छोड़ना अनाड़ीपन ही माना जायेगा। परम्परा कोई एक इकाई नहीं, वह छाँटने-छिनगाने की, चुनने-अरजने की चीज है। यह तो कृतियों के सम्बन्ध में; इसका एक अधिक गहरा पहलू भी है। पहले जो कुछ रचा गया उसके सूक्ष्मतम संस्कार अवचेतन में वेष्टित होकर नये संदर्भ में भी सहज कारगर रहते हैं। इसे न समानतावाद कहेंगे, न समानान्तरवाद, यह पूर्वरिक्थ का विकास के गत्वर क्रम में पड़कर नये-नये रूपों में ढलते जाना है। तब कहीं उँगली रख कर परंपरा का निर्देश नहीं किया जा सकता; वह रेशे-रेशे में यों रची हुई रहती कि उसे अलग से पहचानना असंभव होता है। परम्परा सौन्दर्य की धरोहर मात्र नहीं, उसके प्रति कृतज्ञ होना पर्याप्त नहीं, वह नये सृजन का एक मौन और फिर भी कारगर कारण है।

मैं जानता हूँ कि परम्परा का न केवल विरोध किया जा रहा है, बल्कि उस पर थूकने की बात भी चलने लगी है। परम्परा को उलाँघ कर ही नहीं, उखाड़ कर रचने का आग्रह किया जाने लगा है। मुद्राराक्षस ने कहा है—

थूक दिया जिस दिन रसज्ञता ने
खाँस कर
अनजाने अजंता के चित्र पर
उस दिन लिखी गई कविता
दोबारा।

पर क्या उस कविता से परम्परा का सम्बन्ध नहीं है? वह सम्बन्ध अनुकूलता मात्र में नहीं प्रतिकूलता में भी होता है। परम्परा के अनुकूल हो या प्रतिकूल, हर स्थिति में सृजन परम्परा से अनायास सम्बन्धित होता है। इसका एक बड़ा कारण यह है कि कविता की अभिव्यक्ति का माध्यम सांस्कृतिक संस्थान के रूप में होता है। उस संस्थान में थोड़ा हेर-फेर तो हर सार्थक रचना से होता है पर उसका बहुलांश रिक्थ के रूप में वंशानुक्रम से प्राप्त होता है। वस्तुतः उसमें एक जनगण का व्यक्तित्व मूर्त रहता है; उस व्यक्तित्व का प्रतिबिंबन नाद कंपनों से ही नहीं, अर्थ-संदर्भों में भी होता है। मेरे विचार से कोई परम्परा से सर्वथा विच्छिन्न होना चाहे तो उसे बहुत दूर तक विक्षिप्त या व्यर्थ होने के लिए भी तैयार रहना चाहिए। हाँ, यह भी नहीं कि पूर्वरूढ़ियों को दोहरा कर परम्परा से जुड़ सकें।

क्या नयी कविता के संदर्भ में परम्परा की खोज हुई है? क्या कविता के नये प्रतिमान प्रतिपादित हो सके हैं? क्या उन प्रतिमानों के आधार पर सांस्कृतिक रिक्थ का फिर से मूल्यांकन करके उसे अंगीकृत करने का उद्योग हुआ है? यह सब भी किसी जीवन्त कविता का, उस कविता के सम्बन्ध में सम्यक् चिंतन की सार्थकता का लक्षण होता है। इसके नये संस्कार संपुष्ट होते हैं और निरन्तरता की परख होती है और यह भी समझा जा सकता है कि निरन्तरता कहीं भ्रम तो नहीं है। यह काम बुनियादी तौर पर सीमक्षकों का है। समीक्षकों ने नये प्रतिमानों की खोज नहीं की, फिर पुनर्मूल्यांकन का

प्रश्न ही कैसे उठता? झंखने और खीझने की बात तो यह है कि उन्होंने उल्टा रुख अपनाया और पुराने प्रतिमानों के आधार पर नयी कविता को जाँचना चाहा। हुआ वही जो हो सकता था। उन्हें नयी कविता खोटी मालूम पड़ी क्योंकि उसमें अभ्यस्त शिल्प का रचाव नहीं मिला या रस की मधुमती भूमिका नहीं मिली। समीक्षकों ने पलट कर अपने प्रतिमानों को देखा होता तो बात रास्ते पर आ सकती थी। उन्होंने यह नहीं किया। जब देखा कि नयी कविता जम गई है तो बस, पुराने प्रतिमानों में कुछ कतरब्योंत करके उन्हीं के आधार पर उसकी प्रशंसा करने लगे। लगता है, या तो वे अपनी हैसियत बचाना चाहते हैं या जो काम पत्थर से नहीं कर सके उसे फूल से करना चाहते हैं।

मुझे विश्वास है, यदि कवियों को तंग न किया गया होता तो स्थिति दूसरी होती। वे इलियट और पाउण्ड की तरह बरत सकते थे। इलियट ने अपने प्रतिमानों के आधार पर अंग्रेजी कविता का फिर से मूल्यांकन किया जिसके परिणाम स्वरूप शेक्सपियर के संबंध में भी नये रुख की प्रस्तावना तो हुई ही, डन जैसे मेटाफिजिकल कवियों का महत्व असाधारण रूप से बढ़ा। यह नहीं कि डन के साथ पक्षपात किया गया, पक्षपात अपने प्रतिमानों के साथ किया गया। स्वभावतः पहले के एक धुँधले कोने को प्रकाश मिला और नये प्रतिमानों को बृहत्तर परिप्रेक्ष्य प्राप्त हुआ जिससे वे पर्याप्त संतुष्ट हुए। नहीं, हिन्दी के कवियों को स्थिर होकर सोचने ही नहीं दिया गया। उन्होंने कलम उठाई नहीं कि उन पर हमले शुरू हो गये, वे हमले झेलने और पैंतरे से काट ढूँढ़ने में लग गये। समीक्षकों की ग़लत भूमिका के दोहरे दुष्परिणाम हैं; उन्होंने स्वयं तो सोचा ही नहीं, कवियों को भी सोचने नहीं दिया। यह उत्साह की बात है कि इधर आ कर परंपरा और नये सृजन के उचित संबंध की खोज की प्रवृत्ति दिखलाई पड़ने लगी है।

इस प्रसंग में एक सावधानी बरतने की जरूरत है। इस बार कविता का बदलना पहले जैसा नहीं है। नयेपन की जो प्रस्तावना महावीर प्रसाद द्विवेदी ने की थी उसकी चरम परिणति का समय आ गया है। पहले के लक्षणों में हेर-फेर की बात नहीं है, यह कविता प्रायः समग्रता में नयी प्रतीत होती है। स्वभावतः शंका होती है कि इससे परंपरा के सम्बन्ध की खोज निरर्थक है, क्योंकि असम्भव नहीं कि उस खोज़ से विच्छेद की चेतना की प्रखर हो। लगता है कि नयी कविता को परम्परा के सन्दर्भ में और परम्परा को नयी कविता के संदर्भ में देखना कठिन है। पर मेरी समझ में निराश होने का कोई वास्तविक कारण नहीं है। एक तो इसलिए कि विच्छेद की चेतना ही प्रखर हो तब भी खोज होनी चाहिए जिससे आखिरी तौर पर वस्तुस्थिति का एहसास हो सके; दूसरे मुझे व्यक्तिगत रूप से अकसर अनुभव होता है कि विच्छेद केवल सतह पर ही दिखलाई पड़ता है। उसका भी कारण यह है कि अकसर कृतियों की समरूपता की पड़ताल की जाती है। अपेक्षाकृत अधिक गहरे स्तर पर अभिव्यक्ति के सूक्ष्म संस्कारों के तारतम्य की पड़ताल हो तो निराश होने की बात नहीं हो सकती। कम से कम इतना तो है ही कि भारतेंदु से लेकर दूसरे महायुद्ध के दौर तक जो कविताएँ रची गई हैं, उन्हीं से होकर नयी कविता उभरती आई है और अपने वैशिष्ट्य की निर्दिष्ट प्रकृति के बावजूद उन्हीं की परिणति है।

मैं इस बात को थोड़ा ब्यौरे में स्पष्ट करूँ। भारतेंदु ने कविता को मनुष्य के यथार्थ परिवेश से जोड़ा और उस परिवेश के चुभते हुए प्रश्नों को और उनकी प्रतिक्रियाओं को

अभिव्यक्ति योग्य माना। उन्होंने मध्यकालीन संस्कारों से मुक्ति नहीं पाई और फिर भी यह संकेत स्पष्ट है कि वे सामने के यथार्थ के प्रति उन्मुख हुए और उस यथार्थ को रूढ़ आदर्शों के आरोप से सामंजस्यपूर्ण दिखलाने में भरसक बचने को सचेष्ट हुए। उनकी रचना अनगढ़ है, यहाँ तक कि वह उस हिन्दी में नहीं है जो आज हिन्दी कहलाती है पर एक बुनियादी अभिप्राय उसमें है। महावीर प्रसाद द्विवेदी ने क्रम को आगे बढ़ाया। वे एक ओर छंद-तुक के आग्रह से हटे तो दूसरी ओर नये विषयों को अपनाने के लिए अग्रसर हुए। उस दौर के प्रतिनिधि मैथिलीशरण गुप्त हैं जिन्होंने सांस्कृतिक पुनर्जागरण का ही नहीं, नवजागरण का भी संदेश दिया। नवजागरण इसलिए कि उनकी कविता में इतिहास दोहराया नहीं गया, बल्कि उसे मानवतावादी संस्कृति के सन्दर्भ में मांजा गया। उनकी कृतियों में अधिक जीवंतता राम की नहीं, लक्ष्मण की है, सीता की अपेक्षा उर्मिला और यशोधरा के महत्व की योजना अकारण नहीं है। निस्संदेह वे महामानववाद या पुरुषोत्तमवाद से पूरी तरह निबटने में समर्थ हुए पर उनके महामानव यथार्थ मनुष्य की भूमिका में भरपूर रहे और यह भी कि महामानव के सामने युग-युग से निष्प्रभ पड़े हुए चरित्र पर्याप्त सम्भावनाओं के साथ प्रतिबिंबित हो सके। यह भी उल्लेख्य है कि आदर्शवाद के आधारभूत अमोघ प्रतीक के रूप में प्रचलित अवतारमूलक उच्चतर अहं की देवप्रकृति पर पहली बार शंका उठी; यह जानते हुए भी कि उसी शंका के कारण रामचरितमानस में सती की दुर्गति हुई थी। उस दौर में भी सामंजस्य की योजना थी। छायावाद के कवियों में सामंजस्य देखने को तो है, पर उसकी तह में पहली बार यथार्थ की विसंगति के व्यक्तिगत एहसास को सांकेतिक अभिव्यक्ति प्रदान की गयी। कविता आत्माभिव्यक्ति बनी और इस तरह उसके लिए कवि की निजता की चेतना प्रबुद्ध हुई। इसके पीछे एक लंबी कहानी है। वह कहानी उस दिन शुरू हुई जिस दिन सामन्ती तंत्र को धक्का लगा और व्यक्ति ने अपनी स्वतन्त्रता का बोध करना चाहा। कवि ने सामन्त और महंथ की बेगार छोड़ी, आचरण के स्तर पर ही नहीं, अनुभव के स्तर पर भी। उसने एक नये उल्लास की कविता मान्यता लिखनी चाही। पर लिख नहीं सका, क्योंकि यथार्थ उसकी हर नयी मान्यता से टकराता रहा। उसने स्वच्छंद प्रेम का बौद्धिक आग्रह अपनाया, यथार्थ विवाह की पूर्व रूढियों से आबद्ध था! इस विसंगति से उबरने के लिए उसने पुनः आरोपण की तरह प्रवर्जन ही नयी विधि अंगीकार की। उसने कविता में प्रकृति के रम्यचित्र भरे हैं; शिशु गौरव के गीत गाये और प्रायः अनन्त के सङ्केत पर अपने दायरे के बाहर की उत्कण्ठा का वर्णन किया। यह काल्पनिक स्तर पर सामंजस्य की खोज थी। खोज के सहारे के लिए एक नये उच्चतर अहं की रचना हुई जो अवतारमूलक विग्रह का अमूर्त स्थानापन्न हुआ। उस अहं के प्रति न्योछावर होने के कारण ही आत्मपीड़न तक की प्रेरणा हुई। पर यह सब हरदम कारगर नहीं हुआ। यह यों ही नहीं कि उस दौर का हर कवि अपनी कविता के चमकते और गूँजते हुए वातावरण में रह-रह कर रोने को विवश होता रहा है। आज उसके बाहरी रूप की दिव्यता के तले पड़ी हुई कसकती चेतना के दर्द को पहचानने की अधिक समझदारी होनी चाहिए। वह दर्द ही उसके नये चरण का स्मारक है; यह दूसरी बात है कि कवि की निराधार कल्पनाओं और बौद्धिक धारणाओं ने उस पर कई पर्तें चढ़ा दी हैं। कामायनी के मनु का घायल होकर गिरना बहुत था, उसके आगे जो कुछ है वह खींच कर बढ़ाया हुआ है और उसका कारण यह है कि कवि यथार्थ

के असम्भव को भी कविता में संभव बनाने के लिए अपने तईं सजग है। चिन्ता तो यह देख कर होती है कि जिस नये तन्त्र ने आत्मानुभूति की प्रेरणा दी थी उसे ही बुद्धिप्रसूत कह कर शापयोग्य चित्रित किया गया। यह सब विसंगति से बचने की अकुलाहट में हुआ।

छायावाद में अभिव्यक्ति के प्रति एक विचित्र प्रकार की सजगता दिखलाई पड़ती है। श्रुतिरंजक नाद योजना, लघु-लघु चित्रों या संकेतों का रमणीय विधान और इन सबको अन्वित करने के लिए किसी बौद्धिक धारणा का सूत्र, उस सूत्र को न ढूँढ़ें तो सब कुछ बिखरा हुआ लगता है। मैं कहूँ कि वह सूत्र ही एक ओर तो कविता के ढाँचे के बिखराव को सम्भालता है तो दूसरी ओर अनुभव की असंगति पर सामंजस्य का आरोप करता है। छायावादी कवि संकोच से ग्रस्त दुर्बल व्यक्ति प्रतीत होता है। यह स्थिति देर तक नहीं रह सकती थी। निराला में इस असंगति के कारण एक तीक्ष्ण, प्रतिक्रिया होती है। वे न केवल छन्दों के बने बनाये रूप की सुविधा छोड़ते हैं बल्कि बाद के दौर में कविता को यथार्थ के निकट लाने के लिए इस तरह सचेष्ट होते हैं कि वह गद्यवत् हो जाती है।

पुनः सामंजस्य के लिए एक नयी खोज होती है। इस बार समाज के सम्बन्धों में भरपूर जागरूकता अपनाई जाती है। कवि प्रगति के एक विशिष्ट दर्शन के प्रति उन्मुख होते हैं। वे मनुष्य के संबंधों की असंगति को बड़े साहस के साथ चित्रित करते हैं। निस्संदेह वह असंगति एक कोने में ही अधिक निर्दिष्ट होती है। पर यह तो कहना ही पड़ेगा कि छायावाद की तरह उस नयी कविता में कवि के व्यक्तिगत पक्ष का इतना आग्रह नहीं रहता कि लेखन मानसिक छायाबिंबों का प्रदर्शन मात्र प्रतीत हो। इसके बावजूद बौद्धिक धारणाओं के मामले में प्रगतिवादी मूलतः आदर्शवादी भूमि पर ही रहते हैं। वे वर्गचेतना के संदर्भ में मनुष्यता के विषम सम्बन्धों को खूब उघाड़कर सामने लाते हैं और फिर भी समाजवादी दर्शन के सहारे असंगति के भविष्यमूलक समाधान की विवृत्ति करते हैं। स्पष्ट है कि वे एक दूसरे स्तर पर होकर छायावादियों के ढंग से ही काम करते हैं। प्रमाण स्वरूप देखा जा सकता है कि वे किस तरह मजदूर की एक बौद्धिक धारणा का ही अधिक बोध रखते हैं जिससे एक नये प्रकार के 'मिथवाद' का पुनरावर्तन होता है। वह बौद्धिक धारणा इतनी प्रबल है कि कविता संकट में पड़ जाती है। जब-तब लगता है कि कविता के बदले वह विज्ञप्ति हो गई है। कह सकते हैं कि प्रगतिशील कवि यथार्थ की ओर बलपूर्वक बढ़ा पर असंगति से घबड़ा कर उसने सिद्धांत की ओट में यों शरण ली कि फिर यथार्थ से टूट कर संवेदना गँवा बैठा।

इसी स्थिति में प्रयोग की बात चली। प्रयोग की बात में वे भी साझीदार रहे जिन्हें प्रगति अभीष्ट थी। फिर भी यह देखा जा सकता है कि अज्ञेय और उनके सहयोगियों ने असंगति को साफ-साफ देखने-दिखलाने की भरपूर रुचि प्रकट की। उन्होंने 'व्यंजना के स्फोट' की टेक अपनाई जिसका अभिप्राय यह है कि वे सत्य को तद्वत् अभिव्यक्त करने को कृतसंकल्प हुए। पर वे एक नयी उलझन में पड़े। उनमें एक ओर तो यह सजगता रही कि यथार्थ के अनुभव और यथार्थ अनुभव को निजी चेतना के संदर्भ में निर्दिष्ट करें पर दूसरी ओर यह भी कि कविता नये ढंग से रचें। निस्संदेह उन्होंने अनेक नये विषयों की प्रस्तावना की ओर अनेक पुराने विषयों को, जो युग-युग से सौन्दर्य-प्रतीक माने जाते

आ रहे हैं, खोखला और विकृत दिखलाया। इसके बावजूद उस दौर की कविता बहुत दूर तक कृत्रिम तनाव से भरी हुई कविता मालूम पड़ती है। लगता है कि कवि नये ढंग को रचने के लिए इस तरह उत्कंठित हुए कि उन्हें यथार्थ में कतरब्यौंत करने के लिए विवश होना पड़ा। यह तो है ही कि प्रयोग करने के लिए सजग होने के बावजूद, विज्ञप्ति से कविता को स्वतंत्र कराने के लिये कृतसंकल्प होने के बावजूद, कवि प्रगति की बौद्धिक धारणाओं से पूरी तरह निबटने में समर्थ नहीं हो पाये।

मैं जब कभी नयी कविता के सम्बन्ध में सोचता हूँ सौ वर्षों के विकास का यह क्रम स्मरण आ जाता है। प्रायः यह कहा जाता है कि इसकी प्रतिक्रिया वह है और उसकी प्रतिक्रिया यह; सच में पारस्परिक विरोध के अनेक लक्षण हैं भी, पर इस पहलू को जरूरत से अधिक महत्व देना अनिष्टकर है। एक विस्तृत परिप्रेक्ष्य में देखें तो मुझे विश्वास है कि यह अनुभव करने में अधिक कठिनाई नहीं कि आधुनिक युग के समाज के सम्बन्धों और उनसे प्रादुर्भूत संस्कृति की नयी मूल्यचेतना के महान् अभियान में निर्दिष्ट प्रवृत्तियाँ सार्थक सोपान की तरह हैं। नयी मूल्यचेतना ही उल्टे सीधे ढंगों से अपने को खोलती हुई, पहचानती हुई और अपना सही स्वर खोजती हुई क्रमशः अग्रगमन करती आई है। नयी कविता के विशेष क्षण के पीछे एक लम्बा क्रम है। नयी कविता एक सार्थक शुरुआत के अन्त की कविता है।

यहीं से नयी कविता को देखते हुए कविता के नये प्रतिमानों के संबन्ध में संकेत किया जा सकता है। जब कवि ने सभी प्रकार की बौद्धिक धारणाओं और आदर्शवादी मान्यताओं से अलग होकर सत्यमात्र की अभिव्यक्ति को अपना अभीष्ट बनाया तब स्थिति का मूल्य बदला। सत्यमात्र की अभिव्यक्ति का अभिप्राय यह है कि कवि ने अपने यथार्थ अनुभव के प्रति निष्ठा अपनाई। वह यथार्थ अनुभव ही भारतेंदु से लेकर अभी तक ध्येय रहा है, उसी की खोज की कहानी आधुनिक कविता की कहानी है। उस अनुभव का रूप खुला तो इसलिए कि एक बारगी समस्त प्रकार के बौद्धिक और कलात्मक आडम्बरों से मुक्ति की चेतना, जीने और भोगने की असंगतियों को देखने-दिखलाने की साहसिकता विकसित हो सकी। कवि सब कुछ कहने को कृतसङ्कल्प हुआ। शर्त केवल यह रही कि कथ्य उसका अनुभूत या भोगा हुआ हो और उसे किसी प्रकार की बौद्धिक धारणा से आच्छन्न न किया जाये। मैं बार-बार बौद्धिक धारणा की चर्चा कर रहा हूँ पर इससे यह समझना गलत होगा कि अब कविता ने अबौद्धिक होने की प्रकृति अपनाई। यह कविता बौद्धिक प्रबुद्धता की देन है और इस मायने में सम्भवतः किसी भी युग की कविता से अधिक सजग है। बौद्धिक प्रबुद्धता की कविता और बौद्धिक धारणा की कविता में अन्तर होता है। यथार्थ अनुभव का आग्रह तब तक सार्थक ही नहीं हो सकता जब तक बौद्धिक प्रबुद्धता न रहे। अबौद्धिक मनुष्य प्रायः रीतिवादी या अभ्यस्तिवादी हो जाता है, वह अनुकृतिवाद या सहमतिवाद के उदाहरण ही अधिक प्रस्तुत करता है।

बौद्धिक प्रबुद्धता के संदर्भ में ही क्षणमुक्त अनुभव की बात सम्भव हुई। क्षणमुक्त अनुभव यानी धारणाओं से बचा या बचाया हुआ अनुभव, यह नहीं कि कालमूलक क्षण का निरर्थक संवेदनपुंज। क्षण अनुभव के यथार्थ स्वरूप का ही एक नाम है। उस स्वरूप की अर्थपूर्ण या अर्थ की संभावना से पूर्ण इकाई ही इष्ट है। स्वभावतः मनुष्य को मनुष्य के रूप में, एक खास मनुष्य के रूप में चित्रित करने की प्रवृत्ति विकसित हुई। बात

अनुभव की हो या आचरण की, सर्वत्र यह विधेय रहा कि उसमें कुछ इस तरह न मिलने दे कि वह बेपहचान हो जाये। कवि के सामने जीवन का फैला हुआ विशाल क्षेत्र रहा, उसने यह अधिकार रखा कि उस क्षेत्र का जो भी उसे अनुभूत होगा उसे वह अपनी कविता में जगह देगा। उसने अपने अनुभव को ही शास्त्र के बदले प्रमाण माना और उस तरह 'कागद की लेखी' छोड़ी। वह अनुभव अनेक सीमाओं को तोड़कर अधिक से अधिक स्वतंत्र रहा तो इसके मूल में स्वीकृति की नयी मूल्य चेतना ही थी जो कृत्रिमवर्जनाओं से परे रही। पापचेतना तो औद्योगिक तंत्र के प्रभाव से ही शिथिल पड़ गई थी, जीवविज्ञान, समाजविज्ञान और मनोविज्ञान की नई खोजों ने आदर्शवादी बौद्धिक धारणाओं से अनुभव की मुक्ति में अपनी क्रांतिकारी भूमिका निभाई। मनुष्य को मनुष्य के रूप में, उसकी प्रकृत आवश्यकताओं को स्वीकार करते हुये उन्हीं के दायरे में उसकी प्रकृति का निर्देश करते हुए नयी मूल्यचतेना ने रूप लिया। उदात्त चरित्र के महामानव के विरुद्ध सामान्य चरित्र के लघुमानव की बात बहुत अर्थपूर्ण थी पर खेद कि लघुमानव का मंतव्य ठीक से समझा नहीं जा सका, क्योंकि उसके विशेषण का भ्रामक प्रभाव पड़ा। मेरे विचार से लघुमानव का अभिप्राय प्रकृत मनुष्य हो तो उसे यथार्थ का आग्रह मान कर स्वागत योग्य समझना ही श्रेयस्कर है। वह लोकतंत्र अभिरुचि के मेल में है।

मेरे विचार से कविता का कोई एक नया प्रतिमान हो तो वह यथार्थ अनुभव का ही हो सकता है। उस यथार्थ अनुभव की निष्ठा के कारण ही रूढ़ ऊहाओं और पौराणिक गाथाओं से विरक्ति हुई। सत्य जरूर यह है कि अभी भी कवि पौराणिक गाथाओं का सहारा लेते हैं, पर स्मरण रखना है कि वे सहारा भर लेते हैं क्योंकि वे तो यह जानते ही हैं, उनके पढ़ने वाले भी जानते हैं कि पौराणिंक गाथाओं को कलात्मक निर्वैयक्तिकता की सार्थकता के लिए मात्र माध्यम के रूप में स्वीकार किया जाता है जिससे उन पर विश्वास करने का प्रश्न नहीं उठता। वैसे यह उल्लेख्य है कि पौराणिक गाथाओं की बात नयी कविता को पहले के रिक्थ से सम्बद्ध प्रमाणित करती है। यों यह बात सुविधा की है, नहीं तो अब इसका कोई वैशिष्ट्य नहीं रहा। कवि ने जिस तरह महामानव या आदर्शवादी धारणाओं को छोड़ा उसी तरह उसने कलावादी संस्कारों की रूढ़ अभ्यस्ति से भी बचने की चेष्टा की। हर स्थिति में यथार्थ अनुभव ही उसका अभीष्ट रहा और इस तरह उसने पूरे मन से अपने सच्चे मन को देखना-दिखलाना चाहा। इसी उद्देश्य से ऊहाएँ छोड़ी गईं, छंद तोड़े गये, बिंब बदले गये और अब एक ऐसी स्थिति आई है कि कविता बिंब से भी निबटने को उत्कंठित है। विषय की अशेष स्वतंत्रता और अनुभव की अवर्ज्य प्रकृति यथार्थ निष्ठा की ही परिणतियाँ हैं।

इस प्रतिमान के सम्बन्ध में एक कठिन प्रश्न मूल्य का है। क्या कविता पर विचार करते समय मूल्य का उल्लेख न हो? क्या यथार्थनिष्ठा मूल्यनिरपेक्ष है? नयी कविता में मूल्यनिरपेक्ष स्वर है, गोया कि वह यथार्थनिष्ठ ही है पर यह स्मरण रखना है कि उसमें मूल में भी एक मूल्यचेतना है। यथार्थ का आग्रह जब अर्थपूर्ण होगा, तब अपने आप में मूल्यवान् भी होगा। नये प्रतिमानों को यथार्थ के औचित्यबोध के आधार पर मूल्यसापेक्ष बनाया जा सकता है। कवि ने बौद्धिक धारणाओं को छोड़ कर वर्तमान परिवेश की जिन असंगतियों की अभिव्यक्ति की वे प्रखर संवेदनशीलता जगाने में समर्थ हैं। किसी अनुभव का मूल्य उसी संवेदनशीलता के सन्दर्भ में कूता जा सकता है। कोई अनुभव राष्ट्र या

नस्ल या मज़हब के मेल में होने से मूल्यवान् नहीं माना जा सकता। कल तक बात थी कि जिस तरह रहते थे झोपड़े में और नीलमदेश की राजकन्या के महल का वर्णन करते थे उसी तरह चाहते थे किसी को माचूमना और आध्यात्मिक प्रेम की ओट में जी का एहसास छिपाते थे। स्वयं संस्कृति की मूल्यचेतना बदल गई है अतः कविता का मूल्यांकन भी नैतिक सूत्रों के आधार पर नहीं हो सकता। चूँकि कविता यथार्थ पर और मात्र यथार्थ पर टिकना चाहती है अतः उसमें सत्य का, अकसर खतरनाक सत्य का समावेश हो रहा है, निस्संदेह कुछ कवियों ने मौन का व्यूह अपनाया है और कहने योग्य के अलावा ही सब कुछ कहने की कोशिश में लग गये हैं। फिर भी उनकी कविताओं का अनकहा किसी न किसी तरह उघड़ ही जाता है या उघाड़ ही लिया जाता है। मेरी समझ में कविता के प्रतिमानों को मूल्यनिरपेक्ष रखने का आग्रह बहुत उचित नहीं माना जा सकता, न नयी कविता मूल्यनिरपेक्ष ही है। वस्तुतः सच्ची मानवीय मूल्यचेतना का विकास तो अभी-अभी आरम्भ ही हुआ है। यह कविता मनुष्य के वैसे हर पक्ष से संबंधित है तो अनुभव से परे नहीं है। वह पक्ष राजनीति का हो या समाजदर्शन का, कवि का भोगा हुआ है तो अभिव्यक्ति योग्य माना जा सकता है।

इस मूल्य के साथ ही कविता की ख़ास पहचान की बात लगी हुई है। कविता न गाथा रही, न प्रबंध, वह एक क्षण के अनुभव की त्वरा से भरी तो स्वभावतः उसे सघन केन्द्रण की आवश्यकता हुई। अब वह केन्द्रण ही कविता को गद्य से अलग करता है। यह नहीं कि कविता मुद्रित छल है और वह प्रकाशक की अर्थवती योजना की देन है, गोया कि उसका वैसा रूप भी विशिष्ट प्रकार की मानसिक झंकृतियाँ उत्पन्न करता ही है। मेरे जानते अभी भी कविता के ढाँचे में एक तरह की लयमयता है। वह लयमयता अर्थ भर की नहीं, शब्द संदर्भ की भी है और संभवतः शब्द संदर्भ की होने के कारण ही अर्थ की है। शब्द और अर्थ की लय में विरोध कृत्रिम है, उस लय की एकातानता ही अपेक्षित है। इसका यह अभिप्राय नहीं कि नये प्रतिमानों के अन्तर्गत नादानुरणन का भी आग्रह होना चाहिए।

मैं यह नहीं कहता कि प्रतिमानों के जिन मुद्दों को मैं सामने रख रहा हूँ वे नयी कविता की हर इकाई पर लागू हो सकते हैं या कि उनसे परे जो कविता होगी, वह घटिया ही होगी। पर इन्हें अर्थपूर्ण संकेतों के रूपों में स्वीकार करने में कठिनाई नहीं होनी चाहिए। इनके संदर्भ में भारतेंदु के पहले की कविता का भी पुनर्विश्लेषण संभव है। मुझे आशा है, हर तरह की रूढ़ि में बँधा रहने के बावजूद मनुष्य किन्हीं क्षणों में अपने प्रकृत स्वरूप की कौंध पाता रहता है। क्या कारण है कि सूरदास की गोपियाँ उस कृष्ण को ढूँढ़ती हैं जो उनकी गायें चराये, उनके लिए बाँसुरी बजाये और रास रचाये? राम क्यों कहते हैं कि वे जानते कि जंगल में भाई मारा जायेगा तो दशरथ की बात नहीं मानते? मनुष्य के प्रकृत स्वरूप की, उसके धारणामुक्त क्षण की ये कुछ सहज झलकियाँ हैं। एक ओर कालिदास और दूसरी ओर बिहारीलाल में भी इस तरह की झलकियाँ हैं। मेरी सिफ़ारिश है कि इस दृष्टिकोण से अपने सांस्कृतिक काव्य का पुनर्मूल्यांकन होना चाहिए।

यह तो है ही कि अब इस तरह का झमेला उतना अर्थ नहीं रखता कि हिन्दी का अपना निजी काव्यशास्त्र होना चाहिए। संस्कृत से या विदेशी सूत्रों से ही एक मुद्दत तक

प्रेरणा ली जाती रही है। इधर विदेशी सूत्र अधिक महत्वपूर्ण हो उठे हैं। नयी कविता एक हद तक अंतर्राष्ट्रीय संदर्भ में रची जा रही है, वह संदर्भ कलात्मक हो या सांस्कृतिक, केवल एक परंपरा के तत्त्वों से पूर्णतः विकृत नहीं हो सकता। स्वभावतः आज की कविता के प्रतिमानों में बहुत कुछ ऐसा हो सकता है जो पहले के मेल में कतई न हो। उसे न छोड़ना ठीक है, न उसी को सब कुछ मान लेना ही ठीक है। सच तो यह है कि नयी कविता की बुनियादी टेक यही है कि यथार्थ अनुभव की अमिश्रित या अविकृत अभिव्यक्ति हो और उस अनुभव के मेल में कुछ देशी या विदेशी हो, उसे स्वीकार करने की तत्परता रहे।

एक आखिरी बात यह है कि नये प्रतिमानों का संबंध रस से नहीं हो सकता, पर तभी हो सकता है जब रस का अर्थ पूरी तरह बदल दिया जाये। मेरी समझ में रस का सैद्धान्तिक स्वरूप जो भी हो, वह एक तरह से स्वादु अनुभव या लुत्फ़ की बात है। अब कविता लुत्फ के लिए नहीं होती, नहीं हो सकती। कविता एक मायने में प्रबुद्ध मनुष्यता में साझेदारी का न्यौता देती है। एक ने कुछ अनुभव किया; वह अनुभव खट्टा हो या मीठा सराहा हो या घिनौना, विशेष संदर्भ में अर्थपूर्ण प्रतीति हो और उसके सहारे दूसरे भी अपने को समझ सकें इतना ही काफ़ी है। कवि अपने परिवेश के प्रति, उस परिवेश की यथार्थ प्रतिक्रियाओं के प्रति भरपूर सजग रहे और अपने सजग रहने के लक्षण कविता में निर्दिष्ट करे और इस तरह कविता में सत्य का प्रेरक यथार्थ का अधिक संश्लिष्ट पुनर्निर्माण करे तो यही बहुत है। कविता न मनोरंजन के लिए है, न उपदेश के लिए वह आत्मान्वेषण की, और इस तरह अपने आपके प्रति अधिक सजग होने की, विशिष्ट विधि हो गई है।

कविता के नये प्रतिमान : **रमेश चन्द्र शाह**

हिन्दी के सन्दर्भ में कविता के नये प्रतिमानों की चर्चा उठाते हुए पहली बात जो दिमाग में आती है वह यह कि हमारी भाषा की मूल प्रकृति में—उसके भूगोल और इतिहास में ही—कुछ ऐसा है, जो हमारी कविता के विकास-क्रम को अन्य भारतीय भाषाओं की अपेक्षा अधिक गहरे दबावों पर नियन्त्रित और प्रभावित करता है। यह एक तथ्य है कि हमारी काव्य-संवेदना को अपने आधुनिकीकरण की प्रक्रिया में भी इसी कारण अन्य देशी भाषाओं—मसलन बंगला की ही—तुलना में अधिक जटिल और अधिक मूलभूत चुनौतियों का सामना करना पड़ता है। हिन्दी कविता यदि अपने विकास के किसी चरण पर दूसरी समकालिक कविताओं की अपेक्षा अधिक परंपरानिष्ठ रही है तो इसका एक बड़ा कारण उसके इतिहास में—और अनन्तः हिन्दी भाषा के इतिहास में ही—निहित है।[1] यह कथन अपने-आपमें किसी परम्परा या 'आधुनिकता' की वकालत करने के लिए

1. उदाहरण के लिए, यह आधुनिक बंगला कविता के लिए सौभाग्य का विषय हो सकता है कि उनका सूत्रपात माइकेल मधुसूदन दत्त जैसे अन्तर्राष्ट्रीय भाषिक संस्कार-समृद्ध काव्य-व्यक्तित्व के हाथों हुआ। किन्तु यह एक रोचक प्रश्न है कि यदि वे बंगला के न होकर हिन्दी के कवि होते तो क्या उनकी कविता का स्वरूप वैसा और यही होता? अन्य सारी चीजों की समानता के बावजूद

नहीं, वरन् मात्र केवल उस आधारभूत तथ्य की ओर संकेत करने के लिए है, जिसकी उपेक्षा करके हम अभी तक दो अत्यन्त भ्रामक अतिवादों को प्रश्रय देते आ रहे हैं। हम या तो परम्परा के नाम पर एक तथाकथित सांस्कृतिक ऐश्वर्य की अभिव्यक्ति को ही श्रेष्ठ कविता के स्वयंसिद्ध प्रतिमान के रूप में जाने-अनजाने मान्यता प्रदान किये रहते हैं या फिर इसके विपरीत छोर पर परम्परा की जीवित वास्तविकताओं से मुख मोड़कर तथा सर्जन-प्रक्रिया के लिए उनके अस्तित्त्वबोध तक को सर्वथा असम्बद्ध-अनावश्यक करार देकर मात्र अपनी निरपेक्ष व्यक्ति-संवेदना में ही नये से नये प्रभावों को आयात करने और पचाने में दूसरी भाषाओं के साथ होड़ बदने के लिए कटिबद्ध रहते हैं। दोनों ही दृष्टियाँ समस्या का अति सरलीकरण करती हैं। एक अपनी आत्मतुष्ट मोहाकुल संकीर्णता के कारण और दूसरी—अपने सारे उत्साह और जीवनी-शक्ति के बावजूद—अपनी उस अनिर्दिष्ट, अनेकाग्र ऊर्जा में निहित अपव्यय के फलस्वरूप। दोनों ही इस प्रकार हिन्दी कविता की सम्भावनाओं को अवरुद्ध करती है। एक दुर्भाग्यपूर्ण बात इस दूसरे प्रकार की सर्जना के सम्बन्ध में यह भी होती है कि व्यक्तिगत उपलब्धि की दृष्टि से वे चाहे कितनी आकर्षक जान पड़ें यह क़तई जरूरी नहीं कि वे हमारी भाषिक संवेदना में कोई दूरगामी हलचल पैदा कर सकें या कि हमारी काव्यभाषा के परम्परोपलब्ध सर्जनानुभवों की मिट्टी को गोड़कर उसकी एक नई उर्वरा शक्ति का आश्वासन दे सके।

मुझे लगता है कि इन दो अतिवादों के बीच एक सुदीर्घ सर्जनात्मक संघर्ष की माँग हमारी कविता की एक अनिवार्य और बुनियादी माँग है। मेरा ख्याल है कि छायावादी कविता भी इस बुनियादी संघर्ष को चुनौती के प्रति उतनी ही शिथिल दायित्वहीन तथा उदासीन रही है जितना की नयी कविता का एक बड़ा अंश। अतएव इस उदासीनता को हिन्दी कविता के एक बहुत बड़े दूषण के रूप में रेखांकित करना और उसके विरोध में एक ओर एतद्देशीय ऐतिहासिक-सांस्कृतिक बोध की गहराई तथा दूसरी ओर कवि की ज्ञान-संवेदनात्मक चेतना की वैश्विक प्रतिश्रुति (व्यापकत्व)—इन दो तत्त्वों के सार्थक सुदीर्घ सर्जनात्मक संघर्ष-सन्तुलन की साधना को हमारी कविता के एक अत्यन्त महत्त्वपूर्ण प्रतिमान के रूप में पहचानना परमावश्यक हो जाता है।

कविता का दूसरा प्रतिमान—जिस पर जोर देना—हिन्दी के संदर्भ में खासतौर पर—मुझे जरूरी जान पड़ता है, वह है : संवेदना के स्तर पर सम्पूर्ण और साग्रह निष्कवचता की उपलब्धि।..........एक ओर राजनीति की चरम परम शक्तिमता से आच्छन्न मानव-नियति की अर्थहीन क्षुद्रता का आतंक : मानवीय अतीत की समस्त उपलब्धियों-मूल्यों तथा मानव-भविष्य की संभावना मात्र तक को समसामयिक राजनीति के उच्छिष्ट रूप में ही देखने की सर्वथा असान्त्वनीय और दुर्निवार ग्लानि; तथा दूसरी ओर आधुनिक मनोविज्ञान की विरासत में पाई इस सर्वथा निष्कवच, अरक्षित आत्म-चेतना का अनवरत अभिशाप; जो किसी भी आश्वासन, किसी भी उन्मोचन को देर तक टिकने नहीं

क्या हिन्दी की अपनी प्रकृति का उनकी काव्य-संवेदना पर दबाव पड़े बिना रहता? यदि मेघनाद वध का हिन्दी में लिखा जाना सम्भव होता तो क्या उसका कवि इस तरह वाल्मीकि से इतना दूर और होमर के इतना करीब पहुँच सकता था? क्या हिन्दी उसे वह सुविधा सुलभ कर सकती थी जो बंगला में अर्जित कर सका?............

देता।......अस्तित्व-बोध की इन दोनों पराकाष्ठाओं के आरपार गुजर कर ही आज के कवित्व की सार्थकता और भविष्य की कविता का अस्तित्व सम्भव दीखता है। हिन्दी कविता—आगामी कविता—पहले की अपेक्षा कहीं अधिक 'निष्कवच और वध्य' संवेदना के साथ इस दोहरी साँसत से निपटने को बाध्य है। वास्तव में यथार्थ के निर्मम साक्षात्कार के पीछे अगर इस दोहरी यंत्रणा का दबाव—मानवीय इतिहास की इस अभूतपूर्व आध्यात्मिक अराजकता का गूँगा संत्रास नहीं बोलता तो कविता अपने तमाम आक्रोश, तमाम साहसिकता, तमाम व्यंग्यात्मक बेधकता के बावजूद कहीं हल्की लगने लगती है। कहना न होगा कि इसीलिए आज हमारी कविता को संवेदनात्मक स्तर पर एक नई दायित्व-चेतना से, सही मायनों में एक नई वैश्विक प्रतिश्रुति से संयुक्त होने की आवश्यकता है। किन्तु संवेदना के स्तर पर सम्पूर्ण निष्कवचता की खोज अपने-आप में किसी नई काव्योपलब्धि का आश्वासन नहीं है। हमें उसके लिए अभिव्यक्ति के भी नवीन अनुशासन को सिद्ध करना होगा। यह नितान्त आवश्यक है कि कवि यथाशक्य अपने अधिकतम अनुभव क्षेत्रों के संपीड़न को सर्वथा निष्कवच होकर अपनी समूची बौद्धिक सामर्थ्य (ज्ञानात्मक-चेतना) और संवेदनात्मक एकाग्रता के साथ, अर्थात् अपने समूचे वेदन-तंत्र से झेले और अभिव्यक्त करे।

हिन्दी कविता प्रसंग में एक और बात ध्यान देने योग्य है जिसकी प्रासंगिकता और उपादेयता मुझे असन्दिग्ध जान पड़ती है : वह बात इस प्रश्न में निहित है कि हमारे कवियों की युग-चेतना काल के आयाम में कहाँ तक और किस प्रकार सन्दर्भित (अतः परिभाषित) है? दूसरे शब्दों में, उसकी सर्जनात्मक क्रियाशीलता—कविकर्म—में अर्जित परम्परा की निर्वैयक्तिक शक्तियों का संघर्ष और संतुलन भी एक सक्रिय तत्व के रूप में सम्मिलित है या नहीं? वह भी कि इस प्रक्रिया में निहित सुदीर्घ आत्मसंघर्ष और आत्मानुशासन के फलस्वरूप उसने युगीन संवेदना और अभिव्यक्ति से कितने और कैसे सम्बन्ध जोड़े हैं?

इस अन्धे युग में भी कुछ लोगों ने इतिहास और मानव-अस्तित्व के अतल अन्धकार में डुबकी लगाकर नये और विन्यास की तलाश की है। हम लोगों को आगे की कविता की बड़ी चिन्ता रहती है और यह स्वभाविक भी है। मगर यदि हम चाहें तो इतना और याद रख सकते हैं कि भविष्य के प्रति सही दृष्टि पाने के लिए अतीत को वर्तमान में और वर्तमान को अतीत में पहचान सकने का अनुशासन अर्जित कर लेना बुरा नहीं है इतना ही नहीं, बिना इस मूलधन के तात्कालित आग्रहों और दबावों को आत्यन्तिक मूल्य देकर उन्हें अभिनव काव्य-प्रतिमान के रूप में प्रतिष्ठित करने की माँग निपट सर्जनात्मक ईमानदारी से प्रेरित होने के बावजूद एक कच्ची अनिर्दिष्ट माँग है जो अन्ततोगत्वा हमें एक मोहभंग से उठाकर दूसरे मोहभंग तक की धुँधली यात्रा भर करवा सकती है। और इस स्थिति में प्रतिभा का अपव्यय होने की आशंका है।

आज का अधिकांश सामाजिक-राजनीतिक काव्य पढ़ने में ऐसा लगता है जैंसे प्रगतिवादी भावावशेषों का एक नया प्रयोगवादी संस्करण तैयार हो रहा हो। प्रश्न पूछा जा सकता है कि नयी कविता की बौद्धिक आबोहवा में इतना अरसा गुजर चुकने के बाद भी हमारे कवि राजनीतिक 'ईविल' के साक्षात्कार में 'हिरोशिमा' को कितना पीछे छोड़ सके

हैं। वैसे देखा जाये तो यह समय सामाजिक-राजनीतिक कविता के उत्कर्ष की दृष्टि से बहुत उर्वर हो सकता है और इस जमीन पर भी, यह उम्मीद की जानी चाहिए कि आगे की काव्य-संवेदना मुक्तिबोध के आत्म-संघर्ष (ऐतिहासिक मनुष्य के विराट् दर्शन की ऐगनी और एक्सटेंसी) तथा अज्ञेय की आत्मान्वेषिणी शब्द-साधना इन दोनों छोरों को परस्पर अधिकाधिक समीप लाते हुए अपने रचनात्मक ऐडवेंचर में अग्रसर होगी।

इन पंक्तियों के लेखक की दृष्टि में हिन्दी कविता की एक बहुत बड़ी समस्या उसकी आध्यात्मिक संवेदना के भोथरेपन की है। कविता के नये प्रतिमानों की चर्चा करते समय हम इस तथ्य को नज़रअंदाज नहीं कर सकते कि सूक्ष्म कलाध्यात्मिक संवेदन की—गहरे आध्यात्मिक सन्दर्भों और संकेतों का गंभीर कलात्मक उपयोग करने वाली—कविता हिन्दी में बहुत कम है। और जो कुछ है भी, उसका भी समुचित ग्रहण और मूल्यांकन करने में हमारी संकुचित मूल्य-दृष्टि और काव्य-चेतना सर्वथा अक्षम रही है। जबकि वस्तुस्थिति तो यह है कि जहाँ तक आधुनिक मनुष्य के आध्यात्मिक खोखलेपन का—उसके अकेलेपन का प्रश्न है,—यह संकट भारतवर्ष के कवि और वस्तुतः 'पूर्व के समूह-जन' के लिए भी कम मूलभूत नहीं है। क्या यह हमारी कविता का एक अत्यन्त अपना, अत्यन्त उर्वर क्षेत्र नहीं होना चाहिए? जिस तरह कि वह मराठी कविता में है। मैं मराठी नहीं जानता, किन्तु अनुवादों के (दुर्भाग्य या सौभाग्यवश—अँग्रेजी अनुवादों के जरिए) जरिए मैं जो थोड़ा बहुत पढ़ सका हूँ उससे यही अनुमान होता है कि वहाँ की काव्य-संवेदना में (मर्ढेकर के यहाँ, जैसे) यह तत्व निश्चय ही कार्यशील है। उनकी तीखी आध्यात्मिक संवेदना में अपने सन्त कवियों (तुकाराम, ज्ञानेश्वर......) की आधुनिकता के लिए भी उतनी ही गुंजाइश है जितनी कि समसामयिक यथार्थ को उसके सभी स्तरों पर भरपूर स्नायविक सम्पृक्ति के साथ झेलने वाले आधुनिक योरोपीय कवियों के लिए। ऐसा मैंने महसूस किया।

यहाँ पर इस अत्यन्त स्पष्ट तथ्य पर जोर देने की जरूरत नहीं होनी चाहिए कि मध्ययुगीन या छायावादी आध्यात्मिकता के साथ इस 'आध्यात्मिक संवेदना' को गड्डमड्ड करके देखना बहुत ही ग़लत है। जिस आसानी के साथ छायावादी रहस्य और छायावादी आध्यात्मिकता पर धड़ल्ले से वागास्फालन किया जा सकता था, वैसा इसके साथ नहीं किया जा सकेगा। यह मेरी दृष्टि में, कविता का एक नया और महत्वपूर्ण प्रतिमान अवश्य है; किन्तु इसमें अनुचित प्रतिमानीकरण का—रूढि पैदा होने का कोई ख़तरा नहीं होना चाहिए क्योंकि आधुनिक कविता के अन्दर सृजनशील आध्यात्मिक संवेदना और रहस्यात्मकता के भी अनेक इतने विभिन्न विशिष्ट और बारीक भेद-प्रभेद सक्रिय हैं कि उनका सामान्यीकरण तो दूर, विवेचन-विश्लेषण तक अत्यन्त दुस्साध्य कार्य है। उदाहरणार्थ मलार्मे की रहस्यात्मकता एक छोर पर है तो बलेरी (जिसने हमें नास्तिक सन्त की कल्पना दी) की दूसरे छोर पर। इनके अतिरिक्त हॉपकिन्स, येट्स एलियट, रिल्के लारेन्स और डिनेल टामस जैसे कवियों में भी इस युग की आध्यात्मिक संवेदना की सर्वथा विशिष्ट और वैयक्तिक (निजी) अभिव्यक्तियाँ सम्भव हुई हैं।

यह भोथरापन न केवल हिन्दी की महत्त्वपूर्ण दार्शनिक कविता को नहीं पनपने देता, प्रत्युत इसका दुष्परिणाम काव्य के अन्य क्षेत्रों पर भी पड़ता है। इसने हमारे प्रकृति-काव्य

को कभी प्रौढ़ नहीं होने दिया। इसने यंत्र, विज्ञान और औद्योगिक सभ्यता के प्रति हमारी संवेदनात्मक प्रतिक्रियाओं को या तो एक आत्मतुष्ट, अस्नायविक दार्शनिक मुद्रा तक सीमित रहने को विवश किया या उनको एक किशोर-सुलभ रंग-रोमान (जो रोमैण्टिक भी नहीं) में घोल कर रख दिया। दोनों ही हालतों में संवेदना को क्षति पहुँची, क्योंकि इस भोथरेपन के कारण वह कभी भी स्वयं को सही तौर पर प्रभावशाली ढंग से सन्दर्भित और परिभाषित नहीं कर पाई। बिना अपने लिए इस मौलिक सन्दर्भ-पीठिका का आविष्कार किये कवि आज के जटिल यथार्थ के साथ न्याय नहीं कर सकता। न वह अपनी बात को वांछित प्रिसीज़न और संप्रेषण-शक्ति ही प्रदान कर सकता है। कहने का आशय यह भी है कि यह भोथरापन हमारे बौद्धिक कवियों की बौद्धिक कल्पना की पहुँच (रेंज) को भी अनावश्यक रूप से सीमित और अवरुद्ध करता है। इतना ही नहीं, मुझे गलत न समझा जाये तो मैं तो कहूँगा कि इस भोथरेपन के चलते, हमारे व्यंग्य काव्य को भी आगे चलकर अपने विकास के सामान्तर अपेक्षित धार और गूँज मिलने में कठिनाई हो सकती है। तब उसके लिए अपनी ही रूढ़ि को अतिक्रान्त करना असंभव हो जायेगा।

1. उपर्युक्त बातों के अतिरिक्त भी हिन्दी के सन्दर्भ में कविता के नये प्रतिमानों का चिन्तन कतिपय अन्य सूत्रों को सामने ला सकता है। मैं अपने अनुभव निरीक्षण की सीमाओं के अन्दर निम्न तथ्यों की ओर संकेत भर करना चाहूँगा।

अभी तक बिम्ब-विधान पर जितना जोर दिया गया है, उतना लय और शब्द-संवेदना की बारीकियों पर नहीं। दृश्य-कल्पना के साथ-साथ ध्वनि कल्पना के भी सर्जनात्मक मूल्य और महत्व को रेखांकित करना मेरी दृष्टि में अत्यन्त आवश्यक है। इस ध्वनि-कल्पना के अन्तर्गत न केवल शब्दों का उस स्तर का प्रयोग अभिप्रेत है, जहाँ संगीत और काव्य की सीमारेखाएँ एक दूसरे में घुलने लगती हैं; (जिसे एज़रा पाउण्ड ने 'मेलोपीया' कहा है) बल्कि शब्द की उस व्यंजनाशक्ति का भी, जिसके कारण कवि की बौद्धिक कल्पना-शक्ति एक अनुभव-क्षेत्र से दूसरे में संक्रमित होती हुई अधिकाधिक लाघव और तीव्रता प्राप्त करती है और कौंध की सी त्वरा के साथ यथार्थ को चेतना के दुहरे-तिहरे स्तरों पर एक साथ भरपूर ऊर्जा और दबाव के साथ प्रक्षेपित करती है। वह ध्वनि-कल्पना शब्द को उसकी आदिम जड़ों पर जो कि हमारे अवचेतन की पर्तों में बहुत दूर धँसी होती है—टोहने और झंकृत करने का प्रयास करती है। एलियट ने जिसे 'ऑडिटरी इमैजिनेशन' के नाम से अभिहित किया है। और एजरा पाउण्ड ने मेलोपिया से अलग और स्वतंत्र भी जिस 'लोगोपिया' की चर्चा की है ('द डान्स आव इण्टैलिजेन्स ऐमंग वर्ड्स') उसका भी समावेश मैं इस ध्वनि -कल्पना के अंतर्गत कर रहा हूँ।

कविता के एक महत्वपूर्ण नये प्रतिमान के रूप में इस ध्वनि-कल्पना का आग्रह हिन्दी कविता के लिए विशेष प्रयोजनीय जान पड़ता है। अकसर देखा जाता है कि या तो इस तत्व की कोई चेतना ही नहीं होती या उसकी सरासर उपेक्षा की जाती है, कभी रूमानियत के बहिष्कार के नाम पर और कभी कविता को उच्च गणित या अमूर्त चित्रकला के वज़न पर उसी का पर्याय (वस्तुतः गरीब बिरादर) मानने-मनवाने के आग्रह से। जबकि हकीक़त यह है कि यह ध्वनि-कल्पना कवि-कर्म के उस स्तर पर सक्रिय होती है जहाँ रोमैण्टिक या क्लासिकल जैसे शब्दों की अपने-आपमें कोई सार्थकता ही नहीं बनती। और जहाँ तक अमूर्तन का सवाल है, कविता के लिए उसका आदर्श केवल

गणित या उच्च भौतिकी या अमूर्त चित्रकला ही तो नहीं : संगीत भी कलात्मक अमूर्तन का प्रेरणास्रोत हो सकता है और है ही। पॉल वलेरी ने भी 'शुद्ध कविता' की कल्पना में अमूर्तन के सिद्धान्त पर जोर दिया है। पर उसके लिए संगीत भी उतना महत्वपूर्ण प्रतिमान है, जितना गणित। और वस्तुतः सुना तो यही गया है कि व्यवहार में, वास्तविक निजी कवि-कर्म में उसका झुकाव पहले प्रतिमान की ओर ही अधिक था। बहरहाल, काव्य में सांगीतिक विन्याओं का प्रयोजन अलंकरण या श्रुतिसुख के लिए नहीं है, इस मामूली सं. बात को दोहराना व्यर्थ है। महत्त्वपूर्ण बात समझने की यह है कि कवि की शब्द-साधना केवल शब्द-साधना भर नहीं है वह एक दृष्टि से स्वर-साधना भी है। किन्तु मुझे अकसर ऐसी प्रतीति हुई है कि हिन्दी कविता का वह पक्ष—स्वर-समृद्धि और लयात्मक संवेदना की सूक्ष्मता का पक्ष—अपेक्षाकृत निर्बल रहा है। अर्थात् हमारे अधिकांश कवि—और अच्छे कवि—इस सम्बन्ध में विशिष्ट जागरूकता का आश्वासन नहीं देते। जागरूक जहाँ हैं भी, वहाँ भी देखा गया है कि उनकी शब्द-साधना एक धरातल पर चलती है और स्वर-साधना दूसरे धरातल पर। कभी-कभार, भूले भटके ही उनमें कोई सार्थक सृजनात्मक ऐक्य स्थापित हो पाता है। इस दृष्टि से देखने पर हम पाते हैं कि छायावादी कवियों में निराला काफ़ी अलग पड़ जाते हैं और उनकी 'परिमल' से 'आराधना' तक की काव्य-यात्रा का इस कोण से अध्ययन हमारे लिए उपयोगी हो सकता है। यह शायद सही है कि बंगला या गुजराती की तुलना में हिन्दी (और हिन्दीगत संस्कृत ध्वनियों) ध्वनियों से सार्थक संगीत निचोड़ पाना अपेक्षाकृत कठिन है। पर इसी कारण उसकी चुनौती और भी प्रखर और अनिवार्य हो उठती है। एक दूसरी विशेषता भी निराला की कुछ कविताओं में देखने को मिल सकती है और वह है— शब्दों के पूरे शरीर का उपयोग; उनके पारस्परिक संघर्षण से मुक्त ऊर्जा का भरपूर आह्वान; हमें देखना होगा कि निराला के बाद यह परम्परा कितनी और किस प्रकार आगे बढ़ पाई है। इसके अलावा हमें अज्ञेय के कृतित्व का भी उक्त कोणों के अध्ययन करना होगा।

2. उपर्युक्त चर्चा से सम्बद्ध दूसरा नुक्ता यह भी है कि डॉ० नामवर सिंह ने मुक्त छन्द की रूढ़ि पर जो चिन्ता व्यक्त की थी, वह सर्वथा निराधार नहीं है। क्या कारण है कि हमारे अनेक कवि रूपतंत्रात्मक प्रयोग-सामर्थ्य की दृष्टि से जहाँ के तहाँ हैं?

पद्य-रूप तन्त्र की मौलिक विलक्षणताओं, छान्दरस अभिव्यक्ति—और साथ ही, एक छन्दलय की संरचना में दूसरे छन्द-लय के समावेश से उत्पन्न प्रभाव की कलात्मक सार्थकता (जैसे, उदाहरण के लिए अज्ञेय की 'अकेली न जैयो' में)—की नयी, पुनराविष्कृत सम्भावनाओं की शोध कवि-कर्म का अपरिहार्य अंग है। और होनी चाहिए।

3. एक ही सर्जनात्मक क्रिया—एक की कविता के अन्दर—ज्ञानात्मक और संवेगात्मक चेतनाओं की भरपूर टकराहट—रचनात्मक परस्परावलम्बन वयस्क कवित्व का लक्षण है। इस साधना को भी कविता के एक नये और महत्त्वशाली प्रतिमान के रूप में पहचाना जा सकता है।

4. अन्त में,—हिन्दी कविता के अन्दर व्यंग्यात्मक काव्याभिव्यक्ति को अवरकोटि का काव्य समझने का जो एक अभ्यास रूढ़ हो गया है, उसका विरोध यहाँ पर अप्रासङ्गिक न होगा। हो सकता है कि हमारी अधिकांश व्यंग्य-कविताएँ 'किंचित्कविता' ही हों। तथापि इस तथ्य से इनकार नहीं किया जा सकता कि सम्प्रति इस क्षेत्र में दो-एक विशिष्ट

प्रतिभाएँ सर्वथा नयी सर्जनात्मक सम्भावनाओं के साथ सक्रिय हैं। हमारी सामाजिक राजनीतिक कविता के लिए भी यह आवश्यक है कि हमारा व्यंग्य विशिष्ट बौद्धिक तेजस्विता और गहरी पैठ से सम्पन्न हो। हालांकि हिन्दी का ऑडेन अभी मात्र एक सम्भावना ही है, तथापि एक खेदजनक तथ्य है कि आज की अधिकांश ऐसी कविताएँ अभी से उस एकरस चमत्कार-धर्मिता का आभास देने लगी है। जिसकी शिकायत तीसी के बरसों में ऑडेन अनुयायियों से की जाती है।

कविता के नये प्रतिमान : **प्रमोद सिनहा**

जब कभी कविता की यात्रा युग की प्रवैगिकता के साथ-साथ दूर तक चली जाती है तो आलोचना के प्रतिमान कुछ इस क़दर घिसकर पुराने हो जाते हैं कि उनकी उपयोगिता स्वभावतः रूढ हो जाती है और ऐसी स्थिति में पुनः कविता के नये प्रतिमान की आवश्यकता महसूस होने लगती है, जिससे कविता की यात्रा और उसके संस्कार को आलोचना के नये प्रतिमान के द्वारा भली भाँति परखा, देखा, समझा जाने के अतिरिक्त उसके दृष्टिकोण का सही परिप्रेक्ष्य में स्पष्टीकरण भी किया जा सके।

लेकिन आलोचना के संस्कार कविता यात्रा पर बुरी तरह लादे नहीं जा सकते। क्योंकि कविता और साहित्य की अन्य विधाओं में अभिव्यक्त की गयी मूल्यों की खोज ही आलोचना को संस्कार देती है। बाद में यही कविता की सही दृष्टि से व्याख्या कर पाते हैं। और किसी रचना विधान को समझने की यही सही दिशा भी है।

एक प्रश्न यह भी उठ सकता है कि इसके पूर्व कविता के नये प्रतिमान जैसे प्रश्न पर आलोचकों का ध्यान क्यों नहीं गया। पर इस प्रश्न का उत्तर भी है। वस्तुतः किस विचारधारा की स्थापना या उसके पहचान (आइडेन्टीफ़िकेशन) के संक्रान्ति काल में नये मूल्यों का उदय होता है पर उसके विकास के लिए समय अपेक्षित है। क्योंकि मूल्यों के प्रसव को अनन्तर ही उनकी पुष्टि-यात्रा प्रारंभ होती है। पहले से नयी कविता की स्थिति साहित्य क्षेत्र में पर्याप्त बदल गयी है। अब न वह सारे परिवेश से अपरिचित रह गयी है और न स्थापना की दृष्टि से अब किसी तरह विवादास्पद ही है। बल्कि उसने आन्दोलन के स्तर से ऊपर उठकर आभिजात्य कविता का स्वरूप ग्रहण किया है। अब उसमें अंधा युग, चाँद का मुँह टेढ़ा है, संशय की एक रात, मछलीघर, शब्द-दंश, आँगन के पार द्वार जैसे प्रतिनिधि कविता संग्रह हैं; साथ ही मानक संकलन भी जो कि स्पष्ट रूप से मील के पत्थर की तरह कुंहरे की प्राथमिक स्थिति से सर्वथा अलग अपना महत्वपूर्ण अस्तित्व रखते हैं। ऐसी स्थिति में अब यह स्वाभाविक है कि पूरी कविता यात्रा के प्रसंग में नयी कविता एवं उसके सामाजिक परिवेश से कौन से नये प्रतिमान निर्मित हुए इस पर विचार किया जाये। कदाचित कविता में नये प्रतिमान का स्वरूप छायावाद और प्रगतिवाद से अलगाव के समय में भी स्पष्ट नहीं होता। क्योंकि उस समय जमे किन्तु चुके हुए आलोचकों के द्वारा किये जा रहे खंडित प्रहार के उत्तर में केवल सृजन के अलगाव का समय था। नये के अनुरूप नया गढ़ने की धुन में यह स्थिति नहीं बन पा रही थी कि किये जा रहे आक्षेप और उत्तर तथा अपनी सारी-की-सारी निर्मित हो रही नयी चिंतनशीलता पर एक तटस्थ

दृष्टि से अगल-बगल, या आगे-पीछे बन रहे नये प्रतिमान को देखा जा सके। बल्कि वह काल उनके दृष्टिकोण को स्पष्ट करने का तथा सृजनात्मक अलगाव की रेखा को स्पष्ट खींचने का था। जीवन, उसके परिवेश, आयाम, आस्थाएँ, मनुष्य की प्रतिष्ठा, नगर-बोध तथा उससे उत्पन्न समस्याएँ, औद्योगिक यान्त्रिकता, संत्रास, यथार्थ के ठोस धरातल पर उत्पन्न समस्याएँ सब कुछ प्रश्न-चिह्न की तरह केवल उलझी हुई थीं। जिसका समाधान उन्हें यथार्थ की आत्मानुभूति से उत्पन्न ठोस एवं खुरदुरी अभिव्यक्ति के रूप में करना था। ऐसी स्थिति में 'नयी कविता' संपादकीय में व्यक्त विचार कवियों को अपनी व्याख्याएँ और सर्वप्रथम पुस्तक रूप में लक्ष्मीकांत वर्मा के 'नयी कविता के प्रतिमान' ने नयी कविता की सैद्धान्तिक पृष्ठभूमि को गंभीर रूप से प्रभावित करने में पर्याप्त योगदान दिया। अब तो नयी कविता पर विभिन्न विश्वविद्यालयों में शोध-कार्य भी हो रहे हैं और लगभग आधे दर्जन अच्छी कही जा सकने वाली पुस्तकें भी प्रकाशित हैं पर ये सब उपर्युक्त दृष्टिकोणों की छाया से मुक्ति नहीं पा सकीं। बल्कि नयी कविता उत्तरार्ध के आलोचकों ने उपर्युक्त विचारधारा को ही संस्कार दिया। पर खेद का विषय तो यह है कि इस पर भी सारी की सारी आलोचनात्मक दृष्टि नयी कविता पर ही केन्द्रित रह गयी। पूरी कविता यात्रा के परिप्रेक्ष्य में इस काल में स्थापित हुये कविता के नये प्रतिमानों की चर्चा नहीं की गयी, जिससे उसके द्वारा न केवल इस युग की कविता, बल्कि पूरी कविता (कविता परम्परा) को भी उस प्रतिमान से एक बार पुनः नये परिप्रेक्ष्य में देखा जा सके। नतीजा यह हुआ कि नयी कविता पर काफी कुछ कहे-सुने जाने के पश्चात् भी नयी कविता के संदर्भ में पूरी कविता यात्रा या उसके विभिन्न कालों को देखा जाना शेष रह गया। सच तो यह है कि जब-जब नये प्रतिमानों की स्थापना हुई उसके माध्यम से न केवल युग विशेष वरन् पूरी कविता-यात्रा को देखने का प्रयास किया गया। यही कारण है कि युग समाप्त हो जाने पर भी कालान्तर में पूर्ववर्ती कवियों के भी अधिकाधिक एवं सर्वथा नये अर्थों के स्तर के उद्घाटन की संभावना बनी रही। साथ ही कविता ही नहीं पूरी काव्य-परम्परा को एक सर्वथा नवीन दृष्टि प्राप्त हुई। इस संदर्भ में हिन्दी साहित्य के इतिहास से ही मात्र उदाहरण स्वरूप जायसी, तुलसी ही नहीं प्रसाद और निराला को भी लिया जा सकता है। कदाचित् अब तक यह स्वयं सिद्ध हो जा चुका है कि नयी कविता का आन्दोलन महज़ जोश-खरोश एवं 'प्रतिक्रियावादी आन्दोलन' न होकर कहीं जीवन और अभिव्यक्ति के सहज मसले से अधिक जुड़ा हुआ है। इसने जीवन से सम्बन्धित कई-कई असंदिग्ध उत्तरों की खोज की है। साथ ही उन उत्तरों का प्रतिमानीकरण भी किया है। क्योंकि बिना ऐसा किये उत्तरों की असंदिग्धता पर प्रश्न चिह्न लगा रहता। इसके फलस्वरूप पुराने प्रतिमानों की स्थिति में फ़र्क आया है। उनकी स्थिति का अवमूल्यन हो गया है। बल्कि उनका चलन भी संदिग्ध बन गया है यदि ऐसा कहा जाये तो कोई अत्युक्ति न होगी।

पूरी काव्य परम्परा में आधुनिक कविता ने जिस मानक प्रतिमान की स्थापना की वह 'यथार्थ' से सम्बन्धित है। यह यथार्थ-जीवन, जगत एवं पूरे के पूरे सामाजिक परिवेश से भी अभिन्न रूप से सम्बन्धित है।

खुरदुरे यथार्थ के धरातल पर देखें तो आज सारा युग आसन्न मृत्यु की भावना से ग्रस्त है। पूरी सामाजिक व्यवस्था में व्यक्ति दुहरे संदर्भों में पल रहा है। एक में वह स्वयं

है; दूसरा जिसमें उसकी सारी की सारी व्यवस्था, संस्कार शिक्षा-दीक्षा तथा जीवन के हर आयाम से जाने-अनजाने पड़ने वाले प्रभाव हैं जिनसे वह मुक्त नहीं हो पा रहा है। अव्यवस्था की लम्बी परम्परा में पलकर व्यवस्था के प्रति मोह बना हुआ है। अव्यवस्था में उत्पन्न मानसिक गठन से भी व्यवस्था के लिये केवल प्रयत्न ही हुए। सभ्यता का पूरा का पूरा इतिहास इसे प्रमाणित करता है कि व्यवस्था की निर्विघ्न प्राप्ति नहीं की जा सकी। फलस्वरूप इस ओर प्रयत्न की दिशा में संघर्षशील होने के कारण मानसिक प्रक्रिया दुहरी होती गयी। उस प्रक्रिया का प्रभाव गाढ़ा होता गया। आध्यात्मिक चिन्तन की यूटोपिया एक ऐसे काल्पनिक जगत् के लिए द्वन्द्व करती रही जिसका अस्तित्व संदेहपूर्ण है। उसकी प्राप्ति हुई या नहीं इसके विषय में उस दिशा में होने वाले विपुल प्रयत्न अब तक की दिशा हीनता को नहीं प्रमाणित करते? वस्तुतः यथार्थ की ठोस एवं खुरदुरी जमीन की आँखों से ओझल करने के लिए ईश्वर, आदर्श एवं नैतिकता जैसे काल्पनिक यूटोपिया से मील के पत्थरों की तरह उन्हें जोड़ दिया गया। और वे सहज रूप से अब तक छायात्मक मूल्यों को 'कांक्रीट फार्म' मानकर उसके लिए संघर्ष रत रहे। साहित्य का इतिहास इस बात का प्रमाण है कि वे छाया तो प्राप्त नहीं कर सके पर उन्हें छायाभास अवश्य मिला। उसी को उन्होंने यात्रा का अन्त माना और उसे ही पाकर पर्त्तों पर पर्त रख हर पर्त में वे अपनी आत्म आस्थाओं सहित दुहरे होते गये। उन्हें व्यवस्था के प्रति मोह का एहसास ही हुआ पर उस यूटोपिया तक पहुँच सकने का कोई मार्ग उनके पास नहीं था।

इधर नयी कविता के धरातल पर कविता की स्थिति कुछ भिन्न हो गयी। काल्पनिक व्यवस्था एवं यूटोपिया के प्रति मोह भंग की प्रक्रिया शुरू हुई। क्योंकि हर चीज़ को देखने के लिए एक तटस्थ एवं निरपेक्ष दृष्टिकोण का विकास हुआ। काल्पनिक व्यवस्था की यूटोपिया के प्रति दो टूक मोह-भंग हुआ हो या नहीं पर उससे सबसे बड़ी क्रान्ति यह हुई कि आदर्श व्यवस्था के प्रति अलगाव महसूस होने लगा और उससे मोहभंग की स्थिति सामने आते ही सामाजिक परिवेश में जिस प्रतिमान की स्थापना हुई, वह सहज-सुथरे कठोर यथार्थ की जटिल अभिव्यक्ति से ही सम्बन्धित है।

खुरदुरे यथार्थ की स्वीकृति कविता में उसके विकास सहज परिणाम है। यथार्थ-यानी जो कुछ भी प्रत्यक्ष जगत में अपनी सत्ता रखता है। पर इस यथार्थ की संवेदना जितनी पूरी की पूरी ले लेना अनुभव में कठिन है, उससे भी कठिन है भाषा के माध्यम से उसे ठीक-ठीक व्यक्त कर देना। क्योंकि भाषा के सीमित संस्कार अपनी रूढ़िगत परम्परा रखते हैं। इन्हीं रूढ़िगत बर्तनों में भाषा के माध्यम से अभिव्यक्ति की माप की जाती है। पर अब अभिव्यक्ति के इतने विविध स्तर उद्घाटित हो गये हैं कि अर्थ की स्वीकृति ही नहीं बल्कि अर्थ के पूरे सहज परिवेश की स्वीकारोक्ति आवश्यक है। कदाचित सहज अर्थ एवं उसके परिवेश की स्वीकृति के प्रयत्न स्वरूप सामाजिक परिवेश से वर्जित और अवर्जित शहर की सीमा रेखा लगभग हटा ली गई। श्लील और अश्लील का प्रश्न समाप्त हो गया, जिससे कुछ परम्परा मोहित चौंके और इस प्रयोग को मात्र 'चौंकाने वाला' घोषित करना चाहा पर अब स्थिति का धुँधलका आँखों से हटते ही वे स्वाभाविक स्थिति के अभ्यस्त होने लगे हैं।

आधुनिक कविता ने शब्द-भेद (श्लील + अश्लील) की सीमा से न केवल मुक्ति दिलाई वरन् अश्लील कहे जाने वाले शब्दों का अर्थ विस्तार भी किया, साथ ही समाज पर छाये उसके संत्रास को तोड़ कर उसकी कल्पना को ठीक श्लील शब्दों की स्थिति की तरह ही उसे सुखद बनाया। शब्द की सामाजिक वर्जना से मुक्ति का संकेत घोषित अश्लीलता की निरर्थकता का संकेत है। दूसरे शब्दों में यह श्लील को अपदस्थ कर अश्लीलता (क्षमा करें पुराने अर्थ में नही) में त्रास की मुक्ति है। यथार्थ से सम्बन्धित उन सारे पक्षों को जिन्हें अश्लील, गंदे एवं घृणित कह कर अलग शेड में रख दिया था उसे नयी कविता ने जीवन के अन्य खुरदरे यथार्थों के साथ सबकी नज़रों में समतल-बोध के लिए सड़क पर रख दिया। यथार्थ के किसी कोने को उपेक्षित एवं बद्ध नहीं होने दिया। उन्हें असामाजिक कहे जाने वाले त्रास से मुक्ति दिलाई। इसी तरह त्रास से मुक्ति दिलाने का एक प्रयास सूफी, संत एवं भक्त कवियों ने भी अपने दृष्टिकोण से पर्याप्त सशक्त तरीके से किया था। उन्होंने जीवन-मरण के बीच वैचारिक पृष्ठभूमि में लम्बी खाई को पाट कर उनमें एकसूत्रता दिखाते हुए मृत्यु की कल्पना को सुखद बनाया और उसे अमरत्व में परिणत कर दिया। अतः यथार्थ के पहलू को पुनः सामाजिकता मिली जिसकी अब तक लगातार उपेक्षा होती चली आयी थी।

कविता यथार्थ के धरातल से अधिकाधिक सम्बद्ध होती जा रही है। यथार्थ के धरातल के निकटतम केन्द्र बिन्दु से सम्बन्धित होने के कारण ऐसे मूल्यों के प्रति उसमें कोई आकर्षण नहीं दीख पड़ता जिसकी स्थिति व्यावहारिक जीवन में नहीं है। यही कारण है कि कविता के क्षेत्र में कल्पनाजीवी प्रवृत्तियों का ह्रास हुआ है। यहाँ कल्पना से तात्पर्य ऐसी विचार प्रक्रिया से है जिसका व्यावहारिक जीवन में महत्व तो कम पर उसकी अपेक्षा देखे (दिवास्वप्न) या सोचे गये अयथार्थवादी बातों का कई गुना बोझ अधिक पड़ता है।

ऐतिहासिक परिप्रेक्ष्य में देखें तो नयी कविता से पूर्व प्रगतिवादी और उससे भी पहले छायावादी कवियों में भी कल्पना जीवी प्रवृत्ति का ह्रास देखने को मिलता है। छायावादी कवियों की सचेष्ट सांस्कृतिक अभिव्यक्ति के पूर्व उनकी वैचारिक अवस्था का आधार कल्पनाजीवी प्रवृत्ति ही थी। कविता में छायावाद में प्रगतिवाद और उसके बाद भी कल्पनाजीवी प्रवृत्ति के ह्रास के उदाहरण स्वरूप निराला और पंत को लिया जा सकता है। महादेवी में यह प्रवैगिकता संभव न हुई फलतः यथार्थ के धरातल पर न उतर सकने के उनकी कारण पूरी की पूरी कविता-प्रक्रिया छायावाद से आगे न बढ़ सकी। पर आदर्श के नाम पर जिस वर्ग व्यवस्था की खोज प्रगतिवादियों ने अपनी कल्पना के माध्यम से की वह व्यवहारपक्ष की दुर्बलता या यथार्थ स्थिति की उपेक्षा के कारण नितान्त काल्पनिक यूटोपिया ही बन कर रह गयी।

नयी कविता के प्रस्तावक भी नये मानव की प्रतिष्ठा का नारा लेकर चले। पर अभिव्यक्ति की प्रवृत्ति केन्द्राभिसारी न होने के कारण कविता का स्वतः विकास जिस परिवेश में हुआ उसमें नये मानव को प्रतिष्ठा तो न हो सकी, बल्कि जाने या अनजाने नये मानव की जगह कवियों ने नये व्यक्ति की स्थापना कर दी। नयी कविता और उससे सम्बद्ध मूल्यों से स्वतः उद्भूत प्रकृति के प्रभाव स्वरूप ही वस्तुतः ऐसा संभव हो सका। इसमें कृत्रिमता का लेश मात्र नहीं दीख पड़ता। पर इसकी जगह यदि नये मानव की स्थापना हुई होती तो कदाचित कविता का स्वरूप ही मूल प्रवृत्ति में कुछ और होता।

शायद तब कविता की जड़ें खुरदुरे यथार्थ में इतनी दूर तक गहरी न जमतीं और उसमें कल्पना जीवी प्रवृत्ति होने के साथ स्वप्निल मनोजगत और यथार्थ में कोई विशेष अन्तर नहीं हो पाता। पर ऐसा न होने से जो सबसे बड़ा धक्का लगा वह आदर्शवाद को ही। इससे आदर्श से मोह मुक्ति का प्रयास सार्थक हुआ और धीरे-धीरे नयी कविता में आदर्श के मोहभंग की स्थिति स्पष्ट होती गयी।

कविता में व्यक्ति की स्थापना से तथाकथित स्वस्थ्य कही जाने वाली रूढ़िगत मनोवृत्ति का ह्रास हुआ फलतः आलोचक तत्सम्बन्धित काव्य अभिव्यक्ति को रुग्ण मनोवृत्ति का परिचायक कहने लगे। पर दरअसल यह यथार्थ से सम्बन्धित व्यक्ति की सारी दुर्बलताओं का विस्फोट था जिसे अब तक वह झीने आवरण में लपेटे हुए था। इसके लिए जिम्मेदार कविता परम्परा तो है ही पर कुछ अंशों में नयी कविता की पूर्ववर्ती पीढ़ी भी है जिसने मानवता की स्थापना का (झीना ही सही पर) कवच पहन रखा था। पर सामाजिक परिवेश के दलदल में पर्त की पर्त बैठा कर उस पर मीनार के निर्माण का प्रयास संभव नहीं हो सका। यंत्रस्थ पीढ़ी ने इसी वकच को उतार कर व्यक्ति की पहचान के लिए उसका चेहरा उसी सामने रख दिया। साथ ही उतारे गये कवचों को उसने अनास्था के टोकरों में रख दिया क्योंकि उनकी उपयोगिता पूरी तरह समाप्त हो गयी थी। शायद यथार्थ-व्यक्ति के साक्षात्कार की यह पहली और सही दिशा थी जिसे कविता ने प्राप्त किया। यही कारण है कि आज के कवि की अभिव्यक्ति सामाजिक संत्रास की गहराई को तो व्यक्त करती है साथ ही उसमें खुरदुरे यथार्थ के शेड भी उतने ही विविध मिलते हैं।

महामानव की भूमिका से लेकर नये व्यक्ति के खुरदुरे यथार्थ तक की कविता-यात्रा के वैचारिक क्षेत्र में नितान्त प्रवैगिक परिवर्तन हुए। विचार, दिशाएँ, संदर्भ सभी कुछ पुनर्मूल्यांकित हुए। उनकी उपयोगिता, चलन और घिसाव की भी परख हुई और व्यक्ति पर छाये हुए ऑक्टोपस की उन सूड़ों को केवल इसलिंए काट दिया, क्योंकि वे उसे चूसते रहने के अलावा अर्थहीन हो गयी थीं। अब व्यक्ति ने पूर्वग्रह से मुक्त होने की दिशा में—शाश्वत मूल्य, नैतिक संदर्भ, राष्ट्रीय स्खलन, युद्ध-शांति समाजवाद, धर्म, दर्शन, जीवन, स्तर एवं समसामयिक परिवेश पर एक समय दृष्टि डाली। उसने पाया कि खुरदुरे यथार्थ के धरातल पर दैनिक संदर्भ का पतन और राष्ट्रीयता का स्खलन हो गया है। युद्ध और शान्ति के अर्थ केवल नारे तक ही सीमित हो गये हैं। समाजवाद केवल गोलदायरे की चीज़ बन गयी है धर्म और दर्शन विवेक पर केन्द्रित हो गये हैं जिससे जीवन के स्तर इतने विविध रूप से उद्घाटित हो रहे हैं कि समसामयिक परिवेश में, उसके खुलते जा रहे शेड में, व्यक्ति और व्यक्ति के बीच प्रतिस्पर्धा नहीं, बल्कि व्यक्ति की आन्तरिक प्रतिस्पर्धा का रूप तेजी से विकसित होता जा रहा है। वह हर क्षण पीछे वाले व्यक्ति से (स्वयं से) आगे का व्यक्ति बनना चाहता है। यह एक स्वस्थ्य दृष्टिकोण कहा जा सकता है। क्योंकि आन्तरिक संघर्ष में आत्मपरिष्कार की संभावनाएँ बढ़ती हैं। साथ ही वह खुरदुरे यथार्थ के लिए व्यक्ति को एक दृष्टि प्रदान करता है।

लेकिन उपर्युक्त सारे परिवर्तनों में खुरदुरे यथार्थ के धरातल पर कविता के उतरने के कारण जो एक और महत्वपूर्ण परिवर्तन हुआ वह शाश्वत मूल्यों के स्खलन से सम्बन्धित

है। प्रवैगिक ढंग से बदलते जीवन के हर परिप्रेक्ष्य की उपेक्षा कर किन्हीं मूल्यों की शाश्वतता स्वीकार करने की बात समसामयिक कविता के लिए एक प्रश्न चिह्न बन गयी थी, जिसे तोड़ने के आंशिक प्रयास पहले भी हुए। पर खुली दृष्टि से खुरदुरे यथार्थ की भावभूमि के धरातल को न पहचान सकने के कारण वे सफल नहीं हुए। लेकिन यंत्रस्थ पीढ़ी की संवेदना के नये स्तर दे रहे कवियों ने कुंठा, पराजय, निरर्थकता, आर्थिक-भाँति और जीवन के नकारात्मक पक्ष के बीच से भी, सामान्य से विशेष की गत्यात्मक भूमिका में, रूढ़ियों को नकारते हुए जिस तरह स्खलित शाश्वत मूल्यों को उन्होंने पहचाना यह अपने आप में एक उपलब्धि कही जा सकती है।

शाश्वत मूल्यों की इस स्थिति का भी कारण है। अगर मानवतावाद का विकास हुआ होता तो ये शाश्वत मूल्यों के चलने या स्खलन का प्रश्न ही नहीं उठता। पर विकास के क्रम में नये मनुष्य की प्रतिष्ठा का प्रयत्न और उनकी जगह जाने अनजाने जिस तरह नये व्यक्ति की प्रतिष्ठा हो गयी यह अपने आपमें घटना चाहे जितनी बड़ी हो पर उसने सदियों से चले आ रहे-पुनर्जन्म, परमेश्वर, मोक्ष, कर्मफल ही नहीं दया, क्षमा, करुणा, अहिंसा नैतिकता, सदाचार और त्याग पर भी एक जबर्दस्त आघात किया। खुरदुरे यथार्थ क़ी ज़मीन और अनास्था के हथौड़े के बीच से गुजरने पर शाश्वत कहे जाने वाले मूल्य साबित नहीं निकले। फलतः पिचके, गुड़े-मुड़े, दबे-उठे, कटे-फटे आदि जिस रूप में भी वे सामने आये उनसे पता चला ये केवल अब तक के व्यक्ति की पराजय को रंगीन ताने बाने में ढकने के प्रयास मात्र थे। और उन पर आस्था का बोझ इतना अधिक था कि इसका वास्तविक अर्थ घुट-घुट कर पहले ही मर गया था। केवल परख की कसर बाक़ी थी जिसे यंत्रस्थ पीढ़ी ने पूरा कर दिया और जीवन से अवास्तविक एवं असहज मान्यताओं को समाप्त कर कविता के सहज स्थिति में आने की संभावना बढ़ा दी। ऐसा इसलिए भी संभव हुआ कि नये व्यक्ति के समाज, राजनीति और अर्थ के तंत्रवैष्ट्यि में शाश्वत मूल्यों का तालमेल बैठ सकना सम्भव नहीं था क्योंकि इसके त्रिकोण की परिधि में शाश्वत चौकोर मूल्य अँटते न थे। उनकी शक्ति नयी समस्याओं नयी मर्यादाओं, नये मूल्यों एवं क्षण-क्षण की वैज्ञानिक उपलब्धियों से उद्घाटित हो रहे नये परिवेश को समाधान देने में चुक गयी थी। साथ ही अब एक-एक प्रश्न के उत्तर इतने अधिक संभावित थे कि चयन का प्रश्न सामने आ गया था। पूर्वनिर्धारित उत्तरों से चयन पंगु हो जाता था।

शाश्वत मूल्यों के बाद बात संदर्भ के विषय में भी उठाई जा सकती है। कविता में गद्य की तरह संदर्भ खोजे भी नहीं जा सकते पर इसमें शाश्वत मूल्यों की तरह संदर्भ का भी क्षरण हुआ है। यह एक दूसरी बात है कि संदर्भहीनता अपने आपमें कविता का नया प्रतिमान बन सकती या नहीं ?

संदर्भहीनता से तात्पर्य जीवन में उसके बाह्य परिवेश के एकीकरण की स्थिति से बिलगाव है। जीवन में अनुभूतियों के सब क्षण एक दूसरे से मिलें ही यह आवश्यक नहीं है। ऐसी स्थिति में आग्रहपूर्वक अन्विति खोजना भी व्यर्थ है। क्योंकि आधुनिक जटिल मनःस्थिति में की गयी अभिव्यक्ति (एक ही कविता में हर क्षण) संदर्भ की अन्विति मिले ही यह आवश्यक नहीं। ऐसी स्थिति में संदर्भ के प्रति पूर्व-आग्रह अर्थ के प्रति भी न्याय नहीं कर सकेगा। यहाँ इस बात का स्पष्टीकरण आवश्यक है कि संदर्भहीनता का तात्पर्य

अर्थहीनता से सम्बन्धित होना नहीं है। हर अभिव्यक्ति के थक्के के थक्के अपना अलग अस्तित्व रखते हैं। इसमें एक दूसरे संदर्भ के बीच अर्थ की तटस्थ स्थिति रहती है। दो अर्थों के बीच संदर्भ के पूर्वग्रह से कोई तीसरा ही अर्थ निकल सकता है पर उससे उसकी वास्तविक अर्थवत्ता का ह्रास ही होगा। क्योंकि अनुभूति के संस्कार एक साथ नहीं मिलते और उनकी अभिव्यक्ति भी मानसिक स्थिति के एक स्तर पर नहीं होती है। (यानी पूरी की पूरी कविता में प्रायः एक ही मानसिक स्तर की अभिव्यक्ति नहीं होती) अतः यह आवश्यक नहीं कि नितान्त सहज रूप से की गयी अभिव्यक्ति की कोई ठोस संदर्भगत अन्विति मिले ही। वस्तुतः हर संदर्भ की अलग सत्ता और परिणित होती है, पर उन्हें किसी कविता में (यदि लम्बी कविता है तो इस बात की संभावना अधिक होगी) यदि परस्पर जोड़ें तो कदाचित वास्तविक अभिव्यक्ति के अर्थ को काटना-छाँटना पड़ेगा और वह अर्थ की वास्तविक स्थिति में बाधक होगा। पहले यही बात छंदयुक्त अभिव्यक्ति के साथ भी थी।

कविता से रस का लुप्तीकरण अब विवादास्पद नहीं रह गया है। पर इसके साथ ही साथ बिंब, भाषा की अलंकरण प्रवृत्ति एवं कलात्मक अभिव्यक्ति का भी क्षरण हुआ है। कविता का पुराना स्ट्रक्चर टूट गया है। और निर्मित हो रहे नये स्ट्रक्चर में आरोपित बातों का निषेध है। यह पहले भी लिखा जा चुका है कि कविता स्वाभाविक रूप में आने की ओर प्रयत्नशील है। कदाचित इसी कारण किन्हीं अंशों में यह सहज वक्तव्य का भी रूप लेती जा रही है, क्योंकि इससे इतर वह युग का संत्रास और संवेदनशीलता, जीवनानुभूति को व्यक्त कर पाने में असमर्थ अनुभव कर रही है। युग के खुरदुरे यथार्थ पर जीवित रहने के कारण उसमें रोमांटिक प्रवृत्तियों का भी ह्रास दीख पड़ता है।

अतः कहा जा सकता है कि संस्कृति की मूल्यगत विरासत ही नहीं वरन् उस विरासत को देखने की दृष्टि भी बदली है जिससे मूल्यगत चेतना में परिवर्तन आया है। व्यक्ति सामाजिक परिवेश के खुरदुरे यथार्थ के धरातल पर खड़ा है उसकी अभिव्यक्ति स्वरूप कविता का यदि नव-निर्मित और सही प्रतिमान कुछ हो सकता है तो वह खुरदुरे यथार्थ का धरातल ही।

—✦—

टिप्पणियाँ

नयी कविता

सुमित्रानन्दन पन्त

क्लासिकल अथवा प्राचीन काव्य में हमें शाश्वत तथा उदात्त के प्रति एक गम्भीर आकर्षण, चिरंतन मान्यताओं के प्रति अटल विश्वास, तथा सार्वलौकिकता के प्रति एक असंदिग्ध आग्रह मिलता है। उसमें एक ओर चरित्र की महत्ता तथा व्यापकता और दूसरी ओर वस्तुदृष्टि का स्थायित्व दृष्टिगोचर होता है। छायावाद में (जिससे एक प्रकार से नयी कविता प्रारम्भ होती है) शाश्वत तथा उदात्त का स्थान रहस्य ने ले लिया। वस्तुजगत का स्थान भावजगत् ने और सार्वलौकिकता का स्थान वैयक्तिकता ने ग्रहण कर लिया। उसने वास्तविकता से आँखमिचौली खेलकर स्वप्न तथा आशा की सृष्टि की, एवं कल्पना का सौन्दर्य-पट बुना। प्राचीन काव्य में भाव और वस्तुजगत् में एक तादात्म्य अथवा संतुलन मिलता है। छायावाद नें वस्तुजगत् को अपनी भावना की तूली से रँग दिया।

नयी कविता ने मानव-भावना को छायावादी सौन्दर्य के धड़कते हुए पलने से बलपूर्वक उठाकर उसे जीवन-समुद्र की उत्ताल लहरों में पेंग भरने को छोड़ दिया है; जहाँ वह साहस के साथ सुख-दुःख, आशा-निराशा के घात-प्रतिघातों में बढ़ती हुई युग-जीवन के आँधी-तूफ़ानों का सामना कर सके, अन्तर्वेदना से मुक्त होकर सामाजिक व्यथा के अनुभवों से परिपक्व बन सके। नयी कविता विश्व वर्चस्व से प्रेरणा ग्रहण करके तथा आज के प्रत्येक पल बदलते हुए युग-पट को अपने मुक्त छन्दों के संकेतों की तीव्र-मन्द गति-लय में अभिव्यक्त कर, युग-मानव के लिए नवीन भाव-भूमि प्रस्तुत कर रही है।

नयी कविता अपनी शैली तथा रूप-विधान में जहाँ अधिक मौलिक, वैचित्र्यपूर्ण तथा वैयक्तिक हो गई है, वहाँ अपनी भावना में अधिक रागात्मक तथा मानववादी बन गई है। उसके भावजगत् में अचेतन-अवचेतन के भी अनेक स्तर मिलते हैं, जहाँ उसकी अभिव्यंजना अतिवैयक्तिक बन जाती है। वैसे अपने सशक्त क्षणों में वह छायावादी स्वप्नों के कुहासे को हटाकर नवीन वास्तविकता के मुख को पहचानने का प्रयत्न कर रही है। वह ऊर्ध्व तथा सूक्ष्म के रहस्य-भाव शिखर से उतरकर अधिक व्यापक यथार्थ की भूमि में पदार्पण करना चाहती है जहाँ उस भूमि में अभी भूकम्प है, उसकी वास्तविकता बदल रही है। किन्तु वह कुरूप, घृणित, कुत्सित से विचलित न होकर इस संघर्ष में उलझे हुए अंधकार की वेणी ही में अपने नवीन रागात्मक सौन्दर्य का फूल खोंसना चाहती है। नयी कविता का प्रेरणा-स्रोत क्या है, वह किस लक्ष्य की ओर बढ़ रही है, वह युग की रागात्मिकता प्रवृत्ति में किस प्रकार का संतुलन स्थापित करना चाहती है, हिन्दी-कविता को वह वस्तुविषय तथा शैली की दृष्टि से कौन-सी नवीन दिशा प्रदान कर रही है, युग-चेतना को वह किन नये मोड़ों तथा पगडण्डियों के आगे ले जा रही है, इन सबका ज्ञान प्राप्त करने के लिए हमारे तरुण कलाकारों की कृतियों का अध्ययन करना अत्यन्त आवश्यक है—हमारे नवीन कलाकार जो आज अधिक संवेदनशील, ग्रहणशील, युगप्रबुद्ध तथा काव्य-चेतन हैं।

——◆——

विचार-बिन्दु

'आज के विज्ञान की चुनौती को केवल कविता ही स्वीकार कर सकती है। विज्ञान जीवन में उत्साह और उमंग नहीं भरेगा। यह काम तो कविता ही करेगी। नयी कविता आज की नयी समस्याओं के बीच वट-वृक्ष की तरह रहेगी। उसे पराजय मानने की आवश्यकता नहीं। पराजय से बड़ा तो पराजय का विश्वास होता है, पराजय की आशंका होती है। नये युग की कविता मनुष्यता को किसी उज्ज्वल भविष्य और मंजिल तक पहुँचा देगी।'[1]

—*महादेवी वर्मा*

●

'नये कवि, व्याजान्तर से, इसी बात का प्रयोग कर रहे हैं कि कितने ऐसे उपकरण हैं, जिन्हें छोड़कर भी कविता कविता रह जायेगी। सिद्ध है कि कविता बिना छन्द के भी हो सकती है; इसलिए छन्द त्यक्त हो रहे हैं। सिद्ध है कि कविता केवल कोमल शब्दों के जोड़ में नहीं है; इसलिए कोमलता की परम्परा टूट रही है। सिद्ध है कि कविता के विषय निर्धारित नहीं किये जा सकते; इसीलिए अपरिचित, अप्रत्याशित और अनपेक्षित विषय कविता में भरते जा रहे हैं।'

'हिन्दी में जो कुछ हो रहा है, उसे इलियट आदि अंग्रेजी कवियों का अंधानुकरण नहीं कहना चाहिए। अनुकरण का काम दो-चार या दस आदमी कर सकते हैं। पूरी-की-पूरी पीढ़ी अनुकरण के रोग से ग्रसित हो, ऐसा मानने का कोई ठोस आधार नहीं है। मेरा अनुमान है कि जिन अवस्थाओं ने इंग्लैण्ड में नये कवियों को उत्पन्न किया, उनसे मिलती-जुलती अवस्थाएँ अपने यहाँ के बुद्धि जीवियों को भी अनुभूत होने लगी हैं। इसलिए, उनमें और यूरोपीय कवियों में थोड़ा बहुत साम्य दिखलाई दे रहा है।'[2]

—*दिनकर*

●

नवीन कविता ने तो सम्पूर्ण जगत् को अपने बाहुपाश में आबद्ध कर लिया है। उसके उत्तमोत्तम एवं उन्नतोन्नत तत्वों का स्पर्श किया है, उसके गूढ़तम सौन्दर्य एवं रस को अधिगत किया है। परन्तु इस नवीन युग ने जिस प्रकार जीवन के सर्व प्रदेशों को, सर्व आविर्भावों को एक सदृश पवित्र एवं सेवार्ह माना और अज्ञान, मोह अथवा अभिमान में से उत्पन्न विधि निषेधों को दूर किया उसी प्रकार नवीन कविता ने इससे पहले के काव्य

---

1. प्रयाग से नवप्रकाशित त्रैमासिक पत्रक 'आस्था' से—
(परिमल द्वारा आयोजित काव्य-समारोह के उद्घाटन-भाषण का एक अंश)
2. नीलकुसुम–'दो शब्द' से पृ०, घ-ङ

के लिए अनुचित या अशिष्ट गिने जाने वाले विषयों को भी ग्रहण किया है और प्रत्येक के पीछे मानवता, संस्कारिता जीवन की उन्नति अथवा गहन गति, अप्रकट अथवा गूढ़ सौन्दर्य और सत्य का स्पंदन देखने का प्रयास किया है।

इसका जन्म तो इस युग के विशिष्ट प्रकार के मानस में से ही हुआ है, ऐसा देखने से ज्ञात होता है। यह सम्पूर्ण युग एक नवीन और विशाल उदार आदर्श परायणता का, साथ-साथ इतनी ही व्यापकता और तलस्पर्शी वास्तविकता का युग रहा है। इससे पहले ज़मानों के बहुत से मूल्यों को इस ज़माने में नया संस्करण मिला है और बहुत से मूल्य और उत्पन्न हुए हैं। तब इस सब के पीछे जीवन में एक नयी ही गंभीरता, धीरता, प्रयोगशीलता, साहसिकता आ गयी है।[1]

—सुन्दरम्

---

1. गुजराती से अनूदित, अर्वाचीन कविता, पृ० 476

नयी कविता के आलोचकों से

डॉ० रामकुमार वर्मा

'नयी कविता' का प्रकाशन हिन्दी साहित्य में एक नयी घटना का रूप लेकर आया है। हिन्दी के आलोचक अपना उत्तरदायित्व भूल कर विश्रान्ति के क्षणों का अनुभव कर रहे थे—सहसा उन्हें जान पड़ा कि एक शीत का झोंका आया। सब सिरह उठे और ऊँट के बालों का खुरदरा-सा कम्बल ओढ़ कर अपने को बचाने का प्रयत्न करने लगे। एक आन्दोलन उठ खड़ा हुआ और प्रायः सभी अपने स्वरों में 'बिच्छू और छुरी' छिपा कर बोलने लगे।

मैं जो ये बातें कह रहा हूँ, इसलिए नहीं कि 'नयी कविता' से मैं पूर्णतः सहमत हूँ, उसकी प्रत्येक कविता मेरे प्राणों में बसी है और जो कुछ हमारे नये कवियों ने लिखा है, अच्छा लिखा है—यह बात नहीं है। शताब्दियों से हिन्दी काव्य में जो कुछ लिखा गया है—सभी अच्छा है, यह सही नहीं है। मैं तो यह कहता हूँ कि जो कुछ नया लिखा जा रहा है उसमें कितना अच्छा है, कितना बुरा है। शान्त हृदय से क्या यह विवेक की तुला पर तौला गया है? मुझे तो दुःख है हिन्दी आलोचना-जगत् की इस असंतुलित मनोवृत्ति पर—कि काले आदमी के बीच जो विद्युच्छटा है, वह भी काले बादलों का ही एक अंग है। रत्नकणिकाएँ जो धूल में मिली हैं—वे भी धूल के समान हैं। हमने सत् को असत् से निकालने की मनोवृत्ति खो दी है और हमने पुराने और नये के बीच ऐसी खाई खोदी है कि दोनों पर किसी प्रकार का सेतु भी नहीं बाँधा जा सकता। कबीर ने एक साखी लिखी है—

हरि है खाँड़ु, रेत महि बिखरी, हाथी चुनी न जाई।
कहि कबीर गुरु भली सुझाई, चींटी ह्वै कै खाई॥

हमने अपनी सूक्ष्म वृत्ति से 'रेत' से 'खाँडु' निकालना भुला दिया है।

हिन्दी काव्य में अनेक प्रयोग हुए हैं, हो रहे हैं और आगे भी होंगे। उन प्रयोगों में काव्य की सृष्टि कहाँ तक सफल है और कहाँ तक असफल है—इसे देखने का प्रयत्न हमने नहीं किया है। आवश्यकता है, ऐसे समालोचक-वर्ग की जो हिन्दी कविता की प्रकृति और उसकी संभावनाओं से परिचित हो और वह यह कह सके कि 'नयी कविता' का कितना अंश हमारे आगे आने वाले साहित्य का सोपान बन सकता है! एक स्वर से भिनभिनाना मक्खियों का स्वभाव है, समालोचकों का नहीं?

डॉ० जगदीश गुप्त ने हिन्दी कविता के आधुनिक रूपों का एक संग्रह हिन्दी-संसार के समक्ष उपस्थित किया है। उन्होंने हमारे सामने नयी कविता का स्वर अपनी सुकृतियों और विकृतियों में उपस्थित किया है। चाहिए यह कि हम उन्हें रचनात्मक सुझाव दें। उन्हें स्पष्ट लिखें कि वे 'नयी कविता' के कवियों का मार्ग-दर्शन करें। वे नये कवियों की अच्छी

बातों पर सराहना करें और बुरी बातों को काव्य-क्षेत्र से बहिष्कृत करें। मुझे विश्वास है कि 'नयी कविता' की प्रयोग-शाला में आगे आने वाली कविता का रूप निखर उठेगा।

यह तो स्पष्ट है कि नये कवियों ने नयी दिशाओं में सोचना आरंभ किया है। उनका यह चिन्तन सचमुच हिन्दी काव्य में नये सूत्रों को धारण करेगा। देखना यह है कि इस नये चिन्तन की अभिव्यक्ति किस प्रकार होगी। सभी कविताएँ व्यंग्य, विनोद या परिहास की नहीं होंगी। जो कविताएँ गम्भीर होंगी उनकी अभिव्यक्ति दूसरे प्रकार से होगी। छंदों की ध्वनि किन भावों में ठीक बैठेगी! कहाँ केवल नाद या लय से काम लेना होगा जिससे वे मर्मस्पर्शी अधिक हो सकें। इस प्रयोग में अनेक बार हम असफल होंगे, लेकिन हमें प्रयत्न करना है और हमें आगे बढ़ना है। बिना रचनात्मक दृष्टिकोण के, हमारे तीखे से तीखे व्यंग्य हमें एक पग भी आगे नहीं बढ़ा सकेंगे। अब समय आ गया है जब हमारी समालोचना साहित्य के सभी प्रयोगों का मूल्यांकन ध्वनि से करे, प्रतिध्वनि से नहीं।

Poetry has always heen modern and its problems actual.

J. ISSACS

The Background of Modern Poetry, Page 2.

———✦———

इतर संदर्भ

फिर उठायी अनामिका : **प्रभाकर माचवे**

·····तोड़ती पत्थर, इलाहाबाद के पथ पर········

·····निपट निठुराई की·····चूक-क्षमा माँगी नहीं······

—फिर वही टेस कहीं भीतर से गूँजी
निर्धन की बची-खुची पूँजी
मूँजी की तरह जिसे सँभाले हुए था : दर्द सब ओर है।
जिसका कहीं ओर नहीं छोर है, बहुत कम भोर है।
ज़्यादा अँधेरा भरा,
अविरत है बारिश ज्यों चेरापूँजी हो और फिर भी प्यासा मन
कमरा वही है और खासा उजाला है जैसे हो बड़वागिन
जरा कहीं खोट नहीं, सब कुछ है साफ़ और सुथरा
फिर भी कुछ भीतर है, मलिन-मलिन, कमज़ोर है।
शब्द नहीं गह पाते भीतर और बाहर के बीच 'खुदी'
खाई को अनजाम
भाई को भाई से दूर-दूर करती हुई अकारण खींच-तान
और अजब उजली है रात, बहुत 'तम'-तमाया दिन,
काजल की कोर है।
—खींच ली हो असि और खाली पड़ी हो म्यान
पहेली अबूझी—
कहीं घाव नया गहरा—साल रहा भान
क्या है महान्—यहाँ क्षुद्र का सम्मान भी है मना
हम झेल नहीं सके दान
दधीचि गया अस्थि गिरा वज्रकवि
संगम में नावें बनायीं नये पत्तों की
बेहिसाब वही खाता
"वह आता
दो टूक कलेजे के करता········"
—अब मरने पर 'सेफ़' है उसे पागल कहकर पुड़िया में
बाँध कर ताक पर रखना·····

अब बहुत उचित है श्राद्ध-भोजियों का उस बाढ़ को
बस कीचड़ कहना, चलना बजाये हुए टखना……
मैं फिर से अनामिका उठाता हूँ और शब्द धुँधले हो जाते हैं।
शब्दों के थर्राते हुए जिस्मों में से चिकने-चुपड़े
सुविधा -भोगी उठते हैं मुखड़े
मिट जाते, क्षुधित अँतड़ियों पर मँडराते हैं चाँदी के टुकड़े
फिर एक तस्वीर आगे बढ़ आती है :
अखाड़ा है
भाग गये पिद्दी सब उधार मांसपेशियों के नक़ली चुनौती बाज़
बचा रहा ललकारता समुद्र की पछाड़ को भी
एक धैर्यवान् जिसे लील गया इस युग का ही कल्मष
मन जैसे कड़ुवा-कसैला बन जाता है
उठाता हूँ फिर से अनामिका……

●

'नकेन' के अक्षरकीर्ति सूत्रधार
प्रयोग की साध्यता के प्रथम प्रवर्तक
कविता को मनुष्यता का एक पर्याय मानने वाले
अतलदर्शी समीक्षक
सजग संवेदनशील कवि
भव्यमूर्ति 'नलिन' जी की
दिवंगत आत्मा को
नयी कविता का
विनम्र अभिवंदन

●

उनकी अन्तिम कविता : **प्रभाकर माचवे**

तुम्हारी और तुम्हारे आने की अधूरी याद कविता होगी
तुम तुम्हारे सिवा कुछ नहीं हो सकता,
पर तुम और मैं दोनों जानते हैं
तुम्हारा चित्र तुम्हें अमर और पुराना बना देगा।

तुम्हारी प्रतिमा तुम्हें शिलीभूत और स्थायी कर सकती है।
किन्तु जो चित्र के छाया और आलोक
और पाषाण के खंड के बीच छिपी तुम हो
पर तुम जो हो वही हो सकता है।
मैं इसी तुम को प्यार करता हूँ;
और इस पर कविता लिखता हूँ
क्योंकि कविता तुम्हें बाँधने की चेष्टा नहीं करेगी
वह अपनी सीमा जानती है।[1]

—✦—

1. श्री कृष्णनन्दन पीयूष के सौजन्य से

स्व० राजकमल चौधरी की एक अप्रकाशित कविता

ग्राम्य प्रभात वर्णन

टेबुल पर चाय का खाली थर्मस
बिस्तरे में दुबकी हुई चितकबरी बिल्ली
आँखों में गेहूँ के सूखे हुए पौधों की परछाइयाँ
सिरहाने के पास एक औरत
कितनी देर से थर्मस के लिए खड़ी है
धूप के गर्म बिस्तरे में सो जाना चाहिए
नहीं सुबह नहीं हुई है
आ जाओ तुम दस मिनट नींद में
टखनों की कैंची में पेट-कमर में आ जाओ
मेरे साथ पालतू कुत्ता जीभ निकाले हुए
हाँफ रहा है घर के दरवाजे पर।

—श्रीराम शुक्ल के सौजन्य से

——✦——